中国
环境法规全书

国家环境保护总局政策法规司 编

1982-2005

SELECTED COLLECTION OF CHINESE ENVIRONMENTAL LAWS

（上卷）

中国环境科学出版社·北京

图书在版编目(CIP)数据

中国环境法规全书（1982—2005）/国家环境保护总局政策法规司编.
—北京：中国环境科学出版社，2005．6
ISBN 7-80209-090-3

Ⅰ．中… Ⅱ 国… Ⅲ．环境保护法—法规—汇编—中国 Ⅳ．D922．689

中国版本图书馆 CIP 数据核字（2005）第 027570 号

出版发行 中国环境科学出版社
（100062 北京崇文区广渠门内大街 16 号）
网 址：http://www.cesp.cn
电子信箱：Bjzhouyu@126.com
电话（传真）：010-67112738
印 刷 北京中科印刷有限公司
经 销 各地新华书店
版 次 2005 年 10 月第一版 2005 年 10 月第一次印刷
开 本 787×1092 1/16
印 张 98.25
字 数 1207 千字
定 价 298.00 元

前　言

为了及时总结和评估环境立法成果，全面推进环境行政执法，进一步强化环境司法，切实促进环境守法，国家环境保护总局政策法规司组织编撰了“中国环境法系列丛书”：

——《中国环境法规全书（1982—2005）》

——《中国环境法规全书（2004—2005）》

——《中国环境执法解释全书》（2005 年版）

——《中国环境政策全书》（2005 年版）

全国人民代表大会 1982 年通过《宪法》明确规定：“国家保护和改善生活环境和生态环境，防治污染和其他公害。”宪法的规定极大地推动了中国的环境立法。《中国环境法规全书（1982—2005）》是国家环境保护总局政策法规司组织编撰的“中国环境法系列丛书”之一，它总结了 1982 年以来国家环境立法的主要成果，选编了现行有效同时又是最经常查阅的环境法律、法规和规章。

《中国环境法规全书（1982—2005）》共分为十八个部分：第一部分环境保护基本规定；第二部分水污染防治；第三部分大气污染防治；第四部分环境噪声污染防治；第五部分固体废物管理；第六部分海洋环境管理；第七部分放射性污染防治；第八部分生态保护；第九部分建设项目与环境影响评价管理；第十部分清洁生产；第十一部分排污收费；第十二部分消耗臭氧层物质管理；第十三部分化学物质管理；第十四部分环境标准管理；第十五部分应急、监测、事故报告与处理；第十六部分有关资源保护法规；第十七部分依法行政与有关立法、执法程序；第十八部分有关行政诉讼、民事和刑事规定。

《中国环境法规全书（1982—2005）》不仅是各级环保部门管理人员实施环境监管的基本工具书，也是企业事业单位环境管理人员了解和遵守国家环境法规的重要依据。它还为环境法律教学研究人员、环境咨询服务机构的咨询人员、其他热心环境保护事业的人士提供了国家环境保护法规的重要文献和可靠资料。

《中国环境法规全书（1982—2005）》的编撰由杨朝飞司长主持，别涛、柴虹、赵柯收集资料并执行编辑。舒庆副司长和王夙理副司长给予了很大关心和支持，原庆丹、钱勇、冯燕、逯世泽、韩敏、温英民、燕娥、王彬、李文强和李漪涟等同志参加了编撰工作。

政策法规司

2005 年 10 月

目 录

一、环境保护基本规定

二、水污染防治

三、大气污染防治

四、环境噪声污染防治

五、固体废物管理

六、海洋环境管理

七、放射性污染防治

八、生态保护

九、建设项目与环境影响评价管理

十、清洁生产

十一、排污收费

十二、消耗臭氧层物质管理

十三、化学物质管理

十四、环境标准管理 635

十七、依法行政与有关立法、执法程序

十八、有关行政诉讼、民事和刑事规定

【行政诉讼】

【民事规定】

【刑事规定】

一、环境保护基本规定

中华人民共和国宪法
（环境保护条款摘录）

（1982 年 12 月 4 日第五届全国人民代表大会第五次会议通过，1988 年 4 月 12 日《中华人民共和国宪法修正案》第一次修正，1993 年 3 月 29 日《中华人民共和国宪法修正案》第二次修正，1999 年 3 月 15 日《中华人民共和国宪法修正案》第三次修正）

第一章　总　纲

……

第九条　矿藏、水流、森林、山岭、草原、荒地、滩涂等自然资源，都属于国家所有，即全民所有；由法律规定属于集体所有的森林和山岭、草原、荒地、滩涂除外。

国家保障自然资源的合理利用，保护珍贵的动物和植物。禁止任何组织或者个人用任何手段侵占或者破坏自然资源。

第十条　城市的土地属于国家所有。

农村和城市郊区的土地，除由法律规定属于国家所有的以外，属于集体所有；宅基地和自留地、自留山，也属于集体所有。

国家为了公共利益的需要，可以依照法律规定对土地实行征用。

任何组织或者个人不得侵占、买卖或者以其他形式非法转让土地。土地的使用权可以依照法律的规定转让。

一切使用土地的组织和个人必须合理地利用土地。

……

第二十二条　国家发展为人民服务、为社会主义服务的文学艺术事业、新闻广播电视事业、出版发行事业、图书馆博物馆文化馆和其他文化事业，开展群众性的文化活动。

国家保护名胜古迹、珍贵文物和其他重要历史文化遗产。

第二十六条　国家保护和改善生活环境和生态环境，防治污染和其他公害。国家组织和鼓励植树造林，保护林木。

……

中华人民共和国宪法修正案

（2004年3月14日第十届全国人民代表大会第二次会议通过）

第十八条 宪法序言第七自然段中“在马克思列宁主义、毛泽东思想、邓小平理论指引下”修改为“在马克思列宁主义、毛泽东思想、邓小平理论和‘三个代表’重要思想指引下”，“沿着建设有中国特色社会主义的道路”修改为“沿着中国特色社会主义道路”，“逐步实现工业、农业、国防和科学技术的现代化”之后增加“推动物质文明、政治文明和精神文明协调发展”。这一自然段相应地修改为：“中国新民主主义革命的胜利和社会主义事业的成就，是中国共产党领导中国各族人民，在马克思列宁主义、毛泽东思想的指引下，坚持真理，修正错误，战胜许多艰难险阻而取得的。我国将长期处于社会主义初级阶段。国家的根本任务是，沿着中国特色社会主义道路，集中力量进行社会主义现代化建设。中国各族人民将继续在中国共产党领导下，在马克思列宁主义、毛泽东思想、邓小平理论和‘三个代表’重要思想指引下，坚持人民民主专政，坚持社会主义道路，坚持改革开放，不断完善社会主义的各项制度，发展社会主义市场经济，发展社会主义民主，健全社会主义法制，自力更生，艰苦奋斗，逐步实现工业、农业、国防和科学技术的现代化，推动物质文明、政治文明和精神文明协调发展，把我国建设成为富强、民主、文明的社会主义国家。”

第十九条 宪法序言第十自然段第二句“在长期的革命和建设过程中，已经结成由中国共产党领导的，有各民主党派和各人民团体参加的，包括全体社会主义劳动者、拥护社会主义的爱国者和拥护祖国统一的爱国者的广泛的爱国统一战线，这个统一战线将继续巩固和发展。”修改为：“在长期的革命和建设过程中，已经结成由中国共产党领导的，有各民主党派和各人民团体参加的，包括全体社会主义劳动者、社会主义事业的建设者、拥护社会主义的爱国者和拥护祖国统一的爱国者的广泛的爱国统一战线，这个统一战线将继续巩固和发展。”

第二十条 宪法第十条第三款“国家为了公共利益的需要，可以依照法律规定对土地实行征用。”修改为：“国家为了公共利益的需要，可以依照法律规定对土地实行征收或者征用并给予补偿。”

第二十一条 宪法第十一条第二款“国家保护个体经济、私营经济的合法的权利和利益。国家对个体经济、私营经济实行引导、监督和管理。”修改为：“国家保护个体经济、私营经济等非公有制经济的合法的权利和利益。国家鼓励、支持和引导非公有制经济的发展，并对非公有制经济依法实行监督和管理。”

第二十二条 宪法第十三条“国家保护公民的合法的收入、储蓄、房屋和其他合法财产的所有权。”“国家依照法律规定保护公民的私有财产的继承权。”修改为：“公民的合法的私有财产不受侵犯。”“国家依照法律规定保护公民的私有财产权和继承权。”“国家为了公共利益的需要，可以依照法律规定对公民的私有财产实行征收或者征用并给予补偿。”

第二十三条 宪法第十四条增加一款，作为第四款：“国家建立健全同经济发展水平相适应的社会保障制度。”

第二十四条 宪法第三十三条增加一款，作为第三款：“国家尊重和保障人权。”第三款相应地改为第四款。

第二十五条 宪法第五十九条第一款“全国人民代表大会由省、自治区、直辖市和军队选出的代表组成。各少数民族都应当有适当名额的代表。”修改为：“全国人民代表大会由省、自治区、直辖市、特别行政区和军队选出的代表组成。各少数民族都应当有适当名额的代表。”

第二十六条 宪法第六十七条全国人民代表大会常务委员会职权第二十项“（二十）决定全国或者个别省、自治区、直辖市的戒严”修改为“（二十）决定全国或者个别省、自治区、直辖市进入紧急状态”。

第二十七条 宪法第八十条“中华人民共和国主席根据全国人民代表大会的决定和全国人民代表大会常务委员会的决定，公布法律，任免国务院总理、副总理、国务委员、各部部长、各委员会主任、审计长、秘书长，授予国家的勋章和荣誉称号，发布特赦令，发布戒严令，宣布战争状态，发布动员令。”修改为：“中华人民共和国主席根据全国人民代表大会的决定和全国人民代表大会常务委员会的决定，公布法律，任免国务院总理、副总理、国务委员、各部部长、各委员会主任、审计长、秘书长，授予国家的勋章和荣誉称号，发布特赦令，宣布进入紧急状态，宣布战争状态，发布动员令。”

第二十八条 宪法第八十一条“中华人民共和国主席代表中华人民共和国，接受外国使节；根据全国人民代表大会常务委员会的决定，派遣和召回驻外全权代表，批准和废除同外国缔结的条约和重要协定。”修改为：“中华人民共和国主席代表中华人民共和国，进行国事活动，接受外国使节；根据全国人民代表大会常务委员会的决定，派遣和召回驻外全权代表，批准和废除同外国缔结的条约和重要协定。”

第二十九条 宪法第八十九条国务院职权第十六项“（十六）决定省、自治区、直辖市的范围内部分地区的戒严”修改为“（十六）依照法律规定决定省、自治区、直辖市的范围内部分地区进入紧急状态”。

第三十条 宪法第九十八条“省、直辖市、县、市、市辖区的人民代表大会每届任期五年。乡、民族乡、镇的人民代表大会每届任期三年。”修改为：“地方各级人民代表大会每届任期五年。”

第三十一条 宪法第四章章名“国旗、国徽、首都”修改为“国旗、国歌、国徽、首都”。宪法第一百三十六条增加一款，作为第二款：“中华人民共和国国歌是《义勇军进行曲》。”

中华人民共和国环境保护法

（1989年12月26日第七届全国人民代表大会常务委员会第十一次会议通过，
同日中华人民共和国主席令第二十二号公布，自同日起施行）

第一章 总 则

第一条 为保护和改善生活环境与生态环境，防治污染和其他公害，保障人体健康，促进社会主义现代化建设的发展，制定本法。

第二条 本法所称环境，是指影响人类生存和发展的各种天然的和经过人工改造的自然因素的总体，包括大气、水、海洋、土地、矿藏、森林、草原、野生生物、自然遗迹、人文遗迹、自然保护区、风景名胜区、城市和乡村等。

第三条 本法适用于中华人民共和国领域和中华人民共和国管辖的其他海域。

第四条 国家制定的环境保护规划必须纳入国民经济和社会发展计划，国家采取有利于环境保护的经济、技术政策和措施，使环境保护工作同经济建设和社会发展相协调。

第五条 国家鼓励环境保护科学教育事业的发展，加强环境保护科学技术的研究和开发，提高环境保护科学技术水平，普及环境保护的科学知识。

第六条 一切单位和个人都有保护环境的义务，并有权对污染和破坏环境的单位和个人进行检举和控告。

第七条 国务院环境保护行政主管部门，对全国环境保护工作实施统一监督管理。

县级以上地方人民政府环境保护行政主管部门，对本辖区的环境保护工作实施统一监督管理。

国家海洋行政主管部门、港务监督、渔政渔港监督、军队环境保护部门和各级公安、交通、铁道、民航管理部门，依照有关法律的规定对环境污染防治实施监督管理。

县级以上人民政府的土地、矿产、林业、农业、水利行政主管部门，依照有关法律的规定对资源的保护实施监督管理。

第八条 对保护和改善环境有显著成绩的单位和个人，由人民政府给予奖励。

第二章 环境监督管理

第九条 国务院环境保护行政主管部门制定国家环境质量标准。

省、自治区、直辖市人民政府对国家环境质量标准中未作规定的项目，可以制定地方环境质量标准，并报国务院环境保护行政主管部门备案。

第十条 国务院环境保护行政主管部门根据国家环境质量标准和国家经济、技术条件，制定国家污染物排放标准。

省、自治区、直辖市人民政府对国家污染物排放标准中未作规定的项目，可以制定地方污染物排放标准；对国家污染物排放标准中已作规定的项目，可以制定严于国家污染物排放标准的地方污染物排放标准。地方污染物排放标准须报国务院环境保护行政主管部门备案。

凡是向已有地方污染物排放标准的区域排放污染物的，应当执行地方污染物排放标准。

第十一条 国务院环境保护行政主管部门建立监测制度，制定监测规范，会同有关部门组织监测网络，加强对环境监测和管理。

国务院和省、自治区、直辖市人民政府的环境保护行政主管部门，应当定期发布环境状况公报。

第十二条 县级以上人民政府环境保护行政主管部门，应当会同有关部门对管辖范围内的环境状况进行调查和评价，拟订环境保护规划，经计划部门综合平衡后，报同级人民政府批准实施。

第十三条 建设污染环境的项目，必须遵守国家有关建设项目环境保护管理的规定。

建设项目的环境影响报告书，必须对建设项目产生的污染和对环境的影响作出评价，规定防治措施，经项目主管部门预审并依照规定的程序报环境保护行政主管部门批准。环境影响报告书经批准后，计划部门方可批准建设项目设计任务书。

第十四条 县级以上人民政府环境保护行政主管部门或者其他依照法律规定行使环境监督管理权的部门，有权对管辖范围内的排污单位进行现场检查。被检查的单位应当如实反映情况，提供必要的资料。检查机关应当为被检查的单位保守技术秘密和业务秘密。

第十五条 跨行政区的环境污染和环境破坏的防治工作，由有关地方人民政府协商解决，或者由上级人民政府协调解决，做出决定。

第三章 保护和改善环境

第十六条 地方各级人民政府，应当对本辖区的环境质量负责，采取措施改善环境质量。

第十七条 各级人民政府对具有代表性的各种类型的自然生态系统区域，珍稀、濒危的野生动植物自然分布区域，重要的水源涵养区域，具有重大科学文化价值的地质构造、著名溶洞和化石分布区、冰川、火山、温泉等自然遗迹，以及人文遗迹、古树名木，应当采取措施加以保护，严禁破坏。

第十八条 在国务院、国务院有关主管部门和省、自治区、直辖市人民政府划定的风景名胜区、自然保护区和其他需要特别保护的区域内，不得建设污染环境的工业生产设施；建设其他设施，其污染物排放不得超过规定的排放标准。已经建成的设施，其污染物排放超过规定的排放标准的，限期治理。

第十九条 开发利用自然资源，必须采取措施保护生态环境。

第二十条 各级人民政府应当加强对农业环境的保护，防治土壤污染、土地沙化、盐渍化、贫瘠化、沼泽化、地面沉降和防治植被破坏、水土流失、水源枯竭、种源灭绝以及其他生态失调现象的发生和发展，推广植物病虫害的综合防治，合理使用化肥、农药及植物生长激素。

第二十一条 国务院和沿海地方各级人民政府应当加强对海洋环境的保护。向海洋排放污染物、倾倒废弃物，进行海岸工程建设和海洋石油勘探开发，必须依照法律的规定，防止对海洋环境的污染损害。

第二十二条 制定城市规划，应当确定保护和改善环境的目标和任务。

第二十三条 城乡建设应当结合当地自然环境的特点，保护植被、水域和自然景观，加强城市园林、绿地和风景名胜区的建设。

第四章 防治环境污染和其他公害

第二十四条 产生环境污染和其他公害的单位，必须把环境保护工作纳入计划，建立环境保护责任制度；采取有效措施，防治在生产建设或者其他活动中产生的废气、废水、废渣、粉尘、恶臭气体、放射性物质以及噪声、振动、电磁波辐射等对环境的污染和危害。

第二十五条 新建工业企业和现有工业企业的技术改造，应当采用资源利用率高、污染物排放量少的设备和工艺，采用经济合理的废弃物综合利用技术和污染物处理技术。

第二十六条 建设项目中防治污染的设旋，必须与主体工程同时设计、同时施工、同时投产使用。防治污染的设施必须经原审批环境影响报告书的环境保护行政主管部门验收合格后，该建设项目方可投入生产或者使用。

防治污染的设施不得擅自拆除或者闲置，确有必要拆除或者闲置的，必须征得所在地的环境保护行政主管部门同意。

第二十七条 排放污染物的企业事业单位，必须依照国务院环境保护行政主管部门的规定申报登记。

第二十八条 排放污染物超过国家或者地方规定的污染物排放标准的企业事业单位，依照国家规定缴纳超标准排污费，并负责治理。水污染防治法另有规定的，依照水污染防治法的规定执行。

征收的超标准排污费必须用于污染的防治，不得挪作他用，具体使用办法由国务院规定。

第二十九条 对造成环境严重污染的企业事业单位，限期治理。

中央或者省、自治区、直辖市人民政府直接管辖的企业事业单位的限期治理，由省、自治区、直辖市人民政府决定。市、县或者市、县以下人民政府管辖的企业事业单位的限期治理，由市、县人民政府决定。被限期治理的企业事业单位必须如期完成治理任务。

第三十条 禁止引进不符合我国环境保护规定要求的技术和设备。

第三十一条 因发生事故或者其他突然性事件，造成或者可能造成污染事故的单位，必须立即采取措施处理，及时通报可能受到污染危害的单位和居民，并向当地环境保护行政主管部门和有关部门报告，接受调查处理。

可能发生重大污染事故的企业事业单位，应当采取措施，加强防范。

第三十二条 县级以上地方人民政府环境保护行政主管部门，在环境受到严重污染威胁居民财产安全时，必须立即向当地人民政府报告，由人民政府采取有效措施，解除或者减轻危害。

第三十三条 生产、储存、运输、销售、使用有毒化学物品和含有放射性物质的物品，必须遵守国家有关规定，防止污染环境。

第三十四条 任何单位不得将产生严重污染的生产设备转移给没有污染防治能力的单位使用。

第五章 法律责任

第三十五条 违反本法规定，有下列行为之一的，环境保护行政主管部门或者其他依照法律规定行使环境监督管理权的部门可以根据不同情节，给予警告或者处以罚款：

（一）拒绝环境保护行政主管部门或者其他依照法律规定行使环境监督管理权的部门现场检查或者在被检查时弄虚作假的；

（二）拒报或者谎报国务院环境保护行政主管部门规定的有关污染物排放申报事项的；

（三）不按国家规定缴纳超标准排污费的；

（四）引进不符合我国环境保护规定要求的技术和设备的；

（五）将产生严重污染的生产设备转移给没有污染防治能力的单位使用的。

第三十六条 建设项目的防治污染设施没有建成或者没有达到国家规定的要求，投入生产或者使用的，由批准该建设项目的环境影响报告书的环境保护行政主管部门责令停止生产或者使用，可以并处罚款。

第三十七条 未经环境保护行政主管部门同意，擅自拆除或者闲置防治污染的设施，污染物排放超过规定的排放标准的，由环境保护行政主管部门责令重新安装使用，并处罚款。

第三十八条 对违反本法规定，造成环境污染事故的企业事业单位，由环境保护行政主管部门或者其他依照法律规定行使环境监督管理权的部门根据所造成的危害后果处以罚款；情节较重的，对有关责任人员由其所在单位或者政府主管机关给予行政处分。

第三十九条 对经限期治理逾期未完成治理任务的企业事业单位，除依照国家规定加收超标准排污费外，可以根据所造成的危害后果处以罚款，或者责令停业、关闭。

前款规定的罚款由环境保护行政主管部门决定。责令停业、关闭，由作出限期治理决定的人民政府决定；责令中央直接管辖的企业事业单位停业、关闭，须报国务院批准。

第四十条 当事人对行政处罚决定不服的，可以在接到处罚通知之日起十五日内，向作出处罚决定的机关的上一级机关申请复议；对复议决定不服的，可以在接到复议决定之日起十五日内，向人民法院起诉。当事人也可以在接到处罚通知十五日内，直接向人民法院起诉。当事人逾期不申请复议、也不向人民法院起诉、又不履行处罚决定的，由作出处罚决定的机关申请人民法院强制执行。

第四十一条 造成环境污染危害的，有责任排除危害，并对直接受到损害的单位或者个人赔偿损失。

赔偿责任和赔偿金额的纠纷，可以根据当事人的请求，由环境保护行政主管部门或者其他依照法律规定行使环境监督管理权的部门处理；当事人对处理决定不服的，可以向人民法院起诉。当事人也可以直接向人民法院起诉。

完全由于不可抗拒的自然灾害，并经及时采取合理措施，仍然不能避免造成环境污染损害的，免予承担责任。

第四十二条 因环境污染损害赔偿提起诉讼的时效期间为三年，从当事人知道或者应当知道受到污染损害时起计算。

第四十三条 违反本法规定，造成重大环境污染事故，导致公私财产重大损失或者人身伤亡的严重后果的，对直接责任人员依法追究刑事责任。

第四十四条 违反本法规定，造成土地、森林、草原、水、矿产、渔业、野生动植物等资源的破坏的，依照有关法律的规定承担法律责任。

第四十五条 环境保护监督管理人员滥用职权、玩忽职守、徇私舞弊的，由其所在单位或者上级主管机关给予行政处分；构成犯罪的，依法追究刑事责任。

第六章 附 则

第四十六条 中华人民共和国缔结或者参加的与环境保护有关的国际条约，同中华人民共和国的法律有不同规定的，适用国际条约的规定，但中华人民共和国声明保留的条款除外。

第四十七条 本法自公布之日起施行《中华人民共和国环境保护法（试行）》同时废止。

中国人民解放军环境保护条例

中华人民共和国中央军事委员会（命令）

［2004］军字第61号

《中国人民解放军环境保护条例》已经2004年8月27日中央委常务会议通过，现予发布施行。

主席　江泽民

2004年8月31日

第一章　总　则

第一条　为了规范军队环境保护工作，保护和改善军队管理和使用区域的生活环境、生态环境，保障人体健康，根据《中华人民共和国环境保护法》和其他环境保护法律的有关规定，制定本条例。

第二条　本条例是军队环境保护工作的基本依据，适用于军队所有单位和人员。

第三条　军队环境保护工作是国家环境保护事业的组成部分，应当贯彻执行国家环境保护的方针、政策、法律、法规，接受国家环境保护主管部门的指导和监督。

第四条　军队环境保护的基本任务是合理利用自然资源，保护生态环境，防治环境污染，改善环境质量，保障人体健康。

第五条　军队环境保护工作应当遵循预防为主、治管并重、全员参与的原则，与部队全面建设相协调、与国家环境保护目标相一致，实现环境效益与军事效益相统一。

军队环境保护工作应当纳入军队建设与发展计划。

第六条　军队所有单位和人员都有保护和改善环境的义务，都有在符合规定标准的环境中工作和生活的权利、对环境质量知情的权利以及获得环境损害补偿的权利，并有权对污染和破坏环境的行为进行监督、检举和控告。

第七条　军队各级首长和机关应当加强对环境保护工作的组织领导，建立并落实环境保护目标管理责任制，教育督促机关部门、所属单位依法保护其管理和使用区域的环境。

第二章 职 责

第八条 全军环保绿化委员会在中央军委领导下，统一规划、指导和协调全军环境保护工作，履行下列职责：

（一）组织审查全军环境保护工作中长期计划，审定全军环境保护工作年度计划，指导全军开展环境保护工作；

（二）总结全军环境保护工作，推广环境保护工作经验，表彰先进；

（三）协调解决军队环境保护工作中的重大问题，监督有关机关和部门履行环境保护工作职责；

（四）中央军委赋予的其他职责。

团级以上单位环保绿化委员会在同级党委的领导和上级环保绿化委员会的指导下，组织领导本单位的环境保护工作，参照前款规定履行相应的职责。

第九条 总后勤部基建营房部是全军环保绿化工作的业务主管部门，也是全军环保绿化委员会的办事机构，负责全军环保绿化委员会办公室的工作，在环境保护工作方面，履行下列职责：

（一）拟制全军环境保护工作中长期计划和年度计划，并监督执行；

（二）组织实施对全军环境保护工作的执法监督与管理；

（三）归口管理全军环境污染防治工程建设和生态恢复工作；

（四）组织指导全军环境保护的宣传教育和业务培训工作；

（五）组织指导全军环境保护科学技术研究、技术服务、技术交流与合作；

（六）负责全军环境保护信息系统和环境监督监测网络的建设与管理；

（七）组织指导全军环境影响评价工作，审批重大工程建设项目环境影响评价文件；

（八）组织或者参与军队重大环境污染事故的调查处理工作；

（九）协同有关部门组织协调军队参加国家和地方重大环境污染事故应急工作；

（十）协调与国家环境保护主管部门的有关业务工作；

（十一）上级赋予的其他职责。

团级以上单位后勤（联勤）机关基建营房部门是本单位环保绿化工作的业务主管部门，也是本单位环保绿化委员会的办事机构，负责本单位环保绿化委员会办公室的工作，在环境保护工作方面，参照前款规定履行相应的职责。

第十条 军队环境监督监测机构在本级环境保护业务主管部门的领导和上级环境监督监测机构的指导下，履行下列职责：

（一）依法监督检查本单位、本系统和指定区域内军队单位的环境污染防治和生态恢复工作；

（二）监测和评价本单位、本系统和指定的其他军队单位管理和使用区域的环境质量、环境污染源和生态环境状况；

（三）对本单位、本系统和指定区域内军队单位的环境污染防治和生态恢复项目，进行技术审查和技术指导；

（四）对本单位、本系统和指定区域内军队单位的有关工程建设项目执行环境保护制度情况实施执法监督，参加工程建设项目有关污染防治设施的竣工验收；

（五）组织开展环境保护科学技术研究；

（六）收集、整理环境保护信息，按照规定向有关部门报告；

（七）参与环境影响评价文件的评审，监督有关环境保护措施的落实；

（八）按照有关规定参与国家或者地方环境监测网络的有关工作；

（九）上级赋予的其他职责。

第十一条 各级司令、政治、后勤（联勤）、装备机关的有关部门，应当在本级环保绿化委员会办公室指导下，按照职能分工，履行有关环境保护的职责，制定并落实本部门、本系统保护环境、防治污染的具体办法，做好其主管业务中的环境保护工作。

第三章 保护与改善环境

第十二条 各单位对其管理和使用区域的环境质量负责，必须根据国家和军队有关环境保护的要求，确定本单位环境保护的目标和任务，采取措施保护环境，改善环境质量。

第十三条 各单位对其管理和使用区域内的自然生态、珍稀濒危野生动植物、水源涵养地、自然遗迹、人文遗迹、古树名木，必须加以保护，严禁破坏。

第十四条 各单位应当加强对其管理和使用区域内的江、河、湖、海等水域环境的保护。向水域排放、倾倒废弃物，进行沿岸或者水上设施建设，必须依照法律的规定，防止对水域环境的污染损害。

第十五条 各单位应当合理利用其管理和使用区域内的土地，防止土壤污染、土地沙化、贫瘠化、植被破坏以及其他生态失调现象的发生和发展。

开发利用军队管理和使用区域内的水系、森林、矿藏、草原等自然资源，必须依照法律的规定，采取保护生态环境的措施。

第十六条 各单位不得在省级以上人民政府规定的风景名胜区、水源保护区、自然保护区和其他需要特别保护的区域内，建设对环境有污染和破坏的设施，或者组织实施对生态环境有损害的军事训练、装备试验等活动。因战备需要必须在上述区域内建设或者进行有关活动的，应当商省级以上人民政府同意，报军区级以上单位批准。

第十七条 制定营区建设规划应当确定保护和改善营区环境的目标和任务，营区建设应当结合当地自然环境的特点，保护植被、水域和自然景观。已建成营区应当加强环境综合整治，开展植树造林、栽花种草，加强生态建设，不断改善营区及其周边的生态环境质量。

第十八条 军用机场、港口、训练场、试验场、基地、阵地、仓库等设施的建设应当符合国家和军队有关环境保护的要求；使用中应当采取必要的污染防治措施；报废后应当对环境进行整治，尽量恢复自然生态。

第十九条 军队人员工作和生活的场所，必须按照有关法规和标准的规定进行设计和建造，完善必要的防治防护措施，保证人员身体健康。

第二十条 各级机关和部队组织实施军事训练、演习、装备试验等活动，必须采取措施，防止或者减轻对环境的污染和破坏，回避珍稀濒危野生动植物；对损坏的自然生态环境，应当进行恢复和治理。

第二十一条 研制、采购装备，必须确保装备的污染防治指标符合环境保护的要求。试验、使用和销毁装备，应当采取措施，消除或者减轻对环境的污染和危害。

第二十二条 生产、存储、试验、使用、运输、销毁有毒化学物品、有毒有害生物制品和含有放射性物质的物品，必须按照国家和军队的有关规定，严格管理，防止对环境的污染和破坏。

第二十三条 新建、改建、扩建和技术更新改造的工程建设项目，应当贯彻执行国家和军队关于工程建设项目环境保护的有关规定，其防治污染的设施，应当纳入工程建设计划，与主体工程同时设计、同时施工、同时投入使用。

第四章　治理环境污染

第二十四条 各单位应当合理利用资源、能源，按照规定淘汰污染严重的设备和技术，防止或者减少军事设施、装备、军事活动等产生的废气、废水、固体废物、粉尘、放射性物质、噪声、振动、电磁波辐射以及光、热和生物等对环境的污染和损害。

第二十五条 产生环境污染的单位应当尽量利用和依托社会相关设施，采用减污效果好、废弃物综合利用率高、管理方便的处理技术和工艺，治理污染。

第二十六条 排放污染物超过规定标准的单位，应当制定治理计划，采取有效措施进行治理。对环境造成严重污染的，其所在的军级以上单位环境保护业务主管部门应当做出责令其限期治理的决定；被限期治理的单位，必须按时完成治理任务。

第二十七条 排放污染物的单位应当按照规定申报登记；具体办法由总后勤部制定。

第二十八条 防治污染的设施应当列入军队房地产或者其他固定资产，加强管理，落实运转经费，保证正常运行，不得擅自拆除或者闲置；确需拆除或者闲置的，必须经军级以上单位环境保护业务主管部门批准。

禁止将产生严重污染的设施、设备或者物质，转移给没有污染防治能力的单位、个人管理或者使用。

第二十九条 总部、军兵种、军区应当建立环境污染事故应急处置机制，加强环境污染事故应急救援力量建设，制定环境污染事故应急处置预案，并适时组织演练。

发生环境污染事故的单位，必须立即采取措施，消除或者减轻危害，同时向上一级单位环境保护业务主管部门和有关部门报告。可能污染危害其他单位和驻地居民的，应当及时通报相关单位和当地人民政府。

第五章　管理与监督

第三十条 军队环境保护的环境质量标准、污染物排放标准、环境基础标准和方法标准，按照国家和地方有关规定执行。国家和地方标准中未作规定的项目，由总后勤部制定相应标准。

第三十一条　军队环境保护实行环境影响评价制度。

编制军事、后勤和装备建设与发展规划，应当对规划事项可能造成的环境影响做出分析、预测和评估，提出预防或者减轻不良环境影响的对策和措施。

组织军事演习、装备试验、装备采购、报废装备处理和工程建设，应当按照规定进行环境影响评价。

第三十二条　团级以上单位环境保护业务主管部门应当按照有关规定，对所属单位执行有关环境保护法规、环境保护与建设和环境污染防治的情况依法进行监督、检查。被检查单位必须如实反映情况，落实检查单位提出的有关要求。

第三十三条　军队环境监督监测机构应当按照国家和军队的有关规定，对本单位、本系统和指定区域内军队单位的环境质量和污染防治情况实施监测评价，并作出监测评价报告；各单位应当接受环境监督监测机构的监督监测，并根据环境监督监测机构提出的有关建议，采取相应的整改措施。

第三十四条　各级环保绿化委员会应当定期向同级党委和上一级环保绿化委员会报告环境保护工作情况。各单位环保绿化委员会办公室，应当定期向官兵通报环境保护工作情况和环境质量状况，并接受官兵的监督。

第三十五条　省军区、军分区环保绿化委员会办公室，应当与本地区人民政府环境保护主管部门建立环境保护协调机制，协调处理本地区军队单位与地方人民政府环境保护主管部门之间的有关事宜；经协调难以解决的，报全军环保绿化委员会办公室商国家环境保护主管部门处理或者裁决。

第三十六条　对外租赁房地产、设施、设备的单位，应当在租赁合同中明确承租单位保护环境和防治污染的责任，并实施监督。

开展对外服务的单位的环境保护工作还应当依法接受国家和地方环境保护主管部门的监督管理。

第六章　教育与科研

第三十七条　各单位应当将环境保护教育纳入经常性管理教育的基本内容，利用多种形式和手段，普及环境保护科学知识，进行环境保护法制教育，增强全体官兵的环境意识和法制观念，提高保护环境的自觉性。

第三十八条　军队报刊、网络等传播媒体应当加强环境保护宣传，适时发布环境保护信息，发挥舆论的监督和引导作用。

军队院校应当将环境保护教育列入教学大纲。

第三十九条　军队环境保护管理人员和技术人员，应当经过院校教育或者在职专业培训，具备相应专业知识。

军级以上单位应当通过多种途径，组织环境保护管理人员和技术人员的业务培训，提高环境保护管理人员和技术人员的理论水平和业务素质。

第四十条　军区级以上单位的环保绿化委员会办公室应当组织指导有关科研、设计、教学和环境监测等单位的科研力量，跟踪军内外环境科技发展动态，开展环境保护科学技术研究，推广环境保护科学技术研究成果，促进环境科学技术协作与交流，提高军队环境保护科学技术水平。

军区级以上单位的相关科研主管部门，应当将环境保护科学技术研究纳入工作规划。

第七章　奖励与处分

第四十一条　对在军队环境保护工作中做出突出成绩的单位和个人，依照《中国人民解放军纪律条令》的有关规定，给予奖励。

第四十二条　违反本条例，具有下列情形之一的，依照《中国人民解放军纪律条令》的有关规定，对负有直接责任的主管人员和其他直接责任人员，给予处分；造成损害的，依法承担赔偿责任；构成犯罪的，依法追究刑事责任；对单位给予通报批评，责令限期改正：

（一）玩忽职守，导致发生环境污染事故或者造成自然生态、重要自然资源、自然遗迹和人文遗迹等严重破坏的；

（二）将产生严重污染的设施、设备或者物质转移给没有污染防治能力的单位、个人管理或者使用的；

（三）擅自拆除或者闲置污染防治设施，造成环境严重污染的；

（四）拒不完成环境污染限期治理任务的；

（五）拒绝接受环境监督监测或者在监督监测中玩忽职守、弄虚作假、徇私舞弊，造成严重后果的；

（六）未按照规定进行环境影响评价的；

（七）其他违反本条例，造成环境污染或者损害的。

第八章　附　则

第四十三条　中国人民武装警察部队的环境保护工作，参照本条例执行。

第四十四条　本条例自发布之日起施行。1990 年 7 月 10 日中央军委发布的《中国人民解放军环境保护条例》即行废止。

二、水污染防治

中华人民共和国水污染防治法

（1984年5月11日第六届全国人民代表大会常务委员会第五次会议通过，
根据1996年5月15日《全国人民代表大会常务委员会
关于修改〈中华人民共和国水污染防治法〉的决定》修正）

第一章　总　则

第一条　为防治水污染，保护和改善环境，以保障人体健康，保证水资源的有效利用，促进社会主义现代化建设的发展，特制定本法。

第二条　本法适用于中华人民共和国领域内的江河、湖泊、运河、渠道、水库等地表水体以及地下水体的污染防治。

海洋污染防治另由法律规定，不适用本法。

第三条　国务院有关部门和地方各级人民政府，必须将水环境保护工作纳入计划，采取防治水污染的对策和措施。

第四条　各级人民政府的环境保护部门是对水污染防治实施统一监督管理的机关。

各级交通部门的航政机关是对船舶污染实施监督管理的机关。

各级人民政府的水利管理部门、卫生行政部门、地质矿产部门、市政管理部门、重要江河的水源保护机构，结合各自的职责，协同环境保护部门对水污染防治实施监督管理。

第五条　一切单位和个人都有责任保护水环境，并有权对污染损害水环境的行为进行监督和检举。

因水污染危害直接受到损失的单位和个人，有权要求致害者排除危害和赔偿损失。

第二章　水环境质量标准和污染物排放标准的制定

第六条　国务院环境保护部门制定国家水环境质量标准。

省、自治区、直辖市人民政府可以对国家水环境质量标准中未规定的项目，制定地方补充标准，并报国务院环境保护部门备案。

第七条　国务院环境保护部门根据国家水环境质量标准和国家经济、技术条件，制定国家污染物排放标准。

省、自治区、直辖市人民政府对国家水污染物排放标准中未作规定的项目，可以制定地方水污染物排放标准；对国家水污染物排放标准中已作规定的项目，可以制定严于国家水污染物排放标准的地方水污染物排放标准。地方水污染物排放标准须报国务院环境保护部门备案。

凡是向已有地方污染物排放标准的水体排放污染物的，应当执行地方污染物排放标准。

第八条 国务院环境保护部门和省、自治区、直辖市人民政府，应当根据水污染防治的要求和国家经济、技术条件，适时修订水环境质量标准和污染物排放标准。

第三章 水污染防治的监督管理

第九条 国务院有关部门和地方各级人民政府在开发、利用和调节、调度水资源的时候，应当统筹兼顾，维护江河的合理流量和湖泊、水库以及地下水体的合理水位，维护水体的自然净化能力。

第十条 防治水污染应当按流域或者按区域进行统一规划。国家确定的重要江河的流域水污染防治规划，由国务院环境保护部门会同计划主管部门、水利管理部门等有关部门和有关省、自治区、直辖市人民政府编制，报国务院批准。

其他跨省、跨县江河的流域水污染防治规划，根据国家确定的重要江河的流域水污染防治规划和本地实际情况，由省级以上人民政府环境保护部门会同水利管理部门等有关部门和有关地方人民政府编制，报国务院或者省级人民政府批准。跨县不跨省的其他江河的流域水污染防治规划由该省级人民政府报国务院备案。

经批准的水污染防治规划是防治水污染的基本依据，规划的修订须经原批准机关的批准。

县级以上人民政府，应当根据依法批准的江河流域水污染防治规划，组织制定本行政区域的水污染防治规划，并纳入本行政区域的国民经济和社会发展中长期和年度计划。

第十一条 国务院有关部门和地方各级人民政府应当合理规划工业布局，对造成水污染的企业进行整顿和技术改造，采取综合防治措施，提高水的重复利用率，合理利用资源，减少废水和污染物排放量。

第十二条 县级以上人民政府可以对风景名胜区水体、重要渔业水体和其他具有特殊经济文化价值的水体，划定保护区，并采取措施，保证保护区的水质符合规定用途的水质标准。

第十三条 新建、扩建、改建直接或者间接向水体排放污染物的建设项目和其他水上设施，必须遵守国家有关建设项目环境保护管理的规定。

建设项目的环境影响报告书，必须对建设项目可能产生的水污染和对生态环境的影响作出评价，规定防治的措施，按照规定的程序报经有关环境保护部门审查批准。在运河、渠道、水库等水利工程内设置排污口，应当经过有关水利工程管理部门同意。

建设项目中防治水污染的设施，必须与主体工程同时设计，同时施工，同时投产使用。防治水污染的设施必须经过环境保护部门检验，达不到规定要求的，该建设项目不准投入生产或者使用。

环境影响报告书中，应当有该建设项目所在地单位和居民的意见。

第十四条 直接或者间接向水体排放污染物的企业事业单位，应当按照国务院环境保护部门的规定，向所在地的环境保护部门申报登记拥有的污染物排放设施、处理设施和在正常作业条件下排放污染物的种类、数量和浓度，并提供防治水污染方面的有关技术资料。

前款规定的排污单位排放水污染物的种类、数量和浓度有重大改变的，应当及时申报；其水污染物处理设施必须保持正常使用，拆除或者闲置水污染物处理设施的，必须事先报经所在地县级以上地方人民政府环境保护部门批准。

第十五条 企业事业单位向水体排放污染物的，按照国家规定缴纳排污费；超过国家或者地方规定的污染物排放标准的，按照国家规定缴纳超标准排污费。

排污费和超标准排污费必须用于污染的防治，不得挪作他用。

超标准排污的企业事业单位必须制定规划，进行治理，并将治理规划报所在地的县级以上地方人民政府环境保护部门备案。

第十六条 省级以上人民政府对实现水污染物达标排放仍不能达到国家规定的水环境质量标准的水体，可以实施重点污染物排放的总量控制制度，并对有排污量削减任务的企业实施该重点污染物排放量的核定制度。具体办法由国务院规定。

第十七条 国务院环境保护部门会同国务院水利管理部门和有关省级人民政府，可以根据国家确定的重要江河流域水体的使用功能以及有关地区的经济、技术条件，确定该重要江河流域的省界水体适用的水环境质量标准，报国务院批准后施行。

第十八条 国家确定的重要江河流域的水资源保护工作机构，负责监测其所在流域的省界水体的水环境质量状况，并将监测结果及时报国务院环境保护部门和国务院水利管理部门；有经国务院批准成立的流域水资源保护领导机构的，应当将监测结果及时报告流域水资源保护领导机构。

第十九条 城市污水应当进行集中处理。

国务院有关部门和地方各级人民政府必须把保护城市水源和防治城市水污染纳入城市建设规划，建设和完善城市排水管网，有计划地建设城市污水集中处理设施，加强城市水环境的综合整治。

城市污水集中处理设施按照国家规定向排污者提供污水处理的有偿服务，收取污水处理费用，以保证污水集中处理设施的正常运行。向城市污水集中处理设施排放污水、缴纳污水处理费用的，不再缴纳排污费。收取的污水处理费用必须用于城市污水集中处理设施的建设和运行，不得挪作他用。

城市污水集中处理设施的污水处理收费、管理以及使用的具体办法，由国务院规定。

第二十条 省级以上人民政府可以依法划定生活饮用水地表水源保护区。生活饮用水地表水源保护区分为一级保护区和其他等级保护区。在生活饮用水地表水源取水口附近可以划定一定的水域和陆域为一级保护区。在生活饮用水地表水源一级保护区外，可以划定一定的水域和陆域为其他等级保护区。各级保护区应当有明确的地理界线。

禁止向生活饮用水地表水源一级保护区的水体排放污水。

禁止在生活饮用水地表水源一级保护区内从事旅游、游泳和其他可能污染生活饮用水水体的活动。

禁止在生活饮用水地表水源一级保护区内新建、扩建与供水设施和保护水源无关的建设项目。

在生活饮用水地表水源一级保护区内已设置的排污口，由县级以上人民政府按照国务院规定的权限责令限期拆除或者限期治理。

对生活饮用水地下水源应当加强保护。

对生活饮用水水源保护的具体办法由国务院规定。

第二十一条　在生活饮用水源受到严重污染，威胁供水安全等紧急情况下，环境保护部门应当报经同级人民政府批准，采取强制性的应急措施，包括责令有关企业事业单位减少或者停止排放污染物。

第二十二条　企业应当采用原材料利用效率高、污染物排放量少的清洁生产工艺，并加强管理，减少水污染物的产生。

国家对严重污染水环境的落后生产工艺和严重污染水环境的落后设备实行淘汰制度。

国务院经济综合主管部门会同国务院有关部门公布限期禁止采用的严重污染水环境的工艺名录和限期禁止生产、禁止销售、禁止进口、禁止使用的严重污染水环境的设备名录。

生产者、销售者、进口者或者使用者必须在国务院经济综合主管部门会同国务院有关部门规定的期限内分别停止生产、销售、进口或者使用列入前款规定的名录中的设备。生产工艺的采用者必须在国务院经济综合主管部门会同国务院有关部门规定的期限内停止采用列入前款规定的名录中的工艺。

依照前两款规定被淘汰的设备，不得转让给他人使用。

第二十三条　国家禁止新建无水污染防治措施的小型化学制纸浆、印染、染料、制革、电镀、炼油、农药以及其他严重污染水环境的企业。

第二十四条　对造成水体严重污染的排污单位，限期治理。

中央或者省、自治区、直辖市人民政府直接管辖的企业事业单位的限期治理，由省、自治区、直辖市人民政府的环境保护部门提出意见，报同级人民政府决定。市、县或者市、县以下人民政府管辖的企业事业单位的限期治理，由市、县人民政府的环境保护部门提出意见，报同级人民政府决定。排污单位应当如期完成治理任务。

第二十五条　各级人民政府的环境保护部门和有关的监督管理部门，有权对管辖范围内的排污单位进行现场检查，被检查的单位必须如实反映情况，提供必要的资料。检查机关有责任为被检查的单位保守技术秘密和业务秘密。

第二十六条　跨行政区域的水污染纠纷，由有关地方人民政府协商解决，或者由其共同的上级人民政府协调解决。

第四章　防止地表水污染

第二十七条　在生活饮用水源地、风景名胜区水体、重要渔业水体和其他有特殊经济文化价值的水体的保护区内，不得新建排污口。在保护区附近新建排污口，必须保证保护区水体不受污染。

本法公布前已有的排污口，排放污染物超过国家或者地方标准的，应当治理；危害饮用水源的排污口，应当搬迁。

第二十八条 排污单位发生事故或者其他突然性事件，排放污染物超过正常排放量，造成或者可能造成水污染事故的，必须立即采取应急措施，通报可能受到水污染危害和损害的单位，并向当地环境保护部门报告。船舶造成污染事故的，应当向就近的航政机关报告，接受调查处理。

造成渔业污染事故的，应当接受渔政监督管理机构的调查处理。

第二十九条 禁止向水体排放油类、酸液、碱液或者剧毒废液。

第三十条 禁止在水体清洗装贮过油类或者有毒污染物的车辆和容器。

第三十一条 禁止将含有汞、镉、砷、铬、铅、氰化物、黄磷等的可溶性剧毒废渣向水体排放、倾倒或者直接埋入地下。

存放可溶性剧毒废渣的场所，必须采取防水、防渗漏、防流失的措施。

第三十二条 禁止向水体排放、倾倒工业废渣、城市垃圾和其他废弃物。

第三十三条 禁止在江河、湖泊、运河、渠道、水库最高水位线以下的滩地和岸坡堆放、存贮固体废弃物和其他污染物。

第三十四条 禁止向水体排放或者倾倒放射性固体废弃物或者含有高放射性和中放射性物质的废水。

向水体排放含低放射性物质的废水，必须符合国家有关放射防护的规定和标准。

第三十五条 向水体排放含热废水，应当采取措施，保证水体的水温符合水环境质量标准，防止热污染危害。

第三十六条 排放含病原体的污水，必须经过消毒处理；符合国家有关标准后，方准排放。

第三十七条 向农田灌溉渠道排放工业废水和城市污水，应当保证其下游最近的灌溉取水点水质符合农田灌溉水质标准。

利用工业废水和城市污水进行灌溉，应当防止污染土壤、地下水和农产品。

第三十八条 使用农药，应当符合国家有关农药安全使用的规定和标准。

运输、存贮农药和处置过期失效农药，必须加强管理，防止造成水污染。

第三十九条 县级以上地方人民政府的农业管理部门和其他有关部门，应当采取措施，指导农业生产者科学、合理地施用化肥和农药，控制化肥和农药的过量使用，防止造成水污染。

第四十条 船舶排放含油污水、生活污水，必须符合船舶污染物排放标准。从事海洋航运的船舶，进入内河和港口的，应当遵守内河的船舶污染物排放标准。

船舶的残油、废油必须回收，禁止排入水体。

禁止向水体倾倒船舶垃圾。

船舶装载运输油类或者有毒货物，必须采取防止溢流和渗漏的措施，防止货物落水造成水污染。

第五章　防止地下水污染

第四十一条　禁止企业事业单位利用渗井、渗坑、裂隙和溶洞排放、倾倒含有毒污染物的废水、含病原体的污水和其他废弃物。

第四十二条　在无良好隔渗地层，禁止企业事业单位使用无防止渗漏措施的沟渠、坑塘等输送或者存贮含有毒污染物的废水、含病原体的污水和其他废弃物。

第四十三条　在开采多层地下水的时候，如果各含水层的水质差异大，应当分层开采；对已受污染的潜水和承压水，不得混合开采。

第四十四条　兴建地下工程设施或者进行地下勘探、采矿等活动，应当采取防护性措施，防止地下水污染。

第四十五条　人工回灌补给地下水，不得恶化地下水质。

第六章　法律责任

第四十六条　违反本法规定，有下列行为之一的，环境保护部门或者交通部门的航政机关可以根据不同情节，给予警告或者处以罚款：

（一）拒报或者谎报国务院环境保护部门规定的有关污染物排放申报登记事项的；

（二）拒绝环境保护部门或者有关的监督管理部门现场检查，或者弄虚作假的；

（三）违反本法第四章、第五章有关规定，贮存、堆放、弃置、倾倒、排放污染物、废弃物的；

（四）不按国家规定缴纳排污费或者超标准排污费的。

罚款的办法和数额由本法实施细则规定。

第四十七条　违反本法第十三条第三款规定，建设项目的水污染防治设施没有建成或者没有达到国家规定的要求，即投入生产或者使用的，由批准该建设项目的环境影响报告书的环境保护部门责令停止生产或者使用，可以并处罚款。

第四十八条　违反本法第十四条第二款规定，排污单位故意不正常使用水污染物处理设施，或者未经环境保护部门批准，擅自拆除、闲置水污染物处理设施，排放污染物超过规定标准的，由县级以上地方人民政府环境保护部门责令恢复正常使用或者限期重新安装使用，并处罚款。

第四十九条　违反本法第二十条第四款规定，在生活饮用水地表水源一级保护区新建、扩建与供水设施和保护水源无关的建设项目的，由县级以上人民政府按照国务院规定的权限责令停业或者关闭。

第五十条　违反本法第二十二条规定，生产、销售、进口或者使用禁止生产、销售、进口、使用的设备，或者采用禁止采用的工艺的，由县级以上人民政府经济综合主管部门责令改正；情节严重的，由县级以上人民政府经济综合主管部门提出意见，报请同级人民政府按照国务院规定的权限责令停业、关闭。

第五十一条　违反本法第二十三条规定，建设无水污染防治措施的小型企业，严重污染水环境的，由所在地的市、县人民政府或者上级人民政府责令关闭。

第五十二条 造成水体严重污染的企业事业单位，经限期治理，逾期未完成治理任务的，除按照国家规定征收两倍以上的超标准排污费外，可以根据所造成的危害和损失处以罚款，或者责令其停业或者关闭。

罚款由环境保护部门决定。责令企业事业单位停业或者关闭，由作出限期治理决定的地方人民政府决定；责令中央直接管辖的企业事业单位停业或者关闭的，须报经国务院批准。

第五十三条 违反本法规定，造成水污染事故的排污单位，由事故发生地的县级以上地方人民政府环境保护部门根据所造成的危害和损失处以罚款。

造成渔业污染事故或者船舶造成水污染事故的，分别由事故发生地的渔政监督管理机构或者交通部门的航政机关根据所造成的危害和损失处以罚款。

造成水污染事故，情节严重的，对有关责任人员，由其所在单位或者上级主管机关给予行政处分。

第五十四条 当事人对行政处罚决定不服的，可以在收到通知之日起十五天内，向人民法院起诉；期满不起诉又不履行的，由作出处罚决定的机关申请人民法院强制执行。

第五十五条 造成水污染危害的单位，有责任排除危害，并对直接受到损失的单位或者个人赔偿损失。

赔偿责任和赔偿金额的纠纷，可以根据当事人的请求，由环境保护部门或者交通部门的航政机关处理；当事人对处理决定不服的，可以向人民法院起诉。当事人也可以直接向人民法院起诉。

水污染损失由第三者故意或者过失所引起的，第三者应当承担责任。

水污染损失由受害者自身的责任所引起的，排污单位不承担责任。

第五十六条 完全由于不可抗拒的自然灾害，并经及时采取合理措施，仍然不能避免造成水污染损失的，免予承担责任。

第五十七条 违反本法规定，造成重大水污染事故，导致公私财产重大损失或者人身伤亡的严重后果的，对有关责任人员可以比照刑法第一百一十五条或者第一百八十七条的规定，追究刑事责任。

第五十八条 环境保护监督管理人员和其他有关国家工作人员滥用职权、玩忽职守、徇私舞弊的，由其所在单位或者上级主管机关给予行政处分；构成犯罪的，依法追究刑事责任。

第七章 附 则

第五十九条 对个体工商户向水体排放污染物，污染严重的，由省、自治区、直辖市人民代表大会常务委员会参照本法规定的原则制定管理办法。

第六十条 本法中下列用语的含义是：

（一）“水污染”是指水体因某种物质的介入，而导致其化学、物理、生物或者放射性等方面特性的改变，从而影响水的有效利用，危害人体健康或者破坏生态环境，造成水质恶化的现象。

（二）“污染物”是指能导致水污染的物质。

（三）“有毒污染物”是指那些直接或者间接为生物摄入体内后，导致该生物或者其后代发病、行为反常、遗传异变、生理机能失常、机体变形或者死亡的污染物。

（四）“油类”是指任何类型的油及其炼制品。

（五）“渔业水体”是指划定的鱼虾类的产卵场、索饵场、越冬场、回游通道和鱼虾贝藻类的养殖场。

第六十一条 国务院环境保护部门根据本法制定实施细则，报国务院批准后施行。

第六十二条 本法自1984年11月1日起施行。

中华人民共和国水污染防治法实施细则

中华人民共和国国务院令

第284号

现发布《中华人民共和国水污染防治法实施细则》，自发布之日起施行。

总理　朱镕基

2000年3月20日

第一章　总　则

第一条　根据《中华人民共和国水污染防治法》（以下简称水污染防治法），制定本实施细则。

第二章　水污染防治的监督管理

第二条　依照水污染防治法第十条规定编制的流域水污染防治规划，应当包括下列内容：

（一）水体的环境功能要求；

（二）分阶段达到的水质目标及时限；

（三）水污染防治的重点控制区域和重点污染源，以及具体实施措施；

（四）流域城市排水与污水处理设施建设规划。

第三条　县级以上人民政府水行政主管部门在确定大、中型水库坝下最小泄流量时，应当维护下游水体的自然净化能力，并征求同级人民政府环境保护部门的意见。

第四条　向水体排放污染物的企业事业单位，必须向所在地的县级以上地方人民政府环境保护部门提交《排污申报登记表》。

企业事业单位超过国家规定的或者地方规定的污染物排放标准排放污染物的，在提交《排污申报登记表》时，还应当写明超过污染物排放标准的原因及限期治理措施。

第五条　企业事业单位需要拆除或者闲置污染物处理设施的，必须事先向所在地的县级以上地方人民政府环境保护部门申报，并写明理由。环境保护部门应当自收到申报之日起1个月内作出同意或者不同意的决定，并予以批复；逾期不批复的，视为同意。

第六条　对实现水污染物达标排放仍不能达到国家规定的水环境质量标准的水体，

可以实施重点污染物排放总量控制制度。

国家确定的重要江河流域的总量控制计划，由国务院环境保护部门会同国务院有关部门商有关省、自治区、直辖市人民政府编制，报国务院批准。其他水体的总量控制计划，由省、自治区、直辖市人民政府环境保护部门会同同级有关部门商有关地方人民政府编制，报省、自治区、直辖市人民政府批准；其中，跨省、自治区、直辖市的水体的总量控制计划，由有关省、自治区、直辖市人民政府协商确定。

第七条 总量控制计划应当包括总量控制区域、重点污染物的种类及排放总量、需要削减的排污量及削减时限。

第八条 对依法实施重点污染物排放总量控制的水体，县级以上地方人民政府应当依据总量控制计划分配的排放总量控制指标，组织制定本行政区域内该水体的总量控制实施方案。

总量控制实施方案应当确定需要削减排污量的单位、每一排污单位重点污染物的种类及排放总量控制指标、需要削减的排污量以及削减时限要求。

第九条 分配重点污染物排放总量控制指标，应当遵循公开、公平、公正的原则，并按照科学、统一的标准执行。总量控制指标分配办法由国务院环境保护部门商国务院有关部门制定。

第十条 县级以上地方人民政府环境保护部门根据总量控制实施方案，审核本行政区域内向该水体排污的单位的重点污染物排放量，对不超过排放总量控制指标的，发给排污许可证；对超过排放总量控制指标的，限期治理，限期治理期间，发给临时排污许可证。具体办法由国务院环境保护部门制定。

第十一条 总量控制实施方案确定的削减污染物排放量的单位，必须按照国务院环境保护部门的规定设置排污口，并安装总量控制的监测设备。

第十二条 国家确定的重要江河流域所在地的省、自治区、直辖市人民政府，应当执行国务院批准的省界水体适用的水环境质量标准。

第十三条 国家确定的重要江河流域的省界水体的水环境质量状况监测，必须按照国务院环境保护部门制定的水环境质量监测规范执行。

第十四条 城市建设管理部门应当根据城市总体规划，组织编制城市排水和污水处理专业规划，并按照规划的要求组织建设城市污水集中处理设施。

第十五条 城市污水集中处理设施出水水质，按照国家规定的或者地方规定的污染物排放标准执行。

城市污水集中处理的营运单位，应当对城市污水集中处理设施的出水水质负责。

环境保护部门应当对城市污水集中处理设施的出水水质和水量进行抽测检查。

第十六条 被责令限期治理的排污单位，应当向作出限期治理决定的人民政府的环境保护部门提交治理计划，并定期报告治理进度。

作出限期治理决定的人民政府的环境保护部门，应当检查被责令限期治理的排污单位的治理情况，对完成限期治理的项目进行验收。

被责令限期治理的排污单位，必须按期完成治理任务；因不可抗力不能在规定的期限内完成治理任务的，必须在不可抗力情形发生后 1 个月内，向作出限期治理决定的人民政府的环境保护部门提出延长治理期限申请，由作出限期治理决定的人民政府审查决定。

第十七条 环境保护部门和海事、渔政管理机构对管辖范围内向水体排放污染物的单位进行现场检查时，应当出示行政执法证件或者佩戴行政执法标志。

第十八条 环境保护部门和海事、渔政管理机构进行现场检查时，根据需要，可以要求被检查单位提供下列情况和资料：

（一）污染物排放情况；

（二）污染物治理设施及其运行、操作和管理情况；

（三）监测仪器、仪表、设备的型号和规格以及检定、校验情况；

（四）采用的监测分析方法和监测记录；

（五）限期治理进展情况；

（六）事故情况及有关记录；

（七）与污染有关的生产工艺、原材料使用的资料；

（八）与水污染防治有关的其他情况和资料。

第十九条 企业事业单位造成水污染事故时，必须立即采取措施，停止或者减少排污，并在事故发生后 48 小时内，向当地环境保护部门作出事故发生的时间、地点、类型和排放污染物的种类、数量、经济损失、人员受害及应急措施等情况的初步报告；事故查清后，应当向当地环境保护部门作出事故发生的原因、过程、危害、采取的措施、处理结果以及事故潜在危害或者间接危害、社会影响、遗留问题和防范措施等情况的书面报告，并附有关证明文件。

环境保护部门收到水污染事故的初步报告后，应当立即向本级人民政府和上一级人民政府环境保护部门报告，有关地方人民政府应当组织有关部门对事故发生的原因进行调查，并采取有效措施，减轻或者消除污染。县级以上人民政府环境保护部门应当组织对事故可能影响的水域进行监测，并对事故进行调查处理。

船舶造成水污染事故时，必须立即向就近的海事管理机构报告。造成渔业水体污染事故的，必须立即向事故发生地的渔政管理机构报告。海事或者渔政管理机构接到报告后，应当立即向本级人民政府的环境保护部门通报情况，并及时开展调查处理工作。

水污染事故发生或者可能发生跨行政区域危害或者损害的，事故发生地的县级以上地方人民政府应当及时向受到或者可能受到事故危害或者损害的有关地方人民政府通报事故发生的时间、地点、类型和排放污染物的种类、数量以及需要采取的防范措施等情况。

第三章 防止地表水污染

第二十条 跨省、自治区、直辖市的生活饮用水地表水源保护区，由有关省、自治区、直辖市人民政府协商划定；协商不成的，由国务院环境保护部门会同国务院水利、国土资源、卫生、建设等有关部门提出划定方案，报国务院批准。

其他生活饮用水地表水源保护区的划定，由有关市、县人民政府协商提出划定方案，报省、自治区、直辖市人民政府批准；协商不成的，由省、自治区、直辖市人民政府环境保护部门会同同级水利、国土资源、卫生、建设等有关部门提出划定方案，报省、自治区、直辖市人民政府批准。

生活饮用水地表水源保护区分为一级保护区和二级保护区。

第二十一条 生活饮用水地表水源一级保护区内的水质，适用国家《地面水环境质量标准》II类标准；二级保护区内的水质，适用国家《地面水环境质量标准》III类标准。

第二十二条 生活饮用水地表水源一级保护区的保护，依照水污染防治法第二十条的规定执行。

第二十三条 禁止在生活饮用水地表水源二级保护区内新建、扩建向水体排放污染物的建设项目。在生活饮用水地表水源二级保护区内改建项目，必须削减污染物排放量。

禁止在生活饮用水地表水源二级保护区内超过国家规定的或者地方规定的污染物排放标准排放污染物。

禁止在生活饮用水地表水源二级保护区内设立装卸垃圾、油类及其他有毒有害物品的码头。

第二十四条 利用工业废水和城市污水进行灌溉的，县级以上地方人民政府农业行政主管部门应当组织对用于灌溉的水质及灌溉后的土壤、农产品进行定期监测，并采取相应措施，防止污染土壤、地下水和农产品。

第二十五条 在内河航行的船舶，应当配置符合国家规定的防污设备，并持有船舶检验部门签发的合格证书。

船舶无防污设备或者防污设备不符合国家规定的，应当限期达到规定的标准。

第二十六条 在内河航行的船舶，必须持有海事管理机构规定的防污文书或者记录文书。在内河航行的 150 总吨以上的油轮和 400 总吨以上的非油轮，必须持有油类记录本。

第二十七条 港口或者码头应当配备含油污水和垃圾的接收与处理设施。接收与处理设施由港口经营单位负责建设、管理和维护。

在内河航行的船舶不得向水体排放废油、残油和垃圾。在内河航行的客运、旅游船舶，必须建立垃圾管理制度。

第二十八条 在港口的船舶进行下列作业，必须事先向海事管理机构提出申请，经批准后，在指定的区域内进行：

（一）冲洗载运有毒货物、有粉尘的散装货物的船舶甲板和舱室；

（二）排放压舱、洗舱和机舱污水以及其他残余物质；

（三）使用化学消油剂。

第二十九条 船舶在港口或者码头装卸油类及其他有毒有害、腐蚀性、放射性货物时，船方和作业单位必须采取预防措施，防止污染水体。

第三十条 船舶发生事故，造成或者可能造成水体污染的，海事管理机构应当组织强制打捞清除或者强制拖航，由此支付的费用由肇事船方承担。

第三十一条 造船、修船、拆船、打捞船舶的单位，必须配备防污设备和器材；进行作业时，应当采取预防措施，防止油类、油性混合物和其他废弃物污染水体。

第四章　防止地下水污染

第三十二条　生活饮用水地下水源保护区，由县级以上地方人民政府环境保护部门会同同级水利、国土资源、卫生、建设等有关行政主管部门，根据饮用水水源地所处的地理位置、水文地质条件、供水量、开采方式和污染源的分布提出划定方案，报本级人民政府批准。

生活饮用水地下水源保护区的水质，适用国家《地下水质标准》Ⅱ类标准。

第三十三条　禁止在生活饮用水地下水源保护区内从事下列活动：

（一）利用污水灌溉；

（二）利用含有毒污染物的污泥作肥料；

（三）使用剧毒和高残留农药；

（四）利用储水层孔隙、裂隙、溶洞及废弃矿坑储存石油、放射性物质、有毒化学品、农药等。

第三十四条　开采多层地下水时，对下列含水层应当分层开采，不得混合开采：

（一）半咸水、咸水、卤水层；

（二）已受到污染的含水层；

（三）含有毒有害元素并超过生活饮用水卫生标准的水层；

（四）有医疗价值和特殊经济价值的地下热水、温泉水和矿泉水。

第三十五条　揭露和穿透含水层的勘探工程，必须按照有关规范要求，严格做好分层止水和封孔工作。

第三十六条　矿井、矿坑排放有毒有害废水，应当在矿床外围设置集水工程，并采取有效措施，防止污染地下水。

第三十七条　人工回灌补给地下饮用水的水质，应当符合生活饮用水水源的水质标准，并经县级以上地方人民政府卫生行政主管部门批准。

第五章　法律责任

第三十八条　依照水污染防治法第四十六条第一款第（一）项、第（二）项、第（四）项规定处以罚款的，按照下列规定执行：

（一）拒报或者谎报国务院环境保护部门规定的有关污染物排放申报登记事项的，可以处1万元以下的罚款；

（二）拒绝环境保护部门或者海事、渔政管理机构现场检查，或者弄虚作假的，可以处1万元以下的罚款；

（三）不按照国家规定缴纳排污费或者超标排污费的，除追缴排污费或者超标排污费及滞纳金外，可以处应缴数额50%以下的罚款。

第三十九条　依照水污染防治法第四十六条第一款第（三）项规定处以罚款的，按照下列规定执行：

（一）向水体排放剧毒废液，或者将含有汞、镉、砷、铬、氰化物、黄磷等可溶性剧毒废渣向水体排放、倾倒或者直接埋入地下的，可以处10万元以下的罚款；

（二）向水体排放、倾倒放射性固体废弃物、油类、酸液、碱液或者含有高、中放射性物质的废水的，可以处5万元以下的罚款；

（三）向水体排放船舶的残油、废油，或者在水体清洗装贮过油类、有毒污染物的车辆和容器的，可以处1万元以下的罚款；

（四）向水体排放、倾倒工业废渣、城市生活垃圾，或者在江河、湖泊、运河、渠道、水库最高水位线以下的滩地和岸坡存贮固体废弃物的，可以处1万元以下的罚款；

（五）向水体倾倒船舶垃圾的，可以处2 000元以下的罚款；

（六）企业事业单位利用溶洞排放、倾倒含病原体的污水或者其他废弃物的，可以处2万元以下的罚款；利用渗井、渗坑、裂隙排放含有毒污染物的废水的，可以处5万元以下的罚款；

（七）企业事业单位使用无防止渗漏措施的沟渠、坑塘等输送或者存贮含病原体的污水或者其他废弃物的，可以处1万元以下的罚款；使用无防止渗漏措施的沟渠、坑塘等输送或者存贮含有毒污染物的废水的，可以处2万元以下的罚款。

第四十条 依照水污染防治法第四十七条规定处以罚款的，可以处10万元以下的罚款。

第四十一条 依照水污染防治法第四十八条规定处以罚款的，可以处10万元以下的罚款。

第四十二条 依照水污染防治法第五十二条第一款处以罚款的，可以处20万元以下的罚款。

第四十三条 依照水污染防治法第五十三条规定处以罚款的，按照下列规定执行：

（一）对造成水污染事故的企业事业单位，按照直接损失的20%计算罚款，但是最高不得超过20万元；

（二）对造成重大经济损失的，按照直接损失的30%计算罚款，但是最高不得超过100万元。

第四十四条 不按照排污许可证或者临时排污许可证的规定排放污染物的，由颁发许可证的环境保护部门责令限期改正，可以处5万元以下的罚款；情节严重的，并可以吊销排污许可证或者临时排污许可证。

第四十五条 违反本细则第十一条的规定，未按照规定设置排污口、安装总量控制监测设备的，由环境保护部门责令限期改正，可以处1万元以下的罚款。

第四十六条 违反本细则第二十三条第一款的规定，在生活饮用水地表水源二级保护区内新建、扩建向水体排放污染物的建设项目的，或者改建项目未削减污染物排放量的，由县级以上人民政府按照规定的权限责令停业或者关闭。

违反本细则第二十三条第二款的规定，在生活饮用水地表水源二级保护区内，超过国家规定的或者地方规定的污染物排放标准排放污染物的，由县级以上人民政府责令期限治理，可以处10万元以下的罚款；逾期未完成治理任务的，由县级以上人民政府按照规定的权限责令停业或者关闭。

违反本细则第二十三条第三款的规定，在生活饮用水地表水源二级保护区内，设立装卸垃圾、油类及其他有毒有害物品码头的，由县级以上人民政府环境保护部门责令限期拆除，可以处10万元以下的罚款。

第四十七条 违反本细则第三十三条第（四）项的规定，利用储水层孔隙、裂隙、溶洞及废弃矿坑储存石油、放射性物质、有毒化学品、农药的，由县级以上地方人民政府环境保护部门责令改正，可以处10万元以下的罚款。

第四十八条 缴纳排污费、超标排污费或者被处以警告、罚款的单位，不免除其消除污染、排除危害和赔偿损失的责任。

第六章 附 则

第四十九条 本细则自发布之日起施行。1989年7月12日国务院批准、国家环保局发布的《中华人民共和国水污染防治法实施细则》同时废止。

淮河流域水污染防治暂行条例

（1995年8月8日国务院令第183号，发布施行）

第一条 为了加强淮河流域水污染防治，保护和改善水质，保障人体健康和人民生活、生产用水，制定本条例。

第二条 本条例适用于淮河流域的河流、湖泊、水库、渠道等地表水体的污染防治。

第三条 淮河流域水污染防治的目标：1997年实现全流域工业污染源达标排放；2000年淮河流域各主要河段、湖泊、水库的水质达到淮河流域水污染防治规划的要求，实现淮河水体变清。

第四条 淮河流域水资源保护领导小组（以下简称领导小组），负责协调、解决有关淮河流域水资源保护和水污染防治的重大问题，监督、检查淮河流域水污染防治工作，并行使国务院授予的其他职权。

领导小组办公室设在淮河流域水资源保护局。

第五条 河南、安徽、江苏、山东四省（以下简称四省）人民政府各对本省淮河流域水环境质量负责，必须采取措施确保本省淮河流域水污染防治目标的实现。

四省人民政府应当将淮河流域水污染治理任务分解到有关市（地）、县，签订目标责任书，限期完成，并将该项工作作为考核有关干部政绩的重要内容。

第六条 淮河流域县级以上地方人民政府，应当定期向本级人民代表大会常务委员会报告本行政区域内淮河流域水污染防治工作进展情况。

第七条 国家对淮河流域水污染防治实行优惠、扶持政策。

第八条 四省人民政府应当妥善做好淮河流域关、停企业的职工安置工作。

第九条 国家对淮河流域实行水污染物排放总量（以下简称排污总量）控制制度。

第十条 国务院环境保护行政主管部门会同国务院计划部门、水行政主管部门商四省人民政府，根据淮河流域水污染防治目标，拟订淮河流域水污染防治规划和排污总量控制计划，经由领导小组报国务院批准后执行。

第十一条 淮河流域县级以上地方人民政府，根据上级人民政府制定的淮河流域水污染防治规划和排污总量控制计划，组织制定本行政区域内淮河流域水污染防治规划和排污总量控制计划，并纳入本行政区域的国民经济和社会发展中长期规划和年度计划。

第十二条 淮河流域排污总量控制计划，应当包括确定的排污总量控制区域、排污总量、排污削减量和削减时限要求，以及应当实行重点排污控制的区域和重点排污控制区域处的重点排污单位名单等内容。

第十三条 向淮河流域水体排污的企业事业单位和个体工商户（以下简称排污单

位），凡纳入排污总量控制的，由环境保护行政主管部门商同级有关行业主管部门，根据排污总量控制计划、建设项目环境影响报告书和排污申报量，确定其排污总量控制指标。

排污单位的排污总量控制指标的削减量以及削减时限要求，由下达指标的环境保护行政主管部门根据本级人民政府的规定，商同级有关行业主管部门核定。

超过排污总量控制指标排污的，由有关县级以上地方人民政府责令限期治理。

第十四条 在淮河流域排污总量控制计划确定的重点排污控制区域内的排污单位和重点排污控制区域外的重点排污单位，必须按照国家有关规定申请领取排污许可证，并在排污口安装污水排放计量器具。

第十五条 国务院环境保护行政主管部门商国务院水行政主管部门，根据淮河流域排污总量控制计划以及四省的经济技术条件，制定淮河流域省界水质标准，报国务院批准后施行。

第十六条 淮河流域水资源保护局负责监测四省省界水质，并将监测结果及时报领导小组。

第十七条 淮河流域重点排污单位超标排放水污染物的，责令限期治理。

市、县或者市、县以下人民政府管辖的企业事业单位的限期治理，由有关市、县人民政府决定。中央或者省级人民政府管辖的企业事业单位的限期治理，由省级人民政府决定。

限期治理的重点排污单位名单，由国务院环境保护行政主管部门商四省人民政府拟订，经领导小组审核同意后公布。

第十八条 自 1998 年 1 月 1 日起，禁止一切工业企业向淮河流域水体超标排放水污染物。

第十九条 淮河流域排污单位必须采取措施按期完成污染治理任务，保证水污染物的排放符合国家制定的和地方制定的排放标准；持有排污许可证的单位应当保证其排污总量不超过排污许可证规定的排污总量控制指标。

未按期完成污染治理任务的排污单位，应当集中资金尽快完成治理任务；完成治理任务前，不得建设扩大生产规模的项目。

第二十条 淮河流域县级以上地方人民政府环境保护行政主管部门征收的排污费，必须按照国家有关规定，全部用于污染治理，不得挪作他用。

审计部门应当对排污费的使用情况依法进行审计，并由四省人民政府审计部门将审计结果报领导小组。

第二十一条 在淮河流域河流、湖泊、水库、渠道等管理范围内设置或者扩大排污口的，必须依法报经水行政主管部门同意。

第二十二条 禁止在淮河流域新建化学制浆造纸企业。

禁止在淮河流域新建制革、化工、印染、电镀、酿造等污染严重的小型企业。

严格限制在淮河流域新建前款所列大中型项目或者其他污染严重的项目；建设该类项目的，必须事先征得有关省人民政府环境保护行政主管部门的同意，并报国务院环境保护行政主管部门备案。

禁止和严格限制的产业、产品名录，由国务院环境保护行政主管部门商国务院有关行业主管部门拟订，经领导小组审核同意，报国务院批准后公布施行。

第二十三条　淮河流域县级以上地方人民政府环境保护行政主管部门审批向水体排放污染物的建设项目的环境影响报告书时，不得突破本行政区域排污总量控制指标。

第二十四条　淮河流域县级以上地方人民政府应当按照淮河流域水污染防治规划的要求，建设城镇污水集中处理设施。

第二十五条　淮河流域水闸应当在保证防汛、抗旱的前提下，兼顾上游下游水质，制定防污调控方案，避免闸控河道蓄积的污水集中下泄。

领导小组确定的重要水闸，由淮河水利委员会会同有关省人民政府水行政主管部门制定防污调控方案，报领导小组批准后施行。

第二十六条　领导小组办公室应当组织四省人民政府环境保护行政主管部门、水行政主管部门等采取下列措施，开展枯水期水污染联合防治工作。

（一）加强对主要河道、湖泊、水库的水质、水情的动态监测，并及时通报监测资料；

（二）根据枯水期的水环境最大容量，商四省人民政府环境保护行政主管部门规定各省枯水期污染源限排总量，由四省人民政府环境保护行政主管部门逐级分解到排污单位，使其按照枯水期污染源限排方案限量排污；

（三）根据水闸防污调控方案，调度水闸。

第二十七条　淮河流域发生水污染事故时，必须及时向环境保护行政主管部门报告。环境保护行政主管部门应当在接到事故报告时起 24 小时内，向本级人民政府、上级环境保护行政主管部门和领导小组办公室报告，并向相邻上游和下游的环境保护行政主管部门、水行政主管部门通报。当地人民政府应当采取应急措施，消除或者减轻污染危害。

第二十八条　淮河流域省际水污染纠纷，由领导小组办公室进行调查、监测，提出解决方案，报领导小组协调处理。

第二十九条　领导小组办公室根据领导小组的授权，可以组织四省人民政府环境保护行政主管部门、水行政主管部门等检查淮河流域水污染防治工作。被检查单位必须如实反映情况，提供必要的资料。

第三十条　排污单位有下列情形之一的，由有关县级以上人民政府责令关闭或者停业：

（一）造成严重污染，又没有治理价值的；

（二）自 1998 年 1 月 1 日起，工业企业仍然超标排污的。

第三十一条　在限期治理期限内，未完成治理任务的，由县级以上地方人民政府环境保护行政主管部门责令限量排污，可以处 10 万元以下的罚款；情节严重的，由有关县级以上人民政府责令关闭或者停业。

第三十二条　擅自在河流、湖泊、水库、渠道管理范围内设置或者扩大排污口的，由有关县级以上地方人民政府环境保护行政主管部门或者水行政主管部门责令纠正，可以处 5 万元以下的罚款。

第三十三条　自本条例施行之日起，新建化学制浆造纸企业和制革、化工、印染、电镀、酿造等污染严重的小型企业或者未经批准建设属于严格限制的项目的，由有关县级人民政府责令停止建设或者关闭，环境保护行政主管部门可以处 20 万元以下的罚款。

第三十四条 环境保护行政主管部门超过本行政区域的排污总量控制指标，批准建设项目环境影响报告书的，对负有直接责任的主管人员和其他直接责任人员依法给予行政处分；构成犯罪的，依法追究刑事责任。

第三十五条 违反枯水期污染源限排方案超量排污的，由有关县级以上地方人民政府环境保护行政主管部门责令纠正，可以处 10 万元以下的罚款；情节严重的，由有关县级以上人民政府责令关闭或者停业；对负有直接责任的主管人员和其他直接责任人员，依法给予行政处分。

第三十六条 本条例规定的责令企业事业单位停止建设或者停业、关闭，由作出限期治理决定的人民政府决定；责令中央管辖的企业事业单位停止建设或者停业、关闭，须报国务院批准。

第三十七条 县级人民政府环境保护行政主管部门或者水行政主管部门决定的罚款额，以不超过 1 万元为限；超过 1 万元的，应当报上一级环境保护行政主管部门或者水行政主管部门批准。

设区的市人民政府环境保护行政主管部门决定的罚款额，以不超过 5 万元为限；超过 5 万元的，应当报上一级环境保护行政主管部门批准。

第三十八条 违反水闸防污调控方案调度水闸的，由县级以上人民政府水行政主管部门责令纠正；对负有直接责任的主管人员和其他直接责任人员，依法给予行政处分。

第三十九条 因发生水污染事故，造成重大经济损失或者人员伤亡，负有直接责任的主管人员和其他直接责任人员构成犯罪的，依法追究刑事责任。

第四十条 拒绝、阻碍承担本条例规定职责的国家工作人员依法执行职务，违反治安管理的，依照《中华人民共和国治安管理处罚条例》的规定处罚；构成犯罪的，依法追究刑事责任。

第四十一条 承担本条例规定职责的国家工作人员滥用职权、徇私舞弊、玩忽职守，或者拒不履行义务，构成犯罪的，依法追究刑事责任；尚不构成犯罪的，依法给予行政处分。

第四十二条 四省人民政府可以根据本条例分别制定实施办法。

第四十三条 本条例自 1995 年 8 月 8 日起施行。

防止拆船污染环境管理条例

（1988年5月18日国务院发布）

第一条 为防止拆船污染环境，保护生态平衡，保障人体健康，促进拆船事业的发展，制定本条例。

第二条 本条例适用于在中华人民共和国管辖水域从事岸边和水上拆船活动的单位和个人。

第三条 本条例所称岸边拆船，指废船停靠拆船码头拆解；废船在船坞拆解；废船冲滩（不包括海难事故中的船舶冲滩）拆解。

本条例所称水上拆船，指对完全处于水上的废船进行拆解。

第四条 县级以上人民政府环境保护部门负责组织协调、监督检查拆船业的环境保护工作，并主管港区水域外的岸边拆船环境保护工作。

中华人民共和国港务监督（含港航监督，下同）主管水上拆船和综合渔港区水域拆船的环境保护工作，并协助环境保护部门监督港区水域外的岸边拆船防止污染工作。

国家渔政渔港监督管理部门主管渔港水域拆船的环境保护工作，负责监督拆船活动对沿岸渔业水域的影响，发现污染损害事故后，会同环境保护部门调查处理。

军队环境保护部门主管军港水域拆船的环境保护工作。

国家海洋管理部门和重要江河的水资源保护机构，依据《中华人民共和国海洋环境保护法》和《中华人民共和国水污染防治法》确定的职责，协助以上各款所指主管部门监督拆船的防止污染工作。

县级以上人民政府的环境保护部门、中华人民共和国港务监督、国家渔政渔港监督管理部门和军队环境保护部门，在主管本条第一、第二、第三、第四款所确定水域的拆船环境保护工作时，简称“监督拆船污染的主管部门”。

第五条 地方人民政府应当根据需要和可能，结合本地区的特点、环境状况和技术条件，统筹规划、合理设置拆船厂。

在饮用水源地、海水淡化取水点、盐场、重要的渔业水域、海水浴场、风景名胜区以及其他需要特殊保护的区域，不得设置拆船厂。

第六条 设置拆船厂，必须编制环境影响报告书（表）。其内容包括：拆船厂的地理位置、周围环境状况、拆船规模和条件、拆船工艺、防污措施、预期防治效果等。大中型拆船厂的环境影响报告书（表），报所在地的省级环境保护部门批准；小型拆船厂的环境影响报告书（表），经所在地的县级环境保护部门审查，报上一级环境保护部门批准。未经批准者，不得设置拆船厂；拆船公司不得对其提供废船。

环境保护部门在批准环境影响报告书（表）前，应当征求各有关部门的意见。

第七条 监督拆船污染的主管部门有权对拆船单位的拆船活动进行检查，被检查单位必须如实反映情况，提供必要的资料。

监督拆船污染的主管部门有义务为被检查单位保守技术和业务秘密。

第八条 对严重污染环境的拆船单位，限期治理。

对拆船单位的期限治理，由监督拆船污染的主管部门提出意见，通过批准环境影响报告书（表）的环境保护部门，报同级人民政府决定。

第九条 拆船单位应当健全环境保护规章制度，认真组织实施。

第十条 拆船单位必须配备或者设置防止拆船污染必需的拦油装置、废油接收设备、含油污水接收处理设施或者设备、废弃物回收处置场等，并经批准环境影响报告书（表）的环境保护部门验收合格，发给验收合格证后，方可进船拆解。

第十一条 拆船单位在废船拆解前，必须清除易燃、易爆和有毒物质；关闭海底阀和封闭可能引起油污水外溢的管道。垃圾、残油、废油、油泥、含油污水和易燃易爆物品等废弃物必须送到岸上集中处理，并不得采用渗坑、渗井的处理方式。

废油船在拆解前，必须进行洗舱、排污、清舱、测爆等工作，经港务监督检查核准后，方可拆解。

第十二条 在水上进行拆船作业的拆船单位和个人，必须事先采取有效措施，严格防止溢出、散落水中的油类和其他漂浮物扩散。

在水上进行拆船作业，一旦出现溢出、散落水中的油类和其他漂浮物，必须及时收集处理。

第十三条 排放洗舱水、压舱水和舱底水，必须符合国家和地方规定的排放标准；排放未经处理的洗舱水、压舱水和舱底水，还必须经过监督拆船污染的主管部门批准。

监督拆船污染的主管部门接到拆船单位申请排放未经处理的洗舱水、压舱水和舱底水的报告后，应当抓紧办理，及时审批。

第十四条 拆下的船舶部件或者废弃物，不得投弃或者存放水中；带有污染物的船舶部件或者废弃物，严禁进入水体。未清洗干净的船底和油柜必须拖到岸上拆解。

拆船作业产生的电石渣及其废水，必须收集处理，不得流入水中。

舶船拆解完毕，拆船单位和个人应当及时清理拆船现场。

第十五条 发生拆船污染损害事故时，拆船单位或者个人必须立即采取消除或者控制污染的措施，并迅速报告监督拆船污染的主管部门。

污染损害事故发生后，拆船单位必须向监督拆船污染的主管部门提交《污染事故报告书》，报告污染发生的原因、经过、排污数量、采取的抢救措施、已造成和可能造成的污染损害后果等，并接受调查处理。

第十六条 拆船单位关闭或者搬迁后，必须及时清理原厂址遗留的污染物，并由监督拆船污染的主管部门检查验收。

第十七条 违反本条例规定，有下列情形之一的，监督拆船污染的主管部门除责令其限期纠正外，还可以根据不同情节，处以1万元以上10万元以下的罚款：

（一）未持有经批准的环境影响报告书（表），擅自设置拆船厂并进行拆船的；

（二）发生污染损害事故，不向监督拆船污染的主管部门报告也不采取消除或者控制污染措施的；

（三）废油船未经洗舱、排污、清舱和测爆即行拆解的；

（四）任意排放或者丢弃污染物造成严重污染的。

对未持有经批准的环境影响报告书（表），擅自在第五条第二款所指的区域设置拆船厂并进行拆船的，除依据前款规定予以罚款外，按照分级管理的原则，由县级以上人民政府责令限期关闭或者搬迁。

第十八条 违反本条例规定，有下列情形之一的，监督拆船污染的主管部门除责令其限期纠正外，还可以根据不同情节，给予警告或者处以1万元以下的罚款：

（一）拒绝或者阻挠监督拆船污染的主管部门进行现场检查或者在被检查时弄虚作假的；

（二）未按规定要求配备和使用防污设施、设备和器材，造成环境污染的；

（三）发生污染损害事故，虽采取消除或者控制污染措施，但不向监督拆船污染的主管部门报告的；

（四）拆船单位关闭、搬迁后，原厂址的现场清理不合格的。

第十九条 罚款全部上缴国库。

拆船单位和个人在受到罚款后，并不免除其对本条例规定义务的履行，已造成污染危害的，必须及时排除危害。

第二十条 对经限期治理逾期未完成治理任务的拆船单位，可以根据其造成的危害后果，责令停业整顿或者关闭。

前款所指拆船单位的停业整顿或者关闭，由作出限期治理决定的人民政府决定。责令国务院有关部门直属的拆船单位停业整顿或者关闭，由国务院环境保护部门会同有关部门批准。

第二十一条 对造成污染损害后果负有责任的或者有第十八条第（一）项所指行为的拆船单位负责人和直接责任者，可以根据不同情节，由其所在单位或者上级主管机关给予行政处分。

第二十二条 当事人对行政处罚决定不服的，可以在收到处罚决定通知之日起15日内，向人民法院起诉；期满不起诉又不履行的，由作出处罚决定的主管部门申请人民法院强制执行。

第二十三条 因拆船污染直接遭受损害的单位或者个人，有权要求造成污染损害方赔偿损失。造成污染损害方有责任对直接遭受危害的单位或者个人赔偿损失。

赔偿责任和赔偿金额的纠纷，可以根据当事人的请求，由监督拆船污染的主管部门处理；当事人对处理决定不服的，可以向人民法院起诉。

当事人也可以直接向人民法院起诉。

第二十四条 凡直接遭受拆船污染损害，要求赔偿损失的单位和个人，应当提交《污染索赔报告书》。报告书应当包括以下内容：

（一）受拆船污染损害的时间、地点、范围、对象，以及当时的气象、水文条件；

（二）受拆船污染损害的损失清单，包括品名、数量、单价、计算方法等；

（三）有关监测部门的鉴定。

第二十五条 因不可抗拒的自然灾害，并经及时采取防范和抢救措施，仍然不能避免造成污染损害的，免予承担赔偿责任。

第二十六条 对检举、揭发拆船单位隐瞒不报或者谎报污染损害事故，以及积极采取措施制止或者减轻污染损害的单位和个人，给予表扬和奖励。

第二十七条 监督拆船污染的主管部门的工作人员玩忽职守、滥用职权、徇私舞弊的，由其所在单位或者上级主管机关给予行政处分；对国家和人民利益造成重大损失、构成犯罪的，依法追究刑事责任。

第二十八条 本条例自1988年6月1日起施行。

入河排污口监督管理办法

（2004年11月30日水利部令第22号公布，自2005年1月1日起施行）

第一条 为加强入河排污口监督管理，保护水资源，保障防洪和工程设施安全，促进水资源的可持续利用，根据《中华人民共和国水法》、《中华人民共和国防洪法》和《中华人民共和国河道管理条例》等法律法规，制定本办法。

第二条 在江河、湖泊（含运河、渠道、水库等水域，下同）新建、改建或者扩大排污口，以及对排污口使用的监督管理，适用本办法。

前款所称排污口，包括直接或者通过沟、渠、管道等设施向江河、湖泊排放污水的排污口，以下统称入河排污口；新建，是指入河排污口的首次建造或者使用，以及对原来不具有排污功能或者已废弃的排污口的使用；改建，是指已有入河排污口的排放位置、排放方式等事项的重大改变；扩大，是指已有入河排污口排污能力的提高。入河排污口的新建、改建和扩大，以下统称入河排污口设置。

第三条 入河排污口的设置应当符合水功能区划、水资源保护规划和防洪规划的要求。

第四条 国务院水行政主管部门负责全国入河排污口监督管理的组织和指导工作，县级以上地方人民政府水行政主管部门和流域管理机构按照本办法规定的权限负责入河排污口设置和使用的监督管理工作。

县级以上地方人民政府水行政主管部门和流域管理机构可以委托下级地方人民政府水行政主管部门或者其所属管理单位对其管理权限内的入河排污口实施日常监督管理。

第五条 依法应当办理河道管理范围内建设项目审查手续的，其入河排污口设置由县级以上地方人民政府水行政主管部门和流域管理机构按照河道管理范围内建设项目的管理权限审批；依法不需要办理河道管理范围内建设项目审查手续的，除下列情况外，其入河排污口设置由入河排污口所在地县级水行政主管部门负责审批：

（一）在流域管理机构直接管理的河道（河段）、湖泊上设置入河排污口的，由该流域管理机构负责审批；

（二）设置入河排污口需要同时办理取水许可手续的，其入河排污口设置由县级以上地方人民政府水行政主管部门和流域管理机构按照取水许可管理权限审批；

（三）设置入河排污口不需要办理取水许可手续，但是按规定需要编制环境影响报告书（表）的，其入河排污口设置由与负责审批环境影响报告书（表）的环境保护部门同级的水行政主管部门审批。其中环境影响报告书（表）需要报国务院环境保护行政主管部门审批的，其入河排污口设置由所在流域的流域管理机构审批。

第六条 设置入河排污口的单位（下称排污单位），应当在向环境保护行政主管部门报送建设项目环境影响报告书（表）之前，向有管辖权的县级以上地方人民政府水行政主管部门或者流域管理机构提出入河排污口设置申请。

依法需要办理河道管理范围内建设项目审查手续或者取水许可审批手续的，排污单位应当根据具体要求，分别在提出河道管理范围内建设项目申请或者取水许可申请的同时，提出入河排污口设置申请。

依法不需要编制环境影响报告书（表）以及依法不需要办理河道管理范围内建设项目审查手续和取水许可手续的，排污单位应当在设置入河排污口前，向有管辖权的县级以上地方人民政府水行政主管部门或者流域管理机构提出入河排污口设置申请。

第七条 设置入河排污口应当提交以下材料：

（一）入河排污口设置申请书；

（二）建设项目依据文件；

（三）入河排污口设置论证报告；

（四）其他应当提交的有关文件。

设置入河排污口对水功能区影响明显轻微的，经有管辖权的县级以上地方人民政府水行政主管部门或者流域管理机构同意，可以不编制入河排污口设置论证报告，只提交设置入河排污口对水功能区影响的简要分析材料。

第八条 设置入河排污口依法应当办理河道管理范围内建设项目审查手续的，排污单位提交的河道管理范围内工程建设申请中应当包含入河排污口设置的有关内容，不再单独提交入河排污口设置申请书。

设置入河排污口需要同时办理取水许可和入河排污口设置申请的，排污单位提交的建设项目水资源论证报告中应当包含入河排污口设置论证报告的有关内容，不再单独提交入河排污口设置论证报告。

第九条 入河排污口设置论证报告应当包括下列内容：

（一）入河排污口所在水域水质、接纳污水及取水现状；

（二）入河排污口位置、排放方式；

（三）入河污水所含主要污染物种类及其排放浓度和总量；

（四）水域水质保护要求，入河污水对水域水质和水功能区的影响；

（五）入河排污口设置对有利害关系的第三者的影响；

（六）水质保护措施及效果分析；

（七）论证结论。

设置入河排污口依法应当办理河道管理范围内建设项目审查手续的，还应当按照有关规定就建设项目对防洪的影响进行论证。

第十条 入河排污口设置论证报告应当委托具有以下资质之一的单位编制：

（一）建设项目水资源论证资质；

（二）水文水资源调查评价资质；

（三）建设项目环境影响评价资质（业务范围包括地表水和地下水的）。

第十一条 有管辖权的县级以上地方人民政府水行政主管部门或者流域管理机构对

申请材料齐全、符合法定形式的入河排污口设置申请，应当予以受理。

对申请材料不齐全或者不符合法定形式的，应当当场或者在五日内一次告知需要补正的全部内容，排污单位按照要求提交全部补正材料的，应当受理；逾期不告知补正内容的，自收到申请材料之日起即为受理。

受理或者不受理入河排污口设置申请，应当出具加盖印章和注明日期的书面凭证。

第十二条 有管辖权的县级以上地方人民政府水行政主管部门或者流域管理机构应当自受理入河排污口设置申请之日起二十日内作出决定。同意设置入河排污口的，应当予以公告，公众有权查询；不同意设置入河排污口的，应当说明理由，并告知排污单位享有依法申请行政复议或者提起行政诉讼的权利。对于依法应当编制环境影响报告书（表）的建设项目，还应当将有关决定抄送负责该报告书（表）审批的环境保护行政主管部门。

有管辖权的县级以上地方人民政府水行政主管部门或者流域管理机构根据需要，可以对入河排污口设置论证报告组织专家评审，并将所需时间告知排污单位。

入河排污口设置直接关系他人重大利益的，应当告知该利害关系人。排污单位、利害关系人有权进行陈述和申辩。

入河排污口的设置需要听证或者应当听证的，依法举行听证。

有管辖权的县级以上地方人民政府水行政主管部门或者流域管理机构作出决定前，应当征求入河排污口所在地有关水行政主管部门的意见。

本条第二款规定的专家评审和第四款规定的听证所需时间不计算在本条第一款规定的期限内，有管辖权的县级以上地方人民政府水行政主管部门或者流域管理机构应当将所需时间告知排污单位。

第十三条 设置入河排污口依法应当办理河道管理范围内建设项目审查手续的，有管辖权的县级以上地方人民政府水行政主管部门或者流域管理机构在对该工程建设申请和工程建设对防洪的影响评价进行审查的同时，还应当对入河排污口设置及其论证的内容进行审查，并就入河排污口设置对防洪和水资源保护的影响一并出具审查意见。

设置入河排污口需要同时办理取水许可和入河排污口设置申请的，有管辖权的县级以上地方人民政府水行政主管部门或者流域管理机构应当就取水许可和入河排污口设置申请一并出具审查意见。

第十四条 有下列情形之一的，不予同意设置入河排污口：

（一）在饮用水水源保护区内设置入河排污口的；

（二）在省级以上人民政府要求削减排污总量的水域设置入河排污口的；

（三）入河排污口设置可能使水域水质达不到水功能区要求的；

（四）入河排污口设置直接影响合法取水户用水安全的；

（五）入河排污口设置不符合防洪要求的；

（六）不符合法律、法规和国家产业政策规定的；

（七）其他不符合国务院水行政主管部门规定条件的。

第十五条 同意设置入河排污口的决定应当包括以下内容：

（一）入河排污口设置地点、排污方式和对排污口门的要求；

（二）特别情况下对排污的限制；

（三）水资源保护措施要求；

（四）对建设项目入河排污口投入使用前的验收要求；

（五）其他需要注意的事项。

第十六条 发生严重干旱或者水质严重恶化等紧急情况时，有管辖权的县级以上地方人民政府水行政主管部门或者流域管理机构应当及时报告有关人民政府，由其对排污单位提出限制排污要求。

第十七条 《中华人民共和国水法》施行前已经设置入河排污口的单位，应当在本办法施行后到入河排污口所在地县级人民政府水行政主管部门或者流域管理机构所属管理单位进行入河排污口登记，由其汇总并逐级报送有管辖权的水行政主管部门或者流域管理机构。

第十八条 县级以上地方人民政府水行政主管部门应当对饮用水水源保护区内的排污口现状情况进行调查，并提出整治方案报同级人民政府批准后实施。

第十九条 县级以上地方人民政府水行政主管部门和流域管理机构应当对管辖范围内的入河排污口设置建立档案制度和统计制度。

第二十条 县级以上地方人民政府水行政主管部门和流域管理机构应当对入河排污口设置情况进行监督检查。被检查单位应当如实提供有关文件、证照和资料。

监督检查机关有为被检查单位保守技术和商业秘密的义务。

第二十一条 未经有管辖权的县级以上地方人民政府水行政主管部门或者流域管理机构审查同意，擅自在江河、湖泊设置入河排污口的，依照《中华人民共和国水法》第六十七条第二款追究法律责任。

虽经审查同意，但未按要求设置入河排污口的，依照《中华人民共和国水法》第六十五条第三款和《中华人民共和国防洪法》第五十八条追究法律责任。

在饮用水水源保护区内设置排污口的，以及已设排污口不依照整治方案限期拆除的，依照《中华人民共和国水法》第六十七条第一款追究法律责任。

第二十二条 入河排污口设置和使用的监督管理，本办法有规定的，依照本办法执行；本办法未规定，需要办理河道管理范围内建设项目审查手续的，依照河道管理范围内建设项目管理的有关规定执行。

第二十三条 入河排污口设置申请书和入河排污口登记表等文书格式，由国务院水行政主管部门统一制定。

第二十四条 各省、自治区、直辖市水行政主管部门和流域管理机构，可以根据本办法制定实施细则。

第二十五条 本办法由国务院水行政主管部门负责解释。

第二十六条 本办法自2005年1月1日起施行。

国务院办公厅关于加强淮河流域水污染防治工作的通知

（2004年12月28日 国办发［2004］93号）

各省、自治区、直辖市人民政府，国务院各部委、各直属机构：

党中央、国务院高度重视淮河流域水污染防治工作。10 年来，江苏、安徽、山东、河南四省的广大干部群众克服困难，团结治污，淮河流域的水污染防治（以下简称淮河治污）工作取得了重要进展，淮河水质有了比较明显的改善。但由于存在经济增长方式粗放，治污体制和机制不顺，污水处理设施建设滞后，水资源开发利用过度等问题，淮河治污尚未达到预期目标，人民群众还不满意。对于这些问题，必须高度重视，采取有效措施认真加以解决。为进一步推进淮河治污工作，尽快从根本上改善水质，经国务院同意，现就有关问题通知如下：

一、提高认识，统一思想

（一）充分认识淮河治污的重要性和紧迫性。淮河流域是全国重要的商品粮基地，经济总量约占全国的 1/8，是全国水利建设投资的重点地区，也是南水北调东线工程的必经之地，在经济社会发展全局中具有重要的战略地位。加强淮河治污工作，对于维护沿淮地区 1.68 亿人民群众的切身利益，保障华东、华中以及华北地区经济社会协调发展，都具有十分重要的意义。同时，做好淮河治污工作，对中西部地区乃至全国的污染治理和环境保护，也具有重要的示范和借鉴作用。有关地区和部门要全面贯彻党的十六大和十六届三中、四中全会精神，采取切实有力措施，认真做好淮河治污工作。

（二）明确淮河治污的方针和指导思想。淮河治污要坚持统筹协调、系统管理，突出重点、综合治理，政府主导、市场运作，依法防治、社会监督的方针。淮河治污的指导思想是，坚持以“三个代表”重要思想为指导，全面落实科学发展观，加大经济结构调整力度，注重用改革的办法解决制约环境保护的体制、机制问题，用系统科学的方法综合治理生态环境，重视发挥市场机制作用，善于运用经济、法律等多种手段，确保实现各阶段治污目标，促进经济社会协调发展。

二、明确目标，分期实施

（三）淮河治污的长远目标是，恢复山青水秀的自然面貌，维护流域生态系统良性循环；中期目标是，到 2010 年，淮河水质得到明显改善，达到水环境功能区和水功能区的要求；近期目标是，到 2005 年，巩固淮河治污成果，保持水质基本稳定。

在2005年年底前，《淮河流域水污染防治“十五”计划》（以下简称《计划》）确定的治污工程投入运行的比例达到60%（安徽省达到55%）；主要污染物化学需氧量和氨氮入河量与2000年相比分别削减20%和10%；在来水基本正常的情况下，该流域25个省界断面水质基本达到《计划》目标，淮河干流省界断面水质基本达到Ⅲ类。枯水期无天然径流省界断面化学需氧量浓度低于100毫克/升。

在2007年年底前，《计划》确定的治污工程投入运行的比例达到90%（安徽省达到85%）；山东、江苏两省省辖市城市污水处理率达到70%，县级市市区和县城所在镇污水处理率达到40%；河南省省辖市城市污水处理率达到65%，县级市市区和县城所在镇污水处理率达到35%；安徽省省辖市城市污水处理率达到60%，县级市市区和县城所在镇污水处理率达到30%。化学需氧量和氨氮入河量与2000年相比分别削减25%和15%。在来水基本正常的情况下，淮河干流和主要支流水质明显好转，山东、江苏两省南水北调输水线路区水质达到Ⅲ类，主要支流优于Ⅴ类水质断面比例达到60%。枯水期无天然径流河道化学需氧量浓度低于80毫克/升，氨氮浓度低于30毫克/升。

在2010年年底前，山东、江苏两省省辖市城市污水处理率达到80%，县级市市区和县城所在镇污水处理率达到55%；河南省省辖市城市污水处理率达到75%，县级市市区和县城所在镇污水处理率达到50%；安徽省省辖市城市污水处理率达到70%，县级市市区和县城所在镇污水处理率达到45%。化学需氧量和氨氮入河量控制在水环境容量范围内。在来水基本正常的情况下，淮河干流和主要支流水质达到水环境功能区和水功能区的要求，淮河干流、城市集中式饮用水源地水质达到Ⅲ类，主要支流水质达到Ⅳ类或Ⅴ类。枯水期无天然径流河道化学需氧量浓度低于70毫克/升，氨氮浓度低于25毫克/升。

三、统筹协调，综合治理

（四）加大产业结构调整力度。沿淮各地要依据水环境容量、水域纳污能力和水资源承载能力，合理制订和实施本地区经济社会发展规划，努力提高经济增长的质量和效益。严格执行国家产业政策，不得新上、转移、生产和采用国家明令禁止的工艺和产品，严格控制限制类工艺和产品，禁止转移或引进重污染项目，鼓励发展低污染、无污染、节水和资源综合利用的项目。

（五）严格控制人口增长并合理确定城市发展目标。沿淮各地要根据流域、区域水资源承载能力，制订人口中长期发展规划，严格控制人口的过快增长，认真解决人口增长带来的环境问题。城市人民政府要根据环境容量，认真制（修）订城市规划，合理确定城市定位和规模，调整优化城市经济结构和空间布局。

（六）创建节水型社会。认真做好城市节约用水工作，加快城镇供水管网的更新改造，加强生活用水管理。推行定额管理办法，鼓励发展节水高效产业，降低工业耗水量。推广使用喷灌、滴灌等节水灌溉技术，大力发展节水型农业。加强污水的资源化利用，鼓励使用中水。

（七）大力发展循环经济。积极推进清洁生产，促进企业由末端治理向生产全过程控制转变，实现节能、降耗、减污、增效。鼓励企业自律守法，主动承担社会责任，争创清洁生产先进企业和环境友好企业。提倡可持续的生产方式和消费方式，推进资源的循环利用。沿淮各地要从实际出发，积极创建国家环保模范城市、生态省（市、县）、生态示范区和环境优美乡镇。

（八）加快转变水资源利用模式。抓紧对淮河流域现有闸坝运行管理情况进行评估，正确处理闸坝调度、水资源利用和生态保护的关系。要优先保证生活用水，合理安排生产用水，同时要采取切实措施保证必要的生态用水。

四、突出重点，防治结合

（九）加大工业污染防治力度。要进一步加强对造纸、酿造、制药、制革、印染、化工等污染严重行业的治理，在 2005 年年底前，对沿淮四省现有石灰法制浆生产线、年制浆能力 3.4 万吨以下化学制浆生产线，年生产能力 2 万吨以下黄板纸企业、1 万吨以下废纸造纸企业、1 万吨以下酒精生产线、1 万吨以下淀粉生产线，由县级以上地方人民政府责令关闭。对排放水污染物超标的企业一律实行停产整治；对虽能达标排放、但污染物排放总量仍然较高的企业，要实行技术改造，推行清洁生产，削减污染物排放量。对污染治理项目，尤其是采用清洁生产工艺和技术，实现污染物减排的项目，国家适当给予补助。

（十）加快城镇污水处理设施建设。在 2005 年年底前，沿淮四省所有城镇污水处理单位全部改制成独立企业法人，实行市场化运营。城镇污水处理厂和管网建设实行厂网并举，管网先行，加强污水再生利用和污泥处置设施建设。加快配套管网的建设，保证投入运行后的城镇污水处理厂的实际处理负荷在第一年达到设计负荷的 60%，第三年起达到设计负荷的 75%。未配套建设脱氮设施的，应在 2006 年年底前完成建设。新建、改建、扩建的城镇污水处理厂，应同时配套建设脱氮设施。湖泊、水库周边的城镇污水处理厂应同时建设除磷设施。自 2007 年起，对城镇污水处理单位排水中氨氮含量超标的，加倍征收排污费。要积极推行产业化、市场化，鼓励采用多种方式，利用社会资金建设城镇污水处理设施，国家视情况适当给予支持。对城镇污水收集管网建设，地方财政要重点支持，对城镇生活污水处理收费达到每吨 0.8 元以上的，国家将继续给予支持。在 2005 年年底前，沿淮各地在调整城镇供水价格时，要优先将城镇污水处理收费标准提高到保本微利水平；达不到这一水平的，应结合本地区污水处理设施运行成本，制订最低收费标准，确保污水处理设施正常运行。

（十一）加快城镇垃圾处理场及配套设施建设。要加强沿河城镇生活垃圾的收集和处置，逐步实现建制镇生活垃圾的减量化、资源化、无害化。各级财政要继续支持垃圾处理场建设，积极推进垃圾处理产业化、投资多元化和建设运营规范化。沿淮各地要在 2005 年年底前全面开征城市垃圾处理费，并积极促进城镇垃圾处理场的企业化改制。

（十二）控制农业面源污染。在 2006 年 6 月底前，在淮河流域选择一批具备条件的县（市、区）实施规模化畜禽养殖污染治理示范工程，根据土地消纳能力调整养殖规模，采用沼气等生态技术综合治理畜禽养殖污染，鼓励和支持有条件的地方积极开展有机肥加工利用。在 2007 年年底前，沿淮各地要完成规模化畜禽养殖污染治理。

五、强化管理，严格执法

（十三）实行排污总量控制和许可证制度。沿淮各地要抓紧完成水环境容量测算工作，经审核后由当地人民政府批准执行，并向社会公布。要依据水环境容量和水资源保证能力，对排污量进行指标核定和动态管理，严格控制排污总量。所有新建项目，都应符合水环境容量和排污总量控制的要求。自 2005 年起，凡是没有水环境容量的地区，禁止新上增加排污量的项目。环保总局要抓紧起草《排污许可证条例》，严格实行排污许可证管理。在 2004 年年底前，对日排废水 100 吨、化学需氧量 30 公斤、氨氮 20 公斤以上的重点排污企业发放排污许可证。在 2005 年年底前，完成所有排污单位和城镇污水处理厂排污许可证的发放工作，自 2006 年起实行持证排污。在 2006 年年底前，重点排污企业和城镇污水处理厂必须在指定位置安装在线监控装置，并与环保等部门联网。

（十四）加强环境监督管理能力建设。沿淮四省各级人民政府要保证环境监督管理能力和环境执法能力建设必要的资金需要。加快污染源自动监控设施和水质监测站建设，特别是河流跨界断面水质自动监测站建设。要充分发挥各有关部门及流域管理机构现有技术与资源优势，统一组建并完善淮河流域水环境监测网络和重点污染源自动在线监控网络。有关部门应根据职责，将监测结果和有关情况及时向环保部门通报。水环境信息由环保部门统一发布。

（十五）强化环境执法监督。建立和完善环境违法案件移送、通报和考核制度。环保部门定期通报环境违法案件的立案、移送、督办等情况。继续深入开展查处违法排污企业专项行动，严厉查办环境违法行为，依法惩处破坏环境的犯罪行为。环保部门要为水污染事故受害的群众提供法律咨询服务。建立环境行政执法监督与行政执法过错责任追究制。环保总局要结合环境执法的实践，尽快对《中华人民共和国水污染防治法》提出修订的建议。

（十六）建立水污染事故应急机制。在 2005 年 6 月底前，环保总局要会同水利部制订《淮河流域敏感区域水环境应急预案》，将淮河干流及主要支流纳入应急范围，做好敏感河段和重点污染源的辩识、评价及控制，建立水污染突发事件风险评估体系和信息通报制度。各有关地区和部门要及时采取防范措施，防止重大水污染事故的发生，确保敏感区域生产生活用水安全。

（十七）开展治污评估工作。环保总局要会同有关部门完成淮河流域水环境监测网络建设，建立目标完成情况评估体系；每年对沿淮四省治污计划实施、排污总量控制及跨省界断面水质达标等情况进行评估，并在向国务院报告后向全国通报。出省界断面水质在扣除入境水质影响后仍不能达标的省份，要向国务院作专题报告。沿淮四省各级人民政府要分别组织对下一级政府的水污染防治计划实施情况的评估，并向同级党委组织部门通报。

（十八）建立环境质量公告制度。自 2006 年起，沿淮四省人民政府每年要对省辖市的万元工业增加值废水、化学需氧量和氨氮排放量进行排序，并向社会公告。对没有达到水质目标、排污总量已超过环境容量的城市，由环保部门予以公告，并暂停审批需增加排污总量的建设项目环境影响评价报告。

六、加强领导，落实责任

（十九）落实领导责任制。淮河治污的主要责任在地方人民政府，沿淮各地要切实加强对淮河治污工作的领导，坚持一把手亲自抓、负总责。沿淮四省各级人民政府要分别与下一级政府签订治污工作目标责任书，将其纳入领导干部政绩考核指标体系，每年年初对上一年目标完成情况进行考核评定，并将考核结果作为干部任免奖惩的重要依据。

（二十）加大资金投入。按照“污染者负担”的原则，治污资金主要由排放企业承担。同时，各级人民政府要加大投入力度，按照事权财权划分的原则，将治污所需经费分别列入各级财政预算。对沿淮各地因执行本通知第九条规定，关停《淮河流域水污染防治暂行条例》实施前开办企业而减少的地方财政收入，中央财政在分配一般性财政转移支付时统筹考虑。国家水质自动监测站、环境信息平台及远程数据传输设备等监测设施建设，由中央安排投资。

（二十一）加强部门协作。有关部门要将淮河流域水污染防治工作纳入本部门年度工作计划，加强对有关工作的指导和监督。发展改革部门要从产业政策、投资建设和清洁生产等方面，加强指导和监督。财政部门要落实国家有关补助资金，并指导制订有效的实施办法。建设部门要指导并监督城镇污水处理厂和配套管网的建设，做好有关改革工作。水利部门要做好现有闸坝运行管理评估、流域水资源调度和生态用水保障工作。农业部门要指导好农业面源污染控制、农业结构调整等工作。环保总局负责对淮河治污工作实施统一监管，组织制订和实施治污计划，并对落实情况进行检查评估。

（二十二）实行跨界断面水质考核和奖惩制度。自 2006 年起，环保总局对跨省界断面水质按年度目标进行考核和评定。对治污成绩突出、工作完成情况好的省份，有关部门在中央资金安排、排污费使用等方面给予倾斜；对不能按期完成工作任务和污染反弹严重的省份，有关部门将暂停在该省安排国家支持的项目，停止审批和核准该省需增加排污总量的建设项目，直至出境水质达到目标要求。上游省份排污对下游省份造成污染事故的，上游省级人民政府应当承担赔付补偿责任，具体办法由环保总局会同有关部门征求沿淮四省人民政府意见后另行制订。

（二十三）完善公众的环保参与和监督机制。开展多种形式的环境保护宣传教育，充分发挥新闻媒体的舆论引导和监督作用，提高公众的环境权益意识。建设项目环境影响评价报告审批和环保验收等，应采用听证会、论证会或公示等形式，接受群众监督。进一步畅通群众举报渠道，及时查处群众关心的环境热点、难点问题，并公布污染单位和处理结果。

环保总局要会同监察部监督检查本通知的贯彻执行情况，每年向国务院作出报告。

国务院办公厅关于加强饮用水安全保障工作的通知

（国务院办公厅2005年8月17日　国办发［2005］45号）

各省、自治区、直辖市人民政府，国务院各部委、各直属机构：

饮用水是人类生存的基本需求。党中央、国务院对饮用水安全保障工作高度重视，胡锦涛总书记、温家宝总理多次作出重要批示。近年来，中央和地方加大了城乡饮用水安全保障工作的力度，采取了一系列工程和管理措施，解决了一些城乡居民的饮水安全问题。但是，饮用水安全形势仍十分严峻，不少地区水源短缺，有的城市饮用水水源污染加重，一些农村地区饮用水存在苦咸或含有高氟、高砷及血吸虫病原体等问题，对人民群众身体健康构成严重威胁。为进一步加强饮用水安全保障工作，经国务院同意，现就有关问题通知如下：

一、充分认识保障饮用水安全的重要性和紧迫性

饮用水安全问题，直接关系到广大人民群众的健康。切实做好饮用水安全保障工作，是维护最广大人民群众根本利益、落实科学发展观的基本要求，是实现全面建设小康社会目标、构建社会主义和谐社会的重要内容，是把以人为本真正落到实处的一项紧迫任务。各地区、各部门要从实践“三个代表”重要思想和执政为民的高度，充分认识保障饮用水安全的重要性和紧迫性。地方各级人民政府要加强领导，把这项工作纳入重要议事日程，建立领导责任制，切实抓好各项措施的落实。各有关部门要各司其职，密切配合，加大工作力度，共同做好饮用水安全保障工作。

二、认真组织规划编制工作

国务院有关部门要按照城乡统筹、合理布局、防治并重、综合治理、因地制宜、突出重点的原则，尽快组织编制全国城乡饮用水安全保障规划，进一步明确我国饮用水安全保障的目标、任务和政策措施。通过合理保护和配置水资源、大力防治水污染、开展城乡供水工程建设、建立合理水价形成机制、推行节约用水和加强监督管理等措施，优先满足饮用水需求，确保城乡居民饮用水安全。各地区要根据规划编制的统一部署和要求，认真研究解决本地区饮用水安全问题，结合实际提出切实可行的目标和任务，并纳入本地区经济和社会发展规划。

三、加强水资源保护和水污染防治工作

各省、自治区、直辖市要以保障饮用水水源安全为重点，进一步加大水资源保护和

水污染防治工作力度。要依法严格实施饮用水水源保护区制度，合理确定饮用水水源保护区，严格禁止破坏涵养林和水资源保护设施的行为，因地制宜地进行水源安全防护、生态修复和水源涵养等工程建设。要大力治理污染，严格实行污染物排放总量控制，严厉打击违法排污行为，积极推进循环经济，加快推行清洁生产。各地区要结合实际，定期开展对集中饮用水水源保护区的检查，对查出的问题要进行专项整治并挂牌督办。对违法违规建设的项目，要责令停建并限期治理整顿或拆除；对排污超标的企业和单位，要责令限期达标排放或搬迁。要积极开展农业面源污染防治，指导农户合理施用化肥、农药，严禁使用高毒、高残留农药，推广水产生态养殖，推进畜禽粪便和农作物秸秆的资源化利用。

四、加大农村饮用水工程建设力度

进一步加大解决农村饮用水安全问题的工作力度，采取集中供水、分质供水、分散供水以及农村卫生环境整治等工程措施，重点解决高氟、高砷、苦咸和污染水以及严重缺水地区的饮用水安全问题。中央继续安排农村饮用水工程建设投资，对中西部地区重点扶持。地方各级人民政府要积极筹措资金，加大投入力度。东部较发达地区要率先解决农村饮用水安全问题，有条件的地方尽早实现城乡统筹区域供水。要强化农村饮用水工程项目管理，切实做好前期工作，并严格按照规划要求和建设程序实施。要建立良性循环的供水管理体制和运行机制，确保工程项目充分发挥效益。

五、加快城市供水设施建设和改造

各地区要加快城市供水设施的建设和技术改造，提高供水能力，扩大供水范围。要按照多库串连、水系联网、地表水与地下水联调、优化配置水资源的原则，加快城市供水水源的建设，提高城市供水安全的保障水平。凡饮用水水源水质不符合标准的，应当提出强制性的技术措施，制订水厂技术改造规划，采用先进适用技术，改进水处理工艺。要把城市供水管网改造作为重点，优先改造漏损严重和对供水安全影响较大的管网，改善供水水质。各地区要加快城市污水处理设施的建设，加强污水处理厂的运行管理，逐步实现污水深度处理，不断提高再生水利用率。

六、加强饮用水安全监督管理

各地区要加强对饮用水水源、水厂供水和用水点的水质监测，对取水、制水、供水实施全过程管理，及时掌握城乡饮用水水源环境、供水水质状况，并定期检查。对检查不合格的供水单位，要严格按照有关规定进行查处，并督促限期整改。各供水单位要建立以水质为核心的质量管理体系，建立严格的取样、检测和化验制度，按国家有关标准和操作规程检测供水水质，并完善检测数据的统计分析和报表制度。国务院有关部门要尽快制定既符合我国国情，又与国际先进水平接轨的饮用水水质国家标准，积极开展相关检测方法和标准的制（修）订工作。

七、建立储备体系和应急机制

各省、自治区、直辖市要建立健全水资源战略储备体系，各大中城市要建立特枯年或连续干旱年的供水安全储备，规划建设城市备用水源，制订特殊情况下的区域水资源配置和供水联合调度方案。地方各级人民政府应根据水资源条件，制定城乡饮用水安全保障的应急预案。要成立应急指挥机构，建立技术、物资和人员保障系统，落实重大事件的值班、报告、处理制度，形成有效的预警和应急救援机制。当原水、供水水质发生重大变化或供水水量严重不足时，供水单位必须立即采取措施并报请当地人民政府及时启动应急预案。

三、大气污染防治

中华人民共和国大气污染防治法

（2000 年 4 月 29 日第九届全国人大常委会第十五次会议通过）

中华人民共和国主席令

第 32 号

《中华人民共和国大气污染防治法》已由中华人民共和国第九届全国人民代表大会常务委员会第十五次会议于 2000 年 4 月 29 日修订通过，现将修订后的《中华人民共和国大气污染防治法》公布，自 2000 年 9 月 1 日起施行。

中华人民共和国主席　江泽民
2000 年 4 月 29 日

目　录

第一章　总　则

第一条　为防治大气污染，保护和改善生活环境和生态环境，保障人体健康，促进经济和社会的可持续发展，制定本法。

第二条　国务院和地方各级人民政府，必须将大气环境保护工作纳入国民经济和社会发展计划，合理规划工业布局，加强防治大气污染的科学研究，采取防治大气污染的措施，保护和改善大气环境。

第三条　国家采取措施，有计划地控制或者逐步削减各地方主要大气污染物的排放总量。

地方各级人民政府对本辖区的大气环境质量负责，制定规划，采取措施，使本辖区的大气环境质量达到规定的标准。

第四条 县级以上人民政府环境保护行政主管部门对大气污染防治实施统一监督管理。

各级公安、交通、铁道、渔业管理部门根据各自的职责，对机动车船污染大气实施监督管理。

县级以上人民政府其他有关主管部门在各自职责范围内对大气污染防治实施监督管理。

第五条 任何单位和个人都有保护大气环境的义务，并有权对污染大气环境的单位和个人进行检举和控告。

第六条 国务院环境保护行政主管部门制定国家大气环境质量标准。省、自治区、直辖市人民政府对国家大气环境质量标准中未作规定的项目，可以制定地方标准，并报国务院环境保护行政主管部门备案。

第七条 国务院环境保护行政主管部门根据国家大气环境质量标准和国家经济、技术条件制定国家大气污染物排放标准。

省、自治区、直辖市人民政府对国家大气污染物排放标准中未作规定的项目，可以制定地方排放标准；对国家大气污染物排放标准中已作规定的项目，可以制定严于国家排放标准的地方排放标准。地方排放标准须报国务院环境保护行政主管部门备案。

省、自治区、直辖市人民政府制定机动车船大气污染物地方排放标准严于国家排放标准的，须报经国务院批准。

凡是向已有地方排放标准的区域排放大气污染物的，应当执行地方排放标准。

第八条 国家采取有利于大气污染防治以及相关的综合利用活动的经济、技术政策和措施。

在防治大气污染、保护和改善大气环境方面成绩显著的单位和个人，由各级人民政府给予奖励。

第九条 国家鼓励和支持大气污染防治的科学技术研究，推广先进适用的大气污染防治技术；鼓励和支持开发、利用太阳能、风能、水能等清洁能源。

国家鼓励和支持环境保护产业的发展。

第十条 各级人民政府应当加强植树种草、城乡绿化工作，因地制宜地采取有效措施做好防沙治沙工作，改善大气环境质量。

第二章 大气污染防治的监督管理

第十一条 新建、扩建、改建向大气排放污染物的项目，必须遵守国家有关建设项目环境保护管理的规定。

建设项目的环境影响报告书，必须对建设项目可能产生的大气污染和对生态环境的影响作出评价，规定防治措施，并按照规定的程序报环境保护行政主管部门审查批准。

建设项目投入生产或者使用之前，其大气污染防治设施必须经过环境保护行政主管部门验收，达不到国家有关建设项目环境保护管理规定的要求的建设项目，不得投入生产或者使用。

第十二条 向大气排放污染物的单位，必须按照国务院环境保护行政主管部门的规定向所在地的环境保护行政主管部门申报拥有的污染物排放设施、处理设施和在正常作业条件下排放污染物的种类、数量、浓度，并提供防治大气污染方面的有关技术资料。

前款规定的排污单位排放大气污染物的种类、数量、浓度有重大改变的，应当及时申报；其大气污染物处理设施必须保持正常使用，拆除或者闲置大气污染物处理设施的，必须事先报经所在地的县级以上地方人民政府环境保护行政主管部门批准。

第十三条 向大气排放污染物的，其污染物排放浓度不得超过国家和地方规定的排放标准。

第十四条 国家实行按照向大气排放污染物的种类和数量征收排污费的制度，根据加强大气污染防治的要求和国家的经济、技术条件合理制定排污费的征收标准。

征收排污费必须遵守国家规定的标准，具体办法和实施步骤由国务院规定。

征收的排污费一律上缴财政，按照国务院的规定用于大气污染防治，不得挪作他用，并由审计机关依法实施审计监督。

第十五条 国务院和省、自治区、直辖市人民政府对尚未达到规定的大气环境质量标准的区域和国务院批准划定的酸雨控制区、二氧化硫污染控制区，可以划定为主要大气污染物排放总量控制区。主要大气污染物排放总量控制的具体办法由国务院规定。

大气污染物总量控制区内有关地方人民政府依照国务院规定的条件和程序，按照公开、公平、公正的原则，核定企业事业单位的主要大气污染物排放总量，核发主要大气污染物排放许可证。

有大气污染物总量控制任务的企业事业单位，必须按照核定的主要大气污染物排放总量和许可证规定的排放条件排放污染物。

第十六条 在国务院和省、自治区、直辖市人民政府划定的风景名胜区、自然保护区、文物保护单位附近地区和其他需要特别保护的区域内，不得建设污染环境的工业生产设施；建设其他设施，其污染物排放不得超过规定的排放标准。在本法施行前企业事业单位已经建成的设施，其污染物排放超过规定的排放标准的，依照本法第四十八条的规定限期治理。

第十七条 国务院按照城市总体规划、环境保护规划目标和城市大气环境质量状况，划定大气污染防治重点城市。

直辖市、省会城市、沿海开放城市和重点旅游城市应当列入大气污染防治重点城市。

未达到大气环境质量标准的大气污染防治重点城市，应当按照国务院或者国务院环境保护行政主管部门规定的期限，达到大气环境质量标准。该城市人民政府应当制定限期达标规划，并可以根据国务院的授权或者规定，采取更加严格的措施，按期实现达标规划。

第十八条 国务院环境保护行政主管部门会同国务院有关部门，根据气象、地形、土壤等自然条件，可以对已经产生、可能产生酸雨的地区或者其他二氧化硫污染严重的地区，经国务院批准后，划定为酸雨控制区或者二氧化硫污染控制区。

第十九条 企业应当优先采用能源利用效率高、污染物排放量少的清洁生产工艺，减少大气污染物的产生。

国家对严重污染大气环境的落后生产工艺和严重污染大气环境的落后设备实行淘汰制度。

国务院经济综合主管部门会同国务院有关部门公布限期禁止采用的严重污染大气环境的工艺名录和限期禁止生产、禁止销售、禁止进口、禁止使用的严重污染大气环境的设备名录。

生产者、销售者、进口者或者使用者必须在国务院经济综合主管部门会同国务院有关部门规定的期限内分别停止生产、销售、进口或者使用列入前款规定的名录中的设备。生产工艺的采用者必须在国务院经济综合主管部门会同国务院有关部门规定的期限内停止采用列入前款规定的名录中的工艺。

依照前两款规定被淘汰的设备，不得转让给他人使用。

第二十条 单位因发生事故或者其他突然性事件，排放和泄漏有毒有害气体和放射性物质，造成或者可能造成大气污染事故、危害人体健康的，必须立即采取防治大气污染危害的应急措施，通报可能受到大气污染危害的单位和居民，并报告当地环境保护行政主管部门，接受调查处理。

在大气受到严重污染，危害人体健康和安全的紧急情况下，当地人民政府应当及时向当地居民公告，采取强制性应急措施，包括责令有关排污单位停止排放污染物。

第二十一条 环境保护行政主管部门和其他监督管理部门有权对管辖范围内的排污单位进行现场检查，被检查单位必须如实反映情况，提供必要的资料。检查部门有义务为被检查单位保守技术秘密和业务秘密。

第二十二条 国务院环境保护行政主管部门建立大气污染监测制度，组织监测网络，制定统一的监测方法。

第二十三条 大、中城市人民政府环境保护行政主管部门应当定期发布大气环境质量状况公报，并逐步开展大气环境质量预报工作。

大气环境质量状况公报应当包括城市大气环境污染特征、主要污染物的种类及污染危害程度等内容。

第三章 防治燃煤产生的大气污染

第二十四条 国家推行煤炭洗选加工，降低煤的硫分和灰分，限制高硫分、高灰分煤炭的开采。新建的所采煤炭属于高硫分、高灰分的煤矿，必须建设配套的煤炭洗选设施，使煤炭中的含硫分、含灰分达到规定的标准。

对已建成的所采煤炭属于高硫分、高灰分的煤矿，应当按照国务院批准的规划，限期建成配套的煤炭洗选设施。

禁止开采含放射性和砷等有毒有害物质超过规定标准的煤炭。

第二十五条 国务院有关部门和地方各级人民政府应当采取措施，改进城市能源结构，推广清洁能源的生产和使用。

大气污染防治重点城市人民政府可以在本辖区内划定禁止销售、使用国务院环境保护行政主管部门规定的高污染燃料的区域。该区域内的单位和个人应当在当地人民政府规定的期限内停止燃用高污染燃料，改用天然气、液化石油气、电或者其他清洁能源。

第二十六条 国家采取有利于煤炭清洁利用的经济、技术政策和措施，鼓励和支持使用低硫分、低灰分的优质煤炭，鼓励和支持洁净煤技术的开发和推广。

第二十七条 国务院有关主管部门应当根据国家规定的锅炉大气污染物排放标准，在锅炉产品质量标准中规定相应的要求；达不到规定要求的锅炉，不得制造、销售或者进口。

第二十八条 城市建设应当统筹规划，在燃煤供热地区，统一解决热源，发展集中供热。在集中供热管网覆盖的地区，不得新建燃煤供热锅炉。

第二十九条 大、中城市人民政府应当制定规划，对饮食服务企业限期使用天然气、液化石油气、电或者其他清洁能源。

对未划定为禁止使用高污染燃料区域的大、中城市市区内的其他民用炉灶，限期改用固硫型煤或者使用其他清洁能源。

第三十条 新建、扩建排放二氧化硫的火电厂和其他大中型企业，超过规定的污染物排放标准或者总量控制指标的，必须建设配套脱硫、除尘装置或者采取其他控制二氧化硫排放、除尘的措施。

在酸雨控制区和二氧化硫污染控制区内，属于已建企业超过规定的污染物排放标准排放大气污染物的，依照本法第四十八条的规定限期治理。

国家鼓励企业采用先进的脱硫、除尘技术。

企业应当对燃料燃烧过程中产生的氮氧化物采取控制措施。

第三十一条 在人口集中地区存放煤炭、煤矸石、煤渣、煤灰、砂石、灰土等物料，必须采取防燃、防尘措施，防止污染大气。

第四章 防治机动车船排放污染

第三十二条 机动车船向大气排放污染物不得超过规定的排放标准。

任何单位和个人不得制造、销售或者进口污染物排放超过规定排放标准的机动车船。

第三十三条 在用机动车不符合制造当时的在用机动车污染物排放标准的，不得上路行驶。

省、自治区、直辖市人民政府规定对在用机动车实行新的污染物排放标准并对其进行改造的，须报经国务院批准。

机动车维修单位，应当按照防治大气污染的要求和国家有关技术规范进行维修，使在用机动车达到规定的污染物排放标准。

第三十四条 国家鼓励生产和消费使用清洁能源的机动车船。

国家鼓励和支持生产、使用优质燃料油，采取措施减少燃料油中有害物质对大气环境的污染。单位和个人应当按照国务院规定的期限，停止生产、进口、销售含铅汽油。

第三十五条　省、自治区、直辖市人民政府环境保护行政主管部门可以委托已取得公安机关资质认定的承担机动车年检的单位，按照规范对机动车排气污染进行年度检测。

交通、渔政等有监督管理权的部门可以委托已取得有关主管部门资质认定的承担机动船舶年检的单位，按照规范对机动船舶排气污染进行年度检测。

县级以上地方人民政府环境保护行政主管部门可以在机动车停放地对在用机动车的污染物排放状况进行监督抽测。

第五章　防治废气、尘和恶臭污染

第三十六条　向大气排放粉尘的排污单位，必须采取除尘措施。

严格限制向大气排放含有毒物质的废气和粉尘；确需排放的，必须经过净化处理，不超过规定的排放标准。

第三十七条　工业生产中产生的可燃性气体应当回收利用，不具备回收利用条件而向大气排放的，应当进行防治污染处理。

向大气排放转炉气、电石气、电炉法黄磷尾气、有机烃类尾气的，须报经当地环境保护行政主管部门批准。

可燃性气体回收利用装置不能正常作业的，应当及时修复或者更新。在回收利用装置不能正常作业期间确需排放可燃性气体的，应当将排放的可燃性气体充分燃烧或者采取其他减轻大气污染的措施。

第三十八条　炼制石油、生产合成氨、煤气和燃煤焦化、有色金属冶炼过程中排放含有硫化物气体的，应当配备脱硫装置或者采取其他脱硫措施。

第三十九条　向大气排放含放射性物质的气体和气溶胶，必须符合国家有关放射性防护的规定，不得超过规定的排放标准。

第四十条　向大气排放恶臭气体的排污单位，必须采取措施防止周围居民区受到污染。

第四十一条　在人口集中地区和其他依法需要特殊保护的区域内，禁止焚烧沥青、油毡、橡胶、塑料、皮革、垃圾以及其他产生有毒有害烟尘和恶臭气体的物质。

禁止在人口集中地区、机场周围、交通干线附近以及当地人民政府划定的区域露天焚烧秸秆、落叶等产生烟尘污染的物质。

除前两款外，城市人民政府还可以根据实际情况，采取防治烟尘污染的其他措施。

第四十二条　运输、装卸、贮存能够散发有毒有害气体或者粉尘物质的，必须采取密闭措施或者其他防护措施。

第四十三条　城市人民政府应当采取绿化责任制、加强建设施工管理、扩大地面铺装面积、控制渣土堆放和清洁运输等措施，提高人均占有绿地面积，减少市区裸露地面和地面尘土，防治城市扬尘污染。

在城市市区进行建设施工或者从事其他产生扬尘污染活动的单位，必须按照当地环境保护的规定，采取防治扬尘污染的措施。

国务院有关行政主管部门应当将城市扬尘污染的控制状况作为城市环境综合整治考

核的依据之一。

第四十四条 城市饮食服务业的经营者，必须采取措施，防治油烟对附近居民的居住环境造成污染。

第四十五条 国家鼓励、支持消耗臭氧层物质替代品的生产和使用，逐步减少消耗臭氧层物质的产量，直至停止消耗臭氧层物质的生产和使用。

在国家规定的期限内，生产、进口消耗臭氧层物质的单位必须按照国务院有关行政主管部门核定的配额进行生产、进口。

第六章 法律责任

第四十六条 违反本法规定，有下列行为之一的，环境保护行政主管部门或者本法第四条第二款规定的监督管理部门可以根据不同情节，责令停止违法行为，限期改正，给予警告或者处以五万元以下罚款：

（一）拒报或者谎报国务院环境保护行政主管部门规定的有关污染物排放申报事项的；

（二）拒绝环境保护行政主管部门或者其他监督管理部门现场检查或者在被检查时弄虚作假的；

（三）排污单位不正常使用大气污染物处理设施，或者未经环境保护行政主管部门批准，擅自拆除、闲置大气污染物处理设施的；

（四）未采取防燃、防尘措施，在人口集中地区存放煤炭、煤矸石、煤渣、煤灰、砂石、灰土等物料的。

第四十七条 违反本法第十一条规定，建设项目的大气污染防治设施没有建成或者没有达到国家有关建设项目环境保护管理的规定的要求，投入生产或者使用的，由审批该建设项目的环境影响报告书的环境保护行政主管部门责令停止生产或者使用，可以并处一万元以上十万元以下罚款。

第四十八条 违反本法规定，向大气排放污染物超过国家和地方规定排放标准的，应当限期治理，并由所在地县级以上地方人民政府环境保护行政主管部门处一万元以上十万元以下罚款。限期治理的决定权限和违反限期治理要求的行政处罚由国务院规定。

第四十九条 违反本法第十九条规定，生产、销售、进口或者使用禁止生产、销售、进口、使用的设备，或者采用禁止采用的工艺的，由县级以上人民政府经济综合主管部门责令改正；情节严重的，由县级以上人民政府经济综合主管部门提出意见，报请同级人民政府按照国务院规定的权限责令停业、关闭。

将淘汰的设备转让给他人使用的，由转让者所在地县级以上地方人民政府环境保护行政主管部门或者其他依法行使监督管理权的部门没收转让者的违法所得，并处违法所得两倍以下罚款。

第五十条 违反本法第二十四条第三款规定，开采含放射性和砷等有毒有害物质超过规定标准的煤炭的，由县级以上人民政府按照国务院规定的权限责令关闭。

第五十一条 违反本法第二十五条第二款或者第二十九条第一款的规定，在当地人民政府规定的期限届满后继续燃用高污染燃料的，由所在地县级以上地方人民政府环境保护行政主管部门责令拆除或者没收燃用高污染燃料的设施。

第五十二条 违反本法第二十八条规定，在城市集中供热管网覆盖地区新建燃煤供热锅炉的，由县级以上地方人民政府环境保护行政主管部门责令停止违法行为或者限期改正，可以处五万元以下罚款。

第五十三条 违反本法第三十二条规定，制造、销售或者进口超过污染物排放标准的机动车船的，由依法行使监督管理权的部门责令停止违法行为，没收违法所得，可以并处违法所得一倍以下的罚款；对无法达到规定的污染物排放标准的机动车船，没收销毁。

第五十四条 违反本法第三十四条第二款规定，未按照国务院规定的期限停止生产、进口或者销售含铅汽油的，由所在地县级以上地方人民政府环境保护行政主管部门或者其他依法行使监督管理权的部门责令停止违法行为，没收所生产、进口、销售的含铅汽油和违法所得。

第五十五条 违反本法第三十五条第一款或者第二款规定，未取得所在地省、自治区、直辖市人民政府环境保护行政主管部门或者交通、渔政等依法行使监督管理权的部门的委托进行机动车船排气污染检测的，或者在检测中弄虚作假的，由县级以上人民政府环境保护行政主管部门或者交通、渔政等依法行使监督管理权的部门责令停止违法行为，限期改正，可以处五万元以下罚款；情节严重的，由负责资质认定的部门取消承担机动车船年检的资格。

第五十六条 违反本法规定，有下列行为之一的，由县级以上地方人民政府环境保护行政主管部门或者其他依法行使监督管理权的部门责令停止违法行为，限期改正，可以处五万元以下罚款：

（一）未采取有效污染防治措施，向大气排放粉尘、恶臭气体或者其他含有有毒物质气体的；

（二）未经当地环境保护行政主管部门批准，向大气排放转炉气、电石气、电炉法黄磷尾气、有机烃类尾气的；

（三）未采取密闭措施或者其他防护措施，运输、装卸或者贮存能够散发有毒有害气体或者粉尘物质的；

（四）城市饮食服务业的经营者未采取有效污染防治措施，致使排放的油烟对附近居民的居住环境造成污染的。

第五十七条 违反本法第四十一条第一款规定，在人口集中地区和其他依法需要特殊保护的区域内，焚烧沥青、油毡、橡胶、塑料、皮革、垃圾以及其他产生有毒有害烟尘和恶臭气体的物质的，由所在地县级以上地方人民政府环境保护行政主管部门责令停止违法行为，处二万元以下罚款。

违反本法第四十一条第二款规定，在人口集中地区、机场周围、交通干线附近以及当地人民政府划定的区域内露天焚烧秸秆、落叶等产生烟尘污染的物质的，由所在地县级以上地方人民政府环境保护行政主管部门责令停止违法行为；情节严重的，可以处二百元以下罚款。

第五十八条 违反本法第四十三条第二款规定，在城市市区进行建设施工或者从事其他产生扬尘污染的活动，未采取有效扬尘防治措施，致使大气环境受到污染的，限期改正，处二万元以下罚款；对逾期仍未达到当地环境保护规定要求的，可以责令其停工整顿。

前款规定的对因建设施工造成扬尘污染的处罚，由县级以上地方人民政府建设行政主管部门决定；对其他造成扬尘污染的处罚，由县级以上地方人民政府指定的有关主管部门决定。

第五十九条 违反本法第四十五条第二款规定，在国家规定的期限内，生产或者进口消耗臭氧层物质超过国务院有关行政主管部门核定配额的，由所在地省、自治区、直辖市人民政府有关行政主管部门处二万元以上二十万元以下罚款；情节严重的，由国务院有关行政主管部门取消生产、进口配额。

第六十条 违反本法规定，有下列行为之一的，由县级以上人民政府环境保护行政主管部门责令限期建设配套设施，可以处二万元以上二十万元以下罚款：

（一）新建的所采煤炭属于高硫分、高灰分的煤矿，不按照国家有关规定建设配套的煤炭洗选设施的；

（二）排放含有硫化物气体的石油炼制、合成氨生产、煤气和燃煤焦化以及有色金属冶炼的企业，不按照国家有关规定建设配套脱硫装置或者未采取其他脱硫措施的。

第六十一条 对违反本法规定，造成大气污染事故的企业事业单位，由所在地县级以上地方人民政府环境保护行政主管部门根据所造成的危害后果处直接经济损失百分之五十以下罚款，但最高不超过五十万元；情节较重的，对直接负责的主管人员和其他直接责任人员，由所在单位或者上级主管机关依法给予行政处分或者纪律处分；造成重大大气污染事故，导致公私财产重大损失或者人身伤亡的严重后果，构成犯罪的，依法追究刑事责任。

第六十二条 造成大气污染危害的单位，有责任排除危害，并对直接遭受损失的单位或者个人赔偿损失。

赔偿责任和赔偿金额的纠纷，可以根据当事人的请求，由环境保护行政主管部门调解处理；调解不成的，当事人可以向人民法院起诉。当事人也可以直接向人民法院起诉。

第六十三条 完全由于不可抗拒的自然灾害，并经及时采取合理措施，仍然不能避免造成大气污染损失的，免予承担责任。

第六十四条 环境保护行政主管部门或者其他有关部门违反本法第十四条第三款的规定，将征收的排污费挪作他用的，由审计机关或者监察机关责令退回挪用款项或者采取其他措施予以追回，对直接负责的主管人员和其他直接责任人员依法给予行政处分。

第六十五条 环境保护监督管理人员滥用职权、玩忽职守的，给予行政处分；构成犯罪的，依法追究刑事责任。

第七章　附　则

第六十六条 本法自 2000 年 9 月 1 日起施行。

关于认真学习贯彻实施《大气污染防治法》的通知

（国家环保总局2000年6月8日　环发［2000］121号）

第九届全国人大常委会第十五次会议通过了新修订的《大气污染防治法》，该法将于今年 9 月 1 日开始实施。新的《大气污染防治法》（以下简称“大气污染防治法”）是在认真总结我国防治大气污染实践经验的基础上制定的，修改及时，重点突出。近年来国家在实施控制大气污染的一些重要制度与采取的重大措施都得到了体现，如大气污染物总量控制制度及许可证制度，将超标收费制度改为排污收费制度，划定大气污染防治重点城市，实行城市大气环境质量状况公报制度。加强机动车船排放污染和城市扬尘污染防治工作，推广清洁能源的生产和使用等。法律责任的规定更加充实，更具针对性，力度更大。

一、认真学习，正确理解、执行大气污染防治法

大气污染防治法是我国防治大气污染的重要法律。它的颁布实施是我国环境保护法制建设中的一件大事，标志着依法防治大气污染工作进入了一个新的阶段，对推动环境保护工作，控制大气污染，保障人体健康，具有重要意义。大气污染防治法新增条款较多，许多原有条文也作了改动。各级环境保护部门应认真组织环境管理人员，特别是各级领导干部和执法人员，结合大气污染防治工作的实际情况，学习并正确理解大气污染防治法的各项规定，严格依法行政。要对环境管理人员进行大气污染防治法专题培训，各级环境保护部门的法制工作机构要在本部门领导的安排下，制定切实可行的学习和培训计划，组织实施和考核。

二、做好与大气污染防治有关的地方性法规、规章清理工作

大气污染防治法确立了超标违法、排污收费的精神，规定了一些新的制度与管理措施，强化了法律责任，各级环境保护部门要按照当地人大常委会和人民政府的统一部署，计真做好与大气污染防治有关的地方性法规、规章的清理工作，对其中不符合大气污染防治法规定的内容，应进行必要的修改，对大气污染防治法新增的规定要制定相应的实施办法，保证大气污染防治法得到全面贯彻实施。

三、解决城市大气污染和机动车船排放污染问题

大气污染防治法增加了加强城市大气污染控制的法律规定：如划定大气污染防治重

点城市，重点城市应限期达到大气环境质量标准，允许大气污染防治重点城市的人民政府采取更加严格的措施控制大气污染；要求大、中城市的环境保护部门应定期发布大气环境质量状况公报；城市人民政府应当改进城市能源结构、推广清洁能源的生产和使用；加强建筑施工的管理，采取各种有效措施防治城市扬尘污染等。为解决近年来机动车船排放污染日益突出的问题，大气污染防治法设专章对机动车船的制造、销售与进口提出明确要求，对在用机动车船的管理、燃料油的生产和使用等也作出了明确规定。各地城市环境保护部门要认真履行法律赋予的职责，切实监控本地大气污染和机动车排放污染状况，提出防治污染的建议，加强城市大气污染防治和机动车排放污染防治的监督管理工作。

四、以贯彻实施大气污染防治法为契机，提高依法行政的水平，促进大气环境质量尽快得到改善

大气污染防治法法律责任的规定严格、具体，可操作性强，各级环境保护部门必须提高依法行政水平。制定或起草有关防治大气污染的规范性文件、进行环境行政执法必须严格遵守大气污染防治法的规定，不得超越法定权限、违反法定程序设定或进行行政处罚，要杜绝不认真执行法律、不作为的现象发生，做到有法必依、执法必严、违法必究。

五、加强大气污染防治法的宣传，推进“一控双达标”工作

贯彻实施大气污染防治法是一项长期的、艰巨的任务，需要全社会行动起来，全面落实法律各项规定。各级环境保护部门要借大气污染防治法颁布施行的良机，联系各类新闻媒体，介绍讲解大气污染防治法，组织各种形式的宣传活动。对大气污染物排放量大的企业要组织企业领导和环保干部学习大气污染防治法，研究落实的措施。宣传贯彻大气污染防治法，要和推进“一控双达标”工作结合起来，今年 7、8 月份要形成一定声势。

各地环保部门在学习贯彻大气污染防治法的情况和问题，望及时报告。

秸秆禁烧和综合利用管理办法

（1999年4月16日，国家环保总局、农业部、财政部、铁道部、交通部和中国民航总局公布　环发［1999］98号）

第一条　为保护生态环境，防止秸秆焚烧污染，保障人体健康，维护公共安全，根据《中华人民共和国环境保护法》和《中华人民共和国大气污染防治法》制定本办法。

第二条　本办法所称秸秆系指小麦、水稻、玉米、薯类、油料、棉花、甘蔗和其他杂粮等农作物秸杆。

第三条　在地方各级人民政府的统一领导下，各级环境保护行政主管部门会同农业等有关部门负责秸秆禁烧的监督管理；农业部门负责指导秸秆综合利用的实施工作。

第四条　禁止在机场、交通干线、高压输电线路附近和省辖市（地）级人民政府划定的区域内焚烧秸秆。

省辖市（地）级人民政府可以在人口集中区、各级自然保护区和文物保护单位及其他人文遗址、林地、草场、油库、粮库、通讯设施等周边地区划定禁止露天焚烧秸秆的区域。

秸秆禁烧区范围：以机场为中心15公里为半径的区域；沿高速公路、铁路两侧各2公里和国道、省道公路干线两侧各1公里的地带。

因当地自然、气候等特点对秸秆禁烧区界定范围做调整的，由省辖市（地）以上人民政府会商民航、铁路等有关部门划定，未做调整的，严格按前款执行。

第五条　禁烧区以乡、镇为单位落实秸秆禁烧工作。县级以上人民政府应公布秸秆禁烧区及禁烧区乡、镇名单，将秸秆禁烧作为村务公开和精神文明建设的一项重要内容。

禁烧区乡镇名单由所在县级以上人民政府环境保护行政主管部门和农业行政主管部门会同有关部门提出意见，报同级人民政府批准。

第六条　各地应大力推广机械化秸秆还田、秸秆饲料开发、秸秆气化、秸秆微生物高温快速沤肥和秸秆工业原料开发等多种形式的综合利用成果。

到2002年，各直辖市、省会城市和副省级城市等重要城市的秸秆综合利用率达到60%；到2005年，各省、自治区的秸秆综合利用率达到85%。

第七条　秸秆禁烧与综合利用工作应纳入地方各级环保、农业目标责任制，严格检查、考核。

第八条　对违反规定在秸秆禁烧区内焚烧秸秆的，由当地环境保护行政主管部门责令其立即停烧，可以对直接责任人处以20元以下罚款；造成重大大气污染事故，导致公私财产重大损失或者人身伤亡严重后果的，对有关责任人员依法追究刑事责任。

关于划分高污染燃料的规定

（国家环保总局2001年3月30日　环发［2001］37号）

一、根据《中华人民共和国大气污染防治法》第二十五条的规定，制定本规定。

二、国务院划定的大气污染防治重点城市人民政府按照《中华人民共和国大气污染防治法》的有关要求，划定禁止销售、使用高污染燃料区域（以下简称“禁燃区”），适用本规定。

本规定不适用于车用燃料。

三、下列燃料或物质为高污染燃料：

（一）原（散）煤、煤矸石、粉煤、煤泥、燃料油（重油和渣油）、各种可燃废物和直接燃用的生物质燃料（树木、秸秆、锯末、稻壳、蔗渣等）。

（二）燃料中污染物含量超过下表限值的固硫蜂窝型煤、轻柴油、煤油和人工煤气。

燃料种类	基准热值	硫含量	灰分含量
固硫蜂窝型煤	5000 cal/kg	0.3%	—
轻柴油、煤油	10000 cal/kg	0.5%	0.01%
人工煤气	4000 cal/kg	30mg/m^3	20mg/m^3

注：1．固硫蜂窝型煤仅限于居民采暖小煤炉使用。固硫蜂窝型煤硫含量限值0.3%是指可排放硫含量。有条件的城市可以在“禁燃区”内规定禁止燃用固硫蜂窝型煤。

2．燃料的实际热值不等于基准热值时，表中的硫含量和灰分含量限值需乘以热值调整系数。热值调整系数=实施热值/基准热值。实际热值指燃料的低位发热量。

3．燃料中其他污染物含量还应符合有关法规、标准的规定。

四、国务院划定的大气污染防治重点城市人民政府应制定高污染燃料销售、使用、转运、存放的管制办法和鼓励使用清洁能源的经济政策，并可以制定严于本规定第三条确定的高污染燃料控制要求，报国家环境保护总局备案。

四、环境噪声污染防治

中华人民共和国环境噪声污染防治法

（1996 年 10 月 29 日第八届全国人民代表大会常务委员会
第二十二次会议通过，同日公布）

第一章　总　则

第一条　为防治环境噪声污染，保护和改善生活环境，保障人体健康，促进经济和社会发展，制定本法。

第二条　本法所称环境噪声，是指在工业生产、建筑施工、交通运输和社会生活中所产生的干扰周围生活环境的声音。

本法所称环境噪声污染，是指所产生的环境噪声超过国家规定的环境噪声排放标准，并干扰他人正常生活、工作和学习的现象。

第三条　本法适用于中华人民共和国领域内环境噪声污染的防治。

因从事本职生产、经营工作受到噪声危害的防治，不适用本法。

第四条　国务院和地方各级人民政府应当将环境噪声污染防治工作纳入环境保护规划，并采取有利于声环境保护的经济、技术政策和措施。

第五条　地方各级人民政府在制定城乡建设规划时，应当充分考虑建设项目和区域开发、改造所产生的噪声对周围生活环境的影响，统筹规划，合理安排功能区和建设布局，防止或者减轻环境噪声污染。

第六条　国务院环境保护行政主管部门对全国环境噪声污染防治实施统一监督管理。

县级以上地方人民政府环境保护行政主管部门对本行政区域内的环境噪声污染防治实施统一监督管理。

各级公安、交通、铁路、民航等主管部门和港务监督机构，根据各自的职责，对交通运输和社会生活噪声污染防治实施监督管理。

第七条　任何单位和个人都有保护声环境的义务，并有权对造成环境噪声污染的单位和个人进行检举和控告。

第八条　国家鼓励、支持环境噪声污染防治的科学研究、技术开发，推广先进的防治技术和普及防治环境噪声污染的科学知识。

第九条　对在环境噪声污染防治方面成绩显著的单位和个人，由人民政府给予奖励。

第二章　环境噪声污染防治的监督管理

第十条　国务院环境保护行政主管部门分别不同的功能区制定国家声环境质量标准。

县级以上地方人民政府根据国家声环境质量标准，划定本行政区域内各类声环境质量标准的适用区域，并进行管理。

第十一条　国务院环境保护行政主管部门根据国家声环境质量标准和国家经济、技术条件，制定国家环境噪声排放标准。

第十二条　城市规划部门在确定建设布局时，应当依据国家声环境质量标准和民用建筑隔声设计规范，合理划定建筑物与交通干线的防噪声距离，并提出相应的规划设计要求。

第十三条　新建、改建、扩建的建设项目，必须遵守国家有关建设项目环境保护管理的规定。

建设项目可能产生环境噪声污染的，建设单位必须提出环境影响报告书，规定环境噪声污染的防治措施，并按照国家规定的程序报环境保护行政主管部门批准。

环境影响报告书中，应当有该建设项目所在地单位和居民的意见。

第十四条　建设项目的环境噪声污染防治设施必须与主体工程同时设计、同时施工、同时投产使用。

建设项目在投入生产或者使用之前，其环境噪声污染防治设施必须经原审批环境影响报告书的环境保护行政主管部门验收；达不到国家规定要求的，该建设项目不得投入生产或者使用。

第十五条　产生环境噪声污染的企业事业单位，必须保持防治环境噪声污染的设施的正常使用；拆除或者闲置环境噪声污染防治设施的，必须事先报经所在地的县级以上地方人民政府环境保护行政主管部门批准。

第十六条　产生环境噪声污染的单位，应当采取措施进行治理，并按照国家规定缴纳超标准排污费。

征收的超标准排污费必须用于污染的防治，不得挪作他用。

第十七条　对于在噪声敏感建筑物集中区域内造成严重环境噪声污染的企业事业单位，限期治理。

被限期治理的单位必须按期完成治理任务。限期治理由县级以上人民政府按照国务院规定的权限决定。

对小型企业事业单位的限期治理，可以由县级以上人民政府在国务院规定的权限内授权其环境保护行政主管部门决定。

第十八条　国家对环境噪声污染严重的落后设备实行淘汰制度。

国务院经济综合主管部门应当会同国务院有关部门公布限期禁止生产、禁止销售、禁止进口的环境噪声污染严重的设备名录。

生产者、销售者或者进口者必须在国务院经济综合主管部门会同国务院有关部门规定的期限内分别停止生产、销售或者进口列入前款规定的名录中的设备。

第十九条 在城市范围内从事生产活动确需排放偶发性强烈噪声的，必须事先向当地公安机关提出申请，经批准后方可进行。当地公安机关应当向社会公告。

第二十条 国务院环境保护行政主管部门应当建立环境噪声监测制度，制定监测规范，并会同有关部门组织监测网络。

环境噪声监测机构应当按照国务院环境保护行政主管部门的规定报送环境噪声监测结果。

第二十一条 县级以上人民政府环境保护行政主管部门和其他环境噪声污染防治工作的监督管理部门、机构，有权依据各自的职责对管辖范围内排放环境噪声的单位进行现场检查。被检查的单位必须如实反映情况，并提供必要的资料。检查部门、机构应当为被检查的单位保守技术秘密和业务秘密。

检查人员进行现场检查，应当出示证件。

第三章　工业噪声污染防治

第二十二条 本法所称工业噪声，是指在工业生产活动中使用固定的设备时产生的干扰周围生活环境的声音。

第二十三条 在城市范围内向周围生活环境排放工业噪声的，应当符合国家规定的工业企业厂界环境噪声排放标准。

第二十四条 在工业生产中因使用固定的设备造成环境噪声污染的工业企业，必须按照国务院环境保护行政主管部门的规定，向所在地的县级以上地方人民政府环境保护行政主管部门申报拥有的造成环境噪声污染的设备的种类、数量以及在正常作业条件下所发出的噪声值和防治环境噪声污染的设施情况，并提供防治噪声污染的技术资料。

造成环境噪声污染的设备的种类、数量、噪声值和防治设施有重大改变的，必须及时申报，并采取应有的防治措施。

第二十五条 产生环境噪声污染的工业企业，应当采取有效措施，减轻噪声对周围生活环境的影响。

第二十六条 国务院有关主管部门对可能产生环境噪声污染的工业设备，应当根据声环境保护的要求和国家的经济、技术条件，逐步在依法制定的产品的国家标准、行业标准中规定噪声限值。

前款规定的工业设备运行时发出的噪声值，应当在有关技术文件中予以注明。

第四章　建筑施工噪声污染防治

第二十七条 本法所称建筑施工噪声，是指在建筑施工过程中产生的干扰周围生活环境的声音。

第二十八条 在城市市区范围内向周围生活环境排放建筑施工噪声的，应当符合国家规定的建筑施工场界环境噪声排放标准。

第二十九条 在城市市区范围内，建筑施工过程中使用机械设备，可能产生环境噪声污染的，施工单位必须在工程开工十五日以前向工程所在地县级以上地方人民政府环境保护行政主管部门申报该工程的项目名称、施工场所和期限、可能产生的环境噪声值以及所采取的环境噪声污染防治措施的情况。

第三十条 在城市市区噪声敏感建筑物集中区域内，禁止夜间进行产生环境噪声污染的建筑施工作业，但抢修、抢险作业和因生产工艺上要求或者特殊需要必须连续作业的除外。

因特殊需要必须连续作业的，必须有县级以上人民政府或者其有关主管部门的证明。

前款规定的夜间作业，必须公告附近居民。

第五章　交通运输噪声污染防治

第三十一条 本法所称交通运输噪声，是指机动车辆、铁路机车、机动船舶、航空器等交通运输工具在运行时所产生的干扰周围生活环境的声音。

第三十二条 禁止制造、销售或者进口超过规定的噪声限值的汽车。

第三十三条 在城市市区范围内行驶的机动车辆的消声器和喇叭必须符合国家规定的要求。机动车辆必须加强维修和保养，保持技术性能良好，防治环境噪声污染。

第三十四条 机动车辆在城市市区范围内行驶，机动船舶在城市市区的内河航道航行，铁路机车驶经或者进入城市市区、疗养区时，必须按照规定使用声响装置。

警车、消防车、工程抢险车、救护车等机动车辆安装、使用警报器，必须符合国务院公安部门的规定；在执行非紧急任务时，禁止使用警报器。

第三十五条 城市人民政府公安机关可以根据本地城市市区区域声环境保护的需要，划定禁止机动车辆行驶和禁止其使用声响装置的路段和时间，并向社会公告。

第三十六条 建设经过已有的噪声敏感建筑物集中区域的高速公路和城市高架、轻轨道路，有可能造成环境噪声污染的，应当设置声屏障或者采取其他有效的控制环境噪声污染的措施。

第三十七条 在已有的城市交通干线的两侧建设噪声敏感建筑物的，建设单位应当按照国家规定间隔一定距离，并采取减轻、避免交通噪声影响的措施。

第三十八条 在车站、铁路编组站、港口、码头、航空港等地指挥作业时使用广播喇叭的，应当控制音量，减轻噪声对周围生活环境的影响。

第三十九条 穿越城市居民区、文教区的铁路，因铁路机车运行造成环境噪声污染的，当地城市人民政府应当组织铁路部门和其他有关部门，制定减轻环境噪声污染的规划。铁路部门和其他有关部门应当按照规划的要求，采取有效措施，减轻环境噪声污染。

第四十条 除起飞、降落或者依法规定的情形以外，民用航空器不得飞越城市市区上空。城市人民政府应当在航空器起飞、降落的净空周围划定限制建设噪声敏感建筑物的区域；在该区域内建设噪声敏感建筑物的，建设单位应当采取减轻、避免航空器运行时产生的噪声影响的措施。民航部门应当采取有效措施，减轻环境噪声污染。

第六章　社会生活噪声污染防治

第四十一条　本法所称社会生活噪声，是指人为活动所产生的除工业噪声、建筑施工噪声和交通运输噪声之外的干扰周围生活环境的声音。

第四十二条　在城市市区噪声敏感建筑物集中区域内，因商业经营活动中使用固定设备造成环境噪声污染的商业企业，必须按照国务院环境保护行政主管部门的规定，向所在地的县级以上地方人民政府环境保护行政主管部门申报拥有的造成环境噪声污染的设备的状况和防治环境噪声污染的设施的情况。

第四十三条　新建营业性文化娱乐场所的边界噪声必须符合国家规定的环境噪声排放标准；不符合国家规定的环境噪声排放标准的，文化行政主管部门不得核发文化经营许可证，工商行政管理部门不得核发营业执照。

经营中的文化娱乐场所，其经营管理者必须采取有效措施，使其边界噪声不超过国家规定的环境噪声排放标准。

第四十四条　禁止在商业经营活动中使用高音广播喇叭或者采用其他发出高噪声的方法招揽顾客。

在商业经营活动中使用空调器、冷却塔等可能产生环境噪声污染的设备、设施的，其经营管理者应当采取措施，使其边界噪声不超过国家规定的环境噪声排放标准。

第四十五条　禁止任何单位、个人在城市市区噪声敏感建设物集中区域内使用高音广播喇叭。

在城市市区街道、广场、公园等公共场所组织娱乐、集会等活动，使用音响器材可能产生干扰周围生活环境的过大音量的，必须遵守当地公安机关的规定。

第四十六条　使用家用电器、乐器或者进行其他家庭室内娱乐活动时，应当控制音量或者采取其他有效措施，避免对周围居民造成环境噪声污染。

第四十七条　在已竣工交付使用的住宅楼进行室内装修活动，应当限制作业时间，并采取其他有效措施，以减轻、避免对周围居民造成环境噪声污染。

第七章　法律责任

第四十八条　违反本法第十四条的规定，建设项目中需要配套建设的环境噪声污染防治设施没有建成或者没有达到国家规定的要求，擅自投入生产或者使用的，由批准该建设项目的环境影响报告书的环境保护行政主管部门责令停止生产或者使用，可以并处罚款。

第四十九条　违反本法规定，拒报或者谎报规定的环境噪声排放申报事项的，县级以上地方人民政府环境保护行政主管部门可以根据不同情节，给予警告或者处以罚款。

第五十条　违反本法第十五条的规定，未经环境保护行政主管部门批准，擅自拆除或者闲置环境噪声污染防治设施，致使环境噪声排放超过规定标准的，由县级以上地方人民政府环境保护行政主管部门责令改正，并处罚款。

第五十一条 违反本法第十六条的规定，不按照国家规定缴纳超标准排污费的，县级以上地方人民政府环境保护行政主管部门可以根据不同情节，给予警告或者处以罚款。

第五十二条 违反本法第十七条的规定，对经限期治理逾期未完成治理任务的企业事业单位，除依照国家规定加收超标准排污费外，可以根据所造成的危害后果处以罚款，或者责令停业、搬迁、关闭。

前款规定的罚款由环境保护行政主管部门决定。责令停业、搬迁、关闭由县级以上人民政府按照国务院规定的权限决定。

第五十三条 违反本法第十八条的规定，生产、销售、进口禁止生产、销售、进口的设备的，由县级以上人民政府经济综合主管部门责令改正；情节严重的，由县级以上人民政府经济综合主管部门提出意见，报请同级人民政府按照国务院规定的权限责令停业、关闭。

第五十四条 违反本法第十九条的规定，未经当地公安机关批准，进行产生偶发性强烈噪声活动的，由公安机关根据不同情节给予警告或者处以罚款。

第五十五条 排放环境噪声的单位违反本法第二十一条的规定，拒绝环境保护行政主管部门或者其他依照本法规定行使环境噪声监督管理权的部门、机构现场检查或者在被检查时弄虚作假的，环境保护行政主管部门或者其他依照本法规定行使环境噪声监督管理权的监督管理部门、机构可以根据不同情节，给予警告或者处以罚款。

第五十六条 建筑施工单位违反本法第三十条第一款的规定，在城市市区噪声敏感建筑物集中区域内，夜间进行禁止进行的产生环境噪声污染的建筑施工作业的，由工程所在地县级以上地方人民政府环境保护行政主管部门责令改正，可以并处罚款。

第五十七条 违反本法第三十四条的规定，机动车辆不按照规定使用声响装置的，由当地公安机关根据不同情节给予警告或者处以罚款。

机动船舶有前款违法行为的，由港务监督机构根据不同情节给予警告或者处以罚款。

铁路机车有第一款违法行为的，由铁路主管部门对有关责任人员给予行政处分。

第五十八条 违反本法规定，有下列行为之一的，由公安机关给予警告，可以并处罚款：

（一）在城市市区噪声敏感建筑物集中区域内使用高音广播喇叭；

（二）违反当地公安机关的规定，在城市市区街道、广场、公园等公共场所组织娱乐、集会等活动，使用音响器材，产生干扰周围生活环境的过大音量的；

（三）未按本法第四十六条和第四十七条规定采取措施，从家庭室内发出严重干扰周围居民生活的环境噪声的。

第五十九条 违反本法第四十三条第二款、第四十四条第二款的规定，造成环境噪声污染的，由县级以上地方人民政府环境保护行政主管部门责令改正，可以并处罚款。

第六十条 违反本法第四十四条第一款的规定，造成环境噪声污染的，由公安机关责令改正，可以并处罚款。

省级以上人民政府依法决定由县级以上地方人民政府环境保护行政主管部门行使前款规定的行政处罚权的，从其决定。

第六十一条 受到环境噪声污染危害的单位和个人，有权要求加害人排除危害；造成损失的，依法赔偿损失。

赔偿责任和赔偿金额的纠纷，可以根据当事人的请求，由环境保护行政主管部门或者其他环境噪声污染防治工作的监督管理部门、机构调解处理；调解不成的，当事人可以向人民法院起诉。当事人也可以直接向人民法院起诉。

第六十二条 环境噪声污染防治监督管理人员滥用职权、玩忽职守、徇私舞弊的，由其所在单位或者上级主管机关给予行政处分；构成犯罪的，依法追究刑事责任。

第八章 附 则

第六十三条 本法中下列用语的含义是：

（一）“噪声排放”是指噪声源向周围生活环境辐射噪声。

（二）“噪声敏感建筑物”是指医院、学校、机关、科研单位、住宅等需要保持安静的建筑物。

（三）“噪声敏感建筑物集中区域”是指医疗区、文教科研区和以机关或者居民住宅为主的区域。

（四）“夜间”是指晚二十二点至晨六点之间的期间。

（五）“机动车辆”是指汽车和摩托车。

第六十四条 本法自 1997 年 3 月 1 日起施行。1989 年 9 月 26 日国务院发布的《中华人民共和国环境噪声污染防治条例》同时废止。

五、固体废物管理

中华人民共和国固体废物污染环境防治法

（1995年10月30日第八届全国人民代表大会常务委员会第十六次会议通过，2004年12月29日第十届全国人民代表大会常务委员会第十三次会议修订）

中华人民共和国主席令

第31号

《中华人民共和国固体废物污染环境防治法》已由中华人民共和国第十届全国人民代表大会常务委员会第十三次会议于2004年12月29日修订通过，现将修订后的《中华人民共和国固体废物污染环境防治法》公布，自2005年4月1日起施行。

中华人民共和国主席　胡锦涛

2004年12月29日

目　录

第一章　总　则

第一条　为了防治固体废物污染环境，保障人体健康，维护生态安全，促进经济社会可持续发展，制定本法。

第二条　本法适用于中华人民共和国境内固体废物污染环境的防治。

固体废物污染海洋环境的防治和放射性固体废物污染环境的防治不适用本法。

第三条 国家对固体废物污染环境的防治，实行减少固体废物的产生量和危害性、充分合理利用固体废物和无害化处置固体废物的原则，促进清洁生产和循环经济发展。

国家采取有利于固体废物综合利用活动的经济、技术政策和措施，对固体废物实行充分回收和合理利用。

国家鼓励、支持采取有利于保护环境的集中处置固体废物的措施，促进固体废物污染环境防治产业发展。

第四条 县级以上人民政府应当将固体废物污染环境防治工作纳入国民经济和社会发展计划，并采取有利于固体废物污染环境防治的经济、技术政策和措施。

国务院有关部门、县级以上地方人民政府及其有关部门组织编制城乡建设、土地利用、区域开发、产业发展等规划，应当统筹考虑减少固体废物的产生量和危害性、促进固体废物的综合利用和无害化处置。

第五条 国家对固体废物污染环境防治实行污染者依法负责的原则。

产品的生产者、销售者、进口者、使用者对其产生的固体废物依法承担污染防治责任。

第六条 国家鼓励、支持固体废物污染环境防治的科学研究、技术开发、推广先进的防治技术和普及固体废物污染环境防治的科学知识。

各级人民政府应当加强防治固体废物污染环境的宣传教育，倡导有利于环境保护的生产方式和生活方式。

第七条 国家鼓励单位和个人购买、使用再生产品和可重复利用产品。

第八条 各级人民政府对在固体废物污染环境防治工作以及相关的综合利用活动中作出显著成绩的单位和个人给予奖励。

第九条 任何单位和个人都有保护环境的义务，并有权对造成固体废物污染环境的单位和个人进行检举和控告。

第十条 国务院环境保护行政主管部门对全国固体废物污染环境的防治工作实施统一监督管理。国务院有关部门在各自的职责范围内负责固体废物污染环境防治的监督管理工作。

县级以上地方人民政府环境保护行政主管部门对本行政区域内固体废物污染环境的防治工作实施统一监督管理。县级以上地方人民政府有关部门在各自的职责范围内负责固体废物污染环境防治的监督管理工作。

国务院建设行政主管部门和县级以上地方人民政府环境卫生行政主管部门负责生活垃圾清扫、收集、贮存、运输和处置的监督管理工作。

第二章 固体废物污染环境防治的监督管理

第十一条 国务院环境保护行政主管部门会同国务院有关行政主管部门根据国家环境质量标准和国家经济、技术条件，制定国家固体废物污染环境防治技术标准。

第十二条 国务院环境保护行政主管部门建立固体废物污染环境监测制度，制定统一的监测规范，并会同有关部门组织监测网络。

大、中城市人民政府环境保护行政主管部门应当定期发布固体废物的种类、产生量、处置状况等信息。

第十三条 建设产生固体废物的项目以及建设贮存、利用、处置固体废物的项目，必须依法进行环境影响评价，并遵守国家有关建设项目环境保护管理的规定。

第十四条 建设项目的环境影响评价文件确定需要配套建设的固体废物污染环境防治设施，必须与主体工程同时设计、同时施工、同时投入使用。固体废物污染环境防治设施必须经原审批环境影响评价文件的环境保护行政主管部门验收合格后，该建设项目方可投入生产或者使用。对固体废物污染环境防治设施的验收应当与对主体工程的验收同时进行。

第十五条 县级以上人民政府环境保护行政主管部门和其他固体废物污染环境防治工作的监督管理部门，有权依据各自的职责对管辖范围内与固体废物污染环境防治有关的单位进行现场检查。被检查的单位应当如实反映情况，提供必要的资料。检查机关应当为被检查的单位保守技术秘密和业务秘密。

检查机关进行现场检查时，可以采取现场监测、采集样品、查阅或者复制与固体废物污染环境防治相关的资料等措施。检查人员进行现场检查，应当出示证件。

第三章　固体废物污染环境的防治

第一节　一般规定

第十六条 产生固体废物的单位和个人，应当采取措施，防止或者减少固体废物对环境的污染。

第十七条 收集、贮存、运输、利用、处置固体废物的单位和个人，必须采取防扬散、防流失、防渗漏或者其他防止污染环境的措施；不得擅自倾倒、堆放、丢弃、遗撒固体废物。

禁止任何单位或者个人向江河、湖泊、运河、渠道、水库及其最高水位线以下的滩地和岸坡等法律、法规规定禁止倾倒、堆放废弃物的地点倾倒、堆放固体废物。

第十八条 产品和包装物的设计、制造，应当遵守国家有关清洁生产的规定。国务院标准化行政主管部门应当根据国家经济和技术条件、固体废物污染环境防治状况以及产品的技术要求，组织制定有关标准，防止过度包装造成环境污染。

生产、销售、进口依法被列入强制回收目录的产品和包装物的企业，必须按照国家有关规定对该产品和包装物进行回收。

第十九条 国家鼓励科研、生产单位研究、生产易回收利用、易处置或者在环境中可降解的薄膜覆盖物和商品包装物。

使用农用薄膜的单位和个人，应当采取回收利用等措施，防止或者减少农用薄膜对环境的污染。

第二十条 从事畜禽规模养殖应当按照国家有关规定收集、贮存、利用或者处置养殖过程中产生的畜禽粪便，防止污染环境。

禁止在人口集中地区、机场周围、交通干线附近以及当地人民政府划定的区域露天焚烧秸秆。

第二十一条 对收集、贮存、运输、处置固体废物的设施、设备和场所，应当加强管理和维护，保证其正常运行和使用。

第二十二条 在国务院和国务院有关主管部门及省、自治区、直辖市人民政府划定的自然保护区、风景名胜区、饮用水水源保护区、基本农田保护区和其他需要特别保护的区域内，禁止建设工业固体废物集中贮存、处置的设施、场所和生活垃圾填埋场。

第二十三条 转移固体废物出省、自治区、直辖市行政区域贮存、处置的，应当向固体废物移出地的省、自治区、直辖市人民政府环境保护行政主管部门提出申请。移出地的省、自治区、直辖市人民政府环境保护行政主管部门应当商经接受地的省、自治区、直辖市人民政府环境保护行政主管部门同意后，方可批准转移该固体废物出省、自治区、直辖市行政区域。未经批准的，不得转移。

第二十四条 禁止中华人民共和国境外的固体废物进境倾倒、堆放、处置。

第二十五条 禁止进口不能用作原料或者不能以无害化方式利用的固体废物；对可以用作原料的固体废物实行限制进口和自动许可进口分类管理。

国务院环境保护行政主管部门会同国务院对外贸易主管部门、国务院经济综合宏观调控部门、海关总署、国务院质量监督检验检疫部门制定、调整并公布禁止进口、限制进口和自动许可进口的固体废物目录。

禁止进口列入禁止进口目录的固体废物。进口列入限制进口目录的固体废物，应当经国务院环境保护行政主管部门会同国务院对外贸易主管部门审查许可。进口列入自动许可进口目录的固体废物，应当依法办理自动许可手续。

进口的固体废物必须符合国家环境保护标准，并经质量监督检验检疫部门检验合格。

进口固体废物的具体管理办法，由国务院环境保护行政主管部门会同国务院对外贸易主管部门、国务院经济综合宏观调控部门、海关总署、国务院质量监督检验检疫部门制定。

第二十六条 进口者对海关将其所进口的货物纳入固体废物管理范围不服的，可以依法申请行政复议，也可以向人民法院提起行政诉讼。

第二节　工业固体废物污染环境的防治

第二十七条 国务院环境保护行政主管部门应当会同国务院经济综合宏观调控部门和其他有关部门对工业固体废物对环境的污染作出界定，制定防治工业固体废物污染环境的技术政策，组织推广先进的防治工业固体废物污染环境的生产工艺和设备。

第二十八条 国务院经济综合宏观调控部门应当会同国务院有关部门组织研究、开发和推广减少工业固体废物产生量和危害性的生产工艺和设备，公布限期淘汰产生严重污染环境的工业固体废物的落后生产工艺、落后设备的名录。

生产者、销售者、进口者、使用者必须在国务院经济综合宏观调控部门会同国务院有关部门规定的期限内分别停止生产、销售、进口或者使用列入前款规定的名录中的设备。生产工艺的采用者必须在国务院经济综合宏观调控部门会同国务院有关部门规定的期限内停止采用列入前款规定的名录中的工艺。

列入限期淘汰名录被淘汰的设备，不得转让给他人使用。

第二十九条 县级以上人民政府有关部门应当制定工业固体废物污染环境防治工作规划，推广能够减少工业固体废物产生量和危害性的先进生产工艺和设备，推动工业固体废物污染环境防治工作。

第三十条 产生工业固体废物的单位应当建立、健全污染环境防治责任制度，采取防治工业固体废物污染环境的措施。

第三十一条 企业事业单位应当合理选择和利用原材料、能源和其他资源，采用先进的生产工艺和设备，减少工业固体废物产生量，降低工业固体废物的危害性。

第三十二条 国家实行工业固体废物申报登记制度。

产生工业固体废物的单位必须按照国务院环境保护行政主管部门的规定，向所在地县级以上地方人民政府环境保护行政主管部门提供工业固体废物的种类、产生量、流向、贮存、处置等有关资料。

前款规定的申报事项有重大改变的，应当及时申报。

第三十三条 企业事业单位应当根据经济、技术条件对其产生的工业固体废物加以利用；对暂时不利用或者不能利用的，必须按照国务院环境保护行政主管部门的规定建设贮存设施、场所，安全分类存放，或者采取无害化处置措施。

建设工业固体废物贮存、处置的设施、场所，必须符合国家环境保护标准。

第三十四条 禁止擅自关闭、闲置或者拆除工业固体废物污染环境防治设施、场所；确有必要关闭、闲置或者拆除的，必须经所在地县级以上地方人民政府环境保护行政主管部门核准，并采取措施，防止污染环境。

第三十五条 产生工业固体废物的单位需要终止的，应当事先对工业固体废物的贮存、处置的设施、场所采取污染防治措施，并对未处置的工业固体废物作出妥善处置，防止污染环境。

产生工业固体废物的单位发生变更的，变更后的单位应当按照国家有关环境保护的规定对未处置的工业固体废物及其贮存、处置的设施、场所进行安全处置或者采取措施保证该设施、场所安全运行。变更前当事人对工业固体废物及其贮存、处置的设施、场所的污染防治责任另有约定的，从其约定；但是，不得免除当事人的污染防治义务。

对本法施行前已经终止的单位未处置的工业固体废物及其贮存、处置的设施、场所进行安全处置的费用，由有关人民政府承担；但是，该单位享有的土地使用权依法转让的，应当由土地使用权受让人承担处置费用。当事人另有约定的，从其约定；但是，不得免除当事人的污染防治义务。

第三十六条 矿山企业应当采取科学的开采方法和选矿工艺，减少尾矿、矸石、废石等矿业固体废物的产生量和贮存量。

尾矿、矸石、废石等矿业固体废物贮存设施停止使用后，矿山企业应当按照国家有关环境保护规定进行封场，防止造成环境污染和生态破坏。

第三十七条 拆解、利用、处置废弃电器产品和废弃机动车船，应当遵守有关法律、法规的规定，采取措施，防止污染环境。

第三节　生活垃圾污染环境的防治

第三十八条　县级以上人民政府应当统筹安排建设城乡生活垃圾收集、运输、处置设施，提高生活垃圾的利用率和无害化处置率，促进生活垃圾收集、处置的产业化发展，逐步建立和完善生活垃圾污染环境防治的社会服务体系。

第三十九条　县级以上地方人民政府环境卫生行政主管部门应当组织对城市生活垃圾进行清扫、收集、运输和处置，可以通过招标等方式选择具备条件的单位从事生活垃圾的清扫、收集、运输和处置。

第四十条　对城市生活垃圾应当按照环境卫生行政主管部门的规定，在指定的地点放置，不得随意倾倒、抛撒或者堆放。

第四十一条　清扫、收集、运输、处置城市生活垃圾，应当遵守国家有关环境保护和环境卫生管理的规定，防止污染环境。

第四十二条　对城市生活垃圾应当及时清运，逐步做到分类收集和运输，并积极开展合理利用和实施无害化处置。

第四十三条　城市人民政府应当有计划地改进燃料结构，发展城市煤气、天然气、液化气和其他清洁能源。

城市人民政府有关部门应当组织净菜进城，减少城市生活垃圾。

城市人民政府有关部门应当统筹规划，合理安排收购网点，促进生活垃圾的回收利用工作。

第四十四条　建设生活垃圾处置的设施、场所，必须符合国务院环境保护行政主管部门和国务院建设行政主管部门规定的环境保护和环境卫生标准。

禁止擅自关闭、闲置或者拆除生活垃圾处置的设施、场所；确有必要关闭、闲置或者拆除的，必须经所在地县级以上地方人民政府环境卫生行政主管部门和环境保护行政主管部门核准，并采取措施，防止污染环境。

第四十五条　从生活垃圾中回收的物质必须按照国家规定的用途或者标准使用，不得用于生产可能危害人体健康的产品。

第四十六条　工程施工单位应当及时清运工程施工过程中产生的固体废物，并按照环境卫生行政主管部门的规定进行利用或者处置。

第四十七条　从事公共交通运输的经营单位，应当按照国家有关规定，清扫、收集运输过程中产生的生活垃圾。

第四十八条　从事城市新区开发、旧区改建和住宅小区开发建设的单位，以及机场、码头、车站、公园、商店等公共设施、场所的经营管理单位，应当按照国家有关环境卫生的规定，配套建设生活垃圾收集设施。

第四十九条　农村生活垃圾污染环境防治的具体办法，由地方性法规规定。

第四章　危险废物污染环境防治的特别规定

第五十条　危险废物污染环境的防治，适用本章规定；本章未作规定的，适用本法其他有关规定。

第五十一条　国务院环境保护行政主管部门应当会同国务院有关部门制定国家危险废物名录，规定统一的危险废物鉴别标准、鉴别方法和识别标志。

第五十二条　对危险废物的容器和包装物以及收集、贮存、运输、处置危险废物的设施、场所，必须设置危险废物识别标志。

第五十三条　产生危险废物的单位，必须按照国家有关规定制定危险废物管理计划，并向所在地县级以上地方人民政府环境保护行政主管部门申报危险废物的种类、产生量、流向、贮存、处置等有关资料。

前款所称危险废物管理计划应当包括减少危险废物产生量和危害性的措施以及危险废物贮存、利用、处置措施。危险废物管理计划应当报产生危险废物的单位所在地县级以上地方人民政府环境保护行政主管部门备案。

本条规定的申报事项或者危险废物管理计划内容有重大改变的，应当及时申报。

第五十四条　国务院环境保护行政主管部门会同国务院经济综合宏观调控部门组织编制危险废物集中处置设施、场所的建设规划，报国务院批准后实施。

县级以上地方人民政府应当依据危险废物集中处置设施、场所的建设规划组织建设危险废物集中处置设施、场所。

第五十五条　产生危险废物的单位，必须按照国家有关规定处置危险废物，不得擅自倾倒、堆放；不处置的，由所在地县级以上地方人民政府环境保护行政主管部门责令限期改正；逾期不处置或者处置不符合国家有关规定的，由所在地县级以上地方人民政府环境保护行政主管部门指定单位按照国家有关规定代为处置，处置费用由产生危险废物的单位承担。

第五十六条　以填埋方式处置危险废物不符合国务院环境保护行政主管部门规定的，应当缴纳危险废物排污费。危险废物排污费征收的具体办法由国务院规定。

危险废物排污费用于污染环境的防治，不得挪作他用。

第五十七条　从事收集、贮存、处置危险废物经营活动的单位，必须向县级以上人民政府环境保护行政主管部门申请领取经营许可证；从事利用危险废物经营活动的单位，必须向国务院环境保护行政主管部门或者省、自治区、直辖市人民政府环境保护行政主管部门申请领取经营许可证。具体管理办法由国务院规定。

禁止无经营许可证或者不按照经营许可证规定从事危险废物收集、贮存、利用、处置的经营活动。

禁止将危险废物提供或者委托给无经营许可证的单位从事收集、贮存、利用、处置的经营活动。

第五十八条　收集、贮存危险废物，必须按照危险废物特性分类进行。禁止混合收集、贮存、运输、处置性质不相容而未经安全性处置的危险废物。

贮存危险废物必须采取符合国家环境保护标准的防护措施，并不得超过一年；确需延长期限的，必须报经原批准经营许可证的环境保护行政主管部门批准；法律、行政法规另有规定的除外。

禁止将危险废物混入非危险废物中贮存。

第五十九条 转移危险废物的，必须按照国家有关规定填写危险废物转移联单，并向危险废物移出地设区的市级以上地方人民政府环境保护行政主管部门提出申请。移出地设区的市级以上地方人民政府环境保护行政主管部门应当商经接受地设区的市级以上地方人民政府环境保护行政主管部门同意后，方可批准转移该危险废物。未经批准的，不得转移。

转移危险废物途经移出地、接受地以外行政区域的，危险废物移出地设区的市级以上地方人民政府环境保护行政主管部门应当及时通知沿途经过的设区的市级以上地方人民政府环境保护行政主管部门。

第六十条 运输危险废物，必须采取防止污染环境的措施，并遵守国家有关危险货物运输管理的规定。

禁止将危险废物与旅客在同一运输工具上载运。

第六十一条 收集、贮存、运输、处置危险废物的场所、设施、设备和容器、包装物及其他物品转作他用时，必须经过消除污染的处理，方可使用。

第六十二条 产生、收集、贮存、运输、利用、处置危险废物的单位，应当制定意外事故的防范措施和应急预案，并向所在地县级以上地方人民政府环境保护行政主管部门备案；环境保护行政主管部门应当进行检查。

第六十三条 因发生事故或者其他突发性事件，造成危险废物严重污染环境的单位，必须立即采取措施消除或者减轻对环境的污染危害，及时通报可能受到污染危害的单位和居民，并向所在地县级以上地方人民政府环境保护行政主管部门和有关部门报告，接受调查处理。

第六十四条 在发生或者有证据证明可能发生危险废物严重污染环境、威胁居民生命财产安全时，县级以上地方人民政府环境保护行政主管部门或者其他固体废物污染环境防治工作的监督管理部门必须立即向本级人民政府和上一级人民政府有关行政主管部门报告，由人民政府采取防止或者减轻危害的有效措施。有关人民政府可以根据需要责令停止导致或者可能导致环境污染事故的作业。

第六十五条 重点危险废物集中处置设施、场所的退役费用应当预提，列入投资概算或者经营成本。具体提取和管理办法，由国务院财政部门、价格主管部门会同国务院环境保护行政主管部门规定。

第六十六条 禁止经中华人民共和国过境转移危险废物。

第五章　法律责任

第六十七条 县级以上人民政府环境保护行政主管部门或者其他固体废物污染环境防治工作的监督管理部门违反本法规定，有下列行为之一的，由本级人民政府或者上级人民政府有关行政主管部门责令改正，对负有责任的主管人员和其他直接责任人员依法给予行政处分；构成犯罪的，依法追究刑事责任：

（一）不依法作出行政许可或者办理批准文件的；

（二）发现违法行为或者接到对违法行为的举报后不予查处的；

（三）有不依法履行监督管理职责的其他行为的。

第六十八条　违反本法规定，有下列行为之一的，由县级以上人民政府环境保护行政主管部门责令停止违法行为，限期改正，处以罚款：

（一）不按照国家规定申报登记工业固体废物，或者在申报登记时弄虚作假的；

（二）对暂时不利用或者不能利用的工业固体废物未建设贮存的设施、场所安全分类存放，或者未采取无害化处置措施的；

（三）将列入限期淘汰名录被淘汰的设备转让给他人使用的；

（四）擅自关闭、闲置或者拆除工业固体废物污染环境防治设施、场所的；

（五）在自然保护区、风景名胜区、饮用水水源保护区、基本农田保护区和其他需要特别保护的区域内，建设工业固体废物集中贮存、处置的设施、场所和生活垃圾填埋场的；

（六）擅自转移固体废物出省、自治区、直辖市行政区域贮存、处置的；

（七）未采取相应防范措施，造成工业固体废物扬散、流失、渗漏或者造成其他环境污染的；

（八）在运输过程中沿途丢弃、遗撒工业固体废物的。

有前款第一项、第八项行为之一的，处五千元以上五万元以下的罚款；有前款第二项、第三项、第四项、第五项、第六项、第七项行为之一的，处一万元以上十万元以下的罚款。

第六十九条　违反本法规定，建设项目需要配套建设的固体废物污染环境防治设施未建成、未经验收或者验收不合格，主体工程即投入生产或者使用的，由审批该建设项目环境影响评价文件的环境保护行政主管部门责令停止生产或者使用，可以并处十万元以下的罚款。

第七十条　违反本法规定，拒绝县级以上人民政府环境保护行政主管部门或者其他固体废物污染环境防治工作的监督管理部门现场检查的，由执行现场检查的部门责令限期改正；拒不改正或者在检查时弄虚作假的，处二千元以上二万元以下的罚款。

第七十一条　从事畜禽规模养殖未按照国家有关规定收集、贮存、处置畜禽粪便，造成环境污染的，由县级以上地方人民政府环境保护行政主管部门责令限期改正，可以处五万元以下的罚款。

第七十二条　违反本法规定，生产、销售、进口或者使用淘汰的设备，或者采用淘汰的生产工艺的，由县级以上人民政府经济综合宏观调控部门责令改正；情节严重的，由县级以上人民政府经济综合宏观调控部门提出意见，报请同级人民政府按照国务院规定的权限决定停业或者关闭。

第七十三条　尾矿、矸石、废石等矿业固体废物贮存设施停止使用后，未按照国家有关环境保护规定进行封场的，由县级以上地方人民政府环境保护行政主管部门责令限期改正，可以处五万元以上二十万元以下的罚款。

第七十四条 违反本法有关城市生活垃圾污染环境防治的规定，有下列行为之一的，由县级以上地方人民政府环境卫生行政主管部门责令停止违法行为，限期改正，处以罚款：

（一）随意倾倒、抛撒或者堆放生活垃圾的；

（二）擅自关闭、闲置或者拆除生活垃圾处置设施、场所的；

（三）工程施工单位不及时清运施工过程中产生的固体废物，造成环境污染的；

（四）工程施工单位不按照环境卫生行政主管部门的规定对施工过程中产生的固体废物进行利用或者处置的；

（五）在运输过程中沿途丢弃、遗撒生活垃圾的。

单位有前款第一项、第三项、第五项行为之一的，处五千元以上五万元以下的罚款；有前款第二项、第四项行为之一的，处一万元以上十万元以下的罚款。个人有前款第一项、第五项行为之一的，处二百元以下的罚款。

第七十五条 违反本法有关危险废物污染环境防治的规定，有下列行为之一的，由县级以上人民政府环境保护行政主管部门责令停止违法行为，限期改正，处以罚款：

（一）不设置危险废物识别标志的；

（二）不按照国家规定申报登记危险废物，或者在申报登记时弄虚作假的；

（三）擅自关闭、闲置或者拆除危险废物集中处置设施、场所的；

（四）不按照国家规定缴纳危险废物排污费的；

（五）将危险废物提供或者委托给无经营许可证的单位从事经营活动的；

（六）不按照国家规定填写危险废物转移联单或者未经批准擅自转移危险废物的；

（七）将危险废物混入非危险废物中贮存的；

（八）未经安全性处置，混合收集、贮存、运输、处置具有不相容性质的危险废物的；

（九）将危险废物与旅客在同一运输工具上载运的；

（十）未经消除污染的处理将收集、贮存、运输、处置危险废物的场所、设施、设备和容器、包装物及其他物品转作他用的；

（十一）未采取相应防范措施，造成危险废物扬散、流失、渗漏或者造成其他环境污染的；

（十二）在运输过程中沿途丢弃、遗撒危险废物的；

（十三）未制定危险废物意外事故防范措施和应急预案的。

有前款第一项、第二项、第七项、第八项、第九项、第十项、第十一项、第十二项、第十三项行为之一的，处一万元以上十万元以下的罚款；有前款第三项、第五项、第六项行为之一的，处二万元以上二十万元以下的罚款；有前款第四项行为的，限期缴纳，逾期不缴纳的，处应缴纳危险废物排污费金额一倍以上三倍以下的罚款。

第七十六条 违反本法规定，危险废物产生者不处置其产生的危险废物又不承担依法应当承担的处置费用的，由县级以上地方人民政府环境保护行政主管部门责令限期改正，处代为处置费用一倍以上三倍以下的罚款。

第七十七条 无经营许可证或者不按照经营许可证规定从事收集、贮存、利用、处置危险废物经营活动的，由县级以上人民政府环境保护行政主管部门责令停止违法行为，没收违法所得，可以并处违法所得三倍以下的罚款。

不按照经营许可证规定从事前款活动的，还可以由发证机关吊销经营许可证。

第七十八条 违反本法规定，将中华人民共和国境外的固体废物进境倾倒、堆放、处置的，进口属于禁止进口的固体废物或者未经许可擅自进口属于限制进口的固体废物用作原料的，由海关责令退运该固体废物，可以并处十万元以上一百万元以下的罚款；构成犯罪的，依法追究刑事责任。进口者不明的，由承运人承担退运该固体废物的责任，或者承担该固体废物的处置费用。

逃避海关监管将中华人民共和国境外的固体废物运输进境，构成犯罪的，依法追究刑事责任。

第七十九条 违反本法规定，经中华人民共和国过境转移危险废物的，由海关责令退运该危险废物，可以并处五万元以上五十万元以下的罚款。

第八十条 对已经非法入境的固体废物，由省级以上人民政府环境保护行政主管部门依法向海关提出处理意见，海关应当依照本法第七十八条的规定作出处罚决定；已经造成环境污染的，由省级以上人民政府环境保护行政主管部门责令进口者消除污染。

第八十一条 违反本法规定，造成固体废物严重污染环境的，由县级以上人民政府环境保护行政主管部门按照国务院规定的权限决定限期治理；逾期未完成治理任务的，由本级人民政府决定停业或者关闭。

第八十二条 违反本法规定，造成固体废物污染环境事故的，由县级以上人民政府环境保护行政主管部门处二万元以上二十万元以下的罚款；造成重大损失的，按照直接损失的百分之三十计算罚款，但是最高不超过一百万元，对负有责任的主管人员和其他直接责任人员，依法给予行政处分；造成固体废物污染环境重大事故的，并由县级以上人民政府按照国务院规定的权限决定停业或者关闭。

第八十三条 违反本法规定，收集、贮存、利用、处置危险废物，造成重大环境污染事故，构成犯罪的，依法追究刑事责任。

第八十四条 受到固体废物污染损害的单位和个人，有权要求依法赔偿损失。

赔偿责任和赔偿金额的纠纷，可以根据当事人的请求，由环境保护行政主管部门或者其他固体废物污染环境防治工作的监督管理部门调解处理；调解不成的，当事人可以向人民法院提起诉讼。当事人也可以直接向人民法院提起诉讼。

国家鼓励法律服务机构对固体废物污染环境诉讼中的受害人提供法律援助。

第八十五条 造成固体废物污染环境的，应当排除危害，依法赔偿损失，并采取措施恢复环境原状。

第八十六条 因固体废物污染环境引起的损害赔偿诉讼，由加害人就法律规定的免责事由及其行为与损害结果之间不存在因果关系承担举证责任。

第八十七条 固体废物污染环境的损害赔偿责任和赔偿金额的纠纷，当事人可以委托环境监测机构提供监测数据。环境监测机构应当接受委托，如实提供有关监测数据。

第六章　附　则

第八十八条　本法下列用语的含义：

（一）固体废物，是指在生产、生活和其他活动中产生的丧失原有利用价值或者虽未丧失利用价值但被抛弃或者放弃的固态、半固态和置于容器中的气态的物品、物质以及法律、行政法规规定纳入固体废物管理的物品、物质。

（二）工业固体废物，是指在工业生产活动中产生的固体废物。

（三）生活垃圾，是指在日常生活中或者为日常生活提供服务的活动中产生的固体废物以及法律、行政法规规定视为生活垃圾的固体废物。

（四）危险废物，是指列入国家危险废物名录或者根据国家规定的危险废物鉴别标准和鉴别方法认定的具有危险特性的固体废物。

（五）贮存，是指将固体废物临时置于特定设施或者场所中的活动。

（六）处置，是指将固体废物焚烧和用其他改变固体废物的物理、化学、生物特性的方法，达到减少已产生的固体废物数量、缩小固体废物体积、减少或者消除其危险成分的活动，或者将固体废物最终置于符合环境保护规定要求的填埋场的活动。

（七）利用，是指从固体废物中提取物质作为原材料或者燃料的活动。

第八十九条　液态废物的污染防治，适用本法；但是，排入水体的废水的污染防治适用有关法律，不适用本法。

第九十条　中华人民共和国缔结或者参加的与固体废物污染环境防治有关的国际条约与本法有不同规定的，适用国际条约的规定；但是，中华人民共和国声明保留的条款除外。

第九十一条　本法自2005年4月1日起施行。

关于宣传贯彻《固体废物污染环境防治法》的通知

（国家环保总局 2005 年 3 月 7 日　环发［2005］26 号）

各省、自治区、直辖市环境保护局（厅）：

《中华人民共和国固体废物污染环境防治法》（以下简称《固废法》）已于 2004 年 12 月 29 日由十届全国人大常委会第十三次会议修订通过，中华人民共和国主席令第三十一号公布，自 2005 年 4 月 1 日起施行。《固废法》的修订施行，为固体废物特别是危险废物污染环境防治工作提供了重要依据。为全面、深入地宣传贯彻和实施修订后的《固废法》，通知如下：

一、认真学习，深刻领会《固废法》的主要修改内容

《固废法》是在总结近年来我国固体废物污染环境防治管理实践的基础上，吸收和借鉴了国外成功经验，结合我国固体废物污染环境防治管理的实际需要修订的，体现了全面、协调和可持续的科学发展观。修订后的《固废法》增加了许多重要内容，同时对原有的制度和措施做了重要修改和补充。其增加和修改的主要内容是：（1）国家鼓励固体废物的循环利用，明确提出了国家促进循环经济发展的原则；（2）确立了生产者、销售者、进口者、使用者对其产生的固体废物承担污染防治责任的原则，体现了生产者对废弃产品污染防治的责任延伸制度；（3）国家鼓励购买、使用再生产品和可重复利用产品，体现了倡导绿色采购和绿色消费的精神；（4）增加了危险废物管理计划、利用经营许可证、危险废物贮存限期、跨行政区转移审批、处置设施退役费用预提等新的规定，强化了危险废物污染防治的特别规定；（5）增加了规模化畜禽养殖的污染防治要求，首次将农村生活垃圾纳入管理范围，强化了农村固体废物污染防治的规定；（6）针对因企业终止、变更出现的固体废物污染责任问题，增加了历史遗留污染责任的规定；（7）新增了固体废物污染防治信息统一发布制度，增强了环境保护部门统一监督管理职能；（8）增加了违法行为及其处罚的种类，并较大幅度地提高了罚款的数额，充实和加强了法律责任；（9）首次将限期治理决定权明确赋予环保部门，丰富和加强了环保部门的执法手段；（10）新增了污染损害赔偿责任实行举证责任倒置的规定，提出了国家鼓励法律服务机构对受害人提供法律援助的要求，为保护环境污染受害者弱势群体和维护公民环境权益提供了新的法律依据；（11）增强了环境污染损害民事责任的规定，首次对造成固体废物污染环境的致害人提出了恢复环境原状的责任；（12）对废物进口提出了禁止、限制和自动许可进口分类管理的规定，体现了中国入世承诺和 WTO 规则要求。

地方各级环保部门应当组织监督管理人员和有关技术人员，认真学习，深刻领会，

准确把握这些新的规定。

二、提高认识，加强固体废物管理，深化环境保护工作

固体废物环境管理是环境保护工作的重要组成部分。近年来，我国固体废物管理工作取得了较大成效。但总体而言，我国固体废物环境管理历史欠账较多，污染呈加重趋势；一些发达地区还出现了由于土地资源紧缺导致的废物处置危机；同时，环境监督管理能力和工作基础依然薄弱，固体废物环境管理工作亟需加强。

地方各级环保部门要以宣传贯彻《固废法》为契机，提高认识，制定措施，加强固体废物管理，落实各项制度，深化环境保护工作。特别是依法将固体废物污染环境防治工作纳入国民经济和社会发展计划，统筹考虑，大力推进固体废物的减量化、资源化和无害化，将固体废物污染防治与发展循环经济紧密结合，实现环境与发展的双赢。

三、周密部署，积极开展《固废法》的宣传和培训

总局计划开展一系列宣传活动，使社会公众和有关企业了解并自觉遵守《固废法》，计划在该法生效施行前后，与全国人大环境与资源保护委员会、全国人大常委会法制工作委员会等机关，以及中国环境报等媒体，共同组织《固废法》全国知识竞赛，适时召开新闻发布会，并将组织《固废法》的专题培训工作。

地方各级环保部门也要结合本地固体废物污染防治工作的实际，与新闻单位配合，发挥媒体的宣传优势，形式多样地宣传和普及《固废法》的内容和有关知识；并认真组织环境保护行政管理人员、固体废物管理机构专业人员以及有关企业管理人员，结合固体废物污染防治实际，制定切实可行的学习和培训计划，努力做好《固废法》的学习和专题培训工作。

四、制定计划，抓紧完善配套性法规和规章

根据修订后《固废法》的要求和执行工作的实际需要，总局计划组织制定固体废物污染环境防治技术标准、危险废物管理计划办法、危险废物利用经营许可证管理办法，并会同有关部门制定重点危险废物集中处置设施场所退役费用预提办法、废弃电子产品拆解利用环境管理办法、固体废物进口管理办法等配套性法规、规章、标准，发布禁止、限制、自动许可进口废物目录。

地方各级环保部门，特别是具有地方立法权的地方环保部门，要认真研究，抓紧做好与固体废物污染环境防治有关的地方性法规、规章、标准和其他规范性文件的清理工作，对其中不符合修订后《固废法》的内容，要及时提出修改方案；对《固废法》新增的规定，尤其是促进循环经济发展、生产者责任延伸、实施限期治理、固体废物的处置及其产业化等规定，要结合本地的实际情况，研究制定有关地方性法规和地方政府规章。

五、抓住重点，大力推进危险废物的环境管理

危险废物是固体废物环境管理的重点。各地环保部门要紧紧抓住危险废物的污染防治工作，严格执行《固体法》关于危险废物污染防治的特别规定和国务院批准的《全国

危险废物和医疗废物处置设施建设规划》。

1. 申报登记，摸清家底。各地环保部门要继续开展危险废物的申报登记，摸清本辖区范围内危险废物的产生、收集、贮存、利用、处置等情况，提出相应的管理措施，并对有关企业、事业单位提出监督管理要求。

2. 制定预案，防范事故。产生、收集、贮存、运输、利用、处置危险废物的单位，应当抓紧制定意外事故的防范措施和应急预案，并向所在地县级以上地方环保部门备案；发生事故或者其他突发性事件的，应当立即采取有效的防范措施，环保部门应当及时报告人民政府，由政府采取防止或者减轻危害的强制应急措施。

3. 规范颁证，严格监督。从事收集、贮存、利用、处置危险废物经营活动的单位，必须向环保部门申请领取经营许可证，并严格遵守危险废物经营许可证规定的经营方式、类别和规模；环保部门要严格按照规定的条件和程序审批颁发经营许可证；对无经营许可证、不按照经营许可证的经营单位或者将危险废物提供或者委托给无经营许可证单位的违法行为，环保部门要依法严肃查处。

4. 完善方案，建设设施。各地环保部门要按照《全国危险废物和医疗废物处置设施建设规划》的要求，抓紧制定和完善各地区的危险废物和医疗废物处置中心建设方案，积极推进危险废物处置中心的建设。

5. 建设队伍，提高能力。各地环保部门根据本地区固体废物环境管理的实际需要，加快推进省级固体废物管理中心的建设，建立较为完善的固体废物监督管理网络，同时培养高水平、高素质的固体废物管理人员，加快固体废物环境管理专业队伍的建设，提高固体废物特别是危险废物的环境监管能力。

六、严格执法，全面贯彻固体废物污染防治法律制度

地方各级环保部门要严格执法，依法行政，坚决执行修订后《固废法》规定的各项管理制度，特别是建设项目环境影响评价审批制度和污染防治设施管理制度、强制淘汰工艺设备制度、企业遗留污染管理制度、固体废物跨行政区转移审批制度、固体废物污染防治信息统一发布制度、废物进出口管理等制度，有效预防和控制固体废物的环境污染。

环保部门可以根据当事人的请求，对固体废物污染损害引起的赔偿纠纷依法调解处理；环境监测机构应当接受固体废物污染赔偿纠纷当事人的委托，并如实提供监测数据，积极支持污染受害者依法维护环境权益。

各地要以修订后《固废法》的生效施行为契机，进一步加强环境保护监督检查，对违反该法的各种违法行为，依法严肃查处；对构成犯罪的，及时移送司法机关，依法追究刑事责任。

地方各级环保部门应与有关部门密切配合，加强协调，全面贯彻落实修订后的《固废法》，将实施中出现的问题及时报送上级环保部门，确保《固废法》的贯彻实施。

废物进口环境保护管理暂行规定

（1996年3月1日，国家环保局、外经贸部、海关总署、国家工商局和国家商检局发布　环控［1996］204号）

第一章　总　则

第一条　为加强对废物进口的环境管理，防止废物进口污染环境，依照《中华人民共和国固体废物污染环境防治法》和有关法律、制定本规定。

第二条　本规定适用于中华人民共和国领域内从事废物进口的活动及其环境监督管理。

第三条　禁止进口境外废物在境内倾倒、堆放、处置。

限制进口可以用作原料的废物，确有必要进口的，必须按本规定执行。

第四条　任何单位和个人都有权向环境保护行政主管部门、对外经济贸易主管部门、海关、进出口商品检验部门、工商行政管理部门和司法机关检举违法进口废物的单位。

第五条　国家环境保护局对全国废物进口实施监督管理。

地方各级人民政府环境保护行政主管部门依照本规定对本辖区内进口废物实施监督管理，并有权对从事进口废物经营活动的单位进行现场检查。

第六条　国家环境保护局会同对外贸易经济合作部、海关总署制定、调整和发布《国家限制进口的可用作原料的废物目录》（附件一）。

国家进出口商品检验局会同国家环境保护局制定进口废物的强制检验的标准。

第七条　对外经济贸易主管部门、海关、进出口商品检验部门和工商行政管理部门在各自的职责范围内，对进口废物及其经营活动实施监督管理。

第二章　进口废物的环境管理

第八条　列入附件一的任何废物，必须经国家环境保护局审查批准，才可进口。

凡未列入本规定附件一的所有废物（废物范围见第三十二条），禁止进口。

第九条　进口废物的申请和审批程序如下：

（一）申请进口附件一所列第六类废物中的 7204.1000、7204.2100、7204.2900、7204.3000、7204.4100、7204.4900 以及 7204.5000 号废物（简称 7204.1000 至 7204.5000 号废物）的，由废物进口单位或者废物利用单位直接向国家环境保护局提出废物进口申请，由国家环境保护局审批。

（二）申请进口附件一所列其他废物的，由废物进口单位或者废物利用单位向废物利用单位所在地市级人民政府环境保护行政主管部门（简称市级环境保护行政主管部门）提出废物进口申请，经所在地市级环境保护行政主管部门和省、自治区、直辖市人民政府环境保护行政主管部门（简称省级环境保护行政主管部门）审查同意后，报国家环境保护局审批。

第十条 申请进口废物必须符合以下条件：

（一）申请进口废物作原料利用的单位必须是依法成立的企业法人，并具有利用进口废物的能力和相应的污染防治设备；

（二）申请进口的废物已被列入《国家限制进口的可用作原料的废物目录》。

第十一条 申请进口附件一所列废物的单位或者利用废物的单位，必须提交如下申请材料：

（一）《进口废物申请书》（附件二）；

（二）《进口废物作原料利用环境风险报告书》或者《进口废物作原料利用环境风险报告表》。

上述申请材料必须一式三份。

第十二条 受理进口废物申请的环境保护行政主管部门应当在收到进口废物申请材料之日起 5 个工作日内，对进口废物申请分别作出如下处理：

（一）进口废物申请符合本规定第九条、第十条的，应予受理；

（二）进口废物申请不符合本规定第十条内容之一的，裁定不予受理，并告之理由；

（三）申请人未提交本规定第十一条规定的申请材料之一的，应通知申请人限期补正。逾期未补正的，视为未申请。

第十三条 申请进口附件一所列第六类废物中的 7204.1000 至 7204.5000 号废物的单位或者废物利用单位，必须对拟进口作原料利用的废物及其贮存、运输和利用过程中的环境风险进行评价，并填写《进口废物环境风险报告表》，直接报国家环境保护局审查。

第十四条 申请进口附件一所列第二类、第七类、第八类、第九类废物的单位或者废物利用单位，必须对拟进口作原料利用的废物及其贮存、运输和利用过程中的环境风险进行评价，编制《进口废物环境风险报告书》，并按国家环境保护局的有关规定，报环境保护行政主管部门审查。

第十五条 申请进口附件一所列第一类、第三类、第四类、第五类和第六类废物中除 7204.1000 至 7204.5000 号废物以外的废物的单位或者废物利用单位，或者申请再次进口已批准过的第十四条所指废物的单位，必须对拟进口作原料利用的废物及其贮存、运输和利用过程中的环境风险进行评价，填写《进口废物环境风险报告表》，并连同《进口废物申请书》，按本规定第九条第（二）款规定的程序，报有关环境保护行政主管部门审查。

第十六条 进口废物环境风险评价的技术要求和审查程序，由国家环境保护局另行规定。

承担进口废物环境风险评价的单位，必须取得国家环境保护局核发的《进口废物环境风险评价资格证书》。

第十七条 受理进口废物申请的市级环境保护行政主管部门和省级环境保护行政主

管部门应当分别在收到进口废物申请材料之日起的 10 个工作日内，签署审查意见，并通知申请人。

第十八条 国家环境保护局在收到直接受理的进口废物申请材料或者经由省级环境保护行政主管部门上报的进口废物申请材料之日起 10 个工作日内，作出批准或者不批准的决定，并通知申请人。

对批准的进口废物申请，国家环境保护局签发《进口废物批准证书》（附件三）。

第十九条 国家环境保护局在审查进口废物申请材料的过程中，必要时可组织专家论证或者征求有关部门的意见。

第二十条 国家环境保护局签发的《进口废物批准证书》有效期为一年。

第二十一条 对附件一所列废物，海关一律凭国家环境保护局签发的《进口废物批准证书》和口岸所在地进出口商品检验机构的检验合格证明验收。

第二十二条 废物进口单位和废物利用单位必须就每季度进口的废物填写《进口废物报告单》（附件四），报废物利用单位所在地市级环境保护行政主管部门。

废物利用单位必须按照《进口废物环境风险报告书》或者《进口废物环境风险报告表》的要求，防治进口废物污染环境。

第二十三条 进出口商品检验机构在对进口的废物进行检验的过程中发现可能污染环境的问题，应及时通知和移交当地环境保护行政主管部门和海关依法处理。

第二十四条 建设利用进口废物作原料的加工生产项目的，建设单位必须进行环境风险评价，编制《进口废物环境风险报告书》，并经建设项目所在地市级和省级环境保护行政主管部门签署意见后，报国家环境保护局审查。

第二十五条 从事附件一所列第七类废物加工利用的单位，必须是经国家环境保护局核定的废物定点加工利用单位。

第二十六条 凡申请从事附件一所列废物进口、经营或者加工利用的企业，必须提交国家环境保护局的批准文件，未提交国家环境保护局的批准文件的，工商行政管理机关不予核准登记。

本规定施行之前已从事进口废物经营活动的企业，必须按照国务院办公厅国办发［1995］54 号文件的规定，向国家环境保护局申请补办审批手续。

第三章 罚 则

第二十七条 违反本规定将境外废物进境倾倒、堆放、处置，或者未经国家环境保护局批准，擅自进口废物用作原料的，按《中华人民共和国固体废物污染环境防治法》第六十六条处罚。

以原料利用为名，进口不能用作原料的废物的，依照前款规定处罚。

第二十八条 对已经非法入境的固体废物，按《中华人民共和国固体废物污染环境防治法》第六十八条执行。

第二十九条 伪造、变造国家环境保护局《进口废物批准证书》的，由国家环境保护局处以 5 万元以上 50 万元以下的罚款，同时移送司法机关追究刑事责任。

第三十条 违反本规定第二十六条第二款的规定，逾期未向国家环境保护局补办进口废物经营审批手续，并继续从事进口废物经营活动，海关对其进口废物不予放行，并责令退运，对外经济贸易主管部门依法取消其进口经营权，工商行政管理部门依法吊销其营业执照。

第三十一条 进出口废物监督管理人员滥用职权、玩忽职守、徇私舞弊，尚不构成犯罪的，给予行政处分；构成犯罪的，依法追究刑事责任。

第四章 附 则

第三十二条 本规定下列用语的含义：

（一）废物的范围：

固体废物，是指在生产建设、日常生活和其他活动中产生的污染环境的固态、半固态废弃物质。

工业固体废物，是指在工业、交通等生产活动中产生的固体废物。

城市生活垃圾，是指在城市日常生活中或者为城市日常生活提供服务的活动中产生的固体废物以及法律、行政法规规定视为城市生活垃圾的固体废物。

危险废物，是指列入国家危险废物名录或者根据国家规定的危险废物鉴别标准和鉴别方法认定的具有危险特性的废物。

（二）废物进口单位是指从事废物进口的对外贸易经营单位。

（三）废物利用单位是指实际从事进口废物加工利用的单位。

第三十三条 本规定颁布之前国家环境保护局单独或者与有关部门联合发布的有关进口废物环境管理规定，与本规定相抵触者，停止执行。

第三十四条 本规定由国家环境保护局会同有关部门共同解释。

第三十五条 本规定自 1996 年 4 月 1 日起施行。

附：《中华人民共和国固体废物污染环境防治法》有关条款

第六十六条 违反本法规定，将中国境外的固体废物进境倾倒、堆放、处置，或者未经国务院有关主管部门许可擅自进口固体废物用作原料的，由海关责令退运该固体废物，可以并处 10 万元以上 100 万元以下的罚款。逃避海关监管，构成走私罪的，依法追究刑事责任。

以原料利用为名，进口不能用作原料的废物的，依照前款规定处罚。

第六十八条 对已经非法入境的固体废物，由省级以上人民政府环境保护行政主管部门依法向海关提出处理意见，海关应当依照本法第六十六条的规定作出处罚决定；已经造成环境污染的，由省级以上人民政府环境行政主管部门责令进口者消除污染。

附件一

国家限制进口的可用作原料的废物目录

类　别	海关商品编码	废　物　名　称
第一类		动物废料
	0506.9010	骨废料
第二类		冶炼渣
	2619.0000	冶炼钢铁所产生的熔渣、浮渣（包括钒渣等），氧化皮及其他废料
第三类		木、木制品废料
	4401.3000	锯末、木废料及碎片，不论是否黏结成圆木段、块、片或类似形状
	4501.9000	软木废料；碎的、粒状的，或粉状的软木
第四类		回收（废碎）纸或纸板
	4707.1000	回收（废碎）的未漂白牛皮纸或纸板及回收（废碎）的瓦楞纸或纸板
	4707.2000	回收（废碎）的主要由漂白化学浆制未经本体染色的其他纸和纸板
	4707.3000	回收（废碎）的主要由机械浆制纸或纸板（例如，报纸、杂志及类似印刷品）
	4707.9000	回收（废碎）的其他纸及纸板，包括未分选的
第五类		纺织品废物
	5202.1000	废棉纱线（包括废棉线）
	5202.9900	其他废棉
第六类		碱金属及其制品的废碎料
	7204.1000	铸铁废碎料
	7204.2100	不锈钢废碎料
	7204.2900	其他合金钢废碎料
	7204.3000	镀锡钢铁废碎料
	7204.4100	车、刨、铣、磨、锯、锉、剪、冲加工过程中产生的钢铁废料，不论是否成捆
	7204.4900	未列名钢铁废碎料（含废铁轨、废钢轨等）
	7204.5000	供再熔的碎料钢铁锭（含废机床、废机车、废机车头等）
	7401.1000	铜锍
	7401.2000	沉积铜（泥铜）
	7404.0000	铜废碎料
	7503.0000	镍废碎料
	7602.0000	铝废碎料

类　别	海关商品编码	废　物　名　称
	7902.0000	锌废碎料
	8002.0000	锡废碎料
	8103.1000	钽废碎料
第七类		各种废旧五金、电机、电器产品
		废电机
		废电线、电缆
		废五金电器
第八类		废运输设备
	8908.0000	供拆卸的船舶及其他浮动结构体
第九类		特殊需进口的废物

关于废物进口环境保护管理暂行规定的补充规定

（1996年7月26日，国家环保局、外经贸部、海关总署、
国家工商局和国家商检局发布）

为了更进一步加强废物进口的环境保护管理，防止境外垃圾进入我国，现对《废物进口环境保护管理暂行规定》（环控［1996］204号，以下简称“暂行规定”）做如下补充规定：

一、废物进口是指一切废物（含废料）以任何贸易方式和无偿提供、捐赠等方式进入中华人民共和国境内。

二、国家进出口商品检验局（下简称国家商检局）统一管理全国进口废物检验工作。对国家允许进口的废物必须实施装运前检验，具体管理办法由国家商检局制定后实施。

三、进口废物必须符合我国有关强制性标准的要求。废物进口单位与境外贸易关系人签订的进口废物合同中，必须订明进口废物的品质和装运前检验条款，注明严禁夹带生活垃圾和《控制危险废物越境转移及其处置巴塞尔公约》控制的危险废物和其他废物，约定进口废物必须由中国商检机构或国家商检局指定或认可的其他检验机构实施装运前检验，检验合格后方可装运。

四、对外贸易运输部门在接受进口废物的承运申请时，除要求申请人提供国家环境保护局核发的《进口废物批准证书》外，还需提供中国商检机构或中国国家商检局指定或认可的检验机构签发的进口废物装运前检验合格证明。禁止以“凭指示交货”（TO ORDER）方式承运废物进境。

五、废物进口单位应于进口的废物抵达口岸十天之前通知口岸的商检机构以备检查。

六、进口废物运抵我国口岸后，收货人应持《进口废物批准证书》第一联和报关单等有关单据（除商检证外）先向海关申报，然后收货人持《进口废物批准证书》和装运前检验合格证明以及其他必要单证向口岸商检机构报验。口岸商检机构对进口废物实施检验，检验合格的，出具《检验情况通知单》，海关凭此放行；发现问题及时通知海关和当地环境保护行政主管部门依法处理。

七、未取得《进口废物批准证书》的进口废物一律不得存入保税仓库。

八、任何企业不得进行废物的转口贸易。

九、企业以加工贸易方式进口废物，应持国家环境保护局签发的《进口废物批准证书》向海关办理加工贸易合同的登记备案手续。

十、“暂行规定”附件三《进口废物批准证书》将予修改。正面增加“进口口岸”栏目，在背面将“到达港口”改为“本次进口数量”，“数量”改为“尚未进口数量”。原《进

口废物批准证书》第三联改为对外运输承运人存档。

十一、转让或者倒卖国家环境保护局《进口废物批准证书》的，由国家环境保护局吊销《进口废物批准证书》，并暂停或取消其废物进口、加工利用的资格。

十二、本规定自1996年8月1日起施行。

关于增补国家限制进口的可用作原料的废物目录的通知

（1996 年 10 月 15 日，国家环保局、外经贸部、海关总署、国家工商局和国家商检局发布）

各省、自治区、直辖市及计划单列市环境保护局，对经贸委（厅、局），工商行政管理局，海关广东分署、各直属海关，各直属商检局，对经贸部驻各地特派员办事处：

根据国家环境保护局、对外贸易经济合作部、海关总署、国家工商局、国家商检局联合发布的《关于颁布〈废物进口环境保护管理暂行规定〉的通知》（环控［1996］204 号）的有关规定，决定增补《国家限制进口的可用作原料的废物目录》。现将有关问题通知如下：

一、在原《国家限制进口的可用作原料的废物目录》中增补第十类“塑料的废碎料及下脚料”，在原第五类“纺织品废物”中增加纤维废料内容。增补废物的海关商品编码及废物名称如下：

类别	海关商品编码	废物名称
第五类		纺织品废物
	5505.1000	合成纤维废料
	5505.2000	人造纤维废料
第十类		碎料及下脚料
	3915.1000	乙烯聚合物的废碎料及下脚料
	3915.2000	苯乙烯聚合物的废碎料及下脚料
	3915.3000	氯乙烯聚合物的废碎料及下脚料
	3915.9000	其他塑料的废碎料及下脚料

二、从事上述废物进口、利用的单位，应当遵守《废物进口环境保护管理暂行规定》、《关于废物进口环境保护管理暂行规定的补充规定》及国家其他有关规定，并应逐年减少对进口废塑料的依赖，严格控制生产规模。

三、首次申请进口第十类废物的单位，应当提交《进口废物申请书》和《进口废物作原料利用环境风险报告书》，《进口废物申请书》中应当写明申请进口的具体废物名称、海关商品编码及数量。

四、环保、商检、海关、外经贸、工商行政管理等有关部门应当密切配合，严格控制进口总量，严格执法，防止废物进口过程中夹带危险废物和生活垃圾（包括生活废塑料）。

对以废物名义进口或夹带危险废物、生活垃圾（包括生活废塑料）的单位和个人，一经发现，依照有关规定从严惩处。

五、各地环保部门应本着从严控制的原则，认真审核进口、利用上述废物的单位的生产条件和环保措施，切实加强环境保护监督管理。

六、对原第五类“纺织品废物”中增加的纤维废料的环境保护控制标准，参照《进口废物环境保护控制标准——纺织品废物（试行）》（GB 16487.5—1996）执行。

关于进口第七类废物有关问题的通知

（国家环保总局2000年1月26日　环发［2000］19号）

各省、自治区、直辖市及计划单列市环境保护局，外经贸委（厅、局），广东分署、各直属海关，各直属出入境检验检疫局：

根据《中华人民共和国固体废物污染环境防治法》以及《进口废物环境保护管理暂行规定》，结合前一阶段整顿进口第七类废物定点加工利用单位时反映出的一些情况，现就进口第七类废物有关问题通知如下：

一、自2000年2月1日起，国家环境保护总局批准进口的第七类废物中不包括废电视机及显像管、废电冰箱（柜）、废空调器（柜）、废微波炉、废计算机、废显示器及显示管、废复印机、废摄（录）像机、废电饭锅、废游戏机（加工贸易除外）、废家用电话机等废电器。

此前已签发的进口废物批准证书，于2000年3月31日以前进口的，仍按原规定办理。自2000年4月1日起，一律不得进口上述废电器，海关不予验放。

二、今后凡批准进口废电机的，在进口废物批准证书进口废物编号一栏注明铜废碎料的商品编号7404.0000，在进口废物名称的后面注明“回收铜”；批准进口废电线电缆和废五金电器的，在进口废物编号一栏注明铜废碎料的商品编号7404.0000和铝废碎料的商品编号7602.0000，在进口废物名称后面注明“回收铜、回收铝”。海关仍凭《进口废物批准证书》和《入镜货物通知单》验放。

以上请按照执行。

医疗废物管理行政处罚办法

（卫生部、国家环保总局令第21号　2004年5月27日）

第一条　根据《中华人民共和国传染病防治法》、《中华人民共和国固体废物污染环境防治法》和《医疗废物管理条例》（以下简称《条例》），县级以上人民政府卫生行政主管部门和环境保护行政主管部门按照各自职责，对违反医疗废物管理规定的行为实施的行政处罚，适用本办法。

第二条　医疗卫生机构有《条例》第四十五条规定的下列情形之一的，由县级以上地方人民政府卫生行政主管部门责令限期改正，给予警告；逾期不改正的，处2 000元以上5 000元以下的罚款：

（一）未建立、健全医疗废物管理制度，或者未设置监控部门或者专（兼）职人员的；

（二）未对有关人员进行相关法律和专业技术、安全防护以及紧急处理等知识培训的；

（三）未对医疗废物进行登记或者未保存登记资料的；

（四）对使用后的医疗废物运送工具或者运送车辆未在指定地点及时进行消毒和清洁的；

（五）依照《条例》自行建有医疗废物处置设施的医疗卫生机构未定期对医疗废物处置设施的污染防治和卫生学效果进行检测、评价，或者未将检测、评价效果存档、报告的。

第三条　医疗废物集中处置单位有《条例》第四十五条规定的下列情形之一的，由县级以上地方人民政府环境保护行政主管部门责令限期改正，给予警告；逾期不改正的，处2 000元以上5 000元以下的罚款：

（一）未建立、健全医疗废物管理制度，或者未设置监控部门或者专（兼）职人员的；

（二）未对有关人员进行相关法律和专业技术、安全防护以及紧急处理等知识培训的；

（三）未对医疗废物进行登记或者未保存登记资料的；

（四）对使用后的医疗废物运送车辆未在指定地点及时进行消毒和清洁的；

（五）未及时收集、运送医疗废物的；

（六）未定期对医疗废物处置设施的污染防治和卫生学效果进行检测、评价，或者未将检测、评价效果存档、报告的。

第四条　医疗卫生机构、医疗废物集中处置单位有《条例》第四十五条规定的情形，未对从事医疗废物收集、运送、贮存、处置等工作的人员和管理人员采取职业卫生防护措施的，由县级以上地方人民政府卫生行政主管部门责令限期改正，给予警告；逾期不改正的，处2 000元以上5 000元以下的罚款。

第五条 医疗卫生机构有《条例》第四十六条规定的下列情形之一的，由县级以上地方人民政府卫生行政主管部门责令限期改正，给予警告，可以并处5 000元以下的罚款，逾期不改正的，处5 000元以上3万元以下的罚款：

（一）贮存设施或者设备不符合环境保护、卫生要求的；

（二）未将医疗废物按照类别分置于专用包装物或者容器的；

（三）未使用符合标准的运送工具运送医疗废物或者使用运送医疗废物的运送工具运送其他物品的。

第六条 医疗废物集中处置单位有《条例》第四十六条规定的下列情形之一的，由县级以上地方人民政府环境保护行政主管部门责令限期改正，给予警告，可以并处 5 000元以下的罚款，逾期不改正的，处5 000元以上3万元以下的罚款：

（一）贮存设施或者设备不符合环境保护、卫生要求的；

（二）未将医疗废物按照类别分置于专用包装物或者容器的；

（三）未使用符合标准的专用车辆运送医疗废物或者使用运送医疗废物的车辆运送其他物品的；

（四）未安装污染物排放在线监控装置或者监控装置未经常处于正常运行状态的。

第七条 医疗卫生机构有《条例》第四十七条规定的下列情形之一的，由县级以上地方人民政府卫生行政主管部门责令限期改正，给予警告，并处5 000元以上1万元以下的罚款；逾期不改正的，处1万元以上3万元以下的罚款：

（一）在医疗卫生机构内运送过程中丢弃医疗废物，在非贮存地点倾倒、堆放医疗废物或者将医疗废物混入其他废物和生活垃圾的；

（二）未按照《条例》的规定对污水、传染病病人或者疑似传染病病人的排泄物，进行严格消毒的，或者未达到国家规定的排放标准，排入医疗卫生机构内的污水处理系统的；

（三）对收治的传染病病人或者疑似传染病病人产生的生活垃圾，未按照医疗废物进行管理和处置的。

医疗卫生机构在医疗卫生机构外运送过程中丢弃医疗废物，在非贮存地点倾倒、堆放医疗废物或者将医疗废物混入其他废物和生活垃圾的，由县级以上地方人民政府环境保护行政主管部门责令限期改正，给予警告，并处5 000元以上1万元以下的罚款；逾期不改正的，处1万元以上3万元以下的罚款。

第八条 医疗废物集中处置单位有《条例》第四十七条规定的情形，在运送过程中丢弃医疗废物，在非贮存地点倾倒、堆放医疗废物或者将医疗废物混入其他废物和生活垃圾的，由县级以上地方人民政府环境保护行政主管部门责令限期改正，给予警告，并处5 000元以上1万元以下的罚款；逾期不改正的，处1万元以上3万元以下的罚款。

第九条 医疗废物集中处置单位和依照《条例》自行建有医疗废物处置设施的医疗卫生机构，有《条例》第四十七条规定的情形，对医疗废物的处置不符合国家规定的环境保护、卫生标准、规范的，由县级以上地方人民政府环境保护行政主管部门责令限期改正，给予警告，并处5 000元以上1万元以下的罚款；逾期不改正的，处1万元以上3万元以下的罚款。

第十条 医疗卫生机构、医疗废物集中处置单位有《条例》第四十七条规定的下列情形之一的，由县级以上人民政府环境保护行政主管部门责令改正，给予警告，并处5 000元以上 1 万元以下的罚款；逾期不改正的，处 1 万元以上 3 万元以下的罚款；对医疗卫生机构实施处罚的，县级以上人民政府环境保护行政主管部门应当将处罚决定通知同级人民政府卫生行政主管部门：

（一）未执行危险废物转移联单管理制度的；

（二）将医疗废物交给未取得经营许可证的单位或者个人收集、运送、贮存、处置的。

第十一条 有《条例》第四十九条规定的情形，医疗卫生机构发生医疗废物流失、泄露、扩散时，未采取紧急处理措施，或者未及时向卫生行政主管部门报告的，由县级以上地方人民政府卫生行政主管部门责令改正，给予警告，并处 1 万元以上 3 万元以下的罚款。

医疗废物集中处置单位发生医疗废物流失、泄露、扩散时，未采取紧急处理措施，或者未及时向环境保护行政主管部门报告的，由县级以上地方人民政府环境保护行政主管部门责令改正，给予警告，并处1万元以上3万元以下的罚款。

第十二条 有《条例》第五十条规定的情形，医疗卫生机构、医疗废物集中处置单位阻碍卫生行政主管部门执法人员执行职务，拒绝执法人员进入现场，或者不配合执法部门的检查、监测、调查取证的，由县级以上地方人民政府卫生行政主管部门责令改正，给予警告；拒不改正的，由原发证的卫生行政主管部门暂扣或者吊销医疗卫生机构的执业许可证件。

医疗卫生机构、医疗废物集中处置单位阻碍环境保护行政主管部门执法人员执行职务，拒绝执法人员进入现场，或者不配合执法部门的检查、监测、调查取证的，由县级以上地方人民政府环境保护行政主管部门责令限期改正，并处 1 万元以下的罚款；拒不改正的，由原发证的环境保护行政主管部门暂扣或者吊销医疗废物集中处置单位经营许可证件。

第十三条 有《条例》第五十一条规定的情形，不具备集中处置医疗废物条件的农村，医疗卫生机构未按照卫生行政主管部门有关疾病防治的要求处置医疗废物的，由县级人民政府卫生行政主管部门责令限期改正，给予警告；逾期不改正的，处1 000 元以上5 000 元以下的罚款；未按照环境保护行政主管部门有关环境污染防治的要求处置医疗废物的，由县级人民政府环境保护行政主管部门责令限期改正，给予警告；逾期不改正的，处1 000 元以上5 000 元以下的罚款。

第十四条 有《条例》第五十二条规定的情形，未取得经营许可证从事医疗废物的收集、运送、贮存、处置等活动的，由县级以上地方人民政府环境保护行政主管部门责令停止违法行为，没收违法所得，可以并处违法所得1倍以下的罚款。

第十五条 有《条例》第四十七条、第四十八条、第四十九条、第五十一条规定的情形，医疗卫生机构造成传染病传播的，由县级以上地方人民政府卫生行政主管部门依法处罚，并由原发证的卫生行政主管部门暂扣或者吊销执业许可证件；造成环境污染事故的，由县级以上地方人民政府环境保护行政主管部门依照《中华人民共和国固体废物污染环境防治法》有关规定予以处罚，并由原发证的卫生行政主管部门暂扣或者吊销执业许可证件。

医疗废物集中处置单位造成传染病传播的，由县级以上地方人民政府卫生行政主管部门依法处罚，并由原发证的环境保护行政主管部门暂扣或者吊销经营许可证件；造成环境污染事故的，由县级以上地方人民政府环境保护行政主管部门依照《中华人民共和国固体废物污染环境防治法》有关规定予以处罚，并由原发证的环境保护行政主管部门暂扣或者吊销经营许可证件。

第十六条 有《条例》第五十三条规定的情形，转让、买卖医疗废物，邮寄或者通过铁路、航空运输医疗废物，或者违反《条例》规定通过水路运输医疗废物的，由县级以上地方人民政府环境保护行政主管部门责令转让、买卖双方、邮寄人、托运人立即停止违法行为，给予警告，没收违法所得；违法所得5 000元以上的，并处违法所得2倍以上5倍以下的罚款；没有违法所得或者违法所得不足5 000元的，并处5 000元以上2万元以下的罚款。

承运人明知托运人违反《条例》的规定运输医疗废物，仍予以运输的，或者承运人将医疗废物与旅客在同一工具上载运的，按照前款的规定予以处罚。

第十七条 本办法自2004年6月1日起施行。

医疗卫生机构医疗废物管理办法

（卫生部令第36号，2003年10月15日发布）

第一章 总 则

第一条 为规范医疗卫生机构对医疗废物的管理，有效预防和控制医疗废物对人体健康和环境产生危害，根据《医疗废物管理条例》，制定本办法。

第二条 各级各类医疗卫生机构应当按照《医疗废物管理条例》和本办法的规定对医疗废物进行管理。

第三条 卫生部对全国医疗卫生机构的医疗废物管理工作实施监督。

县级以上地方人民政府卫生行政部门对本行政区域医疗卫生机构的医疗废物管理工作实施监督。

第二章 医疗卫生机构对医疗废物的管理职责

第四条 医疗卫生机构应当建立、健全医疗废物管理责任制，其法定代表人或者主要负责人为第一责任人，切实履行职责，确保医疗废物的安全管理。

第五条 医疗卫生机构应当依据国家有关法律、行政法规、部门规章和规范性文件的规定，制定并落实医疗废物管理的规章制度、工作流程和要求、有关人员的工作职责及发生医疗卫生机构内医疗废物流失、泄漏、扩散和意外事故的应急方案。内容包括：

（一）医疗卫生机构内医疗废物各产生地点对医疗废物分类收集方法和工作要求；

（二）医疗卫生机构内医疗废物的产生地点、暂时贮存地点的工作制度及从产生地点运送至暂时贮存地点的工作要求；

（三）医疗废物在医疗卫生机构内部运送及将医疗废物交由医疗废物处置单位的有关交接、登记的规定；

（四）医疗废物管理过程中的特殊操作程序及发生医疗废物流失、泄漏、扩散和意外事故的紧急处理措施；

（五）医疗废物分类收集、运送、暂时贮存过程中有关工作人员的职业卫生安全防护。

第六条 医疗卫生机构应当设置负责医疗废物管理的监控部门或者专（兼）职人员，履行以下职责：

（一）负责指导、检查医疗废物分类收集、运送、暂时贮存及机构内处置过程中各项工作的落实情况；

（二）负责指导、检查医疗废物分类收集、运送、暂时贮存及机构内处置过程中的职业卫生安全防护工作；

（三）负责组织医疗废物流失、泄漏、扩散和意外事故发生时的紧急处理工作；

（四）负责组织有关医疗废物管理的培训工作；

（五）负责有关医疗废物登记和档案资料的管理；

（六）负责及时分析和处理医疗废物管理中的其它问题。

第七条 医疗卫生机构发生医疗废物流失、泄漏、扩散时，应当

在48小时内向所在地的县级人民政府卫生行政主管部门、环境保护行政主管部门报告，调查处理工作结束后，医疗卫生机构应当将调查处理结果向所在地的县级人民政府卫生行政主管部门、环境保护行政主管部门报告。

县级人民政府卫生行政主管部门每月逐级上报至当地省级人民政府卫生行政主管部门。

省级人民政府卫生行政主管部门每半年汇总后报卫生部。

第八条 医疗卫生机构发生因医疗废物管理不当导致1人以上死亡或者3人以上健康损害，需要对致病人员提供医疗救护和现场救援的重大事故时，应当在24小时内向所在地的县级人民政府卫生行政主管部门、环境保护行政主管部门报告，并根据《医疗废物管理条例》的规定，采取相应紧急处理措施。

县级人民政府卫生行政主管部门接到报告后，应当在12小时内逐级向省级人民政府卫生行政主管部门。

省级人民政府卫生行政主管部门接到报告后，应当在12小时内向卫生部报告。

发生医疗废物导致传染病传播或者有证据证明传染病传播的事故有可能发生时，应当按照《传染病防治法》及有关规定报告，并采取相应措施。

第九条 医疗卫生机构应当根据医疗废物分类收集、运送、暂时贮存及机构内处置过程中所需要的专业技术、职业卫生安全防护和紧急处理知识等，制定相关工作人员的培训计划并组织实施。

第三章 分类收集、运送与暂时贮存

第十条 医疗卫生机构应当根据《医疗废物分类目录》，对医疗废物实施分类管理。

第十一条 医疗卫生机构应当按照以下要求，及时分类收集医疗废物：

（一）根据医疗废物的类别，将医疗废物分置于符合《医疗废物专用包装物、容器的标准和警示标识的规定》的包装物或者容器内；

（二）在盛装医疗废物前，应当对医疗废物包装物或者容器进行认真检查，确保无破损、渗漏和其它缺陷；

（三）感染性废物、病理性废物、损伤性废物、药物性废物及化学性废物不能混合收集。少量的药物性废物可以混入感染性废物，但应当在标签上注明；

（四）废弃的麻醉、精神、放射性、毒性等药品及其相关的废物的管理，依照有关法

律、行政法规和国家有关规定、标准执行；

（五）化学性废物中批量的废化学试剂、废消毒剂应当交由专门机构处置；

（六）批量的含有汞的体温计、血压计等医疗器具报废时，应当交由专门机构处置；

（七）医疗废物中病原体的培养基、标本和菌种、毒种保存液等高危险废物，应当首先在产生地点进行压力蒸汽灭菌或者化学消毒处理，然后按感染性废物收集处理；

（八）隔离的传染病病人或者疑似传染病病人产生的具有传染性的排泄物，应当按照国家规定严格消毒，达到国家规定的排放标准后方可排入污水处理系统；

（九）隔离的传染病病人或者疑似传染病病人产生的医疗废物应当使用双层包装物，并及时密封；

（十）放入包装物或者容器内的感染性废物、病理性废物、损伤性废物不得取出。

第十二条 医疗卫生机构内医疗废物产生地点应当有医疗废物分类收集方法的示意图或者文字说明。

第十三条 盛装的医疗废物达到包装物或者容器的 3/4 时，应当使用有效的封口方式，使包装物或者容器的封口紧实、严密。

第十四条 包装物或者容器的外表面被感染性废物污染时，应当对被污染处进行消毒处理或者增加一层包装。

第十五条 盛装医疗废物的每个包装物、容器外表面应当有警示标识，在每个包装物、容器上应当系中文标签，中文标签的内容应当包括：医疗废物产生单位、产生日期、类别及需要的特别说明等。

第十六条 运送人员每天从医疗废物产生地点将分类包装的医疗废物按照规定的时间和路线运送至内部指定的暂时贮存地点。

第十七条 运送人员在运送医疗废物前，应当检查包装物或者容器的标识、标签及封口是否符合要求，不得将不符合要求的医疗废物运送至暂时贮存地点。

第十八条 运送人员在运送医疗废物时，应当防止造成包装物或容器破损和医疗废物的流失、泄漏和扩散，并防止医疗废物直接接触身体。

第十九条 运送医疗废物应当使用防渗漏、防遗撒、无锐利边角、易于装卸和清洁的专用运送工具。

每天运送工作结束后，应当对运送工具及时进行清洁和消毒。

第二十条 医疗卫生机构应当建立医疗废物暂时贮存设施、设备，不得露天存放医疗废物；医疗废物暂时贮存的时间不得超过 2 天。

第二十一条 医疗卫生机构建立的医疗废物暂时贮存设施、设备应当达到以下要求：

（一）远离医疗区、食品加工区、人员活动区和生活垃圾存放场所，方便医疗废物运送人员及运送工具、车辆的出入；

（二）有严密的封闭措施，设专（兼）职人员管理，防止非工作人员接触医疗废物；

（三）有防鼠、防蚊蝇、防蟑螂的安全措施；

（四）防止渗漏和雨水冲刷；

（五）易于清洁和消毒；

（六）避免阳光直射；

（七）设有明显的医疗废物警示标识和“禁止吸烟、饮食”的警示标识。

第二十二条 暂时贮存病理性废物，应当具备低温贮存或者防腐条件。

第二十三条 医疗卫生机构应当将医疗废物交由取得县级以上人民政府环境保护行政主管部门许可的医疗废物集中处置单位处置，依照危险废物转移联单制度填写和保存转移联单。

第二十四条 医疗卫生机构应当对医疗废物进行登记，登记内容应当包括医疗废物的来源、种类、重量或者数量、交接时间、最终去向以及经办人签名等项目。登记资料至少保存3年。

第二十五条 医疗废物转交出去后，应当对暂时贮存地点、设施及时进行清洁和消毒处理。

第二十六条 禁止医疗卫生机构及其工作人员转让、买卖医疗废物。

禁止在非收集、非暂时贮存地点倾倒、堆放医疗废物，禁止将医疗废物混入其它废物和生活垃圾。

第二十七条 不具备集中处置医疗废物条件的农村地区，医疗卫生机构应当按照当地卫生行政主管部门和环境保护主管部门的要求，自行就地处置其产生的医疗废物。自行处置医疗废物的，应当符合以下基本要求：

（一）使用后的一次性医疗器具和容易致人损伤的医疗废物应当消毒并作毁形处理；

（二）能够焚烧的，应当及时焚烧；

（三）不能焚烧的，应当消毒后集中填埋。

第二十八条 医疗卫生机构发生医疗废物流失、泄漏、扩散和意外事故时，应当按照以下要求及时采取紧急处理措施：

（一）确定流失、泄漏、扩散的医疗废物的类别、数量、发生时间、影响范围及严重程度；

（二）组织有关人员尽快按照应急方案，对发生医疗废物泄漏、扩散的现场进行处理；

（三）对被医疗废物污染的区域进行处理时，应当尽可能减少对病人、医务人员、其它现场人员及环境的影响；

（四）采取适当的安全处置措施，对泄漏物及受污染的区域、物品进行消毒或者其他无害化处置，必要时封锁污染区域，以防扩大污染；

（五）对感染性废物污染区域进行消毒时，消毒工作从污染最轻区域向污染最严重区域进行，对可能被污染的所有使用过的工具也应当进行消毒；

（六）工作人员应当做好卫生安全防护后进行工作。

处理工作结束后，医疗卫生机构应当对事件的起因进行调查，并采取有效的防范措施预防类似事件的发生。

第四章　人员培训和职业安全防护

第二十九条 医疗卫生机构应当对本机构工作人员进行培训，提高全体工作人员对医疗废物管理工作的认识。对从事医疗废物分类收集、运送、暂时贮存、处置等工作的人员和管理人员，进行相关法律和专业技术、安全防护以及紧急处理等知识的培训。

第三十条 医疗废物相关工作人员和管理人员应当达到以下要求：

（一）掌握国家相关法律、法规、规章和有关规范性文件的规定，熟悉本机构制定的医疗废物管理的规章制度、工作流程和各项工作要求；

（二）掌握医疗废物分类收集、运送、暂时贮存的正确方法和操作程序；

（三）掌握医疗废物分类中的安全知识、专业技术、职业卫生安全防护等知识；

（四）掌握在医疗废物分类收集、运送、暂时贮存及处置过程中预防被医疗废物刺伤、擦伤等伤害的措施及发生后的处理措施；

（五）掌握发生医疗废物流失、泄漏、扩散和意外事故情况时的紧急处理措施。

第三十一条 医疗卫生机构应当根据接触医疗废物种类及风险大小的不同，采取适宜、有效的职业卫生防护措施，为机构内从事医疗废物分类收集、运送、暂时贮存和处置等工作的人员和管理人员配备必要的防护用品，定期进行健康检查，必要时，对有关人员进行免疫接种，防止其受到健康损害。

第三十二条 医疗卫生机构的工作人员在工作中发生被医疗废物刺伤、擦伤等伤害时，应当采取相应的处理措施，并及时报告机构内的相关部门。

第五章 监督管理

第三十三条 县级以上地方人民政府卫生行政主管部门应当依照《医疗废物管理条例》和本办法的规定，对所辖区域的医疗卫生机构进行定期监督检查和不定期抽查。

第三十四条 对医疗卫生机构监督检查和抽查的主要内容是：

（一）医疗废物管理的规章制度及落实情况；

（二）医疗废物分类收集、运送、暂时贮存及机构内处置的工作状况；

（三）有关医疗废物管理的登记资料和记录；

（四）医疗废物管理工作中，相关人员的安全防护工作；

（五）发生医疗废物流失、泄漏、扩散和意外事故的上报及调查处理情况；

（六）进行现场卫生学监测。

第三十五条 卫生行政主管部门在监督检查或者抽查中发现医疗卫生机构存在隐患时，应当责令立即消除隐患。

第三十六条 县级以上卫生行政主管部门应当对医疗卫生机构发生违反《医疗废物管理条例》和本办法规定的行为依法进行查处。

第三十七条 发生因医疗废物管理不当导致发生传染病传播事故，或者有证据证明传染病传播的事故有可能发生时，卫生行政主管部门应当按照《医疗废物管理条例》第四十条的规定及时采取相应措施。

第三十八条 医疗卫生机构对卫生行政主管部门的检查、监测、调查取证等工作，应当予以配合，不得拒绝和阻碍，不得提供虚假材料。

第六章　罚　则

第三十九条　医疗卫生机构违反《医疗废物管理条例》及本办法规定，有下列情形之一的，由县级以上地方人民政府卫生行政主管部门责令限期改正、给予警告；逾期不改正的，处以2000元以上5000以下的罚款：

（一）未建立、健全医疗废物管理制度，或者未设置监控部门或者专（兼）职人员的；

（二）未对有关人员进行相关法律和专业技术、安全防护以及紧急处理等知识的培训的；

（三）未对医疗废物进行登记或者未保存登记资料的；

（四）未对机构内从事医疗废物分类收集、运送、暂时贮存、处置等工作的人员和管理人员采取职业卫生防护措施的；

（五）未对使用后的医疗废物运送工具及时进行清洁和消毒的；

（六）自行建有医疗废物处置设施的医疗卫生机构，未定期对医疗废物处置设施的卫生学效果进行检测、评价，或者未将检测、评价效果存档、报告的。

第四十条　医疗卫生机构违反《医疗废物管理条例》及本办法规定，有下列情形之一的，由县级以上地方人民政府卫生行政主管部门责令限期改正、给予警告，可以并处5000元以下的罚款；逾期不改正的，处5000元以上3万元以下的罚款：

（一）医疗废物暂时贮存地点、设施或者设备不符合卫生要求的；

（二）未将医疗废物按类别分置于专用包装物或者容器的；

（三）使用的医疗废物运送工具不符合要求的。

第四十一条　医疗卫生机构违反《医疗废物管理条例》及本办法规定，有下列情形之一的，由县级以上地方人民政府卫生行政主管部门责令限期改正，给予警告，并处5000元以上1万以下的罚款；逾期不改正的，处1万元以上3万元以下的罚款；造成传染病传播的，由原发证部门暂扣或者吊销医疗卫生机构执业许可证件；构成犯罪的，依法追究刑事责任：

（一）在医疗卫生机构内丢弃医疗废物和在非贮存地点倾倒、堆放医疗废物或者将医疗废物混入其他废物和生活垃圾的；

（二）将医疗废物交给未取得经营许可证的单位或者个人的；

（三）未按照条例及本办法的规定对污水、传染病病人和疑似传染病病人的排泄物进行严格消毒，或者未达到国家规定的排放标准，排入污水处理系统的；

（四）对收治的传染病病人或者疑似传染病病人产生的生活垃圾，未按照医疗废物进行管理和处置的。

第四十二条　医疗卫生机构转让、买卖医疗废物的，依照《医疗废物管理条例》第五十三条处罚。

第四十三条　医疗卫生机构发生医疗废物流失、泄漏、扩散时，未采取紧急处理措施，或者未及时向卫生行政主管部门报告的，由县级以上地方人民政府卫生行政主管部门责令改正，给予警告，并处1万元以上3万元以下的罚款；造成传染病传播的，由原发证部门暂扣或者吊销医疗卫生机构执业许可证件；构成犯罪的，依法追究刑事责任。

第四十四条 医疗卫生机构无正当理由，阻碍卫生行政主管部门执法人员执行职务，拒绝执法人员进入现场，或者不配合执法部门的检查、监测、调查取证的，由县级以上地方人民政府卫生行政主管部门责令改正，给予警告；拒不改正的，由原发证部门暂扣或者吊销医疗卫生机构执业许可证件；触犯《中华人民共和国治安管理处罚条例》，构成违反治安管理行为的，由公安机关依法予以处罚；构成犯罪的，依法追究刑事责任。

第四十五条 不具备集中处置医疗废物条件的农村，医疗卫生机构未按照《医疗废物管理条例》和本办法的要求处置医疗废物的，由县级以上地方人民政府卫生行政主管部门责令限期改正，给予警告；逾期不改的，处 1000 元以上 5000 元以下的罚款；造成传染病传播的，由原发证部门暂扣或者吊销医疗卫生机构执业许可证件；构成犯罪的，依法追究刑事责任。

第四十六条 医疗卫生机构违反《医疗废物管理条例》及本办法规定，导致传染病传播，给他人造成损害的，依法承担民事赔偿责任。

第七章 附 则

第四十七条 本办法所称医疗卫生机构指依照《医疗机构管理条例》的规定取得《医疗机构执业许可证》的机构及疾病预防控制机构、采供血机构。

第四十八条 本办法自公布之日起施行。

危险废物经营许可证管理办法

（国务院令第408号，2004年6月5日公布，2004年7月1日起施行）

第一章　总　则

第一条　为了加强对危险废物收集、贮存和处置经营活动的监督管理，防治危险废物污染环境，根据《中华人民共和国固体废物污染环境防治法》，制定本办法。

第二条　在中华人民共和国境内从事危险废物收集、贮存、处置经营活动的单位，应当依照本办法的规定，领取危险废物经营许可证。

第三条　危险废物经营许可证按照经营方式，分为危险废物收集、贮存、处置综合经营许可证和危险废物收集经营许可证。

领取危险废物综合经营许可证的单位，可以从事各类别危险废物的收集、贮存、处置经营活动；领取危险废物收集经营许可证的单位，只能从事机动车维修活动中产生的废矿物油和居民日常生活中产生的废镉镍电池的危险废物收集经营活动。

第四条　县级以上人民政府环境保护主管部门依照本办法的规定，负责危险废物经营许可证的审批颁发与监督管理工作。

第二章　申请领取危险废物经营许可证的条件

第五条　申请领取危险废物收集、贮存、处置综合经营许可证，应当具备下列条件：

（一）有3名以上环境工程专业或者相关专业中级以上职称，并有3年以上固体废物污染治理经历的技术人员；

（二）有符合国务院交通主管部门有关危险货物运输安全要求的运输工具；

（三）有符合国家或者地方环境保护标准和安全要求的包装工具，中转和临时存放设施、设备以及经验收合格的贮存设施、设备；

（四）有符合国家或者省、自治区、直辖市危险废物处置设施建设规划，符合国家或者地方环境保护标准和安全要求的处置设施、设备和配套的污染防治设施；其中，医疗废物集中处置设施，还应当符合国家有关医疗废物处置的卫生标准和要求；

（五）有与所经营的危险废物类别相适应的处置技术和工艺；

（六）有保证危险废物经营安全的规章制度、污染防治措施和事故应急救援措施；

（七）以填埋方式处置危险废物的，应当依法取得填埋场所的土地使用权。

第六条 申请领取危险废物收集经营许可证，应当具备下列条件：

（一）有防雨、防渗的运输工具；

（二）有符合国家或者地方环境保护标准和安全要求的包装工具，中转和临时存放设施、设备；

（三）有保证危险废物经营安全的规章制度、污染防治措施和事故应急救援措施。

第三章 申请领取危险废物经营许可证的程序

第七条 国家对危险废物经营许可证实行分级审批颁发。

下列单位的危险废物经营许可证，由国务院环境保护主管部门审批颁发：

（一）年焚烧 1 万吨以上危险废物的；

（二）处置含多氯联苯、汞等对环境和人体健康威胁极大的危险废物的；

（三）利用列入国家危险废物处置设施建设规划的综合性集中处置设施处置危险废物的。

医疗废物集中处置单位的危险废物经营许可证，由医疗废物集中处置设施所在地设区的市级人民政府环境保护主管部门审批颁发。

危险废物收集经营许可证，由县级人民政府环境保护主管部门审批颁发。

本条第二款、第三款、第四款规定之外的危险废物经营许可证，由省、自治区、直辖市人民政府环境保护主管部门审批颁发。

第八条 申请领取危险废物经营许可证的单位，应当在从事危险废物经营活动前向发证机关提出申请，并附具本办法第五条或者第六条规定条件的证明材料。

第九条 发证机关应当自受理申请之日起 20 个工作日内，对申请单位提交的证明材料进行审查，并对申请单位的经营设施进行现场核查。符合条件的，颁发危险废物经营许可证，并予以公告；不符合条件的，书面通知申请单位并说明理由。

发证机关在颁发危险废物经营许可证前，可以根据实际需要征求卫生、城乡规划等有关主管部门和专家的意见。申请单位凭危险废物经营许可证向工商管理部门办理登记注册手续。

第十条 危险废物经营许可证包括下列主要内容：

（一）法人名称、法定代表人、住所；

（二）危险废物经营方式；

（三）危险废物类别；

（四）年经营规模；

（五）有效期限；

（六）发证日期和证书编号。

危险废物综合经营许可证的内容，还应当包括贮存、处置设施的地址。

第十一条 危险废物经营单位变更法人名称、法定代表人和住所的，应当自工商变更登记之日起 15 个工作日内，向原发证机关申请办理危险废物经营许可证变更手续。第十二条 有下列情形之一的，危险废物经营单位应当按照原申请程序，重新申请领取危险废物经营许可证：

（一）改变危险废物经营方式的；

（二）增加危险废物类别的；

（三）新建或者改建、扩建原有危险废物经营设施的；

（四）经营危险废物超过原批准年经营规模20%以上的。

第十三条 危险废物综合经营许可证有效期为 5 年；危险废物收集经营许可证有效期为 3 年。

危险废物经营许可证有效期届满，危险废物经营单位继续从事危险废物经营活动的，应当于危险废物经营许可证有效期届满 30 个工作日前向原发证机关提出换证申请。原发证机关应当自受理换证申请之日起 20 个工作日内进行审查，符合条件的，予以换证；不符合条件的，书面通知申请单位并说明理由。

第十四条 危险废物经营单位终止从事收集、贮存、处置危险废物经营活动的，应当对经营设施、场所采取污染防治措施，并对未处置的危险废物作出妥善处理。

危险废物经营单位应当在采取前款规定措施之日起 20 个工作日内向原发证机关提出注销申请，由原发证机关进行现场核查合格后注销危险废物经营许可证。

第十五条 禁止无经营许可证或者不按照经营许可证规定从事危险废物收集、贮存、处置经营活动。

禁止从中华人民共和国境外进口或者经中华人民共和国过境转移电子类危险废物。

禁止将危险废物提供或者委托给无经营许可证的单位从事收集、贮存、处置经营活动。

禁止伪造、变造、转让危险废物经营许可证。

第四章 监督管理

第十六条 县级以上地方人民政府环境保护主管部门应当于每年 3 月 31 日前将上一年度危险废物经营许可证颁发情况报上一级人民政府环境保护主管部门备案。

上级环境保护主管部门应当加强对下级环境保护主管部门审批颁发危险废物经营许可证情况的监督检查，及时纠正下级环境保护主管部门审批颁发危险废物经营许可证过程中的违法行为。

第十七条 县级以上人民政府环境保护主管部门应当通过书面核查和实地检查等方式，加强对危险废物经营单位的监督检查，并将监督检查情况和处理结果予以记录，由监督检查人员签字后归档。

公众有权查阅县级以上人民政府环境保护主管部门的监督检查记录。

县级以上人民政府环境保护主管部门发现危险废物经营单位在经营活动中有不符合原发证条件的情形的，应当责令其限期整改。

第十八条 县级以上人民政府环境保护主管部门有权要求危险废物经营单位定期报告危险废物经营活动情况。危险废物经营单位应当建立危险废物经营情况记录簿，如实记载收集、贮存、处置危险废物的类别、来源、去向和有无事故等事项。

危险废物经营单位应当将危险废物经营情况记录簿保存 10 年以上，以填埋方式处置危险废物的经营情况记录簿应当永久保存。终止经营活动的，应当将危险废物经营情况记录簿移交所在地县级以上地方人民政府环境保护主管部门存档管理。

第十九条 县级以上人民政府环境保护主管部门应当建立、健全危险废物经营许可证的档案管理制度，并定期向社会公布审批颁发危险废物经营许可证的情况。

第二十条 领取危险废物收集经营许可证的单位，应当与处置单位签订接收合同，并将收集的废矿物油和废镉镍电池在 90 个工作日内提供或者委托给处置单位进行处置。

第二十一条 危险废物的经营设施在废弃或者改作其他用途前，应当进行无害化处理。

填埋危险废物的经营设施服役期届满后，危险废物经营单位应当按照有关规定对填埋过危险废物的土地采取封闭措施，并在划定的封闭区域设置永久性标记。

第五章 法律责任

第二十二条 违反本办法第十一条规定的，由县级以上地方人民政府环境保护主管部门责令限期改正，给予警告；逾期不改正的，由原发证机关暂扣危险废物经营许可证。

第二十三条 违反本办法第十二条、第十三条第二款规定的，由县级以上地方人民政府环境保护主管部门责令停止违法行为；有违法所得的，没收违法所得；违法所得超过 10 万元的，并处违法所得 1 倍以上 2 倍以下的罚款；没有违法所得或者违法所得不足 10 万元的，处 5 万元以上 10 万元以下的罚款。

第二十四条 违反本办法第十四条第一款、第二十一条规定的，由县级以上地方人民政府环境保护主管部门责令限期改正；逾期不改正的，处 5 万元以上 10 万元以下的罚款；造成污染事故，构成犯罪的，依法追究刑事责任。

第二十五条 违反本办法第十五条第一款、第二款、第三款规定的，依照《中华人民共和国固体废物污染环境防治法》的规定予以处罚。

违反本办法第十五条第四款规定的，由县级以上地方人民政府环境保护主管部门收缴危险废物经营许可证或者由原发证机关吊销危险废物经营许可证，并处 5 万元以上 10 万元以下的罚款；构成犯罪的，依法追究刑事责任。

第二十六条 违反本办法第十八条规定的，由县级以上地方人民政府环境保护主管部门责令限期改正，给予警告；逾期不改正的，由原发证机关暂扣或者吊销危险废物经营许可证。

第二十七条 违反本办法第二十条规定的，由县级以上地方人民政府环境保护主管部门责令限期改正，给予警告；逾期不改正的，处 1 万元以上 5 万元以下的罚款，并可以由原发证机关暂扣或者吊销危险废物经营许可证。

第二十八条 危险废物经营单位被责令限期整改，逾期不整改或者经整改仍不符合原发证条件的，由原发证机关暂扣或者吊销危险废物经营许可证。

第二十九条 环境保护主管部门依照本办法规定作出吊销或者收缴危险废物经营许可证的同时，应当通知工商管理部门，由工商管理部门依法吊销营业执照。被依法吊销或者收缴危险废物经营许可证的单位，5 年内不得再申请领取危险废物经营许可证。

第三十条 县级以上人民政府环境保护主管部门的工作人员，有下列行为之一的，依法给予行政处分；构成犯罪的，依法追究刑事责任：

（一）向不符合本办法规定条件的单位颁发危险废物经营许可证的；

（二）发现未依法取得危险废物经营许可证的单位和个人擅自从事危险废物经营活动不予查处或者接到举报后不依法处理的；

（三）对依法取得危险废物经营许可证的单位不履行监督管理职责或者发现违反本办法规定的行为不予查处的；

（四）在危险废物经营许可证管理工作中有其他渎职行为的。

第六章　附　则

第三十一条 本办法下列用语的含义：

（一）危险废物，是指列入国家危险废物名录或者根据国家规定的危险废物鉴别标准和鉴别方法认定的具有危险性的废物。

（二）收集，是指危险废物经营单位将分散的危险废物进行集中的活动。

（三）贮存，是指危险废物经营单位在危险废物处置前，将其放置在符合环境保护标准的场所或者设施中，以及为了将分散的危险废物进行集中，在自备的临时设施或者场所每批置放重量超过 5 000 千克或者置放时间超过 90 个工作日的活动。

（四）处置，是指危险废物经营单位将危险废物焚烧、煅烧、熔融、烧结、裂解、中和、消毒、蒸馏、萃取、沉淀、过滤、拆解以及用其他改变危险废物物理、化学、生物特性的方法，达到减少危险废物数量、缩小危险废物体积、减少或者消除其危险成分的活动，或者将危险废物最终置于符合环境保护规定要求的场所或者设施并不再回取的活动。

第三十二条 本办法施行前，依照地方性法规、规章或者其他文件的规定已经取得危险废物经营许可证的单位，应当在原危险废物经营许可证有效期届满 30 个工作日前，依照本办法的规定重新申请领取危险废物经营许可证。逾期不办理的，不得继续从事危险废物经营活动。

第三十三条 本办法自 2004 年 7 月 1 日起施行。

危险废物转移联单管理办法

（国家环保总局令第 5 号，1999 年 6 月 22 日发布，1999 年 10 月 1 日施行）

第一条 为加强对危险废物转移的有效监督，实施危险废物转移联单制度，根据《中华人民共和国固体废物污染环境防治法》有关规定，制定本办法。

第二条 本办法适用于在中华人民共和国境内从事危险废物转移活动的单位。

第三条 国务院环境保护行政主管部门对全国危险废物转移联单（以下简称联单）实施统一监督管理。

各省、自治区人民政府环境保护行政主管部门对本行政区域内的联单实施监督管理。

省辖市级人民政府环境保护行政主管部门对本行政区域内联单具体实施监督管理；在直辖市行政区域和设有地区行政公署的行政区域，由直辖市人民政府和地区行政公署环境保护行政主管部门具体实施监督管理。

前款规定的省辖市级人民政府、直辖市人民政府和地区行政公署环境保护行政主管部门，本办法以下统一简称为“环境保护行政主管部门”。

第四条 危险废物产生单位在转移危险废物前，须按照国家有关规定报批危险废物转移计划；经批准后，产生单位应当向移出地环境保护行政主管部门申请领取联单。

产生单位应当在危险废物转移前三日内报告移出地环境保护行政主管部门，并同时将预期到达时间报告接受地环境保护行政主管部门。

第五条 危险废物产生单位每转移一车、船（次）同类危险废物，应当填写一份联单。

每车、船（次）有多类危险废物的，应当按每一类危险废物填写一份联单。

第六条 危险废物产生单位应当如实填写联单中产生单位栏目，并加盖公章，经交付危险废物运输单位核实验收签字后，将联单第一联副联自留存档，将联单第二联交移出地环境保护行政主管部门，联单第一联正联及其余各联交付运输单位随危险废物转移运行。

第七条 危险废物运输单位应当如实填写联单的运输单位栏目，按照国家有关危险物品运输的规定，将危险废物安全运抵联单载明的接受地点，并将联单第一联、第二联副联、第三联、第四联、第五联随转移的危险废物交付危险废物接受单位。

第八条 危险废物接受单位应当按照联单填写的内容对危险废物核实验收，如实填写联单中接受单位栏目并加盖公章。

接受单位应当将联单第一联、第二联副联自接受危险废物之日起十日内交付产生单位，联单第一联由产生单位自留存档，联单第二联副联由产生单位在二日内报送移出地环境保护行政主管部门；接受单位将联单第三联交付运输单位存档；将联单第四联自留存档；将联单第五联自接受危险废物之日起二日内报送接受地环境保护行政主管部门。

第九条 危险废物接受单位验收发现危险废物的名称、数量、特性、形态、包装方式与联单填写内容不符的，应当及时向接受地环境保护行政主管部门报告，并通知产生单位。

第十条 联单保存期限为五年；贮存危险废物的，其联单保存期限与危险废物贮存期限相同。

环境保护行政主管部门认为有必要延长联单保存期限的，产生单位、运输单位和接受单位应当按照要求延期保存联单。

第十一条 省辖市级以上人民政府环境保护行政主管部门有权检查联单运行的情况，也可以委托县级人民政府环境保护行政主管部门检查联单运行的情况。

被检查单位应当接受检查，如实汇报情况。

第十二条 转移危险废物采用联运方式的，前一运输单位须将联单各联交付后一运输单位随危险废物转移运行，后一运输单位必须按照联单的要求核对联单产生单位栏目事项和前一运输单位填写的运输单位栏目事项，经核对无误后填写联单的运输单位栏目并签字。经后一运输单位签字的联单第三联的复印件由前一运输单位自留存档，经接受单位签字的联单第三联由最后一运输单位自留存档。

第十三条 违反本办法有下列行为之一的，由省辖市级以上地方人民政府环境保护行政主管部门责令限期改正，并处以罚款：

（一）未按规定申领、填写联单的；

（二）未按规定运行联单的；

（三）未按规定期限向环境保护行政主管部门报送联单的；

（四）未在规定的存档期限保管联单的；

（五）拒绝接受有管辖权的环境保护行政主管部门对联单运行情况进行检查的。

有前款第（一）项、第（三）项行为之一的，依据《中华人民共和国固体废物污染环境防治法》有关规定，处五万元以下罚款；有前款第（二）项、第（四）项行为之一的，处三万元以下罚款；有前款第（五）项行为的，依据《中华人民共和国固体废物污染环境防治法》有关规定，处一万元以下罚款。

第十四条 联单由国务院环境保护行政主管部门统一制定，由省、自治区、直辖市人民政府环境保护行政主管部门印制。

联单共分五联，颜色分别为：第一联，白色；第二联，红色；第三联，黄色；第四联，蓝色；第五联，绿色。

联单编号由十位阿拉伯数字组成。第一位、第二位数字为省级行政区划代码，第三位、第四位数字为省辖市级行政区划代码；第五位、第六位数字为危险废物类别代码；其余四位数字由发放空白联单的危险废物移出地省辖市级人民政府环境保护行政主管部门按照危险废物转移流水号依次编制。联单由直辖市人民政府环境保护行政主管部门发放的，其编号第三位、第四位数字为零。

第十五条 本办法由国务院环境保护行政主管部门负责解释。

第十六条 本办法自一九九九年十月一日起施行。

危险废物转移联单

编号__________

第一部分：废物产生单位填写
产生单位__________单位盖章　　电话__________ 通讯地址__________邮编__________ 运输单位__________电话__________ 通讯地址__________邮编__________ 接受单位__________电话__________ 通讯地址__________邮编__________
废物名称__________类别编号__________数量__________ 废物特性：__________形态__________包装方式__________ 外运目的：中转贮存 ☐　利用 ☐　处理 ☐　处置 ☐ 主要危险成分__________禁忌与应急措施__________ 发运人__________运达地__________转移时间____年____月____日
第二部分：废物运输单位填写
运输者须知：你必须核对以上栏目事项，当与实际情况不符时，有权拒绝接受。 第一承运人__________运输日期____年____月____日 车（船）型：__________牌号__________道路运输证号__________ 运输起点__________经由地__________运输终点__________运输人签字__________ 第二承运人__________运输日期____年____月____日 车（船）型：__________牌号__________道路运输证号__________ 运输起点__________经由地__________运输终点__________运输人签字__________
第三部分：废物接受单位填写
接受者须知：你必须核实以上栏目内容，当与实际情况不符时，有权拒绝接受。 经营许可证号__________接收人__________接收日期__________ 废物处置方式：利用 ☐　贮存 ☐　焚烧 ☐　安全填埋 ☐　其他 ☐ 单位负责人签字__________单位盖章　　日期__________

第一联　产生单位

危险废物转移联单

编号____________

第一部分：废物产生单位填写

产生单位________________________________单位盖章　　　　电话______________

通讯地址____邮编______________

运输单位____电话______________

通讯地址____邮编______________

接受单位____电话______________

通讯地址____邮编______________

废物名称__________________类别编号__________________数量__________________

废物特性：________________形态__________________包装方式________________

外运目的：中转贮存 □　利用 □　处理 □　处置 □

主要危险成分__________________________禁忌与应急措施__________________________

发运人________________运达地__________________转移时间______年______月______日

第二部分：废物运输单位填写

运输者须知：你必须核对以上栏目事项，当与实际情况不符时，有权拒绝接受。

第一承运人________________________________运输日期______年______月______日

车（船）型：__________________牌号________________道路运输证号______________

运输起点____________经由地__________运输终点__________运输人签字__________

第二承运人________________________________运输日期______年______月______日

车（船）型：__________________牌号________________道路运输证号______________

运输起点____________经由地__________运输终点__________运输人签字__________

第三部分：废物接受单位填写

接受者须知：你必须核实以上栏目内容，当与实际情况不符时，有权拒绝接受。

第一联副联　产生单位

危险废物转移联单

编号____________

第一部分：废物产生单位填写
产生单位________________________单位盖章　　　　电话____________ 通讯地址____邮编____________ 运输单位____电话____________ 通讯地址____邮编____________ 接受单位____电话____________ 通讯地址____邮编____________
废物名称______________类别编号______________数量______________ 废物特性：______________形态______________包装方式______________ 外运目的：中转贮存 □ 利用 □ 处理 □ 处置 □ 主要危险成分____________________禁忌与应急措施____________________ 发运人____________运达地______________转移时间____年____月____日
第二部分：废物运输单位填写
运输者须知：你必须核对以上栏目事项，当与实际情况不符时，有权拒绝接受。 第一承运人__________________________运输日期_____年_____月_____日 车（船）型：______________牌号______________道路运输证号____________ 运输起点__________经由地__________运输终点__________运输人签字__________ 第二承运人__________________________运输日期_____年_____月_____日 车（船）型：______________牌号______________道路运输证号____________ 运输起点__________经由地__________运输终点__________运输人签字__________
第三部分：废物接受单位填写
接受者须知：你必须核实以上栏目内容，当与实际情况不符时，有权拒绝接受。 经营许可证号________________接收人______________接收日期______________ 废物处置方式：利用 □ 贮存 □ 焚烧 □ 安全填埋 □ 其他 □ 单位负责人签字__________________________单位盖章　　日期____________

第一联　移出地环保局

危险废物转移联单　　　　编号________

第一部分：废物产生单位填写

产生单位____________单位盖章　　电话________

通讯地址________________邮编________

运输单位________________电话________

通讯地址________________邮编________

接受单位________________电话________

通讯地址________________邮编________

废物名称________类别编号________数量________

废物特性：________形态________包装方式________

外运目的：中转贮存 □　利用 □　处理 □　处置 □

主要危险成分____________禁忌与应急措施____________

发运人________运达地________转移时间____年____月____日

第二部分：废物运输单位填写

运输者须知：你必须核对以上栏目事项，当与实际情况不符时，有权拒绝接受。

第一承运人____________运输日期____年____月____日

车（船）型：________牌号________道路运输证号________

运输起点________经由地________运输终点________运输人签字________

第二承运人____________运输日期____年____月____日

车（船）型：________牌号________道路运输证号________

运输起点________经由地________运输终点________运输人签字________

第三部分：废物接受单位填写

接受者须知：你必须核实以上栏目内容，当与实际情况不符时，有权拒绝接受。

经营许可证号________接收人________接收日期________

废物处置方式：利用 □　贮存 □　焚烧 □　安全填埋 □　其他 □

单位负责人签字____________单位盖章　　日期________

第二联副联　移出地环保局

危险废物转移联单

编号＿＿＿＿＿＿

第一部分：废物产生单位填写

产生单位＿＿＿＿＿＿＿＿＿＿＿＿单位盖章　　　电话＿＿＿＿＿＿

通讯地址＿＿＿＿＿＿＿＿＿＿＿＿＿＿＿＿＿＿邮编＿＿＿＿＿＿

运输单位＿＿＿＿＿＿＿＿＿＿＿＿＿＿＿＿＿＿电话＿＿＿＿＿＿

通讯地址＿＿＿＿＿＿＿＿＿＿＿＿＿＿＿＿＿＿邮编＿＿＿＿＿＿

接受单位＿＿＿＿＿＿＿＿＿＿＿＿＿＿＿＿＿＿电话＿＿＿＿＿＿

通讯地址＿＿＿＿＿＿＿＿＿＿＿＿＿＿＿＿＿＿邮编＿＿＿＿＿＿

废物名称＿＿＿＿＿＿＿类别编号＿＿＿＿＿＿＿数量＿＿＿＿＿＿

废物特性：＿＿＿＿＿＿＿形态＿＿＿＿＿＿＿包装方式＿＿＿＿＿＿

外运目的：中转贮存 ☐ 利用 ☐ 处理 ☐ 处置 ☐

主要危险成分＿＿＿＿＿＿＿＿＿＿禁忌与应急措施＿＿＿＿＿＿＿＿

发运人＿＿＿＿＿＿运达地＿＿＿＿＿＿＿转移时间＿＿＿年＿＿＿月＿＿＿日

第二部分：废物运输单位填写

运输者须知：你必须核对以上栏目事项，当与实际情况不符时，有权拒绝接受。

第一承运人＿＿＿＿＿＿＿＿＿＿＿＿运输日期＿＿＿年＿＿＿月＿＿＿日

车（船）型：＿＿＿＿＿＿＿牌号＿＿＿＿＿＿＿道路运输证号＿＿＿＿＿＿

运输起点＿＿＿＿＿经由地＿＿＿＿＿运输终点＿＿＿＿＿运输人签字＿＿＿＿＿

第二承运人＿＿＿＿＿＿＿＿＿＿＿＿运输日期＿＿＿年＿＿＿月＿＿＿日

车（船）型：＿＿＿＿＿＿＿牌号＿＿＿＿＿＿＿道路运输证号＿＿＿＿＿＿

运输起点＿＿＿＿＿经由地＿＿＿＿＿运输终点＿＿＿＿＿运输人签字＿＿＿＿＿

第三部分：废物接受单位填写

接受者须知：你必须核实以上栏目内容，当与实际情况不符时，有权拒绝接受。

经营许可证号＿＿＿＿＿＿＿＿接收人＿＿＿＿＿＿＿接收日期＿＿＿＿＿＿

废物处置方式：利用 ☐ 贮存 ☐ 焚烧 ☐ 安全填埋 ☐ 其他 ☐

单位负责人签字＿＿＿＿＿＿＿＿＿＿＿＿单位盖章　　日期＿＿＿＿＿＿

第三联　运输单位

危险废物转移联单　　　　编号________

第一部分：废物产生单位填写

产生单位________________单位盖章　　　　电话________

通讯地址________________________邮编________

运输单位________________________电话________

通讯地址________________________邮编________

接受单位________________________电话________

通讯地址________________________邮编________

废物名称__________类别编号__________数量________

废物特性：__________形态__________包装方式________

外运目的：中转贮存 ☐ 利用 ☐ 处理 ☐ 处置 ☐

主要危险成分______________禁忌与应急措施____________

发运人________运达地__________转移时间____年____月____日

第二部分：废物运输单位填写

运输者须知：你必须核对以上栏目事项，当与实际情况不符时，有权拒绝接受。

第一承运人________________运输日期____年____月____日

车（船）型：__________牌号__________道路运输证号________

运输起点______经由地______运输终点______运输人签字______

第二承运人________________运输日期____年____月____日

车（船）型：__________牌号__________道路运输证号________

运输起点______经由地______运输终点______运输人签字______

第三部分：废物接受单位填写

接受者须知：你必须核实以上栏目内容，当与实际情况不符时，有权拒绝接受。

经营许可证号__________接收人__________接收日期________

废物处置方式：利用 ☐ 贮存 ☐ 焚烧 ☐ 安全填埋 ☐ 其他 ☐

单位负责人签字________________单位盖章　　日期________

第四联　接受单位

危险废物转移联单

编号＿＿＿＿＿＿

第一部分：废物产生单位填写

产生单位＿＿＿＿＿＿＿＿＿＿＿＿单位盖章　　电话＿＿＿＿＿＿

通讯地址＿＿＿＿＿＿＿＿＿＿＿＿＿＿＿＿＿＿邮编＿＿＿＿＿＿

运输单位＿＿＿＿＿＿＿＿＿＿＿＿＿＿＿＿＿＿电话＿＿＿＿＿＿

通讯地址＿＿＿＿＿＿＿＿＿＿＿＿＿＿＿＿＿＿邮编＿＿＿＿＿＿

接受单位＿＿＿＿＿＿＿＿＿＿＿＿＿＿＿＿＿＿电话＿＿＿＿＿＿

通讯地址＿＿＿＿＿＿＿＿＿＿＿＿＿＿＿＿＿＿邮编＿＿＿＿＿＿

废物名称＿＿＿＿＿＿类别编号＿＿＿＿＿＿数量＿＿＿＿＿＿

废物特性：＿＿＿＿＿＿形态＿＿＿＿＿＿包装方式＿＿＿＿＿＿

外运目的：中转贮存 □　利用 □　处理 □　处置 □

主要危险成分＿＿＿＿＿＿＿＿＿禁忌与应急措施＿＿＿＿＿＿＿＿

发运人＿＿＿＿＿＿运达地＿＿＿＿＿＿转移时间＿＿年＿＿月＿＿日

第二部分：废物运输单位填写

运输者须知：你必须核对以上栏目事项，当与实际情况不符时，有权拒绝接受。

第一承运人＿＿＿＿＿＿＿＿＿＿＿＿运输日期＿＿年＿＿月＿＿日

车（船）型：＿＿＿＿＿＿牌号＿＿＿＿＿＿道路运输证号＿＿＿＿＿＿

运输起点＿＿＿＿经由地＿＿＿＿运输终点＿＿＿＿运输人签字＿＿＿＿

第二承运人＿＿＿＿＿＿＿＿＿＿＿＿运输日期＿＿年＿＿月＿＿日

车（船）型：＿＿＿＿＿＿牌号＿＿＿＿＿＿道路运输证号＿＿＿＿＿＿

运输起点＿＿＿＿经由地＿＿＿＿运输终点＿＿＿＿运输人签字＿＿＿＿

第三部分：废物接受单位填写

接受者须知：你必须核实以上栏目内容，当与实际情况不符时，有权拒绝接受。

经营许可证号＿＿＿＿＿＿接收人＿＿＿＿＿＿接收日期＿＿＿＿＿＿

废物处置方式：利用 □　贮存 □　焚烧 □　安全填埋 □　其他 □

单位负责人签字＿＿＿＿＿＿＿＿＿＿单位盖章　　日期＿＿＿＿＿＿

第五联　接受地环保局

国家危险废物名录

（1998年1月4日，国家环保局、国家经贸委、外经贸部、公安部颁布，1998年7月1日实施　环发［1998］89号）

国家危险废物名录说明

一、为防止危险废物对环境的污染，加强对危险废物的管理，保护环境和保障人民身体健康，根据《中华人民共和国固体废物污染环境防治法》，制定《国家危险废物名录》。

二、国家制定《危险废物鉴别标准》。凡《名录》中所列废物类别高于鉴别标准的属危险废物，列入国家危险废物管理范围；低于鉴别标准的，不列入国家危险废物管理。

三、对需要制定危险废物鉴别标准的废物类别，在其鉴别标准颁布以前，仅作为危险废物登记使用。

四、危险废物的管理按照《中华人民共和国固体废物污染环境防治法》中有关危险废物的管理条款执行。

五、本次公布的《国家危险废物名录》为第一批执行《名录》。随着经济和科学技术的发展，《国家危险废物名录》将不定期修订。

六、本《名录》由国家环境保护总局负责解释。

编号	废物类别	废 物 来 源	常见危害组分或废物名称
HW01	医院临床废物	从医院、医疗中心和诊所的医疗服务中产生的临床废物 ——手术、包扎残余物 ——生物培养、动物试验残余物 ——化验检查残余物 ——传染性废物 ——废水处理污泥	手术残物，敷料、化验废物，传染性废物，动物试验废物
HW02	医药废物	从医用药品的生产制作过程中产生的废物，包括兽药产品（不含中药类废物） ——蒸馏及反应残余物 ——高浓度母液及反应基或培养基废物 ——脱色过滤（包括载体）物 ——用过废弃的吸附剂、催化剂、溶剂 ——生产中产生的报废药品及过期原料	废抗菌药、甾类药、抗组织胺类药、镇痛药、心血管药、神经系统药、杂药，基因类废物

编号	废物类别	废 物 来 源	常见危害组分或废物名称
HW03	废药物、药品	过期、报废的无标签的及多种混杂的药物、药品（不包括 HW01，HW02 类中的废药品） ——生产中产生的报废药品（包括药品废原料和中间体反应物） ——使用单位（科研、监测、学校、医疗单位、化验室等）积压或报废的药品（物） ——经营部门过期的报废药品（物）	废化学试剂，废药品，废药物
HW04	农药废物	来自杀虫、灭菌、除草、灭鼠和植物生长调节剂的生产、经销、配制和使用过程中产生的废物 ——蒸馏及反应残余物 ——生产过程母液及（反应罐及容器）清洗液 ——吸附过滤物（包括载体，吸附剂，催化剂） ——废水处理污泥 ——生产、配制过程中的过期原料 ——生产、销售、使用过程中的过期和淘汰产品 ——沾有农药及除草剂的包装物及容器	废有机磷杀虫剂、有机氯杀虫剂、有机氮杀虫剂、氨基甲酸酯类杀虫剂、拟除虫菊酯类杀虫剂、杀螨剂、有机磷杀菌剂、有机氯杀菌剂、有机硫杀菌剂、有机锡杀菌剂、有机氮杀菌剂、醌类杀菌剂、无机杀菌剂、有机胂杀菌剂、氨基甲酸酯类除草剂、酸类除草剂、酚类除草剂、酰胺类除草剂、取代脲类除草剂、苯氧羧酸类除草剂、均三氮苯类除草剂、无机除草剂
HW05	木材防腐剂废物	从木材防腐化学品的生产、配制和使用中产生的废物（不包括与 HW04 类重复的废物） ——生产单位生产中产生的废水处理污泥、工艺反应残余物、吸附过滤物及载体 ——使用单位积压、报废或配制过剩的木材防腐化学品 ——销售经营部门报废的木材防腐化学品	含五氯酚，苯酚，2-氯酚，甲酚，对氯间甲酚，三氯酚，屈萘，四氯酚，杂酚油，萤蒽，苯并［a］芘，2，4-二甲酚，2，4-二硝基酚，苯并［b］萤蒽，苯并［a］蒽，二苯并［a］蒽的废物
HW06	有机溶剂废物	从有机溶剂生产、配制和使用过程中产生的废物（不包括 HW42 类的废有机溶剂） ——有机溶剂的合成、裂解、分离、脱色、催化、沉淀、精馏等过程中产生的反应残余物，吸附过滤物及载体 ——配制和使用过程中产生的含有机溶剂的清洗杂物	废催化剂，清洗剥离物，反应残渣及滤渣，吸附物与载体废物
HW07	热处理含氰废物	从含有氰化物热处理和退火作业中产生的废物 ——金属含氰热处理 ——含氰热处理回火池冷却 ——含氰热处理炉维修 ——热处理渗碳炉	含氰热处理钡渣，含氰污泥及冷却液，含氰热处理炉内衬，热处理渗碳氰渣
HW08	废矿物油	不适合原来用途的废矿物油 ——来自于石油开采和炼制产生的油泥和油脚 ——矿物油类仓储过程中产生的沉积物	废机油、原油、液压油、真空泵油、柴油、汽油、重油、煤油、热处理油、樟脑油、润滑油（脂）、冷却油

编号	废物类别	废 物 来 源	常见危害组分或废物名称
		——机械、动力、运输等设备的更换油及清洗油（泥） ——金属轧制、机械加工过程中产生的废油（渣） ——含油废水处理过程中产生的废油及油泥 ——油加工和油再生过程中产生的油渣及过滤介质	
HW09	废乳化液	从机械加工、设备清洗等过程中生产的废乳化液、废油水混合物 ——生产、配制、使用过程中产生的过剩乳化液（膏） ——机械加工、金属切削和冷拔过程产生的废乳化剂 ——清洗油罐、油件过程中产生的油水、烃水混合物 ——来自于（乳化液）水压机定期更换的乳化废液	废皂液、乳化油/水、烃/水混合物、乳化液（膏）、切削剂、冷却剂、润滑剂、拔丝剂
HW10	含多氯联苯废物	含有或沾染多氯联苯（PCBs），多氯三联苯（PCTs）、多溴联苯（PBBs）的废物质和废物品 ——过剩的、废弃的、封存的、待替换的含有 PCBs、PBBs 和 PCTs 的电力设备（电容器、变压器） ——从含有 PCBs、PBBs 或 PCTs 的电力设备中倾倒出的介质油、绝缘油、冷却油及传热油 ——来自含有 PCBs，PBBs 和 PCTs 或被这些物质污染的电力设备的拆装过程中的清洗液 ——被 PCBs，PBBs 和 PCTs 污染的土壤及包装物	含多氯联苯（PCBs），多溴联苯（PBBs）、多氯三联苯（PCTs）废物
HW11	精(蒸）馏残渣	从精炼、蒸馏和任何热解处理中产生的废焦油状残留物 ——煤气生产过程中产生的焦油渣 ——原油蒸馏过程中产生的焦油残余物 ——原油精制过程中产生的沥青状焦油及酸焦油 ——化学品生产过程中产生的蒸馏残渣和蒸馏釜底物 ——化学品原料生产的热解过程中产生的焦油状残余物 ——被工业生产过程中产生的焦油或蒸馏残余物所污染的土壤 ——盛装过焦油状残余物的包装和容器	沥青渣，焦油渣，废酸焦油，酚渣，蒸馏釜残物，精馏釜残物，甲苯渣，液化石油气残液（含苯并［a］芘、屈萘、萤蒽、多环芳烃类废物）

编号	废物类别	废 物 来 源	常见危害组分或废物名称
HW12	染料、涂料废物	从油墨、染料、颜料、油漆、真漆、罩光漆的生产配制和使用过程中产生的废物 ——生产过程中产生的废弃的颜料、染料、涂料和不合格产品 ——染料、颜料生产硝化、氧化、还原、磺化、重氮化、卤化等化学反应中产生的废母液、残渣、中间体废物 ——油漆、油墨生产、配制和使用过程中产生的含颜料、油墨的有机溶剂废物 ——使用酸、碱或有机溶剂清洗容器设备产生的污泥状剥离物 ——含有染料、颜料、油墨、油漆残余物的废弃包装物 ——废水处理污泥	废酸性染料、碱性染料、媒染染料、偶氮染料、直接染料、冰染染料、还原染料、硫化染料、活性染料、醇酸树脂涂料、丙烯酸树脂涂料、聚氨酯树脂涂料、聚乙烯树脂涂料、环氧树脂涂料、双组分涂料、油墨、重金属颜料
HW13	有机树脂类废物	从树脂、胶乳、增塑剂、胶水/胶合剂的生产、配制和使用过程中产生的废物 ——生产、配制、使用过程中产生不合格产品、废副产物 ——在合成、酯化、缩合等反应中产生的废催化剂、高浓度废液 ——精馏、分离、精制过程中产生的釜残液、过滤介质和残渣 ——使用溶剂或酸、碱清洗容器设备剥离下的树脂状、黏稠杂物 ——废水处理污泥	含邻苯二甲酸酯类，脂肪酸二元酸酯类，磷酸酯类，环氧化合物类，偏苯三甲酸酯类，聚酯类，氯化石蜡，二元醇和多元醇酯类，磺酸衍生物的废物
HW14	新化学品废物	从研究和开发或教学活动中产生的尚未鉴定的和（或）新的并对人类和（或）环境的影响未明的化学废物	新化学品研制中产生的废物
HW15	爆炸性废物	在生产、销售、使用爆炸物品过程中产生的次品、废品及具有爆炸性质的废物 ——不稳定，在无爆震时容易发生剧烈变化的废物 ——能和水形成爆炸性混合物 ——经过发热、吸湿、自发的化学变化具有着火倾向的废物 ——在有引发源或加热时能爆震或爆炸的废物	含叠氯乙酰，硝酸乙酰酯，叠氮铵，氯酸铵，六硝基高钴酸铵，硝酸铵，氮化铵，过碘酸铵，高锰酸铵，苦味酸铵，四过氧铬酸铵，叠氮羰基胍，叠氮钡，氯化重氮苯，苯并三唑，亚硝基胍，硝化甘油，四硝基戊四醇，三硝基氯苯，聚乙烯硝酸酯，硝酸钾，叠氮化银，氮化银，三硝基苯间二酚银，四氮烯银，无烟火药，叠氮化钠，苦味酸钠，四硝基甲烷、四氮化四硒，四氮化四硫，四氮烯，氮化铊，二氮化三铅，二氮化三汞，三硝基苯，氯酸钾，雷汞，雷银，三硝基甲苯，三硝基间苯二酚的废物
HW16	感光材料废物	从摄影化学品、感光材料的生产、配制、使用中产生的废物 ——生产过程中产生的不合格产品和过期产品 ——生产过程中产生的残渣及废水污泥 ——出版社、报社、印刷厂、电影厂在使用和经营活动中产生的废显（定）影液、胶片及废像纸 ——社会照像部、冲洗部在使用和经营活动中产生的废显（定）影液、胶片及废像纸 ——医疗院所的 X 光和 CT 检查中产生的废显（定）影液及胶片	废显影液、定影液、正负胶片、像纸、感光原料及药品

编号	废物类别	废 物 来 源	常见危害组分或废物名称
HW17	表面处理废物	从金属和塑料表面处理过程中产生的废物 ——电镀行业的电镀槽渣、槽液及水处理污泥 ——金属和塑料表面酸（碱）洗、除油、除锈、洗涤工艺产生的腐蚀液、洗涤液和污泥 ——金属和塑料表面磷化、出光、化抛过程中产生的残渣（液）及污泥 ——镀层剥除过程中产生的废液及残渣	废电镀溶液，镀槽淤渣，电镀水处理污泥，表面处理酸碱渣，氧化槽渣，磷化渣，亚硝酸盐废渣
HW18	焚烧处置残渣	从工业废物处置作业中产生的残余物	焚烧处置残渣及灰尘
HW19	含金属羰基化合物废物	在金属羰基化合物制造以有使用过程中产生的含有羰基化合物成分的废物 ——精细化工产品生产 ——金属有机化合物的合成	金属羰基化合物（五羰基铁，八羰基二钴，羰基镍，三羰基钴，氢氧化四羰基钴）废物
HW20	含铍废物	含铍及其化合物的废物 ——稀有金属冶炼 ——铍化合物生产	含铍，硼氢化铍，溴化铍，氢氧化铍，碘化铍，碳酸铍，硝酸铍，氧化铍，硫酸铍，氟化铍，氯化铵，硫化铍的废物
HW21	含铬废物	含有六价铬化合物的废物 ——化工（铬化合物）生产 ——皮革加工（鞣革）业 ——金属、塑料电镀 ——酸性媒介染料染色 ——颜料生产与使用 ——金属铬冶炼（铁合金）	含铬酸酐，（重）铬酸钾，（重）铬酸钠，铬酸，重铬酸，三氧化铬，铬酸锌，铬酸钾，铬酸钙，铬酸银，铬酸铅，铬酸钡的废物
HW22	含铜废物	含有铜化合物的废物 ——有色金属采选和冶炼 ——金属、塑料电镀 ——铜化合物生产	含溴化（亚）铜，氢氧化铜，硫酸（亚）铜，碘化（亚）铜，碳酸铜，硝酸铜，硫化铜，氟化铜，硫化（亚）铜，氯化（亚）铜，醋酸铜，氰化铜钾，磷酸铜，二水合氯化铜铵的废物
HW23	含锌废物	含有锌化合物的废物 ——有色金属采选及冶炼 ——金属、塑料电镀 ——颜料、油漆、橡胶加工 ——锌化合物生产 ——含锌电池制造业	含溴化锌，碘化锌，硝酸锌，硫酸锌，氟化锌，硫化锌，过氧化锌，高锰酸锌，醋酸锌，草酸锌，铬酸锌，溴酸锌，磷酸锌，焦磷酸锌，磷化锌的废物
HW24	含砷废物	含砷及砷化合物的废物 ——有色金属采选及冶炼 ——砷及其化合物的生产 ——石油化工 ——农药生产 ——染料和制革业	含砷，三氧化二砷，亚砷酐，五氧化二砷，五硫化二砷，硫化亚砷，砷化锌，乙酰基砷铜，砷化钙，砷化铁，砷化铜，砷化铅，砷化银，乙基二氯化砷，（亚）砷酸，三氟化砷，砷酸锌，砷酸铵，砷酸钙，砷酸铁，砷酸钠，砷酸汞，砷酸铅，砷酸镁，三氯化砷，二硫化砷，砷酸钾，砷化（三）氢的废物
HW25	含硒废物	含硒及硒化合物废物 ——有色金属冶炼及电解 ——硒化合物生产 ——颜料、橡胶、玻璃生产	含硒，二氧化硒，三氧化硒，四氟化硒，六氟化硒，二氯化二硒，四氯化硒，亚硒酸，硒化氢，硒化钠，（亚）硒酸钠，二硫化硒，硒化亚铁，亚硒酸钡，硒酸，二甲基硒的废物

编号	废物类别	废 物 来 源	常见危害组分或废物名称
HW26	含镉废物	含镉及其化合物废物 ——有色金属采选及冶炼 ——镉化合物生产 ——电池制造业 ——电镀行业	含镉，溴化镉，碘化镉，氢氧化镉，碳酸镉，硝酸镉，硫酸镉，硫化镉，氯化镉，氟化镉，醋酸镉，氧化镉，二甲基镉的废物
HW27	含锑废物	含锑及其化合物废物 ——有色金属冶炼 ——锑化合物生产和使用	含锑，二氧化二锑，亚锑酐，五氧化二锑，硫化亚锑，硫化锑，氟化亚锑，氟化锑，氯化（亚）锑，三氢化锑，锑酸钠，锑酸铅，乳酸锑，亚锑酸纳的废物
HW28	含碲废物	含碲及其化合物废物 ——有色金属冶炼及电解 ——硫化合物生产和使用	含碲，四溴化碲，四碘化碲，三氧化蹄，六氟化碲，四氯化碲，亚碲酸，碲化氢，碲酸，二乙基碲，二甲基碲的废物
HW29	含汞废物	含汞及其化合物废物 ——化学工业含汞催化剂制造与使用 ——含汞电池制造业 ——汞冶炼及汞回收工业 ——有机汞和无机汞化合物生产 ——农药及制药业 ——荧光屏及汞灯制造及使用 ——含汞玻璃计器制造及使用 ——汞法烧碱生产产生的含汞盐泥	含汞，溴化（亚）汞，碘化（亚）汞，硝酸（亚）汞，氧化汞，硫酸（亚）汞，氯化（亚）汞，硫化汞，氯化乙基汞，氯化汞铵，氯化甲基汞，醋酸（亚）汞，二甲基汞，二乙基汞，氯化高汞的废物
HW30	含铊废物	含铊及其化合物废物 ——有色金属冶炼及农药生产 ——铊化合物生产及使用	含铊，溴化亚铊，氢氧化（亚）铊，碘化亚铊，硝酸亚铊，碳酸亚铊，硫酸亚铊，氧化亚铊，硫化亚铊，三氧化二铊，三硫化二铊，氟化亚铊，氯化（亚）铊，铬酸铊，氯酸铊，醋酸铊的废物
HW31	含铅废物	含铅及其化合物废物 ——铅冶炼及电解过程中的残渣及铅尘 ——铅（酸）蓄电池生产中产生的废铅渣及铅酸（污泥） ——报废的铅蓄电池 ——铅铸造业及制品业的废铅渣及水处理污泥 ——铅化合物制造和使用过程中产生的废物	含铅，乙酸铅，溴化铅，氢氧化铅，碘化铅，碳酸铅，硝酸铅，氧化铅，硫酸铅，铬酸铅，氯化铅，氟化铅，硫化铅，高氯酸铅，碱性硅酸铅，四烷基铅，四氧化铅，二氧化铅的废物

编号	废物类别	废 物 来 源	常见危害组分或废物名称
HW32	无机氟化物废物	含无机氟化物的废物（不包括氟化钙、氟化镁）	含氟化铯，氟硼酸，氟硅酸锌，氢氟酸，氟硅酸，六氟化硫，氟化钠，五氟化硫，二氟磷酸，氟硫酸，氟硼酸铵，氟硅酸铵，氟化铵，氟化钾，氟化铬，五氟化碘，氟氢化钾，氟氢化纳，氟硅酸钠的废物
HW33	无机氰化物废物	从无机氰化物生产、使用过程中产生的含无机氰化物的废物（不包括 HW07 类热处理含氰废物） ——金属制品业的电解除油、表面硬化化学工艺中产生的含氰废物 ——电镀业和电子零件制造业中电镀工艺、镀层剥除工艺中产生的含氰废物 ——金矿开采与筛选过程中产生的含氰废物 ——首饰加工的化学抛光工艺产生的含氰废物 ——其他生产、实验、化验分析过程中产生的含氰废物及包装物	含氢氰酸，氰化钠，氰化钾，氰化锂，氰化汞，氰化铅，氰化铜，氰化锌，氰化钡，氰化钙，氰化亚铜，氰化银，氰溶体，汞氰化钾，氰化镍，铜氰化钠，铜氰化钾，镍氰化钾，溴化氰，氰化钴的废物
HW34	废酸	从工业生产、配制、使用过程中产生的废酸液、固态酸及酸渣（pH≤2 的液态酸） ——工业化学品制造 ——化学分析及测试 ——金属及其他制品的酸蚀、出光、除锈（油）及清洗 ——废水处理 ——纺织印染前处理	废硫酸、硝酸、盐酸、磷酸、（次）氯酸、溴酸、氢氟酸、氢溴酸、硼酸、砷酸、硒酸、氰酸、氯磺酸、碘酸、王水
HW35	废碱	从工业生产、配制使用过程中产生的废碱液、固态碱及碱渣 （pH≥12.5 的液态碱） ——工业化学品制造 ——化学分析及测试 ——金属及其他制品的碱蚀、出光、除锈（油）及清洗 ——废水处理 ——纺织印染前处理 ——造纸废液	废氢氧化钠、氢氧化钾、氢氧化钙、氢氧化锂、碳酸（氢）钠、碳酸（氢）钾、硼砂、（次）氯酸钠、（次）氯酸钾、（次）氯酸钙、磷酸钠
HW36	石棉废物	从生产和使用过程中产生的石棉废物 ——石棉矿开采及其石棉产品加工 ——石棉建材生产 ——含石棉设施的保养（石棉隔膜，热绝缘体等） ——车辆制动器衬片的生产与更换	石棉尘、石棉废纤维，废石棉绒，石棉隔热废料，石棉尾矿渣

编号	废物类别	废 物 来 源	常见危害组分或废物名称
HW37	有机磷化合物废物	从农药以外其他有机磷化合物生产、配制和使用过程中产生的含有机磷废物 ——生产过程中产生的反应残余物 ——生产过程中过滤物、催化剂（包括载体）及废弃的吸附剂 ——废水处理污泥 ——配制，使用过程中的过剩物、残渣及其包装物	含氯硫磷，硫磷嗪，磷酰胺，丙基磷酸四乙酯，四磷酸六乙酯，硝基硫磷酯，苯腈磷，磷酰酯类化合物，苯硫磷，异丙膦，三氯氧磷，磷酸三丁酯的废物
HW38	有机氰化物废物	从生产、配制和使用过程中产生的含有机氰化物的废物 ——在合成、缩合等反应中产生的高浓度废液及反应残余物 ——在催化、精馏、过滤过程中产生的废催化剂、釜残及过滤介质物 ——生产、配制过程中产生的不合格产品 ——废水处理污泥	含乙腈，丙烯腈，己二腈，氨丙腈，氯丙烯腈，氰基乙酸，氰基氯戊烷，乙醇腈，丙腈，四甲基琥珀腈，溴苯甲腈，苯腈，乳酸腈，丙酮腈，丁基腈，苯基异丙酸酯，氰酸酯类的废物
HW39	含酚废物	酚、酚化合物的废物（包括氯酚类和硝基酚类） ——生产过程中产生的高浓度废液及反应残余物 ——生产过程中产生的吸附过滤物，废催化剂，精馏釜残液（包括石油、化工、煤气生产中产生的含酚类化合物废物）	含氨基苯酚，溴酚，氯甲苯酚，煤焦油，二氯酚，二硝基苯酚，对苯二酚，三羟基苯，五氯酚（钠），硝基苯酚，二氯酚，氯酚，甲酚，硝基苯甲酚，苦味酸，二硝基苯酚钠，苯酚胺的废物
HW40	含醚废物	从生产、配制和使用过程中产生的含醚废物 ——生产、配制过程中产生的醚类残液、反应残余物、水处理污泥及过滤渣 ——配制、使用过程中产生的含醚类有机混合溶剂	含苯甲醚，乙二醇单丁醚，甲乙醚，丙烯醚，二氯乙醚，苯乙基醚，二苯醚，二氧基乙醇乙醚，乙二醇甲基醚，乙二醇醚，异丙醚，二氯二甲醚，甲基氯甲醚，丙醚，四氯丙醚，三硝基苯甲醚，乙二醇二乙醚，亚乙基二醇丁基醚，二甲醚，丙烯基苯基醚，甲基丙基醚，乙二醇异丙基醚，乙二醇苯醚，乙二醇戊基醚，氯甲基乙醚，丁醚，乙醚，二甘醇二乙基醚，乙二醇二甲基醚，乙二醇单乙醚的废物
HW41	废卤化有机溶剂	从卤化有机溶剂生产、配制、使用过程中产生的废溶剂 ——生产、配制过程中产生的高浓度残液、吸附过滤物、反应残渣、水处理污泥及废载体 ——生产、配制过程中产生的报废产品 ——生产、配制、使用过程中产生的废物卤化有机溶剂。包括化学分析，塑料橡胶制品制造，电子零件清洗、化工产品制造、印染涂料调配、商业干洗、家庭装饰使用的废溶剂	含二氯甲烷，氯仿，四氯化碳，二氯乙烷，二氯乙烯，氯苯，二氯二氟甲烷，溴仿，二氯丁烷，三氯苯，二氯丙烷，二溴乙烷，四氯乙烷，三氯乙烷，三氯乙烯，三氯三氟乙烷，四氯乙烯，五氯乙烷，溴乙烷，溴苯，三氯氟甲烷的废物

编号	废物类别	废 物 来 源	常见危害组分或废物名称
HW42	废有机溶剂	从有机溶剂的生产、配制和使用中产生的其他废有机溶剂（不包括 HW41 类的卤化有机溶剂） ——生产、配制和使用过程中产生的废溶剂和残余物。包括化学分析，塑料橡胶制品制造、电子零件清洗、化工产品制造、印染染料调配，商业干洗和家庭装饰使用过的废溶剂	含糠醛，环已烷，石脑油，苯，甲苯，二甲苯，四氢呋喃，乙酸丁酯，乙酸甲酯，硝基苯，甲基异丁基酮，环己酮，二乙基酮，乙酸异丁酯，丙烯醛二聚物，异丁醇，乙二醇，甲醇，苯乙酮，异戊烷，环戊酮，环戊醇，丙醛，二丙基酮，苯甲酸乙酯，丁酸，丁酸丁酯，丁酸乙酯，丁酸甲酯，异丙醇，*N*，*N*-二甲基乙酰胺，甲醛，二乙基酮，丙烯醛，乙醛，乙酸乙酯，丙酮，甲基乙基酮，甲基乙烯酮，甲基丁酮，甲基丁醇，苯甲醇的废物
HW43	含多氯苯并呋喃类废物	含任何多氯苯并呋喃类同系物的废物	多氯苯并呋喃同系物废物
HW44	含多氯苯并二噁英废物	含任何多氯苯并二噁英同系物的废物	多氯苯并二噁英同系物废物
HW45	含有机卤化物废物	从其他有机卤化物的生产、配制、使用过程中产生的废物（不包括上述 HW39，HW41，HW42，HW43，HW44 类别的废物） ——生产、配制过程中产生的高浓度残液、吸附过滤物、反应残渣、水处理污泥及废催化剂、废产品 ——生产、配制过程中产生的报废产品 ——化学分析、塑料橡胶制品制造、电子零件清洗，化工产品制造、印染染料调配，商业、家庭使用产生的卤化有机废物	含苄基氯，苯甲酰氯，三氯乙醛，1-氯辛烷，氯代二硝基苯，氯乙酸，氯硝基苯，2-氯丙酸，3-氯丙烯酸，氯甲苯胺，乙酰溴，乙酰氯，二溴甲烷，苄基溴，1-溴-2-氯乙烷，二氯乙酰甲酯，氟乙酰胺，二氯萘醌，二氯醋酸，二溴氯丙烷，溴萘酚，碘代甲烷，2，4，5-三氯苯酚，三氯酚，1，4-二氯丁烷，2，4，6-三溴苯酚，二氯丁胺，1-氨基-4-溴蒽醌-2-磺酸的废物
HW46	含镍废物	含镍化合物的废物 ——镍化合物生产过程中产生的反应残余物及废品 ——使用报废的镍催化剂 ——电镀工艺中产生的镍残渣及槽液 ——分析、化验、测试过程中产生的含镍废物	含溴化镍，硝酸镍，硫酸镍，氯化镍，一硫化镍，一氧化镍，氧化镍，氢氧化镍，氢氧化高镍的废物
HW47	含钡废物	含钡化合物的废物（不包括硫酸钡） ——钡化合物生产过程中产生的反应残余物及其废品 ——热处理工艺中的盐浴渣 ——分析、化验、测试中产生的含钡废物	含溴酸钡，氢氧化钡，硝酸钡，碳酸钡，氯化钡，氟化钡，硫化钡，氧化钡，氟硅酸钡，氯酸钡，醋酸钡，过氧化钡，碘酸钡，叠氮钡，多硫化钡的废物

城市生活垃圾管理办法

（建设部令第 27 号，1993 年 8 月 10 日）

第一条 为了加强城市生活垃圾的管理，改善城市市容和环境卫生，根据《城市市容和环境卫生管理条例》制定本办法。

第二条 本办法所称城市生活垃圾，是指城市中的单位和居民在日常生活及为生活服务中产生的废弃物，以及建筑施工活动中产生的垃圾。

第三条 国家鼓励发展城市生活垃圾的回收利用。城市生活垃圾应当逐步实行分类收集、运输和处理，逐步实行城市生活垃圾治理的无害化、资源化和减量化，搞好综合利用。

第四条 国务院建设行政主管部门负责全国城市生活垃圾管理工作。

省、自治区、直辖市人民政府建设行政主管部门负责本行政区域内城市生活垃圾管理工作。

城市人民政府市容环境卫生行政主管部门负责本行政区域内城市生活垃圾的监督管理工作。

第五条 城市市容环境卫生行政主管部门，必须根据本地区发展规划，会同规划、计划、环保、卫生行政主管部门，制定城市生活垃圾治理规划，并组织实施。

第六条 城市生活垃圾处理场的规划、建设和管理，必须按照国家有关法律、法规的规定和标准执行。

第七条 凡从事城市生活垃圾经营性清扫、收集、运输、处理服务的单位和个人，必须经城市市容环境卫生行政主管部门审核批准后，方可从事经营。

第八条 城市应当根据《城市环境卫生设施设置标准》，设置垃圾箱（桶）、转运站等设施。单位内部上述设施的建设和管理由各单位负责。城市市容环境卫生行政主管部门应当监督检查。

第九条 城市居民必须按当地规定的地点、时间和其他要求，将生活垃圾倒入垃圾容器或者指定的生活垃圾场所。

城市生活垃圾实行分类、袋装收集的地区，应当按当地规定的分类要求，将生活垃圾装入相应的垃圾袋内投入垃圾容器或者指定的生活垃圾场所。

废旧家具等大件废弃物应当按规定时间投放在指定的收集场所，不得随意投放。

城市中的所有单位和居民都应当维护环境卫生，遵守当地有关规定，不得乱倒、乱丢垃圾。

第十条 单位处理产生的生活垃圾，必须向城市市容环境卫生行政主管部门申报，按批准指定的地点存放、处理，不得任意倾倒。无力运输、处理的，可以委托城市市容环境卫生管理单位运输、处理。

单位和个人不得将有害废弃物混入生活垃圾中。

第十一条 凡从事城市生活垃圾经营性收集、运输服务的单位和个人，必须将生活垃圾运往城市市容环境卫生行政主管部门指定的生活垃圾转运站、处理场，不得任意倾倒。

第十二条 存放生活垃圾的设施、容器必须保持完好，外观和周围环境应当整洁。未经城市市容环境卫生行政主管部门批准，任何单位和个人不得任意搬动、拆除、封闭和损坏。

第十三条 生活垃圾运输车辆必须做到密闭化，经常清洗，保持整洁、卫生和完好状态。城市生活垃圾在运输途中，不得扬、撒、遗漏。

第十四条 国家对城市生活垃圾的清扫、收集、运输和处理的服务实行收费制度。城市市容环境卫生行政主管部门对委托其清扫、收集、运输和处理生活垃圾的单位和个人收取服务费，并逐步向居民征收生活垃圾管理费用。城市生活垃圾的服务收费管理办法由省、自治区、直辖市人民政府制定。所收专款，专门用于城市生活垃圾处理设施的维修和建设。

第十五条 各级城市市容环境卫生行政主管部门应当按照国家劳动保护的要求，会同有关部门，改善环卫职工的工作条件和减轻劳动强度，采取措施、逐步提高环卫职工的工资和福利待遇，对环卫职工做好卫生保健工作和技术培训工作。

第十六条 任何单位和个人都有义务遵守城市生活垃圾管理办法，并有权对违反本办法的行为进行制止、检举和控告。

第十七条 城市市容环境卫生行政主管部门对治理城市生活垃圾工作中做出显著成绩的单位和个人，应当给予表彰或者奖励。

第十八条 违反本办法，有下列行为之一的，由城市市容环境卫生行政主管部门或者其委托的城市市容环境卫生管理单位分别给予警告、责令其限期改正、赔偿经济损失，并处以罚款。

（一）未经城市市容环境卫生行政主管部门批准，从事城市生活垃圾经营性清扫、收集、运输、处理等服务的；

（二）将有害废弃物混入生活垃圾中的；

（三）不按当地规定地点、时间和其他要求任意倾倒垃圾的；

（四）影响存放垃圾的设施、容器周围环境整洁的；

（五）随意拆除、损坏垃圾收集容器、处理设施的；

（六）垃圾运输车辆不加封闭，沿途扬、撒、遗漏的；

（七）违反本办法其他行为的。

第十九条 违反本办法，同时违反治安管理处罚规定的，由公安机关依照《中华人民共和国治安管理处罚条例》的规定处罚；构成犯罪的，由司法机关依法追究刑事责任。

第二十条 当事人对行政处罚决定不服的，可以依照《中华人民共和国行政诉讼法》和《中华人民共和国行政复议条例》的有关规定，申请行政复议或者提起诉讼。当事人逾期不申请复议或者不向人民法院起诉又不履行处罚决定的，作出处罚决定的机关可以申请人民法院强制执行，或者依法强制执行。

第二十一条 未设镇建制的城市型工矿居民区，可以参照本办法执行。

第二十二条 在城市生活垃圾管理工作中，涉及环境保护和卫生方面的工作，依照有关环境保护和卫生管理的法律、法规执行。

第二十三条 省、自治区、直辖市人民政府建设行政主管部门可以根据本办法，制定实施细则。

第二十四条 本办法由建设部负责解释。

第二十五条 本办法自 1993 年 9 月 1 日起施行。

六、海洋环境管理

中华人民共和国海洋环境保护法

（1982年8月23日第五届全国人大常委会第二十四次会议通过，
1999年12月25日第九届全国人大常委会第十三次会议修订）

中华人民共和国主席令

第26号

《中华人民共和国海洋环境保护法》已由中华人民共和国第九届全国人民代表大会常务委员会第十三次会议于1999年12月25日修订通过，现将修订后的《中华人民共和国海洋环境保护法》公布，自2000年4月1日起施行。

中华人民共和国主席　江泽民
1999年12月25日

目　录

第一章　总　则

第一条　为了保护和改善海洋环境，保护海洋资源，防治污染损害，维护生态平衡，保障人体健康，促进经济和社会的可持续发展，制定本法。

第二条　本法适用于中华人民共和国内水、领海、毗连区、专属经济区、大陆架以及中华人民共和国管辖的其他海域。

在中华人民共和国管辖海域内从事航行、勘探、开发、生产、旅游、科学研究及其他活动，或者在沿海陆域内从事影响海洋环境活动的任何单位和个人，都必须遵守本法。

在中华人民共和国管辖海域以外，造成中华人民共和国管辖海域污染的，也适用本法。

第三条 国家建立并实施重点海域排污总量控制制度，确定主要污染物排海总量控制指标，并对主要污染源分配排放控制数量。具体办法由国务院制定。

第四条 一切单位和个人都有保护海洋环境的义务，并有权对污染损害海洋环境的单位和个人，以及海洋环境监督管理人员的违法失职行为进行监督和检举。

第五条 国务院环境保护行政主管部门作为对全国环境保护工作统一监督管理的部门，对全国海洋环境保护工作实施指导、协调和监督，并负责全国防治陆源污染物和海岸工程建设项目对海洋污染损害的环境保护工作。

国家海洋行政主管部门负责海洋环境的监督管理，组织海洋环境的调查、监测、监视、评价和科学研究，负责全国防治海洋工程建设项目和海洋倾倒废弃物对海洋污染损害的环境保护工作。

国家海事行政主管部门负责所辖港区水域内非军事船舶和港区水域外非渔业、非军事船舶污染海洋环境的监督管理，并负责污染事故的调查处理；对在中华人民共和国管辖海域航行、停泊和作业的外国籍船舶造成的污染事故登轮检查处理。船舶污染事故给渔业造成损害的，应当吸收渔业行政主管部门参与调查处理。

国家渔业行政主管部门负责渔港水域内非军事船舶和渔港水域外渔业船舶污染海洋环境的监督管理，负责保护渔业水域生态环境工作，并调查处理前款规定的污染事故以外的渔业污染事故。

军队环境保护部门负责军事船舶污染海洋环境的监督管理及污染事故的调查处理。

沿海县级以上地方人民政府行使海洋环境监督管理权的部门的职责，由省、自治区、直辖市人民政府根据本法及国务院有关规定确定。

第二章　海洋环境监督管理

第六条 国家海洋行政主管部门会同国务院有关部门和沿海省、自治区、直辖市人民政府拟定全国海洋功能区划，报国务院批准。

沿海地方各级人民政府应当根据全国和地方海洋功能区划，科学合理地使用海域。

第七条 国家根据海洋功能区划制定全国海洋环境保护规划和重点海域区域性海洋环境保护规划。

毗邻重点海域的有关沿海省、自治区、直辖市人民政府及行使海洋环境监督管理权的部门，可以建立海洋环境保护区域合作组织，负责实施重点海域区域性海洋环境保护规划、海洋环境污染的防治和海洋生态保护工作。

第八条 跨区域的海洋环境保护工作，由有关沿海地方人民政府协商解决，或者由上级人民政府协调解决。

跨部门的重大海洋环境保护工作，由国务院环境保护行政主管部门协调；协调未能解决的，由国务院作出决定。

第九条 国家根据海洋环境质量状况和国家经济、技术条件，制定国家海洋环境质量标准。

沿海省、自治区、直辖市人民政府对国家海洋环境质量标准中未作规定的项目，可以制定地方海洋环境质量标准。

沿海地方各级人民政府根据国家和地方海洋环境质量标准的规定和本行政区近岸海域环境质量状况，确定海洋环境保护的目标和任务，并纳入人民政府工作计划，按相应的海洋环境质量标准实施管理。

第十条 国家和地方水污染物排放标准的制定，应当将国家和地方海洋环境质量标准作为重要依据之一。在国家建立并实施排污总量控制制度的重点海域，水污染物排放标准的制定，还应当将主要污染物排海总量控制指标作为重要依据。

第十一条 直接向海洋排放污染物的单位和个人，必须按照国家规定缴纳排污费。

向海洋倾倒废弃物，必须按照国家规定缴纳倾倒费。

根据本法规定征收的排污费、倾倒费，必须用于海洋环境污染的整治，不得挪作他用。具体办法由国务院规定。

第十二条 对超过污染物排放标准的，或者在规定的期限内未完成污染物排放削减任务的，或者造成海洋环境严重污染损害的，应当限期治理。

限期治理按照国务院规定的权限决定。

第十三条 国家加强防治海洋环境污染损害的科学技术的研究和开发，对严重污染海洋环境的落后生产工艺和落后设备，实行淘汰制度。

企业应当优先使用清洁能源，采用资源利用率高、污染物排放量少的清洁生产工艺，防止对海洋环境的污染。

第十四条 国家海洋行政主管部门按照国家环境监测、监视规范和标准，管理全国海洋环境的调查、监测、监视，制定具体的实施办法，会同有关部门组织全国海洋环境监测、监视网络，定期评价海洋环境质量，发布海洋巡航监视通报。

依照本法规定行使海洋环境监督管理权的部门分别负责各自所辖水域的监测、监视。

其他有关部门根据全国海洋环境监测网的分工，分别负责对入海河口、主要排污口的监测。

第十五条 国务院有关部门应当向国务院环境保护行政主管部门提供编制全国环境质量公报所必需的海洋环境监测资料。

环境保护行政主管部门应当向有关部门提供与海洋环境监督管理有关的资料。

第十六条 国家海洋行政主管部门按照国家制定的环境监测、监视信息管理制度，负责管理海洋综合信息系统，为海洋环境保护监督管理提供服务。

第十七条 因发生事故或者其他突发性事件，造成或者可能造成海洋环境污染事故的单位和个人，必须立即采取有效措施，及时向可能受到危害者通报，并向依照本法规定行使海洋环境监督管理权的部门报告，接受调查处理。

沿海县级以上地方人民政府在本行政区域近岸海域的环境受到严重污染时，必须采取有效措施，解除或者减轻危害。

第十八条 国家根据防止海洋环境污染的需要，制定国家重大海上污染事故应急计划。

国家海洋行政主管部门负责制定全国海洋石油勘探开发重大海上溢油应急计划，报国务院环境保护行政主管部门备案。

国家海事行政主管部门负责制定全国船舶重大海上溢油污染事故应急计划，报国务院环境保护行政主管部门备案。

沿海可能发生重大海洋环境污染事故的单位，应当依照国家的规定，制定污染事故应急计划，并向当地环境保护行政主管部门、海洋行政主管部门备案。

沿海县级以上地方人民政府及其有关部门在发生重大海上污染事故时，必须按照应急计划解除或者减轻危害。

第十九条 依照本法规定行使海洋环境监督管理权的部门可以在海上实行联合执法，在巡航监视中发现海上污染事故或者违反本法规定的行为时，应当予以制止并调查取证，必要时有权采取有效措施，防止污染事态的扩大，并报告有关主管部门处理。

依照本法规定行使海洋环境监督管理权的部门，有权对管辖范围内排放污染物的单位和个人进行现场检查。被检查者应当如实反映情况，提供必要的资料。

检查机关应当为被检查者保守技术秘密和业务秘密。

第三章 海洋生态保护

第二十条 国务院和沿海地方各级人民政府应当采取有效措施，保护红树林、珊瑚礁、滨海湿地、海岛、海湾、入海河口、重要渔业水域等具有典型性、代表性的海洋生态系统，珍稀、濒危海洋生物的天然集中分布区，具有重要经济价值的海洋生物生存区域及有重大科学文化价值的海洋自然历史遗迹和自然景观。

对具有重要经济、社会价值的已遭到破坏的海洋生态，应当进行整治和恢复。

第二十一条 国务院有关部门和沿海省级人民政府应当根据保护海洋生态的需要，选划、建立海洋自然保护区。

国家级海洋自然保护区的建立，须经国务院批准。

第二十二条 凡具有下列条件之一的，应当建立海洋自然保护区：

（一）典型的海洋自然地理区域、有代表性的自然生态区域，以及遭受破坏但经保护能恢复的海洋自然生态区域；

（二）海洋生物物种高度丰富的区域，或者珍稀、濒危海洋生物物种的天然集中分布区域；

（三）具有特殊保护价值的海域、海岸、岛屿、滨海湿地、入海河口和海湾等；

（四）具有重大科学文化价值的海洋自然遗迹所在区域；

（五）其他需要予以特殊保护的区域。

第二十三条 凡具有特殊地理条件、生态系统、生物与非生物资源及海洋开发利用特殊需要的区域，可以建立海洋特别保护区，采取有效的保护措施和科学的开发方式进行特殊管理。

第二十四条 开发利用海洋资源，应当根据海洋功能区划合理布局，不得造成海洋生态环境破坏。

第二十五条 引进海洋动植物物种，应当进行科学论证，避免对海洋生态系统造成危害。

第二十六条 开发海岛及周围海域的资源，应当采取严格的生态保护措施，不得造成海岛地形、岸滩、植被以及海岛周围海域生态环境的破坏。

第二十七条 沿海地方各级人民政府应当结合当地自然环境的特点，建设海岸防护设施、沿海防护林、沿海城镇园林和绿地，对海岸侵蚀和海水入侵地区进行综合治理。

禁止毁坏海岸防护设施、沿海防护林、沿海城镇园林和绿地。

第二十八条 国家鼓励发展生态渔业建设，推广多种生态渔业生产方式，改善海洋生态状况。

新建、改建、扩建海水养殖场，应当进行环境影响评价。

海水养殖应当科学确定养殖密度，并应当合理投饵、施肥，正确使用药物，防止造成海洋环境的污染。

第四章 防治陆源污染物对海洋环境的污染损害

第二十九条 向海域排放陆源污染物，必须严格执行国家或者地方规定的标准和有关规定。

第三十条 入海排污口位置的选择，应当根据海洋功能区划、海水动力条件和有关规定，经科学论证后，报设区的市级以上人民政府环境保护行政主管部门审查批准。

环境保护行政主管部门在批准设置入海排污口之前，必须征求海洋、海事、渔业行政主管部门和军队环境保护部门的意见。

在海洋自然保护区、重要渔业水域、海滨风景名胜区和其他需要特别保护的区域，不得新建排污口。

在有条件的地区，应当将排污口深海设置，实行离岸排放。设置陆源污染物深海离岸排放排污口，应当根据海洋功能区划、海水动力条件和海底工程设施的有关情况确定，具体办法由国务院规定。

第三十一条 省、自治区、直辖市人民政府环境保护行政主管部门和水行政主管部门应当按照水污染防治有关法律的规定，加强入海河流管理，防治污染，使入海河口的水质处于良好状态。

第三十二条 排放陆源污染物的单位，必须向环境保护行政主管部门申报拥有的陆源污染物排放设施、处理设施和在正常作业条件下排放陆源污染物的种类、数量和浓度，并提供防治海洋环境污染方面的有关技术和资料。

排放陆源污染物的种类、数量和浓度有重大改变的，必须及时申报。

拆除或者闲置陆源污染物处理设施的，必须事先征得环境保护行政主管部门的同意。

第三十三条 禁止向海域排放油类、酸液、碱液、剧毒废液和高、中水平放射性废水。

严格限制向海域排放低水平放射性废水；确需排放的，必须严格执行国家辐射防护规定。

严格控制向海域排放含有不易降解的有机物和重金属的废水。

第三十四条 含病原体的医疗污水、生活污水和工业废水必须经过处理，符合国家有关排放标准后，方能排入海域。

第三十五条 含有机物和营养物质的工业废水、生活污水，应当严格控制向海湾、半封闭海及其他自净能力较差的海域排放。

第三十六条 向海域排放含热废水，必须采取有效措施，保证邻近渔业水域的水温符合国家海洋环境质量标准，避免热污染对水产资源的危害。

第三十七条 沿海农田、林场施用化学农药，必须执行国家农药安全使用的规定和标准。

沿海农田、林场应当合理使用化肥和植物生长调节剂。

第三十八条 在岸滩弃置、堆放和处理尾矿、矿渣、煤灰渣、垃圾和其他固体废物的，依照《中华人民共和国固体废物污染环境防治法》的有关规定执行。

第三十九条 禁止经中华人民共和国内水、领海转移危险废物。

经中华人民共和国管辖的其他海域转移危险废物的，必须事先取得国务院环境保护行政主管部门的书面同意。

第四十条 沿海城市人民政府应当建设和完善城市排水管网，有计划地建设城市污水处理厂或者其他污水集中处理设施，加强城市污水的综合整治。

建设污水海洋处置工程，必须符合国家有关规定。

第四十一条 国家采取必要措施，防止、减少和控制来自大气层或者通过大气层造成的海洋环境污染损害。

第五章 防治海岸工程建设项目对海洋环境的污染损害

第四十二条 新建、改建、扩建海岸工程建设项目，必须遵守国家有关建设项目环境保护管理的规定，并把防治污染所需资金纳入建设项目投资计划。

在依法划定的海洋自然保护区、海滨风景名胜区、重要渔业水域及其他需要特别保护的区域，不得从事污染环境、破坏景观的海岸工程项目建设或者其他活动。

第四十三条 海岸工程建设项目的单位，必须在建设项目可行性研究阶段，对海洋环境进行科学调查，根据自然条件和社会条件，合理选址，编报环境影响报告书。环境影响报告书经海洋行政主管部门提出审核意见后，报环境保护行政主管部门审查批准。

环境保护行政主管部门在批准环境影响报告书之前，必须征求海事、渔业行政主管部门和军队环境保护部门的意见。

第四十四条 海岸工程建设项目的环境保护设施，必须与主体工程同时设计、同时施工、同时投产使用。环境保护设施未经环境保护行政主管部门检查批准，建设项目不得试运行；环境保护设施未经环境保护行政主管部门验收，或者经验收不合格的，建设项目不得投入生产或者使用。

第四十五条 禁止在沿海陆域内新建不具备有效治理措施的化学制浆造纸、化工、印染、制革、电镀、酿造、炼油、岸边冲滩拆船以及其他严重污染海洋环境的工业生产项目。

第四十六条 兴建海岸工程建设项目，必须采取有效措施，保护国家和地方重点保护的野生动植物及其生存环境和海洋水产资源。

严格限制在海岸采挖砂石。露天开采海滨砂矿和从岸上打井开采海底矿产资源，必须采取有效措施，防止污染海洋环境。

第六章 防治海洋工程建设项目对海洋环境的污染损害

第四十七条 海洋工程建设项目必须符合海洋功能区划、海洋环境保护规划和国家有关环境保护标准，在可行性研究阶段，编报海洋环境影响报告书，由海洋行政主管部门核准，并报环境保护行政主管部门备案，接受环境保护行政主管部门监督。

海洋行政主管部门在核准海洋环境影响报告书之前，必须征求海事、渔业行政主管部门和军队环境保护部门的意见。

第四十八条 海洋工程建设项目的环境保护设施，必须与主体工程同时设计、同时施工、同时投产使用。环境保护设施未经海洋行政主管部门检查批准，建设项目不得试运行；环境保护设施未经海洋行政主管部门验收，或者经验收不合格的，建设项目不得投入生产或者使用。

拆除或者闲置环境保护设施，必须事先征得海洋行政主管部门的同意。

第四十九条 海洋工程建设项目，不得使用含超标准放射性物质或者易溶出有毒有害物质的材料。

第五十条 海洋工程建设项目需要爆破作业时，必须采取有效措施，保护海洋资源。

海洋石油勘探开发及输油过程中，必须采取有效措施，避免溢油事故的发生。

第五十一条 海洋石油钻井船、钻井平台和采油平台的含油污水和油性混合物，必须经过处理达标后排放；残油、废油必须予以回收，不得排放入海。经回收处理后排放的，其含油量不得超过国家规定的标准。

钻井所使用的油基泥浆和其他有毒复合泥浆不得排放入海。水基泥浆和无毒复合泥浆及钻屑的排放，必须符合国家有关规定。

第五十二条 海洋石油钻井船、钻井平台和采油平台及其有关海上设施，不得向海域处置含油的工业垃圾。处置其他工业垃圾，不得造成海洋环境污染。

第五十三条 海上试油时，应当确保油气充分燃烧，油和油性混合物不得排放入海。

第五十四条 勘探开发海洋石油，必须按有关规定编制溢油应急计划，报国家海洋行政主管部门审查批准。

第七章 防治倾倒废弃物对海洋环境的污染损害

第五十五条 任何单位未经国家海洋行政主管部门批准，不得向中华人民共和国管辖海域倾倒任何废弃物。

需要倾倒废弃物的单位，必须向国家海洋行政主管部门提出书面申请，经国家海洋行政主管部门审查批准，发给许可证后，方可倾倒。

禁止中华人民共和国境外的废弃物在中华人民共和国管辖海域倾倒。

第五十六条 国家海洋行政主管部门根据废弃物的毒性、有毒物质含量和对海洋环境影响程度，制定海洋倾倒废弃物评价程序和标准。

向海洋倾倒废弃物，应当按照废弃物的类别和数量实行分级管理。

可以向海洋倾倒的废弃物名录，由国家海洋行政主管部门拟定，经国务院环境保护行政主管部门提出审核意见后，报国务院批准。

第五十七条 国家海洋行政主管部门按照科学、合理、经济、安全的原则选划海洋倾倒区，经国务院环境保护行政主管部门提出审核意见后，报国务院批准。

临时性海洋倾倒区由国家海洋行政主管部门批准，并报国务院环境保护行政主管部门备案。

国家海洋行政主管部门在选划海洋倾倒区和批准临时性海洋倾倒区之前，必须征求国家海事、渔业行政主管部门的意见。

第五十八条 国家海洋行政主管部门监督管理倾倒区的使用，组织倾倒区的环境监测。对经确认不宜继续使用的倾倒区，国家海洋行政主管部门应当予以封闭，终止在该倾倒区的一切倾倒活动，并报国务院备案。

第五十九条 获准倾倒废弃物的单位，必须按照许可证注明的期限及条件，到指定的区域进行倾倒。废弃物装载之后，批准部门应当予以核实。

第六十条 获准倾倒废弃物的单位，应当详细记录倾倒的情况，并在倾倒后向批准部门作出书面报告。倾倒废弃物的船舶必须向驶出港的海事行政主管部门作出书面报告。

第六十一条 禁止在海上焚烧废弃物。

禁止在海上处置放射性废弃物或者其他放射性物质。废弃物中的放射性物质的豁免浓度由国务院制定。

第八章　防治船舶及有关作业活动对海洋环境的污染损害

第六十二条 在中华人民共和国管辖海域，任何船舶及相关作业不得违反本法规定向海洋排放污染物、废弃物和压载水、船舶垃圾及其他有害物质。

从事船舶污染物、废弃物、船舶垃圾接收、船舶清舱、洗舱作业活动的，必须具备相应的接收处理能力。

第六十三条 船舶必须按照有关规定持有防止海洋环境污染的证书与文书，在进行涉及污染物排放及操作时，应当如实记录。

第六十四条 船舶必须配置相应的防污设备和器材。

载运具有污染危害性货物的船舶，其结构与设备应当能够防止或者减轻所载货物对海洋环境的污染。

第六十五条 船舶应当遵守海上交通安全法律、法规的规定，防止因碰撞、触礁、搁浅、火灾或者爆炸等引起的海难事故，造成海洋环境的污染。

第六十六条 国家完善并实施船舶油污损害民事赔偿责任制度；按照船舶油污损害赔偿责任由船东和货主共同承担风险的原则，建立船舶油污保险、油污损害赔偿基金制度。

实施船舶油污保险、油污损害赔偿基金制度的具体办法由国务院规定。

第六十七条 载运具有污染危害性货物进出港口的船舶，其承运人、货物所有人或者代理人，必须事先向海事行政主管部门申报。经批准后，方可进出港口、过境停留或者装卸作业。

第六十八条 交付船舶装运污染危害性货物的单证、包装、标志、数量限制等，必须符合对所装货物的有关规定。

需要船舶装运污染危害性不明的货物，应当按照有关规定事先进行评估。

装卸油类及有毒有害货物的作业，船岸双方必须遵守安全防污操作规程。

第六十九条 港口、码头、装卸站和船舶修造厂必须按照有关规定备有足够的用于处理船舶污染物、废弃物的接收设施，并使该设施处于良好状态。

装卸油类的港口、码头、装卸站和船舶必须编制溢油污染应急计划，并配备相应的溢油污染应急设备和器材。

第七十条 进行下列活动，应当事先按照有关规定报经有关部门批准或者核准：

（一）船舶在港区水域内使用焚烧炉；

（二）船舶在港区水域内进行洗舱、清舱、驱气、排放压载水、残油、含油污水接收、舷外拷铲及油漆等作业；

（三）船舶、码头、设施使用化学消油剂；

（四）船舶冲洗沾有污染物、有毒有害物质的甲板；

（五）船舶进行散装液体污染危害性货物的过驳作业；

（六）从事船舶水上拆解、打捞、修造和其他水上、水下船舶施工作业。

第七十一条 船舶发生海难事故，造成或者可能造成海洋环境重大污染损害的，国家海事行政主管部门有权强制采取避免或者减少污染损害的措施。

对在公海上因发生海难事故，造成中华人民共和国管辖海域重大污染损害后果或者具有污染威胁的船舶、海上设施，国家海事行政主管部门有权采取与实际的或者可能发生的损害相称的必要措施。

第七十二条 所有船舶均有监视海上污染的义务，在发现海上污染事故或者违反本法规定的行为时，必须立即向就近的依照本法规定行使海洋环境监督管理权的部门报告。

民用航空器发现海上排污或者污染事件，必须及时向就近的民用航空空中交通管制单位报告。接到报告的单位，应当立即向依照本法规定行使海洋环境监督管理权的部门通报。

第九章 法律责任

第七十三条 违反本法有关规定，有下列行为之一的，由依照本法规定行使海洋环境监督管理权的部门责令限期改正，并处以罚款：

（一）向海域排放本法禁止排放的污染物或者其他物质的；

（二）不按照本法规定向海洋排放污染物，或者超过标准排放污染物的；

（三）未取得海洋倾倒许可证，向海洋倾倒废弃物的；

（四）因发生事故或者其他突发性事件，造成海洋环境污染事故，不立即采取处理措施的。

有前款第（一）、（三）项行为之一的，处三万元以上二十万元以下的罚款；有前款第（二）、（四）项行为之一的，处二万元以上十万元以下的罚款。

第七十四条 违反本法有关规定，有下列行为之一的，由依照本法规定行使海洋环境监督管理权的部门予以警告，或者处以罚款：

（一）不按照规定申报，甚至拒报污染物排放有关事项，或者在申报时弄虚作假的；

（二）发生事故或者其他突发性事件不按照规定报告的；

（三）不按照规定记录倾倒情况，或者不按照规定提交倾倒报告的；

（四）拒报或者谎报船舶载运污染危害性货物申报事项的。

有前款第（一）、（三）项行为之一的，处二万元以下的罚款；有前款第（二）、（四）项行为之一的，处五万元以下的罚款。

第七十五条 违反本法第十九条第二款的规定，拒绝现场检查，或者在被检查时弄虚作假的，由依照本法规定行使海洋环境监督管理权的部门予以警告，并处二万元以下的罚款。

第七十六条 违反本法规定，造成珊瑚礁、红树林等海洋生态系统及海洋水产资源、海洋保护区破坏的，由依照本法规定行使海洋环境监督管理权的部门责令限期改正和采取补救措施，并处一万元以上十万元以下的罚款；有违法所得的，没收其违法所得。

第七十七条 违反本法第三十条第一款、第三款规定设置入海排污口的，由县级以上地方人民政府环境保护行政主管部门责令其关闭，并处二万元以上十万元以下的罚款。

第七十八条 违反本法第三十二条第三款的规定，擅自拆除、闲置环境保护设施的，由县级以上人民政府环境保护行政主管部门责令重新安装使用，并处一万元以上十万元以下的罚款。

第七十九条 违反本法第三十九条第二款的规定，经中华人民共和国管辖海域，转移危险废物的，由国家海事行政主管部门责令非法运输该危险废物的船舶退出中华人民共和国管辖海域，并处五万元以上五十万元以下的罚款。

第八十条 违反本法第四十三条第一款的规定，未持有经审核和批准的环境影响报告书，兴建海岸工程建设项目的，由县级以上地方人民政府环境保护行政主管部门责令其停止违法行为和采取补救措施，并处五万元以上二十万元以下的罚款；或者按照管理权限，由县级以上地方人民政府责令其限期拆除。

第八十一条 违反本法第四十四条的规定，海岸工程建设项目未建成环境保护设施，或者环境保护设施未达到规定要求即投入生产、使用的，由环境保护行政主管部门责令其停止生产或者使用，并处二万元以上十万元以下的罚款。

第八十二条 违反本法第四十五条的规定，新建严重污染海洋环境的工业生产建设项目的，按照管理权限，由县级以上人民政府责令关闭。

第八十三条 违反本法第四十七条第一款、第四十八条的规定，进行海洋工程建设项目，或者海洋工程建设项目未建成环境保护设施、环境保护设施未达到规定要求即投入生产、使用的，由海洋行政主管部门责令其停止施工或者生产、使用，并处二万元以上二十万元以下的罚款。

第八十四条 违反本法第四十九条的规定，使用含超标准放射性物质或者易溶出有毒有害物质材料的，由海洋行政主管部门处五万元以下的罚款，并责令其停止该建设项目的运行，直到消除污染危害。

第八十五条 违反本法规定进行海洋石油勘探开发活动，造成海洋环境污染的，由国家海洋行政主管部门予以警告，并处二万元以上二十万元以下的罚款。

第八十六条 违反本法规定，不按照许可证的规定倾倒，或者向已经封闭的倾倒区倾倒废弃物的，由海洋行政主管部门予以警告，并处三万元以上二十万元以下的罚款；对情节严重的，可以暂扣或者吊销许可证。

第八十七条 违反本法第五十五条第三款的规定，将中华人民共和国境外废弃物运进中华人民共和国管辖海域倾倒的，由国家海洋行政主管部门予以警告，并根据造成或者可能造成的危害后果，处十万元以上一百万元以下的罚款。

第八十八条 违反本法规定，有下列行为之一的，由依照本法规定行使海洋环境监督管理权的部门予以警告，或者处以罚款：

（一）港口、码头、装卸站及船舶未配备防污设施、器材的；

（二）船舶未持有防污证书、防污文书，或者不按照规定记载排污记录的；

（三）从事水上和港区水域拆船、旧船改装、打捞和其他水上、水下施工作业，造成海洋环境污染损害的；

（四）船舶载运的货物不具备防污适运条件的。

有前款第（一）、（四）项行为之一的，处二万元以上十万元以下的罚款；有前款第（二）项行为的，处二万元以下的罚款；有前款第（三）项行为的，处五万元以上二十万元以下的罚款。

第八十九条 违反本法规定，船舶、石油平台和装卸油类的港口、码头、装卸站不编制溢油应急计划的，由依照本法规定行使海洋环境监督管理权的部门予以警告，或者责令限期改正。

第九十条 造成海洋环境污染损害的责任者，应当排除危害，并赔偿损失；完全由于第三者的故意或者过失，造成海洋环境污染损害的，由第三者排除危害，并承担赔偿责任。

对破坏海洋生态、海洋水产资源、海洋保护区，给国家造成重大损失的，由依照本法规定行使海洋环境监督管理权的部门代表国家对责任者提出损害赔偿要求。

第九十一条 对违反本法规定，造成海洋环境污染事故的单位，由依照本法规定行使海洋环境监督管理权的部门根据所造成的危害和损失处以罚款；负有直接责任的主管人员和其他直接责任人员属于国家工作人员的，依法给予行政处分。

前款规定的罚款数额按照直接损失的百分之三十计算，但最高不得超过三十万元。

对造成重大海洋环境污染事故，致使公私财产遭受重大损失或者人身伤亡严重后果的，依法追究刑事责任。

第九十二条 完全属于下列情形之一，经过及时采取合理措施，仍然不能避免对海洋环境造成污染损害的，造成污染损害的有关责任者免予承担责任：

（一）战争；

（二）不可抗拒的自然灾害；

（三）负责灯塔或者其他助航设备的主管部门，在执行职责时的疏忽，或者其他过失行为。

第九十三条 对违反本法第十一条、第十二条有关缴纳排污费、倾倒费和限期治理规定的行政处罚，由国务院规定。

第九十四条 海洋环境监督管理人员滥用职权、玩忽职守、徇私舞弊，造成海洋环境污染损害的，依法给予行政处分；构成犯罪的，依法追究刑事责任。

第十章　附　则

第九十五条 本法中下列用语的含义是：

（一）海洋环境污染损害，是指直接或者间接地把物质或者能量引入海洋环境，产生损害海洋生物资源、危害人体健康、妨害渔业和海上其他合法活动、损害海水使用素质和减损环境质量等有害影响。

（二）内水，是指我国领海基线向内陆一侧的所有海域。

（三）滨海湿地，是指低潮时水深浅于六米的水域及其沿岸浸湿地带，包括水深不超过六米的永久性水域、潮间带（或洪泛地带）和沿海低地等。

（四）海洋功能区划，是指依据海洋自然属性和社会属性，以及自然资源和环境特定条件，界定海洋利用的主导功能和使用范畴。

（五）渔业水域，是指鱼虾类的产卵场、索饵场、越冬场、洄游通道和鱼虾贝藻类的养殖场。

（六）油类，是指任何类型的油及其炼制品。

（七）油性混合物，是指任何含有油分的混合物。

（八）排放，是指把污染物排入海洋的行为，包括泵出、溢出、泄出、喷出和倒出。

（九）陆地污染源（简称陆源），是指从陆地向海域排放污染物，造成或者可能造成海洋环境污染的场所、设施等。

（十）陆源污染物，是指由陆地污染源排放的污染物。

（十一）倾倒，是指通过船舶、航空器、平台或者其他载运工具，向海洋处置废弃物和其他有害物质的行为，包括弃置船舶、航空器、平台及其辅助设施和其他浮动工具的行为。

（十二）沿海陆域，是指与海岸相连，或者通过管道、沟渠、设施，直接或者间接向海洋排放污染物及其相关活动的一带区域。

（十三）海上焚烧，是指以热摧毁为目的，在海上焚烧设施上，故意焚烧废弃物或者其他物质的行为，但船舶、平台或者其他人工构造物正常操作中，所附带发生的行为除外。

第九十六条 涉及海洋环境监督管理的有关部门的具体职权划分，本法未作规定的，由国务院规定。

第九十七条 中华人民共和国缔结或者参加的与海洋环境保护有关的国际条约与本法有不同规定的，适用国际条约的规定；但是，中华人民共和国声明保留的条款除外。

第九十八条 本法自 2000 年 4 月 1 日起施行。

关于认真贯彻实施《海洋环境保护法》的通知

（国家环保总局2000年1月27日　环发［2000］22号）

沿海省、自治区、直辖市环境保护局：

《中华人民共和国海洋环境保护法》已由九届全国人大常委会第十三次会议修订通过，中华人民共和国主席令（第26号）公布，自2000年4月1日起施行。这是我国海洋环境保护法制建设中的一件大事。现就贯彻实施新的《海洋环境保护法》通知如下：

一、认真组织学习，提高贯彻实施《海洋环境保护法》的自觉性

海洋环境保护是我国环境保护工作中不可分割的重要组成部分。新的《海洋环境保护法》明确了国务院环境保护行政主管部门对全国环境保护工作统一监督管理和对全国海洋环境保护工作实施指导、协调、监督。各级环境保护部门要认真组织学习《海洋环境保护法》，要站在“依法行政”的高度来认识贯彻执行《海洋环境保护法》的重要性，正确理解法律所规范的内容，深入领会精神实质，准确把握和融会贯通，依法履行法律赋予的权力和责任，增强贯彻实施《海洋环境保护法》的自觉性，使法律得到有效实施。

二、抓紧制定配套法规，完善和健全《海洋环境保护法》法规体系

海洋环境保护工作涉及面广，新的《海洋环境保护法》颁布后，原《海洋环境保护法》体系中的六个条例必须进行修改和调整，另外新的《海洋环境保护法》增加了新的内容，也需要进行相应的后续立法工作。我局2000年重点抓好“防治陆源污染物污染损害海洋环境管理条例（修订草案）”的起草工作，各级环境保护部门也要在职权范围内抓紧做好与《海洋环境保护法》相应的配套地方法规、制度的制定和完善工作，明确执法主体的责任，建立“指导、协调、监督”的工作机制。

三、突出重点，大力推进陆源污染的治理

加强陆源污染防治是保护海洋环境的关键。全国防治陆源污染物和海岸工程建设项目对海洋污染损害的环境保护工作是《海洋环境保护法》赋予国务院环境保护行政主管部门的职责。各级环境保护部门要结合2000年工作重点，突出抓好“一控双达标”工作，沿海省、自治区、直辖市要严格按照国务院的要求，采取有力措施，确保2000年沿海地区的所有工业污染源排放达到国家或地方规定的标准，沿海重点城市地面水按功能区达到国家规定的有关环境质量标准。尤其要加大对主要直排入海污染源的监督力度，确保其高质量地完成达标排放任务。

四、加强生态保护，落实“并重”方针

新的《海洋环境保护法》增加了海洋生态保护的内容，使环境保护实施污染防治与生态保护并重的方针在海洋环境保护工作中得到体现。各级环境保护部门要强化海岸带综合管理，积极采取措施，保护红树林、珊瑚礁、滨海湿地等具有典型性、代表性的海洋生态系统。要管理好现有的保护区，对各类违法事件加大查处力度，并根据保护海洋生态的需要建立、划定新的保护区。

五、加快编制和实施《渤海碧海行动计划》，全面带动海洋环保工作

环渤海三省一市要加快《渤海碧海行动计划》的编制。我局将在此基础上编制《渤海碧海行动计划》，并争取在 4 月 1 日之前完成向国务院的报批工作。按照重点突破、分层推进的原则，非环渤海地区也要以碧海为载体，以省、自治区、直辖市为单元，争取在 2000 年或稍迟一点时间，编制和启动各省、自治区、直辖市的碧海（水）行动计划，全面推进海洋环境保护工作。

六、全面贯彻落实《近岸海域环境功能区管理办法》，推动近岸海域环境功能区划工作

近岸海域环境功能区划工作是海洋环境保护的基础工作。经过多年努力，沿海省、自治区、直辖市近岸海域环境功能区划工作取得了突破性进展。《近岸海域环境功能区管理办法》已于 1999 年 11 月以国家环境保护总局第 8 号令颁布实施。各地应按照《近岸海域环境功能区管理办法》的要求对辖区近岸海域环境功能区的管理进行一次自查，并于 2000 年 10 月 31 日前写出自查报告上报我局，2000 年年底前我局将会同有关部门重点检查环渤海地区近岸海域环境功能区达标情况。

七、加强部门协调配合，组织开展联合执法检查

海洋环境保护涉及面广，是一项跨部门、跨地区、跨行业的工作。环保、海洋、海事、渔政、海军等部门在海洋环境保护工作中职责各异，但目标相同，应携手共进。新的《海洋环境保护法》进一步明确了各涉海部门的职责，我局将依照职责分工，加强监督管理，加大执法力度，2000 年内将协同交通、渔业等有关部门组织开展联合执法检查，防治船舶污染。

八、加强领导，不断开创海洋环保工作新局面

各级环境保护部门要主动向当地政府汇报海洋环境保护工作，积极争取支持，在即将进行的地方机构改革中，切实加强海洋环境保护机构建设，认真做好“三定”工作，认真履行《海洋环境保护法》赋予我们的指导、协调、监督及其他有关职能。要加强海洋环境保护基础工作，增加投入，努力提高海洋环境保护工作水平。

贯彻《海洋环境保护法》是一项长期的、根本性的任务，也需要全社会的广泛参与。我们一定要以饱满的热情和崭新的精神面貌，不断开创海洋环境保护工作新局面。

中华人民共和国防治海岸工程建设项目污染损害海洋环境管理条例

（1990年5月25日国务院第六十一次常务会议通过，
同年6月25日中华人民共和国国务院令第六十二号公布，同年8月1日起施行）

第一条 为加强海岸工程建设项目的环境保护管理，严格控制新的污染，保护和改善海洋环境，根据《中华人民共和国海洋环境保护法》，制定本条例。

第二条 本条例所称海岸工程建设项目，是指位于海岸或者与海岸连接，为控制海水或者利用海洋完成部分或者全部功能，并对海洋环境有影响的基本建设项目、技术改造项目和区域开发工程建设项目。主要包括：港口、码头，造船厂、修船厂，滨海火电站、核电站，岸边油库，滨海矿山、化工、造纸和钢铁企业，固体废弃物处理处置工程，城市废水排海工程和其他向海域排放污染物的建设工程，入海河口处的水利、航道工程，潮汐发电工程，围海工程，渔业工程，跨海桥梁及隧道工程，海堤工程，海岸保护工程以及其他一切改变海岸、海涂自然性状的开发工程建设项目。

第三条 本条例适用于在中华人民共和国境内兴建海岸工程建设项目的一切单位和个人。

拆船厂建设项目的环境保护管理，依照《防止拆船污染环境管理条例》执行。

第四条 建设海岸工程建设项目，必须符合所在经济区的区域环境保护规划的要求。

第五条 国务院环境保护行政主管部门，主管全国海岸工程建设项目的环境保护工作。

沿海县级以上地方人民政府环境保护行政主管部门，主管本行政区域内的海岸工程建设项目的环境保护工作。

第六条 新建、扩建、改建海岸工程建设项目，必须遵守国家有关建设项目环境保护管理的规定。

第七条 兴建海岸工程建设项目的建设单位，必须在可行性研究阶段，编制环境影响报告书（表），按照规定的程序，经项目主管部门和有关部门预审后，报环境保护行政主管部门审批。

围海造地或者其他围海工程建设项目，面积在 5 万亩以上的或者基建投资在国家对大型项目规定的投资限额以上的，环境影响报告书经项目主管部门和有关部门预审后，由国务院环境保护行政主管部门审批。

禁止在天然港湾有航运价值的区域、重要苗种基地和养殖场所及水面、滩涂中的鱼、虾、蟹、贝、藻类的自然产卵场、繁殖场、索饵场及重要的洄游通道围海造地。

在海湾、半封闭海的非冲积型海岸地区不得围海造地。确需围海造地的，环境影响报告书（表）必须报省、自治区、直辖市人民政府环境保护行政主管部门审批。

建设砂、石场的，环境影响报告书（表），由省、自治区、直辖市人民政府环境保护行政主管部门审批。

第八条 海岸工程建设项目环境影响报告书的内容，除按有关规定编制外，还应当包括：

（一）所在地及其附近海域的环境状况；

（二）建设过程中和建成后可能对海洋环境造成的影响；

（三）海洋环境保护措施及其技术、经济可行性论证结论；

（四）建设项目海洋环境影响评价结论。

海岸工程建设项目环境影响报告表，应当参照前款规定填报。

第九条 禁止兴建向中华人民共和国海域及海岸转嫁污染的中外合资经营企业、中外合作经营企业和外资企业；海岸工程建设项目引进技术和设备，必须有相应的防治污染措施，防止转嫁污染。

第十条 在海洋特别保护区、海上自然保护区、海滨风景游览区、盐场保护区、海水浴场、重要渔业水域和其他需要特殊保护的区域内不得建设污染环境、破坏景观的海岸工程建设项目；在其界区外建设海岸工程建设项目，不得损害上述区域环境质量。法律法规另有规定的除外。

第十一条 承担海岸工程建设项目环境影响评价的单位，必须持《建设项目环境影响评价资格证书》，按照证书中规定的范围承担评价任务。

第十二条 海岸工程建设项目竣工验收时，建设项目的环境保护设施，须经环境保护行政主管部门验收合格后，该建设项目方可正式投入生产或者使用。

第十三条 县级以上人民政府环境保护行政主管部门，按照项目管理权限，可以会同项目主管部门对海岸工程建设项目进行现场检查，被检查者必须如实反映情况、提供资料。检查者有责任为被检查者保守技术秘密和业务秘密。法律法规另有规定的除外。

第十四条 设置向海域排放废水设施的，应当合理利用海水自净能力，选择好排污口的位置，采用暗沟或者管道方式排放，出水管口位置应当在低潮线以下。

第十五条 建设港口、码头，应当设置与其吞吐能力和货物种类相适应的防污设施。

港口、油码头、化学危险品码头，应当配备海上重大污染损害事故应急设备和器材。

现有港口、码头未达到前两款规定要求的，由环境保护行政主管部门会同港口、码头主管部门责令其限期设置或者配备。

第十六条 建设岸边造船厂、修船厂，应当设置与其性质、规模相适应的残油、废油接收处理设施，含油废水接收处理设施，拦油、收油、消油设施，工业废水接收处理设施，工业和船舶垃圾接收处理设施等。

第十七条 建设滨海核电站和其他核设施，必须严格遵守国家有关核环境保护和放射防护的规定及标准。

第十八条 建设岸边油库，应当设置含油废水接收处理设施，库场地面冲刷废水的集接、处理设施和事故应急设施；输油管线和储油设施必须符合国家关于防渗漏、防腐蚀的规定。

第十九条 建设滨海矿山，在开采、选矿、运输、贮存、冶炼和尾矿处理等过程中，必须按照有关规定采取防止污染损害海洋环境的措施。

第二十条 建设滨海垃圾场或者工业废渣填埋场，应当建造防护堤坝和场底封闭层，设置渗液收集、导出、处理系统和可燃性气体防爆装置。

第二十一条 修筑海堤，在入海河口处兴建水利、航道、潮汐发电或者综合整治工程，必须采用措施，不得损害生态环境及水产资源。

第二十二条 兴建海岸工程建设项目，不得改变、破坏国家和地方重点保护的野生动植物的生存环境。不得兴建可能导致重点保护的野生动植物生存环境污染和破坏的海岸工程建设项目；确需兴建的，应当征得野生动植物行政主管部门同意，并由建设单位负责组织采取易地繁育等措施，保证物种延续。

在鱼、虾、蟹、贝类的洄游通道建闸、筑坝，对渔业资源有严重影响的，建设单位应当建造过鱼设施或者采取其他补救措施。

第二十三条 集体所有制单位或者个人在全民所有的水域、海涂，建设构不成基本建设项目的围海养殖工程的，必须在县级以上地方人民政府规划的区域内进行。

集体所有制单位或者个人零星经营性采挖砂石，必须在县级以上地方人民政府指定的区域内采挖。

第二十四条 禁止在红树林和珊瑚礁生长的地区，建设毁坏红树林和珊瑚礁生态系统的海岸工程建设项目。

第二十五条 兴建海岸工程建设项目，应当防止导致海岸非正常侵蚀。

禁止在海岸保护设施管理部门规定的海岸保护设施的保护范围内从事爆破、采挖砂石、取土等危害海岸保护设施安全的活动。非经国务院授权的有关行政主管部门批准，不得占用或者拆除海岸保护设施。

第二十六条 未持有经批准的环境影响报告书（表），擅自兴建海岸工程建设项目的，由县级以上人民政府环境保护行政主管部门责令其停止违法行为、采取补救措施或者按照管理权限，由县级以上人民政府责令其限期拆除或者没收。并可由环境保护行政主管部门处以 1 万元以上 10 万元以下的罚款。

第二十七条 拒绝或者阻挠环境保护行政主管部门进行现场检查，或者在被检查中弄虚作假的，由县级以上人民政府环境保护行政主管部门责令其限期纠正，并可处以 300 元以上 3 000 元以下的罚款。

第二十八条 没有按照批准的环境影响报告书（表）的要求建设，或者没有建成环境保护设施而投入生产或者使用的海岸工程建设项目，由环境保护行政主管部门责令停止生产或者使用，并可处以 1 万元以上 5 万元以下的罚款。环境保护设施未经环境保护行政主管部门验收，或者验收不合格而投入生产或者使用的海岸工程建设项目，由环境保护行政主管部门责令停止生产或者使用，并可处以 5 000 元以上 1 万元以下的罚款。

第二十九条 县级人民政府环境保护行政主管部门可处以 1 万元以下的罚款，超过 1 万元的罚款，报上级环境保护行政主管部门批准。

省辖市级人民政府环境保护行政主管部门可处以 5 万元以下的罚款，超过 5 万元的罚款，报上级环境保护行政主管部门批准。

省、自治区、直辖市人民政府环境保护行政主管部门可处以20万元以下的罚款。

罚款全部上交国库，任何单位和个人不得截留、分成。

第三十条 当事人对行政处罚决定不服的，可以在接到处罚通知之日起15日内，依法申请复议；对复议决定不服的，可以在接到复议决定之日起15日内，向人民法院起诉。当事人也可以在接到处罚通知之日起15日内，直接向人民法院起诉。当事人逾期不申请复议、也不向人民法院起诉、又不履行处罚决定的，由作出处罚决定的机关申请人民法院强制执行。

第三十一条 环境保护行政主管部门工作人员滥用职权、玩忽职守、徇私舞弊的，由其所在单位或者上级主管机关给予行政处分；构成犯罪的，依法追究刑事责任。

第三十二条 沿海省、自治区、直辖市人民政府，可以根据本条例制定实施办法。

第三十三条 本条例由国务院环境保护行政主管部门负责解释。

第三十四条 本条例自1990年8月1日起施行。

中华人民共和国防治陆源污染物污染损害海洋环境管理条例

（1990年5月25日国务院第六十一次常务会议通过，同年6月22日中华人民共和国国务院令第六十一号公布，同年8月1日起施行）

第一条 为加强对陆地污染源的监督管理，防治陆源污染物污染损害海洋环境，根据《中华人民共和国海洋环境保护法》，制定本条例。

第二条 本条例所称陆地污染源（简称陆源），是指从陆地向海域排放污染物，造成或者可能造成海洋环境污染损害的场所、设施等。

本条例所称陆源污染物是指由前款陆源排放的污染物。

第三条 本条例适用于在中华人民共和国境内向海域排放陆源污染物的一切单位和个人。

防止拆船污染损害海洋环境，依照《防止拆船污染环境管理条例》执行。

第四条 国务院环境保护行政主管部门，主管全国防治陆源污染物污染损害海洋环境工作。

沿海县级以上地方人民政府环境保护行政主管部门，主管本行政区域内防治陆源污染物污染损害海洋环境工作。

第五条 任何单位和个人向海域排放陆源污染物，必须执行国家和地方发布的污染物排放标准和有关规定。

第六条 任何单位和个人向海域排放陆源污染物，必须向其所在地环境保护行政主管部门申报登记拥有的污染物排放设施、处理设施和在正常作业条件下排放污染物的种类、数量和浓度，提供防治陆源污染物污染损害海洋环境的资料，并将上述事项和资料抄送海洋行政主管部门。

排放污染物的种类、数量和浓度有重大改变或者拆除、闲置污染物处理设施的，应当征得所在地环境保护行政主管部门同意并经原审批部门批准。

第七条 任何单位和个人向海域排放陆源污染物，超过国家和地方污染物排放标准的，必须缴纳超标准排污费，并负责治理。

第八条 任何单位和个人，不得在海洋特别保护区、海上自然保护区、海滨风景游览区、盐场保护区、海水浴场、重要渔业水域和其他需要特殊保护的区域内兴建排污口。

对在前款区域内已建的排污口，排放污染物超过国家和地方排放标准的，限期治理。

第九条 对向海域排放陆源污染物造成海洋环境严重污染损害的企业事业单位，限期治理。

第十条 国务院各部门或者省、自治区、直辖市人民政府直接管辖的企业事业单位的限期治理，由省、自治区、直辖市人民政府的环境保护行政主管部门提出意见，报同级人民政府决定。市、县或者市、县以下人民政府管辖的企业事业单位的限期治理，由市、县人民政府环境保护行政主管部门提出意见，报同级人民政府决定。被限期治理的企业事业单位必须如期完成治理任务。

第十一条 禁止在岸滩擅自堆放、弃置和处理固体废弃物。确需临时堆放、处理固体废弃物的，必须按照沿海省、自治区、直辖市人民政府环境保护行政主管部门规定的审批程序，提出书面申请。其主要内容包括：

（一）申请单位的名称、地址；

（二）堆放、处理的地点和占地面积；

（三）固体废弃物的种类、成分，年堆放量、处理量，积存堆放、处理的总量和堆放高度；

（四）固体废弃物堆放、处理的期限，最终处置方式；

（五）堆放、处理固体废弃物可能对海洋环境造成的污染损害；

（六）防止堆放、处理固体废弃物污染损害海洋环境的技术和措施；

（七）审批机关认为需要说明的其他事项。

现有的固体废弃物临时堆放、处理场地，未经县级以上地方人民政府环境保护行政主管部门批准的，由县级以上地方人民政府环境保护行政主管部门责令限期补办审批手续。

第十二条 被批准设置废弃物堆放场、处理场的单位和个人，必须建造防护堤和防渗漏、防扬尘等设施，经批准设置废弃物堆放场、处理场的环境保护行政主管部门验收合格后方可使用。

在批准使用的废弃物堆放场、处理场内，不得擅自堆放、弃置未经批准的其他种类的废弃物。不得露天堆放含剧毒、放射性、易溶解和易挥发性物质的废弃物；非露天堆放上述废弃物，不得作为最终处置方式。

第十三条 禁止在岸滩采用不正当的稀释、渗透方式排放有毒、有害废水。

第十四条 禁止向海域排放含高、中放射性物质的废水。

向海域排放含低放射性物质的废水，必须执行国家有关放射防护的规定和标准。

第十五条 禁止向海域排放油类、酸液、碱液和毒液。

向海域排放含油废水、含有害重金属废水和其他工业废水，必须经过处理，符合国家和地方规定的排放标准和有关规定。处理后的残渣不得弃置入海。

第十六条 向海域排放含病原体的废水，必须经过处理，符合国家和地方规定的排放标准和有关规定。

第十七条 向海域排放含热废水的水温应当符合国家有关规定。

第十八条 向自净能力较差的海域排放含有机物和营养物质的工业废水和生活废水，应当控制排放量；排污口应当设置在海水交换良好处，并采用合理的排放方式，防止海水富营养化。

第十九条 禁止将失效或者禁用的药物及药具弃置岸滩。

第二十条 入海河口处发生陆源污染物污染损害海洋环境事故，确有证据证明是由河流携带污染物造成的，由入海河口处所在地的省、自治区、直辖市人民政府环境保护行政主管部门调查处理；河流跨越省、自治区、直辖市的，由入海河口处所在省、自治区、直辖市人民政府环境保护行政主管部门和水利部门会同有关省、自治区、直辖市人民政府环境保护行政主管部门、水利部门和流域管理机构调查处理。

第二十一条 沿海相邻或者相向地区向同一海域排放陆源污染物的，由有关地方人民政府协商制定共同防治陆源污染物污染损害海洋环境的措施。

第二十二条 一切单位和个人造成陆源污染物污染损害海洋环境事故时，必须立即采取措施处理，并在事故发生后 48 小时内，向当地人民政府环境保护行政主管部门作出事故发生的时间、地点、类型和排放污染物的数量、经济损失、人员受害等情况的初步报告，并抄送有关部门。事故查清后，应当向当地人民政府环境保护行政主管部门作出书面报告，并附有关证明文件。

各级人民政府环境保护行政主管部门接到陆源污染物污染损害海洋环境事故的初步报告后，应当立即会同有关部门采取措施，消除或者减轻污染，并由县级以上人民政府环境保护行政主管部门会同有关部门或者由县级以上人民政府环境保护行政主管部门授权的部门对事故进行调查处理。

第二十三条 县级以上人民政府环境保护行政主管部门，按照项目管理权限，可以会同项目主管部门对排放陆源污染物的单位和个人进行现场检查，被检查者必须如实反映情况、提供资料。检查者有责任为被检查者保守技术秘密和业务秘密。法律法规另有规定的除外。

第二十四条 违反本条例规定，具有下列情形之一的，由县级以上人民政府环境保护行政主管部门责令改正，并可处以 300 元以上 3 000 元以下的罚款：

（一）拒报或者谎报排污申报登记事项的；

（二）拒绝、阻挠环境保护行政主管部门现场检查，或者在被检查中弄虚作假的。

第二十五条 废弃物堆放场、处理场的防污染设施未经环境保护行政主管部门验收或者验收不合格而强行使用的，由环境保护行政主管部门责令改正，并可处以 5 000 元以上 2 万元以下的罚款。

第二十六条 违反本条例规定，具有下列情形之一的，由县级以上人民政府环境保护行政主管部门责令改正，并可处以 5 000 元以上 10 万元以下的罚款：

（一）未经所在地环境保护行政主管部门同意和原批准部门批准，擅自改变污染物排放的种类、增加污染物排放的数量、浓度或者拆除、闲置污染物处理设施的；

（二）在本条例第八条第一款规定的区域内兴建排污口的。

第二十七条 违反本条例规定，具有下列情形之一的，由县级以上人民政府环境保护行政主管部门责令改正，并可处以 1 000 元以上 2 万元以下的罚款；情节严重的，可处以 2 万元以上 10 万元以下的罚款：

（一）在岸滩采用不正当的稀释、渗透方式排放有毒、有害废水的；

（二）向海域排放含高、中放射性物质的废水的；

（三）向海域排放油类、酸液、碱液和毒液的；

（四）向岸滩弃置失效或者禁用的药物和药具的；

（五）向海域排放含油废水、含病原体废水、含热废水、含低放射性物质废水、含有害重金属废水和其他工业废水超过国家和地方规定的排放标准和有关规定或者将处理后的残渣弃置入海的；

（六）未经县级以上地方人民政府环境保护行政主管部门批准，擅自在岸滩堆放、弃置和处理废弃物或者在废弃物堆放场、处理场内，擅自堆放、处理未经批准的其他种类的废弃物或者露天堆放含剧毒、放射性、易溶解和易挥发性物质的废弃物的。

第二十八条 对逾期未完成限期治理任务的企业事业单位，征收两倍的超标准排污费，并可根据危害和损失后果，处以 1 万元以上 10 万元以下的罚款，或者责令停业、关闭。

罚款由环境保护行政主管部门决定。责令停业、关闭，由作出限期治理决定的人民政府决定；责令国务院各部门直接管辖的企业事业单位停业、关闭，须报国务院批准。

第二十九条 不按规定缴纳超标准排污费的，除追缴超标准排污费及滞纳金外，并可由县级以上人民政府环境保护行政主管部门处以 1 000 元以上 1 万元以下的罚款。

第三十条 对造成陆源污染物污染损害海洋环境事故，导致重大经济损失的，由县级以上人民政府环境保护行政主管部门按照直接损失 30%计算罚款，但最高不得超过 20 万元。

第三十一条 县级人民政府环境保护行政主管部门可处以 1 万元以下的罚款，超过 1 万元的罚款，报上级环境保护行政主管部门批准。

省辖市级人民政府环境保护行政主管部门可处以 5 万元以下的罚款，超过 5 万元的罚款，报上级环境保护行政主管部门批准。

省、自治区、直辖市人民政府环境保护行政主管部门可处以 20 万元以下的罚款。

罚款全部上交国库，任何单位和个人不得截留、分成。

第三十二条 缴纳超标准排污费或者被处以罚款的单位、个人，并不免除消除污染、排除危害和赔偿损失的责任。

第三十三条 当事人对行政处罚决定不服的，可以在接到处罚通知之日起 15 日内，依法申请复议；对复议决定不服的，可以在接到复议决定之日起 15 日内，向人民法院起诉。当事人也可以在接到处罚通知之日起 15 日内，直接向人民法院起诉。当事人逾期不申请复议、也不向人民法院起诉、又不履行处罚决定的，由作出处罚决定的机关申请人民法院强制执行。

第三十四条 环境保护行政主管部门工作人员滥用职权、玩忽职守、徇私舞弊的，由其所在单位或者上级主管机关给予行政处分；构成犯罪的，依法追究刑事责任。

第三十五条 沿海省、自治区、直辖市人民政府，可以根据本条例制定实施办法。

第三十六条 本条例由国务院环境保护行政主管部门负责解释。

第三十七条 本条例自 1990 年 8 月 1 日起施行。

中华人民共和国海洋石油勘探开发环境保护管理条例

（1983年12月29日国务院发布）

第一条 为实施《中华人民共和国海洋环境保护法》，防止海洋石油勘探开发对海洋环境的污染损害，特制定本条例。

第二条 本条例适用于在中华人民共和国管辖海域从事石油勘探开发的企业、事业单位、作业者和个人，以及他们所使用的固定式和移动式平台及其他有关设施。

第三条 海洋石油勘探开发环境保护管理的主管部门是中华人民共和国国家海洋局及其派出机构，以下称“主管部门”。

第四条 企业或作业者在编制油（气）田总体开发方案的同时，必须编制海洋环境影响报告书，报中华人民共和国城乡建设环境保护部。城乡建设环境保护部会同国家海洋局和石油工业部，按照国家基本建设项目环境保护管理的规定组织审批。

第五条 海洋环境影响报告书应包括以下内容：

（一）油田名称、地理位置、规模；

（二）油田所处海域的自然环境和海洋资源状况；

（三）油田开发中需要排放的废弃物种类、成分、数量、处理方式；

（四）对海洋环境影响的评价；海洋石油开发对周围海域自然环境、海洋资源可能产生的影响；对海洋渔业、航运、其他海上活动可能产生的影响；为避免、减轻各种有害影响，拟采取的环境保护措施；

（五）最终不可避免的影响、影响程度及原因；

（六）防范重大油污染事故的措施：防范组织，人员配备，技术装备，通信联络等。

第六条 企业、事业单位、作业者应具备防治油污染事故的应急能力，制定应急计划，配备与其所从事的海洋石油勘探开发规模相适应的油回收设施和围油、消油器材。

配备化学消油剂，应将其牌号、成分报告主管部门核准。

第七条 固定式和移动式平台的防污设备的要求：

（一）应设置油水分离设备；

（二）采油平台应设置含油污水处理设备，该设备处理后的污水含油量应达到国家排放标准；

（三）应设置排油监控装置；

（四）应设置残油、废油回收设施；

（五）应设置垃圾粉碎设备；

（六）上述设备应经中华人民共和国船舶检验机关检验合格，并获得有效证书。

第八条 1983 年 3 月 1 日以前，已经在中华人民共和国管辖海域从事石油勘探开发的固定式和移动式平台，防污设备达不到规定要求的，应采取有效措施，防止污染，并在本条例颁布后三年内使防污设备达到规定的要求。

第九条 企业、事业单位和作业者应具有有关污染损害民事责任保险或其他财务保证。

第十条 固定式和移动式平台应备有由主管部门批准格式的防污记录簿。

第十一条 固定式和移动式平台的含油污水，不得直接或稀释排放。经过处理后排放的污水，含油量必须符合国家有关含油污水排放标准。

第十二条 对其他废弃物的管理要求：

（一）残油、废油、油基泥浆、含油垃圾和其他有毒残液残渣，必须回收，不得排放或弃置入海；

（二）大量工业垃圾的弃置，按照海洋倾废的规定管理；零星工业垃圾，不得投弃于渔业水域和航道；

（三）生活垃圾，需要在距最近陆地十二海里以内投弃的，应经粉碎处理，粒径应小于二十五毫米。

第十三条 海洋石油勘探开发需要在重要渔业水域进行炸药爆破或其他对渔业资源有损害的作业时，应采取有效措施，避开主要经济鱼虾类的产卵、繁殖和捕捞季节，作业前报告主管部门，作业时并应有明显的标志、信号。

主管部门接到报告后，应及时将作业地点、时间等通告有关单位。

第十四条 海上储油设施、输油管线应符合防渗、防漏、防腐蚀的要求，并应经常检查，保持良好状态，防止发生漏油事故。

第十五条 海上试油应使油气通过燃烧器充分燃烧。对试油中落海的油类和油性混合物，应采取有效措施处理，并如实记录。

第十六条 企业、事业单位及作业者在作业中发生溢油、漏油等污染事故，应迅速采取围油、回收油的措施，控制、减轻和消除污染。

发生大量溢油、漏油和井喷等重大污染事故，应立即报告主管部门，并采取有效措施，控制和消除油污染，接受主管部门的调查处理。

第十七条 化学消油剂要控制使用：

（一）在发生油污染事故时，应采取回收措施，对少量确实无法回收的油，准许使用少量的化学消油剂。

（二）一次性使用化学消油剂的数量（包括溶剂在内），应根据不同海域等情况，由主管部门另做具体规定。作业者应按规定向主管部门报告，经准许后方可使用。

（三）在海面浮油可能发生火灾或者严重危及人命和财产安全，又无法使用回收方法处理，而使用化学消油剂可以减轻污染和避免扩大事故后果的紧急情况下，使用化学消油剂的数量和报告程序可不受本条（二）项规定限制。但事后，应将事故情况和使用化学消油剂情况详细报告主管部门。

（四）必须使用经主管部门核准的化学消油剂。

第十八条 作业者应将下列情况详细地、如实地记载于平台防污记录簿：

（一）防污设备、设施的运行情况；

（二）含油污水处理和排放情况；

（三）其他废弃物的处理、排放和投弃情况；

（四）发生溢油、漏油、井喷等油污染事故及处理情况；

（五）进行爆破作业情况；

（六）使用化学消油剂的情况；

（七）主管部门规定的其他事故。

第十九条 企业和作业者在每季度末后十五日内，应按主管部门批准的格式，向主管部门综合报告该季度防污染情况及污染事故的情况。

固定式平台和移动式平台的位置，应及时通知主管部门。

第二十条 主管部门的公务人员或指派的人员，有权登临固定式和移动式平台以及其他有关设施，进行监测和检查。包括：

（一）采集各类样品；

（二）检查各种防污设备、设施和器材的装备、运行或使用情况；

（三）检查有关的文书、证件；

（四）检查防污记录簿及有关的操作记录，必要时可进行复制和摘录，并要求平台负责人签证该复制和摘录件为正确无误的副本；

（五）向有关人员调查污染事故；

（六）其他有关的事项。

第二十一条 主管部门的公务船舶应有明显标志。公务人员或指派的人员执行公务时，必须穿着公务制服，携带证件。

被检查者应为上述公务船舶、公务人员和指派人员提供方便，并如实提供材料，陈述情况。

第二十二条 受到海洋石油勘探开发污染损害，要求赔偿的单位和个人，应按照《中华人民共和国环境保护法》第三十二条的规定及《中华人民共和国海洋环境保护法》第四十二条的规定，申请主管部门处理，要求造成污染损害的一方赔偿损失。受损害一方应提交污染损害索赔报告书，报告书应包括以下内容：

（一）受石油勘探开发污染损害的时间、地点、范围、对象；

（二）受污染损害的损失清单，包括品名、数量、单价、计算方法，以及养殖或自然等情况；

（三）有关科研部门鉴定或公证机关对损害情况的鉴证；

（四）尽可能提供受污染损害的原始单证，有关情况的照片，其他有关索赔的证明单据、材料。

第二十三条 因清除海洋石油勘探开发污染物，需要索取清除污染物费用的单位和个人（有商业合同者除外），在申请主管部门处理时，应向主管部门提交索取清除费用报告书。该报告书应包括以下内容：

（一）清除污染物的时间、地点、对象；

（二）投入的人力、机具、船只、清除材料的数量、单价、计算方法；

（三）组织清除的管理费、交通费及其他有关费用；

（四）清除效果及情况；

（五）其他有关的证据和证明材料。

第二十四条 由于不可抗力发生污染损害事故的企业、事业单位、作业者，要求免于承担赔偿责任的，应向主管部门提交报告。该报告应能证实污染损害确实属于《中华人民共和国海洋环境保护法》第四十三条所列的情况之一，并经过及时采取合理措施仍不能避免的。

第二十五条 主管部门受理的海洋石油勘探开发污染损害赔偿责任和赔偿金额纠纷，在调查了解的基础上，可以进行调解处理。

当事人不愿调解或对主管部门的调解处理不服的，可以按《中华人民共和国海洋环境保护法》第四十二条的规定办理。

第二十六条 主管部门对违反《中华人民共和国海洋环境保护法》和本条例的企业、事业单位、作业者，可以责令其限期治理，支付消除污染费用，赔偿国家损失；超过标准排放污染物的，可以责令其交纳排污费。

第二十七条 主管部门对违反《中华人民共和国海洋环境保护法》和本条例的企业、事业单位、作业者和个人，可视其情节轻重，予以警告或罚款处分。

罚款分为以下几种：

（一）对造成海洋环境污染的企业、事业单位、作业者的罚款，最高额为人民币10万元；

（二）对企业、事业单位、作业者的下列违法行为，罚款最高额为人民币5 000元：

1．不按规定向主管部门报告重大油污染事故；

2．不按规定使用化学消油剂。

（三）对企业、事业单位、作业者的下列违法行为，罚款最高额为人民币1 000元：

1．不按规定配备防污记录簿；

2．防污记录簿的记载非正规化或者伪造；

3．不按规定报告或通知有关情况；

4．阻挠公务人员或指派人员执行公务。

（四）对有直接责任的个人，可根据情节轻重，酌情处以罚款。

第二十八条 当事人对主管部门的处罚决定不服的，按《中华人民共和国海洋环境保护法》第四十一条的规定处理。

第二十九条 主管部门对主动检举、揭发企业、事业单位、作业者匿报石油勘探开发污染损害事故，或者提供证据，或者采取措施减轻污染损害的单位和个人，给予表扬或奖励。

第三十条 本条例中下列用语的含义是：

（一）“固定式和移动式平台”，即《中华人民共和国海洋环境保护法》中所称的钻井船、钻井平台和采油平台，并包括其他平台。

（二）“海洋石油勘探开发”，是指海洋石油勘探、开发、生产储存和管线输送等作业活动。

（三）“作业者”，是指实施海洋石油勘探开发作业的实体。

第三十一条 本条例自颁布之日起施行。

中华人民共和国防止船舶污染海域管理条例

（1983 年 12 月 29 日国务院发布）

第一章　总　则

第一条　为实施《中华人民共和国海洋环境保护法》，防止船舶污染海域，维护海域生态环境，特制定本条例。

第二条　本条例适用于在中华人民共和国管辖海域、海港内的一切中国籍船舶、外国籍船舶及船舶所有人和其他个人。

第三条　防止船舶污染海域环境的主管机关，是中华人民共和国港务监督（以下简称港务监督）。

第二章　一般规定

第四条　在中华人民共和国管辖海域、海港内的一切船舶，不得违反《中华人民共和国海洋环境保护法》和本条例的规定排放油类、油性混合物、废弃物和其他有毒害物质。

第五条　任何船舶不得向河口附近的港口淡水水域、海洋特别保护区和海上自然保护区排放油类、油性混合物、废弃物和其他有毒有害物质。

第六条　船舶发生油类、油性混合物和其他有毒有害物质造成污染海域事故，应立即采取措施，控制和消除污染，并尽快向就近的港务监督提交书面报告，接受调查处理。

第七条　船舶发生海损事故造成或者可能造成海洋环境重大污染损害的，港务监督有权强制采取避免或减少这种污染损害的措施，包括强制清除或强制拖航的措施。由此发生的一切费用，由肇事船方承担。

第八条　船舶在中华人民共和国管辖海域自己发生或发现其他船舶污染海域情事或违章行为的，应按《中华人民共和国海洋环境保护法》第三十六条、第三十七条规定办理。

第九条　船舶需要在港内进行洗舱作业，必须采取安全和防止污染海域措施，并事先向港务监督申请，经批准后，方可进行。

第十条　为保证油轮的安全引航、靠泊和防止海域污染，所有进港的空载油轮留存的压舱水不得少于该油轮载重量的四分之一。港务监督对于不按规定留足压舱水的油轮，要调查其压舱水的去向，并视情况进行处理。

第十一条 船舶在发生油污事故或违章排油后，不得擅自使用化学消油剂。如必需使用时，应事先用电话或书面向港务监督申请，说明消油剂的牌号、计划用量和使用地点，经批准后，方可使用。

第十二条 发生污染事故，或违章排污的船舶，其被处以罚款或需负担清除、赔偿等经济责任的船舶所有人或肇事人，必须在开航前办妥有关款项的财务担保或缴纳手续。

第十三条 航行国际航线、载运 2 000 吨以上的散装货油的船舶，除执行本条例规定外，并适用于我国参加的《1969 年国际油污损害民事责任公约》。

第三章 船舶防污文书及防污设备

第十四条 船舶防污文书：

（一）150 总吨以上的油轮、400 总吨以上的非油轮和载运 2 000 吨以上的散装货油的船舶，必须分别备有《中华人民共和国海洋环境保护法》第二十八条规定的相应的船舶防污文书；

（二）船舶还应备齐港务监督要求的其他防污文书。

第十五条 对 150 总吨以上的油轮和 400 总吨以上的非油轮，防止油污染设备应符合下列要求：

（一）机舱污水和压载水分别使用不同的管系；

（二）设置污油储存舱；

（三）装设标准排放接头；

（四）装设油水分离设备或过滤系统，并满足在距最近陆地 12 海里以内排放含油污水时，经处理的油污水排放含油量不超过 15 毫克/升，在距最近陆地 12 海里以外排放含油污水时，经处理的油污水排放含油量不超过 100 毫克/升的要求；

（五）1 万总吨以上的船舶，除满足本条上述各项规定外，还应装有排油监控装置；

（六）船舶装设的其他防污设备，应符合国家船舶防污结构与设备规范的有关规定。

现有船舶防污设备达不到上述要求的，应在本条例实施后三年内达到规定的要求。

第十六条 不足 150 总吨的油轮和不足 400 总吨的非油轮，应设有专用容器，回收残油、废油。该容器应能将残油、废油排入港口接收设备，并应备有本条例第十五条第（三）、（六）项规定的设备。

第四章 船舶油类作业及油污水的排放

第十七条 船舶进行油类作业，必须遵守下列规定：

（一）作业前，必须检查管路、阀门，作好准备工作，堵好甲板排水孔，关好有关通海阀；

（二）检查油类作业的有关设备，使其处于良好状态；

（三）对可能发生溢漏的地方，要设置集油容器；

（四）供油、受油双方商定的联系信号，以受方为主，双方均应切实执行；

（五）作业中，要有足够人员值班，当班人员要坚守岗位，严格执行操作规程，掌握作业进度，防止跑油、漏油；

（六）停止作业时，必须关好有关阀门；

（七）收解输油软管时，必须事先用盲板将软管封好，或采取其他有效措施，防止软管存油倒流入海；

（八）油轮应将油类作业情况，准确地记入《油类记录簿》；非油轮应记入《轮机日志》或值班记录簿。

第十八条 船舶在进行油类作业的过程中，如发生跑油、漏油事故，应及时采取清除措施，防止扩大油污染，同时向港务监督报告。查明原因后，应写出书面报告，并接受调查处理。

第十九条 船舶排放污染物，必须符合中华人民共和国《船舶污染物排放标准》。

到港船舶的压舱、洗舱、机舱等含油污水，不得任意排放，应由港口油污水处理设施接收处理。港口无接收处理条件船舶含油污水又确需排放时，应事先向港务监督提出书面报告，经批准后，按规定条件和指定区域排放。

第二十条 按本条例第十九条批准的船舶排放含油污水，必须分别符合以下各项规定：

（一）一般情况：

1. 在批准的区域内；

2. 在航行中，瞬时排放率不大于 60 公升/海里；

3. 污水的含油量不大于 15 毫克/升；

4. 船上油水分离设备、过滤系统和排油监控装置，处于正常工作状态；

5. 在退潮时。

（二）150 总吨以上的油轮和 400 总吨以上的非油轮机舱油污水的排放，除满足上述（一）项之 1、2、4、5 外，还应满足：

1. 距最近陆地 12 海里以外；

2. 污水含油量不大于 100 毫克/升。

（三）150 总吨以上油轮的压舱水、洗舱水的排放，除满足上述（一）项之 2、4 外，还应满足：

1. 距最近陆地 50 海里以外；

2. 每压载航次排油总量，现有油轮不得超过装油总量的三万分之二，新油轮不超过装油总量的三万分之一。

第五章 船舶装运危险货物

第二十一条 船舶装运易燃、易爆、腐蚀、有毒害和放射性的危险货物，应采取必要的安全和防污染措施。应悬挂规定的信号，遵守中华人民共和国交通部《船舶装载危险货物监督管理规则》、《水路危险货物运输规则》和国际海事组织《国际海上危险货物运输规则》，防止发生事故造成危险货物散落或溢漏污染海域。

第二十二条 船舶在港内进行散装有毒害液态危险货物时，参照执行本条例第十七条的各项规定。

第二十三条 船舶在港口进行装卸有毒害、含腐蚀或放射性危险货物时，船方和作业单位都必须采取预防措施，防止货物落水。如发生事故，应采取紧急措施，进行打捞清除，并立即向港务监督报告，及时通告有关单位，采取措施，防止造成重大危害。

第六章 船舶其他污水

第二十四条 核动力船舶和装载放射性物质的船舶，必须遵守《中华人民共和国海洋环境保护法》第三十一条的规定。

第二十五条 来自有疫情港口船舶的压舱水，应申请卫生检疫部门进行卫生处理。

第二十六条 装运有毒害、含腐蚀性货物的船舶，排放含有该物质的洗舱水，必须符合以下各项：

（一）在批准的区域内；

（二）距最近陆地 12 海里以外，水深 25 米以上；

（三）在航行中，且船速不小于七节，非自航船，航速不小于四节；

（四）在退潮时；

（五）固体残余物，不得排入海域，必须回收处理；

（六）将排放情况记入《航海日志》。

第七章 船舶垃圾

第二十七条 船舶垃圾不得任意倒入港区水域。装载有毒害货物，以及粉尘飞扬的散装货物的船舶，不得任意在港内冲洗甲板和舱室，或以其他方式将残物排入港内。确需冲洗的，事先必须申请港务监督批准。

第二十八条 在港船舶，凡需清倒船舶垃圾的，应在船上显示海港规定的信号，招用垃圾清倒船（车）接收处理。并应做到：

（一）船舶生活垃圾的储集容器，必须有盖和不渗漏，并定期进行清倒；

（二）船舶的垫舱，扫舱物料和各种固体垃圾，应由港口船舶服务部门进行清倒，船方应事先向港口船舶服务部门提出申请，并提供清倒物的种类和数量；

（三）在船舶垃圾中，含有毒害或其他危险货物成分的，船方在申请清倒时，必须提供这些物质的品名、性质和数量，并严格和其他垃圾分开堆放。

第二十九条 来自有疫情港口的船舶垃圾，应申请卫生检疫部门进行卫生处理。

第三十条 船舶在海上处理垃圾，应符合以下规定：

（一）塑料制品不得投弃入海；

（二）船舶生活垃圾及食品废弃物，经过粉碎处理，粒径小于 25 毫米的，可在距最近陆地 3 海里以外投弃；未经粉碎处理的，应在距最近陆地 12 海里以外投弃。

第八章 使用船舶倾倒废弃物

第三十一条 任何单位需使用船舶倾倒废弃物的，应向起运港的港务监督提交国家海洋局或其派出机构的批准文件，经核实后，方可办理船舶进出口签证。如发现实际装载的与所批准的内容不符，则不予办理签证。

第三十二条 船舶在执行倾倒废弃物任务时，船方要如实记录倾倒情况。返港后，船方应向当地港务监督作出书面报告。

第三十三条 外国籍船舶不得在中华人民共和国管辖海域内进行倾倒废弃物作业，包括弃置船舶和其他浮动工具。

第九章 水上、水下船舶修造打捞和拆船工程

第三十四条 船舶修造、打捞和拆船单位，均应备有足够的防止污染器材和设备。水上、水下船舶施工，应采取预防措施，防止油类、油性混合物和其他废弃物污染海域。水上船舶施工的油污水，按本条例第十九条、第二十条规定处理。

第三十五条 在水上进行船舶修造作业的集中区域，应设置围油栏，防止散落水上的油类和油漆扩散，并应及时清理。修造过程中的工业垃圾及其他废弃物，由施工单位组织回收处理，不得投弃入海。

第三十六条 在水上进行拆船的，拆除的物件不得投弃入海。船底和油柜不得在水上进行拆除，必须拖到岸上进行拆除作业，残油要回收处理。

第三十七条 船舶发生海损事故，或有可能沉没时，船员离船前，应尽可能地关闭所有油舱（柜）管系的阀门，堵塞油舱（柜）通气孔，防止溢油。并应在海事报告书中，说明存油的数量及通气孔的位置。

第三十八条 在进行水下船舶的打捞工程时，应采取措施防止油污扩大和新的污染发生。

第十章 船舶污染事故的损害赔偿

第三十九条 凡违反《中华人民共和国海洋环境保护法》和本条例，造成海洋环境污染损害的船舶，港务监督可以责令其支付消除污染费，赔偿国家损失。当事人不服的，可按《中华人民共和国海洋环境保护法》第四十一条规定向人民法院起诉。

第四十条 凡由船舶造成海洋污染，受到污染损害的单位和个人，需要进行民事责任索赔的，按《中华人民共和国海洋环境保护法》第四十二条规定的处理程序处理。赔偿责任和赔偿金额纠纷，可由港务监督调解处理，当事人对处理不服的，可以向人民法院起诉；也可以直接向人民法院起诉。涉外案件还可以按仲裁程序解决。

第四十一条 凡受船舶污染损害要求赔偿的单位和个人，如果申请港务监督处理，应尽快向就近的港务监督提交污染损害索赔报告书。该报告书应包括以下内容：

（一）受船舶污染损害的时间、地点、范围、对象，以及当时的气象、水文情况；

（二）受污染损害（包括水产资源和各种器具）的损失清单，包括品名、数量、单价、计算方法，以及养殖或自然的情况；

（三）有关科研部门鉴定或公证机关对损害情况的鉴证；

（四）尽可能提供的受污染损害的原始单证，有关情况的照片，其他有关索赔的证明单据、材料。

第四十二条 参与清除船舶污染损害，需要索取清除污染费用的单位和个人，在清除污染工作结束后，应尽快向有关港务监督提交索取清除污染费用报告书，该报告书应包括：

（一）清除污染的时间、地点、日程记录或《航海日志》摘录；

（二）投入的人力、机具、船只、清除材料的数量、单价、计算方法；

（三）组织清除的管理费、交通费及其他有关费用；

（四）清除效果及情况报告；

（五）其他有关证据和证明材料。

第四十三条 船舶在中华人民共和国管辖的海域发生污染事故，应尽快向就近的港务监督报告，在船舶进入第一港口后，应立即向港务监督提交报告书，并接受调查处理。该报告书的内容应包括：船舶污染发生的时间、地点、范围、气象、水文情况，经过情况，抢救和清除措施，原因和损害，并应附送有关的材料。

第四十四条 船舶发生污染事故，船舶所有人要求免于承担赔偿责任的，应向港务监督提出报告。该报告应能证实污染损害是完全属于《中华人民共和国海洋环境保护法》第四十三条所列的情形之一，并经过及时采取合理措施仍不能避免对海洋环境造成污染损害的。

第四十五条 港务监督受理的因船舶污染而引起的赔偿责任和赔偿金额的纠纷，在调查了解的基础上，可进行调解或根据调查结果作出处理。

第十一章　处罚与奖励

第四十六条 凡由于船舶违反《中华人民共和国海洋环境保护法》和本条例，造成或可能造成对中华人民共和国管辖海域和海港水域污染损害的，港务监督视其责任情节的轻重和污染损害的程度，可以处以警告，或对船舶所有人处以罚款。

第四十七条 对船舶所有人的罚款，最高额为人民币 10 万元。但对下列情况之一者，罚款的最高额为人民币 1 000 元：

（一）未经批准，擅自使用消油剂；

（二）未按规定配备《油类记录簿》；

（三）《油类记录簿》的记载非正规化，或记载伪造事实；

（四）阻挠港务监督检查。

对有直接责任的船员或其他个人，应予以教育，情节严重的也可罚款，但所罚款额最高不得超过本人月基本工资的 20%。

第四十八条 船舶发生污染事故，或违章排污，经调查，证据确凿，不论其承认与否，同样按规定处理。

第四十九条 当事人对行政处罚决定不服的，按《中华人民共和国海洋环境保护法》第四十一条规定办理。

第五十条 对船舶发生污染事故，能主动检举、揭发，积极提供证据，或采取有效措施减少污染损害有突出成绩的个人，应给予表扬或奖励。

第五十一条 对肇事船舶或直接责任人员的罚款，全部列专款上缴国库。对本条例第五十条中有关人员的奖励金，由国家财政核拨。

第十二章 附 则

第五十二条 本条例中下列用语的含义是：

（一）“海港”是指沿海港口以及河流入海处附近，以靠泊海船为主的港口，包括该港区范围内的水域和通海航道。

（二）“船舶”是指一切类型的机动和非机动船只，但不包括海上石油勘探开发作业中的固定式和移动式平台。

（三）“油类”是指任何类型的油及其炼制品。

（四）“船舶垃圾”是指船舶在营运生产过程中，自身正常产生的船员生活垃圾，炉渣、垫、隔舱和扫舱物料，以及船上损耗报废的工索具和机器零件等。

（五）“现有船舶”系指1983年3月1日以前交船的船舶。

第五十三条 对外国籍船舶的管理，除执行本条例外，可实行与该船舶所属国对等原则的管理。

第五十四条 国家渔政渔港监督管理机构，在渔港水域内，行使本条例规定的主管机关的职权。

第五十五条 海港中的军事管辖区及军用船舶的内部防止污染管理，由军队环境保护部门依据《中华人民共和国海洋环境保护法》和本条例，另行具体规定。

第五十六条 本条例自发布之日起施行。

中华人民共和国海洋倾废管理条例

（1985 年 3 月 6 日国务院发布）

第一条 为实施《中华人民共和国海洋环境保护法》，严格控制向海洋倾倒废弃物，防止对海洋环境的污染损害，保持生态平衡，保护海洋资源，促进海洋事业的发展，特制定本条例。

第二条 本条例中的“倾倒”，是指利用船舶、航空器、平台及其他载运工具，向海洋处置废弃物和其他物质；向海洋弃置船舶、航空器、平台和其他海上人工构造物，以及向海洋处置由于海底矿物资源的勘探开发及与勘探开发相关的海上加工所产生的废弃物和其他物质。

“倾倒”不包括船舶、航空器及其他载运工具和设施正常操作产生的废弃物的排放。

第三条 本条例适用于：

一、向中华人民共和国的内海、领海、大陆架和其他管辖海域倾倒废弃物和其他物质；

二、为倾倒的目的，在中华人民共和国陆地或港口装载废弃物和其他物质；

三、为倾倒的目的，经中华人民共和国的内海、领海及其他管辖海域运送废弃物和其他物质；

四、在中华人民共和国管辖海域焚烧处置废弃物和其他物质。

海洋石油勘探开发过程中产生的废弃物，按照《中华人民共和国海洋石油勘探开发环境保护管理条例》的规定处理。

第四条 海洋倾倒废弃物的主管部门是中华人民共和国国家海洋局及其派出机构（简称“主管部门”，下同）。

第五条 海洋倾倒区由主管部门商同有关部门，按科学合理、安全和经济的原则划出，报国务院批准确定。

第六条 需要向海洋倾倒废弃物的单位，应事先向主管部门提出申请，按规定的格式填报倾倒废弃物申请书，并附报废弃物特性和成分检验单。

主管部门在接到申请书之日起两个月内予以审批。对同意倾倒者应发给废弃物倾倒许可证。

任何单位和船舶、航空器、平台及其他载运工具，未依法经主管部门批准，不得向海洋倾倒废弃物。

第七条 外国的废弃物不得运至中华人民共和国管辖海域进行倾倒，包括弃置船舶、航空器、平台和其他海上人工构造物。违者，主管部门可责令其限期治理，支付清除污染费，赔偿损失，并处以罚款。

在中华人民共和国管辖海域以外倾倒废弃物，造成中华人民共和国管辖海域污染损害的，按本条例第十七条规定处理。

第八条 为倾倒的目的，经过中华人民共和国管辖海域运送废弃物的任何船舶及其他载运工具，应当在进入中华人民共和国管辖海域十五天之前，通报主管部门，同时报告进入中华人民共和国管辖海域的时间、航线、以及废弃物的名称、数量及成分。

第九条 外国籍船舶、平台在中华人民共和国管辖海域，由于海底矿物资源的勘探开发及与勘探开发相关的海上加工所产生的废弃物和其他物质需要向海洋倾倒的，应按规定程序报经主管部门批准。

第十条 倾倒许可证应注明倾倒单位、有效期限和废弃物的数量、种类、倾倒方法等事项。

签发许可证应根据本条例的有关规定严格控制。主管部门根据海洋生态环境的变化和科学技术的发展，可以更换或撤销许可证。

第十一条 废弃物根据其毒性、有害物质含量和对海洋环境的影响等因素，分为三类。其分类标准，由主管部门制定。主管部门可根据海洋生态环境的变化，科学技术的发展，以及海洋环境保护的需要，对附件进行修订。

一、禁止倾倒附件一所列的废弃物及其他物质（见附件一）。当出现紧急情况，在陆地上处置会严重危及人民健康时，经国家海洋局批准，获得紧急许可证，可到指定的区域按规定的方法倾倒。

二、倾倒附件二所列的废弃物（见附件二），应当事先获得特别许可证。

三、倾倒未列入附件一和附件二的低毒或无毒的废弃物，应当事先获得普通许可证。

第十二条 获准向海洋倾倒废弃物的单位在废弃物装载时，应通知主管部门予以核实。

核实工作按许可证所载的事项进行。主管部门如发现实际装载与许可证所注明内容不符，应责令停止装运；情况严重的，应中止或吊销许可证。

利用船舶倾倒废弃物的，还应通知驶出港或就近的港务监督核实。港务监督如发现实际装载与许可证所注明内容不符，则不予办理签证放行，并及时通知主管部门。

第十三条 主管部门应对海洋倾倒活动进行监视和监督，必要时可派员随航。倾倒单位应为随航公务人员提供方便。

第十四条 获准向海洋倾倒废弃物的单位，应当按许可证注明的期限和条件，到指定的区域进行倾倒，如实地详细填写倾倒情况记录表，并按许可证注明的要求，将记录表报送主管部门。倾倒废弃物的船舶、航空器、平台和其他载运工具应有明显标志和信号，并在航行日志上详细记录倾倒情况。

第十五条 倾倒废弃物的船舶、航空器、平台和其他载运工具，凡属《中华人民共和国海洋环境保护法》第四十三条规定的情形，可免于承担赔偿责任。

为紧急避险或救助人命，未按许可证规定的条件和区域进行倾倒时，应尽力避免或减轻因倾倒而造成的污染损害，并在事后尽快向主管部门报告。倾倒单位和紧急避险和救助人命的受益者，应对由此所造成的污染损害进行补偿。

由于第三者的过失造成污染损害的，倾倒单位应向主管部门提出确凿证据，经主管部门确认后责令第三者承担赔偿责任。

在海上航行和作业的船舶、航空器、平台和其他载运工具，因不可抗拒的原因而弃置时，其所有人应向主管部门和就近的港务监督报告，并尽快打捞清理。

第十六条 主管部门对海洋倾倒区应定期进行监测，加强管理，避免对渔业资源和其他海上活动造成有害影响。当发现倾倒区不宜继续倾倒时，主管部门可决定予以封闭。

第十七条 对违反本条例，造成海洋环境污染损害的，主管部门可责令其限期治理，支付清除污染费，向受害方赔偿由此所造成的损失，并视情节轻重和污染损害的程度，处以警告或人民币十万元以下的罚款。

第十八条 要求赔偿损失的单位和个人，应尽快向主管部门提出污染损害索赔报告书。报告书应包括：受污染损害的时间、地点、范围、对象，损失清单，技术鉴定和公证证明，并尽可能提供有关原始单据和照片等。

第十九条 受托清除污染的单位在作业结束后，应尽快向主管部门提交索取清除污染费用报告书。报告书应包括：清除污染的时间、地点、投入的人力、机具、船只，清除材料的数量、单价、计算方法，组织清除的管理费、交通费及其他有关费用，清除效果及其情况，其他有关证据和证明材料。

第二十条 对违法行为的处罚标准如下：

一、凡有下列行为之一者，处以警告或人民币 2 000 元以下的罚款：

（一）伪造废弃物检验单的；

（二）不按本条例第十四条规定填报倾倒情况记录表的；

（三）在本条例第十五条规定的情况下，未及时向主管部门和港务监督报告的。

二、凡实际装载与许可证所注明内容不符，情节严重的，除中止或吊销许可证外，还可处以人民币 2 000 元以上 5 000 元以下的罚款。

三、凡未按本条例第十二条规定通知主管部门核实而擅自进行倾倒的，可处以人民币 5 000 元以上 2 万元以下的罚款。

四、凡有下列行为之一者，可处以人民币 2 万元以上 10 万元以下的罚款：

（一）未经批准向海洋倾倒废弃物的；

（二）不按批准的条件和区域进行倾倒的，但本条例第十五条规定的情况不在此限。

第二十一条 对违反本条例，造成或可能造成海洋环境污染损害的直接责任人，主管部门可处以警告或者罚款，也可以并处。

对于违反本条例，污染损害海洋环境造成重大财产损失或致人伤亡的直接责任人，由司法机关依法追究刑事责任。

第二十二条 当事人对主管部门的处罚决定不服的，可以在收到处罚通知书之日起 15 日内，向人民法院起诉；期满不起诉又不履行处罚决定的，由主管部门申请人民法院强制执行。

第二十三条 对违反本条例，造成海洋环境污染损害的行为，主动检举、揭发，积极提供证据，或采取有效措施减少污染损害有成绩的个人，应给予表扬或奖励。

第二十四条 本条例自 1985 年 4 月 1 日起施行。

附件一

禁止倾倒的物质

一、含有机卤素化合物、汞及汞化合物、镉及镉化合物的废弃物，但微含量的或能在海水中迅速转化为无害物质的除外。

二、强放射性废弃物及其他强放射性物质。

三、原油及其废弃物、石油炼制品、残油，以及含这类物质的混合物。

四、渔网、绳索、塑料制品及其他能在海面漂浮或在水中悬浮，严重妨碍航行、捕鱼及其他活动或危害海洋生物的人工合成物质。

五、含有本附件第一、二项所列物质的阴沟污泥和疏浚物。

附件二

需要获得特别许可证才能倾倒的物质

一、含有下列大量物质的废弃物：

（一）砷及其化合物；

（二）铅及其化合物；

（三）铜及其化合物；

（四）锌及其化合物；

（五）有机硅化合物；

（六）氰化物；

（七）氟化物；

（八）铍、铬、镍、钒及其化合物；

（九）未列入附件一的杀虫剂及其副产品。

但无害的或能在海水中迅速转化为无害物质的除外。

二、含弱放射性物质的废弃物。

三、容易沉入海底，可能严重障碍捕鱼和航行的容器、废金属及其他笨重的废弃物。

四、含有本附件第一、二项所列物质的阴沟污泥和疏浚物。

倾倒区管理暂行规定

（国家海洋局2003年11月14日发布）

第一条 为加强海洋倾废管理，保护海洋环境，科学合理地利用倾倒区，根据《中华人民共和国海洋环境保护法》和《中华人民共和国海洋倾废管理条例》有关规定，制定本规定。

第二条 在中华人民共和国内水、领海、毗连区、专属经济区、大陆架及中华人民共和国管辖的其他海域从事与倾倒区选划、使用、监测、管理有关活动的单位和个人应遵守本规定。

第三条 本规定所指的倾倒区包括海洋倾倒区和临时性海洋倾倒区。

海洋倾倒区是指由国务院批准的、供某一区域在海上倾倒日常生产建设活动产生的废弃物而划定的长期使用的倾倒区。

临时性海洋倾倒区是指为满足海岸和海洋工程等建设项目的需要而划定的限期、限量倾倒废弃物的倾倒区。

第四条 国家海洋局及其海区分局是实施本规定的主管部门。

第五条 选划倾倒区应当符合全国海洋功能区划和全国海洋环境保护规划的要求。

第六条 国家海洋局根据全国海洋功能区划、全国海洋环境保护规划及沿海经济发展需要制定倾倒区规划。

第七条 临时性海洋倾倒区由国家海洋局负责审批。

国家海洋局受理和组织选划下列临时性海洋倾倒区：

（一）疏浚物或惰性无机地质废料总倾倒量在500万立方米（含500万立方米）以上的临时性海洋倾倒区；

（二）倾倒除疏浚物、惰性无机地质废料和人体骨灰以外的其它废弃物的临时性海洋倾倒区；

（三）倾倒作业活动涉及两个海区的临时性海洋倾倒区；

（四）军事工程、绝密工程等特殊性质工程使用的临时性海洋倾倒区；

（五）香港、澳门特别行政区的废弃物在内地管理海域倾倒的临时性海洋倾倒区；

（六）国家海洋局认为对海洋环境可能产生较大影响的其它临时性海洋倾倒区。

国家海洋局海区分局受理和组织选划前款规定以外的临时性海洋倾倒区。

第八条 海洋倾倒区由国家海洋局根据倾倒区规划提出并组织选划，也可由需要倾倒废弃物的单位提出选划申请，经国家海洋局同意后开展选划工作。

临时性海洋倾倒区由需要倾倒废弃物的单位在工程可行性研究阶段向具有受理权限

的主管部门提出书面申请，经同意后开展选划工作。

申请报告的主要内容包括：申请理由，拟倾倒废弃物的名称、数量、作业时限、废弃物特性以及其它有关材料。

第九条 主管部门在接到需要倾倒废弃物的单位书面申请之日起 10 个工作日内做出是否同意选划倾倒区的答复。

第十条 倾倒区选划程序如下：

（一）由申请单位委托主管部门认可的选划技术单位编制倾倒区选划大纲。

（二）主管部门自收到申请单位提交的倾倒区选划大纲送审稿之日起 15 个工作日内组织评审。

（三）主管部门自收到申请单位提交的倾倒区选划大纲报批稿之日起 15 个工作日内提出审查意见回复申请单位。

（四）申请单位根据主管部门对选划大纲的审查意见开展倾倒区选划工作并编制倾倒区选划报告。

（五）主管部门自收到申请单位提交的倾倒区选划报告送审稿之日起 15 个工作日内组织评审。

（六）申请单位将倾倒区选划报告报批稿报送主管部门，并抄送海事、渔业行政主管部门和所在海域的省级海洋行政主管部门。由国家海洋局组织选划的，申请单位应将倾倒区选划报告报批稿同时报送国家海洋局海区分局。

（七）国家海洋局海区分局应在收到倾倒区选划报告报批稿之日起 10 个工作日内提出初审意见报国家海洋局。

（八）国家海洋局自收到海洋倾倒区选划报告报批稿之日起 15 个工作日内送国务院环境保护行政主管部门审核。国务院环境保护行政主管部门应在 15 个工作日内提出审核意见并回复国家海洋局，逾期未回复审核意见则视为同意。国家海洋局在收到国务院环境保护行政主管部门的审核意见之日起 15 个工作日内将海洋倾倒区选划报告报国务院审批。国家海洋局自收到临时性海洋倾倒区选划报告报批稿之日起 30 个工作日内予以审批。

第十一条 国家海洋局组织倾倒区选划大纲和选划报告评审时，征求国家海事、渔业行政主管部门的意见。

国家海洋局海区分局组织倾倒区选划大纲和选划报告评审时，征求所在海区国家海事、渔业行政主管部门直属机构的意见。

国家海事、渔业行政主管部门或其直属机构应在倾倒区选划大纲和选划报告评审后 10 个工作日内向国家海洋局或海区分局提交书面意见，逾期则视为同意。

主管部门在组织选划倾倒区时应征求所在海域省级海洋行政主管部门意见。

第十二条 在编制倾倒区选划报告时，应对废弃物的特性、成分、倾倒的方式、数量、强度、频率、倾倒物质的扩散方式，倾倒物质对海洋生态环境、通航安全、海洋开发利用活动的影响等因素进行分析并做出相应的结论，同时要提出防止倾倒污染的管理措施、对策和建议。

第十三条 在已有倾倒区的附近海域，原则上不再设立新的倾倒区。但是已有的倾倒区由于其容量、环境因素以及经济和社会条件等原因不宜使用或不能满足倾倒作业需要时，可选划新的倾倒区。

第十四条 两项以上工程同时使用一个临时性海洋倾倒区时，可按照总倾倒量将选划论证工作予以合并，提交一份选划报告。

一项工程使用另一项工程已选划或正在使用的临时性海洋倾倒区时，应在原选划工作的基础上对倾倒增量的可行性进行论证，并提交论证报告，报国家海洋局批准。

第十五条 疏浚物倾倒总量在 50 万立方米以下的工程项目需要使用临时性海洋倾倒区时，可由选划技术单位在收集倾倒区及其附近海域现有自然环境和社会经济资料的基础上开展专题论证，直接编制选划报告。倾倒申请单位将选划报告报送国家海洋局海区分局，海区分局在组织专家审查并征求有关部门意见后提出初审意见，报国家海洋局审批。

疏浚物倾倒总量在 5 万立方米以下且对海洋环境影响很小的工程项目需要使用临时性海洋倾倒区时，由国家海洋局海区分局在征求有关部门意见后确定临时性海洋倾倒区的位置和范围，报国家海洋局审批。

人体骨灰所需的倾倒区由国家海洋局海区分局根据需要指定倾倒区域。

第十六条 国家海洋局负责发布海洋倾倒区公告。公告内容包括海洋倾倒区的位置、倾倒废弃物的种类和数量、使用期限等。

国家海洋局海区分局负责发布临时性海洋倾倒区公告。公告内容包括临时性海洋倾倒区的位置、倾倒单位、工程名称、倾倒数量、作业时间和倾倒区使用期限等。

第十七条 当海洋倾倒区不宜使用或暂时不宜使用时，由国家海洋局予以封闭或暂停使用，并发布公告。

当临时性海洋倾倒区不宜使用或暂时不宜使用时，由国家海洋局海区分局予以封闭或暂停使用，并发布公告。

对使用期限已满或倾倒活动已结束的临时性海洋倾倒区，国家海洋局海区分局应在期满或倾倒作业结束后立即予以封闭，并于封闭后 20 个工作日内报国家海洋局备案。

废弃物倾倒单位应自倾倒区暂停使用或封闭之日起终止在该倾倒区的倾倒作业。

第十八条 临时性海洋倾倒区的有效期一般不超过 3 年。在临时性海洋倾倒区 3 年期满时，倾倒作业尚未完成的，废弃物倾倒单位必须向主管部门提出延期申请，并提交环境监测报告。

主管部门根据倾倒作业状况和环境监测结论做出是否延期的决定，并将延期使用情况通告国家海事、渔业行政主管部门或其直属机构。临时性海洋倾倒区的延长期限不得超过 1 年。

第十九条 废弃物倾倒单位在实施倾倒作业过程中应当接受中国海监机构的监督检查，并为执法人员执行公务提供方便。

第二十条 在产业活动密集区域或倾倒作业活动与其他产业活动容易发生冲突的区域划定的倾倒区实施倾倒作业时，废弃物倾倒单位应当发布倾倒作业公告。

第二十一条 国家海洋局海区分局应当根据倾倒区使用的状况适时组织环境监测工作，并根据监测结果制定相应的管理措施，包括封闭或暂停使用倾倒区，调整倾倒的方式、数量、强度、使用年限等。

废弃物倾倒单位应当委托主管部门认可的机构承担倾倒区进行监测与评价工作，监测评价方案应当报国家海洋局海区分局核准。

第二十二条 国家海洋局海区分局应将海洋倾倒区的监测结果定期报送国家海洋局备案。

在临时性海洋倾倒区倾倒作业结束后 90 日内，废弃物倾倒单位应向国家海洋局海区分局提交环境监测评价报告。主管部门可根据临时性海洋倾倒区的使用状况和倾倒作业强度，要求废弃物倾倒单位提交阶段性监测结果。

第二十三条 倾倒区的选划和监测工作应当符合倾倒区选划和监测技术规范。

第二十四条 承担倾倒区选划和环境监测的单位对选划结论和监测结论负责，并严格按照国家有关规定收取倾倒区选划费用和海洋环境监测费用。

第二十五条 违反本规定，未开展倾倒区选划工作擅自实施倾倒作业的，主管部门按《中华人民共和国海洋环境保护法》第七十三条之规定予以处罚。

第二十六条 违反本规定，向已封闭的倾倒区倾倒废弃物的，主管部门按《中华人民共和国海洋环境保护法》第八十六条之规定予以处罚。

第二十七条 废弃物倾倒单位违反本规定，在倾倒区选划工作中弄虚作假的，由主管部门给予警告；情节严重的，主管部门可责令其停止倾倒作业，吊销倾倒许可证。

第二十八条 从事倾倒区选划和监测的单位，在倾倒区选划和监测工作中弄虚作假的，由主管部门予以警告；情节严重的，在 5 年之内不得从事倾倒区选划和监测工作。

第二十九条 废弃物倾倒单位不按规定向主管部门提供倾倒情况记录、拒绝接受中国海监机构的现场检查、或者在检查中弄虚作假的，主管部门按《中华人民共和国海洋环境保护法》第七十四条第三项、第七十五条之规定予以处罚。

第三十条 对违反本规定，造成海洋环境污染损害的，由主管部门依照《中华人民共和国海洋环境保护法》和《中华人民共和国海洋倾废管理条例》的有关规定予以处理。

第三十一条 本规定自 2004 年 1 月 1 日起施行。

委托签发废弃物海洋倾倒许可证管理办法

（2004年10月20日国土资源部令 第25号公布）

第一条 为加强海洋倾废管理，有效保护海洋环境，根据《中华人民共和国海洋环境保护法》、《中华人民共和国行政许可法》和《中华人民共和国海洋倾废管理条例》等有关法律法规，制定本办法。

第二条 国家海洋行政主管部门委托沿海省、自治区、直辖市海洋行政主管部门（以下简称省级海洋行政主管部门）签发废弃物海洋倾倒普通许可证适用本办法。

第三条 国家海洋行政主管部门委托省级海洋行政主管部门签发下列废弃物的海洋倾倒普通许可证：

（一）疏浚物，其具体数量由国家海洋局另行确定；

（二）渔船；

（三）渔业加工废料；

（四）惰性无机地质废料；

（五）天然有机废料；

（六）人体骨灰。

前款规定以外的废弃物海洋倾倒普通许可证由国家海洋行政主管部门的派出机构（以下简称海区分局）签发。

深圳市、珠海市毗邻海域的废弃物海洋倾倒普通许可证依法由国家海洋局深圳海洋管理处、国家海洋局珠海海洋管理处签发。

第四条 需要向海洋倾倒废弃物的单位应当提出书面申请，并提交下列资料：

（一）计划倾倒时间；

（二）废弃物特性及其成份检验报告；

（三）计划倾倒数量；

（四）工程施工计划、施工图纸和施工现场概况；

（五）国家海洋行政主管部门规定提交的其他相关材料。

第五条 本办法第三条第一款所列废弃物海洋倾倒普通许可证的申请，应当向所在区域的省级海洋行政主管部门提出。

本办法第三条第一款规定以外的废弃物海洋倾倒普通许可证的申请，应当向所在区域的海区分局提出。

深圳市、珠海市毗邻海域的废弃物海洋倾倒普通许可证的申请，应当向国家海洋局深圳海洋管理处、国家海洋局珠海海洋管理处提出。

第六条 省级海洋行政主管部门收到废弃物海洋倾倒普通许可证申请后，应当对申请资料进行审核，作出受理或者不受理的决定，并书面通知申请人。

需要申请人补充本办法第四条规定的资料的，当场告知申请人需要补充的资料清单。

第七条 省级海洋行政主管部门应当在受理后 5 日内提出初审意见，同申请材料一并报送海区分局。初审意见包括：

（一）是否允许倾倒；

（二）建议倾倒的区域；

（三）没有倾倒区域的，说明情况。

第八条 海区分局在收到初审意见及申请材料后 5 日内，应当提出审查意见并书面通知省级海洋行政主管部门。审查意见包括：

（一）同意办理；

（二）不同意办理及其理由；

（三）需要选划倾倒区。

第九条 省级海洋行政主管部门应当在收到海区分局的审查意见后 5 日内，根据海区分局的审查意见作出决定：

（一）同意办理的，签发废弃物海洋倾倒普通许可证；

（二）不同意办理的，书面告知申请人并说明理由；

（三）需要选划倾倒区的，要求申请人按照倾倒区选划的有关规定办理。

第十条 省级海洋行政主管部门应当向申请人颁发加盖国家海洋行政主管部门印章的废弃物海洋倾倒普通许可证，并于签发之日起 3 日内将签发的许可证报所在区域的海区分局备案。

第十一条 废弃物海洋倾倒普通许可证使用期限内未完成倾倒数量的，可以延长许可证使用期限。

需要延长废弃物海洋倾倒普通许可证使用期限的，废弃物倾倒单位应当在许可证有效期满 15 日前向原签发机关提出申请，办理延期手续。

逾期不申请也不办理延期手续的，废弃物海洋倾倒普通许可证自行废止。

第十二条 废弃物倾倒单位应当按照废弃物海洋倾倒普通许可证签发机关核定的数额缴纳倾倒费。

倾倒费的收缴应当严格执行收支两条线的规定。

第十三条 省级海洋行政主管部门违反本办法有关规定的，国家海洋行政主管部门应当中止委托其签发废弃物海洋倾倒普通许可证的权限；根据其改正情况，决定是否恢复委托其签发废弃物海洋倾倒普通许可证的权限。

中止期间，省级海洋行政主管部门负责的废弃物海洋倾倒普通许可证的受理和签发由海区分局承办。

第十四条 国家海洋行政主管部门负责全国海域海洋倾废活动的管理。

省级海洋行政主管部门负责对本行政区毗邻海域的海洋倾废活动和其签发的废弃物海洋倾倒普通许可证的倾倒活动实施监督检查。废弃物装载时，应当进行核实，必要时可以派员随航监督。

海区分局负责本海区海洋倾废活动的指导、协调、监督和管理。

国家海洋局深圳海洋管理处、国家海洋局珠海海洋管理处分别负责深圳市、珠海市毗邻海域的海洋倾废活动的管理。

第十五条 本办法未作规定的，依照《中华人民共和国海洋环境保护法》、《中华人民共和国海洋倾废管理条例》等法律法规的有关规定执行。

第十六条 废弃物海洋倾倒普通许可证及其他文书格式由国家海洋行政主管部门统一制定。

第十七条 本办法关于期限的规定是指工作日，不含法定节假日。

第十八条 本办法自2005年1月1日起施行。

中华人民共和国海域使用管理法

（2001年10月27日第九届全国人民代表大会常务委员会第二十四次会议通过）

中华人民共和国主席令

第61号

《中华人民共和国海域使用管理法》已由中华人民共和国第九届全国人民代表大会常务委员会第二十四次会议于2001年10月27日通过，现予公布，自2002年1月1日起施行。

中华人民共和国主席　江泽民

2001年10月27日

目　录

第一章　总　则

第一条　为了加强海域使用管理，维护国家海域所有权和海域使用权人的合法权益，促进海域的合理开发和可持续利用，制定本法。

第二条　本法所称海域，是指中华人民共和国内水、领海的水面、水体、海床和底土。

本法所称内水，是指中华人民共和国领海基线向陆地一侧至海岸线的海域。

在中华人民共和国内水、领海持续使用特定海域三个月以上的排他性用海活动，适用本法。

第三条 海域属于国家所有，国务院代表国家行使海域所有权。任何单位或者个人不得侵占、买卖或者以其他形式非法转让海域。

单位和个人使用海域，必须依法取得海域使用权。

第四条 国家实行海洋功能区划制度。海域使用必须符合海洋功能区划。

国家严格管理填海、围海等改变海域自然属性的用海活动。

第五条 国家建立海域使用管理信息系统，对海域使用状况实施监视、监测。

第六条 国家建立海域使用权登记制度，依法登记的海域使用权受法律保护。

国家建立海域使用统计制度，定期发布海域使用统计资料。

第七条 国务院海洋行政主管部门负责全国海域使用的监督管理。沿海县级以上地方人民政府海洋行政主管部门根据授权，负责本行政区毗邻海域使用的监督管理。

渔业行政主管部门依照《中华人民共和国渔业法》，对海洋渔业实施监督管理。

海事管理机构依照《中华人民共和国海上交通安全法》，对海上交通安全实施监督管理。

第八条 任何单位和个人都有遵守海域使用管理法律、法规的义务，并有权对违反海域使用管理法律、法规的行为提出检举和控告。

第九条 在保护和合理利用海域以及进行有关的科学研究等方面成绩显著的单位和个人，由人民政府给予奖励。

第二章 海洋功能区划

第十条 国务院海洋行政主管部门会同国务院有关部门和沿海省、自治区、直辖市人民政府，编制全国海洋功能区划。

沿海县级以上地方人民政府海洋行政主管部门会同本级人民政府有关部门，依据上一级海洋功能区划，编制地方海洋功能区划。

第十一条 海洋功能区划按照下列原则编制：

（一）按照海域的区位、自然资源和自然环境等自然属性，科学确定海域功能；

（二）根据经济和社会发展的需要，统筹安排各有关行业用海；

（三）保护和改善生态环境，保障海域可持续利用，促进海洋经济的发展；

（四）保障海上交通安全；

（五）保障国防安全，保证军事用海需要。

第十二条 海洋功能区划实行分级审批。

全国海洋功能区划，报国务院批准。

沿海省、自治区、直辖市海洋功能区划，经该省、自治区、直辖市人民政府审核同意后，报国务院批准。

沿海市、县海洋功能区划，经该市、县人民政府审核同意后，报所在的省、自治区、直辖市人民政府批准，报国务院海洋行政主管部门备案。

第十三条 海洋功能区划的修改，由原编制机关会同同级有关部门提出修改方案，报原批准机关批准；未经批准，不得改变海洋功能区划确定的海域功能。

经国务院批准，因公共利益、国防安全或者进行大型能源、交通等基础设施建设，需要改变海洋功能区划的，根据国务院的批准文件修改海洋功能区划。

第十四条 海洋功能区划经批准后，应当向社会公布；但是，涉及国家秘密的部分除外。

第十五条 养殖、盐业、交通、旅游等行业规划涉及海域使用的，应当符合海洋功能区划。

沿海土地利用总体规划、城市规划、港口规划涉及海域使用的，应当与海洋功能区划相衔接。

第三章 海域使用的申请与审批

第十六条 单位和个人可以向县级以上人民政府海洋行政主管部门申请使用海域。

申请使用海域的，申请人应当提交下列书面材料：

（一）海域使用申请书；

（二）海域使用论证材料；

（三）相关的资信证明材料；

（四）法律、法规规定的其他书面材料。

第十七条 县级以上人民政府海洋行政主管部门依据海洋功能区划，对海域使用申请进行审核，并依照本法和省、自治区、直辖市人民政府的规定，报有批准权的人民政府批准。

海洋行政主管部门审核海域使用申请，应当征求同级有关部门的意见。

第十八条 下列项目用海，应当报国务院审批：

（一）填海五十公顷以上的项目用海；

（二）围海一百公顷以上的项目用海；

（三）不改变海域自然属性的用海七百公顷以上的项目用海；

（四）国家重大建设项目用海；

（五）国务院规定的其他项目用海。

前款规定以外的项目用海的审批权限，由国务院授权省、自治区、直辖市人民政府规定。

第四章 海域使用权

第十九条 海域使用申请经依法批准后，国务院批准用海的，由国务院海洋行政主管部门登记造册，向海域使用申请人颁发海域使用权证书；地方人民政府批准用海的，由地方人民政府登记造册，向海域使用申请人颁发海域使用权证书。海域使用申请人自领取海域使用权证书之日起，取得海域使用权。

第二十条 海域使用权除依照本法第十九条规定的方式取得外，也可以通过招标或者拍卖的方式取得。招标或者拍卖方案由海洋行政主管部门制订，报有审批权的人民政府批准后组织实施。海洋行政主管部门制订招标或者拍卖方案，应当征求同级有关部门的意见。

招标或者拍卖工作完成后，依法向中标人或者买受人颁发海域使用权证书。中标人或者买受人自领取海域使用权证书之日起，取得海域使用权。

第二十一条 颁发海域使用权证书，应当向社会公告。

颁发海域使用权证书，除依法收取海域使用金外，不得收取其他费用。

海域使用权证书的发放和管理办法，由国务院规定。

第二十二条 本法施行前，已经由农村集体经济组织或者村民委员会经营、管理的养殖用海，符合海洋功能区划的，经当地县级人民政府核准，可以将海域使用权确定给该农村集体经济组织或者村民委员会，由本集体经济组织的成员承包，用于养殖生产。

第二十三条 海域使用权人依法使用海域并获得收益的权利受法律保护，任何单位和个人不得侵犯。

海域使用权人有依法保护和合理使用海域的义务；海域使用权人对不妨害其依法使用海域的非排他性用海活动，不得阻挠。

第二十四条 海域使用权人在使用海域期间，未经依法批准，不得从事海洋基础测绘。

海域使用权人发现所使用海域的自然资源和自然条件发生重大变化时，应当及时报告海洋行政主管部门。

第二十五条 海域使用权最高期限，按照下列用途确定：

（一）养殖用海十五年；

（二）拆船用海二十年；

（三）旅游、娱乐用海二十五年；

（四）盐业、矿业用海三十年；

（五）公益事业用海四十年；

（六）港口、修造船厂等建设工程用海五十年。

第二十六条 海域使用权期限届满，海域使用权人需要继续使用海域的，应当至迟于期限届满前二个月向原批准用海的人民政府申请续期。除根据公共利益或者国家安全需要收回海域使用权的外，原批准用海的人民政府应当批准续期。准予续期的，海域使用权人应当依法缴纳续期的海域使用金。

第二十七条 因企业合并、分立或者与他人合资、合作经营，变更海域使用权人的，需经原批准用海的人民政府批准。

海域使用权可以依法转让。海域使用权转让的具体办法，由国务院规定。

海域使用权可以依法继承。

第二十八条 海域使用权人不得擅自改变经批准的海域用途；确需改变的，应当在符合海洋功能区划的前提下，报原批准用海的人民政府批准。

第二十九条 海域使用权期满，未申请续期或者申请续期未获批准的，海域使用权终止。

海域使用权终止后，原海域使用权人应当拆除可能造成海洋环境污染或者影响其他用海项目的用海设施和构筑物。

第三十条 因公共利益或者国家安全的需要，原批准用海的人民政府可以依法收回海域使用权。

依照前款规定在海域使用权期满前提前收回海域使用权的，对海域使用权人应当给予相应的补偿。

第三十一条 因海域使用权发生争议，当事人协商解决不成的，由县级以上人民政府海洋行政主管部门调解；当事人也可以直接向人民法院提起诉讼。

在海域使用权争议解决前，任何一方不得改变海域使用现状。

第三十二条 填海项目竣工后形成的土地，属于国家所有。

海域使用权人应当自填海项目竣工之日起三个月内，凭海域使用权证书，向县级以上人民政府土地行政主管部门提出土地登记申请，由县级以上人民政府登记造册，换发国有土地使用权证书，确认土地使用权。

第五章 海域使用金

第三十三条 国家实行海域有偿使用制度。

单位和个人使用海域，应当按照国务院的规定缴纳海域使用金。海域使用金应当按照国务院的规定上缴财政。

对渔民使用海域从事养殖活动收取海域使用金的具体实施步骤和办法，由国务院另行规定。

第三十四条 根据不同的用海性质或者情形，海域使用金可以按照规定一次缴纳或者按年度逐年缴纳。

第三十五条 下列用海，免缴海域使用金：

（一）军事用海；

（二）公务船舶专用码头用海；

（三）非经营性的航道、锚地等交通基础设施用海；

（四）教学、科研、防灾减灾、海难搜救打捞等非经营性公益事业用海。

第三十六条 下列用海，按照国务院财政部门和国务院海洋行政主管部门的规定，经有批准权的人民政府财政部门和海洋行政主管部门审查批准，可以减缴或者免缴海域使用金：

（一）公用设施用海；

（二）国家重大建设项目用海；

（三）养殖用海。

第六章　监督检查

第三十七条　县级以上人民政府海洋行政主管部门应当加强对海域使用的监督检查。

县级以上人民政府财政部门应当加强对海域使用金缴纳情况的监督检查。

第三十八条　海洋行政主管部门应当加强队伍建设，提高海域使用管理监督检查人员的政治、业务素质。海域使用管理监督检查人员必须秉公执法，忠于职守，清正廉洁，文明服务，并依法接受监督。

海洋行政主管部门及其工作人员不得参与和从事与海域使用有关的生产经营活动。

第三十九条　县级以上人民政府海洋行政主管部门履行监督检查职责时，有权采取下列措施：

（一）要求被检查单位或者个人提供海域使用的有关文件和资料；

（二）要求被检查单位或者个人就海域使用的有关问题作出说明；

（三）进入被检查单位或者个人占用的海域现场进行勘查；

（四）责令当事人停止正在进行的违法行为。

第四十条　海域使用管理监督检查人员履行监督检查职责时，应当出示有效执法证件。

有关单位和个人对海洋行政主管部门的监督检查应当予以配合，不得拒绝、妨碍监督检查人员依法执行公务。

第四十一条　依照法律规定行使海洋监督管理权的有关部门在海上执法时应当密切配合，互相支持，共同维护国家海域所有权和海域使用权人的合法权益。

第七章　法律责任

第四十二条　未经批准或者骗取批准，非法占用海域的，责令退还非法占用的海域，恢复海域原状，没收违法所得，并处非法占用海域期间内该海域面积应缴纳的海域使用金五倍以上十五倍以下的罚款；对未经批准或者骗取批准，进行围海、填海活动的，并处非法占用海域期间内该海域面积应缴纳的海域使用金十倍以上二十倍以下的罚款。

第四十三条　无权批准使用海域的单位非法批准使用海域的，超越批准权限非法批准使用海域的，或者不按海洋功能区划批准使用海域的，批准文件无效，收回非法使用的海域；对非法批准使用海域的直接负责的主管人员和其他直接责任人员，依法给予行政处分。

第四十四条　违反本法第二十三条规定，阻挠、妨害海域使用权人依法使用海域的，海域使用权人可以请求海洋行政主管部门排除妨害，也可以依法向人民法院提起诉讼；造成损失的，可以依法请求损害赔偿。

第四十五条　违反本法第二十六条规定，海域使用权期满，未办理有关手续仍继续使用海域的，责令限期办理，可以并处一万元以下的罚款；拒不办理的，以非法占用海域论处。

第四十六条 违反本法第二十八条规定，擅自改变海域用途的，责令限期改正，没收违法所得，并处非法改变海域用途的期间内该海域面积应缴纳的海域使用金五倍以上十五倍以下的罚款；对拒不改正的，由颁发海域使用权证书的人民政府注销海域使用权证书，收回海域使用权。

第四十七条 违反本法第二十九条第二款规定，海域使用权终止，原海域使用权人不按规定拆除用海设施和构筑物的，责令限期拆除；逾期拒不拆除的，处五万元以下的罚款，并由县级以上人民政府海洋行政主管部门委托有关单位代为拆除，所需费用由原海域使用权人承担。

第四十八条 违反本法规定，按年度逐年缴纳海域使用金的海域使用权人不按期缴纳海域使用金的，限期缴纳；在限期内仍拒不缴纳的，由颁发海域使用权证书的人民政府注销海域使用权证书，收回海域使用权。

第四十九条 违反本法规定，拒不接受海洋行政主管部门监督检查、不如实反映情况或者不提供有关资料的，责令限期改正，给予警告，可以并处二万元以下的罚款。

第五十条 本法规定的行政处罚，由县级以上人民政府海洋行政主管部门依据职权决定。但是，本法已对处罚机关作出规定的除外。

第五十一条 国务院海洋行政主管部门和县级以上地方人民政府违反本法规定颁发海域使用权证书，或者颁发海域使用权证书后不进行监督管理，或者发现违法行为不予查处的，对直接负责的主管人员和其他直接责任人员，依法给予行政处分；徇私舞弊、滥用职权或者玩忽职守构成犯罪的，依法追究刑事责任。

第八章　附　则

第五十二条 在中华人民共和国内水、领海使用特定海域不足三个月，可能对国防安全、海上交通安全和其他用海活动造成重大影响的排他性用海活动，参照本法有关规定办理临时海域使用证。

第五十三条 军事用海的管理办法，由国务院、中央军事委员会依据本法制定。

第五十四条 本法自2002年1月1日起施行。

近岸海域环境功能区管理办法

（国家环保总局令第 8 号，1999 年 12 月 10 日发布施行）

第一章　总　则

第一条　为保护和改善近岸海域生态环境，执行《中华人民共和国海水水质标准》，规范近岸海域环境功能区的划定工作，加强对近岸海域环境功能区的管理，制定本办法。

第二条　近岸海域环境功能区，是指为适应近岸海域环境保护工作的需要，依据近岸海域的自然属性和社会属性以及海洋自然资源开发利用现状，结合本行政区国民经济、社会发展计划与规划，按照本办法规定的程序，对近岸海域按照不同的使用功能和保护目标而划定的海洋区域。

近岸海域环境功能区分为四类：一类近岸海域环境功能区包括海洋渔业水域、海上自然保护区、珍稀濒危海洋生物保护区等；二类近岸海域环境功能区包括水产养殖区、海水浴场、人体直接接触海水的海上运动或娱乐区、与人类食用直接有关的工业用水区等；三类近岸海域环境功能区包括一般工业用水区、海滨风景旅游区等；四类近岸海域环境功能区包括海洋港口水域、海洋开发作业区等。

各类近岸海域环境功能区执行相应类别的海水水质标准。

本办法所称近岸海域是指与沿海省、自治区、直辖市行政区域内的大陆海岸、岛屿、群岛相毗连，《中华人民共和国领海及毗连区法》规定的领海外部界限向陆一侧的海域。渤海的近岸海域，为自沿岸低潮线向海一侧 12 海里以内的海域。

第三条　沿海县级以上地方人民政府环境保护行政主管部门对本行政区近岸海域环境功能区的环境保护工作实施统一监督管理。

第二章　近岸海域环境功能区的划定

第四条　划定近岸海域环境功能区，应当遵循统一规划，合理布局，因地制宜，陆海兼顾，局部利益服从全局利益，近期计划与长远规划相协调，经济效益、社会效益和环境效益相统一，促进经济、社会可持续发展的原则。

第五条　近岸海域环境功能区划方案应当包括以下主要内容：

（一）本行政区近岸海域自然环境现状；

（二）本行政区沿海经济、社会发展现状和发展规划；

（三）本行政区近岸海域海洋资源开发利用现状、开发规划和存在的主要问题；

（四）本行政区近岸海域环境状况变化预测；

（五）近岸海域环境功能区的海水水质现状和保护目标；

（六）近岸海域环境功能区的功能、位置和面积；

（七）近岸海域环境功能区海水水质保护目标可达性分析；

（八）近岸海域环境功能区的管理措施。

第六条 任何单位和个人不得擅自改变近岸海域环境功能区划方案。确因需要必须进行调整的，由本行政区省辖市级环境保护行政主管部门按本办法第四条和第五条的规定提出调整方案，报原审批机关批准。

第三章 近岸海域环境功能区的管理

第七条 各类近岸海域环境功能区应当执行国家《海水水质标准》（GB3097—1997）规定的相应类别的海水水质标准。

（一）一类近岸海域环境功能区应当执行一类海水水质标准。

（二）二类近岸海域环境功能区应当执行不低于二类的海水水质标准。

（三）三类近岸海域环境功能区应当执行不低于三类的海水水质标准。

（四）四类近岸海域环境功能区应当执行不低于四类的海水水质标准。

第八条 沿海省、自治区、直辖市人民政府环境保护行政主管部门根据本行政区近岸海域环境功能区环境保护的需要，对国家海水水质标准中未作规定的项目，可以组织拟订地方海水水质补充标准，报同级人民政府批准发布。

沿海省、自治区、直辖市人民政府环境保护行政主管部门对国家污染物排放标准中未作规定的项目，可以组织拟订地方污染物排放标准；对国家污染物排放标准中已作规定的项目，可以组织拟订严于国家污染物排放标准的地方污染物排放标准，报同级人民政府批准发布。地方海水水质补充标准和地方污染物排放标准应报国务院环境保护行政主管部门备案。凡是向已有地方污染物排放标准的近岸海域环境功能区排放污染物的，应当执行地方污染物排放标准。

第九条 对入海河流河口、陆源直排口和污水排海工程排放口附近的近岸海域，可确定为混合区。确定混合区的范围，应当根据该区域的水动力条件，邻近近岸海域环境功能区的水质要求，接纳污染物的种类、数量等因素，进行科学论证。混合区不得影响邻近近岸海域环境功能区的水质和鱼类洄游通道。

第十条 在一类、二类近岸海域环境功能区内，禁止兴建污染环境、破坏景观的海岸工程建设项目。

第十一条 禁止破坏红树林和珊瑚礁。

在红树林自然保护区和珊瑚礁自然保护区开展活动，应严格执行《中华人民共和国自然保护区条例》，禁止危害保护区环境的项目建设和其他经济开发活动。

禁止在红树林自然保护区和珊瑚礁自然保护区内设置新的排污口。本办法发布前已经设置的排污口，依法限期治理。

第十二条 向近岸海域环境功能区排放陆源污染物，心须遵守海洋环境保护有关法律、法规的规定和有关污染物排放标准。

对现有排放陆源污染物超过国家或者地方污染物排放标准的，限期治理。

第十三条 在近岸海域环境功能区内可能发生重大海洋环境污染事故的单位和个人，应当依照国家规定制定污染事故应急计划。

第十四条 沿海县级以上地方人民政府环境保护行政主管部门，有权对在本行政区近岸海域环境功能区内兴建海岸工程建设项目和排放陆源污染物的单位进行现场检查。被检查者应当如实反映情况，提供必要的资料。环境保护行政主管部门应当为被检查者保守技术秘密和业务秘密。

第十五条 沿海县级以上地方人民政府环境保护行政主管部门，应当按照国务院环境保护行政主管部门的有关规定进行近岸海域环境状况统计，在发布本行政区的环境状况公报中列出近岸海域环境状况。

第十六条 国务院环境保护行政主管部门对近岸海域环境质量状况定期组织检查和考核，并公布检查和考核结果。

第十七条 在近岸海域环境功能区内，防治船舶、海洋石油勘探开发、向海洋倾倒废弃物污染的环境保护工作，由《中华人民共和国海洋环境保护法》规定的有关主管部门实施监督管理。

第十八条 违反本办法规定的，由环境保护行政主管部门依照有关法律、法规的规定进行处罚。

第四章 附 则

第十九条 本办法用语含义

（一）海洋渔业水域是指鱼虾类的产卵场、索饵场、越冬场、洄游通道。

（二）珍稀濒危海洋生物保护区是指对珍贵、稀少、濒临灭绝的和有益的、有重要经济、科学研究价值的海洋动植物，依法划出一定范围予以特殊保护和管理的区域。

（三）水产养殖区是指鱼虾贝藻类及其他海洋水生动植物的养殖区域。

（四）海水浴场是指在一定的海域内，有专门机构管理，供人进行露天游泳的场所。

（五）人体直接接触海水的海上运动或娱乐区是指在海上开展游泳、冲浪、划水等活动的区域。

（六）与人类食用直接有关的工业用水区是指从事取卤、晒盐、食品加工、海水淡化和从海水中提取供人食用的其他化学元素等的区域。

（七）一般工业用水区是指利用海水做冷却水、冲刷库场等的区域。

（八）滨海风景旅游区是指风景秀丽、气候宜人，供人观赏、旅游的沿岸或海洋区域。

（九）海洋港口水域是指沿海港口以及河流入海处附近，以靠泊海船为主的港口，包括港区水域、通海航道、库场和装卸作业区。

（十）海洋开发作业区是指勘探、开发、管线输送海洋资源的海洋作业区以及海洋倾废区。

第二十条 本办法自公布之日起施行。

七、放射性污染防治

中华人民共和国放射性污染防治法

（2003 年 6 月 28 日第十届全国人民代表大会常务委员会第三次会议通过，
国家主席令第 6 号）

目 录

第一章 总 则

第一条 为了防治放射性污染，保护环境，保障人体健康，促进核能、核技术的开发与和平利用，制定本法。

第二条 本法适用于中华人民共和国领域和管辖的其他海域在核设施选址、建造、运行、退役和核技术、铀（钍）矿、伴生放射性矿开发利用过程中发生的放射性污染的防治活动。

第三条 国家对放射性污染的防治，实行预防为主、防治结合、严格管理、安全第一的方针。

第四条 国家鼓励、支持放射性污染防治的科学研究和技术开发利用，推广先进的放射性污染防治技术。

国家支持开展放射性污染防治的国际交流与合作。

第五条 县级以上人民政府应当将放射性污染防治工作纳入环境保护规划。

县级以上人民政府应当组织开展有针对性的放射性污染防治宣传教育，使公众了解放射性污染防治的有关情况和科学知识。

第六条 任何单位和个人有权对造成放射性污染的行为提出检举和控告。

第七条 在放射性污染防治工作中作出显著成绩的单位和个人，由县级以上人民政府给予奖励。

第八条 国务院环境保护行政主管部门对全国放射性污染防治工作依法实施统一监督管理。

国务院卫生行政部门和其他有关部门依据国务院规定的职责，对有关的放射性污染防治工作依法实施监督管理。

第二章 放射性污染防治的监督管理

第九条 国家放射性污染防治标准由国务院环境保护行政主管部门根据环境安全要求、国家经济技术条件制定。国家放射性污染防治标准由国务院环境保护行政主管部门和国务院标准化行政主管部门联合发布。

第十条 国家建立放射性污染监测制度。国务院环境保护行政主管部门会同国务院其他有关部门组织环境监测网络，对放射性污染实施监测管理。

第十一条 国务院环境保护行政主管部门和国务院其他有关部门，按照职责分工，各负其责，互通信息，密切配合，对核设施、铀（钍）矿开发利用中的放射性污染防治进行监督检查。

县级以上地方人民政府环境保护行政主管部门和同级其他有关部门，按照职责分工，各负其责，互通信息，密切配合，对本行政区域内核技术利用、伴生放射性矿开发利用中的放射性污染防治进行监督检查。

监督检查人员进行现场检查时，应当出示证件。被检查的单位必须如实反映情况，提供必要的资料。监督检查人员应当为被检查单位保守技术秘密和业务秘密。对涉及国家秘密的单位和部位进行检查时，应当遵守国家有关保守国家秘密的规定，依法办理有关审批手续。

第十二条 核设施营运单位、核技术利用单位、铀（钍）矿和伴生放射性矿开发利用单位，负责本单位放射性污染的防治，接受环境保护行政主管部门和其他有关部门的监督管理，并依法对其造成的放射性污染承担责任。

第十三条 核设施营运单位、核技术利用单位、铀（钍）矿和伴生放射性矿开发利用单位，必须采取安全与防护措施，预防发生可能导致放射性污染的各类事故，避免放射性污染危害。

核设施营运单位、核技术利用单位、铀（钍）矿和伴生放射性矿开发利用单位，应当对其工作人员进行放射性安全教育、培训，采取有效的防护安全措施。

第十四条 国家对从事放射性污染防治的专业人员实行资格管理制度；对从事放射性污染监测工作的机构实行资质管理制度。

第十五条 运输放射性物质和含放射源的射线装置，应当采取有效措施，防止放射性污染。具体办法由国务院规定。

第十六条 放射性物质和射线装置应当设置明显的放射性标识和中文警示说明。生产、销售、使用、贮存、处置放射性物质和射线装置的场所，以及运输放射性物质和含放射源的射线装置的工具，应当设置明显的放射性标志。

第十七条 含有放射性物质的产品，应当符合国家放射性污染防治标准；不符合国家放射性污染防治标准的，不得出厂和销售。

使用伴生放射性矿渣和含有天然放射性物质的石材做建筑和装修材料，应当符合国家建筑材料放射性核素控制标准。

第三章 核设施的放射性污染防治

第十八条 核设施选址，应当进行科学论证，并按照国家有关规定办理审批手续。在办理核设施选址审批手续前，应当编制环境影响报告书，报国务院环境保护行政主管部门审查批准；未经批准，有关部门不得办理核设施选址批准文件。

第十九条 核设施营运单位在进行核设施建造、装料、运行、退役等活动前，必须按照国务院有关核设施安全监督管理的规定，申请领取核设施建造、运行许可证和办理装料、退役等审批手续。

核设施营运单位领取有关许可证或者批准文件后，方可进行相应的建造、装料、运行、退役等活动。

第二十条 核设施营运单位应当在申请领取核设施建造、运行许可证和办理退役审批手续前编制环境影响报告书，报国务院环境保护行政主管部门审查批准；未经批准，有关部门不得颁发许可证和办理批准文件。

第二十一条 与核设施相配套的放射性污染防治设施，应当与主体工程同时设计、同时施工、同时投入使用。

放射性污染防治设施应当与主体工程同时验收；验收合格的，主体工程方可投入生产或者使用。

第二十二条 进口核设施，应当符合国家放射性污染防治标准；没有相应的国家放射性污染防治标准的，采用国务院环境保护行政主管部门指定的国外有关标准。

第二十三条 核动力厂等重要核设施外围地区应当划定规划限制区。规划限制区的划定和管理办法，由国务院规定。

第二十四条 核设施营运单位应当对核设施周围环境中所含的放射性核素的种类、浓度以及核设施流出物中的放射性核素总量实施监测，并定期向国务院环境保护行政主管部门和所在地省、自治区、直辖市人民政府环境保护行政主管部门报告监测结果。

国务院环境保护行政主管部门负责对核动力厂等重要核设施实施监督性监测，并根据需要对其他核设施的流出物实施监测。监督性监测系统的建设、运行和维护费用由财政预算安排。

第二十五条 核设施营运单位应当建立健全安全保卫制度，加强安全保卫工作，并接受公安部门的监督指导。

核设施营运单位应当按照核设施的规模和性质制定核事故场内应急计划，做好应急准备。

出现核事故应急状态时，核设施营运单位必须立即采取有效的应急措施控制事故，并向核设施主管部门和环境保护行政主管部门、卫生行政部门、公安部门以及其他有关部门报告。

第二十六条 国家建立健全核事故应急制度。

核设施主管部门、环境保护行政主管部门、卫生行政部门、公安部门以及其他有关部门，在本级人民政府的组织领导下，按照各自的职责依法做好核事故应急工作。

中国人民解放军和中国人民武装警察部队按照国务院、中央军事委员会的有关规定在核事故应急中实施有效的支援。

第二十七条 核设施营运单位应当制定核设施退役计划。

核设施的退役费用和放射性废物处置费用应当预提，列入投资概算或者生产成本。核设施的退役费用和放射性废物处置费用的提取和管理办法，由国务院财政部门、价格主管部门会同国务院环境保护行政主管部门、核设施主管部门规定。

第四章 核技术利用的放射性污染防治

第二十八条 生产、销售、使用放射性同位素和射线装置的单位，应当按照国务院有关放射性同位素与射线装置放射防护的规定申请领取许可证，办理登记手续。

转让、进口放射性同位素和射线装置的单位以及装备有放射性同位素的仪表的单位，应当按照国务院有关放射性同位素与射线装置放射防护的规定办理有关手续。

第二十九条 生产、销售、使用放射性同位素和加速器、中子发生器以及含放射源的射线装置的单位，应当在申请领取许可证前编制环境影响评价文件，报省、自治区、直辖市人民政府环境保护行政主管部门审查批准；未经批准，有关部门不得颁发许可证。

国家建立放射性同位素备案制度。具体办法由国务院规定。

第三十条 新建、改建、扩建放射工作场所的放射防护设施，应当与主体工程同时设计、同时施工、同时投入使用。

放射防护设施应当与主体工程同时验收；验收合格的，主体工程方可投入生产或者使用。

第三十一条 放射性同位素应当单独存放，不得与易燃、易爆、腐蚀性物品等一起存放，其贮存场所应当采取有效的防火、防盗、防射线泄漏的安全防护措施，并指定专人负责保管。贮存、领取、使用、归还放射性同位素时，应当进行登记、检查，做到账物相符。

第三十二条 生产、使用放射性同位素和射线装置的单位，应当按照国务院环境保护行政主管部门的规定对其产生的放射性废物进行收集、包装、贮存。

生产放射源的单位，应当按照国务院环境保护行政主管部门的规定回收和利用废旧放射源；使用放射源的单位，应当按照国务院环境保护行政主管部门的规定将废旧放射源交回生产放射源的单位或者送交专门从事放射性固体废物贮存、处置的单位。

第三十三条 生产、销售、使用、贮存放射源的单位，应当建立健全安全保卫制度，指定专人负责，落实安全责任制，制定必要的事故应急措施。发生放射源丢失、被盗和放射性污染事故时，有关单位和个人必须立即采取应急措施，并向公安部门、卫生行政部门和环境保护行政主管部门报告。

公安部门、卫生行政部门和环境保护行政主管部门接到放射源丢失、被盗和放射性污染事故报告后，应当报告本级人民政府，并按照各自的职责立即组织采取有效措施，防止放射性污染蔓延，减少事故损失。当地人民政府应当及时将有关情况告知公众，并做好事故的调查、处理工作。

第五章　铀（钍）矿和伴生放射性矿开发利用的放射性污染防治

第三十四条　开发利用或者关闭铀（钍）矿的单位，应当在申请领取采矿许可证或者办理退役审批手续前编制环境影响报告书，报国务院环境保护行政主管部门审查批准。

开发利用伴生放射性矿的单位，应当在申请领取采矿许可证前编制环境影响报告书，报省级以上人民政府环境保护行政主管部门审查批准。

第三十五条　与铀（钍）矿和伴生放射性矿开发利用建设项目相配套的放射性污染防治设施，应当与主体工程同时设计、同时施工、同时投入使用。

放射性污染防治设施应当与主体工程同时验收；验收合格的，主体工程方可投入生产或者使用。

第三十六条　铀（钍）矿开发利用单位应当对铀（钍）矿的流出物和周围的环境实施监测，并定期向国务院环境保护行政主管部门和所在地省、自治区、直辖市人民政府环境保护行政主管部门报告监测结果。

第三十七条　对铀（钍）矿和伴生放射性矿开发利用过程中产生的尾矿，应当建造尾矿库进行贮存、处置；建造的尾矿库应当符合放射性污染防治的要求。

第三十八条　铀（钍）矿开发利用单位应当制定铀（钍）矿退役计划。铀矿退役费用由国家财政预算安排。

第六章　放射性废物管理

第三十九条　核设施营运单位、核技术利用单位、铀（钍）矿和伴生放射性矿开发利用单位，应当合理选择和利用原材料，采用先进的生产工艺和设备，尽量减少放射性废物的产生量。

第四十条　向环境排放放射性废气、废液，必须符合国家放射性污染防治标准。

第四十一条　产生放射性废气、废液的单位向环境排放符合国家放射性污染防治标准的放射性废气、废液，应当向审批环境影响评价文件的环境保护行政主管部门申请放射性核素排放量，并定期报告排放计量结果。

第四十二条　产生放射性废液的单位，必须按照国家放射性污染防治标准的要求，对不得向环境排放的放射性废液进行处理或者贮存。

产生放射性废液的单位，向环境排放符合国家放射性污染防治标准的放射性废液，必须采用符合国务院环境保护行政主管部门规定的排放方式。

禁止利用渗井、渗坑、天然裂隙、溶洞或者国家禁止的其他方式排放放射性废液。

第四十三条　低、中水平放射性固体废物在符合国家规定的区域实行近地表处置。

高水平放射性固体废物实行集中的深地质处置。

α放射性固体废物依照前款规定处置。

禁止在内河水域和海洋上处置放射性固体废物。

第四十四条 国务院核设施主管部门会同国务院环境保护行政主管部门根据地质条件和放射性固体废物处置的需要，在环境影响评价的基础上编制放射性固体废物处置场所选址规划，报国务院批准后实施。

有关地方人民政府应当根据放射性固体废物处置场所选址规划，提供放射性固体废物处置场所的建设用地，并采取有效措施支持放射性固体废物的处置。

第四十五条 产生放射性固体废物的单位，应当按照国务院环境保护行政主管部门的规定，对其产生的放射性固体废物进行处理后，送交放射性固体废物处置单位处置，并承担处置费用。

放射性固体废物处置费用收取和使用管理办法，由国务院财政部门、价格主管部门会同国务院环境保护行政主管部门规定。

第四十六条 设立专门从事放射性固体废物贮存、处置的单位，必须经国务院环境保护行政主管部门审查批准，取得许可证。具体办法由国务院规定。

禁止未经许可或者不按照许可的有关规定从事贮存和处置放射性固体废物的活动。

禁止将放射性固体废物提供或者委托给无许可证的单位贮存和处置。

第四十七条 禁止将放射性废物和被放射性污染的物品输入中华人民共和国境内或者经中华人民共和国境内转移。

第七章 法律责任

第四十八条 放射性污染防治监督管理人员违反法律规定，利用职务上的便利收受他人财物、谋取其他利益，或者玩忽职守，有下列行为之一的，依法给予行政处分；构成犯罪的，依法追究刑事责任：

（一）对不符合法定条件的单位颁发许可证和办理批准文件的；

（二）不依法履行监督管理职责的；

（三）发现违法行为不予查处的。

第四十九条 违反本法规定，有下列行为之一的，由县级以上人民政府环境保护行政主管部门或者其他有关部门依据职权责令限期改正，可以处二万元以下罚款：

（一）不按照规定报告有关环境监测结果的；

（二）拒绝环境保护行政主管部门和其他有关部门进行现场检查，或者被检查时不如实反映情况和提供必要资料的。

第五十条 违反本法规定，未编制环境影响评价文件，或者环境影响评价文件未经环境保护行政主管部门批准，擅自进行建造、运行、生产和使用等活动的，由审批环境影响评价文件的环境保护行政主管部门责令停止违法行为，限期补办手续或者恢复原状，并处一万元以上二十万元以下罚款。

第五十一条 违反本法规定，未建造放射性污染防治设施、放射防护设施，或者防治防护设施未经验收合格，主体工程即投入生产或者使用的，由审批环境影响评价文件的环境保护行政主管部门责令停止违法行为，限期改正，并处五万元以上二十万元以下罚款。

第五十二条 违反本法规定，未经许可或者批准，核设施营运单位擅自进行核设施的建造、装料、运行、退役等活动的，由国务院环境保护行政主管部门责令停止违法行为，限期改正，并处二十万元以上五十万元以下罚款；构成犯罪的，依法追究刑事责任。

第五十三条 违反本法规定，生产、销售、使用、转让、进口、贮存放射性同位素和射线装置以及装备有放射性同位素的仪表的，由县级以上人民政府环境保护行政主管部门或者其他有关部门依据职权责令停止违法行为，限期改正；逾期不改正的，责令停产停业或者吊销许可证；有违法所得的，没收违法所得；违法所得十万元以上的，并处违法所得一倍以上五倍以下罚款；没有违法所得或者违法所得不足十万元的，并处一万元以上十万元以下罚款；构成犯罪的，依法追究刑事责任。

第五十四条 违反本法规定，有下列行为之一的，由县级以上人民政府环境保护行政主管部门责令停止违法行为，限期改正，处以罚款；构成犯罪的，依法追究刑事责任：

（一）未建造尾矿库或者不按照放射性污染防治的要求建造尾矿库，贮存、处置铀（钍）矿和伴生放射性矿的尾矿的；

（二）向环境排放不得排放的放射性废气、废液的；

（三）不按照规定的方式排放放射性废液，利用渗井、渗坑、天然裂隙、溶洞或者国家禁止的其他方式排放放射性废液的；

（四）不按照规定处理或者贮存不得向环境排放的放射性废液的；

（五）将放射性固体废物提供或者委托给无许可证的单位贮存和处置的。

有前款第（一）项、第（二）项、第（三）项、第（五）项行为之一的，处十万元以上二十万元以下罚款；有前款第（四）项行为的，处一万元以上十万元以下罚款。

第五十五条 违反本法规定，有下列行为之一的，由县级以上人民政府环境保护行政主管部门或者其他有关部门依据职权责令限期改正；逾期不改正的，责令停产停业，并处二万元以上十万元以下罚款；构成犯罪的，依法追究刑事责任：

（一）不按照规定设置放射性标识、标志、中文警示说明的；

（二）不按照规定建立健全安全保卫制度和制定事故应急计划或者应急措施的；

（三）不按照规定报告放射源丢失、被盗情况或者放射性污染事故的。

第五十六条 产生放射性固体废物的单位，不按照本法第四十五条的规定对其产生的放射性固体废物进行处置的，由审批该单位立项环境影响评价文件的环境保护行政主管部门责令停止违法行为，限期改正；逾期不改正的，指定有处置能力的单位代为处置，所需费用由产生放射性固体废物的单位承担，可以并处二十万元以下罚款；构成犯罪的，依法追究刑事责任。

第五十七条 违反本法规定，有下列行为之一的，由省级以上人民政府环境保护行政主管部门责令停产停业或者吊销许可证；有违法所得的，没收违法所得；违法所得十万元以上的，并处违法所得一倍以上五倍以下罚款；没有违法所得或者违法所得不足十万元的，并处五万元以上十万元以下罚款；构成犯罪的，依法追究刑事责任：

（一）未经许可，擅自从事贮存和处置放射性固体废物活动的；

（二）不按照许可的有关规定从事贮存和处置放射性固体废物活动的。

第五十八条 向中华人民共和国境内输入放射性废物和被放射性污染的物品，或者经中华人民共和国境内转移放射性废物和被放射性污染的物品的，由海关责令退运该放射性废物和被放射性污染的物品，并处五十万元以上一百万元以下罚款；构成犯罪的，依法追究刑事责任。

第五十九条 因放射性污染造成他人损害的，应当依法承担民事责任。

第八章 附 则

第六十条 军用设施、装备的放射性污染防治，由国务院和军队的有关主管部门依照本法规定的原则和国务院、中央军事委员会规定的职责实施监督管理。

第六十一条 劳动者在职业活动中接触放射性物质造成的职业病的防治，依照《中华人民共和国职业病防治法》的规定执行。

第六十二条 本法中下列用语的含义：

（一）放射性污染，是指由于人类活动造成物料、人体、场所、环境介质表面或者内部出现超过国家标准的放射性物质或者射线。

（二）核设施，是指核动力厂（核电厂、核热电厂、核供汽供热厂等）和其他反应堆（研究堆、实验堆、临界装置等）；核燃料生产、加工、贮存和后处理设施；放射性废物的处理和处置设施等。

（三）核技术利用，是指密封放射源、非密封放射源和射线装置在医疗、工业、农业、地质调查、科学研究和教学等领域中的使用。

（四）放射性同位素，是指某种发生放射性衰变的元素中具有相同原子序数但质量不同的核素。

（五）放射源，是指除研究堆和动力堆核燃料循环范畴的材料以外，永久密封在容器中或者有严密包层并呈固态的放射性材料。

（六）射线装置，是指X线机、加速器、中子发生器以及含放射源的装置。

（七）伴生放射性矿，是指含有较高水平天然放射性核素浓度的非铀矿（如稀土矿和磷酸盐矿等）。

（八）放射性废物，是指含有放射性核素或者被放射性核素污染，其浓度或者比活度大于国家确定的清洁解控水平，预期不再使用的废弃物。

第六十三条 本法自2003年10月1日起施行。

放射性同位素与射线装置安全和防护条例

中华人民共和国国务院令

第449号

《放射性同位素与射线装置安全和防护条例》已经2005年8月31日国务院第104次常务会议通过，现予公布，自2005年12月1日起施行。

总理　温家宝

2005年9月14日

第一章　总　则

第一条　为了加强对放射性同位素、射线装置安全和防护的监督管理，促进放射性同位素、射线装置的安全应用，保障人体健康，保护环境，制定本条例。

第二条　在中华人民共和国境内生产、销售、使用放射性同位素和射线装置，以及转让、进出口放射性同位素的，应当遵守本条例。

本条例所称放射性同位素包括放射源和非密封放射性物质。

第三条　国务院环境保护主管部门对全国放射性同位素、射线装置的安全和防护工作实施统一监督管理。

国务院公安、卫生等部门按照职责分工和本条例的规定，对有关放射性同位素、射线装置的安全和防护工作实施监督管理。

县级以上地方人民政府环境保护主管部门和其他有关部门，按照职责分工和本条例的规定，对本行政区域内放射性同位素、射线装置的安全和防护工作实施监督管理。

第四条　国家对放射源和射线装置实行分类管理。根据放射源、射线装置对人体健康和环境的潜在危害程度，从高到低将放射源分为Ⅰ类、Ⅱ类、Ⅲ类、Ⅳ类、Ⅴ类，具体分类办法由国务院环境保护主管部门制定；将射线装置分为Ⅰ类、Ⅱ类、Ⅲ类，具体分类办法由国务院环境保护主管部门商国务院卫生主管部门制定。

第二章　许可和备案

第五条　生产、销售、使用放射性同位素和射线装置的单位，应当依照本章规定取得许可证。

第六条 生产放射性同位素、销售和使用Ⅰ类放射源、销售和使用Ⅰ类射线装置的单位的许可证，由国务院环境保护主管部门审批颁发。

前款规定之外的单位的许可证，由省、自治区、直辖市人民政府环境保护主管部门审批颁发。

国务院环境保护主管部门向生产放射性同位素的单位颁发许可证前，应当将申请材料印送其行业主管部门征求意见。

环境保护主管部门应当将审批颁发许可证的情况通报同级公安部门、卫生主管部门。

第七条 生产、销售、使用放射性同位素和射线装置的单位申请领取许可证，应当具备下列条件：

（一）有与所从事的生产、销售、使用活动规模相适应的，具备相应专业知识和防护知识及健康条件的专业技术人员；

（二）有符合国家环境保护标准、职业卫生标准和安全防护要求的场所、设施和设备；

（三）有专门的安全和防护管理机构或者专职、兼职安全和防护管理人员，并配备必要的防护用品和监测仪器；

（四）有健全的安全和防护管理规章制度、辐射事故应急措施；

（五）产生放射性废气、废液、固体废物的，具有确保放射性废气、废液、固体废物达标排放的处理能力或者可行的处理方案。

第八条 生产、销售、使用放射性同位素和射线装置的单位，应当事先向有审批权的环境保护主管部门提出许可申请，并提交符合本条例第七条规定条件的证明材料。

使用放射性同位素和射线装置进行放射诊疗的医疗卫生机构，还应当获得放射源诊疗技术和医用辐射机构许可。

第九条 环境保护主管部门应当自受理申请之日起 20 个工作日内完成审查，符合条件的，颁发许可证，并予以公告；不符合条件的，书面通知申请单位并说明理由。

第十条 许可证包括下列主要内容：

（一）单位的名称、地址、法定代表人；

（二）所从事活动的种类和范围；

（三）有效期限；

（四）发证日期和证书编号。

第十一条 持证单位变更单位名称、地址、法定代表人的，应当自变更登记之日起 20 日内，向原发证机关申请办理许可证变更手续。

第十二条 有下列情形之一的，持证单位应当按照原申请程序，重新申请领取许可证：

（一）改变所从事活动的种类或者范围的；

（二）新建或者改建、扩建生产、销售、使用设施或者场所的。

第十三条 许可证有效期为 5 年。有效期届满，需要延续的，持证单位应当于许可证有效期届满 30 日前，向原发证机关提出延续申请。原发证机关应当自受理延续申请之日起，在许可证有效期届满前完成审查，符合条件的，予以延续；不符合条件的，书面通知申请单位并说明理由。

第十四条 持证单位部分终止或者全部终止生产、销售、使用放射性同位素和射线装置活动的，应当向原发证机关提出部分变更或者注销许可证申请，由原发证机关核查合格后，予以变更或者注销许可证。

第十五条 禁止无许可证或者不按照许可证规定的种类和范围从事放射性同位素和射线装置的生产、销售、使用活动。

禁止伪造、变造、转让许可证。

第十六条 国务院对外贸易主管部门会同国务院环境保护主管部门、海关总署、国务院质量监督检验检疫部门和生产放射性同位素的单位的行业主管部门制定并公布限制进出口放射性同位素目录和禁止进出口放射性同位素目录。

进口列入限制进出口目录的放射性同位素，应当在国务院环境保护主管部门审查批准后，由国务院对外贸易主管部门依据国家对外贸易的有关规定签发进口许可证。进口限制进出口目录和禁止进出口目录之外的放射性同位素，依据国家对外贸易的有关规定办理进口手续。

第十七条 申请进口列入限制进出口目录的放射性同位素，应当符合下列要求：

（一）进口单位已经取得与所从事活动相符的许可证；

（二）进口单位具有进口放射性同位素使用期满后的处理方案，其中，进口Ⅰ类、Ⅱ类、Ⅲ类放射源的，应当具有原出口方负责回收的承诺文件；

（三）进口的放射源应当有明确标号和必要说明文件，其中，Ⅰ类、Ⅱ类、Ⅲ类放射源的标号应当刻制在放射源本体或者密封包壳体上，Ⅳ类、Ⅴ类放射源的标号应当记录在相应说明文件中；

（四）将进口的放射性同位素销售给其他单位使用的，还应当具有与使用单位签订的书面协议以及使用单位取得的许可证复印件。

第十八条 进口列入限制进出口目录的放射性同位素的单位，应当向国务院环境保护主管部门提出进口申请，并提交符合本条例第十七条规定要求的证明材料。

国务院环境保护主管部门应当自受理申请之日起 10 个工作日内完成审查，符合条件的，予以批准；不符合条件的，书面通知申请单位并说明理由。

海关验凭放射性同位素进口许可证办理有关进口手续。进口放射性同位素的包装材料依法需要实施检疫的，依照国家有关检疫法律、法规的规定执行。

对进口的放射源，国务院环境保护主管部门还应当同时确定与其标号相对应的放射源编码。

第十九条 申请转让放射性同位素，应当符合下列要求：

（一）转出、转入单位持有与所从事活动相符的许可证；

（二）转入单位具有放射性同位素使用期满后的处理方案；

（三）转让双方已经签订书面转让协议。

第二十条 转让放射性同位素，由转入单位向其所在地省、自治区、直辖市人民政府环境保护主管部门提出申请，并提交符合本条例第十九条规定要求的证明材料。

省、自治区、直辖市人民政府环境保护主管部门应当自受理申请之日起 15 个工作日内完成审查，符合条件的，予以批准；不符合条件的，书面通知申请单位并说明理由。

第二十一条 放射性同位素的转出、转入单位应当在转让活动完成之日起 20 日内，分别向其所在地省、自治区、直辖市人民政府环境保护主管部门备案。

第二十二条 生产放射性同位素的单位，应当建立放射性同位素产品台账，并按照国务院环境保护主管部门制定的编码规则，对生产的放射源统一编码。放射性同位素产品台账和放射源编码清单应当报国务院环境保护主管部门备案。

生产的放射源应当有明确标号和必要说明文件。其中，Ⅰ类、Ⅱ类、Ⅲ类放射源的标号应当刻制在放射源本体或者密封包壳体上，Ⅳ类、Ⅴ类放射源的标号应当记录在相应说明文件中。

国务院环境保护主管部门负责建立放射性同位素备案信息管理系统，与有关部门实行信息共享。

未列入产品台账的放射性同位素和未编码的放射源，不得出厂和销售。

第二十三条 持有放射源的单位将废旧放射源交回生产单位、返回原出口方或者送交放射性废物集中贮存单位贮存的，应当在该活动完成之日起 20 日内向其所在地省、自治区、直辖市人民政府环境保护主管部门备案。

第二十四条 本条例施行前生产和进口的放射性同位素，由放射性同位素持有单位在本条例施行之日起 6 个月内，到其所在地省、自治区、直辖市人民政府环境保护主管部门办理备案手续，省、自治区、直辖市人民政府环境保护主管部门应当对放射源进行统一编码。

第二十五条 使用放射性同位素的单位需要将放射性同位素转移到外省、自治区、直辖市使用的，应当持许可证复印件向使用地省、自治区、直辖市人民政府环境保护主管部门备案，并接受当地环境保护主管部门的监督管理。

第二十六条 出口列入限制进出口目录的放射性同位素，应当提供进口方可以合法持有放射性同位素的证明材料，并由国务院环境保护主管部门依照有关法律和我国缔结或者参加的国际条约、协定的规定，办理有关手续。

出口放射性同位素应当遵守国家对外贸易的有关规定。

第三章 安全和防护

第二十七条 生产、销售、使用放射性同位素和射线装置的单位，应当对本单位的放射性同位素、射线装置的安全和防护工作负责，并依法对其造成的放射性危害承担责任。

生产放射性同位素的单位的行业主管部门，应当加强对生产单位安全和防护工作的管理，并定期对其执行法律、法规和国家标准的情况进行监督检查。

第二十八条 生产、销售、使用放射性同位素和射线装置的单位，应当对直接从事生产、销售、使用活动的工作人员进行安全和防护知识教育培训，并进行考核；考核不合格的，不得上岗。

辐射安全关键岗位应当由注册核安全工程师担任。辐射安全关键岗位名录由国务院环境保护主管部门商国务院有关部门制定并公布。

第二十九条 生产、销售、使用放射性同位素和射线装置的单位，应当严格按照国家关于个人剂量监测和健康管理的规定，对直接从事生产、销售、使用活动的工作人员进行个人剂量监测和职业健康检查，建立个人剂量档案和职业健康监护档案。

第三十条 生产、销售、使用放射性同位素和射线装置的单位，应当对本单位的放射性同位素、射线装置的安全和防护状况进行年度评估。发现安全隐患的，应当立即进行整改。

第三十一条 生产、销售、使用放射性同位素和射线装置的单位需要终止的，应当事先对本单位的放射性同位素和放射性废物进行清理登记，作出妥善处理，不得留有安全隐患。生产、销售、使用放射性同位素和射线装置的单位发生变更的，由变更后的单位承担处理责任。变更前当事人对此另有约定的，从其约定；但是，约定中不得免除当事人的处理义务。

在本条例施行前已经终止的生产、销售、使用放射性同位素和射线装置的单位，其未安全处理的废旧放射源和放射性废物，由所在地省、自治区、直辖市人民政府环境保护主管部门提出处理方案，及时进行处理。所需经费由省级以上人民政府承担。

第三十二条 生产、进口放射源的单位销售Ⅰ类、Ⅱ类、Ⅲ类放射源给其他单位使用的，应当与使用放射源的单位签订废旧放射源返回协议；使用放射源的单位应当按照废旧放射源返回协议规定将废旧放射源交回生产单位或者返回原出口方。确实无法交回生产单位或者返回原出口方的，送交有相应资质的放射性废物集中贮存单位贮存。

使用放射源的单位应当按照国务院环境保护主管部门的规定，将Ⅳ类、Ⅴ类废旧放射源进行包装整备后送交有相应资质的放射性废物集中贮存单位贮存。

第三十三条 使用Ⅰ类、Ⅱ类、Ⅲ类放射源的场所和生产放射性同位素的场所，以及终结运行后产生放射性污染的射线装置，应当依法实施退役。

第三十四条 生产、销售、使用、贮存放射性同位素和射线装置的场所，应当按照国家有关规定设置明显的放射性标志，其入口处应当按照国家有关安全和防护标准的要求，设置安全和防护设施以及必要的防护安全联锁、报警装置或者工作信号。射线装置的生产调试和使用场所，应当具有防止误操作、防止工作人员和公众受到意外照射的安全措施。

放射性同位素的包装容器、含放射性同位素的设备和射线装置，应当设置明显的放射性标识和中文警示说明；放射源上能够设置放射性标识的，应当一并设置。运输放射性同位素和含放射源的射线装置的工具，应当按照国家有关规定设置明显的放射性标志或者显示危险信号。

第三十五条 放射性同位素应当单独存放，不得与易燃、易爆、腐蚀性物品等一起存放，并指定专人负责保管。贮存、领取、使用、归还放射性同位素时，应当进行登记、检查，做到账物相符。放射性同位素贮存场所应当采取防火、防水、防盗、防丢失、防破坏、防射线泄漏的安全措施。

对放射源还应当根据其潜在危害的大小，建立相应的多层防护和安全措施，并对可移动的放射源定期进行盘存，确保其处于指定位置，具有可靠的安全保障。

第三十六条　在室外、野外使用放射性同位素和射线装置的，应当按照国家安全和防护标准的要求划出安全防护区域，设置明显的放射性标志，必要时设专人警戒。

在野外进行放射性同位素示踪试验的，应当经省级以上人民政府环境保护主管部门商同级有关部门批准方可进行。

第三十七条　辐射防护器材、含放射性同位素的设备和射线装置，以及含有放射性物质的产品和伴有产生 X 射线的电器产品，应当符合辐射防护要求。不合格的产品不得出厂和销售。

第三十八条　使用放射性同位素和射线装置进行放射诊疗的医疗卫生机构，应当依据国务院卫生主管部门有关规定和国家标准，制定与本单位从事的诊疗项目相适应的质量保证方案，遵守质量保证监测规范，按照医疗照射正当化和辐射防护最优化的原则，避免一切不必要的照射，并事先告知患者和受检者辐射对健康的潜在影响。

第三十九条　金属冶炼厂回收冶炼废旧金属时，应当采取必要的监测措施，防止放射性物质熔入产品中。监测中发现问题的，应当及时通知所在地设区的市级以上人民政府环境保护主管部门。

第四章　辐射事故应急处理

第四十条　根据辐射事故的性质、严重程度、可控性和影响范围等因素，从重到轻将辐射事故分为特别重大辐射事故、重大辐射事故、较大辐射事故和一般辐射事故四个等级。

特别重大辐射事故，是指Ⅰ类、Ⅱ类放射源丢失、被盗、失控造成大范围严重辐射污染后果，或者放射性同位素和射线装置失控导致 3 人以上（含 3 人）急性死亡。

重大辐射事故，是指Ⅰ类、Ⅱ类放射源丢失、被盗、失控，或者放射性同位素和射线装置失控导致 2 人以下（含 2 人）急性死亡或者 10 人以上（含 10 人）急性重度放射病、局部器官残疾。

较大辐射事故，是指Ⅲ类放射源丢失、被盗、失控，或者放射性同位素和射线装置失控导致 9 人以下（含 9 人）急性重度放射病、局部器官残疾。

一般辐射事故，是指Ⅳ类、Ⅴ类放射源丢失、被盗、失控，或者放射性同位素和射线装置失控导致人员受到超过年剂量限值的照射。

第四十一条　县级以上人民政府环境保护主管部门应当会同同级公安、卫生、财政等部门编制辐射事故应急预案，报本级人民政府批准。辐射事故应急预案应当包括下列内容：

（一）应急机构和职责分工；

（二）应急人员的组织、培训以及应急和救助的装备、资金、物资准备；

（三）辐射事故分级与应急响应措施；

（四）辐射事故调查、报告和处理程序。

生产、销售、使用放射性同位素和射线装置的单位，应当根据可能发生的辐射事故的风险，制定本单位的应急方案，做好应急准备。

第四十二条 发生辐射事故时，生产、销售、使用放射性同位素和射线装置的单位应当立即启动本单位的应急方案，采取应急措施，并立即向当地环境保护主管部门、公安部门、卫生主管部门报告。

环境保护主管部门、公安部门、卫生主管部门接到辐射事故报告后，应当立即派人赶赴现场，进行现场调查，采取有效措施，控制并消除事故影响，同时将辐射事故信息报告本级人民政府和上级人民政府环境保护主管部门、公安部门、卫生主管部门。

县级以上地方人民政府及其有关部门接到辐射事故报告后，应当按照事故分级报告的规定及时将辐射事故信息报告上级人民政府及其有关部门。发生特别重大辐射事故和重大辐射事故后，事故发生地省、自治区、直辖市人民政府和国务院有关部门应当在 4 小时内报告国务院；特殊情况下，事故发生地人民政府及其有关部门可以直接向国务院报告，并同时报告上级人民政府及其有关部门。

禁止缓报、瞒报、谎报或者漏报辐射事故。

第四十三条 在发生辐射事故或者有证据证明辐射事故可能发生时，县级以上人民政府环境保护主管部门有权采取下列临时控制措施：

（一）责令停止导致或者可能导致辐射事故的作业；

（二）组织控制事故现场。

第四十四条 辐射事故发生后，有关县级以上人民政府应当按照辐射事故的等级，启动并组织实施相应的应急预案。

县级以上人民政府环境保护主管部门、公安部门、卫生主管部门，按照职责分工做好相应的辐射事故应急工作：

（一）环境保护主管部门负责辐射事故的应急响应、调查处理和定性定级工作，协助公安部门监控追缴丢失、被盗的放射源；

（二）公安部门负责丢失、被盗放射源的立案侦察和追缴；

（三）卫生主管部门负责辐射事故的医疗应急。

环境保护主管部门、公安部门、卫生主管部门应当及时相互通报辐射事故应急响应、调查处理、定性定级、立案侦查和医疗应急情况。国务院指定的部门根据环境保护主管部门确定的辐射事故的性质和级别，负责有关国际信息通报工作。

第四十五条 发生辐射事故的单位应当立即将可能受到辐射伤害的人员送至当地卫生主管部门指定的医院或者有条件救治辐射损伤病人的医院，进行检查和治疗，或者请求医院立即派人赶赴事故现场，采取救治措施。

第五章　监督检查

第四十六条 县级以上人民政府环境保护主管部门和其他有关部门应当按照各自职责规定对生产、销售、使用放射性同位素和射线装置的单位进行监督检查。

被检查单位应当予以配合，如实反映情况，提供必要的资料，不得拒绝和阻碍。

第四十七条 县级以上人民政府环境保护主管部门应当配备辐射防护安全监督员。辐射防护安全监督员由从事辐射防护工作，具有辐射防护安全知识并经省级以上人民政府环境保护主管部门认可的专业人员担任。辐射防护安全监督员应当定期接受专业知识培训和考核。

第四十八条 县级以上人民政府环境保护主管部门在监督检查中发现生产、销售、使用放射性同位素和射线装置的单位有不符合原发证条件的情形的，应当责令其限期整改。

监督检查人员依法进行监督检查时，应当出示证件，并为被检查单位保守技术秘密和业务秘密。

第四十九条 任何单位和个人对违反本条例的行为，有权向环境保护主管部门和其他有关部门检举；对环境保护主管部门和其他有关部门未依法履行监督管理职责的行为，有权向本级人民政府、上级人民政府有关部门检举。接到举报的有关人民政府、环境保护主管部门和其他有关部门对有关举报应当及时核实、处理。

第六章　法律责任

第五十条 违反本条例规定，县级以上人民政府环境保护主管部门有下列行为之一的，对直接负责的主管人员和其他直接责任人员，依法给予行政处分；构成犯罪的，依法追究刑事责任：

（一）向不符合本条例规定条件的单位颁发许可证或者批准不符合本条例规定条件的单位进口、转让放射性同位素的；

（二）发现未依法取得许可证的单位擅自生产、销售、使用放射性同位素和射线装置，不予查处或者接到举报后不依法处理的；

（三）发现未经依法批准擅自进口、转让放射性同位素，不予查处或者接到举报后不依法处理的；

（四）对依法取得许可证的单位不履行监督管理职责或者发现违反本条例规定的行为不予查处的；

（五）在放射性同位素、射线装置安全和防护监督管理工作中有其他渎职行为的。

第五十一条 违反本条例规定，县级以上人民政府环境保护主管部门和其他有关部门有下列行为之一的，对直接负责的主管人员和其他直接责任人员，依法给予行政处分；构成犯罪的，依法追究刑事责任：

（一）缓报、瞒报、谎报或者漏报辐射事故的；

（二）未按照规定编制辐射事故应急预案或者不依法履行辐射事故应急职责的。

第五十二条 违反本条例规定，生产、销售、使用放射性同位素和射线装置的单位有下列行为之一的，由县级以上人民政府环境保护主管部门责令停止违法行为，限期改正；逾期不改正的，责令停产停业或者由原发证机关吊销许可证；有违法所得的，没收违法所得；违法所得10万元以上的，并处违法所得1倍以上5倍以下的罚款；没有违法所得或者违法所得不足10万元的，并处1万元以上10万元以下的罚款：

（一）无许可证从事放射性同位素和射线装置生产、销售、使用活动的；

（二）未按照许可证的规定从事放射性同位素和射线装置生产、销售、使用活动的；

（三）改变所从事活动的种类或者范围以及新建、改建或者扩建生产、销售、使用设施或者场所，未按照规定重新申请领取许可证的；

（四）许可证有效期届满，需要延续而未按照规定办理延续手续的；

（五）未经批准，擅自进口或者转让放射性同位素的。

第五十三条 违反本条例规定，生产、销售、使用放射性同位素和射线装置的单位变更单位名称、地址和法定代表人，未依法办理许可证变更手续的，由县级以上人民政府环境保护主管部门责令限期改正，给予警告；逾期不改正的，由原发证机关暂扣或者吊销许可证。

第五十四条 违反本条例规定，生产、销售、使用放射性同位素和射线装置的单位部分终止或者全部终止生产、销售、使用活动，未按照规定办理许可证变更或者注销手续的，由县级以上人民政府环境保护主管部门责令停止违法行为，限期改正；逾期不改正的，处 1 万元以上 10 万元以下的罚款；造成辐射事故，构成犯罪的，依法追究刑事责任。

第五十五条 违反本条例规定，伪造、变造、转让许可证的，由县级以上人民政府环境保护主管部门收缴伪造、变造的许可证或者由原发证机关吊销许可证，并处 5 万元以上 10 万元以下的罚款；构成犯罪的，依法追究刑事责任。

违反本条例规定，伪造、变造、转让放射性同位素进口和转让批准文件的，由县级以上人民政府环境保护主管部门收缴伪造、变造的批准文件或者由原批准机关撤销批准文件，并处 5 万元以上 10 万元以下的罚款；情节严重的，可以由原发证机关吊销许可证；构成犯罪的，依法追究刑事责任。

第五十六条 违反本条例规定，生产、销售、使用放射性同位素的单位有下列行为之一的，由县级以上人民政府环境保护主管部门责令限期改正，给予警告；逾期不改正的，由原发证机关暂扣或者吊销许可证：

（一）转入、转出放射性同位素未按照规定备案的；

（二）将放射性同位素转移到外省、自治区、直辖市使用，未按照规定备案的；

（三）将废旧放射源交回生产单位、返回原出口方或者送交放射性废物集中贮存单位贮存，未按照规定备案的；

第五十七条 违反本条例规定，生产、销售、使用放射性同位素和射线装置的单位有下列行为之一的，由县级以上人民政府环境保护主管部门责令停止违法行为，限期改正；逾期不改正的，处 1 万元以上 10 万元以下的罚款：

（一）在室外、野外使用放射性同位素和射线装置，未按照国家有关安全和防护标准的要求划出安全防护区域和设置明显的放射性标志的；

（二）未经批准擅自在野外进行放射性同位素示踪试验的。

第五十八条 违反本条例规定，生产放射性同位素的单位有下列行为之一的，由县级以上人民政府环境保护主管部门责令限期改正，给予警告；逾期不改正的，依法收缴其未备案的放射性同位素和未编码的放射源，处 5 万元以上 10 万以下的罚款，并可以由原发证机关暂扣或者吊销许可证：

（一）未建立放射性同位素产品台账的；

（二）未按照国务院环境保护主管部门制定的编码规则，对生产的放射源进行统一编码的；

（三）未将放射性同位素产品台账和放射源编码清单报国务院环境保护主管部门备案的；

（四）出厂或者销售未列入产品台账的放射性同位素和未编码的放射源的；

第五十九条 违反本条例规定，生产、销售、使用放射性同位素和射线装置的单位有下列行为之一的，由县级以上人民政府环境保护主管部门责令停止违法行为，限期改正；逾期不改正的，由原发证机关指定有处理能力的单位代为处理或者实施退役，费用由生产、销售、使用放射性同位素和射线装置的单位承担，并处 1 万元以上 10 万元以下的罚款：

（一）未按照规定对废旧放射源进行处理的；

（二）未按照规定对使用Ⅰ类、Ⅱ类、Ⅲ类放射源的场所和生产放射性同位素的场所，以及终结运行后产生放射性污染的射线装置实施退役的。

第六十条 违反本条例规定，生产、销售、使用放射性同位素和射线装置的单位有下列行为之一的，由县级以上人民政府环境保护主管部门责令停止违法行为，限期改正；逾期不改正的，责令停产停业，并处 2 万元以上 20 万元以下的罚款；构成犯罪的，依法追究刑事责任：

（一）未按照规定对本单位的放射性同位素、射线装置安全和防护状况进行评估或者发现安全隐患不及时整改的；

（二）生产、销售、使用、贮存放射性同位素和射线装置的场所未按照规定设置安全和防护设施以及放射性标志的。

第六十一条 违反本条例规定，造成辐射事故的，由原发证机关责令限期改正，并处 5 万元以上 20 万元以下的罚款；情节严重的，由原发证机关吊销许可证；构成违反治安管理行为的，由公安机关依法予以治安处罚；构成犯罪的，依法追究刑事责任。

因辐射事故造成他人损害的，依法承担民事责任。

第六十二条 生产、销售、使用放射性同位素和射线装置的单位被责令限期整改，逾期不整改或者经整改仍不符合原发证条件的，由原发证机关暂扣或者吊销许可证。

第六十三条 违反本条例规定，被依法吊销许可证的单位或者伪造、变造许可证的单位，5 年内不得申请领取许可证。

第六十四条 县级以上地方人民政府环境保护主管部门的行政处罚权限的划分，由省、自治区、直辖市人民政府确定。

第七章 附 则

第六十五条 军用放射性同位素、射线装置安全和防护的监督管理，依照《中华人民共和国放射性污染防治法》第六十条的规定执行。

第六十六条 劳动者在职业活动中接触放射性同位素和射线装置造成的职业病的防治，依照《中华人民共和国职业病防治法》和国务院有关规定执行。

第六十七条 放射性同位素的运输，放射性同位素和射线装置生产、销售、使用过程中产生的放射性废物的处置，按照国务院有关规定执行。

第六十八条 本条例中下列用语的含义：

放射性同位素，是指某种发生放射性衰变的元素中具有相同原子序数但质量不同的核素。

放射源，是指除研究堆和动力堆核燃料循环范畴的材料以外，永久密封在容器中或者有严密包层并呈固态的放射性材料。

射线装置，是指 X 线机、加速器、中子发生器以及含放射源的装置。

非密封放射性物质，是指非永久密封在包壳里或者紧密地固结在覆盖层里的放射性物质。

转让，是指除进出口、回收活动之外，放射性同位素所有权或者使用权在不同持有者之间的转移。

伴有产生 X 射线的电器产品，是指不以产生 X 射线为目的，但在生产或者使用过程中产生 X 射线的电器产品。

辐射事故，是指放射源丢失、被盗、失控，或者放射性同位素和射线装置失控导致人员受到意外的异常照射。

第六十九条 本条例自 2005 年 12 月 1 日起施行。1989 年 10 月 24 日国务院发布的《放射性同位素与射线装置放射防护条例》同时废止。

中华人民共和国民用核设施安全监督管理条例

（1986年10月29日国务院发布）

第一章　总　则

第一条　为了在民用核设施的建造和营运中保证安全，保障工作人员和群众的健康，保护环境，促进核能事业的顺利发展，制定本条例。

第二条　本条例适用于下列民用核设施的安全监督管理：

（一）核动力厂（核电厂、核热电厂、核供汽供热厂等）；

（二）核动力厂以外的其他反应堆（研究堆、实验堆、临界装置等）；

（三）核燃料生产、加工、贮存及后处理设施；

（四）放射性废物的处理和处置设施；

（五）其他需要严格监督管理的核设施。

第三条　民用核设施的选址、设计、建造、运行和退役必须贯彻安全第一的方针；必须有足够的措施保证质量，保证安全运行，预防核事故，限制可能产生的有害影响；必须保障工作人员、群众和环境不致遭到超过国家规定限值的辐射照射和污染，并将辐射照射和污染减至可以合理达到的尽量低的水平。

第二章　监督管理职责

第四条　国家核安全局对全国核设施安全实施统一监督，独立行使核安全监督权，其主要职责是：

（一）组织起草、制定有关核设施安全的规章和审查有关核安全的技术标准；

（二）组织审查、评定核设施的安全性能及核设施营运单位保障安全的能力，负责颁发或者吊销核设施安全许可证件；

（三）负责实施核安全监督；

（四）负责核安全事故的调查、处理；

（五）协同有关部门指导和监督核设施应急计划的制订和实施；

（六）组织有关部门开展对核设施的安全与管理的科学研究、宣传教育及国际业务联系；

（七）会同有关部门调解和裁决核安全的纠纷。

第五条　国家核安全局在核设施集中的地区可以设立派出机构，实施安全监督。

国家核安全局可以组织核安全专家委员会。该委员会协助制订核安全法规和核安全技术发展规划，参与核安全的审评、监督等工作。

第六条 核设施主管部门负责所属核设施的安全管理，接受国家核安全局的核安全监督，其主要职责是：

（一）负责所属核设施的安全管理，保证给予所属核设施的营运单位必要的支持，并对其进行督促检查；

（二）参与有关核安全法规的起草和制订，组织制订有关核安全的技术标准，并向国家核安全局备案；

（三）组织所属核设施的场内应急计划的制订和实施，参与场外应急计划的制订和实施；

（四）负责对所属核设施中各类人员的技术培训和考核；

（五）组织核能发展方面的核安全科学研究工作。

第七条 核设施营运单位直接负责所营运的核设施的安全，其主要职责是：

（一）遵守国家有关法律、行政法规和技术标准，保证核设施的安全；

（二）接受国家核安全局的核安全监督，及时如实地报告安全情况，并提供有关资料；

（三）对所营运的核设施的安全、核材料的安全、工作人员和群众以及环境的安全承担全面责任。

第三章 安全许可制度

第八条 国家实行核设施安全许可制度，由国家核安全局负责制定和批准颁发核设施安全许可证件，许可证件包括：

（一）核设施建造许可证；

（二）核设施运行许可证；

（三）核设施操纵员执照；

（四）其他需要批准的文件。

第九条 核设施营运单位，在核设施建造前，必须向国家核安全局提交《核设施建造申请书》、《初步安全分析报告》以及其他有关资料，经审核批准获得《核设施建造许可证》后，方可动工建造。

核设施的建造必须遵守《核设施建造许可证》所规定的条件。

第十条 核设施营运单位在核设施运行前，必须向国家核安全局提交《核设施运行申请书》、《最终安全分析报告》以及其他有关资料，经审核批准获得允许装料（或投料）、调试的批准文件后，方可开始装载核燃料（或投料）进行启动调试工作；在获得《核设施运行许可证》后，方可正式运行。

核设施的运行必须遵守《核设施运行许可证》所规定的条件。

第十一条 国家核安全局在审批核设施建造申请书及运行申请书的过程中，应当向国务院有关部门以及核设施所在省、自治区、直辖市人民政府征询意见，国务院有关部门、地方人民政府应当在3个月内给予答复。

第十二条 具备下列条件的，方可批准发给《核设施建造许可证》和《核设施运行许可证》：

（一）所申请的项目已按照有关规定经主管部门及国家计划部门或省、自治区、直辖市人民政府的计划部门批准；

（二）所选定的厂址已经国务院或省、自治区、直辖市人民政府的城乡建设环境保护部门、计划部门和国家核安全局批准；

（三）所申请的核设施符合国家有关的法律及核安全法规的规定；

（四）申请者具有安全营运所申请的核设施的能力，并保证承担全面的安全责任。

第十三条 核设施操纵员执照分《操纵员执照》和《高级操纵员执照》两种。

持《操纵员执照》的人员方可担任操纵核设施控制系统的工作。

持《高级操纵员执照》的人员方可担任操纵或者指导他人操纵核设施控制系统的工作。

第十四条 具备下列条件的，方可批准发给《操纵员执照》：

（一）身体健康，无职业禁忌症；

（二）具有中专以上文化程度或同等学历，核动力厂操纵人员应具有大专以上文化程度或同等学历；

（三）经过运行操作培训，并经考核合格。

具备下列条件的，方可批准发给《高级操纵员执照》：

（一）身体健康，无职业禁忌症；

（二）具有大专以上文化程度或同等学历；

（三）经运行操作培训，并经考核合格；

（四）担任操作员2年以上，成绩优秀者。

第十五条 核设施的迁移、转让或退役必须向国家核安全局提出申请，经审查批准后方可进行。

第四章 核安全监督

第十六条 国家核安全局及其派出机构可向核设施制造、建造和运行现场派驻监督组（员）执行下列核安全监督任务：

（一）审查所提交的安全资料是否符合实际；

（二）监督是否按照已批准的设计进行建造；

（三）监督是否按照已批准的质量保证大纲进行管理；

（四）监督核设施的建造和运行是否符合有关核安全法规和《核设施建造许可证》、《核设施运行许可证》所规定的条件；

（五）考察营运人员是否具备安全运行及执行应急计划的能力；

（六）其他需要监督的任务。

核安全监督员由国家核安全局任命并发给《核安全监督员证》。

第十七条 核安全监督员在执行任务时，凭其证件有权进入核设施制造、建造和运行现场，调查情况，收集有关核安全资料。

第十八条 国家核安全局在必要时有权采取强制性措施，命令核设施营运单位采取安全措施或停止危及安全的活动。

第十九条 核设施营运单位有权拒绝有害于安全的任何要求，但对国家核安全局的强制性措施必须执行。

第五章 奖励和处罚

第二十条 对保证核设施安全有显著成绩和贡献的单位和个人，国家核安全局或核设施主管部门应给予适当的奖励。

第二十一条 凡违反本条例的规定，有下列行为之一的，国家核安全局可依其情节轻重，给予警告、限期改进、停工或者停业整顿、吊销核安全许可证件的处罚：

（一）未经批准或违章从事核设施建造、运行、迁移、转让和退役的；

（二）谎报有关资料或事实，或无故拒绝监督的；

（三）无执照操纵或违章操纵的；

（四）拒绝执行强制性命令的。

第二十二条 当事人对行政处罚不服的，可在接到处罚通知之日起十五日内向人民法院起诉。但是，对吊销核安全许可证件的决定应当立即执行。对处罚决定不履行逾期又不起诉的，由国家核安全局申请人民法院强制执行。

第二十三条 对于不服管理、违反规章制度，或者强令他人违章冒险作业，因而发生核事故，造成严重后果，构成犯罪的，由司法机关依法追究刑事责任。

第六章 附 则

第二十四条 本条例中下列用语的含义是：

（一）“核设施”是指本条例第二条中所列出的各项民用核设施；

（二）“核设施安全许可证件”是指为了进行与核设施有关的选址定点、建造、调试、运行和退役等特定活动，由国家核安全局颁发的书面批准文件；

（三）“营运单位”是指申请或持有核设施安全许可证，可以经营和运行核设施的组织；

（四）“核设施主管部门”是指对核设施营运单位负有领导责任的国务院和省、自治区、直辖市人民政府的有关行政机关；

（五）“核事故”是指核设施内的核燃料、放射性产物、废料或运入运出核设施的核材料所发生的放射性、毒害性、爆炸性或其他危害性事故，或一系列事故。

第二十五条 国家核安全局应根据本条例制定实施细则。

第二十六条 本条例自发布之日起施行。

核电厂核事故应急管理条例

（1993年8月4日国务院第124号令发布）

第一章 总 则

第一条 为了加强核电厂核事故应急管理工作，控制和减少核事故危害，制定本条例。

第二条 本条例适用于可能或者已经引起放射性物质释放、造成重大辐射后果的核电厂核事故（以下简称核事故）应急管理工作。

第三条 核事故应急管理工作实行常备不懈，积极兼容，统一指挥，大力协同，保护公众，保护环境的方针。

第二章 应急机构及其职责

第四条 全国的核事故应急管理工作由国务院指定的部门负责，其主要职责是：

（一）拟定国家核事故应急工作政策；

（二）统一协调国务院有关部门、军队和地方人民政府的核事故应急工作；

（三）组织制定和实施国家核事故应急计划，审查批准场外核事故应急计划；

（四）适时批准进入和终止场外应急状态；

（五）提出实施核事故应急响应行动的建议；

（六）审查批准核事故公报、国际通报，提出请求国际援助的方案。

必要时，由国务院领导、组织、协调全国的核事故应急管理工作。

第五条 核电厂所在地的省、自治区、直辖市人民政府指定的部门负责本行政区域内的核事故应急管理工作，其主要职责是：

（一）执行国家核事故应急工作的法规和政策；

（二）组织制定场外核事故应急计划，做好核事故应急准备工作；

（三）统一指挥场外核事故应急响应行动；

（四）组织支援核事故应急响应行动；

（五）及时向相邻的省、自治区、直辖市通报核事故情况。

必要时，由省、自治区、直辖市人民政府领导、组织、协调本行政区域内的核事故应急管理工作。

第六条 核电厂的核事故应急机构的主要职责是：

（一）执行国家核事故应急工作的法规和政策；

（二）制定场内核事故应急计划，做好核事故应急准备工作；

（三）确定核事故应急状态等级，统一指挥本单位的核事故应急响应行动；

（四）及时向上级主管部门、国务院核安全部门和省级人民政府指定的部门报告事故情况，提出进入场外应急状态和采取应急防护措施的建议；

（五）协助和配合省级人民政府指定的部门做好核事故应急管理工作。

第七条 核电厂的上级主管部门领导核电厂的核事故应急工作。

国务院核安全部门、环境保护部门和卫生部门等有关部门在各自的职责范围内做好相应的核事故应急工作。

第八条 中国人民解放军作为核事故应急工作的重要力量，应当在核事故应急响应中实施有效的支援。

第三章 应急准备

第九条 针对核电厂可能发生的核事故，核电厂的核事故应急机构、省级人民政府指定的部门和国务院指定的部门应当预先制定核事故应急计划。

核事故应急计划包括场内核事故应急计划、场外核事故应急计划和国家核事故应急计划。各级核事故应急计划应当相互衔接、协调一致。

第十条 场内核事故应急计划由核电厂核事故应急机构制定，经其主管部门审查后，送国务院核安全部门审评并报国务院指定的部门备案。

第十一条 场外核事故应急计划由核电厂所在地的省级人民政府指定的部门组织制定，报国务院指定的部门审查批准。

第十二条 国家核事故应急计划由国务院指定的部门组织制定。

国务院有关部门和中国人民解放军总部应当根据国家核事故应急计划，制定相应的核事故应急方案，报国务院指定的部门备案。

第十三条 场内核事故应急计划、场外核事故应急计划应当包括下列内容：

（一）核事故应急工作的基本任务；

（二）核事故应急响应组织及其职责；

（三）烟羽应急计划区和食入应急计划区的范围；

（四）干预水平和导出干预水平；

（五）核事故应急准备和应急响应的详细方案；

（六）应急设施、设备、器材和其他物资；

（七）核电厂核事故应急机构同省级人民政府指定的部门之间以及同其他有关方面相互配合、支援的事项及措施。

第十四条 有关部门在进行核电厂选址和设计工作时，应当考虑核事故应急工作的要求。

新建的核电厂必须在其场内和场外核事故应急计划审查批准后，方可装料。

第十五条 国务院指定的部门、省级人民政府指定的部门和核电厂的核事故应急机构应当具有必要的应急设施、设备和相互之间快速可靠的通讯联络系统。

核电厂的核事故应急机构和省级人民政府指定的部门应当具有辐射监测系统、防护器材、药械和其他物资。

用于核事故应急工作的设施、设备和通讯联络系统、辐射监测系统以及防护器材、药械等，应当处于良好状态。

第十六条 核电厂应当对职工进行核安全、辐射防护和核事故应急知识的专门教育。

省级人民政府指定的部门应当在核电厂的协助下对附近的公众进行核安全、辐射防护和核事故应急知识的普及教育。

第十七条 核电厂的核事故应急机构和省级人民政府指定的部门应当对核事故应急工作人员进行培训。

第十八条 核电厂的核事故应急机构和省级人民政府指定的部门应当适时组织不同专业和不同规模的核事故应急演习。

在核电厂首次装料前，核电厂的核事故应急机构和省级人民政府指定的部门应当组织场内、场外核事故应急演习。

第四章　应急对策和应急防护措施

第十九条 核事故应急状态分为下列四级：

（一）应急待命。出现可能导致危及核电厂核安全的某些特定情况或者外部事件，核电厂有关人员进入戒备状态。

（二）厂房应急。事故后果仅限于核电厂的局部区域，核电厂人员按照场内核事故应急计划的要求采取核事故应急响应行动，通知厂外有关核事故应急响应组织。

（三）场内应急。事故后果蔓延至整个场区，场区内的人员采取核事故应急响应行动，通知省级人民政府指定的部门，某些厂外核事故应急响应组织可能采取核事故应急响应行动。

（四）场外应急。事故后果超越场区边界，实施场内和场外核事故应急计划。

第二十条 当核电厂进入应急待命状态时，核电厂核事故应急机构应当及时向核电厂的上级主管部门和国务院核安全部门报告情况，并视情况决定是否向省级人民政府指定的部门报告。当出现可能或者已经有放射性物质释放的情况时，应当根据情况，及时决定进入厂房应急或者场区应急状态，并迅速向核电厂的上级主管部门、国务院核安全部门和省级人民政府指定的部门报告情况；在放射性物质可能或者已经扩散到核电厂场区以外时，应当迅速向省级人民政府指定的部门提出进入场外应急状态并采取应急防护措施的建议。

省级人民政府指定的部门接到核电厂核事故应急机构的事故情况报告后，应当迅速采取相应的核事故应急对策和应急防护措施，并及时向国务院指定的部门报告情况。需要决定进入场外应急状态时，应当经国务院指定的部门批准；在特殊情况下，省级人民政府指定的部门可以先行决定进入场外应急状态，但是应当立即向国务院指定的部门报告。

第二十一条 核电厂的核事故应急机构和省级人民政府指定的部门应当做好核事故后果预测与评价以及环境放射性监测等工作，为采取核事故应急对策和应急防护措施提供依据。

第二十二条 省级人民政府指定的部门应当适时选用隐蔽、服用稳定性碘制剂、控制通道、控制食物和水源、撤离、迁移、对受影响的区域去污等应急防护措施。

第二十三条 省级人民政府指定的部门在核事故应急响应过程中应当将必要的信息及时地告知当地公众。

第二十四条 在核事故现场，各核事故应急响应组织应当实行有效的剂量监督。现场核事故应急响应人员和其他人员都应当在辐射防护人员的监督和指导下活动，尽量防止接受过大剂量的照射。

第二十五条 核电厂的核事故应急机构和省级人民政府指定的部门应当做好核事故现场接受照射人员的救护、洗消、转运和医学处置工作。

第二十六条 在核事故应急进入场外应急状态时，国务院指定的部门应当及时派出人员赶赴现场，指导核事故应急响应行动，必要时提出派出救援力量的建议。

第二十七条 因核事故应急响应需要，可以实行地区封锁。省、自治区、直辖市行政区域内的地区封锁，由省、自治区、直辖市人民政府决定；跨省、自治区、直辖市的地区封锁，以及导致中断干线交通或者封锁国境的地区封锁，由国务院决定。

地区封锁的解除，由原决定机关宣布。

第二十八条 有关核事故的新闻由国务院授权的单位统一发布。

第五章 应急状态的终止和恢复措施

第二十九条 场外应急状态的终止由省级人民政府指定的部门会同核电厂核事故应急机构提出建议，报国务院指定的部门批准，由省级人民政府指定的部门发布。

第三十条 省级人民政府指定的部门应当根据受影响地区的放射性水平，采取有效的恢复措施。

第三十一条 核事故应急状态终止后，核电厂核事故应急机构应当向国务院指定的部门、核电厂的上级主管部门、国务院核安全部门和省级人民政府指定的部门提交详细的事故报告；省级人民政府指定的部门应当向国务院指定的部门提交场外核事故应急工作的总结报告。

第三十二条 核事故使核安全重要物项的安全性能达不到国家标准时，核电厂的重新启动计划应当按照国家有关规定审查批准。

第六章 资金和物资保障

第三十三条 国务院有关部门、军队、地方各级人民政府和核电厂在核事故应急准备工作中应当充分利用现有组织机构、人员、设施和设备等，努力提高核事故应急准备资金和物资的使用效益，并使核事故应急准备工作与地方和核电厂的发展规划相结合。

各有关单位应当提供支援。

第三十四条 场内核事故应急准备资金由核电厂承担，列入核电厂工程项目投资概算和运行成本。

场外核事故应急准备资金由核电厂和地方人民政府共同承担，资金数额由国务院指定的部门会同有关部门审定。核电厂承担的资金，在投产前根据核电厂容量、在投产后根据实际发电量确定一定的比例交纳，由国务院计划部门综合平衡后用于地方场外核事故应急准备工作；其余部分由地方人民政府解决。具体办法由国务院指定的部门会同国务院计划部门和国务院财政部门规定。

国务院有关部门和军队所需的核事故应急准备资金，根据各自在核事故应急工作中的职责和任务，充分利用现有条件进行安排，不足部分按照各自的计划和资金渠道上报。

第三十五条 国家的和地方的物资供应部门及其他有关部门应当保证供给核事故应急所需的设备、器材和其他物资。

第三十六条 因核电厂核事故应急响应需要，执行核事故应急响应行动的行政机关有权征用非用于核事故应急响应的设备、器材和其他物资。

对征用的设备、器材和其他物资，应当予以登记并在使用后及时归还；造成损坏的，由征用单位补偿。

第七章　奖励与处罚

第三十七条 在核事故应急工作中有下列事迹之一的单位和个人，由主管部门或者所在单位给予表彰或者奖励：

（一）完成核事故应急响应任务的；

（二）保护公众安全和国家的、集体的和公民的财产，成绩显著的；

（三）对核事故应急准备与响应提出重大建议，实施效果显著的；

（四）辐射、气象预报和测报准确及时，从而减轻损失的；

（五）有其他特殊贡献的。

第三十八条 有下列行为之一的，对有关责任人员视情节和危害后果，由其所在单位或者上级机关给予行政处分；属于违反治安管理行为的，由公安机关依照治安管理处罚条例的规定予以处罚；构成犯罪的，由司法机关依法追究刑事责任：

（一）不按照规定制定核事故应急计划，拒绝承担核事故应急准备义务的；

（二）玩忽职守，引起核事故发生的；

（三）不按照规定报告、通报核事故真实情况的；

（四）拒不执行核事故应急计划，不服从命令和指挥，或者在核事故应急响应时临阵脱逃的；

（五）盗窃、挪用、贪污核事故应急工作所用资金或者物资的；

（六）阻碍核事故应急工作人员依法执行职务或者进行破坏活动的；

（七）散布谣言，扰乱社会秩序的；

（八）有其他对核事故应急工作造成危害的行为的。

第八章　附　则

第三十九条　本条例中下列用语的含义：

（一）核事故应急，是指为了控制或者缓解核事故、减轻核事故后果而采取的不同于正常秩序和正常工作程序的紧急行动。

（二）场区，是指由核电厂管理的区域。

（三）应急计划区，是指在核电厂周围建立的、制定有核事故应急计划、并预计采取核事故应急对策和应急防护措施的区域。

（四）烟羽应急计划区，是指针对放射性烟云引起的照射而建立的应急计划区。

（五）食入应急计划区，是指针对食入放射性污染的水或者食物引起照射而建立的应急计划区。

（六）干预水平，是指预先规定的用于在异常状态下确定需要对公众采取应急防护措施的剂量水平。

（七）导出干预水平，是指由干预水平推导得出的放射性物质在环境介质中的浓度或者水平。

（八）应急防护措施，是指在核事故情况下用于控制工作人员和公众所接受的剂量而采取的保护措施。

（九）核安全重要物项，是指对核电厂安全有重要意义的建筑物、构筑物、系统、部件和设施等。

第四十条　除核电厂外，其他核设施的核事故应急管理，可以根据具体情况，参照本条例的有关规定执行。

第四十一条　对可能或者已经造成放射性物质释放超越国界的核事故应急，除执行本条例的规定外，并应当执行中华人民共和国缔结或者参加的国际条约的规定，但是中华人民共和国声明保留的条款除外。

第四十二条　本条例自发布之日起施行。

放射防护器材与含放射性产品卫生管理办法

（卫生部令第18号，2001年10月23日）

第一章 总 则

第一条 为了实施中华人民共和国《放射性同位素与射线装置放射防护条例》（以下简称《条例》），制定本办法。

第二条 本办法所称放射防护器材，是指对电离辐射进行屏蔽防护的材料以及用屏蔽材料制成的各种防护器械、装置、部件、用品、制品和设施。

本办法所称含放射性产品，是指含放射性物料、含放射性物质消费品、伴生X射线电器产品和卫生部确定的其他含放射性产品。

第三条 凡在中华人民共和国境内生产、销售、使用以及进口放射防护器材与含放射性产品的单位和个人，均应遵守《条例》及本办法。

第四条 卫生部主管全国放射防护器材与含放射性产品的卫生监督管理工作。

县级以上地方人民政府卫生行政部门负责管辖范围内放射防护器材与含放射性产品的卫生监督管理工作。

第二章 检 测

第五条 生产单位首次生产放射防护器材或者含放射性产品的，应当进行检测。

有下列情况之一的，应当进行重新检测：

（一）已连续生产两年的产品；

（二）进口的每批产品；

（三）停产逾一年再投产的产品；

（四）设计、生产工艺和原料配比有改变的产品。

未经检测或者经检测不符合有关标准和卫生要求的放射防护器材与含放射性产品，不得生产、销售、进口与使用。

第六条 检测机构应当按照有关标准和卫生要求进行检测，并出具检测报告。

检测报告除具备基本的内容外，还应当有检测依据、检测结果和检测结论。

第七条 经检测符合有关标准及卫生要求的放射防护器材与含放射性产品，由检测机构出具卫生部统一印制的《检测报告单》一式四份，交送检单位两份，报同级卫生行政部门一份，存档一份。

卫生行政部门根据监督检查结果或者检测机构报送的《检测报告单》发布公告。

第八条 放射防护器材与含放射性产品经检测机构检测合格后，在出厂及销售时，应当附有产品标签、说明书等资料。进口产品应当使用中文标签、中文说明书。

标签应当标明下列内容：

（一）产品名称、型号；

（二）生产企业名称及其地址；

（三）检测单位名称及检测日期。

个人防护用品的标签还应当标明铅当量。

使用说明书应当同时载明防护性能、适用对象、使用方法及注意事项。进口放射防护器材与含放射性产品还应当标明生产国家（地区）名称，国内代理商名称与地址。

第九条 卫生部对放射防护器材检测机构、含放射性产品检测机构进行资质认证。资质认证的日常工作由卫生部指定的国家放射防护机构负责。

对取得资质认证的检测机构，由卫生部予以公告。

取得资质认证的检测机构应当在认证的范围内开展检测工作。

第三章 放射防护器材要求

第十条 放射防护器材的防护性能应当符合有关标准和卫生要求。

第十一条 放射防护器械、装置、部件及设施必须坚固、可靠，用于屏蔽设施的建筑材料必须固化成型，不得直接使用矿砂、废矿渣等无定型材料充填制作。

第十二条 放射防护用品、制品与人体接触的部分应当使用对人体无害的材料制作。

第十三条 对于新研制且结构复杂的放射防护器材，生产单位应当提供两个以上使用单位的试用报告，经检测机构检测，取得《检测报告单》后，方可定型生产、销售。

第十四条 放射防护器材的使用单位应当使用合格的放射防护器材并定期进行安全检查和性能检测，发现不符合要求或者存有隐患的，及时维修或者更换。

第四章 含放射性产品要求

第十五条 建筑材料、天然石材的放射性水平应当符合有关标准和卫生要求。

第十六条 含磷肥料应当符合有关磷肥放射性镭-226 的限量卫生标准。

第十七条 含放射性物质消费品应当符合有关含放射性物质消费品的放射卫生防护标准。

禁止生产、销售或者进口含放射性物质的玩具、炊具、餐饮具和娱乐用品。

第十八条 伴生 X 射线电器产品及其他含放射性产品应当符合有关标准和卫生要求。

第十九条 在建造居民住房或者生活、工作、娱乐建筑物时，应当选用符合放射卫生防护标准的建筑材料、天然石材，使室内氡符合氡浓度控制标准。

第五章　罚　则

第二十条　违反《条例》及本办法规定，有下列行为之一的，由县级以上人民政府卫生行政部门给予警告，责令停产、停业，或处以一千元以上一万元以下罚款：

（一）销售未经检测的放射防护器材或者含放射性产品的；

（二）使用、销售不符合有关标准和卫生要求的放射防护器材或者含放射性产品的；

（三）放射防护器材或者含放射性产品的标签和说明书内容不符合规定要求的。

第二十一条　违反《条例》及本办法规定，有下列行为之一的，由县级以上人民政府卫生行政部门责令停产、停业，或处以三千元以上三万元以下罚款和没收违法所得：

（一）经第二十条的行政处罚，逾期仍不改进的；

（二）生产、进口放射防护器材或者含放射性产品，未经检测的；

（三）生产、进口不符合有关标准和卫生要求的放射防护器材或者含放射性产品的；

（四）伪造、涂改、转让放射防护器材或者含放射性产品的标签、说明书或者检测报告的；

（五）生产、销售或者进口含放射性物质的玩具、炊具、餐饮具或者娱乐用品的；

（六）使用不符合有关标准和卫生要求的建筑材料、天然石材，建造生活、工作、娱乐建筑物的。

第二十二条　违反《条例》及本办法规定，生产、销售或者进口不合格的放射防护器材或含放射性产品，给他人造成损害的，应当依法承担民事责任；构成犯罪的，依法追究刑事责任。

第二十三条　检测机构违反《条例》及本办法规定，有下列行为之一的，由省级以上卫生行政部门责令立即停止违法行为，给予警告，或处以一千元以上一万元以下的罚款；情节严重的，由卫生部取消检测资格，并予以公告：

（一）超出资质认证范围从事检测工作的；

（二）出具虚假检测报告或者证明材料的。

第二十四条　使用不合格的放射防护器材，造成放射事故的，按照《放射事故管理规定》处理。

第六章　附　则

第二十五条　本办法所采用的用语及含义：

（一）放射性物料包括建筑材料、天然石材和含磷肥料；

（二）含放射性物质消费品，是指产品因功能或制造工艺需要，原料中添加放射性物质或者其装置内含有密封放射源结构或者采用技术途径使之具有放射性的消费品，并包括掺有独居石、锆英砂和稀土物质等成分的含放射性制品；

（三）放射性物质，放射性比活度大于国家标准规定的豁免限值的物质；

（四）伴生 X 射线电器产品，是指使用该电器时伴生有产品功能所不需要的X射线的电器产品，本办法不包括电视机、计算机终端设备。

第二十六条 本办法由卫生部负责解释。

第二十七条 本办法自 2002 年 7 月 1 日起施行。1988 年 11 月 28 日卫生部发布的《射线防护器材防护质量管理规定》和 1995 年 1 月 9 日卫生部发布的《含放射性物质消费品卫生防护管理规定》同时废止。

检测报告单（略）

放射工作卫生防护管理办法

（卫生部令第17号，2001年10月23日）

第一章　总　则

第一条　为了实施《放射性同位素与射线装置放射防护条例》（以下简称《条例》），制定本办法。

第二条　本办法适用于中华人民共和国境内从事生产、使用、销售放射性同位素与射线装置的单位和个人（以下简称放射工作单位）。

第三条　卫生部主管全国放射卫生监督管理工作。

县级以上地方人民政府卫生行政部门负责管辖范围内的放射卫生监督管理工作。

第四条　国家对放射工作实行卫生许可制度。

第二章　卫生许可

第五条　省级人民政府卫生行政部门负责放射工作的卫生许可，并根据本办法制定卫生许可证的发放管理办法。

省级人民政府卫生行政部门应当严格执行许可程序和要求，建立并完善许可档案。卫生许可证由卫生部统一规定。

第六条　新建、改建、扩建放射工作场所（以下简称建设项目）的放射防护设施必须与主体工程同时设计审批，同时施工，同时验收投产。

第七条　建设单位在进行建设项目放射防护设施设计，应当向所在地省级人民政府卫生行政部门申请卫生审查，提交下列资料；经审查同意，符合国家卫生标准和卫生要求的，方可施工：

（一）建设项目放射防护设施卫生审查申请；

（二）建设项目的放射防护评价报告书；

（三）省级人民政府卫生行政部门认为有必要提供的其他有关资料。

中（高）能加速器、进口放射治疗装置、γ辐照加工装置等大型辐射装置的建设项目，应当提交由国家级检测机构出具的放射防护评价报告书审查意见。

第八条　建设单位在进行建设项目竣工验收前，应当进行放射防护设施防护效果评价，并向所在地省级人民政府卫生行政部门申请验收，提交下列资料；经验收合格后，方可投入运行或者使用：

（一）建设项目竣工卫生验收申请；

（二）建设项目放射防护设施设计的卫生审查资料；

（三）建设项目放射防护设施防护效果评价；

（四）省级人民政府卫生行政部门认为有必要提供的其他有关资料。

中（高）能加速器、进口放射治疗装置、γ辐照加工装置等大型辐射装置的建设项目，应当提交由国家级检测机构出具的放射防护效果评价审查意见。

第九条　从事生产、使用、销售放射性同位素与射线装置工作必须取得卫生许可；未经卫生许可、登记的，不得从事放射工作。

第十条　申办卫生许可证，应当具备下列相应条件：

（一）建设项目的放射防护设施，经省级人民政府卫生行政部门设计审查与竣工验收认可；

（二）有放射性同位素准购批件；

（三）涉及放射性废水、废气、固体废物排放的，还应当有经环境保护行政部门批准的环境影响评价文件；

（四）放射工作场所及设施、设备符合国家有关标准和放射防护要求；

（五）有必要的放射防护措施和防护检测仪器设备；

（六）从事放射工作的人员经健康检查、放射防护专业知识和相关法规知识培训合格，持有《放射工作人员证》；

（七）设置放射防护管理机构或者组织，配备专职或兼职放射防护管理人员；

（八）建立健全放射防护责任制和放射防护规章制度；

（九）符合放射卫生法规、规章规定的其他要求。

第十一条　省级人民政府卫生行政部门应当自收到卫生许可申请之日起七日内，书面做出受理、不受理或者限期补充有关资料的决定。

卫生行政部门应当自受理之日起三十日内完成审查，对合格的予以批准，并发放卫生许可证；对不合格的，出具卫生审查意见书。

第十二条　放射性同位素工作单位取得卫生许可证后，应当于三十日内到当地公安机关申请办理放射工作登记，逾期不办理放射工作登记的，卫生许可证自动失效。

第十三条　卫生许可证每二年复验一次。

放射工作单位应当在规定复验期限前三十日，向原发证部门提出申请，并提交经资质认证的检测机构出具的放射防护检测评价资料，原发证部门自接到申请之日起三十日内完成复验，符合要求的，予以验证；不符合要求的，出具复验意见书。

第十四条　放射工作单位变更法定代表人或者负责人、地址、场所、生产工艺流程、原材料或者卫生许可证规定的项目的，应当在变更事项发生之日起三十日内向原发证部门提出变更申请，并提交有关资料。原发证部门应当自收到变更申请之日起三十日内做出审查决定。

第十五条　放射工作单位有下列情况之一的，原发证部门应当注销其卫生许可证：

（一）逾期不申请办理复验或者擅自变更的；

（二）经复验或者变更审查不符合卫生要求，逾期不改进或改进后仍不符合卫生要求的；

（三）自行歇业或者停止生产、销售、使用连续一年以上的；

（四）被工商行政管理部门注销或者吊销营业执照的。

原发证部门应当及时收缴被注销的卫生许可证，并登记存档，予以公告。

第十六条 遗失卫生许可证的，应当及时在所在地省级报刊上刊登遗失公告，持遗失公告到原发证机关报失，并申请补发。

第十七条 放射工作单位取得卫生许可证后，应当严格在卫生许可范围内从事放射工作，不得擅自扩大范围、变更项目或者场所。

禁止伪造、涂改、转让、出租卫生许可证。

第三章　卫生防护

第十八条 放射工作单位应当建立放射防护责任制，并采取下列管理措施：

（一）设置放射防护管理机构或者组织，配备专（兼）职放射防护管理人员，建立放射工作管理档案；

（二）制定并实施放射防护管理规章制度；

（三）定期对放射工作场所及其周围环境进行放射防护检测和检查；

（四）组织本单位放射工作人员接受放射防护法规、专业技术的知识培训；

（五）制定并落实放射事故预防措施与应急预案，发生放射事故，应当按有关规定报告。

第十九条 放射工作单位应当对下列设备和场所设置规定的警示标志：

（一）放射性同位素和装有放射性同位素的仪表、容器，应当贴有电离辐射标志；

（二）放射性同位素的储存场所醒目处，应当设置电离辐射警示标志；

（三）放射工作场所出入口，应当设置电离辐射警示标志。含密封型放射性同位素装置和仪表以及射线装置使用和调试维修场所，应当设置必要的警示装置；

（四）在室外、野外从事放射工作及其野外作业放射性同位素临时储存场所应当划出安全防护区域，设置电离辐射警示标志，必要时，设专人警戒；

（五）开放型放射工作场所按有关标准分为控制区、监督区时，可采用国际通用颜色（红、黄）作为工作区域标志；在控制区进出口及其他适当位置，应设置电离辐射警示标志。

第二十条 在地面或地下水中进行放射性同位素示踪试验时，应当经环境保护行政部门批准后，向所在地省级人民政府卫生行政部门提交放射防护评价报告书备案后，方可进行。

第二十一条 放射性同位素的储存场所应当符合下列要求：

（一）储存放射性同位素必须符合放射防护要求，并不得超过该储存场所防护设计的最大储量；

（二）放射性同位素不得与易燃、易爆、腐蚀性物品同库储存，储存场所应当采取有效的防护措施，并安装相应的报警装置；

（三）放射性同位素储存场所应当有专人负责，有完善的存入、领取、归还登记和检查的制度，做到交接严格，检查及时，账目清楚，账物相符，记录资料完整。

铁路、民航、交通等运输部门的货运仓库、危险物品储存场所或者可能储存放射性同位素的场所，应当符合上述要求。

第二十二条 放射性同位素和射线装置的使用场所应当符合国家放射卫生标准和下列卫生要求：

（一）配备与使用场所相适应的防护设施、设备及个人防护用品；

（二）定期进行辐射水平检测；

（三）开放型放射性同位素工作场所工作人员应当做好个人防护，每次操作离开时，应当进行个人体表及防护用品的污染检测，发现污染要立即处理，并做好记录存档；

（四）辐照加工装置、加速器、工业探伤及钴-60 治疗装置等辐射源工作场所，应当设有多种联锁装置和应急装置，并做到单一联锁装置发生故障时，其余联锁装置仍能正常工作；

（五）放射工作场所的剂量监测仪表、个人防护用品应当经常检修，保证正常使用。

第二十三条 生产放射性同位素及其制品的生产场所，射线装置启动与调试的作业场所，应当设置相应防护设施，并符合国家有关放射卫生标准和本办法第二十二条的规定及其他卫生要求。

生产的放射性同位素及其制品、产品与射线装置应当符合放射防护要求，不合格的不得出厂。

第二十四条 使用含放射性同位素设备或射线装置，应当符合下列要求：

（一）安装、维修或者更换与辐射源有关部件后的设备，应当经检测机构对其进行检测验收，确认合格后方可启用；

（二）使用单位应当配备必要的质量控制检测仪器，并按规定进行质量保证管理；

（三）制定并严格遵守操作规程，定期进行稳定性检测和校正，每年应当进行一次全面的维护保养，并接受检测机构按照有关规定进行状态检测；

（四）禁止购置、转让、出租或者使用不合格的产品和国家有关部门规定淘汰的产品、制品及设备。

第二十五条 从事放射诊断、治疗的单位，应当制定与本单位从事的诊断、治疗项目相适应的质量控制实施方案，遵守质量控制监测规范。放射诊断、治疗装置的防护性能和与照射质量有关的技术指标，应当符合有关标准要求。

对患者和受检者进行诊断、治疗时，应当按照操作规程，严格控制受照剂量，对邻近照射源的敏感器官和组织应当进行屏蔽防护；对孕妇和幼儿进行医疗照射时，应当事先告知对健康的影响。

第二十六条 单位和个人购置放射性同位素、含放射性同位素设备时，应当事先在当地省级人民政府卫生行政部门办理准购批件，经批准后，凭准购批件办理放射性同位素的订货、购货及运输手续。

禁止将放射性同位素、含放射性同位素设备或者射线装置转让、调拨、出租给无卫生许可证的单位和个人。

第二十七条 销售放射性同位素、含放射性同位素设备和射线装置的单位，应当详细记录销售去向，做好登记，并报省级人民政府卫生行政部门备案。

禁止向无准购批件的单位和个人出售放射性同位素及其制品或者含放射性同位素设备。

第二十八条 托运、承运和自行运输放射性同位素者应当遵守下列要求：

（一）按有关运输规定对所运物品进行包装，并在外包装上加贴放射性货包等级标志，其内容有：电离辐射标志、货包等级、核素名称、活度、运输指数；

（二）对货包进行剂量检测，由检测机构出具《放射性物质剂量检查证明书》，经县级以上地方人民政府卫生行政部门核查后，方可运输；

（三）承运单位应当查验《放射性物质剂量检查证明书》无误后，方可办理运输手续，并保证货包在装卸、储存、转运等运输过程中的放射防护安全。

装过放射性同位素的空容器应当按规定进行包装和剂量检测，被放射性同位素污染的空容器的运输，也应当遵守上述要求。

第二十九条 放射工作单位应当将废弃的放射性同位素送交放射性废物管理机构处置或者交由原供货单位回收。在处置或回收后，应当到原发证的卫生行政部门办理注销手续；省级人民政府卫生行政部门办理其注销手续后，应当及时通报公安机关和环境保护行政部门。

第三十条 放射工作单位被卫生行政部门注销、撤销或者吊销卫生许可证后，应当及时将放射性同位素送交放射性废物管理机构处置或者送交原供货单位回收。

第三十一条 放射工作单位应当委托经资质认证的检测机构，对含放射性同位素设备及射线装置、放射工作场所及其周围环境、放射防护设施性能等进行经常性检测，对放射工作人员进行个人剂量监测、评价，并应当建立档案，妥善保存。

第三十二条 对放射工作人员的健康管理应当按《放射工作人员健康管理规定》执行。

第四章 检测机构

第三十三条 从事放射防护评价、检测和个人剂量监测等工作的检测机构，应当具备相应条件并取得省级以上卫生行政部门的资质认证。

取得资质认证的检测机构应当在认证的范围内开展工作。

第三十四条 从事放射工作人员健康检查的医疗卫生机构应当取得医疗机构执业资格，方可开展健康检查工作。

第三十五条 从事放射防护评价、检测和个人剂量监测工作的检测机构和放射工作人员健康检查的医疗卫生机构应当按照国家有关标准、规范开展工作，其出具的检测、检查和评价报告应当客观、真实。

第三十六条 检测机构应当建立管理规章制度，并设专人、专门科室负责检测工作及质量控制。

第五章　监　督

第三十七条　县级以上人民政府卫生行政部门对放射工作单位应当建立档案，进行监督检查每年不少于一次，对γ辐照装置、放射治疗装置和γ探伤检查，每年不少于二次，并详细记录监督检查结果，发现其不具备放射防护条件的，由原发证机关撤销其卫生许可证，并按本办法规定给予行政处罚。

省级人民政府卫生行政部门应当组织经常性的放射卫生监督检查和技术指导。

第三十八条　县级以上人民政府卫生行政部门履行监督检查职责时，有权采取下列措施：

（一）进入放射工作单位、检测机构和医疗卫生机构，了解情况，调查取证；

（二）查阅有关资料，必要时可以复制相关资料；

（三）责令放射工作单位、检测机构、医疗卫生机构立即停止违法活动。

第三十九条　发生放射事故或者有证据证明危害状态可能导致放射事故发生时，卫生行政部门可以采取下列临时控制措施，并在事故或者危害状态得到有效控制后，及时解除控制措施：

（一）责令暂停产生放射危害的从业活动；

（二）封存造成放射事故或者可能导致放射事故发生的放射性同位素与射线装置；

（三）会同有关部门控制危害现场。

第四十条　卫生监督执法人员对涉及放射工作单位的技术的秘密，负有保密的义务。

第六章　罚　则

第四十一条　违反《条例》及本办法规定，建设单位有下列情况之一的，由县级以上人民政府卫生行政部门责令限期改正，给予警告，或处五千元以上三万元以下罚款；情节严重的，责令停产停业：

（一）未进行放射防护设施设计审查或者审查不合格，擅自施工的；

（二）未进行放射防护设施竣工验收或者验收不合格，擅自投入运行或者使用的；

（三）放射防护设施未与主体工程同时运行或者使用的。

第四十二条　违反《条例》及本办法规定，未取得卫生许可证或者卫生许可证失效仍从事放射工作的，由县级以上人民政府卫生行政部门予以取缔，没收违法所得，并处五千元以上三万元以下罚款。

伪造、涂改、转让、出租卫生许可证的，除按前款规定没收违法所得并罚款外，收缴卫生许可证。

第四十三条　违反《条例》及本办法规定，放射工作单位有下列行为之一的，由县级以上人民政府卫生行政部门给予警告，责令停止产生放射危害的从业活动，或处一千元以上二万元以下的罚款：

（一）未建立放射防护责任制或者未按规定落实管理措施的；

（二）放射工作场所不符合国家放射卫生标准或者卫生要求的；

（三）未按规定设置电离辐射标志或者电离辐射警示标志的；

（四）未经备案，进行放射性同位素示踪试验的；

（五）储存场所未按规定贮存放射性同位素的；

（六）使用含放射性同位素设备或者射线装置，不符合卫生防护要求的；

（七）未按规定制定放射诊断、治疗的质量控制方案，或者未按放射防护规范、技术标准及卫生要求，进行诊断、治疗的；

（八）未按规定对含放射性同位素设备及射线装置、放射工作场所及其周围环境、放射防护设施性能等进行检测的；

（九）销售的放射性同位素、含放射性同位素设备或者射线装置未按规定登记或者未报省级卫生行政部门备案的；

（十）托运、承运和自行运输放射性同位素，未经剂量核查或者经核查不符合卫生防护要求的；

（十一）对废弃放射性同位素，未按规定处置或者办理注销手续的；

（十二）未按规定对放射工作人员进行个人剂量监测、健康体检或者未建立健康档案的；

（十三）超出卫生许可范围或者变更项目未按规定经审查同意的。

第四十四条 违反《条例》及本办法规定，放射工作单位有下列行为之一的，由县级以上人民政府卫生行政部门给予警告，责令停止产生放射危害的从业活动，或处五千元以上三万元以下的罚款和没收违法所得；情节严重的，责令停产停业：

（一）生产、销售不合格放射性同位素及其制品、产品或者射线装置的；

（二）购置、转让、出租不符合防护要求的放射性同位素及制品和国家规定淘汰的产品的；

（三）向无准购批件的单位和个人出售放射性同位素及其制品或者含放射性同位素设备的；

（四）将放射性同位素、含放射性同位素设备或者射线装置转让、租借给无卫生许可证单位的。

第四十五条 违反《条例》及本办法规定，发生放射事故，造成人体健康损害的，由卫生行政部门责令停产停业，根据事故级别处以一千元以上三万元以下的罚款；情节严重的，吊销卫生许可证；构成犯罪的，依法追究刑事责任。给他人造成损害的，应当依法承担民事责任。

放射工作单位被卫生行政部门注销、撤消或者吊销卫生许可证后，未按规定将放射性同位素送交放射性废物管理机构处置或者送交原供货单位回收，造成放射事故，由卫生行政部门处以一万元以上三万元以下的罚款；构成犯罪的，依法追究刑事责任。给他人造成损害的，应当依法承担民事责任。

第四十六条 未按规定取得资质认证，擅自从事放射卫生评价或者检测的，由县级以上人民政府卫生行政部门责令立即停止违法行为，或处三千元以上三万元以下罚款和没收违法所得。

第四十七条 从事放射卫生检测评价的检测机构违反《条例》及本办法规定，有下列行为之一的，由县级以上人民政府卫生行政部门责令立即停止违法行为，给予警告，或处以一千元以上一万元以下的罚款；情节严重的，由原认证机关取消资格：

（一）超出资质认证范围从事评价或者检测工作的；

（二）出具虚假证明文件的。

第四十八条 违反《条例》及本办法规定，卫生行政部门及其卫生监督执法人员有下列行为之一，导致放射事故发生，构成犯罪的，依法追究刑事责任；尚不构成犯罪的，对直接负责的主管人员和其他直接责任人员依法给予降级或者撤职的行政处分：

（一）对不符合法定条件的放射工作单位发放卫生许可证或者其他卫生许可批件的；

（二）对已经取得卫生许可的单位不履行监督检查职责的；

（三）发现事故隐患，未及时依法采取措施造成放射事故的；

（四）有其他违反本办法行为的。

第七章 附 则

第四十九条 本办法中所称放射工作，是指从事生产、使用、销售放射性同位素与射线装置的工作，不包括从事放射性同位素的活度在豁免水平以下的工作。

中、高能加速器，是指粒子能量高于 100MeV 的加速器。

γ 辐照加工装置，是指用于医疗用品辐射消毒、农业育种、工业产品加工、食品保鲜以及辐射研究用的 γ 放射源装置。

第五十条 本办法由卫生部负责解释。

第五十一条 本办法自 2002 年 7 月 1 日起施行。1981 年 5 月 29 日由卫生部发布《医用高能 X 线和电子束卫生防护规定》、1986 年 11 月 26 日由卫生部和石油工业部联合发布的《油（气）田测井用封闭型放射源使用管理办法》、1991 年 1 月 10 日由卫生部发布的《非医用加速器放射卫生管理办法》、1991 年 4 月 26 日由卫生部发布的《γ 辐照加工装置放射卫生防护管理规定》、1991 年 9 月 14 日由卫生部和中国石油天然气总公司联合发布的《油（气）田非密封型放射源测井放射卫生管理办法》、1993 年 10 月 13 日卫生部发布的《医用 X 射线诊断放射卫生防护及影像质量保证管理规定》和 1995 年 5 月 15 日卫生部发布的《放射治疗卫生防护与质量保证管理规定》同时废止。

放射性同位素准购批件（略）

放射性物质剂量检查证明书（略）

关于印发《全国辐射环境监测方案（暂行）》的通知

（国家环保总局办公厅2003年6月25日　环办［2003］56号）

各省、自治区、直辖市环境保护局（厅）：

按照《国家环境保护“十五”计划》的要求以及2002年全国辐射环境保护工作会议的精神，为落实《关于加强辐射环境保护工作的若干意见》（环发[2002]99号），总局组织制定了《全国辐射环境监测方案》（暂行，以下简称《方案》）。

现将《方案》印发给你们，请组织认真研究，并根据《方案》的格式和内容制定辖区内辐射环境监测实施方案，于2003年9月30日前将实施方案上报总局。

请各省、自治区、直辖市环保局（厅）根据因地制宜、分类管理、抓大放小的原则，做好辖区内重点污染源和重点地区的监测工作。

附件

全国辐射环境监测方案（暂行）

开展全国辐射环境监测的目的在于全面掌握我国辐射环境质量状况和变化趋势，为政府加强辐射环境管理提供技术支持；监控辐射污染物排放，为环境执法和辐射污染防治提供科学依据；预警事故及事件，为公众提供相关信息，确保辐射环境安全。

《全国辐射环境监测方案》（暂行，简称《方案》）所指辐射环境监测，包括辐射环境质量监测和辐射污染源周围环境监测、流出物监测。现阶段辐射环境监测主要针对重点地区和重点污染源；监测对象与监测项目选择与关键途径、关键核素、关键人群组相关且监测条件基本具备的项目。本《方案》制定考虑了全国辐射环境监测网络的实际能力，监测内容仅为最基本的要求。

本《方案》中监测点的确定原则如下：辐射污染源监测点按《辐射环境监测技术规范》（HJ/T 61—2001）或《辐射环境保护管理导则　电磁辐射监测仪器和方法》（HJ/T 10.2—1996）执行；辐射环境质量监测点应选择在全国环境监测网的国控点或辐射敏感点上，直辖市、省会城市、八大江河（长江、黄河、黑龙江、珠江，辽河、海河、淮河、钱塘江）、五大湖泊（鄱阳湖、洞庭湖、太湖、青海湖、镜泊湖）、流经我国的国际河流必须布设监测点；监测点应保持固定。

从事辐射环境监测工作的单位应通过国家（或省）级计量认证。

1．辐射环境质量监测方案

监测对象	监测项目	监测点数	监测频次	备注
空气	（1）γ辐射空气吸收剂量率	1	连续监测	
	（2）γ辐射空气吸收剂量率	若干	瞬时测量1次/半年	
	（3）γ辐射累积剂量	若干	累积测量1次/半年	
水汽	氚	1	1次/年	
空气	氡浓度及其子体	若干	1次/半年	
气溶胶	总α、总β	1	1次/半年	若总放分析结果异常，进行γ核素分析
沉降物	总α、总β	1	1次/半年	若总放分析结果异常，进行γ核素分析
降水	3H	1	累积样*/半年	
地表水	U、Th、226Ra、40K、总α、总β、90Sr、137Cs	若干	2次/年	枯水期、平水期各一次
地下水	U、Th、226Ra、40K、总α、总β	若干	1次/年	
水源地饮用水	总α、总β	1	1次/半年	
	U、Th、226Ra、40K、90Sr、137Cs			
海水	U、Th、226Ra、90Sr、137Cs	1	1次/年	
土壤	U、Th、226Ra、40K、90Sr、137Cs	若干	1次/年	
电磁辐射	功率密度（$\mu W/cm^2$）（使用非选频式测量仪）	4	1次/年	1．住宅区、商业区、工业区、交通干线各1点；2．频率范围：0.15MHz～3GHz；3．历次监测时间：9：00～12：00
	场强（dBμV/m）（使用选频式测量仪）	2	1次/年	1．住宅区、商业区各1点；2．频率范围：0.15MHz～3GHz；3．取大于35dB的值；4．检波：采用峰值最大值保持或准峰值检波；5．步长：取中频带宽的；6．历次监测时间：9：00～12：00

*累积样指每次收集的雨水混合样，将每次降水样品装在磨口瓶内（密封）。

2. 核电厂及研究堆周围辐射环境监测方案

监测对象	监测项目	监测点位或点数	采样频次
空气	γ辐射空气吸收剂量率	厂界周围，若干	连续
		厂界周围按半径 2、5、10、20km，8 个方位角间隔交叉、近密远疏布点；同气溶胶采样点；对照点	1 次/季
空气	γ累积剂量	厂外按大气扩散试验地面最大浓度处；厂外周围按半径 2、5、10、20km，8 个方位角间隔交叉布点，远疏近密；对照点	1 次/季
气溶胶	总 α、总 β、γ核素	厂区边界，厂外按大气扩散试验地面最大浓度处，主导风下风向距厂区边界＜10km 的居民区；对照点	1 次/季
空气	3H、14C	厂区边界，厂外按大气扩散试验地面最大浓度处，主导风下风向距厂区边界＜10km 的居民区；对照点	1 次/季
沉降物	90Sr、γ核素、总 α、总 β	厂区边界，厂外按大气扩散试验地面最大浓度处，主导风下风向距厂区边界＜10km 的居民区；对照点	累积样/年
降水	3H、γ核素	厂区边界，厂外按大气扩散试验地面最大浓度处，主导风下风向距厂区边界＜10km 的居民区；对照点	累积样/季
地表水	3H、γ核素	排放口下游混合均匀处，可能受影响的地表水；对照点	1 次/半年
地下水	3H、γ核素	可能受影响的地下水源；对照点	1 次/半年
饮用水	总α、总 β、3H、γ核素	可能受影响的饮用水源；对照点	1 次/半年
海水	3H、γ核素	排放口附近海域；对照点	1 次/半年
水生物	3H、14C、γ核素	排放口下游水域或海域；对照点	1 次/年
底泥	γ核素	与地表水（海水）采样点同	1 次/年
陆生植物	3H、14C、γ核素	主导风下风向或排水口下游灌溉区；对照点	收获期
家畜、家禽（器官）	γ核素	主导风下风向厂外最近的村镇；对照点	1 次/年
牛（羊）奶	131I、137Cs	主导风下风向厂外 30km 内的奶场；对照点	1 次/年
指示生物	浓集的特征核素	厂外按大气扩散试验地面最大浓度处；排放水域	1 次/年
土壤	90Sr、γ核素	＜10km 8 个方位角内（主导风下风向适当加密）；对照点	1 次/年
潮间带土、岸边沉积物	γ核素	若干	1 次/年

注：研究堆根据堆型、功率大小进行适当调整。

3．铀矿山水冶系统周围辐射环境监测方案

监测对象	监测项目	监测点位或点数	采样方式及频次
空气	γ 辐射空气吸收剂量率	厂区边界 2km 8 个方位角内；下风向厂区边界；周围最近居民点；尾矿库；废石场；易洒落矿物的公路	1 次/年
气溶胶、沉降物	总 α、总 β	下风向厂区边界；周围最近居民点	累积采样 1 次/年
空气	氡析出率	尾矿库、废石场；气溶胶取样布点处	1 次/年
	氡及其子体		
地下水*	U、Th、226Ra、210Pb、210Po	尾矿坝下游地下水：废水流经地区的地下水；厂矿周围 2km 内饮用水井	1 次/年
地表水	U、Th、226Ra、210Pb、210Po 总 α、总 β	各排放口下游第一个取水点；下游主要居民点	1 次/年
底泥	U、Th、226Ra、210Pb、210Po	各排放口下游第一个取水点；下游主要居民点	1 次/年
土壤、陆生生物	U、Th、226Ra、210Pb、210Po	农田	1 次/年
水生生物	U、Th、226Ra、210Pb、210Po	受废水或污染区渗漏、地表径流影响的湖泊、河流	1 次/年

* 地浸时测监控点及附近地下水。

4．铀转化、浓缩及元件制造前处理设施周围辐射环境监测方案

监测对象	监测项目	监测点位或点数	监测频次
气溶胶	总 α、总 β	主导风向下风向厂区边界	2 次/年
沉降物	总 α、总 β	主导风向下风向厂区边界	2 次/年
地表水	U	排放口下游第一个取水点	2 次/年
动植物	U	厂区边界附近就地生长的动植物样	2 次/年
土壤	U	主导风向下风向厂区边界处	2 次/年

5．核燃料后处理系统周围辐射环境监测方案

监测对象	监测项目	监测点位或点数	监测频次
气溶胶	总 α、总 β、90Sr、γ 核素、Pu	主导风下风向厂区边界	1 次/年
空气	85Kr、3H、气碘	主导风下风向厂区边界	1 次/年
沉降物	总 α、总 β、90Sr、γ 核素、Pu	主导风下风向厂区边界	1 次/年
地表水	总 α、总 β、90Sr、γ 核素、Pu、3H	排放口下游厂外第 1 取水点	1 次/年
地下水	总 α、总 β、90Sr、γ 核素、Pu、3H	排放口下游厂外第 1 取水点	1 次/年
动植物	90Sr、Pu、137Cs	排放口下游或下风向厂外最近居民点	1 次/年
土壤	Pu、137Cs	＜5km 8 个方位角内（排放口下游、主导风下风向适当加密）	1 次/年
空气	γ 辐射空气吸收剂量率	主导风下风向厂区边界＜10km 8 个方位角内	连续 1 次/年

注：129I 监测方法成熟后，部分监测对象加测 129I。

6．伴生放射性矿物采选利用设施周围辐射环境监测方案

监测对象	监测项目	监测点位或点数	监测频次
空气	γ辐射空气吸收剂量率	矿区周围2km以内	1次/年
土壤	U、Th、226Ra、40K	矿区周围2km以内	1次/年
地表水	U、Th、226Ra、40K、总α、总β	纳污河上下游各1km	1次/年
底泥	U、Th、226Ra、40K	纳污河上下游各1km	1次/年
地下水	U、Th、226Ra、40K、总α、总β	最近居民点进水水源	1次/年
废水	U、Th、226Ra、40K、总α、总β	排放口	1次/年
废气	U、Th、226Ra、40K、总α、总β	排放口	1次/年
废渣原料产品	总α、总β、U、Th、226Ra、40K		1次/年
空气	氡或气土及其子体、氡析出率、γ 辐射空气吸收剂量率	各堆放场	1次/年

注：1．对不同的伴生放射性矿选取合适的监测项目；

2．建筑材料参照本监测方案执行。

7．同位素应用设施周围辐射环境监测方案

类型	监测对象	监测项目	监测点位或点数	监测频次
开放型同位素	空气	γ辐射空气吸收剂量率	以工作场所为中心，半径 300m以内	1次/年
	废气	应用核素	排放口	1次/年
	废水	应用核素、总α、总β	废水贮存池或排放口	1次/年
	地表水	应用核素	废水排放口上、下游500m处	1次/年
	地下水	应用核素	可能受污染的区域	1次/年
	土壤	应用核素	以工作场所为中心，半径 300m以内	1次/年
	放射性固体废物	γ 辐射空气吸收剂量率、α、β表面污染水平	贮存室或贮存容器外表面	1次/年
加速器	空气	X、γ 或中子辐射空气吸收剂量率	以工作场所为中心，半径 300m以内	1次/年
密封源	空气	γ或中子辐射空气吸收剂量率	以工作场所为中心，半径 300m以内	1次/年
射线装置	空气	X或中子辐射空气吸收剂量率	以工作场所为中心，半径 300m以内	1次/年

8．重点核设施和同位素生产设施气载和液态流出物监督监测方案

监测对象	采样与监测方式	取样周期	监测项目
气载流出物	单次采样测量	每次衰变箱排放	惰性气体
	连续采样测量	连续	氚、14C、Pu、碘、粒子（γ核素）
	在线连续监测	连续	惰性气体
液态流出物	单次采样测量	每次槽式排放	3H、14C、90Sr、总β、γ核素、Pu
	连续采样测量	连续	3H、90Sr、总β、γ核素

9．产生电场、磁场和伴电磁辐射设施周围辐射环境监测方案

监测对象	监测项目	监测点位	监测点数	监测频次
电视调频广播发射塔（30～1 000MHz）	综合场强	发射塔至周边 1 000～2 000m 范围内环境敏感建筑物面对发射塔一侧；场强最大点	2	1 次/年
中短波广播及短波通信发射台（0.3～30MHz）	综合场强	发射塔至周边 1 000～2 000m 范围内环境敏感建筑物面对发射塔一侧；场强最大点	2	1 次/年
雷达站、微波中继站、卫星地球站（300MHz 以上）	综合场强	天线主波瓣方向敏感点	1	1 次/年
移动通信基站（移动电话、寻呼通信、专业网通信）（100～3 000MHz）	综合场强	选有代表性的基站 3～5 个；天线周边 100m 范围内环境敏感点	3～5	1 次/年
高压输变电系统	220kV 及以上输电线	工频电场 工频磁场	最大弧垂下方边线为原点，垂直丁线路测至 30m，测点间距 5m；敏感点	101 次/年
	220kV 及以上变电站	工频电场 工频磁场	变电站围墙外高压线进出点；主变压器最近点	21 次/年
工科医高频设备	综合电场强度 磁场强度	设施外公众可到达地点；敏感点及场强最大点	3	1 次/年

注：电磁辐射发射体的频率大于 30MHz 时，综合场强的单位用 $\mu W/cm^2$；频率小于 30MHz 时，综合场强的单位用 V/m 或 A/m。

注册核安全工程师执业资格制度暂行规定

（人事部、国家环保总局2002年11月19日　人发［2002］106号）

第一章　总　则

第一条　为了提高核安全专业技术人员素质，规范核安全关键岗位的管理，确保核与辐射环境安全，维护国家和公众利益，根据《中华人民共和国环境保护法》、《中华人民共和国民用核设施安全监督管理条例》和国家职业资格证书制度的有关规定，制定本规定。

第二条　本规定适用于从事核与辐射安全及相关领域工作的专业技术人员。

第三条　国家对在核能和核技术应用及为核安全提供技术服务的单位中从事核安全关键岗位工作的专业技术人员实行执业资格制度，纳入国家专业技术人员职业资格证书制度，统一规划管理。

第四条　本规定所称注册核安全工程师，是指通过国家统一考试，取得《中华人民共和国注册核安全工程师执业资格证书》并经注册登记后，从事核安全相关专业技术工作的人员。

英文名称：Nuclear Safety Engineer

第五条　人事部和国家环境保护总局共同负责国家注册核安全工程师执业资格制度的实施工作。

第二章　考　试

第六条　注册核安全工程师执业资格实行统一大纲、统一命题、统一组织的考试制度，由人事部和国家环境保护总局共同组织实施，原则上每年举行一次。

第七条　国家环境保护总局负责拟定考试科目、考试大纲和试题，编写考试用书，统一规划培训等有关工作。

培训工作按照培训与考试分开、自愿参加的原则进行。

第八条　人事部负责审定考试科目、考试大纲和试题。会同国家环境保护总局对考试进行检查、监督、指导和确定考试合格标准。

第九条　凡遵守中华人民共和国宪法和法律、法规，恪守职业道德，并具备下列条件之一者，可申请参加注册核安全工程师执业资格考试：

1．取得理工类专业学士学位，从事核安全工作满 5 年；或取得其他专业学士学位，从事核安全工作满 6 年。

2．取得理工类专业双学士学位或研究生班毕业，从事核安全工作满 4 年；或取得其他专业双学士学位或研究生班毕业，从事核安全工作满 5 年。

3．取得理工类专业硕士学位，从事核安全工作满 2 年；或取得其他专业硕士学位，从事核安全工作满 3 年。

4．取得理工类专业博士学位，从事核安全工作满 1 年。

5．人事部、国家环境保护总局规定的其他条件。

第十条 注册核安全工程师执业资格考试合格，颁发人事部统一印制，人事部和国家环境保护总局共同用印的《中华人民共和国注册核安全工程师执业资格证书》，证书全国范围有效。

第三章 注 册

第十一条 注册核安全工程师执业资格实行注册登记制度。取得《中华人民共和国注册核安全工程师执业资格证书》的人员，必须经过注册登记才能以注册核安全工程师名义执业。

第十二条 国家环境保护总局或其授权的机构为注册核安全工程师执业资格的注册管理机构。人事部对注册核安全工程师执业资格的注册和使用情况有检查、监督的责任。

第十三条 申请注册者，必须同时具备下列条件：

1．取得《中华人民共和国注册核安全工程师执业资格证书》；

2．身体健康，能坚持在本专业岗位工作；

3．经单位考核同意。

再次注册者，除符合以上条件外，还须提供接受继续教育和参加培训合格的证明。

第十四条 注册核安全工程师有下列情形之一者注销注册：

（一）不具备完全民事行为能力。

（二）因在核安全等业务工作中犯有严重错误，受行政处罚。

（三）受刑事处罚。

（四）脱离核安全相应岗位连续满 1 年。

第十五条 注册核安全工程师注册有效期为 2 年。有效期满需继续执业的，持证者应在期满前 3 个月按规定办理再次注册手续。

第十六条 国家环境保护总局或其授权的机构依本规定不予注册的，应自决定之日起 15 日内书面通知申请人。

第十七条 经批准注册的注册核安全工程师执业资格人员，由国家环境保护总局或其授权的机构在其执业资格证书的“注册情况”栏目内加盖印章，并核发《注册核安全工程师注册证》。

国家环境保护总局或其授权的机构应当定期公布注册核安全工程师执业资格的注册和注销情况。

第十八条 注册核安全工程师执业资格注册内容变更，须由所在单位在变更后 30 日内向注册管理机构申请办理变更手续。

第四章　职　责

第十九条　注册核安全工程师必须遵守国家法律、法规和核安全行业的执业守则，具有良好的职业道德和业务素质，对所从事的专业工作的真实性、合法性负责。

第二十条　注册核安全工程师的执业范围是：

（一）核安全审评。

（二）核安全监督。

（三）民用核设施操纵与运行。

（四）核质量保证。

（五）辐射防护。

（六）辐射环境监测。

（七）国家环境保护总局规定的其他与核安全密切相关的工作领域。

第二十一条　注册核安全工程师享有依法从事核安全关键岗位专业技术工作的权利，并对本职工作负责。

第二十二条　注册核安全工程师应不断更新知识，自觉接受继续教育并按规定参加业务培训。

第二十三条　注册核安全工程师应在一个从事核安全专业工作的单位执业。

第五章　附　则

第二十四条　取得注册核安全工程师执业资格证书的人员，用人单位可根据工作需要聘任工程师专业技术职务。

第二十五条　在实施注册核安全工程师执业资格考试前，对长期从事核安全工作，已经达到注册核安全工程师执业资格条件并受聘工程类高级专业技术职务的，可通过培训和考核认定的方式，取得《中华人民共和国注册核安全工程师执业资格证书》。培训和考核认定的办法由人事部和国家环境保护总局另行规定。

第二十六条　经国务院有关部门同意，获准在中华人民共和国境内就业的外籍专业人员，符合本规定要求的，也可按规定的程序申请参加考试、注册和执业。

第二十七条　注册核安全工程师执业资格关键岗位和职责由国家环境保护总局另行制定。

第二十八条　本规定由人事部和国家环境保护总局按职责分工分别负责解释。

第二十九条　本规定自发布之日起30日后施行。

注册核安全工程师执业资格考试实施办法

第一条 注册核安全工程师执业资格考试在人事部、国家环境保护总局（以下简称国家环保总局）的领导下进行。两部门成立“注册核安全工程师执业资格考试办公室”（办公室设在国家环保总局），负责考试的实施和日常管理工作。

国家环保总局成立“注册核安全工程师执业资格考试专家委员会”，负责拟定注册核安全工程师执业资格考试科目、考试大纲和考试命题，研究建立考试题库等有关工作。

第二条 注册核安全工程师执业资格考试原则上每年举行一次，考试时间为每年的第三季度。

第三条 注册核安全工程师执业资格考试科目为：《核安全相关法律法规》、《核安全综合知识》、《核安全专业实务》和《核安全案例分析》。

考试分 4 个半天进行，各科目的考试时间均为 3 小时。

第四条 凡符合《注册核安全工程师执业资格制度暂行规定》（以下简称《暂行规定》）第九条规定的专业技术人员均可申请参加考试。

第五条 截止 2002 年 12 月 31 日前，在核安全相关岗位上受聘担任高级专业技术职务满 3 年的专业技术人员，可免试《核安全相关法律法规》和《核安全综合知识》2 个科目，只参加《核安全专业实务》和《核安全案例分析》2 个科目的考试。

第六条 考试成绩实行两年为一个周期的滚动管理。参加全部 4 个科目考试的人员必须在连续的两个考试年度内通过应试科目；免试部分科目的人员必须在一个考试年度内通过应试科目。

第七条 参加考试须由本人提出申请，所在单位审核同意，按规定携带有关证明材料到国家环保总局确定的考试管理机构报名。考试管理机构按规定程序和报名条件审查合格后，发给准考证。考生凭准考证及有关证明在指定的时间、地点参加考试。

第八条 由国家环保总局根据情况确定考点设置的区域和数量。经确定的考点原则上设在直辖市和省会城市的大、中专院校或高考定点学校。

考点设置所在地的省、自治区、直辖市人事部门负责对考试考务的实施工作进行指导、检查和监督。

第九条 注册核安全工程师执业资格考试大纲由国家环保总局组织编写、出版和发行。任何单位和个人不得盗用国家环保总局名义编写、出版各种考试用书和复习资料。

第十条 坚持考试与培训分开的原则，凡参与考试工作的人员，不得参加与考试有关的培训工作和参加考试。

应考人员参加培训坚持自愿原则。

第十一条 为保证培训工作健康有序进行，由国家环保总局统筹规划培训工作。承担注册核安全工程师执业资格培训工作的机构，应具备场地、师资、教材等条件，并报国家环保总局备案。

第十二条 注册核安全工程师执业资格考试、培训及有关项目的收费标准，须经价格行政部门核准，并向社会公布，接受群众监督。

第十三条 考务管理工作要严格执行考务工作的有关规章和制度，切实做好试卷的命制、印刷、发送和保管过程中的保密工作，遵守保密制度，严防泄密。

第十四条 加强对考试工作的组织管理，认真执行考试回避制度，严肃考试工作纪律和考场纪律。对弄虚作假等违反考试有关规定者，要依法处理，并追究当事人和有关领导的责任。

八、生态保护

中华人民共和国防沙治沙法

（2001年8月31日第九届全国人民代表大会常务委员会第二十三次会议通过）

中华人民共和国主席令

第55号

《中华人民共和国防沙治沙法》已由中华人民共和国第九届全国人民代表大会常务委员会第二十三次会议于2001年8月31日通过，现予公布，自2002年1月1日起施行。

中华人民共和国主席　江泽民

2001年8月31日

目　录

第一章　总　则

第一条　为预防土地沙化，治理沙化土地，维护生态安全，促进经济和社会的可持续发展，制定本法。

第二条　在中华人民共和国境内，从事土地沙化的预防、沙化土地的治理和开发利用活动，必须遵守本法。

土地沙化是指因气候变化和人类活动所导致的天然沙漠扩张和沙质土壤上植被破

坏、沙土裸露的过程。

本法所称土地沙化，是指主要因人类不合理活动所导致的天然沙漠扩张和沙质土壤上植被及覆盖物被破坏，形成流沙及沙土裸露的过程。

本法所称沙化土地，包括已经沙化的土地和具有明显沙化趋势的土地。具体范围，由国务院批准的全国防沙治沙规划确定。

第三条 防沙治沙工作应当遵循以下原则：

（一）统一规划，因地制宜，分步实施，坚持区域防治与重点防治相结合；

（二）预防为主，防治结合，综合治理；

（三）保护和恢复植被与合理利用自然资源相结合；

（四）遵循生态规律，依靠科技进步；

（五）改善生态环境与帮助农牧民脱贫致富相结合；

（六）国家支持与地方自力更生相结合，政府组织与社会各界参与相结合，鼓励单位、个人承包防治；

（七）保障防沙治沙者的合法权益。

第四条 国务院和沙化土地所在地区的县级以上地方人民政府，应当将防沙治沙纳入国民经济和社会发展计划，保障和支持防沙治沙工作的开展。

沙化土地所在地区的地方各级人民政府，应当采取有效措施，预防土地沙化，治理沙化土地，保护和改善本行政区域的生态质量。

国家在沙化土地所在地区，建立政府行政领导防沙治沙任期目标责任考核奖惩制度。沙化土地所在地区的县级以上地方人民政府，应当向同级人民代表大会及其常务委员会报告防沙治沙工作情况。

第五条 在国务院领导下，国务院林业行政主管部门负责组织、协调、指导全国防沙治沙工作。

国务院林业、农业、水利、土地、环境保护等行政主管部门和气象主管机构，按照有关法律规定的职责和国务院确定的职责分工，各负其责，密切配合，共同做好防沙治沙工作。

县级以上地方人民政府组织、领导所属有关部门，按照职责分工，各负其责，密切配合，共同做好本行政区域的防沙治沙工作。

第六条 使用土地的单位和个人，有防止该土地沙化的义务。

使用已经沙化的土地的单位和个人，有治理该沙化土地的义务。

第七条 国家支持防沙治沙的科学研究和技术推广工作，发挥科研部门、机构在防沙治沙工作中的作用，培养防沙治沙专门技术人员，提高防沙治沙的科学技术水平。

国家支持开展防沙治沙的国际合作。

第八条 在防沙治沙工作中作出显著成绩的单位和个人，由人民政府给予表彰和奖励；对保护和改善生态质量作出突出贡献的应当给予重奖。

第九条 沙化土地所在地区的各级人民政府应当组织有关部门开展防沙治沙知识的宣传教育，增强公民的防沙治沙意识，提高公民防沙治沙的能力。

第二章　防沙治沙规划

第十条　防沙治沙实行统一规划。从事防沙治沙活动，以及在沙化土地范围内从事开发利用活动，必须遵循防沙治沙规划。

防沙治沙规划应当对遏制土地沙化扩展趋势，逐步减少沙化土地的时限、步骤、措施等作出明确规定，并将具体实施方案纳入国民经济和社会发展五年计划和年度计划。

第十一条　国务院林业行政主管部门会同国务院农业、水利、土地、环境保护等有关部门编制全国防沙治沙规划，报国务院批准后实施。

省、自治区、直辖市人民政府依据全国防沙治沙规划，编制本行政区域的防沙治沙规划，报国务院或者国务院指定的有关部门批准后实施。

沙化土地所在地区的市、县人民政府，应当依据上一级人民政府的防沙治沙规划，组织编制本行政区域的防沙治沙规划，报上一级人民政府批准后实施。

防沙治沙规划的修改，须经原批准机关批准；未经批准，任何单位和个人不得改变防沙治沙规划。

第十二条　编制防沙治沙规划，应当根据沙化土地所处的地理位置、土地类型、植被状况、气候和水资源状况、土地沙化程度等自然条件及其所发挥的生态、经济功能，对沙化土地实行分类保护、综合治理和合理利用。

在规划期内不具备治理条件的以及因保护生态的需要不宜开发利用的连片沙化土地，应当规划为沙化土地封禁保护区，实行封禁保护。沙化土地封禁保护区的范围，由全国防沙治沙规划以及省、自治区、直辖市防沙治沙规划确定。

第十三条　防沙治沙规划应当与土地利用总体规划相衔接；防沙治沙规划中确定的沙化土地用途，应当符合本级人民政府的土地利用总体规划。

第三章　土地沙化的预防

第十四条　国务院林业行政主管部门组织其他有关行政主管部门对全国土地沙化情况进行监测、统计和分析，并定期公布监测结果。

县级以上地方人民政府林业或者其他有关行政主管部门，应当按照土地沙化监测技术规程，对沙化土地进行监测，并将监测结果向本级人民政府及上一级林业或者其他有关行政主管部门报告。

第十五条　县级以上地方人民政府林业或者其他有关行政主管部门，在土地沙化监测过程中，发现土地发生沙化或者沙化程度加重的，应当及时报告本级人民政府。收到报告的人民政府应当责成有关行政主管部门制止导致土地沙化的行为，并采取有效措施进行治理。

各级气象主管机构应当组织对气象干旱和沙尘暴天气进行监测、预报，发现气象干旱或者沙尘暴天气征兆时，应当及时报告当地人民政府。收到报告的人民政府应当采取预防措施，必要时公布灾情预报，并组织林业、农（牧）业等有关部门采取应急措施，避免或者减轻风沙危害。

第十六条 沙化土地所在地区的县级以上地方人民政府应当按照防沙治沙规划，划出一定比例的土地，因地制宜地营造防风固沙林网、林带，种植多年生灌木和草本植物。由林业行政主管部门负责确定植树造林的成活率、保存率的标准和具体任务，并逐片组织实施，明确责任，确保完成。

除了抚育更新性质的采伐外，不得批准对防风固沙林网、林带进行采伐。在对防风固沙林网、林带进行抚育更新性质的采伐之前，必须在其附近预先形成接替林网和林带。

对林木更新困难地区已有的防风固沙林网、林带，不得批准采伐。

第十七条 禁止在沙化土地上砍挖灌木、药材及其他固沙植物。

沙化土地所在地区的县级人民政府，应当制定植被管护制度，严格保护植被，并根据需要在乡（镇）、村建立植被管护组织，确定管护人员。

在沙化土地范围内，各类土地承包合同应当包括植被保护责任的内容。

第十八条 草原地区的地方各级人民政府，应当加强草原的管理和建设，由农（牧）业行政主管部门负责指导、组织农牧民建设人工草场，控制载畜量，调整牲畜结构，改良牲畜品种，推行牲畜圈养和草场轮牧，消灭草原鼠害、虫害，保护草原植被，防止草原退化和沙化。

草原实行以产草量确定载畜量的制度。由农（牧）业行政主管部门负责制定载畜量的标准和有关规定，并逐级组织实施，明确责任，确保完成。

第十九条 沙化土地所在地区的县级以上地方人民政府水行政主管部门，应当加强流域和区域水资源的统一调配和管理，在编制流域和区域水资源开发利用规划和供水计划时，必须考虑整个流域和区域植被保护的用水需求，防止因地下水和上游水资源的过度开发利用，导致植被破坏和土地沙化。该规划和计划经批准后，必须严格实施。

沙化土地所在地区的地方各级人民政府应当节约用水，发展节水型农牧业和其他产业。

第二十条 沙化土地所在地区的县级以上地方人民政府，不得批准在沙漠边缘地带和林地、草原开垦耕地；已经开垦并对生态产生不良影响的，应当有计划地组织退耕还林还草。

第二十一条 在沙化土地范围内从事开发建设活动的，必须事先就该项目可能对当地及相关地区生态产生的影响进行环境影响评价，依法提交环境影响报告；环境影响报告应当包括有关防沙治沙的内容。

第二十二条 在沙化土地封禁保护区范围内，禁止一切破坏植被的活动。

禁止在沙化土地封禁保护区范围内安置移民。对沙化土地封禁保护区范围内的农牧民，县级以上地方人民政府应当有计划地组织迁出，并妥善安置。沙化土地封禁保护区范围内尚未迁出的农牧民的生产生活，由沙化土地封禁保护区主管部门妥善安排。

未经国务院或者国务院指定的部门同意，不得在沙化土地封禁保护区范围内进行修建铁路、公路等建设活动。

第四章　沙化土地的治理

第二十三条 沙化土地所在地区的地方各级人民政府，应当按照防沙治沙规划，组织有关部门、单位和个人，因地制宜地采取人工造林种草、飞机播种造林种草、封沙育林育草和合理调配生态用水等措施，恢复和增加植被，治理已经沙化的土地。

第二十四条 国家鼓励单位和个人在自愿的前提下，捐资或者以其他形式开展公益性的治沙活动。

县级以上地方人民政府林业或者其他有关行政主管部门，应当为公益性治沙活动提供治理地点和无偿技术指导。

从事公益性治沙的单位和个人，应当按照县级以上地方人民政府林业或者其他有关行政主管部门的技术要求进行治理，并可以将所种植的林、草委托他人管护或者交由当地人民政府有关行政主管部门管护。

第二十五条 使用已经沙化的国有土地的使用权人和农民集体所有土地的承包经营权人，必须采取治理措施，改善土地质量；确实无能力完成治理任务的，可以委托他人治理或者与他人合作治理。委托或者合作治理的，应当签订协议，明确各方的权利和义务。

沙化土地所在地区的地方各级人民政府及其有关行政主管部门、技术推广单位，应当为土地使用权人和承包经营权人的治沙活动提供技术指导。

采取退耕还林还草、植树种草或者封育措施治沙的土地使用权人和承包经营权人，按照国家有关规定，享受人民政府提供的政策优惠。

第二十六条 不具有土地所有权或者使用权的单位和个人从事营利性治沙活动的，应当先与土地所有权人或者使用权人签订协议，依法取得土地使用权。

在治理活动开始之前，从事营利性治沙活动的单位和个人应当向治理项目所在地的县级以上地方人民政府林业行政主管部门或者县级以上地方人民政府指定的其他行政主管部门提出治理申请，并附具下列文件：

（一）被治理土地权属的合法证明文件和治理协议；

（二）符合防沙治沙规划的治理方案；

（三）治理所需的资金证明。

第二十七条 本法第二十六条第二款第二项所称治理方案，应当包括以下内容：

（一）治理范围界限；

（二）分阶段治理目标和治理期限；

（三）主要治理措施；

（四）经当地水行政主管部门同意的用水来源和用水量指标；

（五）治理后的土地用途和植被管护措施；

（六）其他需要载明的事项。

第二十八条 从事营利性治沙活动的单位和个人，必须按照治理方案进行治理。

国家保护沙化土地治理者的合法权益。在治理者取得合法土地权属的治理范围内，未经治理者同意，其他任何单位和个人不得从事治理或者开发利用活动。

第二十九条 治理者完成治理任务后，应当向县级以上地方人民政府受理治理申请的行政主管部门提出验收申请。经验收合格的，受理治理申请的行政主管部门应当发给治理合格证明文件；经验收不合格的，治理者应当继续治理。

第三十条 已经沙化的土地范围内的铁路、公路、河流和水渠两侧，城镇、村庄、厂矿和水库周围，实行单位治理责任制，由县级以上地方人民政府下达治理责任书，由责任单位负责组织造林种草或者采取其他治理措施。

第三十一条 沙化土地所在地区的地方各级人民政府，可以组织当地农村集体经济组织及其成员在自愿的前提下，对已经沙化的土地进行集中治理。农村集体经济组织及其成员投入的资金和劳力，可以折算为治理项目的股份、资本金，也可以采取其他形式给予补偿。

第五章 保障措施

第三十二条 国务院和沙化土地所在地区的地方各级人民政府应当在本级财政预算中按照防沙治沙规划通过项目预算安排资金，用于本级人民政府确定的防沙治沙工程。在安排扶贫、农业、水利、道路、矿产、能源、农业综合开发等项目时，应当根据具体情况，设立若干防沙治沙子项目。

第三十三条 国务院和省、自治区、直辖市人民政府应当制定优惠政策，鼓励和支持单位和个人防沙治沙。

县级以上地方人民政府应当按照国家有关规定，根据防沙治沙的面积和难易程度，给予从事防沙治沙活动的单位和个人资金补助、财政贴息以及税费减免等政策优惠。

单位和个人投资进行防沙治沙的，在投资阶段免征各种税收；取得一定收益后，可以免征或者减征有关税收。

第三十四条 使用已经沙化的国有土地从事治沙活动的，经县级以上人民政府依法批准，可以享有不超过七十年的土地使用权。具体年限和管理办法，由国务院规定。

使用已经沙化的集体所有土地从事治沙活动的，治理者应当与土地所有人签订土地承包合同。具体承包期限和当事人的其他权利、义务由承包合同双方依法在土地承包合同中约定。县级人民政府依法根据土地承包合同向治理者颁发土地使用权证书，保护集体所有沙化土地治理者的土地使用权。

第三十五条 因保护生态的特殊要求，将治理后的土地批准划为自然保护区或者沙化土地封禁保护区的，批准机关应当给予治理者合理的经济补偿。

第三十六条 国家根据防沙治沙的需要，组织设立防沙治沙重点科研项目和示范、推广项目，并对防沙治沙、沙区能源、沙生经济作物、节水灌溉、防止草原退化、沙地旱作农业等方面的科学研究与技术推广给予资金补助、税费减免等政策优惠。

第三十七条 任何单位和个人不得截留、挪用防沙治沙资金。

县级以上人民政府审计机关，应当依法对防沙治沙资金使用情况实施审计监督。

第六章 法律责任

第三十八条 违反本法第二十二条第一款规定，在沙化土地封禁保护区范围内从事破坏植被活动的，由县级以上地方人民政府林业、农（牧）业行政主管部门按照各自的职责，责令停止违法行为；有违法所得的，没收其违法所得；构成犯罪的，依法追究刑事责任。

第三十九条 违反本法第二十五条第一款规定，国有土地使用权人和农民集体所有土地承包经营权人未采取防沙治沙措施，造成土地严重沙化的，由县级以上地方人民政府农（牧）业、林业行政主管部门按照各自的职责，责令限期治理；造成国有土地严重沙化的，县级以上人民政府可以收回国有土地使用权。

第四十条 违反本法规定，进行营利性治沙活动，造成土地沙化加重的，由县级以上地方人民政府负责受理营利性治沙申请的行政主管部门责令停止违法行为，可以并处每公顷五千元以上五万元以下的罚款。

第四十一条 违反本法第二十八条第一款规定，不按照治理方案进行治理的，或者违反本法第二十九条规定，经验收不合格又不按要求继续治理的，由县级以上地方人民政府负责受理营利性治沙申请的行政主管部门责令停止违法行为，限期改正，可以并处相当于治理费用一倍以上三倍以下的罚款。

第四十二条 违反本法第二十八条第二款规定，未经治理者同意，擅自在他人的治理范围内从事治理或者开发利用活动的，由县级以上地方人民政府负责受理营利性治沙申请的行政主管部门责令停止违法行为；给治理者造成损失的，应当赔偿损失。

第四十三条 违反本法规定，有下列情形之一的，对直接负责的主管人员和其他直接责任人员，由所在单位、监察机关或者上级行政主管部门依法给予行政处分：

（一）违反本法第十五条第一款规定，发现土地发生沙化或者沙化程度加重不及时报告的，或者收到报告后不责成有关行政主管部门采取措施的；

（二）违反本法第十六条第二款、第三款规定，批准采伐防风固沙林网、林带的；

（三）违反本法第二十条规定，批准在沙漠边缘地带和林地、草原开垦耕地的；

（四）违反本法第二十二条第二款规定，在沙化土地封禁保护区范围内安置移民的；

（五）违反本法第二十二条第三款规定，未经批准在沙化土地封禁保护区范围内进行修建铁路、公路等建设活动的。

第四十四条 违反本法第三十七条第一款规定，截留、挪用防沙治沙资金的，对直接负责的主管人员和其他直接责任人员，由监察机关或者上级行政主管部门依法给予行政处分；构成犯罪的，依法追究刑事责任。

第四十五条 防沙治沙监督管理人员滥用职权、玩忽职守、徇私舞弊，构成犯罪的，依法追究刑事责任。

第七章 附 则

第四十六条 本法第五条第二款中所称的有关法律，是指《中华人民共和国森林法》、《中华人民共和国草原法》、《中华人民共和国水土保持法》、《中华人民共和国土地管理法》、《中华人民共和国环境保护法》和《中华人民共和国气象法》。

第四十七条 本法自2002年1月1日起施行。

营利性治沙管理办法

（2004年7月1日国家林业局令第11号发布，自2004年9月1日起施行）

第一条 为了规范营利性治沙管理活动，保障从事营利性治沙活动的单位和个人的合法权益，根据《中华人民共和国防沙治沙法》（以下简称防沙治沙法）有关规定，制定本办法。

第二条 在全国防沙治沙规划确定范围内从事营利性治沙活动适用本办法。

营利性治沙活动是指不具有沙化土地所有权或者使用权的单位和个人，在依法取得土地使用权后，以获取一定经济收益为目的，采取各种措施对沙化土地进行治理的治沙活动。

第三条 县级以上地方人民政府林业行政主管部门负责营利性治沙活动的受理申请和检查验收等管理工作。

第四条 从事营利性治理国家所有的沙化土地的单位和个人，应当与法律授权管理该沙化土地的主管部门或者该沙化土地的使用权人签订治理协议，依法取得该沙化土地的土地使用权。

从事营利性治理集体所有、尚未承包到户的沙化土地的单位和个人，应当与该集体经济组织签订治理协议，依法取得该沙化土地的土地使用权。

从事营利性治理集体所有、但已承包到户的沙化土地的单位和个人，应当与该土地的承包人签订治理协议，依法取得该沙化土地的土地使用权。

第五条 营利性治沙涉及的沙化土地在县级行政区域范围内的，由所在地的县级人民政府林业行政主管部门负责受理申请；跨县（市）、设区的市、自治州行政区域范围的，由其共同上一级地方人民政府林业行政主管部门负责受理申请。

第六条 从事营利性治沙活动的单位和个人应当依照防沙治沙法第二十六条第二款规定提供有关材料，向林业行政主管部门提出治理申请，并填写治理申请表。其中有关治理协议的主要内容应当包括：治理单位名称或者个人姓名、协议双方的权利和义务、拟治理沙化土地的四至界限、面积、治理期限、违约责任等。

第七条 防沙治沙法第二十七条第六项规定的其他需要载明的事项应当包括：被治理的沙化土地的现状，治理后该土地的利用方向，治理项目的投资概算及资金来源等。

第八条 林业行政主管部门应当在收到治理申请和有关文件后7个工作日内，对申请材料进行初步审查；治理申请和有关文件符合本办法第六条和第七条规定的，林业行政主管部门应当予以受理；不符合规定的，不予受理，并书面通知申请人，说明理由或者要求补充有关材料。

第九条 林业行政主管部门对决定受理的申请，应当组织有关专家对治理方案进行技术论证，并可以根据实际工作需要，组织工作人员对提出营利性治沙活动申请涉及的沙化土地以及提交的有关文件内容进行实地核实和调查。

核实和调查的工作人员应当不少于 2 人。

第十条 林业行政主管部门在决定受理申请之日起 30 个工作日内，对符合防沙治沙法和本办法规定的，应当予以公示，并书面通知申请人。公示应当载明下列主要内容：

（一）申请单位名称或者个人姓名；

（二）治理的沙化土地范围、四至以及面积；

（三）治理的沙化土地的所有权或者使用权情况，以及发放有关权属证书情况；

（四）治理方案的主要内容。

第十一条 有以下情况之一的，林业行政主管部门应当不予公示，并书面通知申请人：

（一）治理地点不符合国家和当地防沙治沙规划的；

（二）未取得治理范围内土地使用权的；

（三）资金没有保障的；

（四）治理方案未通过专家技术论证的。

第十二条 从事营利性治沙的单位和个人，必须按照公示的治理方案进行治理。

第十三条 需要变更原治理方案的，应当向原公示的林业行政主管部门提出变更治理方案的书面申请。

第十四条 变更治理方案的书面申请应当包括以下内容：

（一）原书面公示文件；

（二）原治理方案；

（三）治理方案变更的具体内容和理由。

变更的治理方案中规定的治理技术指标应当优于原治理方案规定的治理技术指标。

第十五条 林业行政主管部门应当在接到变更申请后 15 个工作日内，做出同意变更或者不同意变更的决定，并书面通知提出变更的申请人。

未经原批准的林业行政主管部门批准，任何单位和个人不得改变公示的治理方案。

第十六条 从事营利性治沙的单位和个人可以要求林业行政主管部门给予指导。林业行政主管部门应当根据从事营利性治沙的单位和个人的要求，在下列方面给予指导：

（一）有关防沙治沙工作的政策和法规咨询；

（二）编制治理方案；

（三）编制年度作业设计；

（四）提供相关的技术培训。

第十七条 从事营利性治沙的单位和个人在完成治理方案规定的治理任务后，应当向原公示的林业行政主管部门提出验收申请，并填写营利性治沙验收申请表。

第十八条 林业行政主管部门在收到验收申请后 30 个工作日内，应当按照治理方案确定的各项技术指标组织检查验收。对验收合格的，林业行政主管部门应当发给治理合格证明文件；对验收不合格的，从事营利性治沙的单位和个人应当继续治理。对验收合格的森林、林木和林地，从事营利性治沙的单位和个人应当持治理合格证明文件，依法申请森林、林木和林地权属登记。

第十九条 从事营利性治沙的单位和个人可以依照防沙治沙法的规定，享受资金补助、财政贴息以及税费减免等政策优惠。

第二十条 林业行政主管部门依照防沙治沙法第四十一条的规定，对从事营利性治沙活动中不按照治理方案进行治理，或者经林业行政主管部门验收不合格又不按要求继续治理的单位和个人，依法予以处罚。

第二十一条 林业行政主管部门工作人员在管理活动中滥用职权、玩忽职守、徇私舞弊的，依法给予行政处分，构成犯罪的，依法追究刑事责任。

第二十二条 依照防沙治沙法第二十六条第二款规定，由县级以上地方人民政府指定的其他行政主管部门负责营利性治沙活动的受理申请和检查验收的，可以参照本办法规定执行。

第二十三条 治理申请表和营利性治沙验收表的格式由国家林业局规定，省、自治区和直辖市人民政府林业行政主管部门印制。

第二十四条 本办法于2004年9月1日起施行。

国务院关于进一步加强防沙治沙工作的决定

（2005 年 9 月 8 日　国发［2005］29 号）

各省、自治区、直辖市人民政府，国务院各部委、各直属机构：

防沙治沙，事关国家生态安全，事关中华民族生存与发展，事关全面建设小康社会进程。为深入贯彻《中华人民共和国防沙治沙法》，认真落实《全国防沙治沙规划》,进一步加强防沙治沙工作，推动沙区社会走上生产发展、生活富裕、生态良好的文明发展道路，特作出如下决定。

一、充分认识防沙治沙工作的重要性和紧迫性

1．我国防沙治沙取得巨大成就。党中央、国务院历来高度重视防沙治沙工作，特别是进入新世纪以来，采取了更加有力的措施，我国防沙治沙工作取得了显著成效。全国沙化土地面积开始出现净减少，由上世纪末年均扩展 3436 平方公里转变为现在年均缩减 1283 平方公里，沙区生态建设状况已从治理小于破坏进入了治理与破坏相持的阶段，有效地改善了农牧业生产条件，推进了农村经济结构调整和生产方式转变，促进了民族团结和边疆稳定，为经济社会可持续发展作出了重要贡献。探索了一系列改善生态、发展沙区经济的防沙治沙模式，初步形成了一套行之有效的防沙治沙工作机制，为推进我国防沙治沙事业快速健康发展奠定了基础。

2．土地沙化形势依然严峻。我国是世界上土地沙化危害最严重的国家之一。全国现有沙化土地 174 万平方公里，占国土面积的 18.1%，主要分布在少数民族地区和边疆地区。因土地沙化每年造成的直接经济损失高达 500 多亿元，影响近 4 亿人口的生产和生活。当前，沙区的滥樵采、滥开垦、滥放牧、水资源紧缺和不合理利用等问题较为严重，防沙治沙的任务非常艰巨。

3．搞好防沙治沙意义十分重大。防沙治沙是一项社会公益事业，既是保护耕地、提高土地质量的重要基础，又是改善人民生产生活条件、促进沙区经济社会可持续发展和农牧民增收的必然途径；既是实施西部大开发战略、东北地区等老工业基地振兴战略的迫切需要，又是增进民族团结、维护边疆稳定、拓展中华民族生存和发展空间的战略选择；既是改善生态、保障生态安全的重大举措，又是推进构建社会主义和谐社会的重要保障。各有关地区、有关部门要从实践“三个代表”重要思想和落实科学发展观的高度，充分认识防沙治沙工作的重要性，进一步增强紧迫感和责任感，深入贯彻《中华人民共和国防沙治沙法》，加强领导，真抓实干，努力改善沙区生态状况。

二、明确防沙治沙工作的指导思想、基本原则和奋斗目标

4．指导思想。以邓小平理论和“三个代表”重要思想为指导，全面落实科学发展观，按照预防为主、科学治理、合理利用的方针，遵循自然和经济规律，实行全国动员、全民尽责、全社会参与，加大保护和建设力度，改善生态环境，在沙区建立和巩固以林草植被为主体的国土生态安全体系，打好生态建设相持阶段攻坚战，促进农牧民增收和经济社会协调发展，为构建社会主义和谐社会服务。

5．基本原则。我国防沙治沙工作要遵循以下基本原则：

——统筹规划，突出重点，分类施策，分步实施，坚持区域防治与重点防治相结合；

——注意发挥生态系统自然修复功能，强化保护，因地制宜，综合治理；

——保护和恢复植被与合理利用自然资源相结合；

——严格依法防治，依靠科技进步；

——改善生态环境与促进农牧民脱贫致富相结合；

——国家支持与地方自力更生相结合，政府组织与社会参与相结合，鼓励单位、个人承包防治任务；

——依法保障防沙治沙者的合法权益。

6．奋斗目标。采取综合措施，全面保护和增加林草植被。力争到 2010 年，重点治理地区生态状况明显改善；到 2020 年，全国一半以上可治理的沙化土地得到治理，沙区生态状况明显改善；到本世纪中叶，全国可治理的沙化土地基本得到治理。

三、认真搞好防沙治沙布局和规划

7．明确防沙治沙总体战略。我国沙化土地主要分布在西北、华北北部和东北西部地区，防治工作要因地制宜、分类施策。对于沙漠绿洲周围，要营建防风固沙林带、林网，保护现有天然荒漠植被和绿洲；对于半干旱沙地类型区，在保护好现有林草植被基础上，通过大力开展造林种草、小流域治理和生态移民等措施进行综合治理，适度开发利用沙区资源；对于青藏高原高寒沙地类型区，要保护现有自然生态系统，采取以封育为主要方式的综合措施恢复植被，严禁不合理的开发。另外，对于黄淮海平原半湿润和南方湿润沙地类型区，要积极开展造林种草，大力发展速生丰产用材林和经济林，实行沙地治理与资源开发相结合。

8．认真编制并严格组织实施规划。沙区县级以上地方人民政府要负责组织编制本行政区域的防沙治沙规划，明确逐步减少沙化土地的时限、步骤和措施。防沙治沙规划要与生态建设规划、土地利用总体规划和水资源规划相衔接，并纳入同级国民经济和社会发展规划。全国防沙治沙规划由国务院审批，省级防沙治沙规划由国务院林业行政主管部门会同农业、水利、国土资源、环境保护等有关部门审批，市（地）、县（市）级防沙治沙规划分别由省、市（地）级人民政府审批。规划经批准后，未经原批准机关同意，任何单位和个人不得擅自修改和调整。地方各级人民政府要认真做好规划的组织实施工作，建立健全责任制，切实将规划任务落实到具体工程项目和年度目标。定期对规划实施情况进行检查、评估，确保规划任务按期完成，取得实效。

四、突出抓好土地沙化预防

9．切实保护沙区自然植被。沙区地方各级人民政府要制定植被管护制度，落实管护人员，加强植被保护，杜绝“边治理、边破坏”的现象。禁止在沙漠边缘地带和林地、草原开垦耕地。禁止采集发菜，彻底取缔发菜及其制品的收购、加工和销售。禁止滥垦沙荒地、滥砍滥挖灌木。沙区地方各级人民政府要坚决禁止滥挖甘草、麻黄草等药材，在甘草和麻黄草资源分布区逐级制定保护和建设规划，在生态脆弱地区要划定禁挖区和封育区，禁止一切采挖活动，严格按照有关规定规范中药材收购行为。地方各级人民政府要积极预防森林、草原病虫害、鼠害及火灾。

10．严格控制采伐防风固沙林。县级以上地方人民政府要严格控制防风固沙林网、林带的采伐。对于乔木型防风固沙林网、林带，因林木老化、病虫害等原因确需进行抚育更新的，必须事先在其附近形成接替林网和林带，报经省级林业行政主管部门验收后，依照有关规定进行采伐。对于萌蘖能力强、需要通过平茬等技术措施促进更新的灌木型防风固沙林网、林带的采伐，须遵守有关规定和技术规程。对林木更新困难地区现有的防风固沙林网、林带，不得批准采伐。

11．加强草原保护和管理。严格保护基本草地，不得擅自征收、征用、占用或改变其用途。实行以草定畜、草畜平衡制度，严格控制载畜量。鼓励和引导农牧民发展饲草饲料生产，改良牲畜品种。在牧区要推行草原划区轮牧、季节性休牧和围封禁牧制度。

12．加强沙化土地封禁保护区建设和管理。国务院林业行政主管部门要会同农业、水利、国土资源、环境保护等有关部门，对暂不具备治理条件以及因保护生态需要不宜开发利用的连片沙化土地，依法划定沙化土地封禁保护区。县级以上地方人民政府要妥善安排好沙化土地封禁保护区范围内农牧民的生产生活，有计划地组织迁出并妥善安置。在沙化土地封禁保护区内，禁止一切破坏植被的生产建设活动，对确需进行的修建铁路、公路等建设活动，必须严格按程序评估和审批。

13．强化水资源管理。加强流域和区域水资源的统一调配和管理，合理调配江河上、中、下游用水，全面实施建设项目水资源论证制度和取水许可制度，严格控制开采地下水，合理确定生活、生产和生态用水比例。要切实节约用水，大力推行节水灌溉方式和节水技术，限制高耗水、低产出的产业发展，提高水资源利用效率，建设节水型社会。

14．加快沙区生活能源结构调整。沙区地方各级人民政府要采取有效措施，妥善解决城乡居民生活能源问题。积极发展替代燃料，因地制宜开发利用风能、太阳能、沼气等能源，有条件的地方应鼓励农牧民营造薪炭林。在沙区开发石油、天然气、煤炭等能源时，要优先解决当地农牧民的能源需求。大力推广节能技术，提高能源的利用率。

15．实行沙区开发建设项目环境影响评价制度。在沙区从事开发建设活动，必须事先就开发建设项目可能对当地及相关地区生态环境产生的影响进行环境影响评价和水资源论证。环境影响报告中应包括防治措施等方面的内容。对不具备水源条件，且有可能造成土地沙化、水土流失等灾害，严重破坏生态环境的开发建设项目，不得批准立项。经批准实施的开发建设项目，要按照环境影响评价和水资源论证规定的内容同步实施生态保护和建设，搞好水资源保护和节约用水工作。有关部门要加强监督，搞好检查验收，经检查验收不合格的，不得对开发建设项目进行竣工验收。因防治措施不力造成土地沙化的，有关部门要责令项目建设单位限期进行治理，对情节严重的应依法追究责任。

五、加强沙化土地治理

16．因地制宜治理沙化土地。沙区地方各级人民政府要按照防沙治沙规划，组织有关部门、单位和个人，因地制宜地采取人工造林种草、飞播造林种草、封沙育林育草和合理调配生态用水等措施，积极治理沙化土地。在沙区要合理营造防风固沙林网、林带；对生态区位重要、粮食产量低而不稳的沙化耕地，要实施退耕还林还草，并在确定退耕还林还草任务时予以优先安排，对未退耕的沙化耕地要加快农业生产方式改革，积极推行免耕留茬等保护性耕作措施；对严重退化、沙化的草原，实行退牧还草，适度发展灌溉饲草料地；对生态严重恶化的地区要有计划地实施生态移民；大力开展水土保持综合治理，搞好沙区生态建设的配套水源工程建设，发展小型蓄水节水设施。

17．切实抓好重点工程建设。国务院林业、农业、水利等有关行政主管部门和地方各级人民政府要依据《全国防沙治沙规划》，认真组织实施好京津风沙源治理、三北防护林体系建设、退耕还林、退牧还草、草原沙化防治、水土保持、牧区水利等国家重点工程和区域性治理项目，在不同沙化土地类型区建设一批防沙治沙综合示范区，积极探索防沙治沙政策和技术模式。要严格工程建设进度、质量和资金管理，建立健全违规使用资金案件和工程质量事故责任追究制度。对工程建设情况实行评估制度，并根据评估情况，适时调整、完善工程建设项目和相关政策。

18．落实沙化土地单位治理责任制。沙区县级以上地方人民政府对铁路、公路、河流和水渠两侧以及城镇、村庄、厂矿和水库周围的沙化土地，要落实单位治理责任制，限期由责任单位负责组织造林种草或者采取其他措施治理。有关行政主管部门要定期对责任单位的治理任务完成情况进行检查验收，对于未能按期完成治理任务的，应按规定追究有关领导人的责任。

六、完善防沙治沙扶持政策

19．建立稳定的投入机制。各级人民政府要随着财力的增强，加大对防沙治沙的资金投入，并纳入同级财政预算和固定资产投资计划。在安排国债资金和中央预算内基建资金时，要继续将防沙治沙作为一项重点。要安排资金用于沙化土地封禁保护区建设。在沙区安排的扶贫开发、农业综合开发、水利和水土保持建设、草原建设等项目，凡涉及防沙治沙内容的，都要按有关规定搞好防沙治沙。要积极引导社会资金，扩大利用外资规模，拓宽筹资渠道，增加防沙治沙投入。加大科技投入力度，对防沙治沙重点科技支撑项目予以扶持。

20．实行税收优惠和信贷支持。国家对防沙治沙给予必要的税收政策支持。各地区、各有关部门要认真执行好现行的防沙治沙税收优惠政策。单位和个人投资进行防沙治沙的，在投资阶段免征各种税收；取得一定收益后，可以免征或减征有关税收，具体规定另行制定。国家继续对符合林业贷款中央财政贴息规定的防沙治沙贷款给予财政贴息，有关部门要加强对贴息资金的监督管理。对符合银行贷款条件的防沙治沙项目，有关银行要适当放宽条件，积极给予信贷支持，并做好各项金融服务。继续扩大农户小额信用贷款和农户联保贷款，支持有条件、有生产能力、守信用的农户通过防沙治沙、发展多种经营实现增收致富。

21．扶持各种社会主体参与防沙治沙。要创造公平竞争环境，为各种社会主体开展防沙治沙提供条件。改革现行防沙治沙投入和管理方式，凡纳入国家重点工程项目的公益性治沙活动，经县级以上有关行政主管部门检查验收合格后，享受国家重点工程项目的资金补助等政策。在进一步完善招投标制、报账制的同时，研究探索政府出资直接收购沙区各种社会主体营造的非国有公益林的相关政策。征占用治理后的土地，必须严格履行相关审批手续，并由征占者给予治理者合理的经济补偿。因保护生态的特殊要求，将治理后的土地划定为自然保护区、封禁保护区的，按相关规定给予治理者合理的经济补偿。对纳入公益林管理的沙区森林资源，要以多种方式给予投资治理者合理补偿。

22．保障治理者的合法权益。沙化土地可以通过承包、租赁等多种形式落实经营主体，按照签订的合同，限期进行治理。治理后的沙化土地，如涉及权属或地类变更，要及时依法办理土地变更登记手续，保障治理者和土地权利人的合法权益。使用国有沙化土地从事防沙治沙活动的，其土地使用权的期限最高可至 70 年，治理后的沙化土地承包经营权可以依法继承和流转。

23．合理开发利用沙区资源。在有效治理和严格保护的基础上，积极引导各种实体充分利用沙区的优势资源，发展特色优势产业。要扶持一批竞争力强、辐射面广的龙头企业，开展资源培育、生产加工、运输贮藏和市场营销。鼓励结合农业、林业、畜牧业结构调整，以公司加农户的形式建设沙区灌木林、药材和牧草基地，实行集约经营。大力发展沙区特色种植、养殖业，积极发展加工业，有条件的地方还可以发展沙区旅游业及其他产业，培育新的经济增长点，增加农牧民收入，促进沙区经济发展。

七、加大科技治沙和依法治沙力度

24．加强防沙治沙科学研究和技术推广。加强防沙治沙基础科学研究和应用技术研究，针对防沙治沙的关键性技术难题，开展多部门、多学科、多层次的联合攻关。建立健全防沙治沙技术推广和服务体系，加大先进适用技术和科技成果推广应用力度。积极探索科技推广新机制，对科技推广项目实行招投标制度。要健全防沙治沙重点工程建设与科技支撑项目同步设计、同步实施、同步验收制度，切实将科技支撑贯穿于工程建设的全过程，努力提高工程建设质量和科技含量。加强对基层技术人员和农牧民的技术培训，积极培育农牧民专业技术协会和科技型企业。对长期在重点沙区县及基层治沙单位工作的专业技术人员，在职级晋升、技术职务聘任及其子女上学等方面给予优惠。

25．严格依法治沙。各级人民政府和各有关部门要切实做到依法行政，严格执行《中华人民共和国防沙治沙法》等有关法律法规，完善配套规章。要加强防沙治沙执法体系建设，充实执法监管力量，明确执法责任，健全监督机制，积极配合同级人大搞好执法检查，加大行政执法监督力度。要适时开展集中专项执法行动，严厉打击破坏沙区植被和野生动植物资源、造成土地沙化及水土流失、非法征占用沙化土地等违法行为，做到有法必依、执法必严。加强法制宣传教育和保护生态环境道德教育。

26．科学开展土地沙化监测工作。建立健全土地沙化监测体系，科学开展监测工作。国务院林业行政主管部门要定期组织有关部门对全国土地沙化情况进行监测，及时公布监测结果。县级以上地方人民政府林业或者其他有关行政主管部门要对本行政区域的土地沙化情况进行监测，并及时向本级政府报告监测结果。地方各级人民政府要根据监测结果，调整并完善防治措施。对于有沙化趋势或者沙化程度加重的地区，要依法制止导致土地沙化的行为，并积极开展防治。

八、加强对防沙治沙工作的领导

27．防沙治沙工作实行政府负责制。沙区地方各级人民政府对本行政区域的防沙治沙工作负总责。沙区县级以上地方人民政府每年要向同级人民代表大会及其常务委员会报告防沙治沙工作情况，自觉接受监督。全面推行地方人民政府行政领导防沙治沙任期目标责任考核奖惩制度，将防沙治沙年度目标和任期目标纳入沙区地方各级人民政府政绩考核范围。加强防沙治沙管理机构和队伍建设。国务院林业行政主管部门要负责做好全国防沙治沙的组织、协调和指导工作，有关部门要按照职能分工，各负其责，密切配合，共同做好防沙治沙工作。

28．进一步加强防沙治沙国际合作与交流。国务院有关部门和有关地方人民政府，要根据我国履行《联合国防治荒漠化公约》的要求，密切合作，加强履约能力建设，认真履行我国承担的各项义务。要根据我国国情，积极引进国外的资金、技术和先进管理经验，促进我国防沙治沙事业的发展。努力开拓防沙治沙国际合作新领域，鼓励将国内防沙治沙技术向其他国家进行有偿输出和转让。

29．广泛发动社会各界关心和支持防沙治沙事业。大力开展防沙治沙宣传教育，提高全民的生态保护意识。积极探索新形势下开展群众性防沙治沙的新机制、新办法，引导沙区群众积极参与防沙治沙。充分发挥人民解放军、武警部队、民兵以及工会、妇联、共青团和其他社会团体在防沙治沙中的重要作用，动员社会各方面的力量，支持和关心防沙治沙事业。各级人民政府对在防沙治沙事业中取得显著成绩的单位和个人，要给予表彰奖励，对作出突出贡献的予以重奖。

中华人民共和国自然保护区条例

（1994年10月9日国务院令第167号发布，同年12月1日起施行）

第一章 总 则

第一条 为了加强自然保护区的建设和管理，保护自然环境和自然资源，制定本条例。

第二条 本条例所称自然保护区，是指对有代表性的自然生态系统、珍稀濒危野生动植物物种的天然集中分布区、有特殊意义的自然遗迹等保护对象所在的陆地、陆地水体或者海域，依法划出一定面积予以特殊保护和管理的区域。

第三条 凡在中华人民共和国领域和中华人民共和国管辖的其他海域内建设和管理自然保护区，必须遵守本条例。

第四条 国家采取有利于开展自然保护区的经济、技术政策和措施，将自然保护区的发展规划纳入国民经济和社会发展计划。

第五条 建设和管理自然保护区，应当妥善处理与当地经济建设和居民生产、生活的关系。

第六条 自然保护区管理机构或者其行政主管部门可以接受国内外组织和个人的捐赠，用于自然保护区的建设和管理。

第七条 县级以上人民政府应当加强对自然保护区工作的领导。

一切单位和个人都有保护自然保护区内自然环境和自然资源的义务，并有权对破坏、侵占自然保护区的单位和个人进行检举、控告。

第八条 国家对自然保护区实行综合管理与分部门管理相结合的管理体制。

国务院环境保护行政主管部门负责全国自然保护区的综合管理。

国务院林业、农业、地质矿产、水利、海洋等有关行政主管部门在各自的职责范围内，主管有关的自然保护区。

县级以上地方人民政府负责自然保护区管理的部门的设置和职责，由省、自治区、直辖市人民政府根据当地具体情况确定。

第九条 对建设、管理自然保护区以及在有关的科学研究中做出显著成绩的单位和个人，由人民政府给予奖励。

第二章　自然保护区的建设

第十条　凡具有下列条件之一的，应当建立自然保护区：

（一）典型的自然地理区域、有代表性的自然生态系统区域以及已经遭受破坏但经保护能够恢复的同类自然生态系统区域；

（二）珍稀、濒危野生动植物物种的天然集中分布区域；

（三）具有特殊保护价值的海域、海岸、岛屿、湿地、内陆水域、森林、草原和荒漠；

（四）具有重大科学文化价值的地质构造、著名溶洞、化石分布区、冰川、火山、温泉等自然遗迹；

（五）经国务院或者省、自治区、直辖市人民政府批准，需要予以特殊保护的其他自然区域。

第十一条　自然保护区分为国家级自然保护区和地方级自然保护区。

在国内外有典型意义、在科学上有重大国际影响或者有特殊科学研究价值的自然保护区，列为国家级自然保护区。

除列为国家级自然保护区的外，其他具有典型意义或者重要科学研究价值的自然保护区列为地方级自然保护区。地方级自然保护区可以分级管理，具体办法由国务院有关自然保护区行政主管部门或者省、自治区、直辖市人民政府根据实际情况规定，报国务院环境保护行政主管部门备案。

第十二条　国家级自然保护区的建立，由自然保护区所在的省、自治区、直辖市人民政府或者国务院有关自然保护区行政主管部门提出申请，经国家级自然保护区评审委员会评审后，由国务院环境保护行政主管部门进行协调并提出审批建议，报国务院批准。

地方级自然保护区的建立，由自然保护区所在的县、自治县、市、自治州人民政府或者省、自治区、直辖市人民政府有关自然保护区行政主管部门提出申请，经地方级自然保护区评审委员会评审后，由省、自治区、直辖市人民政府环境保护行政主管部门进行协调并提出审批建议，报省、自治区、直辖市人民政府批准，并报国务院环境保护行政主管部门和国务院有关自然保护区行政主管部门备案。

跨两个以上行政区域的自然保护区的建立，由有关行政区域的人民政府协商一致后提出申请，并按照前两款规定的程序审批。

建立海上自然保护区，须经国务院批准。

第十三条　申请建立自然保护区，应当按照国家有关规定填报建立自然保护区申请书。

第十四条　自然保护区的范围和界线由批准建立自然保护区的人民政府确定，并标明区界，予以公告。

确定自然保护区的范围和界线，应当兼顾保护对象的完整性和适度性，以及当地经济建设和居民生产、生活的需要。

第十五条　自然保护区的撤销及其性质、范围、界线的调整或者改变，应当经原批准建立自然保护区的人民政府批准。

任何单位和个人，不得擅自移动自然保护区的界标。

第十六条 自然保护区按照下列方法命名：

国家级自然保护区：自然保护区所在地地名加“国家级自然保护区”。

地方级自然保护区：自然保护区所在地地名加“地方级自然保护区”。

有特殊保护对象的自然保护区，可以在自然保护区所在地地名后加特殊保护对象的名称。

第十七条 国务院环境保护行政主管部门应当会同国务院有关自然保护区行政主管部门，在对全国自然环境和自然资源状况进行调查和评价的基础上，拟订国家自然保护区发展规划，经国务院计划部门综合平衡后，报国务院批准实施。

自然保护区管理机构或者该自然保护区行政主管部门应当组织编制自然保护区的建设规划，按照规定的程序纳入国家的、地方的或者部门的投资计划，并组织实施。

第十八条 自然保护区可以分为核心区、缓冲区和实验区。

自然保护区内保存完好的天然状态的生态系统以及珍稀、濒危动植物的集中分布地，应当划为核心区，禁止任何单位和个人进入；除依照本条例第二十七条的规定经批准外，也不允许进入从事科学研究活动。

核心区外围可以划定一定面积的缓冲区，只准进入从事科学研究观测活动。

缓冲区外围划为实验区，可以进入从事科学试验、教学实习、参观考察、旅游以及驯化、繁殖珍稀、濒危野生动植物等活动。

原批准建立自然保护区的人民政府认为必要时，可以在自然保护区的外围划定一定面积的外围保护地带。

第三章　自然保护区的管理

第十九条 全国自然保护区管理的技术规范和标准，由国务院环境保护行政主管部门组织国务院有关自然保护区行政主管部门制定。

国务院有关自然保护区行政主管部门可以按照职责分工，制定有关类型自然保护区管理的技术规范，报国务院环境保护行政主管部门备案。

第二十条 县级以上人民政府环境保护行政主管部门有权对本行政区域内各类自然保护区的管理进行监督检查；县级以上人民政府有关自然保护区行政主管部门有权对其主管的自然保护区的管理进行监督检查。被检查的单位应当如实反映情况，提供必要的资料。检查者应当为被检查的单位保守技术秘密和业务秘密。

第二十一条 国家级自然保护区，由其所在地的省、自治区、直辖市人民政府有关自然保护区行政主管部门或者国务院有关自然保护区行政主管部门管理。地方级自然保护区，由其所在地的县级以上地方人民政府有关自然保护区行政主管部门管理。

有关自然保护区行政主管部门应当在自然保护区内设立专门的管理机构，配备专业技术人员，负责自然保护区的具体管理工作。

第二十二条 自然保护区管理机构的主要职责是：

（一）贯彻执行国家有关自然保护的法律、法规和方针、政策；

（二）制定自然保护区的各项管理制度，统一管理自然保护区；

（三）调查自然资源并建立档案、组织环境监测，保护自然保护区内的自然环境和自然资源；

（四）组织或者协助有关部门开展自然保护区的科学研究工作；

（五）进行自然保护的宣传教育；

（六）在不影响保护自然保护区的自然环境和自然资源的前提下，组织开展参观、旅游等活动。

第二十三条　管理自然保护区所需经费，由自然保护区所在地的县级以上地方人民政府安排。国家对国家级自然保护区的管理，给予适当的资金补助。

第二十四条　自然保护区所在地的公安机关，可以根据需要在自然保护区设置公安派出机构，维护自然保护区内的治安秩序。

第二十五条　在自然保护区内的单位、居民和经批准进入自然保护区的人员，必须遵守自然保护区的各项管理制度，接受自然保护区管理机构的管理。

第二十六条　禁止在自然保护区内进行砍伐、放牧、狩猎、捕捞、采药、开垦、烧荒、开矿、采石、挖沙等活动；但是，法律、行政法规另有规定的除外。

第二十七条　禁止任何人进入自然保护区的核心区。因科学研究的需要，必须进入核心区从事科学研究观测、调查活动的，应当事先向自然保护区管理机构提交申请和活动计划，并经省级以上人民政府有关自然保护区行政主管部门批准；其中，进入国家级自然保护区核心区的，必须经国务院有关自然保护区行政主管部门批准。

自然保护区核心区内原有居民确有必要迁出的，由自然保护区所在地的地方人民政府予以妥善安置。

第二十八条　禁止在自然保护区的缓冲区开展旅游和生产经营活动。因教学科研的目的，需要进入自然保护区的缓冲区从事非破坏性的科学研究、教学实习和标本采集活动的，应当事先向自然保护区管理机构提交申请和活动计划，经自然保护区管理机构批准。

从事前款活动的单位和个人，应当将其活动成果的副本提交自然保护区管理机构。

第二十九条　在国家级自然保护区的实验区开展参观、旅游活动的，由自然保护区管理机构提出方案，经省、自治区、直辖市人民政府有关自然保护区行政主管部门审核后，报国务院有关自然保护区行政主管部门批准；在地方级自然保护区的实验区开展参观、旅游活动的，由自然保护区管理机构提出方案，经省、自治区、直辖市人民政府有关自然保护区行政主管部门批准。

在自然保护区组织参观、旅游活动的，必须按照批准的方案进行，并加强管理；进入自然保护区参观、旅游的单位和个人，应当服从自然保护区管理机构的管理。

严禁开设与自然保护区保护方向不一致的参观、旅游项目。

第三十条　自然保护区的内部未分区的，依照本条例有关核心区和缓冲区的规定管理。

第三十一条　外国人进入地方级自然保护区的，接待单位应当事先报经省、自治区、直辖市人民政府有关自然保护区行政主管部门批准；进入国家级自然保护区的，接待单位应当报经国务院有关自然保护区行政主管部门批准。

进入自然保护区的外国人，应当遵守有关自然保护区的法律、法规和规定。

第三十二条 在自然保护区的核心区和缓冲区内，不得建设任何生产设施。在自然保护区的实验区内，不得建设污染环境、破坏资源或者景观的生产设施；建设其他项目，其污染物排放不得超过国家和地方规定的污染物排放标准。在自然保护区的实验区内已经建成的设施，其污染物排放超过国家和地方规定的排放标准的，应当限期治理；造成损害的，必须采取补救措施。

在自然保护区的外围保护地带建设的项目，不得损害自然保护区内的环境质量；已造成损害的，应当限期治理。

限期治理决定由法律、法规规定的机关作出，被限期治理的企业事业单位必须按期完成治理任务。

第三十三条 因发生事故或者其他突然性事件，造成或者可能造成自然保护区污染或者破坏的单位和个人，必须立即采取措施处理，及时通报可能受到危害的单位和居民，并向自然保护区管理机构、当地环境保护行政主管部门和自然保护区行政主管部门报告，接受调查处理。

第四章　法律责任

第三十四条 违反本条例规定，有下列行为之一的单位和个人，由自然保护区管理机构责令其改正，并可以根据不同情节处以 100 元以上 5 000 元以下的罚款：

（一）擅自移动或者破坏自然保护区界标的；

（二）未经批准进入自然保护区或者在自然保护区内不服从管理机构管理的；

（三）经批准在自然保护区的缓冲区内从事科学研究、教学实习和标本采集的单位和个人，不向自然保护区管理机构提交活动成果副本的。

第三十五条 违反本条例规定，在自然保护区进行砍伐、放牧、狩猎、捕捞、采药、开垦、烧荒、开矿、采石、挖沙等活动的单位和个人，除可以依照有关法律、行政法规规定给予处罚的以外，由县级以上人民政府有关自然保护区行政主管部门或者其授权的自然保护区管理机构没收违法所得，责令停止违法行为，限期恢复原状或者采取其他补救措施；对自然保护区造成破坏的，可以处以 300 元以上 1 万元以下的罚款。

第三十六条 自然保护区管理机构违反本条例规定，拒绝环境保护行政主管部门或者有关自然保护区行政主管部门监督检查，或者在被检查时弄虚作假的，由县级以上人民政府环境保护行政主管部门或者有关自然保护区行政主管部门给予 300 元以上 3000 元以下的罚款。

第三十七条 自然保护区管理机构违反本条例规定，有下列行为之一的，由县级以上人民政府有关自然保护区行政主管部门责令限期改正；对直接责任人员，由其所在单位或者上级机关给予行政处分：

（一）未经批准在自然保护区开展参观、旅游活动的；

（二）开设与自然保护区保护方向不一致的参观、旅游项目的；

（三）不按照批准的方案开展参观、旅游活动的。

第三十八条 违反本条例规定，给自然保护区造成损失的，由县级以上人民政府有关自然保护区行政主管部门责令赔偿损失。

第三十九条 妨碍自然保护区管理人员执行公务的，由公安机关依照《中华人民共和国治安管理处罚条例》的规定给予处罚；情节严重，构成犯罪的，依法追究刑事责任。

第四十条 违反本条例规定，造成自然保护区重大污染或者破坏事故，导致公私财产重大损失或者人身伤亡的严重后果，构成犯罪的，对直接负责的主管人员和其他直接责任人员依法追究刑事责任。

第四十一条 自然保护区管理人员滥用职权、玩忽职守、徇私舞弊，构成犯罪的，依法追究刑事责任；情节轻微，尚不构成犯罪的，由其所在单位或者上级机关给予行政处分。

第五章 附 则

第四十二条 国务院有关自然保护区行政主管部门可以根据本条例，制定有关类型自然保护区的管理办法。

第四十三条 各省、自治区、直辖市人民政府可以根据本条例，制定实施办法。

第四十四条 本条例自 1994 年 12 月 1 日起施行。

全国生态环境保护纲要

（国务院 2000 年 11 月 26 日　国发［2000］38 号）

生态环境保护是功在当代、惠及子孙的伟大事业和宏伟工程。坚持不懈地搞好生态环境保护是保证经济社会健康发展，实现中华民族伟大复兴的需要。为全面实施可持续发展战略，落实环境保护基本国策，巩固生态建设成果，努力实现祖国秀美山川的宏伟目标，特制订本纲要。

一、当前全国生态环境保护状况

（一）当前生态环境保护工作取得的成绩和存在的问题。

1. 全国生态环境保护取得了一定成绩。改革开放以来，党和政府高度重视环境保护工作，采取了一系列保护和改善生态环境的重大举措，加大了生态环境建设力度，使我国一些地区的生态环境得到了有效保护和改善。主要表现在：植树造林、水土保持、草原建设和国土整治等重点生态工程取得进展；长江、黄河上中游水土保持重点防治工程全面实施；重点地区天然林资源保护和退耕还林还草工程开始启动；建立了一批不同类型的自然保护区、风景名胜区和森林公园；生态农业试点示范、生态示范区建设稳步发展；环境保护法制建设逐步完善。

2. 全国生态环境状况仍面临严峻形势。目前，一些地区生态环境恶化的趋势还没有得到有效遏制，生态环境破坏的范围在扩大，程度在加剧，危害在加重。突出表现在：长江、黄河等大江大河源头的生态环境恶化呈加速趋势，沿江沿河的重要湖泊、湿地日趋萎缩，特别是北方地区的江河断流、湖泊干涸、地下水位下降严重，加剧了洪涝灾害的危害和植被退化、土地沙化；草原地区的超载放牧、过度开垦和樵采，有林地、多林区的乱砍滥伐，致使林草植被遭到破坏，生态功能衰退，水土流失加剧；矿产资源的乱采滥挖，尤其是沿江、沿岸、沿坡的开发不当，导致崩塌、滑坡、泥石流、地面塌陷、沉降、海水倒灌等地质灾害频繁发生；全国野生动植物物种丰富区的面积不断减少，珍稀野生动植物栖息地环境恶化，珍贵药用野生植物数量锐减，生物资源总量下降；近岸海域污染严重，海洋渔业资源衰退，珊瑚礁、红树林遭到破坏，海岸侵蚀问题突出。生态环境继续恶化，将严重影响我国经济社会的可持续发展和国家生态环境安全。

（二）当前生态环境恶化的原因。

3. 资源不合理开发利用是造成生态环境恶化的主要原因。一些地区环境保护意识不强，重开发轻保护，重建设轻维护，对资源采取掠夺式、粗放型开发利用方式，超过了生态环境承载能力；一些部门和单位监管薄弱，执法不严，管理不力，致使许多生态环境破坏的现象屡禁不止，加剧了生态环境的退化。同时，长期以来对生态环境保护和建设的投入不足，也是造成生态环境恶化的重要原因。切实解决生态环境保护的矛盾与问题，是我们面临的一项长期而艰巨的任务。

二、全国生态环境保护的指导思想、基本原则与目标

（一）全国生态环境保护的指导思想和基本原则。

4．全国生态环境保护的指导思想。高举邓小平理论伟大旗帜，以实施可持续发展战略和促进经济增长方式转变为中心，以改善生态环境质量和维护国家生态环境安全为目标，紧紧围绕重点地区、重点生态环境问题，统一规划，分类指导，分区推进，加强法治，严格监管，坚决打击人为破坏生态环境行为，动员和组织全社会力量，保护和改善自然恢复能力，巩固生态建设成果，努力遏制生态环境恶化的趋势，为实现祖国秀美山川的宏伟目标打下坚实基础。

5．全国生态环境保护的基本原则。坚持生态环境保护与生态环境建设并举。在加大生态环境建设力度的同时，必须坚持保护优先、预防为主、防治结合，彻底扭转一些地区边建设边破坏的被动局面。

坚持污染防治与生态环境保护并重。应充分考虑区域和流域环境污染与生态环境破坏的相互影响和作用，坚持污染防治与生态环境保护统一规划，同步实施，把城乡污染防治与生态环境保护有机结合起来，努力实现城乡环境保护一体化。

坚持统筹兼顾，综合决策，合理开发。正确处理资源开发与环境保护的关系，坚持在保护中开发，在开发中保护。经济发展必须遵循自然规律，近期与长远统一、局部与全局兼顾。进行资源开发活动必须充分考虑生态环境承载能力，绝不允许以牺牲生态环境为代价，换取眼前的和局部的经济利益。

坚持谁开发谁保护，谁破坏谁恢复，谁使用谁付费制度。要明确生态环境保护的权、责、利，充分运用法律、经济、行政和技术手段保护生态环境。

（二）全国生态环境保护的目标。

6．全国生态环境保护目标是通过生态环境保护，遏制生态环境破坏，减轻自然灾害的危害；促进自然资源的合理、科学利用，实现自然生态系统良性循环；维护国家生态环境安全，确保国民经济和社会的可持续发展。

近期目标。到 2010 年，基本遏制生态环境破坏趋势。建设一批生态功能保护区，力争使长江、黄河等大江大河的源头区，长江、松花江流域和西南、西北地区的重要湖泊、湿地，西北重要的绿洲，水土保持重点预防保护区及重点监督区等重要生态功能区的生态系统和生态功能得到保护与恢复；在切实抓好现有自然保护区建设与管理的同时，抓紧建设一批新的自然保护区，使各类良好自然生态系统及重要物种得到有效保护；建立、健全生态环境保护监管体系，使生态环境保护措施得到有效执行，重点资源开发区的各类开发活动严格按规划进行，生态环境破坏恢复率有较大幅度提高；加强生态示范区和生态农业县建设，全国部分县（市、区）基本实现秀美山川、自然生态系统良性循环。

远期目标。到 2030 年，全面遏制生态环境恶化的趋势，使重要生态功能区、物种丰富区和重点资源开发区的生态环境得到有效保护，各大水系的一级支流源头区和国家重

点保护湿地的生态环境得到改善；部分重要生态系统得到重建与恢复；全国50%的县（市、区）实现秀美山川、自然生态系统良性循环，30%以上的城市达到生态城市和园林城市标准。到2050年，力争全国生态环境得到全面改善，实现城乡环境清洁和自然生态系统良性循环，全国大部分地区实现秀美山川的宏伟目标。

三、全国生态环境保护的主要内容与要求

（一）重要生态功能区的生态环境保护。

7．建立生态功能保护区。江河源头区、重要水源涵养区、水土保持的重点预防保护区和重点监督区、江河洪水调蓄区、防风固沙区和重要渔业水域等重要生态功能区，在保持流域、区域生态平衡，减轻自然灾害，确保国家和地区生态环境安全方面具有重要作用。对这些区域的现有植被和自然生态系统应严加保护，通过建立生态功能保护区，实施保护措施，防止生态环境的破坏和生态功能的退化。跨省域和重点流域、重点区域的重要生态功能区，建立国家级生态功能保护区；跨地（市）和县（市）的重要生态功能区，建立省级和地（市）级生态功能保护区。

8．对生态功能保护区采取以下保护措施：停止一切导致生态功能继续退化的开发活动和其他人为破坏活动；停止一切产生严重环境污染的工程项目建设；严格控制人口增长，区内人口已超出承载能力的应采取必要的移民措施；改变粗放生产经营方式，走生态经济型发展道路，对已经破坏的重要生态系统，要结合生态环境建设措施，认真组织重建与恢复，尽快遏制生态环境恶化趋势。

9．各类生态功能保护区的建立，由各级环保部门会同有关部门组成评审委员会评审，报同级政府批准。生态功能保护区的管理以地方政府为主，国家级生态功能保护区可由省级政府委派的机构管理，其中跨省域的由国家统一规划批建后，分省按属地管理；各级政府对生态功能保护区的建设应给予积极扶持；农业、林业、水利、环保、国土资源等有关部门要按照各自的职责加强对生态功能保护区管理、保护与建设的监督。

（二）重点资源开发的生态环境保护。

10．切实加强对水、土地、森林、草原、海洋、矿产等重要自然资源的环境管理，严格资源开发利用中的生态环境保护工作。各类自然资源的开发，必须遵守相关的法律法规，依法履行生态环境影响评价手续；资源开发重点建设项目，应编报水土保持方案，否则一律不得开工建设。

11．水资源开发利用的生态环境保护。水资源的开发利用要全流域统筹兼顾，生产、生活和生态用水综合平衡，坚持开源与节流并重，节流优先，治污为本，科学开源，综合利用。建立缺水地区高耗水项目管制制度，逐步调整用水紧缺地区的高耗水产业，停止新上高耗水项目，确保流域生态用水。在发生江河断流、湖泊萎缩、地下水超采的流域和地区，应停上新的加重水平衡失调的蓄水、引水和灌溉工程；合理控制地下水开采，做到采补平衡；在地下水严重超采地区，划定地下水禁采区，抓紧清理不合理的抽水设施，防止出现大面积的地下漏斗和地表塌陷。继续加大二氧化硫和酸雨控制力度，合理开发利用和保护大气水资源；对于擅自围垦的湖泊和填占的河道，要限期退耕还湖还水。通过科学的监测评价和功能区划，规范排污许可证制度和排污口管理制度。严禁向水体

倾倒垃圾和建筑、工业废料，进一步加大水污染特别是重点江河湖泊水污染治理力度，加快城市污水处理设施、垃圾集中处理设施建设。加大农业面源污染控制力度，鼓励畜禽粪便资源化，确保养殖废水达标排放，严格控制氮、磷严重超标地区的氮肥、磷肥施用量。

12．土地资源开发利用的生态环境保护。依据土地利用总体规划，实施土地用途管制制度，明确土地承包者的生态环境保护责任，加强生态用地保护，冻结征用具有重要生态功能的草地、林地、湿地。建设项目确需占用生态用地的，应严格依法报批和补偿，并实行“占一补一”的制度，确保恢复面积不少于占用面积。加强对交通、能源、水利等重大基础设施建设的生态环境保护监管，建设线路和施工场址要科学选比，尽量减少占用林地、草地和耕地，防止水土流失和土地沙化。加强非牧场草地开发利用的生态监管。大江大河上中游陡坡耕地要按照有关规划，有计划、分步骤地实行退耕还林还草，并加强对退耕地的管理，防止复耕。

13．森林、草原资源开发利用的生态环境保护。对具有重要生态功能的林区、草原，应划为禁垦区、禁伐区或禁牧区，严格管护；已经开发利用的，要退耕退牧，育林育草，使其休养生息。实施天然林保护工程，最大限度地保护和发挥好森林的生态效益；要切实保护好各类水源涵养林、水土保持林、防风固沙林、特种用途林等生态公益林；对毁林、毁草开垦的耕地和造成的废弃地，要按照“谁批准谁负责，谁破坏谁恢复”的原则，限期退耕还林还草。加强森林、草原防火和病虫鼠害防治工作，努力减少林草资源灾害性损失；加大火烧迹地、采伐迹地的封山育林育草力度，加速林区、草原生态环境的恢复和生态功能的提高。大力发展风能、太阳能、生物质能等可再生能源技术，减少樵采对林草植被的破坏。

发展牧业要坚持以草定畜，防止超载过牧。严重超载过牧的，应核定载畜量，限期压减牲畜头数。采取保护和利用相结合的方针，严格实行草场禁牧期、禁牧区和轮牧制度，积极开发秸秆饲料，逐步推行舍饲圈养办法，加快退化草场的恢复。在干旱、半干旱地区要因地制宜调整粮畜生产比重，大力实施种草养畜富民工程。在农牧交错区进行农业开发，不得造成新的草场破坏；发展绿洲农业，不得破坏天然植被。对牧区的已垦草场，应限期退耕还草，恢复植被。

14．生物物种资源开发利用的生态环境保护。生物物种资源的开发应在保护物种多样性和确保生物安全的前提下进行。依法禁止一切形式的捕杀、采集濒危野生动植物的活动。严厉打击濒危野生动植物的非法贸易。严格限制捕杀、采集和销售益虫、益鸟、益兽。鼓励野生动植物的驯养、繁育。加强野生生物资源开发管理，逐步划定准采区，规范采挖方式，严禁乱采滥挖；严格禁止采集和销售发菜，取缔一切发菜贸易，坚决制止在干旱、半干旱草原滥挖具有重要固沙作用的各类野生药用植物。切实搞好重要鱼类的产卵场、索饵场、越冬场、洄游通道和重要水生生物及其生境的保护。加强生物安全管理，建立转基因生物活体及其产品的进出口管理制度和风险评估制度；对引进外来物种必须进行风险评估，加强进口检疫工作，防止国外有害物种进入国内。

15．海洋和渔业资源开发利用的生态环境保护。海洋和渔业资源开发利用必须按功能区划进行，做到统一规划，合理开发利用。切实加强海岸带的管理，严格围垦造地建港、海岸工程和旅游设施建设的审批，严格保护红树林、珊瑚礁、沿海防护林。加强重点渔场、江河出海口、海湾及其他渔业水域等重要水生资源繁育区的保护，严格渔业资源开发的生态环境保护监管。加大海洋污染防治力度，逐步建立污染物排海总量控制制度，加强对海上油气勘探开发、海洋倾废、船舶排污和港口的环境管理，逐步建立海上重大污染事故应急体系。

16．矿产资源开发利用的生态环境保护。严禁在生态功能保护区、自然保护区、风景名胜区、森林公园内采矿。严禁在崩塌滑坡危险区、泥石流易发区和易导致自然景观破坏的区域采石、采砂、取土。矿产资源开发利用必须严格规划管理，开发应选取有利于生态环境保护的工期、区域和方式，把开发活动对生态环境的破坏减少到最低限度。矿产资源开发必须防止次生地质灾害的发生。在沿江、沿河、沿湖、沿库、沿海地区开采矿产资源，必须落实生态环境保护措施，尽量避免和减少对生态环境的破坏。已造成破坏的，开发者必须限期恢复。已停止采矿或关闭的矿山、坑口，必须及时做好土地复垦。

17．旅游资源开发利用的生态环境保护。旅游资源的开发必须明确环境保护的目标与要求，确保旅游设施建设与自然景观相协调。科学确定旅游区的游客容量，合理设计旅游线路，使旅游基础设施建设与生态环境的承载能力相适应。加强自然景观、景点的保护，限制对重要自然遗迹的旅游开发，从严控制重点风景名胜区的旅游开发，严格管制索道等旅游设施的建设规模与数量，对不符合规划要求建设的设施，要限期拆除。旅游区的污水、烟尘和生活垃圾处理，必须实现达标排放和科学处置。

（三）生态良好地区的生态环境保护。

18．生态良好地区特别是物种丰富区是生态环境保护的重点区域，要采取积极的保护措施，保证这些区域的生态系统和生态功能不被破坏。在物种丰富、具有自然生态系统代表性、典型性、未受破坏的地区，应抓紧抢建一批新的自然保护区。要把横断山区、新青藏接壤高原山地、湘黔川鄂边境山地、浙闽赣交界山地、秦巴山地、滇南西双版纳、海南岛和东北大小兴安岭、三江平原等地区列为重点，分期规划建设为各级自然保护区。对西部地区有重要保护价值的物种和生态系统分布区，特别是重要荒漠生态系统和典型荒漠野生动植物分布区，应抢建一批不同类型的自然保护区。

19．重视城市生态环境保护。在城镇化进程中，要切实保护好各类重要生态用地。大中城市要确保一定比例的公共绿地和生态用地，深入开展园林城市创建活动，加强城市公园、绿化带、片林、草坪的建设与保护，大力推广庭院、墙面、屋顶、桥体的绿化和美化。严禁在城区和城镇郊区随意开山填海、开发湿地，禁止随意填占溪、河、渠、塘。继续开展城镇环境综合整治，进一步加快能源结构调整和工业污染源治理，切实加强城镇建设项目和建筑工地的环境管理，积极推进环保模范城市和环境优美城镇创建工作。

20．加大生态示范区和生态农业县建设力度。国家鼓励和支持生态良好地区，在实施可持续发展战略中发挥示范作用。进一步加快县（市）生态示范区和生态农业县建设步伐。在有条件的地区，应努力推动地级和省级生态示范区的建设。

四、全国生态环境保护的对策与措施

（一）加强领导和协调，建立生态环境保护综合决策机制。

21．建立和完善生态环境保护责任制。要把地方各级政府对本辖区生态环境质量负责、各部门对本行业和本系统生态环境保护负责的责任制落到实处。明确资源开发单位、法人的生态环境保护责任。实行严格的考核、奖罚制度。对于严格履行职责，在生态环境保护中做出重大贡献的单位和个人，应给予表彰、奖励。对于失职、渎职，造成生态环境破坏的，应依照有关法律法规予以追究。要把生态环境保护和建设规划纳入各级经济和社会发展的长远规划和年度计划，保证各级政府对生态环境保护的投入。建立生态环境保护与建设的审计制度，确保投入与产出的合理性和生态效益、经济效益与社会效益的统一。

22．积极协调和配合，建立行之有效的生态环境保护监管体系。国务院各有关部门要各司其职，密切配合，齐心协力，共同推进全国生态环境保护工作。环保部门要做好综合协调与监督工作，计划、农业、林业、水利、国土资源和建设等部门要加强自然资源开发的规划和管理，做好生态环境保护与恢复治理工作。在国家确定生态环境重点保护与监管区域的基础上，地方各级政府要结合本地实际，确定本辖区的生态环境重点保护与监管区域，形成上下配套的生态环境保护与监管体系。西部地区各级政府和有关部门要把搞好西部地区的生态环境保护和建设放在优先位置，确保国家西部大开发战略的顺利实施。

23．保障生态环境保护的科技支持能力。各级政府要把生态环境保护科学研究纳入科技发展计划，鼓励科技创新，加强农村生态环境保护、生物多样性保护、生态恢复和水土保持等重点生态环境保护领域的技术开发和推广工作。在生态环境保护经费中，应确定一定比例的资金用于生态环境保护的科学研究和技术推广，推动科研成果的转化，提高生态环境保护的科技含量和水平。建立早期预警制度，加强生态环境恶化趋势的预测预报。

24．建立经济社会发展与生态环境保护综合决策机制。各地要抓紧编制生态功能区划，指导自然资源开发和产业合理布局，推动经济社会与生态环境保护协调、健康发展。制定重大经济技术政策、社会发展规划、经济发展计划时，应依据生态功能区划，充分考虑生态环境影响问题。自然资源的开发和植树种草、水土保持、草原建设等重大生态环境建设项目，必须开展环境影响评价。对可能造成生态环境破坏和不利影响的项目，必须做到生态环境保护和恢复措施与资源开发和建设项目同步设计，同步施工，同步检查验收。对可能造成生态环境严重破坏的，应严格评审，坚决禁止。

（二）加强法制建设，提高全民的生态环境保护意识。

25．加强立法和执法，把生态环境保护纳入法治轨道。严格执行环境保护和资源管理的法律、法规，严厉打击破坏生态环境的犯罪行为。抓紧有关生态环境保护与建设法律法规的制定和修改工作，制定生态功能保护区生态环境保护管理条例，健全、完善地方生态环境保护法规和监管制度。

26．认真履行国际公约，广泛开展国际交流与合作。认真履行《生物多样性公约》、

《国际湿地公约》、《联合国防治荒漠化公约》、《濒危野生动植物国际贸易公约》和《保护世界文化和自然遗产公约》等国际公约，维护国家生态环境保护的权益，承担与我国发展水平相适应的国际义务，为全球生态环境保护做出贡献。广泛开展国际交流与合作，积极引进国外的资金、技术和管理经验，推动我国生态环境保护的全面发展。

27．加强生态环境保护的宣传教育，不断提高全民的生态环境保护意识。深入开展环境国情、国策教育，分级开展生态环境保护培训，提高生态环境保护与经济社会发展的综合决策能力。重视生态环境保护的基础教育、专业教育，积极搞好社会公众教育。城市动物园、植物园等各类公园，要增加宣传设施，组织特色宣传教育活动，向公众普及生态环境保护知识。进一步加强新闻舆论监督，表扬先进典型，揭露违法行为，完善信访、举报和听证制度，充分调动广大人民群众和民间团体参与生态环境保护的积极性，为实现祖国秀美山川的宏伟目标而努力奋斗。

国务院办公厅关于加强生物物种资源保护和管理的通知

（2004年3月31日　国办发［2004］25号）

各省、自治区、直辖市人民政府，国务院各部委、各直属机构：

近几年来，我国生物物种资源保护和管理工作取得了一定成效，一批具有重要经济、科研和生态价值的生物物种资源得到了保护。但由于多种原因，我国生物物种资源丧失和流失的问题还很突出。为全面加强生物物种资源保护和管理，经国务院同意，现就有关问题通知如下：

（一）充分认识生物物种资源保护和管理的重要性。生物物种资源、（包括生物遗传资源，下同）是维持人类生存、维护国家生态安全的物质基础，是实现可持续发展战略的重要资源。各地区、各有关部门要充分认识生物物种资源、保护和管理的重要性和紧迫性，站在国家和民族长远利益的高度，以对子孙后代高度负责的态度，将生物物种资源保护和管理工作列入重要议事日程，确定工作重点，采取有力措施，切实抓紧抓好。

要通过广播、电视、报刊、杂志等新闻媒体，开展生物物种资源保护和管理宣传教育，广泛普及科学知识，树立生物物种资源保护意识。要针对突出问题，抓住典型案例，深入开展警示教育，不断提高全社会生物物种资源保护和管理的责任感。

（二）开展生物物种资源调查。我国生物物种资源种类多、数量大、分布广，是世界生物物种资源、最丰富的国家之一。为全面掌握我国生物物种资源状况，要迅速开展一次全国生物物种资源调查，争取用二到三年的时间，基本查清我国栽培植物、家畜家禽种质资源和水生生物、观赏植物、药用植物等物种资源的状况。

（三）做好生物物种资源编目工作。开展动植物特有种、我国起源的栽培植物、家畜家禽及其野生亲缘种、变种、品种和品系，以及具有重要经济、科研价值或潜在用途的野生药用、观赏动植物和微生物等物种资源的整理和编目。要研究制定生物物种资源评价指标和等级标准，完善重点保护生物物种目录，建立国家生物物种资源协调交流机制、全国统一的数据库系统，实现信息网络联通和信息资源共享。

全国生物物种资源调查和编目工作，由环保总局会同国务院有关行政主管部门负责组织落实，各地区、各部门要积极支持和配合。

（四）制定生物物种资源保护利用规划。在开展生物物种资源调查的基础上，环保总局要会同发展改革委、科技部、财政部、农业部、林业局、中科院、中医药局等部门制定全国生物物种资源保护利用规划。各地区、各有关部门要分别编制本行政区和相关领域的保护利用规划。各级保护利用规划要纳入国家和地方国民经济和社会发展计划并认真组织实施。

（五）加强生物物种资源保护基础能力建设。加强野生动植物物种资源及其原生境、栽培植物野生近缘种、家畜家禽近缘种的就地保护和生物物种资源收集保存库（圃）、植物园、动物园、野生动物园、种源繁育中心（基地）建设，做好生物物种资源、迁地保护和保存；建设一批离体保护设施和生物物种资源基因核心库，加强动物基因、细胞、组织及器官的保存和特异优质基因的保护。

（六）健全生物物种资源对外输出审批制度。进一步建立审批责任制和责任追究制，强化生物物种资源、对外输出的管理和监督。建立国家生物物种资源联络机制，对外提供及国外机构和个人在我国境内获取生物物种资源，必须按程序报经国务院有关行政主管部门同意，并将有关进出口资料信息抄报国务院环境保护部门。

（七）建立生物物种资源出入境查验制度。建立生物物种资源、出入境查验制度，加强对生物物种资源出入境的监管。携带、邮寄、运输生物物种资源出境的，必须提供有关部门签发的批准证明，并向出入境检验检疫机构申报。海关凭出入境检验检疫机构签发的《出境货物通关单》验放。涉及濒危物种进出口和国家保护的野生动植物及其产品出口的，须取得国家濒危物种进出口管理机构签发的允许进出口证明书。出入境检验检疫机构、海关要按各自职责对出入境的生物物种资源严格检验、查验，对非法出入境的生物物种资源，要依法予以没收。

（八）加强生物物种资源、对外合作管理。对外提供生物物种资源，涉及生物物种资源的对外合作项目，要签订有关协议书，明确双方的权利、责任和义务，确保知识产权等研发利用的成果和利益共享，切实维护国家利益。对外合作项目必须严格遵守我国有关规定，应有我国研究人员的充分参与，所涉及的研发活动主要在我国境内进行。对于申请有关知识产权保护的生物物种资源研究开发成果，知识产权主管部门要按照有关规定加强审查，对符合条件的要予以保护。

（九）加强科学研究和技术开发。要制定专项科研计划，加强生物物种资源基础理论、保护技术和开发利用研究，开展生物物种资源遗传分析和综合鉴定，为科学保护和利用生物物种资源提供技术支撑。

（十）加强人才培养。要针对当前生物物种资源保护人才流失和业务骨干缺乏的实际，积极采取措施，创造必要条件，吸引和稳定专业技术人才，积极引进科技骨干人才，开展技术培训，切实加强专业和管理队伍建设。

（十一）加大资金投入。要建立稳定的投入机制，将所需经费列入中央和地方财政预算，不断加大投入力度，切实加强和完善生物物种资源保护基础设施建设，完善技术手段，提高生物物种资源保护和管理水平。

（十二）强化预警监督。建立生物物种资源监测预警体系，及时掌握重要生物物种资源的动态变化，科学预测近期、中期和长期发展趋势，为科学决策提供依据。开发建设项目要严格进行环境影响评价，对生物物种资源及其生长环境产生不利影响的，应制定和落实补救措施。

（十三）完善立法工作。抓紧起草生物物种资源保护法律法规，规范生物物种资源的保护、采集、收集、研究、开发、贸易、交换、进出口、出入境等活动。严格控制直接商品化利用野生资源，鼓励优先使用人工培育的生物物种资源。

（十四）加大执法力度。要明确职责，强化责任，严格执法，认真查找存在的问题并采取有力措施加以解决。当前要重点检查现有有关法律法规的执行情况，加强对有关部门和单位持有、对外交换和提供生物物种资源情况的监督检查。

（十五）加强领导和协调。生物物种资源的保护和管理涉及多部门和多领域，为避免工作重复和疏漏，国务院决定建立生物物种资源保护部际联席会议制度，统一组织、协调国家生物物种资源的保护和管理工作，部际联席会议由环保总局牵头，国务院有关部门参加。环保总局负责生物物种资源保护和管理的组织协调，会同监察部加强监督检查。教育、建设、农业、卫生、林业和中医药等部门负责本行业生物物种资源的保护和管理工作；工商、商务、海关、质检等部门负责市场和出入境管理；科技、知识产权等部门负责科研开发和知识产权管理；发展改革、财政等部门负责制订经济政策并落实所需资金。各有关部门要加强协调，密切配合，通力合作，共同做好我国生物物种资源保护和管理工作。

关于贯彻落实国务院办公厅《关于加强生物物种资源保护和管理的通知》的意见

（国家环保总局2004年11月11日　环发［2004］156号）

国家生物物种资源保护部际联席会议成员单位：

为深入贯彻落实国务院办公厅《关于加强生物物种资源保护和管理的通知》（以下简称《通知》）精神，切实加强全国生物物种资源保护和管理，经与部际联席会议各成员单位协调，近一个时期要重点做好以下几方面的工作。

一、采取多种形式，深入广泛地开展宣传教育

1．进一步明确宣传教育的目标与任务。各部门采取经常性与阶段性相结合的办法，通过广泛深入的宣传教育，增强全社会的生物物种资源保护和管理意识和责任感。一是使公众认识到生物物种资源是维持人类生存、维护国家利益和生态安全的物质基础，是实现可持续发展战略的重要资源；二是普及生物物种资源保护的科学知识以及《森林法》、《野生动物保护法》、《陆生野生动物保护实施条例》、《野生植物保护条例》和《自然保护区条例》等法律法规知识，使更多公众了解如何保护生物物种资源，创造有利于保护工作的社会氛围；三是开展有关公约的宣传教育活动，使《濒危野生动植物国际贸易公约》、《湿地保护公约》等有关生物物种资源的国际公约，特别是《生物多样性公约》的“国家主权、知情同意、惠益分享”三原则为公众所熟知，使领导决策层、科研人员、物种资源所在地的干部和群众对国外利用我国生物物种资源以及我国与国外合作利用本国生物物种资源的研发成果的知识产权权利归属及利益分享问题有明确的认识；对我国生物物种资源利用成果切实加强知识产权保护。

2．开展形式多样的经常性普及宣传教育。各相关部门充分利用国内现有动、植物园，标本馆、野生动物园、种源繁育中心（基地）、自然博物馆和相关研究机构等生物物种迁地保护及科普设施与平台，组织编写适应于不同阶层的宣传教育材料，并开展相应活动，包括在中、小学举办主题活动与讲座；设立适合广大公众的广播电视专题和报刊杂志专栏，通过连载和系列报道，重点宣传普及生物物种资源的科学、经济、文化价值和保护意义、保护对策和措施；宣传对国外利用我国生物物种资源的研发成果如何实现利益分享。针对广大农村，特别是在生物物种资源丰富地区的农村，开展“生物物种资源保护科普知识进乡村活动”，开展生物物种资源保护科普教育下乡活动，以挂图、音像及开展讲座等多种形式将科普知识送到农民手中。

3．搞好集中、高强度的阶段性宣传。结合“世界环境日”、“国际生物多样性日”、“世

界地球日”、“爱鸟周”、“野生动物保护宣传月”以及“湿地日”等纪念活动，各部门组织相应集中、高强度的宣传报道活动，如举办展览、电视访谈、专题座谈会或讲座、报刊专论等。开展警示教育，在电视台、电台，定期采取焦点访谈、专家访谈的形式，针对突出问题，抓住典型案例，通过系统分析、剖析，进行有深度、有力度的宣传报道；在人员出入境的主要口岸制作专栏、发布告示或其他材料进行警示宣传和教育。

二、联合开展调查，建立生物物种资源保护与管理的决策基础

1．今年国务院有关部门联合启动生物物种资源调查，开展国家重点植物品种资源、动物物种及品种资源、林木资源、观赏花卉植物、药用动植物、水生生物以及微生物物种资源的重点调查，争取用 2～3 年时间完成调查工作，初步摸清我国重点生物物种资源的底数，为制定重点生物物种资源规划和实施管理、履行《生物多样性公约》等有关国际公约提供基础。

2．环保总局会同农业部、林业局、中科院等部门，组织有关单位，开展与调查相关的生物物种资源整理和编目工作，组织制定生物物种资源评价指标和等级标准。农业部、林业局等部门修订完善各类国家重点保护生物物种名录，争取在 3～5 年内完成。

3．在生物物种资源调查的基础上，争取到 2007 年，初步建立统一的国家生物物种资源数据库，并建立国家生物物种资源信息交换和共享机制，实现部门信息网络联通和信息资源共享。

三、制定生物物种资源保护与利用规划，加大资金投入

1．拟订并提出生物物种资源保护利用规划编制工作大纲，明确分级、分类保护与利用的目标和重点，提交生物物种资源保护部际联席会议第二次会议审定；成立由环保总局、发展改革委、财政部、科技部、农业部、林业局、中科院、中医药局组成的“全国生物物种资源保护与利用规划”（以下简称《规划》）编制工作组，明确分工和任务。

2．与生物物种资源调查工作同步，组织开展对《规划》编制重点问题的前期研究，分析生物物种资源就地保护、迁地保护、离体保护和保存的现状及存在问题，分析产生问题和矛盾的原因，区别轻重缓急，明确能力建设需求，提出优先保护的领域、以及重点建设的保护设施和保护能力。

3．争取 2005 年底完成《规划》编制，经部际联席会议审定后，报国务院批准实施。《规划》应包括有关部门、行业和地方生物物种资源重点保护和管理的状况、发展需求，科学研究、人才培养与宣传教育，以及建立监测预警体系、损害补偿补救制度建设等方面的内容，特别是要集中财力，抢救性地保护各种有保护价值的原生特有种及其原生地，重点建设一批离体保护设施和生物物种资源基因核心库，加强动植物、微生物基因、细胞、组织及器官的保存，加强特异优质基因的保护。

4．在《规划》制定实施前，明确生物物种资源保护资金来源、管理渠道，整合资金，统筹安排解决重要和急需的生物物种资源保护领域和项目。

四、完善立法，强化执法监督

1．积极推进有关动植物物种资源保护、自然保护区保护的法律法规的修改完善；在刑法中增加相应条款，对违法单位和个人予以惩处；尽快研究制定生物物种资源保护法律法规，规范生物物种资源的保护、利用与进出口、出入境管理。

2．建立生物物种资源监测预警体系，沟通现有监测网络信息，规范监测或检测的指标体系和标准，确立保护与利用的应对方案；制定涉及生物物种资源保护的开发建设规划和项目的环境影响评价管理办法，落实相关的补救措施和补偿机制，严格对影响生物物种资源保护的工程建设、旅游开发的环境监管。

3．建立生物物种资源保护与管理监督检查制度。国家环保部门会同监察部门制定年度工作方案，根据实际需要，每年有重点地开展管理监督检查工作。2004、2005 年执法检查的重点是，加强对各级各类科研和教学机构生物物种资源研究的监管，促进其按现有法律法规和制度，严格生物物种资源引进和输出的申报、审批和登记。今后要逐步加强对生物物种资源保护重点省区、重点行业的执法检查， 加大执法力度，工商、商务等部门要采取有效措施，加强生物物种资源市场贸易的管理，规范执法，堵塞漏洞，遏止生物物种资源的丧失和流失。

五、建立和完善对外输出审批、出入境查验和对外合作管理制度

1．根据现有国家法律法规和部门职责，从强化对外输出的管理和监督出发，健全生物物种资源对外输出审批制度，主要是建立审批责任制和责任追究制。

审批责任制和责任追究制应涵盖申请获取和提供两方面，主要内容包括：申请格式、受理机构、批准与备案、名录制定与发布、科学咨询和专家评估、谈判以及跟踪管理和档案信息等实体及程序性规定。具体由各主管部门依据法律法规规定，尽快制定和完善。

2．针对生物物种资源流失的突出问题，对无意或事前未经申报批准而携带、邮寄或运输生物物种资源的行为，从把好出入境管理环节入手，根据有关国际公约以及国内有关法律法规规定，争取用两年时间建立出入境查验管理制度。

出入境查验制度主要解决涉及查验的范围，申报方式和查验方法，检疫要求，违反规定的处罚，相关部门的合作、分工和运行机制等问题。由质检部门牵头，会同环保、商务、海关、邮政、民航、铁道、交通、农业和林业等国务院有关部门研究制定。

3．从规范生物物种资源对外合作出发，根据《生物多样性公约》和《波恩准则》以及国内相关管理要求，研究建立在保护生物物种资源、维护国家利益和保障当事人合法权益的基础上，加强管理和促进资源获取与公平分享惠益的制度，并为下一步公约谈判提供支持。

惠益分享制度的主要内容包括：应获惠益的生物物种资源类型或种类，惠益的形式，分配方式，知识产权的处理方式和保护规定，合作协议的形式与效力、执行与跟踪管理以及纠纷的处理和制裁。具体由环保总局、知识产权局及科技部、农业部、教育部、中科院、中医药局等相关部门研究制定并报国务院批准实施。

六、加大人才培养和科技发展力度，提高保护利用水平

1. 教育部和中科院对生物物种资源保护学科和人才开展全面分析、评估，制定人才培养和学科发展规划，特别是加强生物物种资源保护的人才培养，加强有关专业和学科的设置和政策、资金倾斜，为生物物种资源的人才培养创造条件；各有关部门加强科研和管理队伍建设，制定吸引人才、稳定人才、充分发挥人才作用的政策措施，防止人才流失。要组织经常性的专门培训、专业讲座，不断强化专业和管理队伍的能力建设。

2. 针对生物物种资源保护科学性、专业性强的特点，科技等有关部门制定专门的生物物种资源科技发展计划，整合现有科研力量，组织科研单位、高等院校等相关单位开展基础性、综合性和前瞻性研究；同时，根据生物物种资源保护研究工作的需要，按照国家有关科技计划课题制管理的要求，积极支持科学研究和技术开发。加强生物资源保护与利用技术创新，尽快对我国生物物种资源进行鉴定、评价和基因克隆，争取开发出具有自主知识产权的新种质资源和出入境检疫新方法、新技术和新仪器，提高国际竞争力，以适应知识经济时代的需求。

国家级自然保护区范围调整和功能区调整及更改名称管理规定

（国家环保总局2002年1月20日提出，国务院于2002年1月29日批准）

第一条 为加强国家级自然保护区的建设和管理，有效保护国家级自然保护区的环境、资源和生物多样性，根据《中华人民共和国自然保护区条例》及其他有关规定，制定本规定。

第二条 国家级自然保护区是指在国内外有典型意义、在科学上有重大国际影响或者有特殊科学研究价值，并经国务院批准建立的自然保护区。

第三条 本规定适用于国家级自然保护区范围调整和国家级自然保护区功能区调整及国家级自然保护区更改名称。

国家级自然保护区范围调整，是指国家级自然保护区外部界限的扩大、缩小或国家级自然保护区范围调换。

国家级自然保护区功能区调整，是指国家级自然保护区内部的核心区、缓冲区、实验区的调整。

国家级自然保护区更改名称，是指国家级自然保护区原名称中的地名更改或保护对象的增减。

第四条 国务院环境保护行政主管部门负责国家级自然保护区范围调整和功能区调整及更改名称的监督管理工作。国务院有关行政主管部门在各自的职责范围内负责对国家级自然保护区范围调整和功能区调整及更改名称的管理工作。

第五条 国家级自然保护区的范围和功能区及名称不得随意调整和更改。

严格控制缩小国家级自然保护区范围和核心区、缓冲区范围。对国家级自然保护区面积偏小，不能满足保护需要的，应鼓励扩大其必要的保护范围。

国家级自然保护区范围调整和功能区调整应确保重点保护对象得到有效保护，不破坏生态系统和生态过程的完整性及生物多样性，不得改变保护区性质和主要保护对象。

第六条 确因保护和管理工作及国家重大工程建设需要，必须对国家级自然保护区范围进行调整的，由国家级自然保护区所在地的省、自治区、直辖市人民政府或国务院有关自然保护区行政主管部门向国务院提出申请。由国务院有关自然保护区行政主管部门提出申请的，应事先征求国家级自然保护区所在地的省、自治区、直辖市人民政府意见。

确需对国家级自然保护区功能区进行调整或更改名称的，由国家级自然保护区所在地的省、自治区、直辖市人民政府向国务院有关自然保护区行政主管部门提出申请，并抄报国务院环境保护行政主管部门。

第七条 申请国家级自然保护区范围调整，必须提交下列材料：

1．国家级自然保护区范围调整的申报书，包括申请理由及项目审批、环境影响评价等有关报告。

2．国家级自然保护区范围调整部分的综合考察报告。所调整部分占原国家级自然保护区面积二分之一以上者，应提供国家级自然保护区范围调整后的整体综合考察报告。

3．国家级自然保护区范围调整后的总体规划。

4．国家级自然保护区范围调整后的地形图、植被图、水文地质图、规划图等图件资料。

5．国家级自然保护区的自然景观及主要保护对象的多媒体视频材料、照片集。多媒体材料和照片集应重点反映拟调整部分的情况。

6．国家级自然保护区拟调整扩大部分的土地使用权属证明及有关资料。

第八条 申请国家级自然保护区功能区调整，必须提供下列材料：

1．国家级自然保护区功能区调整的申报书，包括申请理由及项目审批、环境影响评价等有关报告；

2．国家级自然保护区功能区调整综合论证报告；

3．国家级自然保护区功能区调整后的总体规划及规划图件。

第九条 因国家重大工程建设需要而调整国家级自然保护区范围或功能区的，除按本规定第七条或第八条要求提供材料外，还需提供所涉人员的生产、生活情况及安置去向报告和生态保护与补偿措施方案及相关协议。

规定提供的有关材料可作为编制建设项目环境影响报告书及项目审批的依据。

第十条 国家级自然保护区评审委员会负责国家级自然保护区范围调整和功能区调整的评审工作。

国家级自然保护区范围调整和功能区调整的评审，按照国家级自然保护区评审标准和评审程序进行。

第十一条 国家级自然保护区范围调整，经评审通过后，由国务院环境保护行政主管部门协调并提出审批建议，报国务院批准。

国家级自然保护区功能区调整，经评审通过后，由国务院有关自然保护区行政主管部门批准，报国务院环境保护行政主管部门备案。

国家级自然保护区更改名称，由国务院有关自然保护区行政主管部门协调并提出审批建议，报国务院批准。

第十二条 国家级自然保护区范围调整经批准后，由有关地方人民政府在接到批准通知后三个月内标明区界，予以公告。

第十三条 对国家级自然保护区或其核心区、缓冲区因面积缩小，致使保护对象受到严重威胁和破坏的，经国家级自然保护区评审委员会评审通过，由国务院有关自然保护区行政主管部门责令自然保护区管理机构纠正和恢复原貌，并依法查处。

对破坏特别严重、失去保护价值的，经国家级自然保护区评审委员会评审通过，由国务院环境保护行政主管部门报请国务院批准，取消其国家级自然保护区资格。

关于加强自然保护区管理有关问题的通知

（国家环保总局办公厅2004年11月12日　环办［2004］101号）

各省、自治区、直辖市环境保护局（厅）：

近年来，各级环保部门在自然保护区综合管理方面做了大量工作，促进了我国自然保护区事业健康发展。但自然保护区建设和管理面临一些新情况、新问题。为了进一步加强自然保护区综合管理，现就有关问题通知如下：

一、切实强化涉及自然保护区建设项目的监督管理。近年来，各种开发和建设活动对自然保护区形成了很大冲击，有的甚至造成了保护区功能和主要保护对象的严重破坏。各地要严格遵守《中华人民共和国自然保护区条例》的有关规定，不得在自然保护区核心区和缓冲区内开展旅游和生产经营活动。经国家批准的重点建设项目，因自然条件限制，确需通过或占用自然保护区的，必须按照《国家级自然保护区范围调整和功能区调整及更改名称管理规定》，履行有关调整的论证、报批程序。地方级自然保护区调整也要参照上述规定执行。涉及自然保护区的建设项目，在进行环境影响评价时，应编写专门章节，就项目对保护区结构功能、保护对象及价值的影响作出预测，提出保护方案，根据影响大小由开发建设单位落实有关保护、恢复和补偿措施。涉及国家级自然保护区的地方建设项目，环评报告书审批前，必须征得我局同意；涉及地方级自然保护区的地方建设项目，省级环保部门要对环境影响报告书进行严格审查。

二、建立和完善自然保护区评审机制。评审是自然保护区综合管理的重要制度，目前绝大部分省、自治区、直辖市都建立了省级自然保护区评审委员会，并正常运转，使自然保护区的建立进一步规范化、科学化，质量不断提高。但个别地方至今尚未建立省级自然保护区评审机制，使得环保部门综合管理的作用难以发挥，相关省区应积极协调有关部门尽快建立和健全评审机制。已经建立自然保护区评审机制的，应进一步完善工作制度和评审标准，确保新建的自然保护区的质量和水平。未经省级自然保护区评审委员会评审通过，不得新建省级自然保护区，也不得申报建立国家级自然保护区。

三、加强对自然保护区的管理和指导，稳定自然保护区部门管理权属关系。各级环保部门在加强自然保护区综合管理的同时，从抢救性保护和试点示范的角度，归口管理了一批自然保护区，并为这些保护区的建设和管理付出了很大努力。但目前一些地方出现未经请示、协商，随意改变个别自然保护区隶属管理关系的动议，一旦处理不当，将严重影响环保部门自然保护区工作者的积极性，削弱环保部门的职能，产生严重负面影响。因此，各地一定要严格执行国家环保总局等七部门联合发布的《关于进一步加强自然保护区建设和管理工作的通知》（环发［2002］163 号）精神，不得随意改变自然保护区的管理权属。如遇有关情况，应及时向我局报告。确需改变管理权属关系的环保系统国家级自然保护区，必须报我局同意。

四、加强自然保护区管理工作的监督检查。各级环保部门要按照《中华人民共和国自然保护区条例》等规定，认真履行综合监管职责，建立并完善自然保护区管理工作监督检查制度，加强对本辖区内自然保护区管理工作的指导和监督检查，分析自然保护区的保护状况和存在问题，解决保护区管理机构工作中面临的实际困难，对于各种威胁和破坏自然保护区及其保护对象的违法犯罪行为，要会同有关部门依法严肃查处。对于因管理不善造成资源破坏的自然保护区，要亮黄牌警告，并要求限期整改。

生态功能保护区评审管理办法

（国家环保总局2002年11月18日　环发［2002］159号）

第一条　为规范生态功能保护区的申报和评审，加强生态功能保护区建设的管理工作，依据《全国生态环境保护纲要》制定本办法。

第二条　本办法适用于各级生态功能保护区的申报和评审工作。

第三条　生态功能保护区是指在保持流域、区域生态平衡，防止和减轻自然灾害，确保国家和地区生态安全方面具有重要作用的江河源头区、重要水源涵养区、水土保持的重点预防保护区和重点监督区、江河洪水调蓄区、防风固沙区、重要渔业水域以及其他具有重要生态功能的区域，依照规定程序划定一定面积予以重点保护、建设和管理的区域。

第四条　生态功能保护区分为国家级、省级和地（市）级。

跨省域和对维护国家生态安全具有重要作用的重点流域、重点区域的重要生态功能区，建立国家级生态功能保护区。

跨地（市）及对维护省（自治区、直辖市）生态安全具有重要作用的重点区域的重要生态功能区，建立省级生态功能保护区。

跨县（市）及对维护地（市）生态安全具有重要作用的重点区域的重要生态功能区，建立地（市）级生态功能保护区。

第五条　国家级生态功能保护区的建立，由省级人民政府提出申请，报国务院批准。

省级生态功能保护区的建立，由地（市）级人民政府提出申请，报省级人民政府批准。

地（市）级生态功能保护区的建立，由县（市）级人民政府提出申请，报地（市）级人民政府批准。

跨两个以上行政区域的生态功能保护区的建立，由有关行政区域的人民政府协商一致后提出申请，并按照前三款规定的程序申报。

第六条　申请建立生态功能保护区的申报材料包括：

（一）向上级人民政府报送的关于建立生态功能保护区的请示；

（二）建立生态功能保护区申报书；

（三）拟建生态功能保护区的规划（附拟建生态功能保护区位置图、规划图等相关图件资料及影像资料）。

第七条　申请建立生态功能保护区申报书的格式和内容，由国家环境保护总局制定。

第八条　生态功能保护区规划的编制，依照国家环境保护总局制定的生态功能保护区规划编制大纲执行。

生态功能保护区规划应与有关规划协调、衔接。

第九条 生态功能保护区的建立，应当经生态功能保护区评审委员会评审。

各级生态功能保护区评审委员会，由同级人民政府环境保护行政主管部门会同有关部门建立。其评审委员由有关部门推荐的代表和专家组成，专家人数应占评审委员会总人数的40%～60%。

第十条 国家级生态功能保护区评审委员办公室负责组织国家级生态功能保护区评审委员会有关专家对拟建的国家级生态功能保护区进行实地考察，并组织召开评审委员会会议对拟建生态功能保护区的申报材料进行评审，以记名方式投票表决，提出评审委员会评审意见。国家环境保护总局根据评审意见，提出拟建国家级生态功能保护区的审批建议，报国务院批准。

省级、地（市）级生态功能保护区评审参照国家级生态功能保护区评审程序办理。

第十一条 国家环境保护总局制定国家级生态功能保护区评审委员会组织和工作制度、国家级生态功能保护区申报和评审规定。

省级、地（市）级生态功能保护区评审委员会组织和工作制度、省级、地（市）级生态功能保护区申报和评审规定，分别由省级、地（市）级环境保护行政主管部门参照国家级生态功能保护区评审委员会组织和工作制度、国家级生态功能保护区申报和评审规定制定。

第十二条 生态功能保护区范围的确定，应满足维持和发挥主导生态功能作用，同时兼顾生态系统结构、功能、过程的完整性以及辅助生态功能的有效发挥，并便于行政管理。

第十三条 生态功能保护区按照下列方法命名：生态功能保护区所在地地名+级别+“生态功能保护区”。

第十四条 生态功能保护区的撤销及其级别、范围、内部分区、规划的调整或者改变，应当经原批准建立生态功能保护区的人民政府批准。

第十五条 本办法中下列用语的含义是：

（一）生态功能是指生态系统与生态过程中所形成的维持人类赖以生存的自然环境条件与效用，包括水源涵养、水土保持、调节气候、净化空气和水体、调蓄洪水、防风固沙、维持生物多样性、培育土壤等功能。

（二）主导生态功能是指在维护流域、区域生态安全和生态平衡，促进社会、经济持续健康发展方面发挥主导作用的生态功能，也是建立生态功能保护区的根本依据。辅助生态功能是指其他的与主导生态功能相伴而存的生态功能。

关于加强农村生态环境保护工作的若干意见

（国家环保总局 1999 年 11 月 1 日　环发［1999］247 号）

为全面贯彻党的十五届三中全会精神，落实污染防治与生态保护并重的环境保护工作方针，促进农村地区生态环境质量的改善，现就加强农村生态环境保护工作提出如下意见：

一、提高认识，明确农村生态环境保护的目标与任务

农村生态环境保护是环境保护工作的重要组成部分，是改善区域环境质量的重要措施。随着重点流域和区域污染防治与生态保护工作的不断深入，农村生态环境保护的任务越来越重，要求越来越高。当前农村生态环境保护的主要任务是，防治农业生产和农村生活污染，综合整治乡镇环境，促进自然资源的合理开发利用，维护农村重要自然生态系统的良性循环，提高城乡居民的生活环境质量，确保农村经济社会的健康、持续发展。

各级环境保护部门要加大农村生态环境保护的工作力度，加强法规建设，力争到 2002 年底基本建立与国家社会经济发展相适应的农村生态环境保护监督管理机制，重点流域和重点地区的面源污染和生态破坏得到初步控制，部分农村地区的生态环境得到明显改善，生态经济的发展能力有较大幅度提高；力争使全国 5%的县（市）建成国家生态示范区，初步实现社会经济与生态环境的协调发展。

东部和中部地区要加大农村特别是城镇、村庄环境综合整治的力度，加强重点流域和区域污染物排放总量、面源污染和生态破坏的控制，努力做到生态环境质量与人民生活水平相适应，并通过生态示范区的建设，探索区域社会经济可持续发展的有效途径；西部地区要以西部开发的生态环境保护为重点，做好特殊生态功能区和资源开发区生态环境的保护和监管，积极开展生态保护与建设脱贫示范，为国家西部发展战略的顺利实施奠定基础，积累经验。

二、加强面源污染防治，改善水体和大气环境质量

各级环境保护部门要加强畜禽养殖污染防治的监督，抓紧制定相关的法规和标准，严格控制养殖废物的排放。对于新建、扩建或改建的具有一定规模的养殖场（厂），必须按照国家《建设项目环境保护管理条例》的规定，督促建设单位认真执行环境影响评价制度和“三同时”制度；对于“三河”、“三湖”等国家和地方明确划定的重点流域和重点地区、以及大中城市周围的中等以上规模的集约化养殖场（厂），必须进行限期治理，到 2002 年底前建成污水处理设施或畜禽粪便综合利用设施，并采取有力措施控制沿海地

区直接排海污染和防止地下水污染。

积极探索防治农药、化肥、农膜污染的有效途径，促进农用化学品的合理使用。有条件的地区要加强农药和化肥使用的环境安全监督管理，在重点区域组织农药残留指标和化肥流失状况的监测，对于农药污染严重和水体氮、磷严重超标的，应根据总量控制的要求，会同有关部门划定农药、化肥污染重点控制区，提出控制对策和措施，切实抓好监督落实。

认真贯彻《秸秆禁烧和综合利用管理办法》，抓紧禁烧任务的落实。没有划定禁烧区的，要尽快划定禁烧区，报当地政府批准后实施；已划定禁烧区的，要会同有关部门加强夏收、秋收期间的宣传教育和监督检查工作，做到禁烧区全面停止秸秆露天焚烧，确保机场、高速公路等重点交通干线、高压输电线和通讯线路的正常运行；大中城市要逐步扩大禁烧区的范围，到2002年实现全面禁烧。

要配合农业、科技等部门，积极开发和推广畜禽粪便和秸秆综合利用技术，不断提高农业废物的资源化和综合利用率。

三、开展环境综合整治，创建生态文明村镇

各级环境保护部门应积极开展村镇环境规划。凡 1999 年以后新建的县城、乡镇和新村，必须编制环境规划，并与城、镇建设同时实施；对已有的县城、乡镇和村庄，应在2002年底前完成环境规划，结合城镇改造加以实施。要通过规划，引导乡镇企业产业结构调整，加强污染集中控制，加速城镇污染处理设施的建设。

小城镇和村庄环境整治是农村生态环境保护的重点。各地环境保护部门应结合本地特点和村镇建设规划的实施，开展以基础设施建设、饮用水及其水源地保护、农村能源建设、生活污水及垃圾处理、农业有机废物处置、村容镇貌建设等为主要内容的“环境优美城镇（村镇）”或“环境保护先进城镇（村镇）”的创建工作。严禁向公路两侧和水网倾倒建筑垃圾、工业废料、生活垃圾、农作物秸秆等固体废物，严禁在公路两侧乱挖沙土和开山取石。对大、中城市郊区和风景名胜区、重点旅游区周边的生态环境较差的城镇、村庄，要限期整治。

进一步加强乡镇企业环境管理。要加大对国家强制关停或淘汰的“15 小”及国家产业政策明令淘汰的乡镇企业的监督检查，防止死灰复燃，防止落后设备和工艺由东部向中西部转移。

四、加大生态示范区建设力度，推进区域生态经济的发展

各级环境保护部门应加强对本地区国家级或省级生态示范区建设试点的指导和管理，抓好规划的制定实施。有条件的地区，要在现有试点基础上，结合本地特点，进一步扩大生态示范区建设的范围，分类指导，提高质量，下力气抓好一批省、地级生态示范区建设试点，并积极开展生态乡、生态镇和生态村的建设。

各试点地区的环境保护部门应当好政府的参谋，做好协调、指导和服务工作。要会同各有关部门做好生态示范区建设的规划，在政府的统一部署下，搞好规划实施的监督检查，开展典型示范。经济发达及较发达地区通过生态示范区的建设，要积极引导产业结构的调整，进一步推进污染治理和生态建设；贫困地区通过生态示范区的建设，要努

力探索生态脱贫的有效途径，推动区域经济的发展。

各级环境保护部门要加强对有机食品发展工作的指导和推动，有条件的地区可抓紧建立有机食品发展分中心或办公室，引导群众发展生态经济，开发、生产经济效益高、无污染或少污染的农产品和食品；同时，要积极配合农业、计划部门开展生态农业的建设和推广工作。

五、严格资源开发的环境管理，切实保护好重要自然生态系统

各级环境保护部门要会同计划部门开展生态环境现状调查，编制生态环境区划，报当地政府批准后发布实施。对江河源头、重要湖泊、湿地、沿海滩涂、生物多样性丰富区等特殊生态功能区，要严加保护，禁止开发利用。地处国家和地方特殊生态功能区内的各级环境保护部门，要认真履行职责，做好工作，切实搞好特殊生态功能区的保护。

要进一步加强自然保护区的建设与管理。对已建成的各类自然保护区，要严加管护，依法监督，坚决禁止在核心区和缓冲区内开展各类生产开发活动。在具有自然生态系统代表性和典型性、生物多样性丰富、以及具有重要科学文化和经济价值的自然遗迹且未受到破坏的地区，应抓紧抢建一批新的自然保护区，确保国家自然保护区发展目标的实现。对各类风景名胜、森林公园，要比照自然保护区生态保护的要求，实行统一监督管理。

要加强各类自然资源开发活动的生态环境保护，严格执行环境影响评价和“三同时”制度，防止资源开发型生态破坏。各级环境保护部门要会同有关部门，加大工作力度，严禁毁林开荒、陡坡开荒、草地开垦、围垦湖泊与天然池塘、挤占河道和破坏农村水网，切实保护好基本农田；围海建设项目要严格执行环境影响评价制度；要切实抓好矿产资源开发中生态环境保护措施的落实，严禁在重点铁路、公路两边无序采石、采矿，对已造成的生态破坏要限期恢复治理，对生态恢复先进典型应予以表彰鼓励。

六、加强能力建设，提高农村生态环境保护的监督管理水平

各级环境保护部门要加强农村生态环境保护监督管理队伍的建设。省、地环境保护部门必须设立专门生态环境保护机构，专人专职负责农村生态环境保护工作；县级环境保护部门必须把农村生态环境保护作为重点工作来抓，特别是生态环境保护任务重的地区，尤其要加强生态环境保护的机构和能力建设。各大中城市的环境保护部门也应在抓好市区环境综合整治和工业污染防治的同时，切实加强城郊结合部及郊区的生态环境保护，逐步实现城乡环境保护监督管理一体化。

要加强与相关部门的协调与合作，通过抓立法、抓规划、抓标准、抓监督考核，不断推进农村生态环境保护工作；在会同计划部门搞好农村生态环境保护规划的同时，要积极做好工作，将规划纳入当地社会经济发展计划；要力争在各级政府和部门签订的环境保护目标责任书中，进一步明确农村生态环境保护的目标与任务，并配合人大加强对目标与任务完成情况的检查监督。

要积极开展生态环境监理，加强农村生态环境监测能力建设，努力提高统一监督管理水平；要有计划地开展人员培训，不断提高农村生态环境保护监督管理队伍的素质，为实现本届政府的农村生态环境保护目标而奋斗。

关于印发《生态县、生态市建设规划编制大纲（试行）》及实施意见的通知

（国家环保总局办公厅2004年12月24日　环办［2004］109号）

各省、自治区、直辖市环境保护局（厅）：

为规范生态县、生态市建设规划的编制，我局制订了《生态县、生态市建设规划编制大纲（试行）》及实施意见。现印发给你们，请参照执行。

附件：1．生态县、生态市建设规划编制大纲（试行）

2．《生态县、生态市建设规划编制大纲（试行）》实施意见

附件一

生态县、生态市建设规划编制大纲（试行）

1．总则

1.1 任务的由来

1.2 规划编制的范围（行政辖区）

1.3 生态县、生态市建设的目的和意义

1.4 规划编制的依据

（1）国家和地方环境、资源相关法律、法规和规定、要求

（2）国家和地方国民经济和社会发展计划及中长期发展规划

（3）国家和地方环境保护及生态建设规划

（4）国家环境保护总局《生态县、生态市、生态省建设指标（试行）》（环发［2003］91号）

（5）相关生态省建设规划

2．基本情况与趋势分析

2.1 自然地理状况

2.2 社会经济状况

2.3 生态环境现状

2.4 主要资源状况

2.5 社会经济发展与生态环境趋势分析

2.6 生态县、生态市建设的优势与制约因素

对比《生态县、生态市、生态省建设指标（试行）》（环发［2003］91号），找出差距，分析原因。

3. 生态县、生态市建设的指导思想与目标

3.1 指导思想和基本原则

围绕全面建设小康社会，以全面、协调、可持续的科学发展观为指导，运用生态经济和循环经济理论，统筹区域经济、社会和环境、资源的关系，以人为本，通过调整优化产业结构，大力发展生态经济和循环经济，改善生态环境，培育生态文化，重视生态人居，走生产发展、生活富裕、生态良好的文明发展道路。

（1）协调发展的原则。充分考虑区域社会、经济与资源、环境的协调发展，统筹城乡发展，促进人与自然和谐，实现经济、社会和环境效益的“共赢”。

（2）因地制宜的原则。从本地实际出发，发挥本地资源、环境、区位优势，突出地方特色。

（3）量力而行的原则。不贪大求全，不盲目攀比。通过规划编制，选择生态县、生态市建设的重点领域和重点区域作为突破，循序渐进，分步实施。

（4）便于操作的原则。规划要与当地国民经济与社会发展规划（计划）相衔接，与相关部门的行业规划相衔接。规划目标与措施应尽可能做到工程化、项目化、时限化。

3.2 规划时限

以规划的前一年为基准年，分近期、中期和远期目标，应与当地国民经济与社会发展计划或中长期经济与社会发展规划相衔接。

3.3 规划目标

3.3.1 总体目标

对生态县、生态市建设的预期目标进行定量与定性的描述，以充分展示规划远景目标。根据实际情况，可按规划的不同时限确定总体目标。

各地根据实际，生态县创建一般以5－10年为期，生态市创建一般以5-15年为期。

已开展生态省建设的地区，生态县、生态市建设规划的目标、任务，要与生态省建设规划纲要确定的目标、任务相衔接。

3.3.2 具体建设指标

具体建设指标包括经济发展、环境保护和社会进步三类，参见《生态县、生态市、生态省建设指标（试行）》（环发［2003］91号）。各地可结合当地实际对指标进行补充。指标的确定应与不同规划期的目标相一致，并便于阶段工作考核。

3.3.3 规划指标体系

列表表述生态县、生态市规划建设时段和指标值。

3.3.4 生态县、生态市建设目标的可达性分析

4. 生态功能区划（依据省域生态功能区划制订）

4.1 生态功能区划方案

4.1.1 生态功能区的基本概况

4.1.2 生态功能区的生态环境特点、生态敏感性、生态功能服务重要性评价，以及主导功能定位

4.1.3 生态功能区生态保护与建设方向

4.2 区域经济发展与生态功能区划的关系

重点说明区域主导生态功能，阐明经济发展对生态环境的影响，提出明确禁止、限制和鼓励、倡导发展的产业方向及建议。

5. 生态县、生态市建设的主要领域和重点任务

5.1 生态产业体系建设

5.1.1 主要目标

5.1.2 产业布局与生态功能区划的一致性分析

5.1.3 循环经济与生态产业建设（包括生态工业、生态农业、生态服务业（生态旅游业等）等，此部分可根据当地实际进一步细化）

5.2 自然资源与生态环境体系建设（自然资源较丰富或自然资源开发强度较大的县、市，可单独设“自然资源保障体系”一节）

5.2.1 主要目标

5.2.2 重点资源开发生态环境保护监管，资源开发生态恢复与重建

5.2.3 环境污染治理

5.2.4 自然生态保护与建设

5.2.5 农村和农业生态环境保护与建设

5.3 生态人居体系建设

5.3.1 主要目标

5.3.2 优化城（镇）功能区布局与景观结构建设

5.3.3 城（镇）环境保护基础设施建设与环境综合整治

5.3.4 创建环境保护模范城市（编制生态市、区建设规划时考虑）

5.3.5 创建环境优美乡镇（编制生态县建设规划时考虑）

5.3.6 绿色社区、生态村建设

5.4 生态文化体系建设

5.4.1 主要目标

5.4.2 倡导绿色生产和绿色消费

5.4.3 生态环境保护知识普及与教育

5.4.4 创建绿色学校

5.4.5 提高公众的参与能力

5.5 能力保障体系建设

5.5.1 主要目标
5.5.2 科技支撑能力建设
5.5.3 环境安全预测、预警、预报系统建设
5.5.4 相关资源、环境保护法规、制度建设
5.5.5 完善可持续发展的科学、民主决策机制

6. 生态县、生态市建设的重点项目

6.1 建设项目
6.1.1 建设项目名称
6.1.2 建设位置、实施期限
6.1.3 建设内容及投资（包括分年度建设内容）
6.2 建设目的及预期应达到的效果
6.3 责任单位
附表：重点建设项目表

7. 规划实施效益分析与评价

7.1 投资经费估算
7.2 经费来源分析
7.3 效益分析
7.3.1 经济效益
7.3.2 环境效益
7.3.3 社会效益

8. 规划实施的保障措施

8.1 法制保障
8.2 组织保障（含领导干部目标考核）
8.3 资金保障
8.4 技术保障
8.5 社会保障

附件二

《生态县、生态市建设规划编制大纲（试行）》实施意见

一、编制生态县、生态市建设规划，是创建生态县、生态市的基础，各地要高度重视、精心组织，认真按照《生态县、生态市建设规划编制大纲（试行）》（以下简称《大纲》）的要求，确保规划编制质量。

（一）要坚持因地制宜，从本地实际出发，发挥本地资源、环境、区位优势，充分整

合各种资源，实施分类指导。

（二）要突出当地特点，扬长避短，开拓工作思路，走出具有当地特色的可持续发展的新路子。

（三）要与当地国民经济与社会发展规划（计划）相衔接，与相关部门的行业规划相衔接。创建生态省的省份所辖市、县编制规划时，还应与生态省建设规划相衔接。

（四）要提高规划的可操作性，建设目标、任务应具体化，工作措施应尽可能做到工程化、项目化、时限化，任务分解到各有关部门、县（区）、乡镇。

二、生态县、生态市规划的编制，可以由所在地人民政府委托有关科研院所承担，也可以组织自身技术力量开展编制工作。参与编制规划的单位和人员应当具有相关规划编制经验，熟悉生态县、生态市建设的要求。规划编制过程中，既要有经济、社会、环境、资源等领域的专家参与，也要有当地政府有关部门的管理人员和实际工作者参加，确保规划的科学性、前瞻性和可操作性。

三、各地要严格规划编制经费预算，规划编制业务的委托和承担，应尽可能采用招标、投标方式进行。

四、规划编制完成后，编制单位应当广泛征求当地政府各有关部门的意见，并经政府常务会审议后，由省级环境保护部门组织专家进行论证。

五、论证、修改后的规划必须经当地人大审议通过后，颁布实施。

六、县、市级全国生态示范区建设规划的编制可参照《大纲》进行；已命名的国家级生态示范区，可在原有生态示范区建设规划的基础上，按照《大纲》的要求进行修编，形成生态县、生态市建设规划。

国务院办公厅关于加强湿地保护管理的通知

（国务院办公厅2004年6月27日）

各省、自治区、直辖市人民政府，国务院各部委、各直属机构：

我国是世界上湿地类型齐全、数量较多的国家之一。多年来，各级政府和有关部门在湿地保护方面做了大量工作，目前我国已有约40%的自然湿地被纳入自然保护区得到保护。但由于长期以来人们对湿地生态价值认识不足，加上保护管理能力薄弱，很多地方仍在大量开垦围垦和随意侵占湿地，特别是近两年一些地方出现了把大量湿地转为建设用地的错误倾向。为尽快扭转自然湿地面积减少，生态功能退化的局面，经国务院同意，现就加强湿地保护管理有关问题通知如下：

一、进一步提高认识，把湿地保护作为改善生态的重要任务来抓

湿地与森林、海洋并称为全球三大生态系统。湿地具有保持水源、净化水质、蓄洪防旱、调节气候和维护生物多样性等重要生态功能，健康的湿地生态系统，是国家生态安全体系的重要组成部分和经济社会可持续发展的重要基础。保护湿地，对于维护生态平衡，改善生态状况，实现人与自然和谐，促进经济社会可持续发展，具有十分重要的意义。各地必须牢固树立科学的发展观，坚持经济发展与生态保护相协调，正确处理好湿地保护与开发利用、近期利益与长远效益的关系，绝不能以破坏湿地资源，牺牲生态为代价换取短期经济利益。要把加强湿地保护，恢复湿地功能，作为改善生态状况和全面建设小康社会的一件大事，予以高度重视，并切实抓紧抓好。

二、采取有效措施，坚决制止随意侵占和破坏湿地的行为

从维护可持续发展的长远利益出发，必须坚持保护优先的原则，对现有自然湿地资源实行普遍保护，坚决制止随意侵占和破坏湿地的行为。要严格控制开发占用自然湿地，凡是列入国际重要湿地和国家重要湿地名录，以及位于自然保护区内的自然湿地，一律禁止开垦占用或随意改变用途。对开垦占用或改变湿地用途的，应责令停止违法行为，采取各种补救措施，努力恢复湿地的自然特性和生态特征，并严格按照有关法律、法规予以处罚。要依法做好湿地登记、确权、发证等基础工作，为湿地保护和管理提供依据。

要强化对自然湿地开发利用的管理。对涉及向自然湿地区域排污或改变湿地自然状态，以及建设项目占用自然湿地的，行政审批部门要会同相关部门按照《中华人民共和国环境影响评价法》等法律法规进行环境影响评价和严格审批。地方各级人民政府要加强对自然湿地保护的监管，组织力量对违法占用、开垦、填埋以及污染自然湿地的情况

进行检查，依法制止、打击各种破坏湿地的违法行为，对造成湿地生态严重破坏的责任单位和个人要依法追究责任。

三、抓好规划编制工作，促进湿地保护事业健康发展

湿地保护是一项长期而艰巨的任务，国务院已原则同意《全国湿地保护工程规划（2002—2030年）》作为今后湿地保护的指导意见，林业局要尽快会同有关部门编制2004－2010年全国湿地保护工程实施规划，明确建设目标任务和具体措施。各地要抓紧编制本地区的湿地保护规划，明确奋斗目标、建设布局、重点项目和政策措施，并纳入本地区经济和社会发展计划，认真组织实施。要通过编制和实施湿地保护规划，把湿地保护的任务落实到各地区、各有关部门和单位，落实到具体湿地，把规划提出的各项任务落到实处。

要坚持以系统工程和综合治理的方法确保湿地保护任务的落实。各地编制和修订湿地保护规划时，必须加强相关部门的协调，做好与土地利用总体规划、海洋功能区划的衔接，确保自然湿地能够得到有效保护和恢复。要做到水资源利用与湿地保护紧密结合，统筹协调区域或流域内的水资源平衡，充分兼顾湿地保护等生态用水的需要。

四、采取多种形式，加快推进自然湿地的抢救性保护

我国湿地处于需要抢救性保护阶段，努力扩大湿地保护面积是当前湿地保护管理工作的首要任务。建立湿地自然保护区是保护湿地有效的措施。各地要从抢救性保护的要求出发，按照有关法律法规，采取积极措施在适宜地区抓紧建立一批各种级别的湿地自然保护区，特别是对那些生态地位重要或受到严重破坏的自然湿地，更要果断地划定保护区域，实行严格有效的保护。同时，对不具备条件划建自然保护区的，也要因地制宜，采取建立湿地保护小区、各种类型湿地公园、湿地多用途管理区或划定野生动植物栖息地等多种形式加强保护管理。要加大扶持力度，建立国家、地方和社会各界共同参与的多层次、多渠道湿地保护投入机制，充分发挥各方力量加快湿地保护步伐。

五、加强对湿地保护管理工作的组织领导

湿地保护是一项重要的生态公益事业，做好湿地保护管理工作是政府的职能。地方各级人民政府要高度重视湿地保护管理工作，在重要湿地分布区，要把湿地保护列入政府的重要议事日程，作为重要工作纳入责任范围，从法规制度、政策措施、资金投入、管理体系等方面采取有力措施，加强湿地保护管理工作。要积极推行领导干部抓湿地保护示范点，及时研究解决湿地保护工作中的问题，实行湿地保护检查、考核、通报和奖惩制度等行之有效的办法。要认真坚持和逐步完善综合协调、分部门实施的湿地保护管理体制，各级林业部门要做好组织协调工作，各有关部门应按照职责分工，发挥各自的优势，团结协作做好相关的湿地保护管理工作。各地区、各有关部门要广泛开展宣传教育，进一步提高全民生态保护意识，提高保护湿地的自觉性。

国家城市湿地公园管理办法（试行）

（建设部 2005 年 2 月 2 日　建城［2005］16 号）

第一条　为加强城市湿地公园的保护管理，维护生态平衡，营造优美舒适的人居环境，推动城市可持续发展，根据国家有关的法律法规规定，制定本办法。

第二条　本办法所称的湿地，是指天然或人工、长期或暂时之沼泽地、泥炭地，带有静止或流动的淡水、半咸水或咸水的水域地带，包括低潮位不超过 6m 的滨岸海域。

本办法所称的城市湿地公园，是指利用纳入城市绿地系统规划的适宜作为公园的天然湿地类型，通过合理的保护利用，形成保护、科普、休闲等功能于一体的公园。

第三条　具备下列条件的湿地，可以申请设立国家城市湿地公园：

（一）能供人们观赏、游览，开展科普教育和进行科学文化活动，并具有较高保护、观赏、文化和科学价值的；

（二）纳入城市绿地系统规划范围的；

（三）占地 500 亩以上能够作为公园的；

（四）具有天然湿地类型的，或具有一定的影响及代表性的。

第四条　国家城市湿地公园的申报，由城市人民政府提出，经省、自治区建设厅审查同意后，报建设部。

直辖市由市园林局组织进行审查，经市政府同意后，报建设部。

第五条　对于跨市、县的国家城市湿地公园的申报，由所在地人民政府协商一致后，由上一级人民政府提出申请。

第六条　申报国家城市湿地公园需提交下列材料：

（一）省、自治区建设行政主管部门或直辖市人民政府关于申报列为国家城市湿地公园的请示；

（二）城市湿地公园的资源调查评价报告；

（三）国家城市湿地公园申报书；

（四）城市湿地公园的位置图、地形图、资源分布图、土地利用现状图等资料；

（五）湿地现状以及重要资源的图纸、照片、影像和其他有关材料。

第七条　建设部接到申请后，组织专家进行实地考察评估；对符合标准的，由建设部批准设立为国家城市湿地公园。

第八条　已批准设立的国家城市湿地公园所在地县级以上人民政府应当组织园林、规划、国土资源等管理部门标明界区，设立界碑、标牌，搞好资源监测。

第九条　已批准设立的国家城市湿地公园所在地县级以上人民政府应当设立专门的

管理机构，统一负责国家城市湿地公园的保护、利用和管理工作。

第十条 已批准设立的国家城市湿地公园需在一年内编制完成国家城市湿地公园规划，并划定绿线，严格保护。

国家城市湿地公园规划必须委托有相应资质等级的规划设计企业承担。

国家城市湿地公园规划必须纳入城市总体规划、城市绿地系统规划和城市控制性详细规划，并纳入强制性内容严格管理，任何单位和个人不得擅自变更。

第十一条 国家城市湿地公园应定期向建设部报告湿地资源保护、规划编制及实施等有关情况。

第十二条 国家城市湿地公园保护、利用应以维护湿地系统生态平衡，保护湿地功能和生物多样性，实现人居环境与自然环境的协调发展为目标，坚持“重在保护、生态优先、合理利用、良性发展”的方针，充分发挥城市湿地在改善生态环境、休闲和科普教育等方面的作用。

第十三条 国家城市湿地公园保护、利用应遵循下列原则：

（一）严格遵守国家与湿地有关法律、法规，认真执行国家有关政策；遵守《关于特别是作为水禽栖息地的国际重要湿地公约》的有关规定。

（二）坚持生态效益为主，维护生态平衡，保护湿地区域内生物多样性及湿地生态系统结构与功能的完整性与自然性。

（三）在全面保护的基础上，进行合理开发利用，充分发挥湿地的社会效益。湿地公园的建设以不破坏湿地的自然良性演替为前提。

第十四条 国家城市湿地公园以及保护地带的重要地段，不得设立开发区、度假区，不得出让土地，严禁出租转让湿地资源；禁止建设污染环境、破坏生态的项目和设施。

第十五条 城市湿地公园管理机构和有关部门应采取有力措施，严禁破坏水体，切实保护好动植物的生长条件和生存环境。

第十六条 禁止任何单位和个人在国家城市湿地公园内从事挖湖采沙、围护造田、开荒取土等改变地貌和破坏环境、景观的活动。

第十七条 对管理和保护不利，造成资源破坏，已不具备国家城市湿地公园条件的，由省、自治区建设厅或直辖市园林局报请建设部撤销其命名，并依法追究有关负责人的责任。

第十八条 本办法自颁布之日起执行。

关于创建“生态园林城市”的实施意见

（建设部2004年6月15日 建城［2004］98号）

为贯彻落实党的十六大精神，进一步加强城市生态环境建设，促进城市实施可持续发展，提出创建“生态园林城市”的实施意见：

一、准确把握“生态园林城市”的基本内涵

“生态城市”是在联合国教科文组织发起的“人与生物圈”计划研究过程中提出的一个概念。本意见所指的生态城市化，就是要实现城市社会、经济、自然复合生态系统的整体协调，从而达到一种稳定有序状态的演进过程。生态城市是城市生态化发展的结果，是社会和谐、经济高效、生态良好循环的人类居住形式，是人类住区发展的高级阶段。在我国全面建设小康社会的过程中，在创建“园林城市”的基础上，把创建“生态园林城市”作为建设生态城市的阶段性目标，就是要利用环境生态学原理，规划、建设和管理城市，进一步完善城市绿地系统，有效防治和减少城市大气污染、水污染、土壤污染、噪声污染和各种废弃物，实施清洁生产、绿色交通、绿色建筑，促进城市中人与自然的和谐，使环境更加清洁、安全、优美、舒适。

二、充分认识创建“生态园林城市”的重大意义

加强城市生态环境建设，努力为广大人民群众创造一个优美、舒适、健康、方便的生活居住环境，是坚持“三个代表”重要思想在城市建设工作的具体体现，是各级建设行政主管部门的重要职责。党的“十六大”明确提出了“全面建设小康社会”的目标，把“可持续发展能力不断增强，生态环境得到改善，资源利用效率显著提高，促进人和自然的和谐，推动整个社会走上生产发展、生活富裕、生态良好的文明发展之路”作为全面建设小康社会目标的重要内容，十六届三中全会明确提出坚持以人为本，树立全面、协调、可持续的发展观。创建“生态园林城市”，不仅是满足人民生活水平不断提高的需要，也是落实十六大提出的全面建设小康社会宏伟目标的重要措施。各级建设行政主管部门要充分认识开展创建“生态园林城市”工作的重大意义，增强历史责任感，积极引导城市建设向“生态城市”目标发展。

三、创建“生态园林城市”的指导原则

开展创建“生态园林城市”，必须坚持以下原则：第一，坚持以人为本的原则。城市是人群高度集中的地方，城市建设必须代表最广大人民群众的根本利益，注重城市经济

和社会的协调发展，注重城市的可持续发展，满足人们对生活、工作、休闲的要求，建设良好的人居环境。第二，坚持环境优先的原则。要按照环境保护的要求，深化城市总体规划的内涵，做好城市绿地系统规划，使城市市区与郊区甚至更大区域形成统一的市域生态体系。确定以环境建设为重点的城市发展战略，优化城市市域发展布局，形成与生态环境协调发展的综合考核指标体系。在城市工程建设、环境综合整治中，从规划、设计、建设到管理，从技术方案选择到材料使用等都要贯彻“生态”的理念，坚持“环境优先”的原则，要开发新技术，大力倡导节约能源、提高资源利用效率。第三，坚持系统性原则。城市是一个区域中的一部分，城市生态系统也是一个开放的系统，与城市外部其他生态系统必然进行物质、能量、信息的交换。必须用系统的观点从区域环境和区域生态系统的角度考虑城市生态环境问题，制定完整的城市生态发展战略、措施和行动计划。在以城市绿地系统建设为基础的情况下，坚持保护和治理城市水环境、城市市容卫生、城市污染物控制等方面的协调统一。第四，坚持工程带动的原则。要认真研究和制定工程行动计划，通过切实可行的工程措施，保护、恢复和再造城市的自然环境，要将城市市域范围内的自然植被、河湖海湿地等生态敏感地带的保护和恢复，旧城改造、新区和住宅小区建设，城市河道等水系治理、城市污水、垃圾等污染物治理，水、风、地热等可再生性能源的利用等措施，列入工程实施。充分扩大城市绿地总量和减少污染物排放，不断改善城市生态环境。第五，坚持因地制宜的原则。我国幅员辽阔，区域经济发展与生态环境状况等有所不同，创建“生态园林城市”必须从实际出发，因地制宜地进行。建设“生态园林城市”不能急功近利，要根据城市社会经济发展水平的不同阶段，制定切实可行的目标，促进城市经济、社会、环境协调发展。

四、关于创建“生态园林城市”的评估办法

由于各地地理气候条件等差异，各地可根据上述原则，在创建园林城市的基础上，参照《国家生态园林城市标准（暂行）》，研究制定本地的创建“生态园林城市”的方案。

“生态园林城市”的评估工作每年进行一次，将采取城市自愿申报，省级建设行政主管部门推荐，建设部组织专家评议，部常务会审定的办法进行。申报城市必须是已获得“国家园林城市”称号的城市。

国家生态园林城市标准（暂行）

（建设部 2004 年 6 月 15 日　建城［2004］98 号）

一、一般性要求

1. 应用生态学与系统学原理来规划建设城市，城市性质、功能、发展目标定位准确，编制了科学的城市绿地系统规划并纳入了城市总体规划，制定了完整的城市生态发展战略、措施和行动计划。城市功能协调，符合生态平衡要求；城市发展与布局结构合理，形成了与区域生态系统相协调的城市发展形态和城乡一体化的城镇发展体系。

2. 城市与区域协调发展，有良好的市域生态环境，形成了完整的城市绿地系统。自然地貌、植被、水系、湿地等生态敏感区域得到了有效保护，绿地分布合理，生物多样性趋于丰富。大气环境、水系环境良好，并具有良好的气流循环，热岛效应较低。

3. 城市人文景观和自然景观和谐融通，继承城市传统文化，保持城市原有的历史风貌，保护历史文化和自然遗产，保持地形地貌、河流水系的自然形态，具有独特的城市人文、自然景观。

4. 城市各项基础设施完善。城市供水、燃气、供热、供电、通讯、交通等设施完备、高效、稳定，市民生活工作环境清洁安全，生产、生活污染物得到有效处理。城市交通系统运行高效，开展创建绿色交通示范城市活动，落实优先发展公交政策。城市建筑（包括住宅建设）广泛采用了建筑节能、节水技术，普遍应用了低能耗环保建筑材料。

5. 具有良好的城市生活环境。城市公共卫生设施完善，达到了较高污染控制水平，建立了相应的危机处理机制。市民能够普遍享受健康服务。城市具有完备的公园、文化、体育等各种娱乐和休闲场所。住宅小区、社区的建设功能俱全、环境优良。居民对本市的生态环境有较高的满意度。

6. 社会各界和普通市民能够积极参与涉及公共利益政策和措施的制定和实施。对城市生态建设、环保措施具有较高的参与度。

7. 模范执行国家和地方有关城市规划、生态环境保护法律法规，持续改善生态环境和生活环境。三年内无重大环境污染和生态破坏事件、无重大破坏绿化成果行为、无重大基础设施事故。

二、基本指标要求

（一）城市生态环境指标

序号	指　标	标准值
1	综合物种指数	≥0.5
2	本地植物指数	≥0.7
3	建成区道路广场用地中透水面积的比重	≥50%
4	城市热岛效应程度（℃）	≤2.5
5	建成区绿化覆盖率（%）	≥45
6	建成区人均公共绿地（m^2）	≥12
7	建成区绿地率（%）	≥38

（二）城市生活环境指标

序号	指　标	标准值
8	空气污染指数小于等于100的天数/年	≥300
9	城市水环境功能区水质达标率（%）	100
10	城市管网水水质年综合合格率（%）	100
11	环境噪声达标区覆盖率（%）	≥95
12	公众对城市生态环境的满意度（%）	≥85

（三）城市基础设施指标

序号	指标	标准值
13	城市基础设施系统完好率（%）	≥85
14	自来水普及率（%）	100，实现24小时供水
15	城市污水处理率（%）	≥70
16	再生水利用率（%）	≥30
17	生活垃圾无害化处理率（%）	≥90
18	万人拥有病床数（张/万人）	≥90
19	主次干道平均车速	≥40km/h

（四）基本指标要求说明

1. 综合物种指数

物种多样性是生物多样性的重要组成部分，是衡量一个地区生态保护、生态建设与恢复水平的较好指标。本指标选择代表性的动植物（鸟类、鱼类和植物）作为衡量城市物种多样性的标准。

物种指数的计算方法如下：

$$P_i = \frac{N_{bi}}{N_i}$$

单项物种指数：（i=1，2，3，分别代表鸟类、鱼类和植物）

其中，P_i 为单项物种指数，N_{bi} 为城市建成区内该类物种数，N_i 为市域范围内该类物种总数。

综合物种指数为单项物种指数的平均值。

$$H=\frac{1}{n}\sum_{i=1}^{n}P_i$$

综合物种指数，n=3

注：鸟类、鱼类均以自然环境中生存的种类计算，人工饲养者不计。

2. 木地植物指数

城市建成区内全部植物物种中本地物种所占比例。

3. 建成区道路广场用地中透水面积的比重

城市建成区内道路广场用地中，透水性地面（径流系数小于 0.60 的地面）所占比重。

4. 城市热岛效应程度（℃）

城市热岛效应是城市出现市区气温比周围郊区高的现象。采用城市市区 6～8 月日最高气温的平均值和对应时期区域腹地（郊区、农村）日最高气温平均值的差值表示。

5. 建成区绿化覆盖率（%）

指在城市建成区的绿化覆盖面积占建成区面积的百分比。绿化覆盖面积是指城市中乔木、灌木、草坪等所有植被的垂直投影面积。

6. 建成区人均公共绿地（m^2）

指在城市建成区的公共绿地面积与相应范围城市人口之比。

7. 建成区绿地率（%）

指在城市建成区的园林绿地面积占建成区面积的百分比。

8. 城市空气污染指数小于 100 的天数/年

空气污染指数（API）为城市市区每日空气污染指数（API），其计算方法按照《城市空气质量日报技术规定》执行。

9. 城市水环境功能区水质达标率

指城市市区地表水认证点位监测结果按相应水体功能标准衡量，不同功能水域水质达标率的平均值。沿海城市水域功能区水质达标率是地表水功能区水质达标效和近岸海域功能区水质达标率的加权平均；非沿海城市水域功能区水质达标率是指各地表水功能区水质达标率平均值。

10. 城市管网水水质年综合合格率

指管网水达到一类自来水公司国家生活饮用水卫生标准的合格程度。

11. 环境噪声达标区覆盖率（%）

指城市建成区内，已建成的环境噪声达标区面积占建成区总面积的百分比。

计算方法：

$$噪声达标区覆盖率=\frac{噪声达标区面积之和}{建成区总面积}\times 100\%$$

12. 公众对城市生态环境的满意度（%）

指被抽查的公众（不少于城市人口的千分之一）对城市生态环境满意（含基本满意）的人数占被抽查的公众总人数的百分比。

13. 城市基础设施系统完好率（%）

是衡量一个城市社会发展、城市基础建设水平及预警应急反应能力的重要指标。城市基础设施系统包括：供排水系统、供电线路、供热系统、供气系统、通讯信息、交通道路系统、消防系统、医疗应急救援系统、地震等自然灾害应急救援系统。完好率最高为 1，前 5 项以事故发生率计算，每条生命线每年发生 10 次以上扣 0.1，100 次以上扣 0.3，1 000 次以上为 0；交通线路每年发生交通事故死亡 5 人以上扣 0.1，死亡 10 人扣 0.3，死亡 30 人以上扣 0.5，死亡 50 人以上则为 0。后 3 项以是否建立了应急救援系统为准，若已建立则为 1，未建立则为 0。

计算公式：

$$基础设施完好率=\Sigma P_i/9\times100\%$$

式中 P_i 为各基础设施完好率。

14. 用水普及率

指城市用水人口与城市人口的比率。

15. 城市污水处理率（%）

指城市污水处理量与污水排放总量的比率。

16. 再生水利用率（%）

指城市污水再生利用量与污水处理量的比率。

17. 生活垃圾无害化处理率（%）

指经无害化处理的城市市区生活垃圾数量占市区生活垃圾产生总量的百分比。

18. 万人拥有病床数（张/万人）

指城市人口中每万人拥有的病床数。

19. 主次干道平均车速

考核主次干道上机动车的平均车速，平均行程车速是指车辆通过道路的长度与时间之比。

九、建设项目与环境影响评价管理

中华人民共和国环境影响评价法

（2002年10月28日第九届全国人民代表大会常务委员会第三十次会议通过）

中华人民共和国主席令

第77号

《中华人民共和国环境影响评价法》已由中华人民共和国第九届全国人民代表大会常务委员会第三十次会议于2002年10月28日通过，现予公布，自2003年9月1日起施行。

中华人民共和国主席　江泽民

2002年10月28日

目　录

第一章　总　则

第一条　为了实施可持续发展战略，预防因规划和建设项目实施后对环境造成不良影响，促进经济、社会和环境的协调发展，制定本法。

第二条　本法所称环境影响评价，是指对规划和建设项目实施后可能造成的环境影响进行分析、预测和评估，提出预防或者减轻不良环境影响的对策和措施，进行跟踪监测的方法与制度。

第三条　编制本法第九条所规定的范围内的规划，在中华人民共和国领域和中华人民共和国管辖的其他海域内建设对环境有影响的项目，应当依照本法进行环境影响评价。

第四条　环境影响评价必须客观、公开、公正，综合考虑规划或者建设项目实施后对各种环境因素及其所构成的生态系统可能造成的影响，为决策提供科学依据。

第五条 国家鼓励有关单位、专家和公众以适当方式参与环境影响评价。

第六条 国家加强环境影响评价的基础数据库和评价指标体系建设，鼓励和支持对环境影响评价的方法、技术规范进行科学研究，建立必要的环境影响评价信息共享制度，提高环境影响评价的科学性。

国务院环境保护行政主管部门应当会同国务院有关部门，组织建立和完善环境影响评价的基础数据库和评价指标体系。

第二章 规划的环境影响评价

第七条 国务院有关部门、设区的市级以上地方人民政府及其有关部门，对其组织编制的土地利用的有关规划，区域、流域、海域的建设、开发利用规划，应当在规划编制过程中组织进行环境影响评价，编写该规划有关环境影响的篇章或者说明。

规划有关环境影响的篇章或者说明，应当对规划实施后可能造成的环境影响作出分析、预测和评估，提出预防或者减轻不良环境影响的对策和措施，作为规划草案的组成部分一并报送规划审批机关。

未编写有关环境影响的篇章或者说明的规划草案，审批机关不予审批。

第八条 国务院有关部门、设区的市级以上地方人民政府及其有关部门，对其组织编制的工业、农业、畜牧业、林业、能源、水利、交通、城市建设、旅游、自然资源开发的有关专项规划（以下简称专项规划），应当在该专项规划草案上报审批前，组织进行环境影响评价，并向审批该专项规划的机关提出环境影响报告书。

前款所列专项规划中的指导性规划，按照本法第七条的规定进行环境影响评价。

第九条 依照本法第七条、第八条的规定进行环境影响评价的规划的具体范围，由国务院环境保护行政主管部门会同国务院有关部门规定，报国务院批准。

第十条 专项规划的环境影响报告书应当包括下列内容：

（一）实施该规划对环境可能造成影响的分析、预测和评估；

（二）预防或者减轻不良环境影响的对策和措施；

（三）环境影响评价的结论。

第十一条 专项规划的编制机关对可能造成不良环境影响并直接涉及公众环境权益的规划，应当在该规划草案报送审批前，举行论证会、听证会，或者采取其他形式，征求有关单位、专家和公众对环境影响报告书草案的意见。但是，国家规定需要保密的情形除外。

编制机关应当认真考虑有关单位、专家和公众对环境影响报告书草案的意见，并应当在报送审查的环境影响报告书中附具对意见采纳或者不采纳的说明。

第十二条 专项规划的编制机关在报批规划草案时，应当将环境影响报告书一并附送审批机关审查；未附送环境影响报告书的，审批机关不予审批。

第十三条 设区的市级以上人民政府在审批专项规划草案，作出决策前，应当先由人民政府指定的环境保护行政主管部门或者其他部门召集有关部门代表和专家组成审查小组，对环境影响报告书进行审查。审查小组应当提出书面审查意见。

参加前款规定的审查小组的专家，应当从按照国务院环境保护行政主管部门的规定设立的专家库内的相关专业的专家名单中，以随机抽取的方式确定。

由省级以上人民政府有关部门负责审批的专项规划，其环境影响报告书的审查办法，由国务院环境保护行政主管部门会同国务院有关部门制定。

第十四条 设区的市级以上人民政府或者省级以上人民政府有关部门在审批专项规划草案时，应当将环境影响报告书结论以及审查意见作为决策的重要依据。

在审批中未采纳环境影响报告书结论以及审查意见的，应当作出说明，并存档备查。

第十五条 对环境有重大影响的规划实施后，编制机关应当及时组织环境影响的跟踪评价，并将评价结果报告审批机关；发现有明显不良环境影响的，应当及时提出改进措施。

第三章 建设项目的环境影响评价

第十六条 国家根据建设项目对环境的影响程度，对建设项目的环境影响评价实行分类管理。

建设单位应当按照下列规定组织编制环境影响报告书、环境影响报告表或者填报环境影响登记表（以下统称环境影响评价文件）：

（一）可能造成重大环境影响的，应当编制环境影响报告书，对产生的环境影响进行全面评价；

（二）可能造成轻度环境影响的，应当编制环境影响报告表，对产生的环境影响进行分析或者专项评价；

（三）对环境影响很小、不需要进行环境影响评价的，应当填报环境影响登记表。

建设项目的环境影响评价分类管理名录，由国务院环境保护行政主管部门制定并公布。

第十七条 建设项目的环境影响报告书应当包括下列内容：

（一）建设项目概况；

（二）建设项目周围环境现状；

（三）建设项目对环境可能造成影响的分析、预测和评估；

（四）建设项目环境保护措施及其技术、经济论证；

（五）建设项目对环境影响的经济损益分析；

（六）对建设项目实施环境监测的建议；

（七）环境影响评价的结论。

涉及水土保持的建设项目，还必须有经水行政主管部门审查同意的水土保持方案。

环境影响报告表和环境影响登记表的内容和格式，由国务院环境保护行政主管部门制定。

第十八条 建设项目的环境影响评价，应当避免与规划的环境影响评价相重复。

作为一项整体建设项目的规划，按照建设项目进行环境影响评价，不进行规划的环境影响评价。

已经进行了环境影响评价的规划所包含的具体建设项目，其环境影响评价内容建设单位可以简化。

第十九条 接受委托为建设项目环境影响评价提供技术服务的机构，应当经国务院环境保护行政主管部门考核审查合格后，颁发资质证书，按照资质证书规定的等级和评价范围，从事环境影响评价服务，并对评价结论负责。为建设项目环境影响评价提供技术服务的机构的资质条件和管理办法，由国务院环境保护行政主管部门制定。

国务院环境保护行政主管部门对已取得资质证书的为建设项目环境影响评价提供技术服务的机构的名单，应当予以公布。

为建设项目环境影响评价提供技术服务的机构，不得与负责审批建设项目环境影响评价文件的环境保护行政主管部门或者其他有关审批部门存在任何利益关系。

第二十条 环境影响评价文件中的环境影响报告书或者环境影响报告表，应当由具有相应环境影响评价资质的机构编制。

任何单位和个人不得为建设单位指定对其建设项目进行环境影响评价的机构。

第二十一条 除国家规定需要保密的情形外，对环境可能造成重大影响、应当编制环境影响报告书的建设项目，建设单位应当在报批建设项目环境影响报告书前，举行论证会、听证会，或者采取其他形式，征求有关单位、专家和公众的意见。

建设单位报批的环境影响报告书应当附具对有关单位、专家和公众的意见采纳或者不采纳的说明。

第二十二条 建设项目的环境影响评价文件，由建设单位按照国务院的规定报有审批权的环境保护行政主管部门审批；建设项目有行业主管部门的，其环境影响报告书或者环境影响报告表应当经行业主管部门预审后，报有审批权的环境保护行政主管部门审批。

海洋工程建设项目的海洋环境影响报告书的审批，依照《中华人民共和国海洋环境保护法》的规定办理。

审批部门应当自收到环境影响报告书之日起六十日内，收到环境影响报告表之日起三十日内，收到环境影响登记表之日起十五日内，分别作出审批决定并书面通知建设单位。

预审、审核、审批建设项目环境影响评价文件，不得收取任何费用。

第二十三条 国务院环境保护行政主管部门负责审批下列建设项目的环境影响评价文件：

（一）核设施、绝密工程等特殊性质的建设项目；

（二）跨省、自治区、直辖市行政区域的建设项目；

（三）由国务院审批的或者由国务院授权有关部门审批的建设项目。

前款规定以外的建设项目的环境影响评价文件的审批权限，由省、自治区、直辖市人民政府规定。

建设项目可能造成跨行政区域的不良环境影响，有关环境保护行政主管部门对该项目的环境影响评价结论有争议的，其环境影响评价文件由共同的上一级环境保护行政主管部门审批。

第二十四条 建设项目的环境影响评价文件经批准后，建设项目的性质、规模、地点、采用的生产工艺或者防治污染、防止生态破坏的措施发生重大变动的，建设单位应当重新报批建设项目的环境影响评价文件。

建设项目的环境影响评价文件自批准之日起超过五年，方决定该项目开工建设的，其环境影响评价文件应当报原审批部门重新审核；原审批部门应当自收到建设项目环境影响评价文件之日起十日内，将审核意见书面通知建设单位。

第二十五条 建设项目的环境影响评价文件未经法律规定的审批部门审查或者审查后未予批准的，该项目审批部门不得批准其建设，建设单位不得开工建设。

第二十六条 建设项目建设过程中，建设单位应当同时实施环境影响报告书、环境影响报告表以及环境影响评价文件审批部门审批意见中提出的环境保护对策措施。

第二十七条 在项目建设、运行过程中产生不符合经审批的环境影响评价文件的情形的，建设单位应当组织环境影响的后评价，采取改进措施，并报原环境影响评价文件审批部门和建设项目审批部门备案；原环境影响评价文件审批部门也可以责成建设单位进行环境影响的后评价，采取改进措施。

第二十八条 环境保护行政主管部门应当对建设项目投入生产或者使用后所产生的环境影响进行跟踪检查，对造成严重环境污染或者生态破坏的，应当查清原因、查明责任。对属于为建设项目环境影响评价提供技术服务的机构编制不实的环境影响评价文件的，依照本法第三十三条的规定追究其法律责任；属于审批部门工作人员失职、渎职，对依法不应批准的建设项目环境影响评价文件予以批准的，依照本法第三十五条的规定追究其法律责任。

第四章 法律责任

第二十九条 规划编制机关违反本法规定，组织环境影响评价时弄虚作假或者有失职行为，造成环境影响评价严重失实的，对直接负责的主管人员和其他直接责任人员，由上级机关或者监察机关依法给予行政处分。

第三十条 规划审批机关对依法应当编写有关环境影响的篇章或者说明而未编写的规划草案，依法应当附送环境影响报告书而未附送的专项规划草案，违法予以批准的，对直接负责的主管人员和其他直接责任人员，由上级机关或者监察机关依法给予行政处分。

第三十一条 建设单位未依法报批建设项目环境影响评价文件，或者未依照本法第二十四条的规定重新报批或者报请重新审核环境影响评价文件，擅自开工建设的，由有权审批该项目环境影响评价文件的环境保护行政主管部门责令停止建设，限期补办手续；逾期不补办手续的，可以处五万元以上二十万元以下的罚款，对建设单位直接负责的主管人员和其他直接责任人员，依法给予行政处分。

建设项目环境影响评价文件未经批准或者未经原审批部门重新审核同意，建设单位擅自开工建设的，由有权审批该项目环境影响评价文件的环境保护行政主管部门责令停止建设，可以处五万元以上二十万元以下的罚款，对建设单位直接负责的主管人员和其他直接责任人员，依法给予行政处分。

海洋工程建设项目的建设单位有前两款所列违法行为的，依照《中华人民共和国海洋环境保护法》的规定处罚。

第三十二条 建设项目依法应当进行环境影响评价而未评价，或者环境影响评价文件未经依法批准，审批部门擅自批准该项目建设的，对直接负责的主管人员和其他直接责任人员，由上级机关或者监察机关依法给予行政处分；构成犯罪的，依法追究刑事责任。

第三十三条 接受委托为建设项目环境影响评价提供技术服务的机构在环境影响评价工作中不负责任或者弄虚作假，致使环境影响评价文件失实的，由授予环境影响评价资质的环境保护行政主管部门降低其资质等级或者吊销其资质证书，并处所收费用一倍以上三倍以下的罚款；构成犯罪的，依法追究刑事责任。

第三十四条 负责预审、审核、审批建设项目环境影响评价文件的部门在审批中收取费用的，由其上级机关或者监察机关责令退还；情节严重的，对直接负责的主管人员和其他直接责任人员依法给予行政处分。

第三十五条 环境保护行政主管部门或者其他部门的工作人员徇私舞弊，滥用职权，玩忽职守，违法批准建设项目环境影响评价文件的，依法给予行政处分；构成犯罪的，依法追究刑事责任。

第五章 附 则

第三十六条 省、自治区、直辖市人民政府可以根据本地的实际情况，要求对本辖区的县级人民政府编制的规划进行环境影响评价。具体办法由省、自治区、直辖市参照本法第二章的规定制定。

第三十七条 军事设施建设项目的环境影响评价办法，由中央军事委员会依照本法的原则制定。

第三十八条 本法自 2003 年 9 月 1 日起施行。

关于宣传贯彻实施《中华人民共和国环境影响评价法》的通知

（国家环保总局2003年1月23日　环发［2003］16号）

各省、自治区、直辖市环境保护局（厅）：

《中华人民共和国环境影响评价法》（以下简称《环评法》）已于2002年10月28日经全国人大常委会第三十次会议通过并发布，自2003年9月1日起施行。《环评法》是我国环境保护管理中的又一部重要法律，是各级环境保护行政主管部门参与经济发展综合决策和对建设项目实施环境保护监督管理的执法依据。为全面、深入地宣传、贯彻和实施《环评法》，现将有关要求通知如下：

一、充分认识《环评法》的重要意义，统一思想，抓住机遇，实现环境影响评价管理方式的转变

《环评法》的颁布，标志着环境影响评价制度和“三同时”环境保护管理制度的执行进入了一个新的阶段，对促进可持续发展，具有十分重要的意义。《环评法》中提出的“规划的环境影响评价”，构建了环境保护参与经济发展综合决策的管理机制。各级环境保护行政主管部门要紧紧抓住这一有利时机，深刻领会《环评法》的精神实质，统一思想，要在管理方式上实现从项目型管理向综合型管理的转变，从微观管理向宏观管理的转变，从被动管理向主动参与管理的转变，不断创新，开创我国环境影响评价和“三同时”环境保护管理的新局面。

二、深入学习、宣传《环评法》，结合实际，周密安排，把《环评法》的宣贯工作做到各有关部门，层层落实

各级环境保护行政主管部门要高度重视《环评法》的学习，增强对环境保护参与经济发展决策重要性的认识，准确定位，分清本地区环境保护部门和其他部门在执行《环评法》中的职责，加强对有关工作的组织、协调和归口管理。通过认真学习，掌握规划环境影响评价与建设项目环境影响评价的区别，正确理解和运用《环评法》的各项规定，提高各级环保执法人员的业务水平。同时，在2003年6月5日之前，各地要以政府及其有关部门作为重点宣传对象，采取多种方式和渠道宣传《环评法》。各地可以举办各类学习班、研讨班，可以与新闻单位配合，发挥报纸、广播、电视等媒体的宣传优势，宣传和普及《环评法》的内容和有关知识。通过广泛宣传，增强全社会的环境意识，使各级政府有关部门和社会公众了解《环评法》，并自觉遵守《环评法》。

三、积极配合，认真做好实施规划环境影响评价的各项准备工作

《环评法》正式施行前，总局将组织完成《规划环境影响评价目录（范围）》、《专项规划环境影响报告书审查办法》、《环境影响评价基础数据库》、《规划环境影响评价指标体系》、《专项规划环境影响评价专家库及其设立规定》等五项与贯彻《环评法》配套的规章建设和配套重点工作。各地环保部门要积极配合，认真研究，确保上述工作在2003年6月30日前顺利完成。

（一）各级环境保护行政主管部门应详细了解当地经济和社会发展规划、重要资源开发规划的内容和编制要求，清理规划的种类和目录，为制定《规划环境影响评价目录（范围）》和《专项规划环境影响报告书审查办法》提供必要的依据，并要按照国家规定的规划环评范围，预先告知有关部门并向社会公布，哪些规划需做环评，依法将规划环评工作纳入到设区的市级以上人民政府的决策程序。

（二）各省（自治区、直辖市）环境保护行政主管部门要在现有工作基础上，结合本地区经济发展和环境保护的实际需要，做好以下几项工作：

1．发挥各地区、各部门、各专业的信息优势，建立环境影响评价信息共享机制，促进各部门、各单位之间在环境影响评价方面的信息交流和信息共享，完成包括环境、生态、经济、资源等信息在内的省级环境影响评价基础数据库建设。

2．抓紧研究规划环境影响评价指标体系的内容和规划环境影响评价的方法，并将有关建议于2003年3月31日前报我局。

3．按照国家专项规划环境影响评价专家库设立规定，在《环评法》正式施行前，设立本省（自治区、直辖市）的专家库。

四、认真贯彻《环评法》，为经济与环境协调发展服务

（一）加强建设项目全过程环境保护监督管理

各地应自选一些重点生态影响型项目，进行工程环境监理试点。有关省市要继续做好青藏铁路、南水北调、西气东输、西电东送等重点工程的全过程环境保护监督管理，抓好基础设施建设工程的环境监理。

（二）围绕经济结构调整工作，做好新建项目的污染防治

“十五”期间，各地要抓住“以信息化带动工业化，以工业化促进信息化”的历史机遇，大力促进科技含量高、经济效益好、资源能源消耗低、环境污染少的新型工业项目的发展，要按照循环经济和清洁生产的要求，严格执行“总量控制”规定，充分利用“以新带老”、“区域削减”等多种管理手段，在总体上实现新建项目“增产减污”。

（三）转变政府职能，改进管理方式，提高行政效率

各级环境保护行政主管部门要积极推进环境影响评价文件分级审批制度的执行，深入抓好执法检查，加强中小型项目和生态影响型项目的管理，建立责任追究制。

各级环境保护行政主管部门要进一步加强为经济发展服务的意识，提高行政效率，减少审批环节，降低行政审批成本，推进信息化建设，逐步实行建设项目审批电子化。建立、健全建设项目受理、评估和审批机制，发挥专家技术审查的作用，从根本上把好

科学审批关，做到时效高，环境效益好，企业满意，最终达到经济与环境协调发展的目的。

（四）推进政务公开，建立公正透明、廉洁高效的环境影响评价管理体制

各级环境保护行政主管部门在环境影响评价文件审批过程中，要加大公众参与的力度。在环境影响评价工作中，只要不涉及保密问题，要大力推行环境影响评价公众听证会或调查会、座谈会以及“三同时”竣工环境保护验收公示制度。

各级环境保护行政主管部门要配合全国环境影响评价人员职业资格制度的实施，促进评价机构的市场化运作，建立优胜劣汰的竞争机制，健全业主公开招标、自主选择评价单位的机制。任何单位和个人不得干预和指定评价单位。

建设项目环境保护管理条例

（1998年11月29日国务院发布，国务院令第253号）

第一章 总 则

第一条 为了防止建设项目产生新的污染、破坏生态环境，制定本条例。

第二条 在中华人民共和国领域和中华人民共和国管辖的其他海域内建设对环境有影响的建设项目，适用本条例。

第三条 建设产生污染的建设项目，必须遵守污染物排放的国家标准和地方标准；在实施重点污染物排放总量控制的区域内，还必须符合重点污染物排放总量控制的要求。

第四条 工业建设项目应当采用能耗物耗小、污染物产生量少的清洁生产工艺，合理利用自然资源，防止环境污染和生态破坏。

第五条 改建、扩建项目和技术改造项目必须采取措施，治理与该项目有关的原有环境污染和生态破坏。

第二章 环境影响评价

第六条 国家实行建设项目环境影响评价制度。

建设项目的环境影响评价工作，由取得相应资格证书的单位承担。

第七条 国家根据建设项目对环境的影响程度，按照下列规定对建设项目的环境保护实行分类管理：

（一）建设项目对环境可能造成重大影响的，应当编制环境影响报告书，对建设项目产生的污染和对环境的影响进行全面、详细的评价；

（二）建设项目对环境可能造成轻度影响的，应当编制环境影响报告表，对建设项目产生的污染和对环境的影响进行分析或者专项评价；

（三）建设项目对环境影响很小，不需要进行环境影响评价的，应当填报环境影响登记表。

建设项目环境保护分类管理名录，由国务院环境保护行政主管部门制定并公布。

第八条 建设项目环境影响报告书，应当包括下列内容：

（一）建设项目概况；

（二）建设项目周围环境现状；

（三）建设项目对环境可能造成影响的分析和预测；

（四）环境保护措施及其经济、技术论证；

（五）环境影响经济损益分析；

（六）对建设项目实施环境监测的建议；

（七）环境影响评价结论。

涉及水土保持的建设项目，还必须有经水行政主管部门审查同意的水土保持方案。

建设项目环境影响报告表、环境影响登记表的内容和格式，由国务院环境保护行政主管部门规定。

第九条 建设单位应当在建设项目可行性研究阶段报批建设项目环境影响报告书、环境影响报告表或者环境影响登记表；但是，铁路、交通等建设项目，经有审批权的环境保护行政主管部门同意，可以在初步设计完成前报批环境影响报告书或者环境影响报告表。

按照国家有关规定，不需要进行可行性研究的建设项目，建设单位应当在建设项目开工前报批建设项目环境影响报告书、环境影响报告表或者环境影响登记表；其中，需要办理营业执照的，建设单位应当在办理营业执照前报批建设项目环境影响报告书、环境影响报告表或者环境影响登记表。

第十条 建设项目环境影响报告书、环境影响报告表或者环境影响登记表，由建设单位报有审批权的环境保护行政主管部门审批；建设项目有行业主管部门的，其环境影响报告书或者环境影响报告表应当经行业主管部门预审后，报有审批权的环境保护行政主管部门审批。

海岸工程建设项目环境影响报告书或者环境影响报告表，经海洋行政主管部门审核并签署意见后，报环境保护行政主管部门审批。

环境保护行政主管部门应当自收到建设项目环境影响报告书之日起 60 日内、收到环境影响报告表之日起 30 日内、收到环境影响登记表之日起 15 日内，分别作出审批决定并书面通知建设单位。

预审、审核、审批建设项目环境影响报告书、环境影响报告表或者环境影响登记表，不得收取任何费用。

第十一条 国务院环境保护行政主管部门负责审批下列建设项目环境影响报告书、环境影响报告表或者环境影响登记表：

（一）核设施、绝密工程等特殊性质的建设项目；

（二）跨省、自治区、直辖市行政区域的建设项目；

（三）国务院审批的或者国务院授权有关部门审批的建设项目。

前款规定以外的建设项目环境影响报告书、环境影响报告表或者环境影响登记表的审批权限，由省、自治区、直辖市人民政府规定。

建设项目造成跨行政区域环境影响，有关环境保护行政主管部门对环境影响评价结论有争议的，其环境影响报告书或者环境影响报告表由共同上一级环境保护行政主管部门审批。

第十二条 建设项目环境影响报告书、环境影响报告表或者环境影响登记表经批准后，建设项目的性质、规模、地点或者采用的生产工艺发生重大变化的，建设单位应当重新报批建设项目环境影响报告书、环境影响报告表或者环境影响登记表。

建设项目环境影响报告书、环境影响报告表或者环境影响登记表自批准之日起满 5 年，建设项目方开工建设的，其环境影响报告书、环境影响报告表或者环境影响登记表应当报原审批机关重新审核。原审批机关应当自收到建设项目环境影响报告书、环境影响报告表或者环境影响登记表之日起 10 日内，将审核意见书面通知建设单位；逾期未通知的，视为审核同意。

第十三条 国家对从事建设项目环境影响评价工作的单位实行资格审查制度。

从事建设项目环境影响评价工作的单位，必须取得国务院环境保护行政主管部门颁发的资格证书，按照资格证书规定的等级和范围，从事建设项目环境影响评价工作，并对评价结论负责。

国务院环境保护行政主管部门对已经颁发资格证书的从事建设项目环境影响评价工作的单位名单，应当定期予以公布。具体办法由国务院环境保护行政主管部门制定。

从事建设项目环境影响评价工作的单位，必须严格执行国家规定的收费标准。

第十四条 建设单位可以采取公开招标的方式，选择从事环境影响评价工作的单位，对建设项目进行环境影响评价。

任何行政机关不得为建设单位指定从事环境影响评价工作的单位，进行环境影响评价。

第十五条 建设单位编制环境影响报告书，应当依照有关法律规定，征求建设项目所在地有关单位和居民的意见。

第三章 环境保护设施建设

第十六条 建设项目需要配套建设的环境保护设施，必须与主体工程同时设计、同时施工、同时投产使用。

第十七条 建设项目的初步设计，应当按照环境保护设计规范的要求，编制环境保护篇章，并依据经批准的建设项目环境影响报告书或者环境影响报告表，在环境保护篇章中落实防治环境污染和生态破坏的措施以及环境保护设施投资概算。

第十八条 建设项目的主体工程完工后，需要进行试生产的，其配套建设的环境保护设施必须与主体工程同时投入试运行。

第十九条 建设项目试生产期间，建设单位应当对环境保护设施运行情况和建设项目对环境的影响进行监测。

第二十条 建设项目竣工后，建设单位应当向审批该建设项目环境影响报告书、环境影响报告表或者环境影响登记表的环境保护行政主管部门，申请该建设项目需要配套建设的环境保护设施竣工验收。

环境保护设施竣工验收，应当与主体工程竣工验收同时进行。需要进行试生产的建设项目，建设单位应当自建设项目投入试生产之日起 3 个月内，向审批该建设项目环境影响报告书、环境影响报告表或者环境影响登记表的环境保护行政主管部门，申请该建设项目需要配套建设的环境保护设施竣工验收。

第二十一条 分期建设、分期投入生产或者使用的建设项目，其相应的环境保护设施应当分期验收。

第二十二条 环境保护行政主管部门应当自收到环境保护设施竣工验收申请之日起30日内，完成验收。

第二十三条 建设项目需要配套建设的环境保护设施经验收合格，该建设项目方可正式投入生产或者使用。

第四章 法律责任

第二十四条 违反本条例规定，有下列行为之一的，由负责审批建设项目环境影响报告书、环境影响报告表或者环境影响登记表的环境保护行政主管部门责令限期补办手续；逾期不补办手续，擅自开工建设的，责令停止建设，可以处10万元以下的罚款：

（一）未报批建设项目环境影响报告书、环境影响报告表或者环境影响登记表的；

（二）建设项目的性质、规模、地点或者采用的生产工艺发生重大变化，未重新报批建设项目环境影响报告书、环境影响报告表或者环境影响登记表的；

（三）建设项目环境影响报告书、环境影响报告表或者环境影响登记表自批准之日起满 5 年，建设项目方开工建设，其环境影响报告书、环境影响报告表或者环境影响登记表未报原审批机关重新审核的。

第二十五条 建设项目环境影响报告书、环境影响报告表或者环境影响登记表未经批准或者未经原审批机关重新审核同意，擅自开工建设的，由负责审批该建设项目环境影响报告书、环境影响报告表或者环境影响登记表的环境保护行政主管部门责令停止建设，限期恢复原状，可以处10万元以下的罚款。

第二十六条 违反本条例规定，试生产建设项目配套建设的环境保护设施未与主体工程同时投入试运行的，由审批该建设项目环境影响报告书、环境影响报告表或者环境影响登记表的环境保护行政主管部门责令限期改正；逾期不改正的，责令停止试生产，可以处5万元以下的罚款。

第二十七条 违反本条例规定，建设项目投入试生产超过 3 个月，建设单位未申请环境保护设施竣工验收的，由审批该建设项目环境影响报告书、环境影响报告表或者环境影响登记表的环境保护行政主管部门责令限期办理环境保护设施竣工验收手续；逾期未办理的，责令停止试生产，可以处5万元以下的罚款。

第二十八条 违反本条例规定，建设项目需要配套建设的环境保护设施未建成、未经验收或者经验收不合格，主体工程正式投入生产或者使用的，由审批该建设项目环境影响报告书、环境影响报告表或者环境影响登记表的环境保护行政主管部门责令停止生产或者使用，可以处10万元以下的罚款。

第二十九条 从事建设项目环境影响评价工作的单位，在环境影响评价工作中弄虚作假的，由国务院环境保护行政主管部门吊销资格证书，并处所收费用 1 倍以上 3 倍以下的罚款。

第三十条 环境保护行政主管部门的工作人员徇私舞弊、滥用职权、玩忽职守，构成犯罪的，依法追究刑事责任；尚不构成犯罪的，依法给予行政处分。

第五章 附 则

第三十一条 流域开发、开发区建设、城市新区建设和旧区改建等区域性开发，编制建设规划时，应当进行环境影响评价。具体办法由国务院环境保护行政主管部门会同国务院有关部门另行规定。

第三十二条 海洋石油勘探开发建设项目的环境保护管理，按照国务院关于海洋石油勘探开发环境保护管理的规定执行。

第三十三条 军事设施建设项目的环境保护管理，按照中央军事委员会的有关规定执行。

第三十四条 本条例自发布之日起施行。

关于贯彻实施《建设项目环境保护管理条例》的通知

（国家环保总局 1999 年 3 月 16 日　环发［1999］61 号）

各省、自治区、直辖市环境保护局：

国务院颁布的《建设项目环境保护管理条例》（以下简称《条例》）已于 1998 年 11 月 29 日发布施行。《条例》是我国环境保护管理的一部重要行政法规，是各级环境保护行政主管部门对建设项目实施环境监督管理的基本执法依据。它的发布施行，对于防止建设项目产生新的污染、破坏生态环境，促进可持续发展，推动全国环境保护工作目标的实现，具有十分重要的意义。为全面、深入地贯彻实施《条例》，特作如下通知：

一、认真学习宣传《条例》，结合实际制定落实措施

《条例》的发布施行，标志着我国建设项目环境保护管理工作进入一个新的阶段。各级环保行政主管部门要高度重视《条例》的学习和宣传工作，增强对建设项目环境保护管理工作重要性的认识，加强对这项工作的领导和归口管理。通过认真学习，提高各级环保执法人员的业务素质和职业道德，正确理解和运用《条例》的各项规定。通过广泛宣传，增强全社会的环境意识，使各级政府有关部门、建设单位及公民知《条例》、懂《条例》，并自觉地遵守《条例》。

要加强与新闻单位的配合，充分运用报纸、广播、电视等媒介宣传普及《条例》，报道和表扬建设项目环境保护工作中的先进事例，揭露和批评违背《条例》的不良行为和违法案件，发挥新闻舆论的监督作用。

各级环保行政主管部门要结合本地区的实际情况，制定贯彻落实《条例》的具体措施，并将执行情况及时报告国家环境保护总局。

二、严格执行环境影响评价制度，对建设项目环境影响评价审批负全部责任

建设对环境有影响的一切建设项目，必须依法执行环境影响评价制度。各级环保行政主管部门要按照国家及省、自治区、直辖市人民政府规定的审批权限，严格履行建设项目环境影响评价管理程序，把好项目审批关。审批建设项目环境影响报告书、报告表或登记表时，要贯彻防治污染和保护生态环境并重的方针，坚持新建项目污染物排放必须符合国家和地方总量控制的要求，对不符合国家产业政策和地区发展规划，能耗物耗大、污染物产生量大，国家明令淘汰的落后生产方式、工艺和产品或禁止投资的建设项目，坚决不予审批，从源头上防止新的环境污染和生态破坏。

国家环境保护总局将制订并公布《建设项目环境保护分类管理名录》；规定建设项目环境影响报告表、登记表的内容和格式。各级环保行政主管部门可结合本地区经济发展和环境保护的实际需要，制订地方分类管理名录细目，对建设项目的环境保护实行分类管理，加强项目管理的科学性、针对性，提高审批质量和效率。

建设单位应当按照建设项目的类别、性质、规模及所处环境，根据分类名录和环保行政主管部门的意见，编制环境影响报告书、环境影响报告表或填报环境影响登记表，报有审批权的环保行政主管部门审批。涉及水土保持的建设项目，其水土保持方案必须纳入环境影响报告书（表）。环保行政主管部门对建设项目环境影响评价审批负全部责任。

三、强化环境保护设施的“三同时”管理，把好建设项目竣工验收关

建设对环境有影响的一切建设项目，必须依法执行环境保护设施与主体工程同时设计、同时施工、同时投产使用的“三同时”制度。

建设项目初步设计中的环保篇章，必须落实经环保行政主管部门批准的环境影响报告书（表）规定的防治环境污染和生态破坏的措施及其投资概算；建设项目施工中，其环境保护设施的建设应当接受环保行政主管部门的日常监督检查；建设项目建成投产使用时，其环境保护设施必须经审批该建设项目环境影响报告书（表）、登记表的环保行政主管部门验收合格，污染物排放必须稳定达到国家或地方规定的标准，主要污染物排放总量必须控制在国家规定的排放总量指标内。需要进行试生产的建设项目，其环境保护设施必须同时投入试运行，并在试生产 3 个月内向有关环保行政主管部门申请环境保护设施的竣工验收。

各级环保行政主管部门要加强对建设项目环保设施“三同时”的现场检查和监督管理，严格履行建设项目环保设施竣工验收管理程序，切实把好建设项目竣工验收关。

四、推行环境影响评价资格审查制度，整顿和精简环境影响评价机构

国家环境保护总局将根据《条例》的规定，修订 1989 年颁布的《建设项目环境影响评价证书管理办法》。针对目前环境影响评价单位存在的证书管理不严，收费不统一、不规范、工作质量良莠不齐的问题，将本着“少而精”的原则，整顿、精简从事建设项目环境影响评价的单位。对全国现有持甲、乙级环评证书的单位进行审查和考核，对考核合格的单位颁发新的资格证书。1999 年 7 月 31 日前完成第一批评价单位的资格审查和颁证工作，1999 年 12 月 31 日前全部结束，并通过新闻媒介向社会公布取得资格证书的单位名单。

国家环境保护总局还将会同财政部、国家计委修订 1989 年发布的《建设项目环境影响评价收费标准的原则与方法》（试行）。各级环保部门在审批建设项目时，应严格审核环境影响评价所需投入的实际工作量，坚持按工作量和国家规定的收费标准收取费用，制止和杜绝不合理收费和乱收费，对严重乱收费的，要严肃查处。

地方各级环保局要协助国家环境保护总局加强对评价单位的日常考核和管理，对评价单位是否严格按照资格证书规定的等级和范围开展工作，是否认真执行收费标准进行监督检查，对在环境影响评价工作中弄虚作假的，一经发现核实，应及时报告，由总局按照规定吊销资格证书并处罚款。

五、加大监督执法力度，严肃查处有法不依、执法不严、违法不纠的案件

各级环保行政主管部门要以《条例》的施行为契机，以查处典型违法案件为突破口，切实履行环境保护统一监督管理的职能，加大执法力度，规范执法行为，完善执法程序，提高执法水平。

对违反《条例》规定，未办理或逾期未补办环境影响审批登记手续并擅自开工建设的；建设项目试生产时其环保设施未同时投入试运行的；超过试生产期限未申请验收的；环保设施未建成、未验收或验收不合格主体工程即投入生产使用的行为，有关环保行政主管部门应坚决依法查处，并公开曝光。在查处过程中，要严格执行《行政处罚法》规定的程序，坚持以事实为根据，以法律为准绳，坚持调查和处罚相分离。

各级环保行政主管部门要根据《条例》的规定，做好建设项目环境保护管理规章的配套和完善工作。上级环保部门要加强对下级环保部门的指导、监督和检查，开展经常性的专项执法检查，各省、自治区、直辖市环保局应在 1999 年 9 月 31 日前将本地区建设项目环境保护执法检查情况书面报告国家环境保护总局，总局将于第四季度组织对部分省市的抽查。

各级环保行政主管部门要加强建设项目环境保护管理队伍的形象建设，坚持反腐倡廉，建立有效的监督制约机制，推行集体审批、集体决策制度，不得以任何方式为建设单位指定从事环境影响评价工作的单位，防止不正当竞争，杜绝腐败行为。从事建设项目环境管理的工作人员要不断提高自身素质，正确运用法律赋予的权利，廉洁奉公、依法办事。国家环境保护总局将对在建设项目环境保护管理工作中作出突出成绩的单位和个人予以表彰。

专项规划环境影响报告书审查办法

国家环境保护总局令

第18号

根据《中华人民共和国环境影响评价法》，特制定《专项规划环境影响报告书审查办法》。现予公布，自发布之日起施行。

国家环境保护总局局长　解振华

2003年10月8日

第一条　为规范对专项规划环境影响报告书的审查，保障审查的客观性和公正性，根据《中华人民共和国环境影响评价法》，制定本办法。

第二条　符合下列条件的专项规划的环境影响报告书应当按照本办法规定进行审查：

（一）列入国务院规定应进行环境影响评价范围的；

（二）依法由省级以上人民政府有关部门负责审批的。

第三条　专项规划环境影响报告书的审查必须客观、公开、公正，从经济、社会和环境可持续发展的角度，综合考虑专项规划实施后对各种环境因素及其所构成的生态系统可能造成的影响。

第四条　专项规划编制机关在报批专项规划草案时，应依法将环境影响报告书一并附送审批机关；专项规划的审批机关在作出审批专项规划草案的决定前，应当将专项规划环境影响报告书送同级环境保护行政主管部门，由同级环境保护行政主管部门会同专项规划的审批机关对环境影响报告书进行审查。

第五条　环境保护行政主管部门应当自收到专项规划环境影响报告书之日起30日内，会同专项规划审批机关召集有关部门代表和专家组成审查小组，对专项规划环境影响报告书进行审查；审查小组应当提出书面审查意见。

第六条　参加审查小组的专家，应当从国务院环境保护行政主管部门规定设立的环境影响评价审查专家库内的相关专业、行业专家名单中，以随机抽取的方式确定。专家人数应当不少于审查小组总人数的二分之一。

第七条　审查意见应当包括下列内容：

（一）实施该专项规划对环境可能造成影响的分析、预测的合理性和准确性；

（二）预防或者减轻不良环境影响的对策和措施的可行性、有效性及调整建议；

（三）对专项规划环境影响评价报告书和评价结论的基本评价；

（四）从经济、社会和环境可持续发展的角度对专项规划的合理性、可行性的总体评价及改进建议。

审查意见应当如实、客观地记录专家意见，并由专家签字。

第八条 环境保护行政主管部门应在审查小组提出书面审查意见之日起 10 日内将审查意见提交专项规划审批机关。

专项规划审批机关应当将环境影响报告书结论及审查意见作为决策的重要依据。专项规划环境影响报告书未经审查，专项规划审批机关不得审批专项规划。在审批中未采纳审查意见的，应当作出说明，并存档备查。

第九条 专项规划环境影响报告书审查所需费用，从专项规划环境影响报告书编制费用中列支。

第十条 国家规定需要保密的专项规划环境影响报告书的审查，按有关规定执行。

第十一条 本办法自发布之日起施行。

环境影响评价审查专家库管理办法

国家环境保护总局令

第16号

《环境影响评价审查专家库管理办法》已经2003年6月17日国家环境保护总局第11次局务会议审议通过，现予公布，自2003年9月1日起施行。

国家环境保护总局局长　解振华

2003年8月20日

第一条　为了加强对环境影响评价审查专家库的管理，保证审查活动的公平、公正，根据《中华人民共和国环境影响评价法》，制定本办法。

第二条　本办法适用于环境影响评价审查专家库（以下简称专家库）的设立和管理。

第三条　专家库分为国家库和地方库。

国家库由国家环境保护总局设立和管理。地方库由设区的市级以上地方人民政府环境保护行政主管部门设立和管理。

第四条　专家库应当具备下列条件：

（一）满足环境影响评价审查的专家专业、行业分类；

（二）具备随机抽取专家的必要设施和管理系统软件；

（三）设有负责日常管理和设施维护的机构和人员。

第五条　入选专家库的专家，应当具备下列条件：

（一）在本专业或者本行业有较深造诣，熟悉本专业或者本行业的国内外情况和动态；

（二）坚持原则，作风正派，能够认真、客观公正、廉洁地履行职责；

（三）熟悉国家有关法律、法规和政策，掌握环境影响评价审查技术规范和要求；

（四）具有高级专业技术职称，从事相关专业领域工作五年以上；

（五）身体健康，能够承担审查工作。

第六条　专家入选专家库，采取个人申请或者单位推荐方式向设立专家库的环境保护行政主管部门（以下简称设立部门）提出申请。采取推荐方式的，单位应当事先征得被推荐人同意。

个人申请书和单位推荐书应当附有符合本办法规定条件的证明材料。

第七条　设立部门应当公布专家库入选需求信息与条件；对申请人或者被推荐人进行遴选，根据需要征求有关行业主管部门及其他有关部门或者专家的意见；对符合条件的申请人或者被推荐人，决定入选专家库，并予以公布。

对特殊需要的专家，经设立部门认可，可直接入选专家库。

第八条 确定参加专项规划环境影响报告书审查小组的专家，应当根据所涉及的专业、行业，从专家库内的专家名单中随机抽取。

第九条 参加审查小组的专家应当本着科学求实和负责的态度认真履行职责，在规定的期限内客观、公正地提出审查意见，并对审查结论负责。

参加审查小组的专家与环境影响评价技术服务机构存在利益关系，可能影响审查公正的情况时，应当主动提出回避。

第十条 参加审查小组的专家有权根据审查小组的分工和要求，独立发表意见，不受任何单位或者个人的干预。

第十一条 设立部门应当为入选专家库的专家建立档案。

设立部门应对专家库实行动态管理，每2年进行一次调整，并公布调整结果。

第十二条 入选专家库的专家有下列情形之一的，由设立部门予以警告；情节严重的，取消其入选专家库资格，并予以公告：

（一）不负责任，弄虚作假，或者其他不客观、公正履行审查职责的；

（二）无正当理由，不按要求参加审查工作两次以上的；

（三）与环境影响评价技术服务机构存在利益关系，可能影响审查公正性、未主动提出回避的；

（四）泄露审查过程中知悉的技术秘密、商业秘密以及其他不宜公开情况的；

（五）收受他人财物或者其他好处的，影响客观、公正履行审查职责的。

有前款规定情形，违反国家有关法律、行政法规的，依法追究法律责任。

第十三条 本办法自2003年9月1日起施行。

建设项目环境保护分类管理名录

国家环境保护总局令

第14号

《建设项目环境保护分类管理名录》已于2002年7月19日经国家环境保护总局局务会议通过，现予发布。自2003年1月1日起施行。

国家环境保护总局局长　解振华

2002年10月13日

为了加强建设项目环境保护管理，提高审批效率，根据《建设项目环境保护管理条例》第七条的规定，制定建设项目环境保护分类管理名录。

一、国家根据建设项目对环境的影响程度，按照下列规定对建设项目实行环境保护分类管理：

（一）建设项目对环境可能造成重大影响的，应当编制环境影响报告书，对建设项目产生的污染和对环境的影响进行全面、详细的评价。

1．原料、产品或生产过程中涉及的污染物种类多、数量大或毒性大，难以在环境中降解的建设项目；

2．可能造成生态系统结构重大变化、重要生态功能改变或生物多样性明显减少的建设项目；

3．可能对脆弱生态系统产生较大影响或可能引发和加剧自然灾害的建设项目；

4．容易引起跨行政区环境影响纠纷的建设项目；

5．所有流域开发、开发区建设、城市新区建设和旧区改建等区域性开发活动或建设项目。

（二）建设项目对环境可能造成轻度影响的，应当编制环境影响报告表，对建设项目产生的污染和对环境的影响进行分析或者专项评价。

1．污染因素单一，而且污染物种类少、产生量小或毒性较低的建设项目；

2．对地形、地貌、水文、土壤、生物多样性等有一定影响，但不改变生态系统结构和功能的建设项目；

3．基本不对环境敏感区造成影响的小型建设项目。

（三）建设项目对环境影响很小，不需要进行环境影响评价的，应当填报环境影响登记表。

1．基本不产生废水、废气、废渣、粉尘、恶臭、噪声、震动、热污染、放射性、电磁波等不利环境影响的建设项目；

2．基本不改变地形、地貌、水文、土壤、生物多样性等，不改变生态系统结构和功能的建设项目；

3．不对环境敏感区造成影响的小型建设项目。

二、未列入本名录的建设项目，由省级环境保护行政主管部门根据上述原则，确定其环境保护管理类别，并报国家环境保护总局备案。

三、本名录所称环境敏感区，是指具有下列特征的区域：

1．需特殊保护地区：国家法律、法规、行政规章及规划确定或经县级以上人民政府批准的需要特殊保护的地区，如饮用水水源保护区、自然保护区、风景名胜区、生态功能保护区、基本农田保护区、水土流失重点防治区、森林公园、地质公园、世界遗产地、国家重点文物保护单位、历史文化保护地等。

2．生态敏感与脆弱区：沙尘暴源区、荒漠中的绿洲、严重缺水地区、珍稀动植物栖息地或特殊生态系统、天然林、热带雨林、红树林、珊瑚礁、鱼虾产卵场、重要湿地和天然渔场等。

3．社会关注区：人口密集区、文教区、党政机关集中的办公地点、疗养地、医院等，以及具有历史、文化、科学、民族意义的保护地等。

四、位于环境敏感区的建设项目，如其环境影响特征（包括污染因子和生态因子）对该敏感区环境保护目标不造成主要环境影响的，该建设项目环境影响评价是否按敏感区要求管理，由有审批权的环境保护行政主管部门征求当地环境保护部门意见后确认。

五、以促进企业技术进步和调整产业结构为目标，用清洁生产工艺替代落后工艺，污染物排放总量明显减少，现有污染源排放符合国家和地方排放标准及总量控制要求的技术改造项目，经有审批权的环境保护行政主管部门同意后，环境影响评价工作可适当简化。

六、纳入区域性开发的建设项目，如编制区域开发规划时进行了环境影响评价，其环境影响报告书已经环境保护行政主管部门批准，且建设项目的性质、规模、地点或采用的生产工艺符合区域开发总体要求的，经有审批权的环境保护行政主管部门同意后，环境影响评价工作可适当简化。

七、跨行业复合型建设项目的环境保护管理类别按其中等级最严的确定。

八、国家法律、法规及产业政策明令禁止建设或投资，如列入《淘汰落后生产能力、工艺和产品的目录》和《工商领域禁止重复建设目录》的建设项目，不适用本《名录》。各级环保行政主管部门不得批准此类建设项目环境影响报告书、环境影响报告表或者环境影响登记表。

九、本名录自 2003 年 1 月 1 日起施行。

十、本名录由国家环境保护总局负责解释。

建设项目环境保护分类管理名录

项目类别		编制环境影响报告书	编制环境影响报告表	填报环境影响登记表
流域开发（含流域规划和小流域治理），海岸带开发，围垦造地，围海造地		全部	—	—
区域开发	经济技术开发区，高新技术产业开发区，旅游度假区，边境经济合作区，保税区，工业园区及成片土地开发	全部	—	—
露天开采		新建；改、扩建，敏感区	其他	—
石油开采		年产20万吨及以上；年产20万吨以下，敏感区	年产20万吨以下，非敏感区	—
天然气开采		年产10亿标准立方米及以上；年产10亿标准立方米以下，敏感区	年产10亿标准立方米以下，非敏感区	—
煤层气开采		敏感区	非敏感区	—
煤炭采选	新矿区	全部	—	—
	独立矿井	敏感区	非敏感区	—
	选煤厂	敏感区	非敏感区	—
黑色金属矿采选，有色金属矿采选		全部	—	—
非金属矿采选	脉矿开采，化学矿开采	年产矿石20万吨及以上	年产矿石20万吨以下	—
	湖盐及井盐	钾盐；镁盐	其他	—
	海盐及矿盐	—	全部	—
	石棉采选，云母采选，石墨采选	敏感区	非敏感区	—
	石灰石、高岭土	—	10万立方米及以上	10万立方米以下，非敏感区
	土沙石	20万立方米/年及以上；20万立方米/年以下，10万立方米/年及以上，敏感区	其他	10万立方米/年以下，非敏感区
食品加工	粮食及饲料加工	年加工25万吨及以上	年加工10万（含）—25万吨；年加工10万吨以下，敏感区	年加工10万吨以下，非敏感区

项目类别			编制环境影响报告书	编制环境影响报告表	填报环境影响登记表
食品加工	植物油加工		年加工 10 万吨及以上	年加工 2 万（含）—10 万吨；年加工 2 万吨以下，敏感区	年加工 2 万吨以下，非敏感区
	制糖		全部	—	—
	屠宰及肉类、蛋类加工	屠宰	年屠宰 10 万头（或 100 万只）及以上	其他	—
		肉禽类加工	—	年加工 2 万吨及以上；年加工 2 万吨以下，敏感区	年加工 2 万吨以下，非敏感区
		蛋品加工	—	—	全部
	水产品加工		年加工 10 万吨及以上	年加工 2 万（含）—10 万吨及以上；年加工 2 万吨以下，敏感区	年加工 2 万吨以下，非敏感区
	食盐加工		—	敏感区	非敏感区
	乳制品加工		—	敏感区	非敏感区
	方便食品		—	敏感区	非敏感区
	醋类等发酵食品		—	敏感区	非敏感区
味精、柠檬酸、氨基酸制造，淀粉，淀粉糖等制品			全部	—	—
饮料制造	酒精饮料及酒类制造		全部（仅勾兑的除外）	仅勾兑的	—
	果菜汁类及其他软饮料制造		—	敏感区	非敏感区
卷烟			新建 30 万箱及以上；技改后生产量达 80 万箱及以上；敏感区	其他	—
纺织	含洗毛、染整、脱胶工段的纺织项目；有蚕蛹废水、精炼废水等的丝绸项目		全部	—	—
	其他纺织项目		—	全部	—
服装及鞋业制造	服装制造		—	大型成衣加工	其他
	鞋业制造		—	使用有机溶剂	其他
皮革、毛皮、羽绒及其制品	制革，毛皮鞣制		全部	—	—
	羽毛（绒）加工		—	敏感区	非敏感区
	皮革、毛皮、羽毛（绒）制品		—	敏感区	非敏感区
锯材、木片加工，家具制造			—	敏感区	非敏感区

项目类别		编制环境影响报告书	编制环境影响报告表	填报环境影响登记表
人造板制造		年产 20 万平方米及以上（干法）；湿法全部	年产 20 万平方米以下（干法）	—
木、竹、藤、棕、草制品		—	有化学处理工艺的	无化学处理工艺的
造纸及纸制品	纸浆制造，造纸（含废纸造纸）	全部	—	—
	纸制品	—	有化学处理工艺的	无化学处理工艺的
印刷业，文教、体育用品制造，磁材料制品		—	全部	—
石油加工	原油、天然气加工，石油焦炼制，石油制品	全部（单套装置除外）	单套装置	—
油库		总容量在 10 万立方米及以上；总容量为 3 万（含）—10 万立方米，敏感区	总容量为 3 万（含）—10 万立方米，非敏感区；总容量 1 万（含）—3 万立方米	总容量在 1 万立方米以下
化学原料及化学制品制造	基本化学原料制造，化学肥料制造，化学农药制造，化学染料制造，合成染料制造，助剂及其他有机产品制造，有机化工原料及中间体制造，合成材料制造，合成树脂及其他高分子材料制造，专用化学品制造，生物化工，感光材料制造，磁性记录材料制造，日用化学品制造等	全部	—	—
	单纯的化学品（含日用化学品）混合、分装	—	全部	—
	涂料制造、试剂制造	敏感区	非敏感区	—
医药制造	化学药品制造，生物制品	全部（单纯药品分装、复配除外）	单纯药品分装、复配	—
	中成药加工	—	敏感区	非敏感区
化学纤维制造	人造纤维制造，合成纤维制造	全部	—	—
橡胶制品	橡胶加工，橡胶制品再生及翻修	敏感区	非敏感区	—
	轮胎制造	全部	—	—
塑料制品	泡沫塑料、人造革、合成革加工、其他塑料制品	—	全部	—

项目类别		编制环境影响报告书	编制环境影响报告表	填报环境影响登记表
非金属矿物制品	水泥制造，石墨及碳素制品	全部	—	—
	石灰制造，砖瓦和轻质建筑材料制造	—	全部	—
	玻璃制造	日产500吨及以上	日产500吨以下	—
	玻璃、陶瓷、石棉制品，石棉、云母等耐火材料，矿物纤维及其制品	—	全部	—
	水泥制品、石材加工、水泥粉磨站、水泥搅拌站	—	敏感区	非敏感区
黑色金属冶炼及压延加工	炼铁，球团及烧结，炼钢，钢铁联合加工，铁合金冶炼，焦化	全部	—	—
	钢压延加工	—	全部	—
	轧钢　热轧	年产100万吨及以上	年产100万吨以下	—
	轧钢　冷轧	年产50万吨及以上	年产50万吨以下	—
有色金属冶炼及压延	有色金属冶炼，有色金属合金	全部	—	—
	有色金属压延加工	敏感区	非敏感区	—
金属制品	铸铁金属件制造	年产10万吨及以上	年产1万（含）—10万吨	1万吨以下
	电镀	全部	—	—
	热处理及表面处理	敏感区	非敏感区	—
机械制造	交通运输设备，专用设备，电气机械及器材，武器装备	新建、扩建	改造	—
	普通机械，仪器仪表及文化、办公用机械	—	新建、扩建	改造
	其他机械，机械半成品加工、组装	—	新建、扩建	改造
电子及通信设备制造	彩管，玻壳，新型显示器件，光纤预制棒制造	全部	—	—
	集成电路生产，半导体器件生产	前工序生产，新建	其他	—
	印刷电路板，电真空器件	全部	—	—
	半导体材料，电子陶瓷，有机薄膜，荧光粉，贵金属粉	敏感区	非敏感区	—
	电子配件组装	—	全部	—
	电池生产	—	全部	—

项目类别			编制环境影响报告书	编制环境影响报告表	填报环境影响登记表
电力、蒸汽、热水生产供应	电力生产	火力发电（燃烧天然气除外），水力发电，抽水蓄能，核力发电及核力供热，垃圾发电	全部	—	—
		燃烧天然气电厂	300MW 及以上，敏感区	其他	—
		脱硫工程	海水脱硫	其他	—
		风力发电，地热发电，潮汐发电、沼气发电，太阳能发电	—	全部	—
	输变电工程及电力供应		500 千伏及以上；500 千伏以下，敏感区	500 千伏以下，非敏感区；直流输电	—
	供热、蒸汽、热水生产供应		锅炉总容量 65 吨/小时及以上	其他	锅炉总容量 10 吨/小时以下，非敏感区
天然气、煤气生产供应	煤气生产		全部	—	—
	煤气供应		—	全部	—
	城市天然气供应		—	全部	—
自来水生产和供应			日供水 10 万吨及以上，有引水工程	其他	—
城市交通设施	城市道路		新建；改造，敏感区	改造，非敏感区	—
	城市轨道交通，高架路及桥梁		全部	—	—
城镇新区建设			全部	—	—
城镇旧区改造			敏感区	非敏感区	—
固体废物集中填埋、堆肥或焚烧			全部	—	—
城镇河道、湖泊整治			敏感区	非敏感区	—
城市污水集中处理			30 万吨/日及以上；30 万吨/日以下，敏感区	30 万吨/日以下，非敏感区	—
城市粪便处理			—	全部	—
农业	农业综合开发		敏感区	非敏感区	—
	垦荒		600 公顷及以上	600 公顷以下	—
防沙治沙工程			—	全部	—
林业	植树造林		—	敏感区	非敏感区
	森林采伐		竭伐	间伐	—

项目类别		编制环境影响报告书	编制环境影响报告表	填报环境影响登记表
畜牧	养殖场	养猪，常年存栏量3 000头及以上；肉牛，常年存栏量400头及以上；奶牛，常年存栏量200头及以上；家禽，常年存栏量100 000只及以上	其他	养猪，常年存栏量500头以下；肉牛，常年存栏量200头以下；奶牛，常年存栏量100头以下；家禽，常年存栏量10 000只以下
畜牧	养殖区	养猪，常年存栏量6 000头及以上；肉牛，常年存栏量800头及以上；奶牛，常年存栏量400头及以上；家禽，常年存栏量200 000只及以上	其他	养猪，常年存栏量3 000头以下；肉牛，常年存栏量400头以下；奶牛，常年存栏量200头以下；家禽，常年存栏量20 000只以下
	牲畜放养	年放养量5 000头及以上	年放养量5 000头以下	—
	其他养殖	—	全部	—
渔业	淡水养殖	—	湖泊养殖	其他
	海水养殖	封闭海域2 000亩及以上	高位池200亩及以上；低位池1 000亩及以上；开阔性近海域5 000亩及以上	其他
转基因技术推广应用，物种引进等高新技术		全部	—	—
地质勘查	单井勘探	—	敏感区	非敏感区
	区域考察勘探	敏感区	非敏感区	—
水利工程	水库	大型水库（库容1亿立方米以上）；中型水库（库容1 000万—1亿立方米），敏感区；地下水库	其他	—

项目类别		编制环境影响报告书	编制环境影响报告表	填报环境影响登记表
水利工程	灌区	新建，5 万亩及以上；改造（面积 30 万亩及以上；30 万亩以下，敏感区）	新建，5 万亩以下；改造面积 30 万亩以下，非敏感区	—
	引水	跨流域调水；年引水量占引水处年径流总量 1/4 及以上；年引水量占引水处年径流总量 1/4 以下、10%以上，敏感区	年引水量占引水处年径流总量 1/4 以下、10%以上，非敏感区；年引水量占引水处年径流总量 1/4 以下，敏感区	年引水量占引水处年径流总量 10% 以下，非敏感区
	堤防	新建一级；新建二级，敏感区	其他	—
	小型农田水利设施	—	—	全部
公路		三级或二级公路 100 公里及以上；一级或高速公路 50 公里及以上；三级或二级公路 100 公里以下，敏感区；一级或高速公路 50 公里以下，敏感区；1 000 米及以上的独立隧道；1 000 米以下的独立隧道，敏感区	其他	—
铁路	新建，增建二线	50 公里及以上的铁路正线；50 公里以下的铁路正线，敏感区；区段站以上（含大型客站）	其他	—
	电气化改造	200 公里及以上的铁路；100 公里以下（含改、扩建）的铁路，敏感区	其他	—
	改、扩建项目	区段站以上（含大型客站）；铁路枢纽；危险品货场；机务、车辆本段；年产 30 万吨及以上的石碴场	其他	—
民航工程	机场	年旅客吞吐量 30 万及以上的机场工程；年旅客吞吐量 30 万以下，敏感区；日飞行架次 30 架及以上的旅游、通用、训练机场工程	其他	—

项目类别		编制环境影响报告书	编制环境影响报告表	填报环境影响登记表
民航工程	导航台站	全部	—	—
	供油工程，维修保障工程	—	全部	—
港口、码头	综合性港区，石化运输或危险品码头	全部	—	—
	散货码头	设计年吞吐量100万吨及以上；设计年吞吐量100万吨以下，敏感区	设计年吞吐量100万吨以下，非敏感区	—
	集装箱码头	年吞吐量100万标箱及以上	年吞吐量100万标箱以下	—
	客运码头	国际港	其他	—
桥梁工程（含引桥及连接线）		长度1 000米及以上；长度1 000米以下，敏感区	长度1 000米以下，非敏感区	—
海洋石油和天然气开采		全部	—	—
海底管线、缆线铺设		长度50公里及以上	长度50公里以下	—
防波堤工程		敏感区	非敏感区	—
管道运输		长度100公里及以上；长度100公里以下，敏感区	长度100公里以下，非敏感区	—
航道疏浚及水运辅助工程		挖方1 500万立方米及以上；挖方1 500万—2 000万（含）立方米，敏感区	其他	—
水运枢纽		新建	改、扩建	—
仓储	有毒、有害及危险品仓储	全部	—	—
	一般货物仓储（含粮食储备）	—	全部	—
拆船		全部	—	—
进口废物拆解		敏感区	非敏感区	—
批发、零售市场		—	敏感区	非敏感区
餐饮		—	敏感区	非敏感区
房地产开发		占地面积5万平方米及以上，敏感区；建筑面积10万平方米及以上，敏感区	其他	建筑面积2万平方米以下，非敏感区
停车场		—	车位2 000个及以上	车位2 000个以下
长途客运站		—	全部	—
驾驶员训练基地		—	全部	—
洗车业，汽车维修，洗染，沐浴业，加油、加气站		—	敏感区	非敏感区
火葬场，公墓		—	全部	—

项目类别		编制环境影响报告书	编制环境影响报告表	填报环境影响登记表
学校		—	在校师生1 500人及以上	在校师生1 500人以下
废品收购站，彩扩点及其他社区服务设施		—	—	全部
缆车、索道建设		全部	—	—
娱乐服务		—	敏感区	非敏感区
展览馆、博物馆，游乐场		占地面积3万平方米及以上，敏感区	其他	—
影剧院、音乐厅		—	容纳1 000座及以上	容纳 1 000座以下
卫生	医院	床位500张及以上	床位500张以下	—
卫生	疗养院	床位700张及以上	床位700张以下	—
卫生	专科防治所（站）	床位200张及以上	床位200张以下	—
卫生	卫生站（所），血站	—	全部	—
体育	体育场	容纳5万人及以上	容纳5万人以下	—
体育	体育馆	容纳1万人及以上	容纳1万人以下	—
体育	高尔夫球场	全部	—	—
影视基地		敏感区	非敏感区	—
胶片洗印		—	敏感区	非敏感区
广播电台，差转台，		中波50kW及以上；短波100kW及以上；敏感区	其他	—
电视塔台		100千瓦及以上	其他	—
核设施	核动力厂（核电厂、核热电厂、核供汽供热厂等），反应堆（研究堆、实验堆、临界装置等），铀矿开采、冶炼，核燃料生产、加工、贮存、后处理，高能加速器，放射性废物贮存、处理或处置，上述项目的退役	全部	—	—

项 目 类 别		编制环境影响报告书	编制环境影响报告表	填报环境影响登记表
核设施	放射性物质运输	全部	—	—
	铀矿地质勘探，铀矿开采试验，上述项目退役	—	全部	—
核技术应用		放射性同位素生产；放射性同位素野外示踪实验；大型辐照设施；上述项目退役	销售、使用、运输高活度放射性同位素及含有高活度放射性同位素装置；放射性废物贮存；放射性同位素贮存；中子发生器；加速器；上述项目退役	销售、使用、运输低活度放射性同位素及含有低活度放射性同位素装置；X 射线发生器；上述项目退役
伴生放射性矿物资源开发利用，放射性天然铀、钍伴生矿的开采、加工和利用及废渣的处理和贮存		全部	—	—
卫星地球上行站		一站多台	一站单台	—
雷达		多台雷达通讯系统	单台雷达通讯系统	—
无线通讯		一址多台；多址发射系统	一址单台	—

建设项目环境影响评价文件分级审批规定

国家环境保护总局令

第15号

《建设项目环境影响评价文件分级审批规定》已经2002年7月19日第五次国家环境保护总局局务会议审议通过，现予公布，自2003年1月1日起实施。

国家环境保护总局局长　解振华

2002年11月1日

第一条　为适应国家建设项目投资体制改革的需要，规范建设项目环境影响评价文件分级审批管理活动，提高审批效率，依照《建设项目环境保护管理条例》的有关规定，制定本规定。

第二条　对中央政府财政性投资项目，其环境影响评价文件按照下列规定进行分级审批：

（一）对列于本规定附表一的项目，由国家环境保护总局负责审批其环境影响评价文件；对其中根据建设项目环境保护分类管理规定，需要编制环境影响报告表、环境影响登记表的建设项目，由国家环境保护总局委托项目建设所在地的省、自治区、直辖市环境保护行政主管部门审批其环境影响报告表或环境影响登记表。

（二）对本规定附表1以外的其他项目，由省、自治区、直辖市环境保护行政主管部门负责审批其环境影响评价文件。符合本规定第六条要求的项目，环境影响评价文件的审批按第六条规定办理。

第三条　对地方政府财政性投资项目，其环境影响评价文件的审批权限由省、自治区、直辖市环境保护行政主管部门提出建议，报同级人民政府批准确定。符合本规定第六条要求的项目，环境影响评价文件的审批按第六条规定办理。

第四条　对非政府财政性投资项目，其环境影响评价文件按照下列规定进行分级审批：

（一）对列于本规定附表2的项目，由国家环境保护总局负责审批其环境影响评价文件；

（二）对本规定附表2以外的其他项目，其环境影响评价文件的审批权限由省、自治区、直辖市环境保护行政主管部门提出建议，报同级人民政府批准确定。

第五条 省、自治区、直辖市环境保护行政主管部门，按照下列原则提出建议项目环境影响评价文件的分级审批建议或调整建议：

（一）以建设项目对环境影响程度、建设项目投资性质、立项主体、建设规模、工程特点等因素为依据，分政府财政性投资项目和非政府财政性投资项目两类规定审批级别；

（二）对化工、印染、酿造、化学制浆、农药、电镀以及其他严重污染环境的建设项目，其环境影响评价文件应由市（地）级以上环境保护行政主管部门审批；

（三）符合法律、法规、规章关于环境影响评价文件审批管理的其他有关规定。

第六条 按照国家有关规定，应由国务院或国务院有关部门立项或设立的国家限制建设的项目，由国家环境保护总局审批其环境影响评价文件。

第七条 凡涉及国家级自然保护区的建设项目，其环境影响评价文件由地方环境保护行政主管部门审批的，该环境保护行政主管部门在审批该建设项目环境影响评价文件前，应征求国家环境保护总局的意见。

第八条 本规定所称环境影响评价文件，是指环境影响报告书、环境影响报告表和环境影响登记表的统称。

第九条 本规定所指中央政府财政性投资项目，包括中央财政预算内投资项目、纳入中央预算管理的专项基金项目以及借用国际金融组织和外国政府贷款项目。

第十条 本规定自 2003 年 1 月 1 日起施行。

附表 1

中央财政性投资建设项目
环境影响评价文件国家环境保护总局审批目录（试行）

项目类别	项目投资规模或建设规模
一、预算内投资项目	总投资 2 亿元及以上
二、专项建设基金项目	
1. 水利基金	总投资 2 亿元及以上
2. 铁路建设基金	总投资 2 亿元及以上的铁路新建项目；总投资 10 亿元及以上的铁路扩建项目
3. 港口建设基金	设计年吞吐量 100 万吨及以上的煤炭、矿石、油气专用泊位、集装箱专用泊位；万吨级及以上泊位深水岸线使用
4. 内河建设基金	跨省（区、市）的内河航运工程
5. 公路建设基金	国家干线公路，新建高速公路；长度 50 公里及以上穿越环境敏感区的一级公路；长度 100 公里及以上一、二级公路；长度 2000 米及以上的独立公路桥梁、隧道
6. 民航建设基金	总投资 2 亿元及以上民用机场扩建项目；2 亿元及以上的空管和飞机维修项目、军民合用机场扩建
三、核工程、绝密工程	全部
四、军工项目	总投资 2 亿元及以上

附表 2

非政府财政性投资重大项目
环境影响评价文件国家环境保护总局审批目录（试行）

项目类别	项目投资规模或建设规模
一、农林水利	
水利工程	总投资 10 亿元及以上
林业	总投资 5 亿元及以上
农业	总投资 5 亿元及以上
二、能源	
电力	水电站：本期装机 10 万千瓦及以上 火电站：本期装机 20 万千瓦及以上 热电站：本期装机 5 万千瓦及以上 输变电工程：总投资 2 亿元及以上的 330 千伏及以上工程
煤炭	煤矿：年产 150 万吨及以上 总投资 2 亿元及以上的煤炭液化、地下气化和煤层气开发项目 总投资 5 亿元及以上的其他项目
石油	原油：年产 20 万吨及以上 天然气：年产 5 亿立方米及以上 跨省区输油（气）管道干线 液化石油气存贮设施，年周转 50 万吨及以上 石油贮存设施年周转 20 万吨及以上 中外合作开发油气田项目
三、交通	
铁道	新建铁路：总投资 2 亿元及以上 扩建铁路：总投资 10 亿元及以上 其他工程：总投资 2 亿元及以上
公路	国家干线公路，新建高速公路 50 公里及以上，穿越环境敏感区的长度 100 公里及以上公路；长度 2 000 米及以上的独立公路桥梁、隧道
水运	设计年吞吐能力 500 万吨及以上的煤炭、矿石、油气等专用泊位，所有石化和危险品码头 万吨级及以上泊位的岸线使用 跨省（区、市）的内河航运工程
民航	新建机场：全部项目 扩建民用机场：总投资 2 亿元及以上 扩建军民合用机场：总投资 2 亿元及以上
四、信息产业	
电子信息产品制造	总投资 5 亿元及以上
电信工程	国务院特殊规定的移动通信系统及终端等项目
邮政工程	总投资 5 亿元及以上 总投资 2 亿元及以上

项目类别	项目投资规模或建设规模
五、原材料	
钢铁	炼铁：年产50万吨及以上
	电炉炼钢：年产30万吨及以上
	转炉炼钢：年产80万吨及以上
	普通钢材：年产50万吨及以上
	特殊钢材：年产35万吨及以上
	总投资2亿元及以上的其他工程
有色	
铜、锌、铅	露天矿：总投资2亿元及以上
	地下矿：总投资2亿元及以上
	冶炼：年产5万吨及以上
	加工：年产10万吨以上
铝	氧化铝：年产30万吨及以上
	电解铝：全部项目
稀土	总投资1亿元及以上
其他	总投资2亿元及以上
黄金	总投资1亿元及以上
建材	
水泥	日产熟料2 000吨及以上
其他	总投资2亿元及以上
石化	
炼油	总投资2亿元及以上
乙烯	总投资2亿元及以上
PTA	总投资2亿元及以上
其他	总投资2亿元及以上
化工	
氮肥	合成氨年产30万吨及以上；尿素年产52万吨及以上
磷肥	以五氧化二磷计：年产24万吨及以上
钾肥	氯化钾：年产50万吨及以上
	硫酸钾或硝酸钾：年产10万吨及以上
其他	总投资2亿元及以上
六、机械	
汽车	所有新建发动机项目
	新车型及发动机技术引进项目
	原有汽车生产企业新增非同类型产品总投资5亿元及以上
其他	总投资5亿元及以上
七、轻工纺织烟草	
轻工	
木浆	年产10万吨及以上
脱墨浆（木浆）	年产10万吨及以上
非木浆	年产5万吨及以上
造纸	年产10万吨及以上
纺织	
化纤	总投资2亿元及以上

项目类别	项目投资规模或建设规模
烟草	
醋片	年产2.5万吨及以上
烟用醋纤	年产2.5万吨及以上
八、城建和环保	
城市快速轨道	所有项目
城市污水处理	涉及流域、湖域、海域污染治理的日处理污水10万吨及以上污水处理工程
市政工程	跨越大江、大河、主要海湾的桥梁及隧道工程 垃圾焚烧项目2亿元及以上
九、高技术产业	涉及产业技术发展方向，总投资2亿元及以上
十、房地产项目	—
十一、社会产业	—
十二、核工程（设施）及绝密工程	全部
十三、军工项目	总投资2亿元及以上
十四、其他	1. 涉及新物种引进的项目和总投资1 亿元生产转基因产品的项目 2. 总投资2亿元及以上和医药类中，抗菌素（原料药）合成，酶制剂生产 3. 总投资2亿元及以上黄磷生产及以黄磷为原料的磷化工生产 4. 氰化物生产项目 5. 中方境外投资项目，中方投资3 000万美元及以上

注：建设项目的生产及投资规模划分均适用于技改、扩建项目。

《建设项目环境影响报告表》和《建设项目环境影响登记表》内容及格式(试行)[①]

（国家环保总局 1999 年 8 月 3 日　环发［1999］178 号）

各省、自治区、直辖市环境保护局：

根据国务院《建设项目环境保护管理条例》的规定，我局制订了《建设项目环境影响报告表》（试行）和《建设项目环境影响登记表》（试行）的内容及格式，现予公布，请遵照执行。

附：1. 建设项目环境影响报告表（试行）

2. 建设项目环境影响登记表（试行）

附件一

建设项目环境影响报告表（试行）

项目名称: ______________________________

建设单位（盖章）: ______________________

编制日期：　　　　年　　月　　日

国家环保总局制

[①] 原件标题为《关于公布〈建设项目环境影响报告书〉（试行）和〈环境影响报告表〉（试行）内容及格式的通知》。使用本文时请引用原件标题。——编者注

《建设项目环境影响报告表》编制说明

《建设项目环境影响报告表》由具有从事环境影响评价工作资质的单位编制。

1．项目名称——指项目立项批复时的名称，应不超过 30 个字（两个英文字母作一个汉字）。

2．建设地点——指项目所在地详细地址，公路、铁路应填写起止地点。

3．行业类别——按国标填写。

4．总投资——指项目投资总额。

5．主要环境保护目标——指项目区周围一定范围内集中居民住宅区、学校、医院、保护文物、风景名胜区、水源地和生态敏感点等，应尽可能给出保护目标、性质、规模和距厂界距离等。

6．结论与建议——给出本项目清洁生产、达标排放和总量控制的分析结论，确定污染防治措施的有效性，说明本项目对环境造成的影响，给出建设项目环境可行性的明确结论。同时提出减少环境影响的其他建议。

7．预审意见——由行业主管部门填写答复意见，无主管部门项目，可不填。

8．审批意见——由负责审批该项目的环境保护行政主管部门批复。

环境影响评价资格证书 （彩色原件缩印 1/3）

评价单位________________________（公章）

项目负责人：______________________

评 价 人 员 情 况				
姓　名	从事专业	职　称	上岗证书号	职　责

建设项目基本情况

<table>
<tr><td>项目名称</td><td colspan="5"></td></tr>
<tr><td>建设单位</td><td colspan="5"></td></tr>
<tr><td>法人代表</td><td colspan="2"></td><td>联系人</td><td colspan="2"></td></tr>
<tr><td>通讯地址</td><td colspan="5">省（自治区、直辖市） 市（县）</td></tr>
<tr><td>联系电话</td><td></td><td>传真</td><td></td><td>邮政编码</td><td></td></tr>
<tr><td>建设地点</td><td colspan="5"></td></tr>
<tr><td>立项审批部门</td><td colspan="2"></td><td>批准文号</td><td colspan="2"></td></tr>
<tr><td>建设性质</td><td colspan="2">新建□改扩建□技改□</td><td>行业类别
及代码</td><td colspan="2"></td></tr>
<tr><td>占地面积
（平方米）</td><td colspan="2"></td><td>绿化面积
（平方米）</td><td colspan="2"></td></tr>
<tr><td>总投资
（万元）</td><td></td><td>其中：环保投
资（万元）</td><td></td><td>环保投资占
总投资比例</td><td></td></tr>
<tr><td>评价经费
（万元）</td><td></td><td>预期投产日期</td><td colspan="3">年 月</td></tr>
<tr><td colspan="6">工程内容及规模：</td></tr>
<tr><td colspan="6">与本项目有关的原有污染情况及主要环境问题：</td></tr>
</table>

建设项目所在地自然环境社会环境简况

自然环境简况（地形、地貌、地质、气候、气象、水文、植被、生物多样性等）：
社会环境简况（社会经济结构、教育、文化、文物保护等）：

环境质量状况

建设项目所在地区域环境质量现状及主要环境问题（环境空气、地面水、地下水、声环境、生态环境等）：
主要环境保护目标（列出名单及保护级别）：

评价适用标准

环境质量标准	
污染物排放标准	
总量控制指标	

建设项目工程分析

工艺流程简述（图示）：
主要污染工序：

项目主要污染物产生及预计排放情况

内容 类型	排放源（编号）	污染物名称	处理前产生浓度及产生量（单位）	排放浓度及排放量（单位）
大气污染物				
水污染物				
固体废物				
噪声				
其他				
主要生态影响（不够时可附另页）：				

环境影响分析

施工期环境影响简要分析：
营运期环境影响分析：

建设项目拟采取的防治措施及预期治理效果

内容 类型	排放源（编号）	污染物名称	防治措施	预期治理效果
大气污染物				
水污染物				
固体废物				
噪声				
其他				
生态保护措施及预期效果				

结论与建议

<table>
<tr><td>预审意见：

公　　章
经办人：　　　　　　　　　　　　　　　　　　年　　月　　日</td></tr>
<tr><td>下一级环境保护行政主管部门审查意见：

公　　章
经办人：　　　　　　　　　　　　　　　　　　年　　月　　日</td></tr>
</table>

审批意见：

公　　章

经办人：　　　　　　　　　　　　　　　　年　　月　　日

注　释

一、本报告表应附以下附件、附图：

附件 1　立项批准文件

附件 2　其他与环评有关的行政管理文件

附图 1　项目地理位置图（应反映行政区划、水系、标明纳污口位置和地形地貌等）

附图 2　项目平面布置图

二、如果本报告表不能说明项目产生的污染及对环境造成的影响，应进行专项评价。根据建设项目的特点和当地环境特征，应选下列 1～2 项进行专项评价。

1．大气环境影响专项评价

2．水环境影响专项评价（包括地表水和地下水）

3．生态影响专项评价

4．声影响专项评价

5．土壤影响专项评价

6．固体废弃物影响专项评价

以上专项评价未包括的可另列专项，专项评价按照《环境影响评价技术导则》中的要求进行。

附件二

编号：________________

建设项目环境影响登记表（试行）

项目名称：____

建设单位（盖章）：________________________________

编制日期：　　　　年　　月　　日

国家环保总局制

项目名称					
建设单位					
法人代表			联系人		
通讯地址	省（自治区、直辖市）			市（县）	
联系电话		传　真		邮政编码	
建设地点					
建设性质	新建□改扩建□技改□		行业类别及代码		
占地面积（平方米）			使用面积（平方米）		
总投资（万元）		环保投资（万元）		投资比例	
预期投产日期	年　　月		预计年工作日	天	

一、项目内容及规模

二、原辅材料（包括名称、用量）及主要设施规格、数量（包括锅炉、发电机等）

三、水及能源消耗量

名　称	消 耗 量	名　称	消 耗 量
水（吨/年）		燃油（吨/年）	重油　轻油
电（千瓦/年）		燃气（标立方米/年）	
燃煤（吨/年）		其他	

四、废水（工业废水□、生活废水□）排水量及排放去向

五、周围环境简况（可附图说明）
六、生产工艺流程简述（如有废水、废气、废渣、噪声产生，须明确标出产生环节，并用文字说明）

七、拟采取的防治污染措施（包括建设期、营运期）
八、审批意见 经办人（签字）　　　　　　　　　　　　　　　（公　章） 年　　月　　日

备注：除审批意见，此表由建设单位填写。

建设项目环境影响评价资质管理办法

国家环境保护总局令

第 26 号

《建设项目环境影响评价资质管理办法》已由国家环境保护总局局务会议于 2005 年 7 月 21 日通过，现予发布，自 2006 年 1 月 1 日起施行。

1999 年 3 月 30 日国家环境保护总局发布的《建设项目环境影响评价资格证书管理办法》同时废止。

国家环境保护总局局长　解振华

2005 年 8 月 15 日

第一章　总　则

第一条　为加强建设项目环境影响评价管理，提高环境影响评价工作质量，维护环境影响评价行业秩序，根据《中华人民共和国环境影响评价法》和《中华人民共和国行政许可法》的有关规定，制定本办法。

第二条　凡接受委托为建设项目环境影响评价提供技术服务的机构（以下简称“评价机构”），应当按照本办法的规定申请建设项目环境影响评价资质（以下简称“评价资质”），经国家环境保护总局审查合格，取得《建设项目环境影响评价资质证书》（以下简称“资质证书”）后，方可在资质证书规定的资质等级和评价范围内从事环境影响评价技术服务。

第三条　评价资质分为甲、乙两个等级。

国家环境保护总局在确定评价资质等级的同时，根据评价机构专业特长和工作能力，确定相应的评价范围。评价范围分为环境影响报告书的 11 个小类和环境影响报告表的 2 个小类（附件一）。

第四条　取得甲级评价资质的评价机构（以下简称“甲级评价机构”），可以在资质证书规定的评价范围之内，承担各级环境保护行政主管部门负责审批的建设项目环境影响报告书和环境影响报告表的编制工作。

取得乙级评价资质的评价机构（以下简称“乙级评价机构”），可以在资质证书规定的评价范围之内，承担省级以下环境保护行政主管部门负责审批的环境影响报告书或环境影响报告表的编制工作。

第五条 国家对甲级评价机构数量实行总量限制。

国家环境保护总局根据建设项目环境影响评价业务的需求等情况确定不同时期的限制数量，并对符合本办法规定条件的申请机构，按照其提交完整申请材料的先后顺序作出是否准予评价资质的决定。

第六条 资质证书包括正本和副本，由国家环境保护总局统一印制并颁发。

资质证书在全国范围内使用，有效期为 4 年。

第七条 各行业的各级环境监测机构和为建设项目环境影响评价提供技术评估的机构，不得申请评价资质。

第八条 国家鼓励评价机构积极提升技术优势，增强技术实力，采取多种形式改组改制，推进环境影响评价行业向专业化、规模化、市场化发展。

第二章 评价机构的资质条件

第九条 甲级评价机构应当具备下列条件：

（一）在中华人民共和国境内登记的各类所有制企业或事业法人，具有固定的工作场所和工作条件，固定资产不少于 1000 万元，其中企业法人工商注册资金不少于 300 万元；

（二）能够开展规划、重大流域、跨省级行政区域建设项目的环境影响评价；能够独立编制污染因子复杂或生态环境影响重大的建设项目环境影响报告书；能够独立完成建设项目的工程分析、各环境要素和生态环境的现状调查与预测评价以及环境保护措施的经济技术论证；有能力分析、审核协作单位提供的技术报告和监测数据；

（三）具备 20 名以上环境影响评价专职技术人员，其中至少有 10 名登记于该机构的环境影响评价工程师，其他人员应当取得环境影响评价岗位证书。环境影响报告书评价范围包括核工业类的，专职技术人员中还应当至少有 3 名注册于该机构的核安全工程师；

（四）配备工程分析、水环境、大气环境、声环境、生态、固体废物、环境工程、规划、环境经济、工程概算等方面的专业技术人员；

（五）环境影响报告书评价范围内的每个类别应当配备至少 3 名登记于该机构的相应类别的环境影响评价工程师，且至少 2 人主持编制过相应类别省级以上环境保护行政主管部门审批的环境影响报告书。

环境影响报告表评价范围内的特殊项目环境影响报告表类别，应当配备至少 1 名登记于该机构的相应类别的环境影响评价工程师；

（六）近三年内主持编制过至少 5 项省级以上环境保护行政主管部门负责审批的环境影响报告书；

（七）具有健全的环境影响评价工作质量保证体系；

（八）配备与评价范围一致的专项仪器设备，具备文件和图档的数字化处理能力，有较完善的计算机网络系统和档案管理系统。

第十条 乙级评价机构应当具备下列条件：

（一）在中华人民共和国境内登记的各类所有制企业或事业法人，具有固定的工作场所和工作条件，固定资产不少于200万元，企业法人工商注册资金不少于50万元。其中，评价范围为环境影响报告表的评价机构，固定资产不少于100万元，企业法人工商注册资金不少于30万元；

（二）能够独立编制建设项目的环境影响报告书或环境影响报告表；能够独立完成建设项目的工程分析、各环境要素和生态环境的现状调查与预测评价以及环境保护措施的经济技术论证；有能力分析、审核协作单位提供的技术报告和监测数据；

（三）具备12名以上环境影响评价专职技术人员，其中至少有6名登记于该机构的环境影响评价工程师，其他人员应当取得环境影响评价岗位证书。环境影响报告书评价范围包括核工业类的，专职技术人员中还应当至少有2名注册于该机构的核安全工程师。

评价范围为环境影响报告表的评价机构，应当具备8名以上环境影响评价专职技术人员，其中至少有2名登记于该机构的环境影响评价工程师，其他人员应当取得环境影响评价岗位证书；

（四）配备工程分析、水环境、大气环境、声环境、生态、固体废物、环境工程等方面的专业技术人员。

评价范围为环境影响报告表的评价机构，需配备工程分析、环境工程、生态等方面的专业技术人员；

（五）环境影响报告书评价范围内的每个类别应当配备至少2名登记于该机构的相应类别的环境影响评价工程师，且至少1人主持编制过相应类别的环境影响报告书。

环境影响报告表评价范围内的特殊项目环境影响报告表类别，应当配备至少1名登记于该机构的相应类别的环境影响评价工程师；

（六）具有健全的环境影响评价工作质量保证体系；

（七）配备与评价范围一致的专项仪器设备，具备文件和图档的数字化处理能力，有较完善的档案管理系统。

第三章　评价资质的申请与审查

第十一条　国家环境保护总局负责受理评价资质的申请。

第十二条　申请评价资质的机构，应当提交下列材料：

（一）书面申请报告；

（二）建设项目环境影响评价资质申请表（附件二）；

（三）企业法人营业执照正、副本复印件或事业单位法人证书正、副本复印件；

（四）工作场所、场地证明；

（五）本机构环境影响评价工程师职业资格证书、环境影响评价岗位证书及身份证件复印件，环境影响评价工程师登记证复印件或拟登记于本机构的环境影响评价工程师登记申请材料；申请核工业类环境影响报告书评价范围的，还需提交本机构核安全工程师执业资格证书、注册证及身份证件复印件；

（六）环境影响评价相关工作业绩证明；

（七）质量管理体系认证证书复印件或环境影响评价工作质量保证体系的其他相关文

件。

第十三条 申请机构应当将申请材料一式三份报送国家环境保护总局。国家环境保护总局受理评价资质申请，应当出具受理回执。

第十四条 国家环境保护总局组织对申请材料进行审查，并自受理申请之日起 20 日内，作出是否准予评价资质的决定。其中专家评审所需时间不计算在内。

决定准予评价资质的，应当自作出准予评价资质的决定之日起 10 日内，向申请机构颁发资质证书；决定不予评价资质的，应当书面通知申请机构并说明理由。

国家环境保护总局在作出是否准予评价资质的决定之前，可视具体情况征求申请机构所属行业行政主管部门和所在地省级环境保护行政主管部门的意见。

第十五条 评价机构申请评价范围调整，除需提交本办法第十二条（一）、（二）、（五）和（六）项规定的材料外，还需提交现有资质证书正、副本复印件。

第十六条 乙级评价机构申请评价资质晋级，除需提交本办法第十二条规定的材料外，还需提交现有资质证书正、副本复印件。

第十七条 评价机构变更名称的，应当自变更登记之日起 60 日内申请资质证书的评价机构名称变更。申请时，除需提交本办法第十二条（一）、（二）和（四）项规定的材料外，还需提交下列材料：

（一）名称变更的有关证明文件；

（二）变更后的企业法人营业执照正、副本复印件或事业单位法人证书正、副本复印件；

（三）现有资质证书正、副本复印件。

评价机构因改制、分立或合并等原因申请名称变更的，还需提交本办法第十二条（五）项规定的材料。国家环境保护总局在受理名称变更申请的同时，应当对申请材料进行全面审查，并根据其原评价资质情况以及改制、分立或合并后实际达到的资质条件，重新核定其评价资质等级和评价范围，但不晋升其评价资质等级或扩大其评价范围。

第十八条 资质证书有效期届满，评价机构需要继续从事环境影响评价技术服务的，应当于有效期届满 90 日前申请延续。

申请评价资质延续的机构，应当提交本办法第十二条规定的材料及现有资质证书正、副本原件。

国家环境保护总局组织对申请材料进行审查，在资质证书有效期届满前，作出是否准予延续的决定。

对符合相应评价资质条件和本办法第二十九条规定的，准予延续；对不符合相应评价资质条件或本办法第二十九条规定的，不予延续，书面通知申请机构并说明理由。

第十九条 评价机构有下列情形之一的，国家环境保护总局注销其评价资质：

（一）资质证书有效期满未申请延续的；

（二）法人资格终止的。

第二十条 国家环境保护总局定期公布评价机构名单。

第四章 评价机构的管理

第二十一条 评价机构应当对环境影响评价结论负责。

评价机构所主持编制的环境影响报告书和特殊项目环境影响报告表须由登记于该机构的相应类别的环境影响评价工程师主持；一般项目环境影响报告表须由登记于该机构的环境影响评价工程师主持。

环境影响报告书的各章节和环境影响报告表的各专题应当由本机构的环境影响评价专职技术人员主持。

第二十二条 环境影响报告书和环境影响报告表中应当附编制人员名单表，列出主持该项目及各章节、各专题的环境影响评价专职技术人员的姓名、环境影响评价工程师登记证或环境影响评价岗位证书编号，并附主持该项目的环境影响评价工程师登记证复印件。编制人员应当在名单表中签字，并承担相应责任。

第二十三条 环境影响评价工程师登记证中的评价机构名称与其环境影响评价岗位证书中的评价机构名称应当一致。

第二十四条 评价机构主持编制的环境影响报告书或环境影响报告表，必须附有按原样边长三分之一缩印的资质证书正本缩印件。缩印件上应当注明所承担项目的名称及环境影响评价文件类型，并加盖评价机构印章和法定代表人名章。

第二十五条 评价机构应当坚持公正、科学、诚信的工作原则，遵守职业道德，讲求专业信誉，对相关社会责任负责，不得违反国家法律、法规、政策及有关管理要求承担环境影响评价工作，不得无任何正当理由拒绝承担环境影响评价工作。

第二十六条 评价机构在环境影响评价工作中，应当执行国家规定的收费标准。

第二十七条 评价机构的经济类型、法定代表人、工作场所和环境影响评价专职技术人员等基本情况发生变化的，应当及时报国家环境保护总局备案。

第二十八条 评价机构在领取新的资质证书时，应当将原资质证书交回国家环境保护总局。

遗失资质证书的，应当在国家环境保护总局指定的公众媒体上声明作废后申请补发。

第二十九条 甲级评价机构在资质证书有效期内应当主持编制完成至少 5 项省级以上环境保护行政主管部门负责审批的环境影响报告书。

乙级评价机构在资质证书有效期内应当主持编制完成至少 5 项环境影响报告书或环境影响报告表；其中，评价范围为环境影响报告表的评价机构，在资质证书有效期内应当主持编制完成至少 5 项环境影响报告表。

第三十条 评价机构每年须填写“建设项目环境影响评价机构年度业绩报告表”（附件三），于次年 3 月底前报国家环境保护总局，同时抄报所在地省级环境保护行政主管部门。

第五章　评价资质的考核与监督

第三十一条　国家环境保护总局负责对评价机构实施统一监督管理，组织或委托省级环境保护行政主管部门组织对评价机构进行抽查，并向社会公布有关情况。

第三十二条　抽查主要对评价机构的资质条件、环境影响评价工作质量和是否有违法违规行为等进行检查。

在抽查中发现评价机构不符合相应资质条件规定的，国家环境保护总局重新核定其评价资质；发现评价机构有本办法第三十五条至第三十八条所列行为的，由国家环境保护总局按照本办法的有关规定予以处罚。

第三十三条　各级环境保护行政主管部门对在本辖区内承担环境影响评价工作的评价机构负有日常监督检查的职责。

各级环境保护行政主管部门应当加强对评价机构的业务指导，并结合环境影响评价文件审批对评价机构的环境影响评价工作质量进行日常考核。

省级环境保护行政主管部门可组织对本辖区内评价机构的资质条件、环境影响评价工作质量和是否有违法违规行为等进行定期考核。

第三十四条　各级环境保护行政主管部门在日常监督检查或考核中发现评价机构不符合相应资质条件或者有本办法第三十五条至第三十八条所列行为的，应当及时向上级环境保护行政主管部门报告有关情况，并提出处罚建议。

第六章　罚　则

第三十五条　评价机构在环境影响评价工作中不负责任或者弄虚作假，致使环境影响评价文件失实的，国家环境保护总局依据《中华人民共和国环境影响评价法》第三十三条的规定，降低其评价资质等级或者吊销其资质证书，并处所收费用一倍以上三倍以下的罚款，同时依据有关规定对主持该环境影响评价文件的环境影响评价工程师注销登记。

第三十六条　评价机构有下列行为之一的，国家环境保护总局取消其评价资质：

（一）以欺骗、贿赂等不正当手段取得评价资质的；

（二）涂改、倒卖、出租、出借资质证书的；

（三）超越评价资质等级、评价范围提供环境影响评价技术服务的；

（四）达不到评价资质条件或本办法第二十九条规定的业绩要求的。

申请评价资质的机构隐瞒有关情况或者提供虚假资料申请评价资质的，国家环境保护总局不予受理或者不予评价资质，并给予警告，申请机构一年内不得再次申请评价资质。

评价机构以欺骗、贿赂等不正当手段取得评价资质的，除由国家环境保护总局取消其评价资质外，评价机构在三年内不得再次申请评价资质。

第三十七条　评价机构有下列行为之一的，国家环境保护总局视情节轻重，分别给予警告、通报批评、责令限期整改 3 至 12 个月、缩减评价范围、降低资质等级或者取消评价资质，其中责令限期整改的，评价机构在限期整改期间，不得承担环境影响评价工作：

（一）不按规定接受抽查、考核或在抽查、考核中隐瞒有关情况、提供虚假材料的；

（二）不按规定填报或虚报“建设项目环境影响评价机构年度业绩报告表”的；

（三）未按本办法第二十一条至第二十六条的要求承担环境影响评价工作的；

（四）评价机构的经济类型、法定代表人、工作场所和环境影响评价专职技术人员等基本情况发生变化，未及时报国家环境保护总局备案的。

第三十八条 在审批、抽查或考核中发现评价机构主持完成的环境影响报告书或环境影响报告表质量较差，有下列情形之一的，国家环境保护总局视情节轻重，分别给予警告、通报批评、责令限期整改 3 至 12 个月、缩减评价范围或者降低资质等级，其中责令限期整改的，评价机构在限期整改期间，不得承担环境影响评价工作：

（一）建设项目工程分析出现较大失误的；

（二）环境现状描述不清或环境现状监测数据选用有明显错误的；

（三）环境影响识别和评价因子筛选存在较大疏漏的；

（四）环境标准适用错误的；

（五）环境影响预测与评价方法不正确的；

（六）环境影响评价内容不全面、达不到相关技术要求或不足以支持环境影响评价结论的；

（七）所提出的环境保护措施建议不充分、不合理或不可行的；

（八）环境影响评价结论不明确的。

评价机构在环境影响评价工作中不负责任或者弄虚作假，致使环境影响评价结论错误的，按照本办法第三十五条的规定予以处罚。

第三十九条 国家环境保护总局及时向社会公告依据本办法被吊销资质证书、取消评价资质、降低资质等级和缩减评价范围的评价机构。

第七章 附 则

第四十条 评价机构依法承担编制各级海洋行政主管部门负责审批的海洋工程类建设项目环境影响评价文件的，应当按照本办法的规定取得相应资质等级和评价范围；其所编制的环境影响评价文件可视为本办法第九条、第十条和第二十九条规定的环境影响评价业绩。

第四十一条 本办法自 2006 年 1 月 1 日起施行。1999 年 3 月 30 日国家环境保护总局发布的《建设项目环境影响评价资格证书管理办法》即行废止。

附件：1．建设项目环境影响评价资质中的评价范围类别划分及新旧对照表

2．建设项目环境影响评价资质申请表

3．建设项目环境影响评价机构年度业绩报告表

附件一

建设项目环境影响评价资质中的评价范围类别划分及新旧对照表

类别		所对应的具体业务领域	原行业类别[1]
环境影响报告书	轻工纺织化纤	-各种化学纤维、棉、毛、丝、绢等制造以及服装、鞋帽、皮革、毛皮、羽绒及其制品的生产、加工等项目； -食品、饮料、酒类、烟草、纸及纸制品、印刷业、人造板、家具、记录媒介的制造及加工等项目。	轻工、纺织、化纤
	化工石化医药	-基本化学原料、化肥、农药、有机化学品、合成材料、感光材料、日用化学品及专用化学品的生产加工与制造等项目； -原油、人造原油、石油制品、焦碳（含煤气）的加工制造等项目； -各种化学药品原药、化学药品制剂、中药材及中成药、动物药品、生物制品的制造及加工等项目； -转基因技术推广应用、物种引进等高新技术项目。	化工、石化及医药
	冶金机电	-普通机械、金属加工机械、通用设备、轴承和阀门、通用零部件、铸锻件、机电、石化、轻纺等专用设备、农林牧渔水利机械、医疗机械、交通运输设备、航空航天器、武器弹药、电气机械及器材、电子及通信设备、仪器仪表及文化办公用机械、家用电器及金属制品的制造、加工及修理等项目； -拆船、电器拆解、电镀、金属制品表面处理等项目； -电子加工等项目； -黑色金属、有色金属、贵金属、稀有金属的冶炼及压延加工等项目。	金属冶炼及压延加工；机械、电子
	建材火电	-水泥、玻璃、陶瓷、石灰、砖瓦、石棉等各种工业及民用建筑材料制造与加工等项目； -各种火电、脱硫工程、蒸汽、热水生产、垃圾发电等项目。	建筑材料；火电（输变电工程除外）
	农林水利	-农、林、牧、渔业的资源开发、养殖及其服务等项目； -防沙治沙工程项目； -水库、灌溉、引水、堤坝、水电、潮汐发电等项目。	农、林、牧、渔业；水利、水电
	采掘	-地质勘查、露天开采、石油及天然气开采、煤炭采选、金属和非金属矿采选等项目。	采掘
	交通运输	-铁路、公路、地铁、城市交通、桥梁、隧道、港口、码头、航道、水运枢纽等项目； -管线、管道、光纤光缆、仓储建设及相关工程等项目； -各种民用、军用机场及其相关工程等项目。	交通运输；机场及相关工程

<table>
<tr><th colspan="2">类　别</th><th>所对应的具体业务领域</th><th>原行业类别[1]</th></tr>
<tr><td rowspan="4">环境影响报告书</td><td>社会区域</td><td>-房地产、停车场、污水处理厂、城市固体废物处理（处置）、进口废物拆解、自来水生产和供应、园林、绿化等城市建设项目及综合整治项目；
-卫生、体育、文化、教育、旅游、娱乐、商业、餐饮、社会福利、社会服务设施、展览馆、博物馆、游乐场等项目；
-流域开发、海岩带开发、围海造地、围垦造地、防波堤坝、开发区建设、城市新区建设和旧区改建的区域性开发等项目。</td><td>社会服务；区域开发；建筑、市政公用工程；海洋及海岸工程中的围海造地、防波堤坝等</td></tr>
<tr><td>海洋工程</td><td>-海底管道、海底缆线铺设、海洋石油勘探开发等项目。</td><td>海洋及海岸工程中的海底管道、缆线、铺设、资源开采</td></tr>
<tr><td>输变电及广电通讯</td><td>-移动通讯、无线电寻呼等电讯、雷达和电信等项目；
-输变电工程及电力供应等项目；
-邮电、广播、电视等项目。</td><td>电磁辐射；火电中的输变电</td></tr>
<tr><td>核工业</td><td>-核设施项目；
-核技术应用项目；
-伴生放射性矿物资源开发利用、放射性天然铀、钍伴生矿的开采、加工和利用及废渣的处理和贮存等项目。</td><td>核反应堆及核技术应用；铀矿冶及核燃料生产</td></tr>
<tr><td rowspan="2">环境影响报告表</td><td>一般项目环境影响报告表</td><td>可编制除输变电及广电通讯、核工业类别以外项目的环境影响报告表。</td><td rowspan="2">环境影响报告表</td></tr>
<tr><td>特殊项目环境影响报告表</td><td>可编制输变电及广电通讯、核工业类别建设项目的环境影响报告表。</td></tr>
</table>

注：[1]原行业类别系指本办法颁布前，环境影响报告书业务范围中的行业类别划分。

附件二

建设项目环境影响评价资质申请表

申 请 机 构____________________（公章）

法定代表人____________________（签字）

填 报 时 间________年_______月_______日

国家环境保护总局印制

填表说明

本表为申请建设项目环境影响评价资质的专用表格，一律用计算机打印填写。需提交本表中未列出内容时，可另附页说明。表五、表六应附环境影响报告书和环境影响报告表封面和首页等相关证明材料。

[1] 机构名称：须填写申请机构全称，并与封面中“申请机构”名称及法人证书中名称一致。

[2] 成立时间：指申请机构最初成立的时间。如机构发生名称、资质变化等情况，可将变化情况在表二说明。

[3] 主管部门：指申请机构的上级行政主管部门，按隶属关系填写。

[4] 所属行业：参照申请机构所在行业领域，在以下类别中选择填写：农业、林业、煤炭、有色、冶金、轻工、纺织、化工、石化、海洋石油、石油天然气、医药、电力、市政建设、交通、水利、国土资源、国防、科技、卫生、民航、船舶、气象、机械、兵器、海洋、建材、环保、信息、核工业、航天、航空、铁道、教育、军队及其他。

[5] 经济类型：事业法人填写“事业法人”；企业法人按照营业执照中的企业类型或经济性质填写。

[6] 环境影响评价专职技术人员情况：持有环境影响评价岗位证书的环境影响评价工程师（核安全工程师）不重复计算人数。

[7] 申请事项：按申请事项的不同，在相应框内划“√”。

[8] 现有资质证书情况：首次申请资质的机构不填写本栏。

[9] 环境影响评价专职技术人员情况：填写登记（注册）在本机构的环境影响评价工程师（核安全工程师）和环境影响评价岗位证书持有人的情况；环境影响评价工程师（核安全工程师）同时持有环境影响评价岗位证书的，其岗位证书号也应一并填写。具有相同登记类别的环境影响评价工程师应连续列出；仅持有环境影响评价岗位证书的人员，按岗位证书编号顺序列出。

[10] 固定资产清单：按照资产金额从大到小顺序填写。

[11] 环境影响评价业绩：按照审批时间先后顺序填写。

[12] 环境影响评价工程师相关工作业绩：只需填写与申请内容相关的环境影响评价工程师业绩。

[13] 申请的评价范围：在“现有评价范围”和“本次申请的评价范围”相应框内划“√”。首次申请资质的机构不填写“现有评价范围”一栏。

一、基本情况

<table>
<tr><td>机构名称[1]</td><td colspan="3"></td></tr>
<tr><td>成立时间[2]</td><td></td><td>法定代表人</td><td></td></tr>
<tr><td>注册资金</td><td></td><td>主管部门[3]</td><td></td></tr>
<tr><td>所属行业[4]</td><td></td><td>经济类型[5]</td><td></td></tr>
<tr><td>固定资产</td><td></td><td>工作场所面积（m²）</td><td></td></tr>
<tr><td>所在地</td><td colspan="3">省（自治区、直辖市）　　　　市（区、地区）</td></tr>
<tr><td>申请机构在职人员情况</td><td colspan="3">共____名；
其中高级职称____名；中级职称____名；初级职称____名</td></tr>
<tr><td>环境影响评价专职技术人员情况[6]</td><td colspan="3">共____名；
其中环境影响评价工程师___名；环境影响评价岗位证书持有人____名；核安全工程师____名</td></tr>
<tr><td rowspan="5">申请事项[7]</td><td colspan="3">1．首次申请　　□甲级　　□乙级</td></tr>
<tr><td colspan="3">2．调整评价范围　□</td></tr>
<tr><td colspan="3">3．晋级　□</td></tr>
<tr><td colspan="3">4．名称变更　□</td></tr>
<tr><td colspan="3">5．延续　□</td></tr>
<tr><td rowspan="2">现有资质证书情况[8]</td><td>编　号</td><td colspan="2">国环评证　　字第　　号</td></tr>
<tr><td>颁发时间</td><td>有效期</td><td></td></tr>
<tr><td>通讯地址</td><td colspan="3"></td></tr>
<tr><td>邮政编码</td><td colspan="3"></td></tr>
<tr><td>联系人</td><td colspan="3"></td></tr>
<tr><td>联系电话</td><td colspan="3"></td></tr>
<tr><td>传真</td><td colspan="3"></td></tr>
<tr><td>E-mail</td><td colspan="3"></td></tr>
</table>

二、管理概况及简历

（一）组织机构框图
（二）环境影响评价工作质量保证体系框图及质量管理文件清单
（三）申请机构名称、评价资质变化情况及时间（自单位成立之日起）

三、环境影响评价专职技术人员情况[9]

序号	姓　名	身份证件号	年龄	学　历	职　称	所学专业	现从事环评专业	职（执）业资格证书编号及颁证时间	登记类别	登记（注册）证号及有效期	岗位证书编号及颁证时间

四、固定资产清单[10]

名　称	单价（万元）	数　量	总价（万元）	完好程度
（合计）				

五、近三年内主持完成的建设项目环境影响评价业绩[11]

序号	项目名称	所在地	审批时间	审批部门及文号	环境影响评价文件类型

六、环境影响评价工程师相关工作业绩[12]

序号	姓名	身份证件号	登记证号	登记类别	主持项目名称	审批部门	审批时间及文号

七、申请的评价范围[13]

内容 编号	现有评价范围	本次申请的评价范围
1	轻工纺织化纤 □	轻工纺织化纤 □
2	化工石化医药 □	化工石化医药 □
3	冶金机电 □	冶金机电 □
4	建材火电 □	建材火电 □
5	农林水利 □	农林水利 □
6	采掘 □	采掘 □
7	交通运输 □	交通运输 □
8	社会区域 □	社会区域 □
9	海洋工程 □	海洋工程 □
10	输变电及广电通讯 □	输变电及广电通讯 □
11	核工业 □	核工业 □
12	一般项目环境影响报告表 □	一般项目环境影响报告表 □
13	特殊项目环境影响报告表 □	特殊项目环境影响报告表 □

附件三

建设项目环境影响评价机构年度业绩报告表

机 构 名 称＿＿＿＿＿＿＿＿＿＿（公章）

法定代表人＿＿＿＿＿＿＿＿＿＿（签字）

报 告 年 度＿＿＿＿＿＿＿＿＿＿

填 报 时 间＿＿＿＿年＿＿＿月＿＿＿日

国家环境保护总局印制

填表说明

本表为建设项目环境影响评价机构年度业绩报告专用表格，一律用计算机打印填写。

[1] 机构名称：须填写申请机构全称，并与封面中“申请机构”名称及法人证书中名称一致。

[2] 成立时间：指评价机构最初成立的时间。

[3] 主管部门：指评价机构的上级行政主管部门，按隶属关系填写。

[4] 所属行业：参照评价机构所在行业领域，在以下类别中选择填写：农业、林业、煤炭、有色、冶金、轻工、纺织、化工、石化、海洋石油、石油天然气、医药、电力、市政建设、交通、水利、国土资源、国防、科技、卫生、民航、船舶、气象、机械、兵器、海洋、建材、环保、信息、核工业、航天、航空、铁道、教育、军队及其他。

[5] 经济类型：事业法人填写“事业法人”；企业法人按照营业执照中的企业类型或经济性质填写。

[6] 环境影响评价专职技术人员情况：持有环境影响评价岗位证书的环境影响评价工程师（核安全工程师）不重复计算人数。

[7] 本年度完成的环境影响评价业绩：按照审批时间先后顺序填写。

[8] 环境影响评价专职技术人员情况：填写登记（注册）在本机构的环境影响评价工程师（核安全工程师）和环境影响评价岗位证书持有人的情况；环境影响评价工程师（核安全工程师）同时持有环境影响评价岗位证书的，其岗位证书号也应一并填写。具有相同登记类别的环境影响评价工程师应连续列出；仅持有环境影响评价岗位证书的人员，按岗位证书编号顺序列出。

一、基本情况

<table>
<tr><td>机构名称[1]</td><td colspan="4"></td></tr>
<tr><td>成立时间[2]</td><td colspan="2"></td><td>法定代表人</td><td></td></tr>
<tr><td>注册资金</td><td colspan="2"></td><td>主管部门[3]</td><td></td></tr>
<tr><td>所属行业[4]</td><td colspan="2"></td><td>经济类型[5]</td><td></td></tr>
<tr><td>固定资产</td><td colspan="2"></td><td>工作场所面积（m^2）</td><td></td></tr>
<tr><td>所在地</td><td colspan="4">省（自治区、直辖市）　　　市（区、地区）</td></tr>
<tr><td>评价机构
在职人员情况</td><td colspan="4">共____名；
其中高级职称____名；中级职称____名；初级职称____名</td></tr>
<tr><td>环境影响评价专职
技术人员情况[6]</td><td colspan="4">共　　名；
其中环境影响评价工程师____名；环境影响评价岗位证书持有人____名；
核安全工程师_____名</td></tr>
<tr><td rowspan="2">资质证书情况</td><td>编　　号</td><td colspan="3">国环评证　　字第　　号</td></tr>
<tr><td>颁发时间</td><td></td><td>有效期</td><td></td></tr>
<tr><td>通讯地址</td><td colspan="4"></td></tr>
<tr><td>邮政编码</td><td colspan="4"></td></tr>
<tr><td>联系人</td><td colspan="4"></td></tr>
<tr><td>联系电话</td><td colspan="4"></td></tr>
<tr><td>传真</td><td colspan="4"></td></tr>
<tr><td>E-mail</td><td colspan="4"></td></tr>
</table>

二、本年度主持完成的建设项目环境影响评价业绩[7]

序号	项目名称	所在地	经费（万元）	审批时间	审批部门及文号	环境影响评价文件类型	备　注

三、环境影响评价专职技术人员情况[9]

序号	姓　名	身份证件号	年龄	学　历	职　称	所学专业	现从事环评专业	职（执）业资格证书编号及颁证时间	登记类别	登记（注册）证号及有效期	岗位证书编号及颁证时间

四、本年度工作情况小结

（一）环境影响评价业务工作情况   （二）环境影响评价相关科研成果（含论文、课题、专著等）情况   （三）奖惩情况   （四）其他

环境影响评价工程师职业资格登记管理暂行办法

（国家环保总局2005年2月23日　环发［2005］24号）

第一章　总　则

第一条　为保证环境影响评价工程师职业资格制度的实施，加强对环境影响评价工程师职业资格的登记管理，根据人事部、国家环境保护总局联合颁布的《环境影响评价工程师职业资格制度暂行规定》，制定本办法。

第二条　本办法所称环境影响评价工程师，是指取得《中华人民共和国环境影响评价工程师职业资格证书》（以下简称"职业资格证书"），并经登记后，从事环境影响评价、环境影响技术评估和竣工环境保护验收监测或调查等工作（以下简称"环境影响评价及相关业务"）的专业技术人员。

第三条　环境影响评价工程师职业资格实行定期登记制度。环境影响评价工程师须受聘并登记于一个有环境影响评价及相关业务资质（以下简称"资质"）的单位，并以该单位的名义接受委托业务。未经登记的人员，不得以环境影响评价工程师的名义从事环境影响评价及相关业务。

第四条　国家环境保护总局环境影响评价工程师职业资格登记管理办公室（以下简称"登记管理办公室"）为环境影响评价工程师职业资格登记管理机构，负责环境影响评价工程师职业资格的登记及相关管理工作。

第五条　登记管理办公室定期向社会公布经登记人员的情况。

第二章　登　记

第六条　环境影响评价工程师应当在取得职业资格证书后3年内向登记管理办公室申请登记。登记有效期为3年。未在规定时间内申请登记的，其职业资格证书自动失效。

环境影响评价工程师职业资格按设定的类别（附件1略）进行登记。申请登记的类别不得超过两个。

第七条　申请登记者应具备下列条件：

（一）取得《职业资格证书》，具备与登记类别相应的环境影响评价及相关业务能力；

（二）职业行为良好，无犯罪记录；

（三）能够坚持在本专业岗位工作，身体健康，年龄在70周岁以下；

（四）所在单位考核合格。

第八条 申请登记类别1者，须提交以下材料：

（一）环境影响评价工程师登记申请表（附件2略）；

（二）《职业资格证书》；

（三）身份证复印件及近期一寸免冠正面照片3张；

（四）所在单位出具的劳动合同或人事关系证明；

（五）所在单位资质证书复印件。

申请登记类别2至16者除提供上述材料外，还需提供以下证明材料之一：

（一）国家环境保护总局颁发的相应类别环境影响评价项目负责人岗位培训合格证书复印件；

（二）环境影响评价工程师职业资格考试专家委员会成员受聘证明；

（三）国家环境保护总局出具的相应类别业务考核合格证明（以下简称"业务考核合格证明"）。

第九条 登记管理办公室应当自受理申请20日内为申请人办理登记。办理登记时，在《职业资格证书》中的"登记情况"栏目内加盖登记专用印章，并颁发《中华人民共和国环境影响评价工程师登记证》（以下简称"登记证"）。登记证按统一格式编号（附件3略）。

第十条 有下列情形之一者，不予登记：

（一）不具备完全民事行为能力的；

（二）申请之日前3年内，在环境影响评价及相关业务中有重大过失并受过行政处罚或撤职以上行政处分的；

（三）在申请登记过程中有弄虚作假行为的；

（四）未按规定办理登记手续，以环境影响评价工程师的名义从事环境影响评价及相关业务的。

第三章 再次登记和变更登记

第十一条 登记有效期届满需要继续以环境影响评价工程师名义从事环境影响评价及相关业务的，应当于有效期满3个月前办理再次登记。再次登记的有效期为3年。自登记有效期满起6个月内仍未办理再次登记的，其职业资格证书自动失效。

第十二条 再次登记者除符合本办法第七条规定外，还应在登记期内具备环境影响评价及相关业务工作业绩，并接受继续教育。再次登记者应提交以下材料：

（一）环境影响评价工程师再次登记申请表（附件4略）；

（二）申请人在登记期内的环境影响评价及相关业务工作业绩证明；

（三）申请人在登记期内接受的符合规定的继续教育证明；

（四）《职业资格证书》和《登记证》。

第十三条 登记者的受聘单位名称、资质等级发生变更或登记者单位调动时，应自变更之日起30日内向登记管理办公室申请单位变更登记。因登记者单位调动发生的变更登记，一年内只可申请一次。

第十四条 申请单位变更登记者，应提交以下材料：

（一）环境影响评价工程师变更登记申请表（附件 5 略）；

（二）近期一寸免冠正面照片 3 张；

（三）《职业资格证书》和《登记证》。

因单位名称变更申请变更登记者，还应提交所在单位变更后的法人证书复印件；

因单位资质变更申请变更登记者，还应提交所在单位变更后的资质证书复印件；

因单位调动申请变更登记者，还应提交原单位出具的调出证明、现聘用单位出具的劳动合同或人事关系证明及现聘用单位的资质证书复印件。

第十五条 已登记一个类别者可申请变更为两个登记类别。

申请增加登记类别者，应符合本办法第七条的规定，并提交以下材料：

（一）环境影响评价工程师变更登记申请表；

（二）近期一寸免冠正面照片 3 张；

（三）与增加类别相应的业务考核合格证明；

（四）《职业资格证书》和《登记证》。

第十六条 再次登记同时可申请变更登记类别。每次只可申请变更一个登记类别。未获准再次登记者不予变更登记类别。

申请变更登记类别者，在提交本办法第十二条规定材料的同时，还应提交以下材料：

（一）环境影响评价工程师变更登记申请表；

（二）近期一寸免冠正面照片 3 张；

（三）与变更类别相应的业务考核合格证明。

第十七条 登记管理办公室应当自受理申请 20 日内为申请人办理再次登记或变更登记。办理再次登记和变更登记时，在《职业资格证书》中的“登记情况”栏目内加盖登记专用印章，《登记证》内容发生变化的，重新换发《登记证》。

第四章 监督管理

第十八条 环境影响评价工程师主持的环境影响评价及相关业务的业务领域应与登记类别一致，且不得超出所在单位资质等级及业务范围的规定。

第十九条 环境影响评价工程师应在主持编制的环境影响报告书（表）、环境影响技术评估报告、环境保护竣工验收监测（调查）报告（表）等技术文件（以下简称“环境影响评价相关技术文件”）上签字，并注明其登记证号。

第二十条 环境影响评价工程师有下列情形之一者，登记管理办公室视情节轻重，予以通报批评或暂停业务三至十二个月：

（一）有效期满未申请再次登记的；

（二）私自涂改、出借、出租和转让登记证的；

（三）未按规定办理变更登记手续或变更登记后仍使用原登记证从事环境影响评价及相关业务的；

（四）以个人名义承揽环境影响评价及相关业务的；

（五）接受环境影响评价及相关业务委托后，未为委托人保守商务秘密的；

（六）主持编制的环境影响评价相关技术文件质量较差的；

（七）超出登记类别所对应的业务领域或所在单位资质等级、业务范围从事环境影响评价及相关业务的；

（八）在环境影响评价及相关业务活动中未执行法律、法规及环境影响评价相关管理规定的。

第二十一条 环境影响评价工程师有下列情形之一者，登记管理办公室予以注销登记：

（一）不具备完全民事行为能力的；

（二）有效期满未获准再次登记的；

（三）脱离环境影响评价及相关业务工作岗位 3 年以上的；

（四）在两个或两个以上单位以环境影响评价工程师的名义从事环境影响评价及相关业务的；

（五）以他人名义或允许他人以本人名义从事环境影响评价及相关业务的；

（六）以不正当手段取得环境影响评价工程师职业资格或登记的；

（七）在环境影响评价及相关业务活动中不负责任或弄虚作假，致使环境影响评价相关技术文件失实的；

（八）因环境影响评价及相关业务工作失误，造成严重环境污染和生态破坏后果的；

（九）受刑事处罚的。

第二十二条 环境影响评价工程师自被注销登记之日起，不得再以环境影响评价工程师的名义从事环境影响评价及相关业务，其职业资格证书自动失效。因有本办法第二十一条中第六至九款情形予以注销登记者，自注销之日起 3 年内，不得重新参加环境影响评价工程师职业资格考试。

第二十三条 各级环境保护行政主管部门对在本辖区内开展环境影响评价及相关业务的环境影响评价工程师的业务活动进行日常监督和检查，发现有本办法第二十、二十一条规定情形的，应及时向上级环境保护行政主管部门报告。

第五章 附 则

第二十四条 对不予登记或注销登记持有异议者，可在收到通知 15 日内向国家环境保护总局申请复议。

第二十五条 登记证要妥善保管。登记证遗失，应及时向登记管理办公室报告，在登记管理办公室指定的报刊上刊登遗失声明后，办理补办手续。

第二十六条 申请人提供的接受继续教育的证明应符合《环境影响评价工程师继续教育管理暂行规定》的要求。《环境影响评价工程师继续教育管理暂行规定》由国家环境保护总局另行颁布。

第二十七条 登记管理办公室的工作人员在登记管理工作中玩忽职守、滥用职权、徇私舞弊的，按有关规定给予行政处分；构成犯罪的，依法追究其刑事责任。

第二十八条 本办法自 2005 年 7 月 1 日起施行。

关于建设项目环境保护设施竣工验收监测管理有关问题的通知

（国家环保总局 2000 年 2 月 22 日　环发［2000］38 号）

各有关部、委，各省、自治区、直辖市环境保护局：

根据国务院《建设项目环境保护管理条例》的有关规定，现就建设项目环境保护设施竣工验收监测管理有关问题通知如下：

一、建设项目环境保护设施竣工验收监测（以下简称“验收监测”）由负责验收的环境保护行政主管部门所属的环境监测站负责组织实施。

二、在规定的试生产期，承担验收监测任务的环境监测站在接受建设单位的书面委托后，按《建设项目环境保护设施竣工验收监测技术要求》开展监测工作。

三、负责组织实施验收监测的环境监测站受建设单位委托提交验收监测报告（表），并对提供的验收监测数据和验收监测报告（表）结论负责。

四、对应编制建设项目环境保护设施竣工验收监测报告的建设项目，应先编制验收监测方案，验收监测方案应经负责该建设项目环境保护设施竣工验收的环境保护行政主管部门同意后实施。

五、编制《建设项目环境保护设施竣工验收监测报告》的项目，应在完成现场监测后 30 个工作日内完成；编制《建设项目环境保护设施竣工验收监测表》的项目，应在进行现场监测后 20 个工作日内完成。

六、工业生产型建设项目，建设单位应保证的验收监测工况条件为：试生产阶段工况稳定、生产负荷达 75%以上（国家、地方排放标准对生产负荷有规定的按标准执行）、环境保护设施运行正常。

对在规定的试生产期，生产负荷无法在短期内调整达到 75%以上的，应分阶段开展验收检查或监测。

分期建设、分期投入生产或者使用的建设项目，建设单位应分期委托环境保护行政主管部门所属环境监测站对已完工的工程和设备进行验收监测。

七、建设项目环境保护设施竣工验收监测收费按有关规定执行。

附件：建设项目环境保护设施竣工验收监测技术要求（试行）

附件

建设项目环境保护设施竣工验收监测技术要求（试行）

为落实《建设项目环境保护管理条例》（国务院令第 253 号），保证建设项目环境保护设施竣工验收监测质量，在多年试行《建设项目环境保护设施竣工验收监测办法》（试行）（国家环境保护局环监［1995］335 号）的基础上，现就建设项目环境保护设施竣工验收监测工作制定本验收监测技术要求。

本技术要求自发布之日起实施。替代《建设项目环境保护设施竣工验收监测办法（试行）中的有关技术规定。

本技术要求与未来国家制定的有关标准中对建设项日环境保护设施竣工验收监测规定有不符之处，按国家新颁布的标准执行。

第一部分　总　则

1．范围

本技术要求规定了建设项目的环境保护设施竣工验收监测（以下简称验收监测）的原则、依据、内容、执行标准选择、采样和分析方法等一般要求。

本技术要求适用建设项目的验收监测，从事放射性物质生产或以放射性物质为生产原料及排放具有放射性物质的核工业建设项目环保设施竣工验收监测可参照执行。

2．引用标准

下列标准所包含的条文，通过在本技术要求中引用而构成本技术要求的条文，与本技术要求同效。

HJ/T2.1～2.3—93　环境影响评价技术导则

HJ/T2.4—1995　环境影响评价声评价

当上述标准被修订时，应使用其最新版本。

GB16297—1996　大气污染物综合排放标准

GWPB3—1999　锅炉大气污染物排放标准

GB4915—1996　水泥厂大气污染物排放标准

GB9078—1996　工业炉窑大气污染物排放标准

GB16171—1996　炼焦炉大气污染物排放标准

GB13223—1996　火电厂大气污染物排放标准

GB14554—1993　恶臭污染物排放标准

HJ/T18—1996　小型焚烧炉

GB8978—1996　污水综合排放标准

GB4286—83　船舶工业污染物排放标准

GB4914—85　海洋石油开发工业含油污水排放标准

GB14374—93　航天推进剂水污染物排放标准

GB14470.1～3—93　兵器工业水污染物排放标准

GB4287—92　纺织染整工业水污染物排放标准

GWPB2—1999　造纸工业水污染物排放标准

GB13456—92　钢铁工业水污染物排放标准

GB13457—92　肉类加工工业水污染物排放标准

$GWPB_X$—1999　合成氨工业水污染物排放标准

GB15580—95　磷肥工业水污染物排放标准

GB15581—95　烧碱、聚氯乙烯工业水污染物排放标准

GB5085—96　危险废物鉴别标准

GB12348—90　工业企业厂界噪声标准

GB12525—90　铁路边界噪声限值及其测量方法

GB3096—93　城市区域环境噪声标准

GB9660—88　机场周围飞机噪声环境标准

GB11339—89　城市港口及江河两岸区域环境噪声标准

GB10070—88　城市区域环境振动标准

GB8702—88　电磁辐射防护规定

GB3095—1996　环境空气质量标准

GHZB1—1999　地表水环境质量标准

GB3097—97　海水水质标准

GB11607—89　渔业水质标准

GB5084—92　农田灌溉水质标准

GB/T14848—1993　地下水质量标准

GB15618—1996　土壤环境质量标准

GB13015—91　含多氯联苯废物污染控制标准

今后根据国家对环境保护和污染物控制新要求制定的新环境质量标准和污染物排放或污染物控制标准，一经批准，相应时间的版本也应在作为引用标准使用。

3．定义

3.1　环境保护设施

3.1.1　建设项目为自身污染物达标排放或满足污染物总量控制的要求而必须采取的治理措施。主要包括以下方面的设施、装置、设备：

a. 专用于环境、生态保护和污染防治；

b. 既是生产工艺中的一个环节，同时又具有环境保护功能；

c. 用于污染物回收与综合利用；

d. 为建设项目环境保护监测工作配套；

e. 用于防止潜在突发性污染事故。

3.1.2　建设项目为维护其影响的生态环境而必须采取的环境保护工程措施包括：生态恢复工程、绿化工程、边坡防护工程等。

3.1.3　建设项目为满足环境影响评价中提出对原有污染物一并治理的要求以及为新

建项目污染物排放总量控制要求而承担的区域环境污染综合整治和区域污染物排放削减中的污染治理工作而建设的污染治理设施。

3.2 环境保护设施竣工验收监测：对建设项目环境保护设施建设（管理、运行及其效果和污染物排放情况全面的检查与测试。

3.3 验收监测执行标准：指建设项目进行环境影响评价时所依据的标准，作为判定建设项目能否达标排放的标准，是通过环境保护设施竣工验收的依据。

3.4 验收监测参照标准：这里所指参照标准为建设项目投产时的国家和地方现行标准以及参照执行的其他标准，是环境保护行政主管部门进行监督管理及企业污染防治整改提供的判定标准。验收监测参照标准一般不作为竣工验收的依据。

4．验收监测一般工作程序、结果及结果报告形式

4.1 根据建设项目环境管理的分类，编制环境影响报告书的建设项目、因所在地区已进行区域环境影响评价而编写建设项目环境影响报告表或环境影响评价时编写建设项目环境影响报告表但监测内容较多的建设项目，应通过收集有关的技术资料、现场勘察、编制验收监测方案、进行现场监测，以验收监测报告形式报告监测结果。

4.2 根据建设项目环境管理的分类，编写建设项目环境影响报告表并且验收监测内容比较简单的建设项目，通过收集有关的技术资料、现场勘察、进行现场监测、以建设项目环境保护设施竣工验收监测表形式报告监测结果。

4.3 填写建设项目环境影响登记表的建设项目，只对有一定污染物排放规模和按要求应设有废水、废气、噪声处理设施的污染源进行监测，以建设项目环境保护设施竣工验收监测表形式报告监测结果。

5．验收监测方案编制的基本要求

验收监测方案应包括以下内容：

5.1 简述内容：任务由来、依据，尤其要阐明环境影响报告书（表）结论意见、环保对策、措施及环境影响报告书审批文件的要求；

5.2 建设项目工程实施概况：工程基本情况，生产过程污染物产生、治理和排放流程，环保设施建设及其试运行情况；

5.3 验收监测执行标准：列出应执行的国家或地方环境质量标准、污染物排放标准的名称、标准编号、标准等级和限值，环境影响报告书（表）批复中的特殊限值要求，《初步设计》（环保篇）中的环保设施设计指标或要求等；

5.4 验收监测的内容：按废水、废气、噪声和固废等分类，全面简要地说明监测因子、频次、断面或点位的布设情况，附示意图；采样、监测分析方法；验收监测的质量控制措施；

5.5 现场监测操作安全注意事项（必要时针对工厂实际情况制定）；

5.6 对企业环境保护管理检查的内容。

6．验收监测报告编制的基本要求

6.1 验收监测报告应充分如实地反映现场检查和现场监测的实际情况。对发现的问题，应进行必要和符合实际的分析。对污染物排放浓度、排放速率和总量控制的达标情况和检查情况等给出明确的结论和进行必要的描述。对企业存在的问题，提出相应的整

改建议。

6.2 验收监测报告

验收监测报告除包括5.1－5.4的内容外，还应包括以下内容：

6.2.1 验收监测进行情况；

6.2.2 监测期间工况；

6.2.3 质量保证和质量控制结果；

6.2.4 验收监测的结果及与国家标准、地方标准和设计指标分析评价；

6.2.5 出现超标或不符合设计指标要求时的原因分析；

6.2.6 国家规定总量控制污染物的排放情况；

6.2.7 环境管理检查结果；

6.2.8 验收监测结论与建议；

6.2.9 必要的质控数据表，监测数据表和其他有关图表等应作为报告的附录；

6.2.10 建设项目环境保护“三同时”竣工验收登记表，见附录三。

7．验收监测

7.1 验收监测主要工作内容

验收监测是对建设项目环境保护设施建设、运行及其效果、“三废”处理和综合利用、污染物排放、环境管理等情况的全面检查与测试，主要包括内容：

a．对设施建设、运行及管理情况检查；

b．设施运行效率测试；

c．污染物（排放浓度、排放速率和排放总量等）达标排放测试；

d．设施建设后，排放污染物对环境影响的检测*。

具体建设项目的监测内容应根据其所涉及的具体项目进行确定。

7.1.1 环境保护检查

a．建设项目执行国家的“建设项目环境影响报告制度”的情况；

b．建设项目建设过程中，对“环境影响评价报告书（表）、登记表”中污染物防治和生态保护要求及环保行政主管部门审批文件中批复内容的实施情况；

c．环保设施运行情况和效果；

d．“三废”处理和综合利用情况；

e．环境保护管理和监测工作情况，包括：环保机构设置、人员配置、监测计划和仪器设备、环保管理规章制度等；

f．事故风险的环保应急计划，包括配备、防范措施，应急处置等*；

g．环境保护档案管理情况；

h．周边区域环境概况*；

i．生态保护措施实施效果*。

7.1.2 环境保护设施运行效率测试

对涉及以下领域的环境保护设施或设备均应进行运行效率监测：

a．各种废水处理设施的处理效率；

b．各种废气处理设施的处理效率；

c．工业固（液）体废物处理设备的处理效率等；

d．用于处理其他污染物的处理设施的处理效率。

7.1.3 污染物达标排放检测

对涉及以下领域的污染物均应进行达标排放监测：

a．排放到环境中的废水；

b．排放到环境中的各种废气；

c．排放到环境中的各种有毒有害工业固（液）体废物及其浸出液；

d．厂界噪声（必要时测定噪声源）；

e．建设项目的无组织排放；

f．国家规定总量控制污染物的排放总量。

7.1.4 环境影响检测*

建设项目环保设施竣工验收监测对环境影响的检测，主要针对“环境影响评价”及其批复中对环境敏感保护目标的要求。检测以建设项目投运后，环境敏感保护目标能否达到相应环境功能区所要求的环境质量标准，主要考虑以下几方面：

a．环境敏感保护目标的环境地表水、地下水和海水质量；

b．环境敏感保护目标的环境空气质量；

c．环境敏感保护目标的声学环境质量；

d．环境敏感保护目标的环境土壤质量；

e．环境敏感保护目标的环境振动铅垂向Z振级；

f．环境敏感保护目标的电磁辐射公众照射导出限值。

7.2 验收监测污染因子的确定

监测因子确定的原则如下：

7.2.1 “环境影响报告书（表）”和建设项目《初步设计》（环保篇）中确定的需要测定的污染物；

7.2.2 建设项目投产后，在生产中使用的原辅材料、燃料，产生的产品、中间产物、废物（料），以及其他涉及的特征污染物和一般性污染物；

7.2.3 现行国家或地方污染物排放标准中规定的有关污染物；

7.2.4 国家规定总量控制的污染物指标；

7.2.5 厂界噪声；

7.2.6 生活废水中的污染物及生活用锅炉（包括茶炉）废气中的污染物；

7.2.7 影响环境质量的污染物，包括：《环境影响评价报告书（表）》及其批复意见中，有明确规定或要求考虑的影响环境保护敏感目标环境质量的污染物；试生产中已造成环境污染的污染物；地方环境保护行政主管部门提出的，对当地环境质量已产生影响的污染物；负责验收的环境保护行政主管部门根据当前环境保护管理的要求和规定而确定的对环境质量有影响的污染物；

7.2.8 对“环境影响评价”中涉及有电磁辐射和振动内容的，应将电磁辐射和振动列入应监测的污染因子*；

7.2.9 废水、废气和工业固（液）体废物排放总量。

废水水质监测因子确定参见附录一，废气监测因子及参数确定参见附录二。

7.3 环境保护设施竣工验收监测频次

为使验收监测结果全面和真实地反映建设项目污染物排放和环保设施的运行效果，采样频次应充分反映污染物排放和环保设施的运行情况，因此，监测频次一般按以下原则确定：

7.3.1 对有明显生产周期、污染物排放稳定的建设项目，对污染物的采样和测试频次一般为2～3个周期，每个周期3～5次（不应少于执行标准中规定的次数）；

7.3.2 对无明显生产周期、稳定、连续生产的建设项目，废气采样和测试频次一般不少于2天、每天采3个平行样，废水采样和测试频次一般不少于2天，每天4次，厂界噪声测试一般不少于连续2昼夜（无连续监测条件的，需2天，昼夜各2次），固体废物（液）采样和测试一般不少于6次（堆场采样和分析样品数都不应少于6个）；

7.3.3 对污染物确实稳定排放的建设项目，废水和废气的监测频次可适当减少，废气采样和测试频次不得少于3个平行样，废水采样和测试频次不少于2天，每天3次；

7.3.4 对污染物排放不稳定的建设项目，必须适当增加的采样频次，以便能够反映污染物排放的实际情况；

7.3.5 对型号、功能相同的多个小型环境保护设施效率测试和达标排放检测，可采用随机抽测方法进行。抽测的原则为：随机抽测设施数量比例应不小于同样设施总数量的50%；

7.3.6 若需进行环境质量监测时，水环境质量测试一般为1～3天、每天1～2次；空气质量测试一般不少于3天、采样时间按GB 3095—1996数据统计的有效性规定执行；环境噪声测试一般不少于2天，测试频次按相关标准执行；

7.3.7 对考核处理效率的测试，可选择主要因子并适当减少监测频次；

7.3.8 若需进行环境生态状况调查，工作内容、采样和测试频次按负责审批该建设项目环境影响报告书（表）的环境保护行政主管部门的要求进行。

8．验收监测采用标准

验收监测采用标准包括评价标准和测试方法标准两个部分。评价标准又分为验收监测执行标准和验收监测参照标准。

8.1 验收监测执行标准的确定

执行标准应主要以进行环境影响评价时采用的各种标准和《环境影响评价报告书（表）》及其批复的要求为依据，验收监测执行标准的确定应考虑以下因素：

8.1.1 在环境影响报告书中，由环境保护行政主管部门行文确认的环境影响评价标准；

8.1.2 进行环境影响评价时，国家或地方执行的各类污染物排放标准及环境质量标准；

8.1.3 有关环境保护行政主管部门在对《环境影响评价报告书（表）》批复时，要求执行的各项环境质量标准、污染物排放标准以及环境保护行政主管部门根据环境保护需要所规定的特殊标准限值；

8.1.4 根据国家和地方对环境保护的新要求，经负责验收的环境保护行政主管部门批准，可采用验收监测时现行的国家或地方标准；

8.1.5　国家和地方对国家规定的污染物排放总量控制指标中的总量控制要求；

8.1.6　对国家和地方标准中尚无规定的污染因子，应以《环境影响评价报告书（表）》和工程《初步设计》（环保篇）等的要求或设计指标为依据来进行评价。

8.2　验收监测参照标准的确定

8.2.1　新颁布的国家或地方标准中规定的污染因子排放标准值以及环境量标准值；

8.2.2　环保设施的设计指标；

8.2.3　对国家和地方标准中尚无规定的污染因子，也可参考国内其他行业标准和国外标准，但应附加必要说明。

8.3　验收监测方法标准选取原则

验收监测时，应尽量按国家污染物排放标准和环境质量标准要求，采用列出的标准测试方法。对国家排放标准和环境质量标准未列出的污染物和尚未列出测试方法的污染物，其测试方法按以下次序选择：

8.3.1　国家现行的标准测试方法；

8.3.2　行业现行的标准测试方法；

8.3.3　国际现行的标准测试方法和国外现行的标准测试方法；

8.3.4　对目前尚未建立标准方法的污染物的测试，可参考国内外已成熟但未上升为标准的测试技术，但应附加必要说明。

9．验收监测的质量保证和质量控制

9.1　验收监测的工况要求

验收监测时，工况要求分下列几种情况：

9.1.1　工业生产型建设项目，验收监测应在工况稳定、生产达到设计生产能力的负荷达 75%以上（国家、地方排放标准对生产负荷另有规定的按标准规定执行）的情况下进行。

9.1.2　对无法短期调整工况达到设计生产能力的 75%以上负荷的建设项目中，可以调整工况达到设计生产能力的 75%以上负荷的部分，验收监测应在满足 75%或 75%以上负荷或国家及地方标准中所要求的生产负荷的条件下进行。

9.1.3　对无法短期调整工况达到设计生产能力的 75%或 75%以上负荷的建设项目中，投入运行后确实无法短期调整工况满足设计生产能力的 75%或 75%以上的部分，验收监测应在主体工程运行稳定、应运行的环境保护设施运行正常的条件下进行，对运行的环境保护设施和尚无污染负荷部分的环保设施，验收监测采取注明实际监测工况与检查相结合的方法进行。

9.2　采样和测试及其质量保证和质量控制

9.2.1　环保设施竣工验收现场监测，首先应按 9.1 的规定满足相应的工况条件，否则负责验收监测的单位应停止现场采样和测试。

9.2.2　现场采样和测试应严格按《验收监测方案》进行，并对监测期间发生的各种异常情况进行详细记录，对未能按《验收监测方案》进行现场采样和测试的原因应予详细说明。

9.2.3　环保设施竣工验收监测中使用的布点、采样、分析测试方法，应首先选择目前适用的国家和行业标准分析方法、监测技术规范，其次是国家环保总局推荐的统一分析方法或试行分析方法以及有关规定等。

9.2.4　环保设施竣工验收的质量保证和质量控制，按国家有关规定、监测技术规范和有关质量控制手册进行。

9.2.5　参加环保设施竣工验收监测采样和测试的人员，应按国家有关规定持证上岗。

9.2.6　水质监测分析过程中的质量保证和质量控制：采样过程中应采集不少于 10%的平行样；实验室分析过程一般应加不少于 10%的平行样；对可以得到标准样品或质量控制样品的项目，应在分析的同时做 10%质控样品分析；对无标准样品或质量控制样品的项目，且可进行加标回收测试的，应在分析的同时做 10%加标回收样品分析。

9.2.7　气体监测分析过程中的质量保证和质量控制：采样器在进现场前应对气体分析、采样器流量计等进行校核。

9.2.8　噪声监测分析过程中的质量保证和质量控制：监测时应使用经计量部门检定，并在有效使用期内的声级计。

9.2.9　固体废弃物监测分析过程中的质量保证和质量控制：采样过程中应采集不少于 10%的平行样；实验室分析过程一般应加不少于 10%的平行样；对可以得到标准样品或质量控制样品的项目，应同时做不少于 10%标准样品或质控样品；对不可得到标准样品或质量控制样品，但可以做加标回收样品的项目，应同时做不少于 10%的加标回收样品。

9.3　采样记录及分析结果

验收监测的采样记录及分析测试结果，按国家标准和监测技术规范有关要求进行数据处理和填报，并按有关规定和要求进行三级审核。

第二部分　验收监测方案

1．范围

本部分规定了编制建设项目环境保护设施竣工验收监测方案（以下简称验收监测方案）的要求和内容。

2．章节、封面及编号

2.1　本技术要求中编写章节安排，是根据编写技术要求的需要，在编写验收监测方案时，内容上应尽可能满足技术要求的规定，并可根据情况在内容上进行增减。

2.2　验收监测方案的封面、封二格式见附录四和五。

2.3　验收监测方案的编号应由各环境监测站制定。验收监测方案的目录注明页码。

3．验收监测方案编制的内容

验收监测方案根据验收监测的需要进行编制。验收监测方案一般应包括以下内容：

3.1　前言部分

主要简述建设项目和验收监测任务由来。一般包括：工程建成并投入试运行时间、环境保护行政主管部门、负责验收监测工作的环境监测站、委托单位、环保设施竣工验收现场勘察时间和参加单位等。

3.2 验收监测的依据

3.2.1 国家有效的建设项目环境保护管理法规、办法和技术规定；

3.2.2 与建设项目有关的环保技术文件；

3.2.3 有关建设项目工程环保工作的意见和批复；

3.2.4 开展建设项目环保设施竣工验收监测的依据；

3.2.5 工程建设中有关环保设施设计改动的报批手续和批复文件*；

3.2.6 环保设施运行情况自检报告*；

3.2.7 其他有关需要说明问题和情况及其有关资料或文件等*。

3.3 建设项目工程概况

应以简练文字并配图表进行叙述。

3.3.1 工程基本情况

工程所处的位置；工程占地面积；工程总投资；工程环保设施投资；环境影响评价完成单位与时间；初步设计完成单位与时间；环保设施设计单位和施工单位；投入试运行日期；其他需要说明的情况等*（包括工程变化情况）。

3.3.2 生产工艺简介

主要生产工艺原理、流程、关键生产单元，可附生产工艺流程示意图。

3.3.3 环保设施和相应主要污染物及其排放情况

对各生产单元所产生的污染物、环保处理设施、污染物排放方式等列表或简述。

3.3.4 环保设施试运行情况

3.4 环境影响评价意见及环境影响评价批复的要求

建设项目环境影响评价的主要结论、建议及环境影响评价批复的要求，或环保行政部门对本项目的环保要求等（主要应参见环境影响评价批复的要求）。

3.5 验收监测评价标准

应列出环境影响评价报告批复时，有效的国家或地方排放标准和环境质量标准的名称、标准号、工程《初步设计》（环保篇）的设计指标和总量控制指标。这些标准和指标等将被用于作为本建设项目的环保设施验收监测的评价标准。同时，也应列出相应现行的国家或地方排放标准和环境质量标准作为参照标准。

3.6 验收监测的内容

3.6.1 废水、废气排放源及其相应的环保设施、厂界噪声、工业固（液）废物*和无组织排放源*监测内容的编写

废水、废气、厂界噪声（必要时监测噪声源）、工业固（液）废物*和无组织排放源*监测内容的编写，主要包括以下几个方面：

a. 监测断面或监测点位的布设情况，必要时附示意图；

b. 验收监测因子、频次；

c. 采样、监测分析方法和验收监测（工况要求*）的质量控制措施及依据（国家标准分析方法应写出标准号）。

3.6.2 厂区附近的环境质量监测*

环境质量监测系指：地面水、地下水、环境空气、土壤或海水等，监测内容的编写，

主要包括以下几个方面：

a．环境敏感点环境质量状况和可能受到影响的简要描述；

b．简述监测断面或监测点位的布设情况，必要时附示意图；

c．验收监测因子、频次的确定；

d．采样、监测分析方法和验收监测的质量控制措施及依据（国家标准分析方法应写出标准号）。

3.6.3　环境生态状况调查*

环境生态状况调查部分，编写的主要内容包括：

a．建设项目环境保护行政主管部门对进行环境生态状况调查的要求；

b．简述生态状况调查区域及调查内容确定（必要时附示意图）；

c．验收监测环境生态状况调查方法、验收监测环境生态状况调查的质量控制措施；

d．环境生态状况评价依据。

3.7　环境管理检查

列出应检查工作的内容，包括：

3.7.1　建设项目执行国家建设项目环境管理制度情况；

3.7.2　《初步设计（环保篇）》中要求建设的环保设施实际完成及运行情况（其中包括：按规定或设计的流量计量装置、监测设施、监测孔与监测平台，排水管网，各种堆存场的建设，各种必要的标志设置等）；

3.7.3　环境保护档案管理情况；

3.7.4　环境保护管理规章制度的建立及其执行情况；

3.7.5　环境保护监测机构、人员和仪器设备的配置情况；

3.7.6　存在潜在突发性环境污染事故隐患的建设项目，制定相应的应急制度，配备和建设的应急设备及设施情况；

3.7.7　工业固（液）体废物是否按规定或要求处置和回收利用；

3.7.8　生态恢复、绿化建设及植被恢复、搬迁或移民工程落实情况；

3.7.9　环境敏感保护目标的保护办法或处理办法的落实情况；

3.7.10　区域污染削减工作的调查；

3.7.11　建设期间和试生产阶段是否发生了扰民和污染事故；

3.7.12　对周边公众的环境影响舆论调查。

3.8　经费概算

一般以地方有关部门批准的有效《监测收费标准》编制验收监测经费概算。对《监测收费标准》中未列项目的费用可通过协商的方式确定。

3.9　监测时间安排

3.9.1　监测合同签定时间；

3.9.2　现场监测时间（根据监测项目工作量确定，包括数据整理时间）；

3.9.3　监测报告编写时间（根据监测项目工作量确定）；

3.9.4　提交监测报告时间。

第三部分　验收监测报告

1．范围

本部分规定了编制建设项目环境保护设施竣工验收监测报告（以下简称验收监测报告）的要求和内容。

2．章节、封面及编号

2.1　本部分中编写章节安排，是根据编写技术要求的需要，在编写验收监测报告时，内容上应尽可能满足技术要求的规定，并可根据情况在内容上进行增减。

2.2　验收监测报告的封面、封二格式见附录六和附录七。

2.3　验收监测报告的编号应由各环境监测站制定。验收监测报告的目录注明页码。

3．验收监测报告编制的内容

验收监测报告根据验收监测要求的需要进行编制。前言、验收监测的依据、建设项目工程概况、环境影响评价意见及环境影响评价批复的要求、验收监测评价标准部分的编写应在原验收监测方案的基础上，加入需要补充的内容。验收监测报告还应包括以下内容：

3.1　验收监测的结果及分析评价

验收监测结果及分析应充分反映验收监测中检查和现场监测的实际情况，进行必要和符合实际的分析。

3.1.1　监测期间工况分析

应给出监测期间，能反应工程或设备运行情况的数据或参数。对工业生产型建设项目，还应计算出实际运行负荷。

3.1.2　监测分析质量控制和质量保证

介绍监测分析质量控制和质量保证进行情况和结果。

3.1.3　废水、废气排放源及其相应的环保设施、厂界噪声、工业固（液）废物*和无组织排放源*监测部分编写

分别对废水、废气和厂界噪声（必要时测噪声源）厂，工业固（液）废物*和无组织排放源*监测内容进行编制，主要内容包括：

a．进行现场监测的情况；

b．验收监测方案要求和规定的验收监测项目、频次、监测断面或监测点位、监测采样、分析方法及监测结果；

c．用相应的国家和地方的新、旧标准值、设施的设计值和总量控制指标，进行分析评价；

d．出现超标或不符合设计指标要求时的原因分析等。

3.1.4　厂区附近的环境质量监测*

主要内容包括：

a．环境敏感点环境质量状况和可能受到影响的简要描述；

b．进行监测环境质量监测的区域情况和监测情况；

c．验收监测方案要求和规定的验收监测项目、频次、监测断面或监测点位、监测采样、分析方法及监测结果；

d．用相应的国家和地方的新、旧标准值和设施的设计值，进行分析评价；

e．出现超标或不符合设计指标要求时的原因分析等。

3.1.5　环境生态状况调查*

编写的主要内容包括：

a．建设项目环境保护行政主管部门对进行环境生态状况调查的要求，详细地介绍环境生态状况调查的评价依据；

b．进行环境生态状况调查区域的情况；

c．简述生态状况调查区域及调查项目、频次的确定，监测断面或监测点位的布设情况（必要时附示意图）；

d．验收监测环境生态状况调查方法、来源和质量控制措施；

e．验收监测环境生态状况调查的结果及分析评价。

3.1.6　国家规定的总量控制污染物的排放情况

目前国家规定实施总量控制的污染物为：As、Cd、Hg、Pb、CN^-、Cr^{+6}、COD、石油类、SO_2、烟尘、粉尘、固体废弃物排放量，根据各排污口的流量和监测的浓度，计算并以表列出建设项目污染物年产生量和年排放量。对改扩建项目还应根据环境影响评价报告书列出改扩建工程原有排放量和根据监测结果计算改扩建后原有生产设施现在的污染物产生量排放量。

3.2　环境管理检查

根据验收监测方案所列检查内容，逐条目进行说明：

3.3　验收监测结论与建议

3.3.1　结论

根据验收监测的检查和测试结果进行分析评价，按执行制度、废水、废气排放源及其相应的环保设施、厂界噪声、工业固（液）废物*、无组织排放源*、监测厂区附近的环境质量监测*和环境生态状况调查*，给出验收监测的综合结论（主要以污染物达标排放、以新代老、总量控制执行情况、执行国家对建设项目环境管理有关制度和环境保护行政主管部门的有关要求进行说明）。

3.3.2　建议

根据现场监测、检查结果的分析和评价，结论中明确指出存在的问题，提出需要改进的设施或措施建议等，可根据以下几个方面的问题提出合理的整改意见和建议：

a．环保设备对污染物的处理效率及污染物的排放未达到原设计指标和要求；

b．环保设备对污染物的处理和污染物的排放未达到设计时的国家或地方标准要求；

c．环保设备对污染物的处理和污染物的排放未达到现行有效的国家或地方标准；

d．环保设备及排污设施未按规范完成；

e．环境保护敏感目标的环境质量未达国家或地方标准要求或存在的扰民现象；

* 应根据有关规定和环境影响评价要求确定的工作内容。

f. 固废处理或综合利用、环境绿化、生态或植被恢复等未达到“环境影响评价”、“环境影响评价”批复或初步设计的要求；

g. 国家规定实施总量控制的污染物排放量超过有关环境管理部门规定或核定的总量等。

3.4 附录

3.4.1 必要的质控数据汇总表；

3.4.2 必要的监测数据汇总表；

3.4.3 其他有关附件和图表，如生产负荷原始数据、厂区位置图、监测点位图、“环境影响评价”批复等；

3.4.4 建设项目环境保护“三同时”竣工验收登记表。

第四部分 验收监测表格式

本部分提出编制验收监测表格式（见附录八），参照第三部分要求填写，供验收监测中参考使用。验收监测表后应附建设项目环境保护“三同时”竣工验收登记表（附录三）。

附录一

各种类型废水中的常见污染因子

序号	建设项目类别		污 染 因 子*
1	城市生活污水及生活污水处理场		pH、BOD_5、COD、悬浮物、总磷、氨氮、表面活性剂、磷酸盐、水温、细菌总数、大肠杆菌、动植物油、色度、熔解氧
2	生产区及娱乐设施		pH、BOD_5、COD、悬浮物、氨氮、磷酸盐、表面活性剂、动植物油、水温、溶解氧
3	黑色金属矿山（包括磷铁矿、赤铁矿、锰矿等）		pH、COD、悬浮物、硫化物、铜、铅、锌、镉、镍、铬、锰、砷、汞、六价铬
4	黑色冶金（包括选矿、烧结、炼焦、炼钢、轧钢等）		pH、COD、悬浮物、硫化物、氟化物、挥发酚、石油类、铜、铅、锌、镉、镍、铬、锰、砷、汞、六价铬
5	选矿药剂		pH、COD、悬浮物、硫化物、铜、铅、锌、镉、镍、铬、锰、砷、汞、六价铬
6	有色金属矿山及冶炼（包括选矿、烧结、电解、精炼等）		pH、COD、悬浮物、氰化物、硫化物、铜、铅、锌、镉、镍、铬、锰、砷、汞、六价铬、铍
7	火力发电（热电）		pH、COD、悬浮物、硫化物、石油类、水温、氟化物等
8	煤矿（包括洗煤）		pH、COD、悬浮物、硫化物、石油类、砷
9	焦化及煤气制气		pH、COD、BOD_5、悬浮物、硫化物、氰化物、挥发酚、石油类、氨氮、苯系物、多环芳烃、砷、苯并[a]芘、溶解氧
10	石油开采		pH、COD、悬浮物、石油类、硫化物、挥发酚、总铬
11	石油炼制		pH、COD、悬浮物、石油类、硫化物、挥发酚、氰化物、苯系物、多环芳烃、苯并[a]芘
12	化学矿开采	硫铁矿	pH、COD、悬浮物、硫化物、铜、铅、锌、镉、砷、汞、六价铬
		磷矿	pH、COD、悬浮物、氟化物、硫化物、铅、砷、汞、磷
		萤石矿	pH、COD、悬浮物、氟化物
		汞矿	pH、COD、悬浮物、硫化物、铅、砷、汞
		雄黄矿	pH、COD、悬浮物、硫化物、砷
13	无机原料	硫酸	pH、COD、悬浮物、氟化物、硫化物、铜、铅、砷
		氯碱	pH、COD、悬浮物、汞
		铬盐	pH、COD、悬浮物、六价铬、总铬
14	有机原料		pH、COD、悬浮物、挥发酚、氰化物、苯系物、硝基苯类、有机氯类
15	塑料		pH、COD、悬浮物、石油类、硫化物、氰化物、氟化物、苯系物、苯并[a]芘
16	化纤		pH、COD、悬浮物、石油类、色度
17	橡胶		pH、COD、悬浮物、硫化物、石油类、六价铬、苯系物、苯并[a]芘、铜、铅、锌、镉、镍、铬、砷、汞
18	制药		pH、COD、悬浮物、石油类、挥发酚、苯胺类、硝基苯类

序号	建设项目类别		污染因子*
19	染料		pH、COD、悬浮物、挥发酚、色度、硫化物、苯胺类、硝基苯类、TOC
20	颜料		pH、COD、悬浮物、硫化物、汞、六价铬、色度、铜、铅、锌、镉、镍、铬、砷
21	油漆		pH、COD、悬浮物、挥发酚、石油类、六价铬、铅、苯系物、硝基苯类
22	合成洗涤剂		pH、COD、悬浮物、阴离子合成洗涤剂、石油类、苯系物、动植物油、磷酸盐
23	合成脂肪酸		pH、COD、悬浮物、动植物油
24	感光材料		pH、COD、悬浮物、挥发酚、硫化物、氰化物、银、显影剂及其氧化物
25	其他有机化工		pH、COD、悬浮物、石油类、挥发酚、氰化物、硝基苯类
26	化肥	磷肥	pH、COD、悬浮物、磷酸盐、氟化物、元素磷、砷
		氮肥	pH、COD、悬浮物、氨氮、挥发酚、氰化物、砷、铜
27	农药	有机磷	pH、COD、悬浮物、挥发酚、硫化物、有机磷、元素磷
		有机氮	pH、COD、悬浮物、挥发酚、硫化物、有机氯
28	电镀		pH、COD、悬浮物、氰化物、铜、铅、锌、镉、镍、铬
29	机械制造		pH、COD、悬浮物、石油类、氰化物、铜、铅、锌、镉、镍、铬
30	电子仪器、仪表		pH、COD、悬浮物、石油类、氰化物、铜、铅、锌、镉、镍、铬、汞、氟化物、苯系物
31	造纸		pH、COD、悬浮物、挥发酚、硫化物、色度
32	纺织印染		pH、COD、悬浮物、挥发酚、硫化物、色度
33	皮革		pH、COD、BOD_5、悬浮物、硫化物、氯化物、色度、动植物油、总铬、六价铬
34	水泥		pH、COD、悬浮物、石油类
35	油毡		pH、COD、BOD_5、悬浮物、挥发酚、硫化物、石油类、苯并[a]芘
36	玻璃、玻璃纤维		pH、COD、悬浮物、挥发酚、氰化物、铅、氟化物
37	陶瓷制造		pH、COD、悬浮物、铜、铅、锌、镉、镍、铬、汞、砷
38	石棉（开采与加工）		pH、COD、悬浮物、石棉、挥发酚
39	食品加工、发酵、酿造、味精		pH、COD、BOD_5、悬浮物、氨氮、硝酸盐氮、动植物油、大肠杆菌数、含盐量
40	制糖		pH、COD、BOD_5、悬浮物、硫化物、大肠杆菌数
41	火工		pH、COD、悬浮物、硫化物、硝基苯类、铜、铅、锌、镉、镍、铬
42	电池		pH、COD、悬浮物、铜、铅、锌、镉、镍、铬、汞
43	绝缘材料		pH、COD、悬浮物、挥发酚、甲醛
44	人造板材、木器加工		pH、COD、悬浮物、挥发酚、木质素

*验收监测所选监测因子，可参考表中所列污染因子确定，但还需根据建设项目的实际情况增减，各种废水的排放量均应监测。

附录二

部分类型废气中的常见污染因子

序　号	建设项目	污染因子*
1	生产和生活用锅炉	二氧化硫、烟尘、黑度
2	化工	二氧化硫、硫化氢、氟化物、氮氧化物、氯、氯化氢、一氧化碳、硫酸雾、恶臭、生产性粉尘
3	水泥工业	烟尘、粉尘、二氧化硫、一氧化碳、游离二氧化硅、黑度
4	火电厂	二氧化硫、烟尘、氮氧化物
5	石油化工	烟尘、二氧化硫、非甲烷总烃、丙烯腈、苯系物、恶臭
6	冶金	二氧化硫、氟化物、氯、氯化氢、一氧化碳、铅、烟尘
7	电子	苯系物、丙酮、甲醇、烷烯烃、氟
8	工业炉窑	烟尘、二氧化硫、黑度
9	硫酸工业	二氧化硫、硫酸雾、烟尘
10	船舶工业	烟尘、粉尘、苯系物、氧化锌、二氧化硫
11	钢铁工业	粉尘、二氧化硫、氯化氢
12	轻金属工业	粉尘、二氧化硫
13	重有色金属	粉尘、二氧化硫、烟尘
14	沥青工业	沥青烟、粉尘、苯并[a]芘
15	普钙工业	氟、粉尘、二氧化硫
16	炼焦	颗粒物、二氧化硫、苯可溶物、恶臭、苯并[a]芘
17	轻工	二硫化碳、硫化氢、汞
18	皮革	恶臭
19	化肥	氨、氟化物、NO_x、H_2S
20	合成洗涤剂	粉尘
21	雷汞工业	汞
22	火工	二氧化硫、硫酸雾、氧化氮
23	焚烧沪	烟尘、CO、SO_2、NO_x、HCl、NH_3、二口恶英等

*验收监测所选监测因子，可参考表中所列污染因子确定，但还需根据建设项目的实际情况增减，各种废气的排放量均应监测。

附录三

建设项目环境保护“三同时”竣工验收登记表

编号：　　　　　　　　　　　　　　　　　　　　　审批经办人：

建设项目名称			建设地点				
建设单位			邮　编		电　话		
行业类别			项目性质	新建 改扩建 技术改造			
设计生产能力			建设项目开工日期				
实际生产能力			投入试运行日期				
控制区		报告书审批部门		文号		时间	
初步设计审批部门			文号			时间	
环保验收审批部门			文号			时间	
环评报告书编制单位			投资总概算	万元			
环保设施设计单位			环保投资总概算	万元	比例	%	
环保设施施工单位			实际总投资	万元			
环保设施监测单位			实际环保投资	万元	比例	%	
新增废水处理设施能力	吨/日		新增废气处理设施能力	标立方米/时			

污染控制指标

控制项目	原有排放量（1）	新建部分产生量（2）	新建部分处理削减量（3）	以新带老削减量（4）	排放增减量（5）	排放总量（6）	允许排放量（7）	区域削减量（8）	处理前浓度（9）	实际排放浓度（10）	允许排放浓度（11）
废水			—	—				—	—	—	—
汞											
镉											
铅											
砷											
六价铬											
氰化物											
COD_{Cr}											
石油类											
废气			—	—				—	—	—	—
SO_2											
粉尘											
烟尘											
固废									—	—	—

单位：废气量：$\times10^4$标米^3/年；废水、固废量：万吨/年；水中汞、镉、铅、砷、六价铬、氰化物为千克/年，其他项目均为吨/年

废水中污染物浓度：毫克/升；废气中污染物浓度：毫克/立方米

注：此表由监测站填写，附在监测报告最后一页。此表最后一格为该项目的特征污染物。

其中：（5）=（2）－（3）－（4）、（6）=（2）－（3）+（1）－（4）

关于“建设项目环境保护‘三同时’竣工验收登记表”填写说明

建设项目环境保护“三同时”竣工验收登记表——是在建设项目环境保护设施竣工验收时，由监测单位或建设单位填写，作为环境管理的台账和信息统计的基础表格。编号、审批经办人由环保审批部门填写。

建设项目名称——使用此项目立项时的名称，若名称多于30个字，则酌情缩写成30个字以内（两个英文字母可看成是一个汉字）。

建设地点——必须填写到建设项目所在的县级地名（便于代码识别）；若是在一个地区内多个县建设的项目，则填写到地区名；同理，若是在一个省内多个地区建设的项目，则填写省名，不再设立“多地区”选择项。

建设单位——使用建设单位注册时的名称，若名称多于 25 个字，则酌情缩写成 25 个字以内。

行业类别——按原国家环保局监督管理司关于行业类别的规定，详见附表 1。对六大污染重的行业，划分也在附表中可见。

项目性质——可在所选项中划表示。

控制区——指淮河（分为干流、支流）、海河、辽河、太湖、巢湖、滇池、酸雨和二氧化硫控制区。

初步设计审批部门、环保设施施工部门、环保设施设计部门、环保验收监测部门、环保验收审批部门——均使用注册时名称，若名称多于 25 个字，则酌情缩写成 25 个字以内。

投资总概算——采用可研审批或初步设计审批中的工程总投资。

设计生产能力——指原设计的生产能力或建设规模。

实际生产能力——指验收时，达到的实际生产能力。

新增废水处理能力——是指建设项目新增的废水处理设施处理能力。

新增废气处理能力——是指建设项目新增的废气处理设施处理能力。

原有排放量——是对改扩建、技术改造项目而言，指项目改扩建、技术改造之前的污染物排放量。

新建部分产生量——指新产生的污染源强量。

新建部分处理削减量——是对新产生量而言，经处理后，污染物削减的量。

以新带老削减量——是对原有排放量而言，经“以新带老”上处理设施后，污染物减少的量。

排放增减量——是指新建部分产生量－以新代老削减量－新建部分处理削减量。

排放总量——是指原有排放量－以新代老削减量＋新建部分产生量－新建部分处理削减量。

区域削减量——若排放削减量为正值，即排放量增加，为保证区域污染物总量不增加，应从区域削减的量。

对于汞、镉、铅、砷、六价铬、氰化物均保留 3 位小数，其他所有项目保留一位小数。

附录四　验收监测方案封面式样

建设项目环保设施竣工验收监测方案

字（　　）第　　号

项目名称：

委托单位：

××环境监测（中心）站

年　　月

附录五　验收监测方案封二式样

承 担 单 位：　　　　　　　××环境监测（中心）站

站　　　长：

总 工 程 师 ：

项目负责人：

方案编写人：

审　　　核：

审　　　定：

××环境监测（中心）站

电话：

传真：

邮编：

地址：

附录六　验收监测报告封面式样

建设项目环保设施竣工验收监测报告

字（　　）第　　号

项目名称：

委托单位：

××环境监测（中心）站

年　　月

附录七　验收监测报告封二式样

承　担　单　位：　　　　××环境监测（中心）站

站　　　　　长：

总　工　程　师：

项目负责人：

报　告　编　写：

审　　　　　核：

审　　　　　定：

协　作　单　位：

现场监测负责人：

参　加　单　位：　　　　××环境监测站

　　　　　　　　　　　　××环境监测站

参　加　人　员：　　　　（××环境监测站）

　　　　　　　　　　　　（监测及分析参加人）

　　　　　　　　　　　　（××环境监测站）

　　　　　　　　　　　　（监测及分析参加人）

××环境监测（中心）站（负责单位）

电话：

传真：

邮编：

地址：

附录八　验收监测表格式

建设项目环保设施竣工验收监测表

字（　　）第　　号

项目名称：

委托单位：

××环境监测（中心）站

年　　月

验收监测表封二式样

承 担 单 位： ××环境监测（中心）站

站 长：

总 工 程 师：

项 目 负 责 人：

报 告 编 写：

审 核：

审 定：

协 作 单 位：

现场监测负责人：

参 加 单 位： ××环境监测站

××环境监测站

参 加 人 员： （××环境监测站）

（监测及分析参加人）

（××环境监测站）

（监测及分析参加人）

××环境监测（中心）站（负责单位）

电话：

传真：

邮编：

地址：

表一

建设项目名称					
建设单位名称					
建设项目主管部门					
建设项目性质	新建 □ 改扩建 □ 技改 □ 迁建 □ （划√）				
主要产品名称					
设计生产能力					
实际生产能力					
环评时间		开工日期			
投入试生产时间		现场监测时间			
环评报告表审批部门		环评报告表编制单位			
环保设施设计单位		环保设施施工单位			
投资总概算	万元	环保投资总概算	万元	比例	%
实际总投资	万元	实际环保投资	万元	比例	%
验收监测依据					
验收监测标准 标号、级别					
验收监测标准 标号、级别					

表二

主要生产工艺及污染物产出流程（附示意图）：

表三

主要污染源、污染物处理和排放流程（附示意图，标出废水、废气监测点位）：

表四　废气监测结果

设施	监测点位	监测项目	监测日期	监测结果							处理效率	执行标准标准值	参照标准标准值	备注
				1	2	3	4	5	6	均值或范围				
		排气量									—	—	—	
		排气量												
		排气量									—	—	—	

表五　废水监测结果

设施	监测点位	监测项目	监测日期	监测结果							处理效率	执行标准标准值	参照标准标准值	备注
				1	2	3	4	5	6	均值或范围				
		排水量									—	—	—	
		排水量												
		排水量									—	—	—	

表六　噪声及工况监测结果

噪声监测点位布设（示意图）监测结果	
监测工况及必要的原材料监测结果	

表七　环保检查结果

固体废弃物综合利用处理：
绿化、生态恢复措施及恢复情况：
环保管理制度及人员责任分工：
监测手段及人员配置：
应急计划：
存在的问题：
其他：

表八　验收监测结论及建议

验收监测结论：   建议：

关于执行建设项目环境影响评价制度有关问题的通知

（国家环保总局1999年4月21日　环发［1999］107号）

各省、自治区、直辖市环境保护局，解放军环境保护局：

为了认真贯彻执行国务院颁布的《建设项目环境保护管理条例》（以下简称《条例》），切实做好建设项目的环境管理工作，现对执行环境影响评价制度中的有关问题通知如下：

一、关于建设项目的范围

《条例》所称的"建设项目"是指：按固定资产投资方式进行的一切开发建设活动，包括国有经济、城乡集体经济、联营、股份制、外资、港澳台投资、个体经济和其他各种不同经济类型的开发活动。按计划管理体制，建设项目可分为基本建设、技术改造、房地产开发（包括开发区建设、新区建设、老区改造）和其他共四个部分的工程和设施建设。对环境可能造成影响的饮食娱乐服务性行业，也属《条例》管理范围。

二、关于审批权限

《条例》规定对建设项目实行分类管理、分级审批。国家环境保护总局负责审批以下四种类型的建设项目环境影响报告书、报告表、登记表：

1．核设施、绝密工程等特殊性质的建设项目；

2．跨省、自治区、直辖市行政区域的建设项目；

3．国务院审批或国务院授权国务院有关主管部门审批的建设项目，在现阶段是指：总投资在2亿元人民币及以上，由国家计委、国家经贸委、外经贸部、国家工商行政管理局等部门审批或企业注册、申领执照的建设项目；

4．建设项目造成跨省级行政区域影响，有关行政主管部门有争议的建设项目。

三、环境影响评价管理程序

1．项目建议书批准后，建设单位应根据《建设项目环境影响分类管理名录》（以下简称《名录》，另发）确定建设项目环境影响评价类别，以委托或招标方式确定评价单位，开展环境影响评价工作。对《名录》中没有列出的建设项目类型，建设单位应向有审批权的环境保护行政主管部门申报，由环境保护行政主管部门根据分类管理原则，确定该建设项目的评价类型并书面通知建设单位，建设单位按上述要求开展环评工作。

2．应编制环境影响报告书的项目，需要编写环境影响评价大纲，应编制环境影响报告表的项目不编写评价大纲。环境影响评价大纲由建设单位上报有审批权的环境保护行政主管部门，同时抄报有关部门。有审批权的环境保护行政主管部门负责组织对评价大纲的审查，审查批准后的评价大纲作为环境影响评价的工作和收费依据。

3．建设单位根据环境保护行政主管部门对评价大纲的意见和要求，与评价单位签定合同开展工作。

4．环境影响报告书、报告表编制完成后，由建设单位报有审批权的环境保护行政主管部门审批，同时抄报有关部门。建设项目有行业主管部门的，由行业主管部门组织环境影响报告书、报告表的预审，有审批权的环境保护行政主管部门参加预审；建设项目无行业主管部门的，其环境影响报告书、报告表由有审批权的环境保护行政主管部门组织审批。

5．有水土保持方案的建设项目，其水土保持方案必须纳入环境影响报告书。水行政主管部门应在报告书预审时完成对水土保持方案的审查。

6．海洋工程、海岸工程的环境影响报告书，海洋行政主管部门应会同负责预审的行业主管部门，在预审时完成涉及海洋环境影响部分的审核，并签署意见；建设项目无行业主管部门的，审核工作可在有审批权的环境保护行政主管部门审查环境影响报告书时，同时完成。

7．建设项目的环境影响报告书、报告表必须由持有国家环境保护总局颁发的《环境影响评价资格证书》单位编写。对填写环境影响登记表的单位无资格要求。评价单位《环境影响评价资格证书》规定工作范围内有水土保持的，可编制水土保持方案，不另设水土保持的环境影响评价资格证书。

8．国家重大建设项目应采用招标的方式确定评价单位。

9．《条例》规定需重新报批环境影响报告书、环境影响报告表或者环境影响登记表的建设项目，执行以上管理程序要求。

10．《条例》规定需重新审核环境影响报告书、环境影响报告表或者环境影响登记表的建设项目，由建设单位持经批准的报告书、报告表及原批准文件报原审批机关审核，原审批机关在收到要求重新审核的报告书后，10 个工作日之内将审核意见书面通知建设单位，逾期未通知的视为审核同意。

11．报告书、报告表预审后一个月内，行业主管部门应报送预审意见，有审批权的环境保护行政主管部门的下一级环境保护行政主管部门应报送审查意见。涉及水土保护方案和海洋工程、海岸工程建设项目，有关部门审核意见可纳入行业主管部门的预审意见中，也可在上述时间内单独报送有审批权的环境保护行政主管部门。逾期未报送审核意见的，视为同意环境影响报告书、报告表中水土保持方案或海洋环境影响部分的结论意见，环境保护行政主管部门可直接审批。

四、关于收费

1．在国家未制订新的收费原则和标准前，评价单位应严格执行国家或地方现行规定的收费标准，各级环境保护行政主管部门负责核定评价工作量。

2. 负责预审、审核、审批建设项目环境影响报告书、环境影响报告表或环境影响登记表的政府机关不得收取任何费用。

关于加强中小型建设项目环境保护管理工作有关问题的通知

（国家环保总局、国家工商总局 2002 年 5 月 24 日发布　环发［2002］85 号）

各省、自治区、直辖市环境保护局（厅），工商行政管理局：

近年来，各级环保、工商行政管理部门，为贯彻实施国务院发布的《建设项目环境保护管理条例》（以下简称《条例》），互相沟通，密切配合，对防止新的建设项目污染环境、破坏生态发挥了重要作用。随着市场经济的发展，建设项目投资主体和融资渠道正逐步形成多元化格局。因此，依法做好建设项目特别是中小型建设项目的环境保护管理显得更加迫切和重要，为加强这一工作，现就有关问题通知如下：

一、依照《条例》的有关规定，建设单位应当在建设项目可行性研究阶段报批环境影响报告书、环境影响报告表或者环境影响登记表；其中，需要办理营业执照的，应当在办理营业执照前报批建设项目环境影响报告书、环境影响报告表或者环境影响登记表。

二、各级环保行政主管部门要根据国家产业政策和环境保护法规要求，按照《建设项目环境保护分类管理名录》对建设项目实施分类管理，认真做好审批工作，严格把关。

三、各级环保和工商行政管理部门要加强联系，互相沟通，密切配合。环保行政主管部门要及时将建设项目环境保护分类管理的有关规定及审批未通过项目通报工商行政管理部门；工商行政管理部门要将登记信息定期或不定期通报环保行政主管部门。

环保行政主管部门对已办理营业执照，但依照有关规定应办理环保审批手续而未办理的建设单位，应责令其限期补办手续，逾期不办或擅自开工建设的，要依法处理，并将处理结果通报工商行政管理部门；工商行政管理部门对未通过环保审批的项目，要依法予以处理。

四、各地环保、工商行政管理部门可根据本通知精神，结合本地区实际情况，制定具体的实施办法。

关于西部大开发中加强建设项目环境保护管理的若干意见

（国家环保总局2001年1月10日　环发［2001］4号）

为了全面贯彻实施党中央、国务院确定的西部大开发战略，保护和改善西部地区生态环境，西部开发建设活动中的环境保护管理工作必须坚持预防为主、保护优先、防治结合的原则。同时，应针对西部地区地域自然条件差异明显，生态系统脆弱，珍稀濒危动、植物和自然保护区分布比较集中的特点，结合建设项目的行业特点，进行分区分类指导，明确保护重点和具体措施。为此，提出以下意见：

一、针对西部地区生态环境比较脆弱的特点，要坚决贯彻生态环境保护与建设并举的方针，强化开发建设活动的环境管理，认真贯彻执行《全国生态环境保护纲要》和《建设项目环境保护管理条例》，切实做好建设项目的环境影响评价和环境保护“三同时”管理工作。

二、建设项目应符合国家产业发展政策，严格执行国家淘汰落后工艺、设备目录的规定，污染物排放总量符合当地环境承载能力，防止重污染企业及技术、工艺、设备向西部转移。

三、建设项目的选址、选线和布局应与所在区域、流域的规划和环境功能区划相协调，避免对当地敏感环境目标造成影响，导致当地环境质量严重恶化或生态系统功能急剧退化。对于跨区域、跨流域，对当地生态环境产生重大影响的大型项目，不得化整为零或化大为小，也不得以周期短、时间紧或特殊性为由，降低环境保护的审批要求或环境影响评价级别；建设项目实施过程中，其选址、规模、地点、运营方式及生产工艺发生重大变化时，配套的污染治理设施和生态保护措施应按有关规定作相应调整。

四、公路、铁路、管道运输、水利、水电、城市基础设施及矿产资源开发等施工期长、对生态环境影响大的建设项目，应推行施工期环境监理试点。严格限制在交通干线、居民区的可视范围内开山取石，避免破坏自然景观。

五、加强生态环境保护措施的竣工验收管理。各地环境保护行政主管部门对于在竣工验收或营运中发现有重要环境问题或具有长期累积性、潜在性环境影响的生态建设项目，或在环境影响评价中要求进行环境影响后评价的项目，应在项目建成营运后进行环境影响的后评价工作。

六、结合西气东输、西电东送和南水北调等跨区域、跨流域大型建设项目的实施，开展区域、流域环境影响评价试点工作。结合西部生态环境现状调查、生态环境功能区划及生态环境保护规划等工作，对主要环境问题、污染物总量控制目标、自然资源合理利用、生态环境保护和恢复做出评价，提出综合决策建议。

七、在建设项目环境管理中，应加强自然保护区、江河源头区、重要水源涵养区、江河洪水调蓄区、防风固沙区、水土保持的重点预防保护区和重点监督区、重要渔业水域、湖泊湿地区、荒漠绿洲区等区域生态功能的保护，停止一切导致生态功能退化的开发建设项目；加强水资源、土地资源、林草资源、野生物种资源、景观资源和历史文化遗产的保护以及资源开发的生态保护监督管理。对确实无法避免的影响，应提出和落实补偿性措施，占用生态用地的，实行“占一补一”的制度，确保恢复面积不少于占用面积。

八、严禁在自然保护区的核心区、缓冲区进行旅游开发。在自然保护区实验区进行的旅游开发，应注重评价游客数量增加、旅游设施建设和旅游线路开发对生态环境的影响，提倡“区内旅游区外住”，合理设计旅游路线，确保旅游设施建设与自然景观相协调，维持自然保护区的自然本色和生态功能。

九、自然资源的开发和植树造林、水土保持、防沙治沙、草原建设等重大生态环境建设项目必须开展环境影响评价。评价中应注重水资源的合理配置及利用、生物多样性保护、外来物种入侵防范、水土保持、防止土地盐渍化等生态环境问题的评价分析。加强农村畜禽养殖场建设环境影响评价，严防农村非工业点源污染。

十、在青藏高原区的“江河源”等生态功能区应禁止任何导致生态功能严重退化的开发建设活动；牧业开发应避免盲目引种和超载过牧，确保生物安全，防止草场退化；禁止盲目垦荒，防止土地退化；严格控制新建对生态环境影响较大的矿业开发项目；水利水电及交通项目的选址和选线应注意对生物多样性、自然景观、生态脆弱地带、历史文物古迹的保护。

十一、在干旱、半干旱区严格控制开荒及增加引水量的农业开发项目，停止新上高耗水项目；在水生态问题突出的地区，停止新的加重水平衡失调的蓄水、引水和灌溉工程。发展节水灌溉及高效农业项目；引水、农田灌溉等水利项目环境影响评价中应重视流域水资源平衡，坚持“以水定规模”的原则，保护流域水质和保证生态用水，防止土地盐渍化；在矿业开发、石油天然气勘探和开采、交通及管道运输等项目的建设中，应保护地下水源，减小开挖面积，边施工边恢复；在干旱、半干旱地区采用生物与工程措施相结合的方式，防止水土流失。

十二、在西南山地地区的梯级电站开发中，应进行流域环境影响评价，注重珍稀动、植物保护，避开水生生物洄游、产卵场所及珍稀动、植物分布密集区域，严格控制阻断生物洄游通道的项目，必须建设的项目如阻断天然洄游通道时，应设置人工洄游通道或建设人工繁殖放养场所；影响到国家保护动、植物物种的建设项目，环境影响评价中应提出受影响物种的种群数量和分布范围，制定保护、防范和补救措施；交通、矿业开发及管道运输项目的环境影响评价中，应重视环境风险分析评价，预防项目建设和运营诱发泥石流、滑坡等地质灾害。

关于建设项目竣工环境保护验收实行公示的通知

（国家环保总局办公厅2003年3月28日　环办［2003］26号）

各省、自治区、直辖市环境保护局（厅）、新疆生产建设兵团、解放军环境保护局：

为落实《环境保护行政主管部门政务公开管理办法》（环发［2003］24号）和《国家环境保护总局机关政务公开实施方案（试行）》（环办［2002］148号），决定对建设项目竣工环境保护验收管理进行公示，现通知如下：

一、公示原则

1．建设项目环境保护验收公示工作坚持依法公开、民主监督、客观真实、注重实效的原则。

2．按我局政务公开的统一要求，遵循“谁主管、谁负责”的原则，建立监督责任制，确定责任人。

二、公示对象

国家环境保护总局负责受理环境保护验收的建设项目（不包括涉密建设项目）。

地方各级环境保护局负责受理环境保护验收的建设项目公示办法由负责受理的环境保护局自行规定。

三、公示时间要求

在完成建设项目竣工环境保护验收审批前向社会公示，公示时间为7天。

四、公示方式

将拟批准环境保护验收的建设项目名单按月在国家环境保护总局网站和《中国环境报》上公布，同时，将各建设项目环境保护执行基本情况等材料通过国家环境保护总局政府网站（www.sepa.gov.cn；www.zhb.gov.cn）和国家环境保护总局评估中心网站（www.china-eia.com）公布（保留时间1个月）。

公众关注程度较高的建设项目视情况还可在当地新闻媒体公示。

五、公示的操作程序

1．在建设项目竣工环境保护验收监测或调查中，承担监测或调查的单位应主动征求当地公众的意见，以召开座谈会、发放调查表或企业公示等其他形式征求意见，并在监测报告或调查报告中汇总、反馈给建设单位和负责验收的环境保护行政主管部门。

2．负责建设项目竣工环境保护验收监测或调查的单位在提交审核监测报告或调查报告的同时，提交相应的公示材料（包括电子文档）。

3．经审核，具备环境保护验收合格条件的项目，在办理建设项目竣工环境保护验收审批文件前，由总局监督管理司向总局办公厅提供建设项目公示材料（包括电子版），项目名单在总局网站和中国环境报公示；建设项目执行环境保护基本情况材料（包括电子文档）在总局网站和评估中心网站公示。

4．项目公示期间设立举报受理电话并有专人值班，同时设立公示意见箱和电子信箱。

六、公示意见的处理

1．负责建设项目竣工环境保护验收的管理人员，对反映的问题应及时调查核实，提出处理意见，并尽快向反映问题的人员、单位进行反馈。

2．公示期间反映的问题经查实后作为验收审批的依据。

七、各级环保行政主管部门要积极配合此项工作，及时反映有关情况

附件

一、公示材料的内容要求

根据《建设项目竣工环境保护验收管理办法》（国家环境保护总局第 13 号令）分类管理的要求，结合因排放污染物对环境产生污染和危害的建设项目和主要对生态环境产生制约的建设项目的工程特点，分别对其公示内容要求如下：

1．因排放污染物对环境产生污染和危害的建设项目

（1）项目基本情况：项目名称、规模、建设单位及建设地点、决算总投资及环境保护投资；开工时间、建成时间、试生产时间；投产时生产规模或能力、实际生产负荷；环评单位、设计单位、施工单位、验收监测单位。

（2）环境保护执行情况：环境影响评价和环境保护“三同时”制度执行情况；施工期和试运行期环境管理情况；环境保护设施及措施落实情况（新建、改扩建和“以新带老”环保设施），包括环境保护设施的台（套）数，环境保护管理、监测规章制度的建立和执行情况。

（3）验收监测结果：废气、废水等排放达标及总量控制情况和主要环境保护设施运转治理效率，厂界噪声达标情况，固废处置情况等，以及公众意见调查情况。

2．主要对生态环境产生影响的建设项目

（1）项目基本情况：项目名称、规模、建设单位及建设地点、决算总投资及环境保护投资；开工时间、建成时间、试运行时间；运营时生产规模或能力；环评单位、设计单位、施工单位、验收调查及监测单位。

（2）环境保护执行情况：环境影响评价和环境保护“三同时”制度执行情况；环评

报告书提出的生态保护及污染防治措施及有关批复意见的落实情况，施工期和试运行期环境管理情况及绿化情况，环境保护管理、监测规章制度的建立和执行情况。

（3）验收调查结果：调查报告主要调查结论，工程生态保护措施的落实情况及效果；污染设施各项污染物的达标情况；固废处置情况；公众意见调查情况等。

二、公示材料格式要求

公示材料字体统一采用仿宋体，工程名称为三号、黑体、居中，一级标题为四号、仿宋体加黑，其他均为普通四号字体。行间距为1.5倍行距。

海洋工程环境影响评价管理暂行规定

（国家海洋局 2004 年 11 月 17 日　国海环定［2004］503 号）

第一条　为加强海洋工程环境影响评价的管理，根据《中华人民共和国海洋环境保护法》、《中华人民共和国环境影响评价法》，制定本规定。

第二条　在中华人民共和国管辖海域内进行海洋工程建设活动的，适用本规定。

第三条　海洋工程的建设单位（以下简称建设单位）应当在可行性研究阶段，根据《海洋工程环境影响评价技术导则》，编制环境影响报告书（表），报有核准权的海洋主管部门（以下简称核准部门）核准。

第四条　国家海洋主管部门负责核准下列海洋工程环境影响报告书（以下简称“报告书”）：

（一）由国务院或者国务院授权有关部门批准立项的海洋工程；

（二）涉及国家海洋权益、国防安全、核设施等特殊性质的海洋工程；

（三）海洋油气矿产资源勘探开发、海洋固体矿产资源勘探开发工程；

（四）50 公顷以上的填海工程，100 公顷以上的围海工程；

（五）海洋能源开发利用的海洋工程；

（六）因需要经批准调整海洋功能区划的海洋工程；

（七）其他需由国家海洋主管部门核准的海洋工程。

前款规定以外的海洋工程报告书（表）由省级以下海洋主管部门核准。

海洋工程可能造成跨区域环境影响的，或者有关海洋主管部门对环境影响评价结论有争议的，其报告书（表）由共同的上一级海洋主管部门核准。

海洋主管部门在核准报告书（表）之前，必须征求同级海事、渔业行政主管部门和军队环境保护部门的意见，必要时应组织现场踏勘。

海洋主管部门应当将核准后的报告书（表）报同级环境保护行政主管部门备案。

第五条　从事海洋工程环境影响评价的单位，必须取得国家颁发的环评资质证书，并对环评结论负责。

用于环境影响评价的历史、现状等调查监测数据资料，应当由具有相应资质的监测机构提供。

第六条　编制环境影响报告表的项目，核准部门应当自收到申请文件、环境影响报告表及其他相关材料之日起 20 个工作日内作出是否予以核准的决定。

第七条　应当编制报告书的项目，首先应当编写环境影响评价大纲（以下简称“大纲”），报有核准权的海洋主管部门审查。

第八条 海洋主管部门应当自收到审查申请之日起 15 个工作日内邀请有关专家对大纲进行审查，并征求同级渔业、海事主管部门和军队环境保护部门的意见。

审查可以采取审查会、函审或者其他形式。采取审查会的形式进行审查的，应当由包括海洋化学、海洋水文、海洋生物、海洋地质等专业的不少于五人的单数专家组成专家评审组，出具专家评审意见，签署审查会专家评审意见签名表，并对评审意见负责。

第九条 建设单位应当将修改后的大纲报批稿一式 2 份连同文件一并报送核准部门备案，并附具对专家和部门意见采纳或者不采纳的说明，同时抄报渔业、海事主管部门和军队环境保护部门。

核准部门对大纲内容有异议的，应当自收到备案文件之日起 20 个工作日内提出处理意见并书面通知建设单位。逾期未提出处理意见的，视为同意，建设单位可以按照上报备案的大纲开展报告书的编制工作。

需要补充有关材料的，应当立即通知建设单位，备案时间从收到补充材料之日起重新计算。

第十条 上报报告书时，建设单位应当将报告书送审稿一式 4 份连同申请文件一并报送核准部门。有行业主管部门的，应当同时抄报其行业主管部门。

第十一条 核准部门应当自收到申请之日起 15 个工作日内组织召开评审会，听取有关专家和同级渔业、海事主管部门和军队环境保护部门的意见，并邀请有关省市海洋主管部门的代表参加。

第十二条 渔业、海事主管部门和军队环境保护部门应当填写《海洋工程建设项目环境影响报告书部门征求意见表》，并加盖单位公章，自评审会或预审会结束后 5 个工作日内反馈核准部门。逾期未反馈意见的，视为无意见。

第十三条 建设单位应当将修改后的报告书一式 3 份连同报批文件一并报送核准部门，并附具对专家和部门意见采纳或者不采纳的说明，同时抄送渔业、海事主管部门和军队环境保护部门。

渔业、海事主管部门和军队环境保护部门应当自收到报告书报批稿之日起 10 个工作日内对报告书的意见反馈核准部门，逾期视为无意见。

第十四条 建设单位将报告书报批稿报送核准部门时，应当同时抄送核准部门的下一级海洋主管部门。

下一级海洋主管部门应当自收到建设单位报告书报批稿及报批文件之日起 10 个工作日内提出补审意见报核准部门。

第十五条 核准部门应当自收到报告书之日起 60 个工作日内，作出是否予以核准的决定并书面通知建设单位。

第十六条 海洋工程项目自环境影响报告书（表）核准之日起超过 5 年尚未开发建设的，建设单位应当在开工建设前将原经批准的报告书（表）重新报原核准部门核准。

原核准部门应当自收到要求重新审核的申请及报告书（表）之日起 10 个工作日内，将审核意见书面通知建设单位，逾期未通知的视为审核同意。

第十七条 海洋工程项目的环境影响报告书（表）经核准后，工程的性质、规模、地点、生产工艺或者拟采取的环境保护措施等发生重大改变的，建设单位应当重新编制环境影响报告书（表），报原核准机关核准。

第十八条 海洋工程项目环境影响报告书（表）的核准工作实行定期备案制度，每半年备案一次。

地方各级海洋主管部门应当分别于每年的 7 月中旬和 1 月中旬前将环境影响报告书（表）的核准情况，包括环境影响报告书（表）、专家评审意见、核准意见等报上一级海洋主管部门备案。

省级海洋主管部门应当于每年的 7 月底和 1 月底前将其下级海洋主管部门环境影响报告书（表）的核准情况汇总后报国家海洋局。

第十九条 海岸工程建设项目报告书（表）的审核，由审批该项目报告书的环保主管部门的同级海洋主管部门负责。

海洋主管部门应当自收到申请材料之日起 20 日内提出审核意见并书面通知建设单位。具体程序可参照本规定执行。

第二十条 海洋石油勘探开发工程的环境影响评价，按《海洋石油开发工程环境影响评价管理程序》执行。

第二十一条 本规定自 2004 年 12 月 1 日起施行。

交通建设项目环境保护管理办法

（2003年5月13日交通部令，2003年第5号公布）

第一章 总 则

第一条 为加强交通建设项目环境保护管理，预防交通建设项目对环境造成不良影响，促进交通事业可持续发展，根据《中华人民共和国环境影响评价法》、《建设项目环境保护管理条例》，结合交通建设实际，制定本办法。

第二条 本办法所称“交通建设项目”，是指在中华人民共和国境内建设的对环境有影响的公路、水运工程建设项目。

第三条 交通部依照有关法律、行政法规和本办法对交通建设项目环境保护实施管理。交通部设置的交通环境保护机构具体负责全国交通建设项目环境保护的管理工作。

县级以上地方人民政府交通主管部门依照有关法律、行政法规和本办法对本行政区域内交通建设项目环境保护实施管理。省、自治区、直辖市人民政府交通主管部门可设置交通环境保护机构具体负责本行政区域内交通建设项目环境保护管理工作。

第四条 县级以上人民政府交通主管部门应当将交通建设项目环境保护工作纳入本部门的工作计划，采取有利于交通建设项目环境保护的经济、技术政策和措施，使交通建设项目环境保护工作同交通建设相协调。

第五条 交通建设项目环境影响评价应当避免与交通建设规划的环境影响评价相重复，已经进行了环境影响评价的交通建设规划所包含的具体交通建设项目，其环境影响评价内容可以简化。

第六条 对交通建设项目环境保护工作成绩显著的单位和个人，县级以上人民政府交通主管部门或者其交通环境保护机构予以表彰和奖励。

第二章 环境影响评价程序

第七条 县级以上人民政府交通主管部门应当按照国家规定的环境影响评价制度和建设项目环境保护分类管理名录，对交通建设项目的环境保护实行分类管理。

未按照国家规定进行环境影响评价的交通建设项目，县级以上人民政府交通主管部门不予审批工程可行性研究报告和初步设计。

第八条 建设单位应当在交通建设项目可行性研究阶段报批建设项目环境影响报告

书、环境影响报告表或者环境影响登记表。经交通环境保护机构审核，并经有审批权的环境保护行政主管部门同意，可在初步设计完成前报批建设项目环境影响报告书或者环境影响报告表。

按照国家有关规定，不需要进行可行性研究的交通建设项目，建设单位应当在交通建设项目开工前报批建设项目环境影响报告书、环境影响报告表或者环境影响登记表。

第九条 交通建设项目环境影响报告书、环境影响报告表或者环境影响登记表的内容和格式，应当符合国家有关规定及技术规范的要求。

涉及水土保持的交通建设项目，环境影响报告书或者环境影响报告表必须有水土保持方案。

第十条 根据《中华人民共和国环境影响评价法》第二十二条第一款和《建设项目环境保护管理条例》第十条的规定，需报环境保护行政主管部门审批的交通建设项目，其环境影响报告书、环境影响报告表或者环境影响登记表，必须事先经同级交通主管部门预审。

第十一条 交通主管部门应当自收到建设项目环境影响报告书之日起三十日内、环境影响报告表十五日内、环境影响登记表十日内，提出同意或者不同意的预审意见，按有关规定报有审批权的环境保护行政主管部门审批。

第十二条 交通建设项目环境影响报告书、环境影响报告表或者环境影响登记表经批准后，建设项目的性质、规模、地点、采用的施工工艺发生重大变动或者超过五年后开工建设的，应当重新办理报批手续。

第十三条 建设单位向县级以上人民政府交通主管部门申请交通建设项目环境影响评价预审，应当按规定提交有明确的建设项目环境影响评价结论的建设项目环境影响报告书、环境影响报告表或者环境影响登记表；按规定应当提交环境影响报告书的，还应当附具有关单位、专家和公众的意见及对有关意见采纳或者不采纳的说明。

第十四条 交通建设项目环境影响评价工作，由建设单位自主选择熟悉交通建设项目施工工艺、污染排放和生态损害及其防治对策，具备交通建设项目工程分析能力，依法取得相应的资格证书，并向交通主管部门办理备案手续的机构承担。

县级以上人民政府交通主管部门不得为建设单位指定任何机构进行交通建设项目环境影响评价。

第十五条 交通建设项目环境影响评价机构应当按照国家有关规定和资格证书确定的等级、评价范围，从事交通建设项目环境影响评价服务，并对评价结论负责。

第三章　环境保护设施

第十六条 交通建设项目需要配套建设的环境保护工程，必须与主体工程同时设计、同时施工、同时投入使用。

第十七条 交通建设项目的初步设计，应当按照交通行业环境保护设计规范及其他有关技术规范的要求，编制环境保护篇章，并依据经批准的建设项目环境影响报告书或者环境影响报告表，在环境保护篇章中落实防治环境污染和生态破坏的措施以及环境工程投资概算。

第十八条 省级以上人民政府交通主管部门按规定组织交通建设项目的初步设计审查，应当有交通环境保护机构参加。

交通建设项目初步设计的环境保护篇章不符合规定要求的，不得通过初步设计审查。

第十九条 交通建设项目的主体工程完工后，需要进行试运营的，其配套建设的环境保护设施必须与主体工程同时投入试运营。

第二十条 交通建设项目竣工后，建设单位应当向审批该建设项目环境影响报告书、环境影响报告表或者环境影响登记表的环境行政主管部门申请环境保护设施竣工验收，同时报县级以上人民政府交通主管部门。

省级以上人民政府交通主管部门按规定组织交通建设项目的竣工验收，应当有交通环境保护机构参加。

第二十一条 交通建设项目需要配套建设的环境保护设施经验收合格后，该建设项目方可正式投入生产或者使用。

第二十二条 交通建设项目的后评估文件应当有环境保护篇章。重大交通建设项目应当进行专项环境后评估，评估费用在建设项目工作经费中列支。

第四章　罚　则

第二十三条 违反本办法有关规定，交通环境保护机构可以建议环境保护行政主管部门依法给予行政处罚。

第二十四条 县级以上人民政府交通主管部门及其交通环境保护机构的工作人员违反本办法及其他国家有关规定，滥用职权、玩忽职守、徇私舞弊，依法给予行政处分。

第五章　附　则

第二十五条 本办法由交通部负责解释。

第二十六条 本办法自2003年6月1日起施行。交通部1990年6月16日发布的《交通建设项目环境保护管理办法》同时废止。

农业基本建设项目管理办法

（2004年7月12日农业部令第39号发布，自2004年9月1日起施行）

第一章　总　则

第一条　为加强农业基本建设项目管理，规范项目建设程序和行为，提高项目建设质量和投资效益，根据国家有关规定，制定本办法。

第二条　本办法适用于农业部管理的基本建设投资及其项目的申请、安排、实施和监督管理。

第三条　农业基本建设投资实行统一计划，集中管理，分工负责，分级实施的管理体制。

第四条　农业部负责制定农业基本建设投资计划，审批基本建设项目，管理基本建设项目的基建财务、招标投标、工程监理、竣工验收及监督检查等工作。

省级人民政府农业行政主管部门负责本辖区农业基本建设项目的规划布局、前期工作、组织实施、配套资金、监督检查等工作。

第五条　农业基本建设项目实行领导责任制。

各级农业行政主管部门负责人对本辖区农业建设项目的实施负领导责任。

项目建设单位的法定代表人对项目申报、实施、质量、资金管理及建成后的运行等负总责。

项目勘察设计、施工、监理等单位法定代表人按照各自职责对所承建项目的工程质量负终身责任。

第六条　农业基本建设要严格遵循基本建设程序。

基本建设程序包括提出项目建议书、编制可行性研究报告、进行初步设计、施工准备、建设实施、竣工验收、后评价等阶段。

小型和限额以下项目，可根据实际需要适当合并简化程序。

第七条　县级以上人民政府农业行政主管部门要加强农业基本建设管理队伍的建设，定期培训基本建设管理人员，提高项目管理水平。

第二章　项目前期工作

第八条　农业基本建设项目必须严格按基本建设程序做好前期工作。

项目前期工作包括项目建议书、可行性研究报告、初步设计的编制、申报、评估及审批，以及提出开工报告、列入年度计划、完成施工图设计、进行建设准备等工作。

第九条 项目建设单位根据建设需要提出项目建议书。项目建议书必须对项目建设的必要性、可行性、建设地点选择、建设内容与规模、投资估算及资金筹措，以及经济效益、生态效益和社会效益估计等作出初步说明。

项目建议书应由建设单位或建设单位委托有相应工程咨询资质的机构编写。

第十条 项目建议书批准后，建设单位在调查研究和分析论证项目技术可行性和经济合理性的基础上，进行方案比选，并编制可行性研究报告。

可行性研究报告的主要内容包括总论、项目背景、市场供求与行业发展前景分析、地点选择与资源条件分析、工艺技术方案、建设方案与内容、投资估算与资金筹措、建设期限与实施计划、组织机构与项目定员、环境评价、效益与新增能力、招标方案、结论与建议等。

农业建设项目可行性研究报告应由具有相应工程咨询资质的机构编写。技术和工艺较为简单、投资规模较小的项目可由建设单位编写。

第十一条 项目可行性研究报告批准后，建设单位可组织编制初步设计文件。项目初步设计文件根据项目可行性研究报告内容和审批意见，以及有关建设标准、规范、定额进行编制，主要包括设计说明、图纸、主要设备材料用量表和投资概算等。

项目初步设计文件批准后，可进行施工图设计。

初步设计和施工图设计文件应由具有相应工程设计资质的机构编制，并达到规定的深度。

第十二条 重要农业基本建设项目的项目建议书、可行性研究报告在审批前，由农业部发展计划司会同有关行业司局统一组织评估。具体工作委托有相应工程咨询资质的机构承担。

农业部根据项目建议书、可行性研究报告评估结果、投资政策、投资规模、以往项目执行情况对项目进行审查，按照审批权限办理项目建议书、可行性研究报告审批。

第十三条 农业部和省级人民政府农业行政主管部门按照以下权限对初步设计进行评估和审批：

地方和直属直供垦区承担的中央投资 600 万元以上的项目，以及农业部直属单位承担的项目，由农业部评估和审批；中央投资 600 万元以下的项目，由省级人民政府农业行政主管部门评估和审批，批复文件抄报农业部备案。

第十四条 项目可行性研究报告总投资变更超过批准的项目建议书总投资 10%以上，或初步设计概算总投资变更超过批准的可行性研究报告总投资 10%以上的，要重新向原审批机关报批项目建议书或可行性研究报告；施工图预算总投资变更超过批准的初步设计概算总投资 5%以上的，要重新向原审批机关报批初步设计文件。

第十五条 各级农业行政主管部门要规范农业基本建设申报审批程序，明确职责，提高项目科学决策水平。

农业基本建设项目申报审批管理规定由农业部另行制定。

第三章　投资计划

第十六条　农业部根据国家固定资产投资、基本建设项目管理、农业产业和农村经济发展有关法律、法规和政策，编制农业基本建设投资计划，并组织实施。

第十七条　农业基本建设投资主要用于需要中央投资建设的公益性、基础性和示范引导性农业项目。农业基本建设投资原则上须形成新的固定资产和生产（业务）能力，不得将下列项目列入农业基本建设投资计划：

（一）投资在 5 万元以下（含 5 万元）的零星单台（件）设备、仪器、器具购置和单项土建工程项目；（二）按规定由生产费用、行政费用，科研、教育、培训、技术推广及其他行政、事业、外事费用列支的项目；（三）未按规定完成前期工作、前期工作深度不够或未按规定程序申报和审批的项目；（四）其他按照国家有关规定不能在中央预算内基本建设投资中安排的项目或列支的费用。

第十八条　农业部发展计划司在综合有关司局意见的基础上，于每年第三季度编制下一年度农业基本建设投资计划草案，经农业部常务会议审议通过后，报国家发展和改革委员会。

农业部发展计划司在国家发展和改革委员会安排农业部年度投资计划总量内，于每年 4 月底前编制本年度农业基本建设投资计划总体方案，报农业部常务会议审定。

第十九条　建设项目必须在完成全部前期工作，并按规定程序获得批准后，方可列入年度投资计划。

农业基本建设项目投资计划按建设进度统一分批下达。

第二十条　农业基本建设投资必须专款专用，任何单位、组织和个人不得挤占、挪用、截留和滞留。

第二十一条　项目建设过程中因客观原因造成的超概算投资，必须经农业部发展计划司审核并报部领导批准后，方可追加投资。

建设过程中因申报漏项、自行变更建设性质和地点、提高建设标准、扩大建设规模以及管理不善等造成的超概算投资，由建设单位自行负责，一律不再追加投资。

第四章　项目实施

第二十二条　农业基本建设项目的实施必须严格执行招标投标、工程监理、合同管理及竣工验收制度。

农业基本建设项目的工程建设要坚持先勘察、后设计、再施工的原则，严禁边勘察、边设计、边施工。

第二十三条　农业基本建设项目的勘察、设计、施工、监理和与工程建设有关的重要仪器、设备、材料的采购要依法实行招标。

符合下列条件之一的农业基本建设项目必须进行公开招标，确需邀请招标或不进行招标的必须经项目审批部门批准：（一）施工单项合同估算价在 200 万元人民币以上的；

（二）仪器、设备、材料采购单项合同估算价在 100 万元人民币以上的；（三）勘察、设计、监理等服务的采购，单项合同估算价在 50 万元人民币以上的；（四）单项合同估算低于本条第二款（一）、（二）、（三）项规定的标准，但项目总投资额在 3000 万元人民币以上的。

农业基本建设项目招标投标管理规定由农业部另行制定。

第二十四条 农业基本建设项目的施工依照有关规定由具备相应资质的监理单位进行监理。

土建或田间工程总投资在 100 万元以上的农业基本建设项目，或房屋类建筑面积在 1000 平方米以上的农业基本建设项目，必须由监理单位进行监理。

第二十五条 建设单位应严格审查监理单位的资质，依照有关规定确定相应资质的监理单位承担农业基本建设项目的工程监理工作。

第二十六条 监理机构受建设单位委托，对工程质量、投资使用、建设进度等内容进行监督管理。监理机构必须严格遵守工程建设和监理的有关法律、法规、标准和技术规范，独立履行监督职责。

第二十七条 农业基本建设项目的勘察、设计、施工、监理、设备材料采购都要依法订立合同，明确质量要求、履约担保和违约责任。

第二十八条 建设单位要按规定通过招标确定施工单位。建设单位必须将工程发包给具有相应资质的施工单位，不得将工程肢解发包、转包和违法分包，不得迫使承包方以低于成本的价格竞标，不得任意压缩合理工期。

第二十九条 建设单位必须在项目纳入农业部年度投资计划并下达第一次项目投资计划后的 6 个月内开工。因故不能按期开工的，必须向农业部发展计划司申请延期开工；延期以两次为限，每次不超过 3 个月。农业部第一次下达项目投资计划后，既不开工又不申请延期，或者因故不能按期开工超过 6 个月的，农业部将暂停下达项目投资计划，责令限期整改；整改达不到要求的，撤销建设项目，收回已下达的投资。

第三十条 建设单位必须严格执行审批文件，不得擅自变更建设地点、建设性质、建设内容、建设规模、建设标准等。确因客观原因需变更的项目，按程序向原项目审批单位申请办理变更。

第三十一条 建设单位要督促施工单位和监理机构履行职责，加强对施工各环节的质量监控，确保工程建设质量。

建设单位要会同监理机构监督施工单位严格按照设计图纸、施工标准和规范进行施工，督促施工单位建立健全工程质量保证体系、现场工程质量自检制度、重要结构部位和隐蔽工程质量预检复检制度。

建设单位要建立健全设备材料质量检查制度，严禁施工单位使用不合格或不符合设计和施工规定的材料和设备。

第三十二条 建设单位必须建立健全基本建设资金管理制度，严格执行国家有关基本建设财务管理的规定。

建设资金必须按规定专账管理，专款专用。

第三十三条 建设单位必须按照批准文件规定的期限完成各项建设内容。

项目建成后，项目所在地省级人民政府农业行政主管部门、农业部行业司局和发展计划司，按照项目隶属关系、职能分工和审批权限，及时组织项目的竣工验收，并对重点建设项目做好后评价工作。

农业基本建设项目竣工验收管理规定由农业部另行制定。

第三十四条 项目验收合格后，建设单位要及时办理竣工财务决算审批，并根据批复的竣工财务决算，办理固定资产移交手续。

对项目建设形成的固定资产，未经项目原审批机关及国有资产管理部门审批同意，任何单位不得随意变更用途或擅自处置。

第三十五条 建设单位应按照国家有关规定建立健全项目档案，及时收集、整理、归档从项目提出到工程竣工验收各环节的文件资料，并在项目竣工验收后，及时按规定将全部档案移交有关部门。

第五章 监督管理

第三十六条 县级以上人民政府农业行政主管部门，按照职责分工依法加强项目监督检查，确保工程质量、建设进度和资金的合理、安全使用，提高投资效益。

建设单位要配合有关部门做好项目监督检查工作。

第三十七条 农业部根据需要组织农业基本建设项目的专项检查。

省级人民政府农业行政主管部门和农业部直属单位要定期组织项目检查。

农业建设项目监督检查规定由农业部另行制定。

第三十八条 县级以上人民政府农业行政主管部门对年度投资计划执行不力，不履行基本建设程序，擅自变更建设地点、建设性质、建设内容、建设标准和投资规模，挤占、挪用、截留、滞留建设资金或不落实配套资金，以及有其他严重问题的项目和单位，视情节轻重采取限期整改、通报批评、停止拨款、撤销项目、收回投资、停止安排新建项目等措施，并建议追究有关单位责任人的责任。

第三十九条 农业部建立农业基本建设项目管理信息系统。省级人民政府农业行政主管部门和农业部直属单位要定期报送有关项目信息。

第六章 附 则

第四十条 本办法所称农业基本建设项目，是指全部或部分使用农业部管理的基本建设投资，以扩大生产（业务）能力或新增工程效益、增强农业发展后劲和事业发展能力为主要目的而实施的新建、改扩建、续建工程项目。主要包括种植业、畜牧业、渔业、农垦、农机、乡镇企业等行业的项目，以及农业部管理的科研教育、生态环保、农村能源、社会化服务、市场、信息、质量安全等项目。

第四十一条 本办法所称农业基本建设投资，是指农业部安排的用于农业基本建设项目的资金，包括中央预算内基本建设资金、中央预算内专项（国债）资金，以及地方人民政府和建设单位与之配套的项目建设资金。

第四十二条 本办法所称省级人民政府农业行政主管部门，是指各省、自治区、直辖市、计划单列市人民政府及新疆生产建设兵团直属的农业（农牧、农林）、畜牧、渔业（海洋渔业）、农垦、农机、乡镇企业等主管部门。

第四十三条 本办法所称“以上”包括本数。

第四十四条 本办法自2004年9月1日起施行。《农业部基本建设计划管理办法》（农计发［2002］17号）同时废止。

铁路建设管理办法

（2003年7月31日铁道部令 第11号公布）

第一章 总 则

第一条 为加强铁路建设管理，规范铁路建设行为，提高铁路建设水平，根据《中华人民共和国铁路法》、《中华人民共和国招标投标法》、《建设工程质量管理条例》、《建设工程勘察设计管理条例》等有关法律、法规，制定本办法。

第二条 本办法所称铁路建设是指新建、改建铁路建设项目的立项决策、勘察设计、工程实施、竣工验收等全部建设活动。

第三条 本办法适用于中华人民共和国境内的铁路建设活动。

第四条 铁路建设必须贯彻执行国家有关方针政策，严格执行国家法律、法规和国务院铁路主管部门的规章及工程建设强制性标准，严格执行国家规定的建设程序。

第五条 铁路建设应坚持科技创新，积极采用现代管理方法，推广使用先进技术、先进设备、先进工艺、新型建筑材料，不断提高建设水平。

第六条 铁路建设应高度重视环境保护、水土保持和防灾减灾工作，节约能源和土地，做好文物保护。

第七条 铁路建设实行招标投标制、工程监理制、合同管理制、质量监督制。

第八条 铁路建设必须加强质量、安全管理，保证工程质量，保护人民生命和财产安全。

第九条 从事铁路建设的项目管理、勘察设计、工程施工和监理、咨询等活动的企业和主要从业人员，必须按规定取得相应专业资质和个人执业资格，在批准的资质和资格范围内从业，接受国务院铁路主管部门依法进行的监督、检查。

第十条 国务院铁路主管部门负责全国铁路建设工作的监督管理。

第二章 建设程序

第十一条 铁路建设程序包括立项决策、设计、工程实施和竣工验收。

第十二条 立项决策阶段。依据铁路建设规划，对拟建项目进行预可行性研究，编制项目建议书；根据批准的铁路中长期规划或项目建议书，在初测基础上进行可行性研究，编制可行性研究报告。项目建议书和可行性研究报告按国家规定报批。

工程简易的建设项目，可直接进行可行性研究，编制可行性研究报告。

第十三条 设计阶段。根据批准的可行性研究报告，在定测基础上开展初步设计。初步设计经审查批准后，开展施工图设计。

工程简易的建设项目，可根据批准的可行性研究报告，直接进行施工图设计。

第十四条 工程实施阶段。在初步设计文件审查批准后，组织工程招标投标、编制开工报告。开工报告批准后，依据批准的建设规模、技术标准、建设工期和投资，按照施工图和施工组织设计文件组织建设。

第十五条 竣工验收阶段。铁路建设项目按批准的设计文件全部竣工或分期、分段完成后，按规定组织竣工验收，办理资产移交。

第三章 项目管理机构及职责

第十六条 铁路建设项目的建设管理单位是建设项目的组织实施机构，是实现建设目标的直接责任者。建设管理单位由建设项目投资人选择或组建。建设项目投资人按权力和责任统一的原则，明确建设管理单位的职责和权限，并监督其完成建设工作。

第十七条 中央政府直接投资的铁路建设项目，由国务院铁路主管部门根据建设项目的特点，选择建设管理单位。

实行项目法人责任制的铁路建设项目，由项目法人选择或组建建设管理单位。

其他铁路建设项目，按国家规定并参照本办法选择或组建建设管理单位。

第十八条 铁路建设管理单位必须是依法设立、从事铁路建设业务的企业或具有独立法人资格的事业单位，并满足下列条件：

（一）具有管理同类建设项目的工作业绩，其负责建设的项目工程质量合格、投资控制良好，经运输检验，没有质量隐患。

（二）具有与建设项目相适应、专业齐全的技术、经济管理人员。其中：单位负责人、技术负责人、财务负责人，必须具有大专以上学历，熟悉国家和国务院铁路主管部门有关铁路建设的方针、政策、法规和规定，有较高的政策水平。

单位负责人必须有较强的组织能力，具有建设项目管理工作的经验，或担任过同类建设项目施工现场高级管理职务，并经实践证明是称职的项目高级管理人员。

主要技术负责人必须熟悉铁路建设的规程规范，具有建设项目技术管理的实践经验，或担任过同类建设项目的技术负责人，并经实践证明是称职的。

主要财务负责人必须熟悉铁路建设的财务规定，具有建设项目投资控制和财务管理的实践经验，或担任过同类建设项目财务负责人，并经实践证明是称职的。

（三）具有与建设项目建设管理相适应的技术、质量和经济管理机构，能够确保建设项目的质量、安全等符合国家规定，良好地控制工程投资，依法进行财务管理和会计核算。

第十九条 建设管理单位的主要职责：

（一）贯彻国家和国务院铁路主管部门的有关工程建设的方针、政策、法规和规定，按照批准的建设规模、技术标准、建设工期和投资，组织铁路工程项目建设，就工程质量、安全、工期、投资等全过程对委托方负责；

（二）组织勘察设计招标，组织实施勘察设计、工程地质勘察监理和设计咨询工作；

（三）组织施工、监理、物资设备采购招标，与中标企业签订合同；

（四）办理工程质量监督手续；

（五）负责项目的征地、拆迁工作，负责审批建设项目中单项工程开工（复工）报告；

（六）组织编制工程项目施工组织设计；

（七）负责审核施工图，供应设计文件，组织工程设计现场技术交底；

（八）编报工程项目年度建设计划及建设资金预算建议；

（九）组织、协调工程建设中出现的问题，负责统计、报告工程进度；

（十）按规定办理变更设计；

（十一）按规定组织或参与对工程质量、人身伤亡和行车安全等事故的调查和处理；

（十二）负责工程项目的财务管理工作，按规定使用建设资金，办理与工程项目有关的各种结算业务；

（十三）负责验工计价，及时办理工程价款等资金的拨付与结算；

（十四）负责工程竣工验收前期工作，组织编制工程竣工文件和竣工决算，组织编写工程总结。

第四章　招标投标与合同管理

第二十条　铁路建设必须按照社会主义市场经济体制的要求，构建统一、开放、有序的铁路建设市场。

第二十一条　铁路建设项目工程勘察设计、施工、监理以及工程建设有关的重要物资、设备等采购，应当依法进行招标投标。

第二十二条　铁路建设工程招标投标活动应当遵循公开、公平、公正和诚实信用的原则。

第二十三条　铁路建设工程招标投标活动不受地区或部门限制，任何单位和个人不得违法限制或排斥本地区、本系统以外的具备相应资格的企业或其他组织参加投标，不得以任何方式非法干涉招标投标活动。

任何单位和个人不得将依法必须招标的铁路建设项目化整为零或以其他任何理由规避招标。

第二十四条　铁路建设工程招标投标活动受国家法律保护，招标投标活动及其当事人应当接受国务院铁路主管部门及其委托部门的监督。

第二十五条　建设管理单位不得要求中标企业分割标段；勘察设计、施工企业不得转包或违法分包承接的铁路建设工程业务；监理企业不得转让承接的铁路建设工程监理业务。

第二十六条　招标确定中标人后，建设管理单位和中标人必须在规定的时限内，按照招标投标文件约定的合同条款，签订书面合同，明确当事人双方的权利和义务。当事人应严格履行合同约定，违约方必须承担相应的经济、法律责任。

第二十七条 铁路建设勘察设计、施工、监理承包实行履约担保制度，积极推行保险制度。

第二十八条 铁路建设实行合同备案制度，合同签定 15 日内，建设管理单位应向国务院铁路主管部门或其指定单位备案。

第五章 勘察设计管理

第二十九条 铁路建设工程勘察设计应当与社会、经济发展水平及铁路发展目标相适应，遵循经济效益、社会效益和环境效益统一的原则。

第三十条 铁路建设工程勘察设计应认真贯彻执行国家和国务院铁路主管部门颁布的技术政策、工程建设强制性标准和国家有关部门关于项目建议书、可行性研究报告和初步设计审查批复意见。

第三十一条 铁路建设工程勘察设计按有关规定实行招标投标制度、工程地质勘察监理制度、设计咨询制度和设计文件审查制度。

第三十二条 承担铁路建设工程勘察设计的企业必须加强技术管理和质量管理。工程地质勘察资料必须真实、准确；设计工作应认真做好经济社会调查，运用系统工程理论，综合考虑运输能力、运输质量、建设规模和投资，推荐先进适宜的技术标准。在充分进行方案论证和经济技术比较的基础上，推荐最佳设计方案。

第三十三条 铁路建设工程设计文件必须达到规定的深度，初步设计概算静态投资与批复可行性研究报告静态投资的差额一般不得大于批复可行性研究报告静态投资的10%。

第三十四条 铁路建设工程设计选用的材料、设备，应当注明其规格、型号、性能等技术指标，其质量要求必须符合国家规定的标准。

除有特殊要求的建筑材料、专用设备和工艺生产线等外，设计单位不得指定生产厂、供应商。

第三十五条 铁路建设项目开工前，勘察设计企业必须按勘察设计合同约定，向施工、监理企业说明设计意图，解释设计文件，并选派设计代表机构与人员常驻现场，及时解决施工中出现的勘察设计问题，完善和优化勘察设计，并按规定进行变更设计。

第三十六条 铁路建设工程勘察、设计取费，按国家和国务院铁路主管部门有关规定实行优质优价。

第六章 施工管理

第三十七条 承担铁路建设项目的工程施工承包企业必须执行国家有关质量、安全、环境保护等法律、法规，接受相关部门依法进行的监督、检查。

第三十八条 工程施工承包企业必须履行合同，按照合同约定，组建现场管理机构，配备相应的工程技术人员、施工力量和机械设备。

第三十九条 工程施工承包企业必须详细核对设计文件，依据施工图和施工组织设计施工。对设计文件存在的问题以及施工中发现的勘察设计问题，必须及时以书面形式通知设计、监理和建设管理单位。

第四十条 工程施工承包企业必须建立质量责任制，强化质量、安全管理，建立健全质量、安全保证体系，开展文明施工，推行标准化工地建设。

第四十一条 工程施工承包企业对工程施工的关键岗位、关键工种，必须严格执行先培训后上岗的制度。

第四十二条 工程施工承包企业必须对建筑材料、混凝土、构配件、设备等按规定进行检查和检验，严禁使用不合格的材料、产品和设备。

第四十三条 工程施工承包企业不得转包和违法分包工程。确需分包的工程，应在投标文件中载明，并在签定合同中约定。工程施工承包企业对分包工程的质量、安全负责。

第四十四条 工程施工承包企业在工程施工中应准确填写各种检验表格，按规定编制竣工文件。

第七章　监理管理

第四十五条 铁路建设工程监理实行总监理工程师负责制和监理执业人员持证上岗制。

第四十六条 工程监理必须执行铁路建设有关规程规范，依据设计文件、工程质量检验评定标准进行监理。

第四十七条 监理企业必须按照监理合同和投标承诺，设置现场监理机构，配备总监理工程师、专业监理工程师以及必需的检测设备。

第四十八条 施工现场应建立总监理工程师、监理工程师、监理员各负其责的工程监理体系，现场监理人员的配置必须满足监理工作需要，涉及工程结构安全的关键工序和隐蔽工程，必须实行旁站监理。

第四十九条 监理人员必须认真审阅、检查设计文件，依据设计文件和施工组织设计实施监理，对发现的勘察设计问题，必须及时以书面形式通知设计和建设管理单位。

第五十条 建筑材料、构配件和设备必须经监理工程师检查签字后方可使用或安装，涉及工程结构安全的关键工序和隐蔽工程，必须经监理工程师签字后方可进行下一道工序作业。

第五十一条 建设管理单位拨付工程款之前，验工计价文件应经总监理工程师签认。

第八章　质量管理

第五十二条 铁路建设应严格遵守《建设工程质量管理条例》，建设管理单位和勘察设计、施工、监理企业依法承担相应的质量责任。

第五十三条 铁路建设实行工程质量监督制度，铁路工程质量监督机构及派出单位依法对铁路建设工程质量实施监督。建设管理单位必须在工程项目开工前，按规定办理质量监督手续。

第五十四条 铁路建设工程质量事故的报告、调查和处理，执行国家和国务院铁路主管部门的有关规定。发生工程质量事故，建设管理单位和施工、监理企业必须按规定及时报告，并组织或协助调查处理。严禁延误报告或隐瞒不报。

工程质量事故处理资料应作为竣工资料移交接管单位。

第五十五条 铁路建设实行工程质量保修制度。工程施工承包企业应对保修范围和保修期限内发生的质量问题，按规定履行保修义务，并对造成的损失承担赔偿责任。

第九章 安全管理

第五十六条 铁路建设必须严格执行《中华人民共和国安全生产法》和其他有关安全生产的法律、法规，严格执行保障安全生产的国家标准和国务院铁路主管部门制定的有关安全规定。

第五十七条 铁路建设的建设管理、勘察设计、施工、监理企业，应当建立健全劳动安全教育培训制度，加强对职工安全生产的教育培训，未经安全生产培训的人员，不得上岗作业。

第五十八条 铁路建设实行安全责任制和事故责任追究制度，依法追究事故责任人员的法律责任。

第五十九条 铁路建设项目安全设施必须与主体工程同时设计、同时施工、同时竣工，经验收合格后方可投入正式运营。

第六十条 严格安全事故报告、调查和处理制度，发生安全事故的工程施工承包企业、建设管理单位及监理企业等均必须按规定及时报告，并协助调查和处理。严禁延误报告和隐瞒不报。

第六十一条 承担既有线改建的建设管理单位和勘察设计、施工、监理企业，必须严格执行国务院铁路主管部门关于既有线施工的规章制度，接受运营单位的指导和监督，确保运输和施工安全。

既有线改造过渡工程必须经验收合格后方可开通运营。

第十章 建设资金管理

第六十二条 铁路建设应合理确定建设项目投资，建设项目初步设计批准概算静态投资超出批复可行性研究报告静态投资的部分不应大于批复可行性研究报告静态投资的10%，因特殊情况而超出者，须报原可行性研究报告批准单位批准。

第六十三条 铁路建设必须严格控制工程投资，避免损失和浪费，提高投资效益。除政策和特殊原因外，不得调增建设项目初步设计批准概算。

第六十四条 铁路建设必须严格执行国家有关财务管理制度，加强资金管理。

第六十五条 铁路建设项目的财政投资，必须按规定编制建设资金预算，严格执行批准预算。

第六十六条 铁路建设必须严格执行有关建设资金支付规定，严格按照合同约定拨付工程价款，不得超拨，也不得拖欠。严禁挤占、截留或挪用建设资金。

第六十七条 铁路建设资金的使用和管理，依法接受审计和监督检查。

第十一章 竣工验收

第六十八条 铁路建设项目按批准的设计文件建成后，必须按国家规定验收。未经验收或验收不合格的，不得交付使用。

第六十九条 铁路建设项目由验收机构组织验收，验收机构按国家规定设立。验收包括初验、正式验收和固定资产移交。限额以下项目和小型项目可一次验收。

第七十条 建设管理单位确认建设项目达到初验条件后提出申请初验报告，验收机构认为达到初验标准后，组织对项目进行初验；初验合格后，方可交付临管运营。

第七十一条 正式验收原则上在初验一年后进行。验收机构认为建设项目达到正式验收标准后，组织验收。验收合格后交付正式运营。

第七十二条 建设项目正式验收合格后，按规定办理固定资产移交工作。

第十二章 罚 则

第七十三条 参与铁路建设活动的单位和个人，在铁路建设中发生违规违法行为的，依法承担相应的行政、经济和法律责任。

国务院铁路主管部门及其委托部门对违反本办法的行为进行行政处罚。

第七十四条 铁路建设管理单位违反本办法规定，有下列行为之一者，责令改正；情节严重的，降低资质等级；对直接责任人员依法给予行政处罚；构成犯罪的，依法追究刑事责任。

（一）必须招标的建设工程项目不进行招标，或违法、违规进行招标，或将工程项目发包给不具有相应资质条件的承包单位；

（二）不履行建设管理单位职责，造成延误工期、工程质量低劣或发生重大质量、安全事故；

（三）未按规定办理工程质量监督手续擅自开工；

（四）建设项目未经验收或验收不合格，擅自交付使用；

（五）擅自扩大建设项目规模、提高或降低建设标准；

（六）挤占、截留或挪用建设资金；

（七）未按批准的工期组织建设，盲目压缩工期，造成工程质量低劣，发生重大质量、安全事故；

（八）其他违法违规行为。

第七十五条 勘察设计企业承担铁路工程勘察设计业务违反本办法规定，有下列行为之一者，责令改正；情节严重的，暂停投标资格，由资质审批部门降低铁路专业资质等级直至撤销资质；对直接责任人员依法给予行政处罚；构成犯罪的，依法追究刑事责任。

（一）超越资质等级许可的范围承揽铁路工程勘察设计业务，允许其他单位或者个人以本单位名义承揽铁路勘察设计业务，将所承揽的铁路勘察设计业务进行转包或违法分包；

（二）未按照工程建设强制性标准进行设计，或未根据勘察成果资料进行工程设计；

（三）设计失误，造成严重经济损失；

（四）未按规定进行变更设计；

（五）其他违法违规行为。

第七十六条 工程施工承包企业承担铁路建设项目工程施工业务违反本办法规定，有下列行为之一者，责令改正；情节严重的，暂停投标资格，由资质审批部门降低铁路专业资质等级直至撤销资质；构成犯罪的，依法追究刑事责任。

（一）违法、违规参加工程投标，以非法手段中标；允许其他单位或者个人以本单位名义承揽铁路工程施工业务，转包或违法分包工程；

（二）未按照设计文件、施工技术标准施工；施工中偷工减料，使用不合格的建筑材料、建筑构配件和设备；施工现场管理混乱，造成工程质量低劣和安全隐患；

（三）不履行合同和投标承诺，不履行保修义务；

（四）不接受工程质量监督机构监督，不接受监理单位检查；

（五）发生重大工程质量事故或重大安全事故隐瞒不报、谎报或拖延报告；

（六）发现设计文件错误不报，造成工程质量低劣和安全隐患；

（七）其他违法违规行为。

第七十七条 工程监理企业承担铁路工程监理业务违反本办法规定，有下列行为之一者，责令改正；情节严重的，暂停投标资格，由资质审批部门降低铁路专业资质等级直至撤销资质；构成犯罪的，依法追究刑事责任。

（一）违法、违规参加工程监理投标，采用非法手段中标，转让监理业务；

（二）与建设管理、设计、施工企业串通，弄虚作假；

（三）不认真履行委托监理合同和投标承诺，监理人员因过错或失职造成质量事故；

（四）监理人员收受贿赂，接收礼品，索要钱物；

（五）发现设计文件错误不报，或接到施工单位关于设计文件错误的报告而未及时向建设管理单位报告，造成工程质量低劣和事故隐患；

（六）其他违法违规行为。

第七十八条 铁路建设管理部门的工作人员有徇私舞弊、滥用职权、玩忽职守行为的，依法给予纪律或行政处分；构成犯罪的，依法追究刑事责任。

第十三章　附则

第七十九条 利用外资（含国外贷款）的铁路建设项目，国家另有规定的，执行国家规定。

第八十条 已发布的铁路建设管理方面的规定、办法与本办法相悖的，以本办法为准。

第八十一条 本办法由国务院铁路主管部门负责解释。

第八十二条 本办法自 2003 年 10 月 1 日起施行。铁道部发布的《铁路基本建设管理暂行办法》（铁建［1990］191 号）同时废止。

文物保护工程管理办法

（2003年4月1日文化部 第26号公布）

第一章 总 则

第一条 为进一步加强文物保护工程的管理，根据《中华人民共和国文物保护法》和《中华人民共和国建筑法》的有关规定，制定本办法。

第二条 本办法所称文物保护工程，是指对核定为文物保护单位的和其它具有文物价值的古文化遗址、古墓葬、古建筑、石窟寺和石刻、近现代重要史迹及代表性建筑、壁画等不可移动文物进行的保护工程。

第三条 文物保护工程必须遵守不改变文物原状的原则，全面地保存、延续文物的真实历史信息和价值；按照国际、国内公认的准则，保护文物本体及与之相关的历史、人文和自然环境。

第四条 文物保护单位应当制定专项的总体保护规划，文物保护工程应当依据批准的规划进行。

第五条 文物保护工程分为：保养维护工程、抢险加固工程、修缮工程、保护性设施建设工程、迁移工程等。

（一）保养维护工程，系指针对文物的轻微损害所作的日常性、季节性的养护。

（二）抢险加固工程，系指文物突发严重危险时，由于时间、技术、经费等条件的限制，不能进行彻底修缮而对文物采取具有可逆性的临时抢险加固措施的工程。

（三）修缮工程，系指为保护文物本体所必需的结构加固处理和维修，包括结合结构加固而进行的局部复原工程。

（四）保护性设施建设工程，系指为保护文物而附加安全防护设施的工程。

（五）迁移工程，系指因保护工作特别需要，并无其它更为有效的手段时所采取的将文物整体或局部搬迁、异地保护的工程。

第六条 国家文物局负责全国文物保护工程的管理，并组织制定文物保护工程的相关规范、标准和定额。

第七条 具有法人资格的文物管理或使用单位，包括经国家批准，使用文物保护单位的机关、团体、部队、学校、宗教组织和其它企事业单位，为文物保护工程的业主单位。

第八条 承担文物保护工程的勘察、设计、施工、监理单位必须具有国家文物局认定的文物保护工程资质。资质认定办法和分级标准由国家文物局另行制定。

第九条 文物保护工程管理主要指立项、勘察设计、施工、监理及验收管理。

第二章 立项与勘察设计

第十条 文物保护工程按照文物保护单位级别实行分级管理，并按以下规定履行报批程序：

（一）全国重点文物保护单位保护工程，以省、自治区、直辖市文物行政部门为申报机关，国家文物局为审批机关。

（二）省、自治区、直辖市级文物保护单位保护工程以文物所在地的市、县级文物行政部门为申报机关，省、自治区、直辖市文物行政部门为审批机关。

市县级文物保护单位及未核定为文物保护单位的不可移动文物的保护工程的申报机关、审批机关由省级文物行政部门确定。

第十一条 保养维护工程由文物使用单位列入每年的工作计划和经费预算，并报省、自治区、直辖市文物行政部门备案。

抢险加固工程、修缮工程、保护性设施建设工程的立项与勘察设计方案按本办法第十条的规定履行报批程序。抢险加固工程中确因情况紧急需要即刻实施的，可在实施的同时补报。

迁移工程按《中华人民共和国文物保护法》第二十条的规定获得批准后，按本办法第十条的规定报批勘察设计方案。

第十二条 因特殊情况需要在原址重建已经全部毁坏的不可移动文物的，按《中华人民共和国文物保护法》第二十二条的规定获得批准后，按本办法第十条的规定报批勘察设计方案。

第十三条 工程项目的立项申报资料包括以下内容：

（一）工程业主单位及上级主管部门名称；

（二）拟立项目名称、地点，文物保护单位级别、时代，保护范围与建设控制地带的划定、公布与执行情况；

（三）保护工程必要性与实施可能性的技术文件与形象资料（录像或照片）；

（四）经费估算、来源及计划工期安排；

（五）拟聘请的勘察设计单位名称及资信。

第十四条 已立项的文物保护工程应当申报勘察、方案设计和施工技术设计文件。重大工程要在方案获得批准后，再进行技术设计。

第十五条 勘察和方案设计文件包括：

（一）反映文物历史状况、固有特征和损害情况的勘察报告、实测图、照片；

（二）保护工程方案、设计图及相关技术文件；

（三）工程设计概算；

（四）必要时应提供考古勘探发掘资料、材料试验报告书、环境污染情况报告书、工程地质和水文地质资料及勘探报告。

第十六条 施工技术设计文件包括：

（一）施工图；

（二）设计说明书；

（三）施工图预算；

（四）相关材料试验报告及检测鉴定结果。

第三章 施工、监理与验收

第十七条 文物保护工程中的修缮工程、保护性设施建设工程和迁移工程实行招投标和工程监理。

第十八条 重要文物保护工程按本办法第十条规定的程序报批招标文件及拟选用的施工单位。

第十九条 文物保护工程必须遵守国家有关施工的法律、法规和规章、规范，购置的工程材料应当符合文物保护工程质量的要求。施工单位应当严格按照设计文件的要求进行施工，其工作程序为：

（一）依据设计文件，编制施工方案；

（二）施工人员进场前要接受文物保护相关知识的培训；

（三）按文物保护工程的要求作好施工记录和施工统计文件，收集有关文物资料；

（四）进行质量自检，对工程的隐蔽部分必须与业主单位、设计单位、监理单位共同检验并做好记录；

（五）提交竣工资料；

（六）按合同约定负责保修，保修期限自竣工验收之日起计算，除保养维护、抢险加固工程以外，不少于五年。

第二十条 施工过程中如发现新的文物、有关资料或其它影响文物保护的重大问题，要立即记录，保护现场，并经原申报机关向原审批机关报告，请示处理办法。

第二十一条 施工过程中如需变更或补充已批准的技术设计，由工程业主单位、设计单位和施工单位共同现场洽商，并报原申报机关备案；如需变更已批准的工程项目或方案设计中的重要内容，必须经原申报机关报审批机关批准。

第二十二条 文物保护工程应当按工序分阶段验收。重大工程告一段落时，项目的审批机关应当组织或者委托有关单位进行阶段验收。

第二十三条 工程竣工后，由业主单位会同设计单位、施工单位、监理单位对工程质量进行验评，并提交工程总结报告、竣工报告、竣工图纸、财务决算书及说明等资料，经原申报机关初验合格后报审批机关。项目的审批机关视工程项目的实际情况成立验收小组或者委托有关单位，组织竣工验收。

第二十四条 对工程验收中发现的质量问题，由业主单位及时组织整改。

第二十五条 文物保护工程的业主单位、勘察设计单位、施工单位、申报机关和审批机关应当建立有关工程行政、技术和财务文件的档案管理制度。所有工程资料应当立卷存档并归入文物保护单位记录档案。

重要工程应当在验收后三年内发表技术报告。

第四章　奖励与处罚

第二十六条　文物保护工程设立优秀工程奖，具体办法由国家文物局制定。

第二十七条　违反本办法、或对文物造成破坏的，按《中华人民共和国文物保护法》及国务院有关规定处罚。

第五章　附　则

第二十八条　非国有不可移动文物的保护维修，参照执行本办法。

第二十九条　以前发布的规章与本办法相抵触的，以本办法的规定为准。

第三十条　本办法自 2003 年 5 月 1 日起施行。

十、清洁生产

中华人民共和国清洁生产促进法

（2002年6月29日第九届全国人民代表大会常务委员会第二十八次会议通过）

中华人民共和国主席令

第72号

《中华人民共和国清洁生产促进法》已由中华人民共和国第九届全国人民代表大会常务委员会第二十八次会议于2002年6月29日通过，现予公布，自2003年1月1日起施行。

中华人民共和国主席　江泽民

2002年6月29日

目　录

第一章　总　则

第一条　为了促进清洁生产，提高资源利用效率，减少和避免污染物的产生，保护和改善环境，保障人体健康，促进经济与社会可持续发展，制定本法。

第二条　本法所称清洁生产，是指不断采取改进设计、使用清洁的能源和原料、采用先进的工艺技术与设备、改善管理、综合利用等措施，从源头削减污染，提高资源利用效率，减少或者避免生产、服务和产品使用过程中污染物的产生和排放，以减轻或者消除对人类健康和环境的危害。

第三条　在中华人民共和国领域内，从事生产和服务活动的单位以及从事相关管理活动的部门依照本法规定，组织、实施清洁生产。

第四条 国家鼓励和促进清洁生产。国务院和县级以上地方人民政府，应当将清洁生产纳入国民经济和社会发展计划以及环境保护、资源利用、产业发展、区域开发等规划。

第五条 国务院经济贸易行政主管部门负责组织、协调全国的清洁生产促进工作。国务院环境保护、计划、科学技术、农业、建设、水利和质量技术监督等行政主管部门，按照各自的职责，负责有关的清洁生产促进工作。

县级以上地方人民政府负责领导本行政区域内的清洁生产促进工作。县级以上地方人民政府经济贸易行政主管部门负责组织、协调本行政区域内的清洁生产促进工作。县级以上地方人民政府环境保护、计划、科学技术、农业、建设、水利和质量技术监督等行政主管部门，按照各自的职责，负责有关的清洁生产促进工作。

第六条 国家鼓励开展有关清洁生产的科学研究、技术开发和国际合作，组织宣传、普及清洁生产知识，推广清洁生产技术。

国家鼓励社会团体和公众参与清洁生产的宣传、教育、推广、实施及监督。

第二章　清洁生产的推行

第七条 国务院应当制定有利于实施清洁生产的财政税收政策。

国务院及其有关行政主管部门和省、自治区、直辖市人民政府，应当制定有利于实施清洁生产的产业政策、技术开发和推广政策。

第八条 县级以上人民政府经济贸易行政主管部门，应当会同环境保护、计划、科学技术、农业、建设、水利等有关行政主管部门制定清洁生产的推行规划。

第九条 县级以上地方人民政府应当合理规划本行政区域的经济布局，调整产业结构，发展循环经济，促进企业在资源和废物综合利用等领域进行合作，实现资源的高效利用和循环使用。

第十条 国务院和省、自治区、直辖市人民政府的经济贸易、环境保护、计划、科学技术、农业等有关行政主管部门，应当组织和支持建立清洁生产信息系统和技术咨询服务体系，向社会提供有关清洁生产方法和技术、可再生利用的废物供求以及清洁生产政策等方面的信息和服务。

第十一条 国务院经济贸易行政主管部门会同国务院有关行政主管部门定期发布清洁生产技术、工艺、设备和产品导向目录。

国务院和省、自治区、直辖市人民政府的经济贸易行政主管部门和环境保护、农业、建设等有关行政主管部门组织编制有关行业或者地区的清洁生产指南和技术手册，指导实施清洁生产。

第十二条 国家对浪费资源和严重污染环境的落后生产技术、工艺、设备和产品实行限期淘汰制度。国务院经济贸易行政主管部门会同国务院有关行政主管部门制定并发布限期淘汰的生产技术、工艺、设备以及产品的名录。

第十三条 国务院有关行政主管部门可以根据需要批准设立节能、节水、废物再生利用等环境与资源保护方面的产品标志，并按照国家规定制定相应标准。

第十四条 县级以上人民政府科学技术行政主管部门和其他有关行政主管部门，应当指导和支持清洁生产技术和有利于环境与资源保护的产品的研究、开发以及清洁生产技术的示范和推广工作。

第十五条 国务院教育行政主管部门，应当将清洁生产技术和管理课程纳入有关高等教育、职业教育和技术培训体系。

县级以上人民政府有关行政主管部门组织开展清洁生产的宣传和培训，提高国家工作人员、企业经营管理者和公众的清洁生产意识，培养清洁生产管理和技术人员。

新闻出版、广播影视、文化等单位和有关社会团体，应当发挥各自优势做好清洁生产宣传工作。

第十六条 各级人民政府应当优先采购节能、节水、废物再生利用等有利于环境与资源保护的产品。

各级人民政府应当通过宣传、教育等措施，鼓励公众购买和使用节能、节水、废物再生利用等有利于环境与资源保护的产品。

第十七条 省、自治区、直辖市人民政府环境保护行政主管部门，应当加强对清洁生产实施的监督；可以按照促进清洁生产的需要，根据企业污染物的排放情况，在当地主要媒体上定期公布污染物超标排放或者污染物排放总量超过规定限额的污染严重企业的名单，为公众监督企业实施清洁生产提供依据。

第三章 清洁生产的实施

第十八条 新建、改建和扩建项目应当进行环境影响评价，对原料使用、资源消耗、资源综合利用以及污染物产生与处置等进行分析论证，优先采用资源利用率高以及污染物产生量少的清洁生产技术、工艺和设备。

第十九条 企业在进行技术改造过程中，应当采取以下清洁生产措施：

（一）采用无毒、无害或者低毒、低害的原料，替代毒性大、危害严重的原料；

（二）采用资源利用率高、污染物产生量少的工艺和设备，替代资源利用率低、污染物产生量多的工艺和设备；

（三）对生产过程中产生的废物、废水和余热等进行综合利用或者循环使用；

（四）采用能够达到国家或者地方规定的污染物排放标准和污染物排放总量控制指标的污染防治技术。

第二十条 产品和包装物的设计，应当考虑其在生命周期中对人类健康和环境的影响，优先选择无毒、无害、易于降解或者便于回收利用的方案。

企业应当对产品进行合理包装，减少包装材料的过度使用和包装性废物的产生。

第二十一条 生产大型机电设备、机动运输工具以及国务院经济贸易行政主管部门指定的其他产品的企业，应当按照国务院标准化行政主管部门或者其授权机构制定的技术规范，在产品的主体构件上注明材料成分的标准牌号。

第二十二条 农业生产者应当科学地使用化肥、农药、农用薄膜和饲料添加剂，改进种植和养殖技术，实现农产品的优质、无害和农业生产废物的资源化，防止农业环境污染。

禁止将有毒、有害废物用作肥料或者用于造田。

第二十三条 餐饮、娱乐、宾馆等服务性企业，应当采用节能、节水和其他有利于环境保护的技术和设备，减少使用或者不使用浪费资源、污染环境的消费品。

第二十四条 建筑工程应当采用节能、节水等有利于环境与资源保护的建筑设计方案、建筑和装修材料、建筑构配件及设备。

建筑和装修材料必须符合国家标准。禁止生产、销售和使用有毒、有害物质超过国家标准的建筑和装修材料。

第二十五条 矿产资源的勘查、开采，应当采用有利于合理利用资源、保护环境和防止污染的勘查、开采方法和工艺技术，提高资源利用水平。

第二十六条 企业应当在经济技术可行的条件下对生产和服务过程中产生的废物、余热等自行回收利用或者转让给有条件的其他企业和个人利用。

第二十七条 生产、销售被列入强制回收目录的产品和包装物的企业，必须在产品报废和包装物使用后对该产品和包装物进行回收。强制回收的产品和包装物的目录和具体回收办法，由国务院经济贸易行政主管部门制定。

国家对列入强制回收目录的产品和包装物，实行有利于回收利用的经济措施；县级以上地方人民政府经济贸易行政主管部门应当定期检查强制回收产品和包装物的实施情况，并及时向社会公布检查结果。具体办法由国务院经济贸易行政主管部门制定。

第二十八条 企业应当对生产和服务过程中的资源消耗以及废物的产生情况进行监测，并根据需要对生产和服务实施清洁生产审核。

污染物排放超过国家和地方规定的排放标准或者超过经有关地方人民政府核定的污染物排放总量控制指标的企业，应当实施清洁生产审核。

使用有毒、有害原料进行生产或者在生产中排放有毒、有害物质的企业，应当定期实施清洁生产审核，并将审核结果报告所在地的县级以上地方人民政府环境保护行政主管部门和经济贸易行政主管部门。

清洁生产审核办法，由国务院经济贸易行政主管部门会同国务院环境保护行政主管部门制定。

第二十九条 企业在污染物排放达到国家和地方规定的排放标准的基础上，可以自愿与有管辖权的经济贸易行政主管部门和环境保护行政主管部门签订进一步节约资源、削减污染物排放量的协议。该经济贸易行政主管部门和环境保护行政主管部门应当在当地主要媒体上公布该企业的名称以及节约资源、防治污染的成果。

第三十条 企业可以根据自愿原则，按照国家有关环境管理体系认证的规定，向国家认证认可监督管理部门授权的认证机构提出认证申请，通过环境管理体系认证，提高清洁生产水平。

第三十一条 根据本法第十七条规定，列入污染严重企业名单的企业，应当按照国务院环境保护行政主管部门的规定公布主要污染物的排放情况，接受公众监督。

第四章　鼓励措施

第三十二条　国家建立清洁生产表彰奖励制度。对在清洁生产工作中做出显著成绩的单位和个人，由人民政府给予表彰和奖励。

第三十三条　对从事清洁生产研究、示范和培训，实施国家清洁生产重点技术改造项目和本法第二十九条规定的自愿削减污染物排放协议中载明的技术改造项目，列入国务院和县级以上地方人民政府同级财政安排的有关技术进步专项资金的扶持范围。

第三十四条　在依照国家规定设立的中小企业发展基金中，应当根据需要安排适当数额用于支持中小企业实施清洁生产。

第三十五条　对利用废物生产产品的和从废物中回收原料的，税务机关按照国家有关规定，减征或者免征增值税。

第三十六条　企业用于清洁生产审核和培训的费用，可以列入企业经营成本。

第五章　法律责任

第三十七条　违反本法第二十一条规定，未标注产品材料的成分或者不如实标注的，由县级以上地方人民政府质量技术监督行政主管部门责令限期改正；拒不改正的，处以五万元以下的罚款。

第三十八条　违反本法第二十四条第二款规定，生产、销售有毒、有害物质超过国家标准的建筑和装修材料的，依照产品质量法和有关民事、刑事法律的规定，追究行政、民事、刑事法律责任。

第三十九条　违反本法第二十七条第一款规定，不履行产品或者包装物回收义务的，由县级以上地方人民政府经济贸易行政主管部门责令限期改正；拒不改正的，处以十万元以下的罚款。

第四十条　违反本法第二十八条第三款规定，不实施清洁生产审核或者虽经审核但不如实报告审核结果的，由县级以上地方人民政府环境保护行政主管部门责令限期改正；拒不改正的，处以十万元以下的罚款。

第四十一条　违反本法第三十一条规定，不公布或者未按规定要求公布污染物排放情况的，由县级以上地方人民政府环境保护行政主管部门公布，可以并处十万元以下的罚款。

第六章　附　则

第四十二条　本法自2003年1月1日起施行。

清洁生产审核暂行办法

国家发展和改革委员会
国家环境保护总局 令

第16号

为全面推行清洁生产，规范清洁生产审核行为，根据《中华人民共和国清洁生产促进法》和国务院有关部门的职责分工，国家发展和改革委员会、国家环境保护总局制定并审议通过了《清洁生产审核暂行办法》，现予以发布，自2004年10月1日起施行。

国家发展和改革委员会主任　马凯
国家环境保护总局局长　解振华
2004年8月16日

第一章　总　则

第一条　为促进清洁生产，规范清洁生产审核行为，根据《中华人民共和国清洁生产促进法》，制定本办法。

第二条　本办法所称清洁生产审核，是指按照一定程序，对生产和服务过程进行调查和诊断，找出能耗高、物耗高、污染重的原因，提出减少有毒有害物料的使用、产生，降低能耗、物耗以及废物产生的方案，进而选定技术经济及环境可行的清洁生产方案的过程。

第三条　本办法适用于中华人民共和国境内所有从事生产和服务活动的单位以及从事相关管理活动的部门。

第四条　国家发展和改革委员会会同国家环境保护总局负责管理全国的清洁生产审核工作。各省、自治区、直辖市、计划单列市及新疆生产建设兵团发展改革（经济贸易）行政主管部门会同环境保护行政主管部门，根据本地区实际情况，组织开展清洁生产审核。

第五条　清洁生产审核应当以企业为主体，遵循企业自愿审核与国家强制审核相结合、企业自主审核与外部协助审核相结合的原则，因地制宜、有序开展、注重实效。

第二章　清洁生产审核范围

第六条　清洁生产审核分为自愿性审核和强制性审核。

第七条　国家鼓励企业自愿开展清洁生产审核。污染物排放达到国家或者地方排放标准的企业，可以自愿组织实施清洁生产审核，提出进一步节约资源、削减污染物排放量的目标。

第八条　有下列情况之一的，应当实施强制性清洁生产审核：

（一）污染物排放超过国家和地方排放标准，或者污染物排放总量超过地方人民政府核定的排放总量控制指标的污染严重企业；

（二）使用有毒有害原料进行生产或者在生产中排放有毒有害物质的企业。

有毒有害原料或者物质主要指《危险货物品名表》（GB12268）、《危险化学品名录》、《国家危险废物名录》和《剧毒化学品目录》中的剧毒、强腐蚀性、强刺激性、放射性（不包括核电设施和军工核设施）、致癌、致畸等物质。

第九条　第八条第一项规定实施强制性清洁生产审核的企业名单，由所在地环境保护行政主管部门按照管理权限提出初选名单，逐级报省、自治区、直辖市、计划单列市及新疆生产建设兵团环境保护行政主管部门核定后确定，每年发布一批，书面通知企业，并抄送同级发展改革（经济贸易）行政主管部门；同时，将名单在当地主要媒体上公布。

第八条第二项规定实施强制性清洁生产审核的企业名单，由各省、自治区、直辖市、计划单列市及新疆生产建设兵团环境保护行政主管部门会同发展改革（经济贸易）行政主管部门，结合本地开展清洁生产审核工作的实际情况，在分析企业有毒有害原料使用量或者有毒有害物质排放量，以及可能造成环境影响严重程度的基础上，分期分批确定，书面通知企业，并在当地主要媒体上公布。

第三章　清洁生产审核的实施

第十条　第八条第一项规定实施强制性清洁生产审核的企业，应当在名单公布后一个月内，在所在地主要媒体上公布主要污染物排放情况。公布的主要内容应当包括：企业名称、法人代表、企业所在地址、排放污染物名称、排放方式、排放浓度和总量、超标、超总量情况。省级以下环境保护行政主管部门按照管理权限对企业公布的主要污染物排放情况进行核查。

第十一条　列入实施强制性清洁生产审核名单的企业应当在名单公布后二个月内开展清洁生产审核。

第八条第二项规定实施强制性清洁生产审核的企业，两次审核的间隔时间不得超过五年。

第十二条　自愿实施清洁生产审核的企业可以向有管辖权的发展改革（经济贸易）行政主管部门和环境保护行政主管部门提供拟进行清洁生产审核的计划，并按照清洁生产审核计划的内容、程序组织清洁生产审核。

第十三条 清洁生产审核程序原则上包括审核准备，预审核，审核，实施方案的产生、筛选和确定，编写清洁生产审核报告等。

（一）审核准备。开展培训和宣传，成立由企业管理人员和技术人员组成的清洁生产审核工作小组，制定工作计划；

（二）预审核。在对企业基本情况进行全面调查的基础上，通过定性和定量分析，确定清洁生产审核重点和企业清洁生产目标；

（三）审核。通过对生产和服务过程的投入产出进行分析，建立物料平衡、水平衡、资源平衡以及污染因子平衡，找出物料流失、资源浪费环节和污染物产生的原因；

（四）实施方案的产生和筛选。对物料流失、资源浪费、污染物产生和排放进行分析，提出清洁生产实施方案，并进行方案的初步筛选；

（五）实施方案的确定。对初步筛选的清洁生产方案进行技术、经济和环境可行性分析，确定企业拟实施的清洁生产方案；

（六）编写清洁生产审核报告。清洁生产审核报告应当包括企业基本情况、清洁生产审核过程和结果、清洁生产方案汇总和效益预测分析、清洁生产方案实施计划等。

第四章　清洁生产审核的组织和管理

第十四条 清洁生产审核以企业自行组织开展为主。不具备独立开展清洁生产审核能力的企业，可以委托行业协会、清洁生产中心、工程咨询单位等咨询服务机构协助开展清洁生产审核。

第十五条 协助企业组织开展清洁生产审核工作的咨询服务机构，应当具备下列条件：

（一）具有独立的法人资格；

（二）拥有熟悉相关行业生产工艺、技术和污染防治管理，了解清洁生产知识，掌握清洁生产审核程序的技术人员；

（三）具备为企业清洁生产审核提供公平、公正、高效率服务的制度措施。

第十六条 列入实施强制性清洁生产审核名单的企业，应当在名单公布之日起一年内，将清洁生产审核报告报当地环境保护行政主管部门和发展改革（经济贸易）行政主管部门。中央直属企业应当将清洁生产审核报告报送当地环境保护和发展改革（经济贸易）行政主管部门，同时抄报国家环境保护总局、国家发展和改革委员会。

第十七条 自愿开展清洁生产审核的企业，可以参照本办法第十六条规定报送清洁生产审核报告。

第十八条 各级发展改革（经济贸易）行政主管部门和环境保护行政主管部门，应当积极指导和督促企业按照清洁生产审核报告中提出的实施计划，组织和落实清洁生产实施方案。

第十九条 各级发展改革（经济贸易）行政主管部门、环境保护行政主管部门以及咨询服务机构应当为实施清洁生产审核的企业保守技术和商业秘密。

第二十条 国家发展和改革委员会会同国家环境保护总局建立国家级清洁生产专家库，发布重点行业清洁生产导向目录和行业清洁生产审核指南，组织开展清洁生产培训，为企业开展清洁生产审核提供信息和技术支持。

地方各级发展改革（经济贸易）行政主管部门会同环境保护行政主管部门可以根据本地实际情况，组织开展清洁生产审核培训，建立地方清洁生产专家库。

第五章　奖励和处罚

第二十一条　对自愿实施清洁生产审核，以及清洁生产方案实施后成效显著的企业，由省级以上发展改革（经济贸易）和环境保护行政主管部门对其进行表彰，并在当地主要媒体上公布。

第二十二条　各级发展改革（经济贸易）行政主管部门在制定和实施国家重点投资计划和地方投资计划时，应当将企业清洁生产实施方案中的节能、节水、综合利用，提高资源利用率，预防污染等清洁生产项目列为重点领域，加大投资支持力度。

第二十三条　排污收费可以用于支持企业实施清洁生产。对符合《排污费征收使用管理条例》规定的清洁生产项目，各级财政部门、环保部门在排污费使用上优先给予安排。

第二十四条　中小企业发展基金应当根据需要安排适当数额用于支持中小企业实施清洁生产。

第二十五条　企业开展清洁生产审核的费用，允许列入企业经营成本或者相关费用科目。

第二十六条　企业可以根据实际情况建立企业内部清洁生产表彰奖励制度，对清洁生产审核工作中成效显著的人员，给予一定的奖励。

第二十七条　对违反第十条规定的企业，按《中华人民共和国清洁生产促进法》第四十一条规定处罚；对第八条第二项规定的企业，违反第十六条规定的，按照《中华人民共和国清洁生产促进法》第四十条规定处罚。

第二十八条　企业委托的咨询服务机构不按照规定内容、程序进行清洁生产审核，弄虚作假、提供虚假审核报告的，由省、自治区、直辖市、计划单列市及新疆生产建设兵团发展改革（经济贸易）部门会同环境保护行政主管部门责令其改正，并公布其名单。造成严重后果的，将追究其法律责任。

第二十九条　有关发展改革（经济贸易）行政主管部门会同环境保护行政主管部门的工作人员玩忽职守，泄露企业技术和商业秘密，造成企业经济损失的，按照国家相应法律法规予以处罚。

第六章　附　则

第三十条　本办法由国家发展和改革委员会和国家环境保护总局负责解释。

第三十一条　各省、自治区、直辖市、计划单列市及新疆生产建设兵团可以依照本办法制定实施细则。

第三十二条　军工企业清洁生产审核可以参照本办法执行。

第三十三条　本办法自2004年10月1日起施行。

散装水泥管理办法

（商务部、财政部、建设部、铁道部、交通部、国家质检总局和国家环保总局令2004年第5号，2004年3月29日）

第一条 为加快发展散装水泥，节约资源，保护和改善环境，提高经济和社会效益，促进经济与社会可持续发展，根据《中华人民共和国清洁生产促进法》，制定本办法。

第二条 本办法所称散装水泥，是指不用包装，直接通过专用装备出厂、运输、储存和使用的水泥。

第三条 在中华人民共和国境内从事水泥生产、经营、运输、使用的单位和个人，适用本办法。

第四条 国务院商务行政主管部门负责全国散装水泥发展和管理的协调工作。国务院财政、建设、铁路、交通、质量技术监督和环境保护等行政主管部门，按照各自的职责，负责散装水泥的有关工作。

县级以上地方人民政府确定的部门负责本行政区域内散装水泥的监督管理工作。县级以上地方人民政府财政、建设、交通、质量技术监督和环境保护等行政主管部门，按照各自的职责，负责本行政区域内散装水泥的有关工作。

各级散装水泥办公室负责本行政区内散装水泥行政管理的具体工作。

第五条 国务院商务行政主管部门会同有关部门制定并发布国家鼓励发展和限期淘汰的散装水泥适用的生产技术、工艺、设备和产品目录。

第六条 袋装水泥生产企业（包括水泥熟料粉磨站，下同）、使用单位应当严格按照财政部、国家经贸委发布的《散装水泥专项资金征收和使用管理办法》（财综［2002］23号）的规定缴纳散装水泥专项资金。

第七条 新建、扩建和改建水泥生产企业，应当按散装比例70%以上发放能力的要求进行设计和同步建设，按期投入使用。

新建、扩建和改建水泥生产企业，应当依法进行环境影响评价。

第八条 现有水泥生产和使用单位应当配置散装水泥发放和使用装备，其散装比例和实现期限由各省、自治区、直辖市人民政府散装水泥行政主管部门确定。

第九条 水泥生产企业应当遵守国家生产许可证管理法规规定，取得生产许可证后，方可生产散装水泥。

第十条 水泥生产企业应当按照水泥质量管理规程组织生产，不得生产、销售不合格的散装水泥。

第十一条 散装水泥生产、经营、运输、使用单位和个人，应当执行国家有关计量规定。

第十二条 散装水泥生产、经营、运输、使用单位和个人，应当依照《中华人民共和国统计法》向散装水泥行政主管部门报送有关统计报表。

第十三条 散装水泥生产、经营、使用单位和个人，必须采取措施，确保生产、装卸、运输、储存、使用的设施和场所符合安全和环境保护的要求。

第十四条 县级以上地方人民政府有关部门应当鼓励发展预拌混凝土和预拌砂浆，根据实际情况限期禁止城市市区现场搅拌混凝土，具体规定由国务院商务行政主管部门会同国务院建设行政主管部门制定。

第十五条 预拌混凝土、预拌砂浆生产企业必须全部使用散装水泥。水泥制品生产企业也应当积极使用散装水泥。

第十六条 散装水泥生产、经营、使用单位和铁路运输部门应当加强协调配合，做好散装水泥专用车调度与管理工作，提高车辆运输效率。

第十七条 国家鼓励和促进散装水泥发展。县级以上地方人民政府有关部门应当对发展散装水泥事业做出显著贡献的单位及个人给予表彰和鼓励。

第十八条 违反本办法第六条规定，不及时足额缴纳散装水泥专项资金的，由有关部门按照《散装水泥专项资金征收和使用管理办法》第四章的有关规定处罚。

第十九条 违反本办法第十条、第十一条、第十二条、第十三条规定的，由有关部门分别按照《中华人民共和国质量法》、《中华人民共和国计量法》、《中华人民共和国统计法》、《中华人民共和国安全生产法》、《中华人民共和国环境保护法》等有关法律法规处罚。

第二十条 违反本办法第十四条规定，擅自现场搅拌混凝土的，由有关部门依据有关规定处罚。

第二十一条 违反本办法第十五条规定，不使用或不完全使用散装水泥的预拌混凝土、预拌砂浆生产企业，由建设行政主管部门责令整改，并可处以每立方米混凝土 100 元或者每吨袋装水泥 300 元的罚款，但罚款总额不超过 30000 元。

第二十二条 各级散装水泥行政管理部门应当协同有关行政主管部门做好发展散装水泥和预拌混凝土的行政执法与处罚工作。

第二十三条 本办法所称的预拌（亦称商品）混凝土（砂浆），是指由水泥、集料、水以及根据需要掺入的外加剂和掺合料等按一定成分，经集中计量拌制后通过运输车运至使用地点的混凝土（砂浆）拌合物。

本办法所称散装水泥发放能力，是指散装水泥库容量占水泥仓库容量的比例。

第二十四条 本办法由商务部会同有关部门负责解释。

第二十五条 本办法自发布之日起施行。

十一、排污收费

排污费征收使用管理条例

中华人民共和国国务院令

第 369 号

《排污费征收使用管理条例》已经 2002 年 1 月 30 日国务院第 54 次常务会议通过，现予公布，自 2003 年 7 月 1 日起施行。

总理　朱镕基

2003 年 1 月 2 日

第一章　总　则

第一条　为了加强对排污费征收、使用的管理，制定本条例。

第二条　直接向环境排放污染物的单位和个体工商户（以下简称排污者），应当依照本条例的规定缴纳排污费。

排污者向城市污水集中处理设施排放污水、缴纳污水处理费用的，不再缴纳排污费。排污者建成工业固体废物贮存或者处置设施、场所并符合环境保护标准，或者其原有工业固体废物贮存或者处置设施、场所经改造符合环境保护标准的，自建成或者改造完成之日起，不再缴纳排污费。

国家积极推进城市污水和垃圾处理产业化。城市污水和垃圾集中处理的收费办法另行制定。

第三条　县级以上人民政府环境保护行政主管部门、财政部门、价格主管部门应当按照各自的职责，加强对排污费征收、使用工作的指导、管理和监督。

第四条　排污费的征收、使用必须严格实行“收支两条线”，征收的排污费一律上缴财政，环境保护执法所需经费列入本部门预算，由本级财政予以保障。

第五条　排污费应当全部专项用于环境污染防治，任何单位和个人不得截留、挤占或者挪作他用。

任何单位和个人对截留、挤占或者挪用排污费的行为，都有权检举、控告和投诉。

第二章　污染物排放种类、数量的核定

第六条　排污者应当按照国务院环境保护行政主管部门的规定，向县级以上地方人

民政府环境保护行政主管部门申报排放污染物的种类、数量，并提供有关资料。

第七条 县级以上地方人民政府环境保护行政主管部门，应当按照国务院环境保护行政主管部门规定的核定权限对排污者排放污染物的种类、数量进行核定。

装机容量 30 万千瓦以上的电力企业排放二氧化硫的数量，由省、自治区、直辖市人民政府环境保护行政主管部门核定。

污染物排放种类、数量经核定后，由负责污染物排放核定工作的环境保护行政主管部门书面通知排污者。

第八条 排污者对核定的污染物排放种类、数量有异议的，自接到通知之日起 7 日内，可以向发出通知的环境保护行政主管部门申请复核；环境保护行政主管部门应当自接到复核申请之日起 10 日内，作出复核决定。

第九条 负责污染物排放核定工作的环境保护行政主管部门在核定污染物排放种类、数量时，具备监测条件的，按照国务院环境保护行政主管部门规定的监测方法进行核定；不具备监测条件的，按照国务院环境保护行政主管部门规定的物料衡算方法进行核定。

第十条 排污者使用国家规定强制检定的污染物排放自动监控仪器对污染物排放进行监测的，其监测数据作为核定污染物排放种类、数量的依据。

排污者安装的污染物排放自动监控仪器，应当依法定期进行校验。

第三章 排污费的征收

第十一条 国务院价格主管部门、财政部门、环境保护行政主管部门和经济贸易主管部门，根据污染治理产业化发展的需要、污染防治的要求和经济、技术条件以及排污者的承受能力，制定国家排污费征收标准。

国家排污费征收标准中未作规定的，省、自治区、直辖市人民政府可以制定地方排污费征收标准，并报国务院价格主管部门、财政部门、环境保护行政主管部门和经济贸易主管部门备案。

排污费征收标准的修订，实行预告制。

第十二条 排污者应当按照下列规定缴纳排污费：

（一）依照大气污染防治法、海洋环境保护法的规定，向大气、海洋排放污染物的，按照排放污染物的种类、数量缴纳排污费。

（二）依照水污染防治法的规定，向水体排放污染物的，按照排放污染物的种类、数量缴纳排污费；向水体排放污染物超过国家或者地方规定的排放标准的，按照排放污染物的种类、数量加倍缴纳排污费。

（三）依照固体废物污染环境防治法的规定，没有建设工业固体废物贮存或者处置的设施、场所，或者工业固体废物贮存或者处置的设施、场所不符合环境保护标准的，按照排放污染物的种类、数量缴纳排污费；以填埋方式处置危险废物不符合国家有关规定的，按照排放污染物的种类、数量缴纳危险废物排污费。

（四）依照环境噪声污染防治法的规定，产生环境噪声污染超过国家环境噪声标准的，按照排放噪声的超标声级缴纳排污费。

排污者缴纳排污费，不免除其防治污染、赔偿污染损害的责任和法律、行政法规规定的其他责任。

第十三条 负责污染物排放核定工作的环境保护行政主管部门，应当根据排污费征收标准和排污者排放的污染物种类、数量，确定排污者应当缴纳的排污费数额，并予以公告。

第十四条 排污费数额确定后，由负责污染物排放核定工作的环境保护行政主管部门向排污者送达排污费缴纳通知单。

排污者应当自接到排污费缴纳通知单之日起 7 日内，到指定的商业银行缴纳排污费。商业银行应当按照规定的比例将收到的排污费分别解缴中央国库和地方国库。具体办法由国务院财政部门会同国务院环境保护行政主管部门制定。

第十五条 排污者因不可抗力遭受重大经济损失的，可以申请减半缴纳排污费或者免缴排污费。

排污者因未及时采取有效措施，造成环境污染的，不得申请减半缴纳排污费或者免缴排污费。

排污费减缴、免缴的具体办法由国务院财政部门、国务院价格主管部门会同国务院环境保护行政主管部门制定。

第十六条 排污者因有特殊困难不能按期缴纳排污费的，自接到排污费缴纳通知单之日起 7 日内，可以向发出缴费通知单的环境保护行政主管部门申请缓缴排污费；环境保护行政主管部门应当自接到申请之日起 7 日内，作出书面决定；期满未作出决定的，视为同意。

排污费的缓缴期限最长不超过 3 个月。

第十七条 批准减缴、免缴、缓缴排污费的排污者名单由受理申请的环境保护行政主管部门会同同级财政部门、价格主管部门予以公告，公告应当注明批准减缴、免缴、缓缴排污费的主要理由。

第四章　排污费的使用

第十八条 排污费必须纳入财政预算，列入环境保护专项资金进行管理，主要用于下列项目的拨款补助或者贷款贴息：

（一）重点污染源防治；

（二）区域性污染防治；

（三）污染防治新技术、新工艺的开发、示范和应用；

（四）国务院规定的其他污染防治项目。

具体使用办法由国务院财政部门会同国务院环境保护行政主管部门征求其他有关部门意见后制定。

第十九条 县级以上人民政府财政部门、环境保护行政主管部门应当加强对环境保护专项资金使用的管理和监督。

按照本条例第十八条的规定使用环境保护专项资金的单位和个人，必须按照批准的用途使用。

县级以上地方人民政府财政部门和环境保护行政主管部门每季度向本级人民政府、上级财政部门和环境保护行政主管部门报告本行政区域内环境保护专项资金的使用和管理情况。

第二十条 审计机关应当加强对环境保护专项资金使用和管理的审计监督。

第五章 罚 则

第二十一条 排污者未按照规定缴纳排污费的，由县级以上地方人民政府环境保护行政主管部门依据职权责令限期缴纳；逾期拒不缴纳的，处应缴纳排污费数额1倍以上3倍以下的罚款，并报经有批准权的人民政府批准，责令停产停业整顿。

第二十二条 排污者以欺骗手段骗取批准减缴、免缴或者缓缴排污费的，由县级以上地方人民政府环境保护行政主管部门依据职权责令限期补缴应当缴纳的排污费，并处所骗取批准减缴、免缴或者缓缴排污费数额1倍以上3倍以下的罚款。

第二十三条 环境保护专项资金使用者不按照批准的用途使用环境保护专项资金的，由县级以上人民政府环境保护行政主管部门或者财政部门依据职权责令限期改正；逾期不改正的，10年内不得申请使用环境保护专项资金，并处挪用资金数额1倍以上3倍以下的罚款。

第二十四条 县级以上地方人民政府环境保护行政主管部门应当征收而未征收或者少征收排污费的，上级环境保护行政主管部门有权责令其限期改正，或者直接责令排污者补缴排污费。

第二十五条 县级以上人民政府环境保护行政主管部门、财政部门、价格主管部门的工作人员有下列行为之一的，依照刑法关于滥用职权罪、玩忽职守罪或者挪用公款罪的规定，依法追究刑事责任；尚不够刑事处罚的，依法给予行政处分：

（一）违反本条例规定批准减缴、免缴、缓缴排污费的；

（二）截留、挤占环境保护专项资金或者将环境保护专项资金挪作他用的；

（三）不按照本条例的规定履行监督管理职责，对违法行为不予查处，造成严重后果的。

第六章 附 则

第二十六条 本条例自2003年7月1日起施行。1982年2月5日国务院发布的《征收排污费暂行办法》和1988年7月28日国务院发布的《污染源治理专项基金有偿使用暂行办法》同时废止。

排污费征收标准管理办法

（国家计委、财政部、国家环保总局、国家经贸委
2003年2月28日发布，自2003年7月1日起施行）

第一条 为规范排污费征收标准的管理，根据国务院《排污费征收使用管理条例》（国务院令第369号，以下简称《条例》）等有关规定，制定本办法。

第二条 直接向环境排放污染物的单位和个体工商户（以下简称“排污者”），必须按照本办法规定，缴纳排污费。

第三条 县级以上地方人民政府环境保护行政主管部门应按下列排污收费项目向排污者征收排污费：

（一）污水排污费。对向水体排放污染物的，按照排放污染物的种类、数量计征污水排污费；超过国家或者地方规定的水污染物排放标准的，按照排放污染物的种类、数量和本办法规定的收费标准计征的收费额加一倍征收超标准排污费。

对向城市污水集中处理设施排放污水、按规定缴纳污水处理费的，不再征收污水排污费。

对城市污水集中处理设施接纳符合国家规定标准的污水，其处理后排放污水的有机污染物（化学需氧量、生化需氧量、总有机碳）、悬浮物和大肠菌群超过国家或地方排放标准的，按上述污染物的种类、数量和本办法规定的收费标准计征的收费额加一倍向城市污水集中处理设施运营单位征收污水排污费，对氨氮、总磷暂不收费。对城市污水集中处理设施达到国家或地方排放标准排放的水，不征收污水排污费。

（二）废气排污费。对向大气排放污染物的，按照排放污染物的种类、数量计征废气排污费。对机动车、飞机、船舶等流动污染源暂不征收废气排污费。

（三）固体废物及危险废物排污费。对没有建成工业固体废物贮存、处置设施或场所，或者工业固体废物贮存、处置设施或场所不符合环境保护标准的，按照排放污染物的种类、数量计征固体废物排污费。对以填埋方式处置危险废物不符合国务院环境保护行政主管部门规定的，按照危险废物的种类、数量计征危险废物排污费。

（四）噪声超标排污费。对环境噪声污染超过国家环境噪声排放标准，且干扰他人正常生活、工作和学习的，按照噪声的超标分贝数计征噪声超标排污费。对机动车、飞机、船舶等流动污染源暂不征收噪声超标排污费。

排污费征收标准及计算办法见附件。

第四条 除《条例》规定的污染物排放种类、数量核定方法外，市（地）级以上环境保护行政主管部门可结合当地实际情况，对餐饮、娱乐等服务行业的小型排污者，采

用抽样测算的办法核算排污量，核算办法应当向社会公开，并按本办法规定征收排污费。

第五条 县级以上地方人民政府环境保护行政主管部门应到指定的价格主管部门申领、变更《收费许可证》，使用省、自治区、直辖市财政部门统一印制的行政事业性收费票据。

第六条 县级以上地方人民政府环境保护行政主管部门要严格执行本办法的规定。各级价格主管部门、财政部门要加强对排污费征收行为的监督检查，对违反规定乱收费的，应按照有关法律法规规定进行查处。

第七条 本办法由国家计委会同财政部、国家环保总局、国家经贸委负责解释。

第八条 本办法自 2003 年 7 月 1 日起施行。原国家物价局、财政部《关于发布环保系统行政事业性收费项目及标准的通知》（[1992］价费字 178 号）中有关排污收费的规定；国家计委、财政部《关于征收污水排污费的通知》[计物价（1993）1366 号]；国家计委、财政部《关于实施按排放水污染物总量征收排污费试点工作的批复》（计价格［1995］2090 号）；国家环境保护总局、国家计委、财政部、国家经贸委《关于在酸雨控制区和二氧化硫污染控制区开展征收二氧化硫排污费扩大试点的通知》（环发［1998］6 号）；国家环境保护总局、国家计委、财政部《关于在杭州等三城市实行总量排污收费试点的通知》（环发［1998］73 号）等，以及地方制定的排污收费标准的规定同时废止。

附件：排污费征收标准及计算方法

附件

排污费征收标准及计算方法

一、污水排污费征收标准及计算方法

（一）污水排污费按排污者排放污染物的种类、数量以污染当量计征，每一污染当量征收标准为 0.7 元。

（二）对每一排放口征收污水排污费的污染物种类数，以污染当量数从多到少的顺序，最多不超过 3 项。其中，超过国家或地方规定的污染物排放标准的，按照排放污染物的种类、数量和本办法规定的收费标准计征污水排污费的收费额加一倍征收超标准排污费。

对于冷却水、矿井水等排放污染物的污染当量数计算，应扣除进水的本底值。

（三）水污染物污染当量数计算

1. 一般污染物的污染当量数计算

$$\text{某污染物的污染当量数}=\frac{\text{该污染物的排放量(千克)}}{\text{该污染物的污染当量值(千克)}}$$

一般污染物的污染当量值见表 1 和表 2。

2. pH 值、大肠菌群数、余氯量的污染当量数计算

$$\text{某污染物的污染当量数}=\frac{\text{污水排放量(吨)}}{\text{该污染物的污染当量值(吨)}}$$

表 1　第一类水污染物污染当量值

污染物	污染当量值（千克）	污染物	污染当量值（千克）
1．总汞	0.0005	6．总铅	0.025
2．总镉	0.005	7．总镍	0.025
3．总铬	0.04	8．苯并[a]芘	0.0000003
4．六价铬	0.02	9．总铍	0.01
5．总砷	0.02	10．总银	0.02

表 2　第二类水污染物污染当量值

污染物	污染当量值（千克）	污染物	污染当量值（千克）
11．悬浮物（SS）	4	37．五氯酚及五氯酚钠（以五氯酚计）	0.25
12．生化需氧量（BOD_5）	0.5	38．三氯甲烷	0.04
13．化学需氧量（COD）	1	39．可吸附有机卤化物（AOX）（以 Cl 计）	0.25
14．总有机碳（TOC）	0.49	40．四氯化碳	0.04
15．石油类	0.1	41．三氯乙烯	0.04
16．动植物油	0.16	42．四氯乙烯	0.04
17．挥发酚	0.08	43．苯	0.02
18．总氰化物	0.05	44．甲苯	0.02
19．硫化物	0.125	45．乙苯	0.02
20．氨氮	0.8	46．邻二甲苯	0.02
21．氟化物	0.5	47．对二甲苯	0.02
22．甲醛	0.125	48．间二甲苯	0.02
23．苯胺类	0.2	49．氯苯	0.02
24．硝基苯类	0.2	50．邻二氯苯	0.02
25．阴离子表面活性剂（LAS）	0.2	51．对二氯苯	0.02
26．总铜	0.1	52．对硝基氯苯	0.02
27．总锌	0.2	53．2,4-二硝基氯苯	0.02
28．总锰	0.2	54．苯酚	0.02
29．彩色显影剂（CD－2）	0.2	55．间-甲酚	0.02
30．总磷	0.25	56．2,4-二氯酚	0.02
31．元素磷（以 P 计）	0.05	57．2,4,6-三氯酚	0.02
32．有机磷农药（以 P 计）	0.05	58．邻苯二甲酸二丁脂	0.02
33．乐果	0.05	59．邻苯二甲酸二辛脂	0.02
34．甲基对硫磷	0.05	60．丙烯腈	0.125
35．马拉硫磷	0.05	61．总硒	0.02
36．对硫磷	0.05		

说明：1．第一、二类污染物的分类依据为《污水综合排放标准》（GB8978—1996）。

2．同一排放口中的化学需氧量（COD）、生化需氧量（BOD_5）和总有机碳（TOC），只征收一项。

3．色度的污染当量数计算

$$色度的污染当量数=\frac{污水排放量(吨)\times 色度超标倍数}{色度的污染当量值(吨\cdot 倍)}$$

pH 值、色度、大肠菌群数、余氯量的污染当量值见表 3。

pH 值、色度、大肠菌群数、余氯量不加倍收费。

表 3　pH 值、色度、大肠菌群数、余氯量污染当量值

污　染　物		污染当量值
1．pH 值	1.0—1，13—14	0.06 吨污水
	2.1—2，12—13	0.125 吨污水
	3.2—3，11—12	0.25 吨污水
	4.3—4，10—11	0.5 吨污水
	5.4—5，9—10	1 吨污水
	6.5—6	5 吨污水
2．色度		5 吨水·倍
3．大肠菌群数（超标）		3.3 吨污水
4．余氯量（用氯消毒的医院废水）		3.3 吨污水

说明：1．大肠菌群数和总余氯只征收一项。

2．pH5－6 指大于等于 5，小于 6；pH9－10 指大于 9，小于等于 10，其余类推。

4．禽畜养殖业、小型企业和第三产业的污染当量数计算

$$污染当量数=\frac{污染排放特征值}{污染当量值}$$

禽畜养殖业、小型企业和第三产业的污染当量值见表 4。

表 4　禽畜养殖业、小型企业和第三产业污染当量值

类　型		污染当量值
禽畜养殖场	1．牛	0.1 头
	2．猪	1 头
	3．鸡、鸭等家禽	30 羽
4．小型企业		1.8 吨污水
5．饮食娱乐服务业		0.5 吨污水
6．医院	消毒	0.14 床
		2.8 吨污水
	不消毒	0.07 床
		1.4 吨污水

说明：1．本表仅适用于计算无法进行实际监测或物料衡算的禽畜养殖业、小型企业和第三产业等小型排污者的污染当量数。

2．仅对存栏规模大于 50 头牛、500 头猪、5000 羽鸡、鸭等的禽畜养殖场收费。

3．医院病床数大于 20 张的按本表计算污染当量。

（四）排污费计算

1．污水排污费收费额=0.7 元×前 3 项污染物的污染当量数之和

2．对超过国家或者地方规定排放标准的污染物，应在该种污染物排污费收费额基础上加一倍征收超标准排污费。

二、废气排污费征收标准及计算方法

（一）废气排污费按排污者排放污染物的种类、数量以污染当量计算征收，每一污染当量征收标准为 0.6 元。

其中，二氧化硫排污费，第一年每一污染当量征收标准为 0.2 元，第二年（2004 年 7 月 1 日起）每一污染当量征收标准为 0.4 元，第三年（2005 年 7 月 1 日起）达到与其他大气污染物相同的征收标准，即每一污染当量征收标准为 0.6 元。氮氧化物在 2004 年 7 月 1 日前不收费，2004 年 7 月 1 日起按每一污染当量 0.6 元收费。

（二）北京市二氧化硫排污费仍按经国务院同意，1999 年国家计委批准的收费标准执行，即高硫煤每公斤二氧化硫排污费 1.20 元，低硫煤每公斤二氧化硫排污费 0.50 元。2005 年 7 月 1 日起，低硫煤二氧化硫排污费标准为每一污染当量 0.6 元。

本办法实施前两年，杭州、郑州和吉林三个城市的二氧化硫排污费标准，按当地人民政府批准的总量排污收费标准执行，即杭州、吉林两个城市的二氧化硫排污费标准为每一污染当量 0.6 元，郑州市二氧化硫排污费标准为每一污染当量 0.5 元。2005 年 7 月 1 日起，三个城市的二氧化硫排污费标准均按本办法规定执行。

（三）对每一排放口征收废气排污费的污染物种类数，以污染当量数从多到少的顺序，最多不超过 3 项。

（四）大气污染物污染当量数计算

$$\text{某污染物的污染当量数}=\frac{\text{该污染物的排放量 (千克)}}{\text{该污染物的污染当量值 (千克)}}$$

大气污染物污染当量值见表 5。

（五）排污费计算

废气排污费征收额=0.6 元×前 3 项污染物的污染当量数之和

（六）对难以监测的烟尘，可按林格曼黑度征收排污费。每吨燃料的征收标准为：1 级 1 元、2 级 3 元、3 级 5 元、4 级 10 元、5 级 20 元。

三、固体废物及危险废物排污费征收标准

（一）对无专用贮存或处置设施和专用贮存或处置设施达不到环境保护标准（即无防渗漏、防扬散、防流失设施）排放的工业固体废物，一次性征收固体废物排污费。每吨固体废物的征收标准为：冶炼渣 25 元、粉煤灰 30 元、炉渣 25 元、煤矸石 5 元、尾矿 15 元、其他渣（含半固态、液态废物）25 元。

（二）对以填埋方式处置危险废物不符合国家有关规定的，危险废物排污费征收标准为每次每吨 1000 元。

危险废物是指列入国家危险废物目录或者根据国家规定的危险废物鉴别标准和鉴别方法认定的具有危险特征的废物。

表 5　大气污染物污染当量值

污染物	污染当量值（千克）	污染物	污染当量值（千克）
1．二氧化硫	0.95	23．二甲苯	0.27
2．氮氧化物	0.95	24．苯并[a]芘	0.000002
3．一氧化碳	16.7	25．甲醛	0.09
4．氯气	0.34	26．乙醛	0.45
5．氯化氢	10.75	27．丙烯醛	0.06
6．氟化物	0.87	28．甲醇	0.67
7．氰化氢	0.005	29．酚类	0.35
8．硫酸雾	0.6	30．沥青烟	0.19
9．铬酸雾	0.0007	31．苯胺类	0.21
10．汞及其化合物	0.0001	32．氯苯类	0.72
11．一般性粉尘	4	33．硝基苯	0.17
12．石棉尘	0.53	34．丙烯腈	0.22
13．玻璃棉尘	2.13	35．氯乙烯	0.55
14．炭黑尘	0.59	36．光气	0.04
15．铅及其化合物	0.02	37．硫化氢	0.29
16．镉及其化合物	0.03	38．氨	9.09
17．铍及其化合物	0.0004	39．三甲胺	0.32
18．镍及其化合物	0.13	40．甲硫醇	0.04
19．锡及其化合物	0.27	41．甲硫醚	0.28
20．烟尘	2.18	42．二甲二硫	0.28
21．苯	0.05	43．苯乙烯	25
22．甲苯	0.18	44．二硫化碳	20

四、噪声超标排污费征收标准

对排污者产生环境噪声，超过国家规定的环境噪声排放标准，且干扰他人正常生活、工作和学习的，按照超标的分贝数征收噪声超标排污费，征收标准见表 6。

表 6　噪声超标排污费征收标准

超标分贝数	1	2	3	4	5	6	7	8
收费标准（元/月）	350	440	550	700	880	1100	1400	1760
超标分贝数	9	10	11	12	13	14	15	16 及 16 以上
收费标准（元/月）	2200	2800	3520	4400	5600	7040	8800	11200

说明：1. 一个单位边界上有多处噪声超标，征收额应根据最高一处超标声级计算，当沿边界长度超过 100 米有二处及二处以上噪声超标，则加 1 倍征收。

2. 一个单位若有不同地点的作业场所，收费应分别计算、合并征收。

3. 昼、夜均超标的环境噪声，征收金额按本标准昼、夜分别计算，累计征收。

4. 声源一个月内超标不足十五天的，噪声超标排污费减半征收。

5. 夜间频繁突发和夜间偶然突发厂界超标噪声排污费，按等效声级和峰值噪声两种指标中超标分贝值高的一项计算排污费。

6. 一个工地同一施工单位多个建筑施工阶段同时进行时，按噪声限值最高的施工阶段计收超标噪声排污费。

7. 本标准以每分贝为计征单位，不足一分贝的按四舍五入原则计算。

8. 对农民自建住宅不得征收噪声超标排污费。

排污费资金收缴使用管理办法

（2003 年 3 月 20 日财政部、国家环保总局令第 17 号公布）

第一章　总　则

第一条　为了加强和规范排污费资金的收缴、使用和管理，提高排污费资金使用效益，促进污染防治，改善环境质量，根据《排污费征收使用管理条例》，结合环境保护工作实际，制定本办法。

第二条　排污费资金纳入财政预算，作为环境保护专项资金管理，全部专项用于环境污染防治，任何单位和个人不得截留、挤占或者挪作他用。

第三条　环境保护专项资金按照预算资金管理办法，坚持“量入为出和专款专用”的原则。

第四条　排污费资金的收缴、使用必须实行“收支两条线”，各级财政和环境保护行政主管部门应当建立健全各项规章制度，对排污费资金收缴、使用进行严格管理，加强监督检查。

第二章　排污费资金的收缴管理

第五条　排污费按月或者按季属地化收缴。

装机容量 30 万千瓦以上的电力企业的二氧化硫排污费，由省、自治区、直辖市人民政府环境保护行政主管部门核定和收缴，其他排污费由县级或市级地方人民政府环境保护行政主管部门核定和收缴。

第六条　排污者依照《排污费征收使用管理条例》对环境保护行政主管部门核定的污染物排放种类、数量提出复核申请的，如果对复核结果仍有异议，应当先按照复核的污染物种类、数量缴纳排污费，并可以依法申请行政复议或者提起行政诉讼。

第七条　排污者对核定的污染物排放种类、数量无异议的，由负责污染物排放核定工作的环境保护行政主管部门，根据排污费征收标准和排污者排放的污染物种类、数量，确定排污者应当缴纳的排污费数额并予以公告。

第八条　排污费数额确定后，由负责污染物排放核定工作的环境保护行政主管部门向排污者送达“排污费缴费通知单”，作为排污者缴纳排污费的依据。环境保护行政主管部门应当同时建立排污收费台账。

第九条　排污者应当在接到“排污费缴费通知单”7 日内，填写财政部门监制的“一般缴款书”（五联），到财政部门指定的商业银行缴纳排污费。

对于未设银行账户的排污者以现金方式缴纳的排污费，由执收的环境保护行政主管部门使用省、自治区、直辖市财政部门统一印制的行政事业性收费票据，向排污者收取款项，并填写“一般缴款书”于当日将收取的款项缴至财政部门指定的商业银行。

第十条 商业银行应当在收到排污费的当日将排污费资金缴入国库。国库部门负责按 1∶9 的比例，10%作为中央预算收入缴入中央国库，作为中央环境保护专项资金管理；90%作为地方预算收入，缴入地方国库，作为地方环境保护专项资金管理。

第十一条 收缴排污费的环境保护行政主管部门应当根据“一般缴款书”回联，认真核对排污费缴库数额，及时与国库对账，并将“一般缴款书”回联与对应的“排污费缴费通知单”存根一并立卷归档。

第十二条 各省、自治区、直辖市财政、环境保护行政主管部门应当在每季度终了后的 30 日内，将本行政区域内排污费资金收缴情况书面上报国务院财政、环境保护行政主管部门。

第三章 环境保护专项资金的支出范围

第十三条 环境保护专项资金应当用于下列污染防治项目的拨款补助和贷款贴息：

（一）重点污染源防治项目。包括技术和工艺符合环境保护及其他清洁生产要求的重点行业、重点污染源防治项目；

（二）区域性污染防治项目。主要用于跨流域、跨地区的污染治理及清洁生产项目；

（三）污染防治新技术、新工艺的推广应用项目。主要用于污染防治新技术、新工艺的研究开发以及资源综合利用率高、污染物产生量少的清洁生产技术、工艺的推广应用；

（四）国务院规定的其他污染防治项目。

环境保护专项资金不得用于环境卫生、绿化、新建企业的污染治理项目以及与污染防治无关的其他项目。

第四章 环境保护专项资金使用和管理

第十四条 国务院财政、环境保护行政主管部门每年应当根据国家环境保护宏观政策和污染防治工作重点，编制下一年度环境保护专项资金申请指南。

地方财政、环境保护行政主管部门可以根据国务院财政、环境保护行政主管部门编制的环境保护专项资金申请指南，制定本地区环境保护专项资金申请指南，指导环境保护专项资金的申报和使用。

第十五条 申请使用中央环境保护专项资金的，应当按照以下程序及要求进行申报：

（一）申报程序：中央环境保护专项资金按照隶属关系以项目形式申报。项目组织实施单位或承担单位为中央直属的，通过其主管部门向国务院财政部门和环境保护行政主管部门提出申请；项目组织实施单位或承担单位为非中央直属的，通过其所在地的省、自治区、直辖市财政、环境保护行政主管部门联合向国务院财政、环境保护行政主管部门提出申请。

（二）申请材料要求：申请材料分正文和附件两部分，正文为申请经费的正式文件，附件为每个项目的可行性研究报告。

项目可行性研究报告内容包括：项目的目的、技术路线、投资概算、申请补助金额及其使用方向、项目实施的保障措施、预期的社会效益、经济效益、环境效益等。

申请使用贷款贴息的单位，还应当提供经办银行出具的专项贷款合同和利息结算清单。

第十六条 国务院环境保护行政主管部门对申报中央环境保护专项资金的项目进行形式审查后，国务院财政、环境保护行政主管部门应当组织有关专家进行评审，按项目的轻重缓急及专家评审结果排序，统一纳入项目库管理，并根据财力状况联合下达项目预算。

环境保护专项资金的拨付方式按国家有关规定执行。

第十七条 地方环境保护专项资金的申报、项目评审及预算下达参照本办法第十五条、第十六条执行。

第十八条 财政部门应当将环境保护专项资金纳入年度预算，按项目进度和资金使用计划及时拨付资金，并对环境保护专项资金的专款专用及其他配套资金的到位情况进行监督检查，确保项目按时完成。

第十九条 项目承担单位收到环境保护专项资金后，应当严格按照有关规定组织项目的实施。污染治理项目在实施过程中应当严格执行国家有关招投标管理规定。环境保护行政主管部门应当根据项目进度检查治理技术方案的实施以及污染物总量削减措施的执行。项目完成后，应当根据国家有关规定及时验收。

第二十条 各省、自治区、直辖市财政、环境保护行政主管部门应当于年度终了后的 30 日内，将排污费征收情况及环境保护专项资金使用情况年度报告上报国务院财政、环境保护行政主管部门。

第五章 排污费资金收缴使用的违规处理

第二十一条 环境保护行政主管部门在排污费收缴工作中，应当严格执行国家的有关法律法规，依法及时足额收缴。对擅自设立排污收费项目、改变收费范围的，同级财政部门应当责令改正，并按照《国务院关于违反财政法规处罚的暂行规定》（国发［1987］58 号）予以处罚，对负有直接责任的主管人员和其他直接责任人员按有关规定给予行政处分。

第二十二条 排污者在规定的期限内未足额缴纳排污费的，由收缴部门责令其限期缴纳，并从滞纳之日起加收 2‰的滞纳金。

排污者拒不按前款规定缴纳排污费和滞纳金的，按照《排污费征收使用管理条例》的有关规定予以处罚。

第二十三条 环境保护专项资金使用者必须严格按照环境保护专项资金的使用范围确保专款专用，发挥资金使用效益。不按批准用途使用环境保护专项资金并逾期不改的，按照《排污费征收使用管理条例》的有关规定予以处罚。

第二十四条 对弄虚作假、截留、挤占、挪用排污费资金，应收未收或者少收排污费等违反财务制度和财经纪律的行为，应当给予有关责任人员经济和行政处罚；构成犯罪的，移交司法机关处理。

第六章 附 则

第二十五条 财政部门应当将收到的环境保护专项资金纳入一般预算收入科目中“排污费收入”核算；对纳入预算支出的环境保护专项资金，应纳入一般预算支出科目中“排污费支出”核算。

项目承担单位对申请取得的环境保护专项资金，应当按照国家统一的财务、会计制度的规定进行相应的财务、会计处理。

第二十六条 本办法由国务院财政部门会同国务院环境保护行政主管部门负责解释。此前与本办法不一致的规定一律以本办法为准。

第二十七条 本办法自2003年7月1日起施行。

关于减免及缓缴排污费有关问题的通知

（财政部、国家发展改革委、国家环保总局 2003 年 6 月 3 日　财综［2003］38 号）

各省、自治区、直辖市、计划单列市财政厅（局）、计委、物价局、环保局，新疆生产建设兵团财务局，国务院各部委、各直属机构：

为加强排污费征收管理，规范排污费减免及缓缴行为，根据《排污费征收使用管理条例》（国务院令第 369 号）的规定，现就减免及缓缴排污费等有关问题通知如下：

一、排污者遇台风、火山爆发、洪水、干旱、地震等不可抗力自然灾害以及因疫情、火灾、他人破坏等其他突发事件遭受重大直接经济损失，可以按照本通知规定申请减缴或者免缴排污费；排污者因未及时采取有效措施，造成环境污染的，不得申请减缴或者免缴排污费。

符合本条规定的排污者申请减免排污费的最高限额不得超过 1 年的排污费应缴额。

二、排污者遇不可抗力自然灾害和其他突发事件申请减免排污费，由市（地、州）级以上财政、价格主管部门会同环保部门负责审批。

（一）装机容量 30 万千瓦以上的电力企业申请减免二氧化硫排污费，按照下列权限审批：

1. 减免排污费数额在 500 万元以下（含 500 万元）的，由省、自治区、直辖市财政、价格主管部门会同环保部门审批。

2. 减免排污费数额在 500 万元以上的，由省、自治区、直辖市财政、价格主管部门会同环保部门提出审核意见，报国务院财政、价格主管部门会同环保部门审批。

（二）除本条（一）规定以外，申请减免排污费，按照下列权限审批：

1. 减免排污费数额在 50 万元以下（含 50 万元）的，由市（地、州）财政、价格主管部门会同环保部门审批。

2. 减免排污费数额在 50 万元以上 500 万元以下（含 500 万元）的，由省、自治区、直辖市财政、价格主管部门会同环保部门审批。

3. 减免排污费数额在 500 万元以上的，由省、自治区、直辖市财政、价格主管部门会同环保部门提出审核意见，报国务院财政、价格主管部门会同环保部门审批。

三、减免排污费按照下列程序办理：

（一）排污者自遇不可抗力自然灾害和其他突发事件之日起 30 日内，向本通知第二条规定具有审批权限的市（地、州）级以上财政、价格、环保部门提出减免排污费的书面申请。书面申请包括排污者名称、减免理由、减免数额、减免期限等内容。其中，属于国务院财政、价格主管部门会同环保部门审批减免的排污费，排污者应当自遇不可抗力自然灾害和其他突发事件之日起 30 日内，将书面申请报送省、自治区、直辖市财政、价格、环保部门，由省、自治区、直辖市财政、价格主管部门会同环保部门提出审核意见，并将书面申请连同审核意见报国务院财政、价格、环保部门。排污者申请减免排污费数额超过负责征收排污费的环保部门和同级财政、价格主管部门审批权限的，其书面申请应当同时抄送负责征收排污费的环保部门和同级财政、价格主管部门。

（二）市（地、州）级以上财政、价格、环保部门收到排污者减免排污费的书面申请后，应当在 30 日内由环保部门先进行调查核实，并提出审核意见报同级财政、价格主管部门。

（三）市（地、州）级以上财政、价格主管部门应当在收到环保部门审核意见的 30 日内按照本通知第二条规定的权限，会同环保部门作出是否批准减免排污费的决定，并以书面形式批复申请减免排污费的排污者，同时抄送上级财政、价格、环保部门以及负责征收排污费的环保部门和同级财政、价格主管部门。其中，属于国务院财政、价格主管部门会同环保部门审批减免的排污费，由国务院财政、价格主管部门会同环保部门批复省、自治区、直辖市财政、价格、环保部门，同时抄送申请减免排污费的排污者。

四、养老院、残疾人福利机构、殡葬机构、幼儿园、特殊教育学校、中小学校（不含其所办企业）等国务院财政、价格、环保部门规定的非盈利性社会公益事业单位，在达标排放污染物的情况下，经负责征收排污费的环保部门核准后可以免缴排污费。

五、排污者有下列情形之一的，可以按照本通知规定申请缓缴排污费：

（一）遇不可抗力自然灾害和其他突发事件，正在申请减免排污费以及市（地、州）级以上财政、价格、环保部门正在批复减免排污费期间。

（二）企业由于经营困难处于破产、倒闭、停产、半停产状态。

符合本条规定的排污者申请缓缴排污费的最长期限不超过 3 个月。在批准缓缴后 1 年内不得再重新申请。

六、缓缴排污费按照下列程序办理：

（一）排污者自接到排污费缴纳通知单之日起 7 日内，向负责征收排污费的环保部门提出缓缴排污费的书面申请，书面申请包括排污者名称、缓缴理由、缓缴期限等内容。

（二）负责征收排污费的环保部门自接到申请之日起 7 日内，应当作出是否批准缓缴排污费的书面决定，期满未作出决定的，视为同意缓缴排污费。

七、批准减免或缓缴排污费的排污者名单，由环保部门会同同级财政、价格主管部门每半年公告一次。公告应当包括批准机关、批准文号、批准减免或缓缴排污费的主要理由等内容。

八、对批准减免或缓缴排污费的排污者，不免除其防治污染的责任和法律、行政法规规定的其他责任。

九、各地区和有关部门应当严格按照本通知规定执行，不得以任何名义擅自扩大排污费减免及缓缴的范围，也不得超越审批权限或违反审批程序批准减免及缓缴排污费。

十、对排污者以欺骗手段骗取减免或缓缴排污费，以及县级以上财政、价格、环保部门违反本通知规定批准减免或缓缴排污费的，按照《排污费征收使用管理条例》（国务院令第 369 号）的规定进行处罚。

十一、本通知自 2003 年 7 月 1 日起执行。过去有关规定与本通知不一致的，一律以本通知为准。

十二、各省、自治区、直辖市可根据本通知规定制定减免及缓缴排污费的具体办法，报国务院财政、价格、环保部门备案。

关于排污费征收核定有关工作的通知

（国家环保总局2003年4月15日　环发［2003］64号）

各省、自治区、直辖市环境保护局（厅）：

为了做好排污费的征收工作，规范排污费征收核定程序，根据《排污费征收使用管理条例》（国务院令第369号）的有关规定，现就排污费征收核定有关工作通知如下：

一、县级以上环境保护局应当切实加强本行政区域内排污费征收管理工作的贯彻实施，其所属的环境监察机构具体负责排污费征收管理工作。

县级环境保护局负责行政区划范围内排污费的征收管理工作。

直辖市、设区的市级环境保护局负责本行政区域市区范围内排污费的征收管理工作。

省、自治区环境保护局负责装机容量30万千瓦以上的电力企业排放二氧化硫排污费的征收管理工作。

二、负责征收排污费的环境监察机构应要求所辖行政区域范围内的一切排污单位和个体工商户（以下简称排污者）于每年12月15日前，填报《全国排放污染物申报登记报表（试行）》（或《第三产业排污申报登记简表（试行）》、《畜禽养殖场排污申报登记简表（试行）》、《建筑施工场所排污申报登记简表（试行）》），申报下一年度正常作业条件下排放污染物种类、数量、浓度等情况，并提供与污染物排放有关的资料。排污者申报下一年度排放污染物的情况，应当以本年度污染物排放实际情况和下一年度生产计划所需排放污染物情况为依据。

新建、扩建、改建项目，应当在项目试生产前3个月内办理排污申报手续。在城市市区范围内，建筑施工过程中使用机械设备，可能产生环境噪声污染的，施工单位必须在工程开工15日前办理排污申报手续。

排放污染物需作重大改变或者发生紧急重大改变的，排污者必须分别在变更前15日内或改变后3日内履行变更申报手续，填报《排污变更申报登记表（试行）》。

排污者可以采取书面填表、网上申报等申报方式进行排污申报。

三、环境监察机构应当在每年1月15日前依据排污者申报的《全国排放污染物申报登记报表（试行）》进行排污收费年度审核；对排污者申报的新建、扩建、改建项目《全国排放污染物申报登记报表（试行）》和排放污染物需作重大改变或者发生紧急重大改变的《排污变更申报登记表（试行）》应当及时进行审核。

对符合要求的，环境监察机构向排污者发回经审核同意的《全国排放污染物申报登记报表（试行）》；对符合减免规定的，按规定予以减免并公告；对不符合要求的，责令限期补报；逾期未报的，视为拒报。

四、环境监察机构应当依据《排污费征收使用管理条例》，按照下列规定顺序对排污者排放污染物的种类、数量进行核定：

（一）排污者按照规定正常使用国家强制检定并经依法定期校验的污染物排放自动监控仪器，其监测数据作为核定污染物排放种类、数量的依据；

（二）具备监测条件的，按照国家环保总局规定的监测方法监测所得的监督监测数据；

（三）不具备监测条件的，按照国家环保总局规定的物料衡算方法计算所得物料衡算数据。

（四）设区市级以上环境监察机构可以结合当地实际情况，对餐饮、娱乐、服务等第三产业的小型排污者，采用抽样测算的办法核算排污量。

五、各级环境监察机构应当在每月或者每季终了后 10 日内，依据经审核的《全国排放污染物申报登记报表（试行）》、《排污变更申报登记表（试行）》，并结合当月或者当季的实际排污情况，核定排污者排放污染物的种类、数量，并向排污者送达《排污核定通知书（试行）》。

排污者对核定结果有异议的，自接到《排污核定通知书（试行）》之日起 7 日内，可以向发出通知的环境监察机构申请复核；环境监察机构应当自接到复核申请之日起 10 日内，做出复核决定。

对拒报、谎报《全国排放污染物申报登记报表（试行）》、《排污变更申报登记表（试行）》的，由环境监察机构直接确定其排放污染物的种类、数量，并向排污者送达《排污核定通知书（试行）》。

六、各级环境监察机构应当按月或按季根据排污费征收标准和经核定的排污者排放污染物种类、数量，确定排污者应当缴纳的排污费数额，并予以公告。

排污费数额确定后，由环境监察机构向排污者送达《排污费缴纳通知单（试行）》。

排污者应当自接到《排污费缴纳通知单（试行）》之日起 7 日内，到指定的商业银行缴纳排污费。

逾期未缴纳的，负责征收排污费的环境监察机构从逾期未缴纳之日起 7 日内向排污者下达《排污费限期缴纳通知书（试行）》。

七、《全国排放污染物申报登记报表（试行）》、《排污变更申报登记表（试行）》、《排污核定复核决定通知书（试行）》的格式和内容由国家环保总局统一规定。《排污费缴纳通知单（试行）》由国家环保总局统一印制。

八、各级环境监察机构应当使用由国家环保总局统一规定的排污费征收管理系统软件。

九、上级环境监察机构应加强对下级环境监察部门征收排污费的稽查工作。对县级以上环境监察机构应当征收而未征收或者少征收排污费的，上级环境监察机构可以责令其限期改正，或直接责令排污者到指定的商业银行补缴排污费。

附件：

1．全国排放污染物申报登记报表（试行）

2．第三产业排污申报登记简表（试行）

3．畜禽养殖场排污申报登记简表（试行）

4. 建筑施工场所排污申报登记简表（试行）
5. 排污变更申报登记表（试行）
6. 排污核定通知书（试行）
7. 排污核定复核决定通知书（试行）
8. 排污费缴纳通知单（试行）
9. 排污费限期缴纳通知书（试行）

附件 1

编号：

申报登记代码：□□□□□□□□□□□□

全国排放污染物申报登记报表

（试行）

（200　年度）

地区代码 □□□□□□

单位名称（盖章）______________________________

法定代表人(签章)_____________________________

申报单位法人代码□□□□□□□□-□

填　表　人：____________ 复　核　人：___________

填 报 日 期：_______________年________月_______日

一、基本情况表

主要污染类型：水污染□　气污染□　固废污染源□　是否属环统范围（划√）：Y；N

单位地址：________省（自治区、直辖市）_________市（地、州、盟）

_______________县（市、旗、区）__________乡、镇及街（道、路）______号

单位类别代码：□　行业代码：□□□□企业规模代码：□□　隶属关系码：□

经济类型代码：□

单位地址			通讯地址		
环保机构名称			邮政编码		
联系人		电话		传真	
投产日期		企业规模		经济类型	
行业类别			隶属关系		
开户行			账号		
总产值（现价）（万元/年）			利税金额（万元/年）		
生产（经营）天数（天/年）			年末职工人数（人）		
年末固定资产原值（万元）			其中环保设施（万元）		
上年缴纳排污费总额（万元）			上年因污染罚款（万元）		
扩建、改建项目名称		1.	2.		3.
项目扩建、改建动工时间		1.	2.		3.

二、主要产品年产量及主要原辅材料年耗量表

产品名称	计量单位	设计年产量	实际年产量	生产装置及工艺	主要原辅材料名称	计量单位	年耗量

三、主要产品生产装置按设计能力年排污量表

产品名称	废水排放量（万吨/年）	废水中主要污染物排放量			废气排放量（万标立米/年）	废气中主要污染物排放量		
		污染物代码	污染物名称	年排放量（吨/年）		污染物代码	污染物名称	年排放量（吨/年）

四、能源消耗量

能源消耗量：燃料煤：________万吨/年，热值_______兆焦/m³

原料煤：________万吨/年，含硫分_______%，灰分______%

原料油：________万吨/年，

燃料油：________万吨/年，热值______兆焦/m³

原料气：________万标立方米/年；

燃料气：________万标立方米/年；热值_______兆焦/m³

五、"三废"综合利用情况（计量单位：万元）

"三废"综合利用产品产值：________，"三废"综合利用产品利润：________；

六、用水量情况表（计量单位：万吨/年）

年新鲜用水量					循环水		年用水总量		
自来水	地下水	地面水	其他	合计	循环水量	循环利用率	生产用水量	生活用水量	总计

七、排污许可证允许排污量

排污许可证编号：

	污染物名称	污染物代码	允许排放量（吨/年）	最高允许排放浓度（mg/L）		污染物名称	污染物代码	允许排放量（吨/年）	最高允许排放浓度（mg/L）
废水					废气				
	废水允许排放量（吨/年）					废气允许排放量（吨/年）			

八、废水及污染物年排放情况（计量单位：万吨/年）

年废水排放总量：____________，其中直接排入海量：_____________，其中直接排入江河湖库量：___________；

处理后废水排放量：_________，年废水处理回用量：____________；排入城市污水处理厂量：________________；

废水循环利用率：___________%；

废水排放规律代码：□，纳污水域功能区代码：□，排污口总数（N2）：______个

污染物年排放情况（单位：吨/年）

主要污染物名称	代码	污染物排放量			
		年排放量	经处理的年去除量	年达标排放量	年超标排放量

九、废水排放情况表（　　　排污口，厂区位置　　　）

<table>
<tr><td rowspan="2">废水排放量（吨/年）</td><td colspan="4">排放去向代码</td><td rowspan="2">排放规律</td><td rowspan="2">是否排入城市污水处理厂</td><td rowspan="2">单位产品排水量（　/　）</td></tr>
<tr><td>河流名称</td><td>流域名称</td><td>流域代码</td><td>环境功能区</td></tr>
<tr><td></td><td></td><td></td><td></td><td></td><td></td><td>是□　否□</td><td></td></tr>
<tr><td>治理设施名称</td><td colspan="4"></td><td colspan="2">有否安装污染源自动监测仪器</td><td>有口　否口</td></tr>
<tr><td colspan="3">排口月均日废水排放量（吨/日）</td><td colspan="2"></td><td>年排放天数</td><td colspan="2"></td></tr>
<tr><td>污染物名称</td><td colspan="2"></td><td colspan="2"></td><td colspan="2"></td><td></td></tr>
<tr><td>污染物代码</td><td colspan="2"></td><td colspan="2"></td><td colspan="2"></td><td></td></tr>
<tr><td>污染物排放量（公斤/年）</td><td colspan="2"></td><td colspan="2"></td><td colspan="2"></td><td></td></tr>
<tr><td>其中：达标排放量（公斤/年）</td><td colspan="2"></td><td colspan="2"></td><td colspan="2"></td><td></td></tr>
<tr><td>超标排放量（公斤/年）</td><td colspan="2"></td><td colspan="2"></td><td colspan="2"></td><td></td></tr>
</table>

十、废水处理设施状况表

<table>
<tr><td rowspan="2">编号</td><td rowspan="2">水处理设施名称</td><td rowspan="2">废水类别</td><td colspan="2">处理能力（吨/日）N7.2</td><td rowspan="2">设施运行天数</td><td rowspan="2">年运行费用（万元）</td><td rowspan="2">废水处理方法代码</td><td rowspan="2">序号</td><td rowspan="2">污染物名称</td><td rowspan="2">污染物代码</td><td rowspan="2">污染物去除量（吨）</td><td rowspan="2">污染物处理前浓度（mg/L）</td><td rowspan="2">污染物处理后浓度（mg/L）</td><td rowspan="2">污染物年去除率（%）</td></tr>
<tr><td>设计能力</td><td>实际能力</td></tr>
<tr><td rowspan="3">01</td><td rowspan="3"></td><td rowspan="3"></td><td rowspan="3"></td><td rowspan="3"></td><td rowspan="3"></td><td rowspan="3"></td><td rowspan="3"></td><td>1</td><td></td><td></td><td></td><td></td><td></td><td></td></tr>
<tr><td>2</td><td></td><td></td><td></td><td></td><td></td><td></td></tr>
<tr><td>3</td><td></td><td></td><td></td><td></td><td></td><td></td></tr>
<tr><td rowspan="3">02</td><td rowspan="3"></td><td rowspan="3"></td><td rowspan="3"></td><td rowspan="3"></td><td rowspan="3"></td><td rowspan="3"></td><td rowspan="3"></td><td>1</td><td></td><td></td><td></td><td></td><td></td><td></td></tr>
<tr><td>2</td><td></td><td></td><td></td><td></td><td></td><td></td></tr>
<tr><td>3</td><td></td><td></td><td></td><td></td><td></td><td></td></tr>
</table>

十一、废气及其污染物年排放情况表

废气排放及燃烧设备情况（单位：万标立方米/年）

年废气排放总量：________________，其中：燃料燃烧排放量：______________，其中经净化处理的排放量：________________，工艺废气排放量：___________，其中处理量：_________；处理后废气排放量：___________，排放筒总数（N3）：_________根，排放工艺废气装置数（N2）：_________个（套）；

锅炉数（N3）_____台______蒸吨，炉窑数（N2）：_______座，茶炉（N2）：_______台，大灶台数（N3）：_______台，　火电机组数（N3）：_______组_______万千瓦

废气污染物排放情况（N6.4 单位：吨/年）

主要污染物名称 C6	代码 N2	污染物排放量			污染物年均浓度	污染物排放标准	污染物年去除量		
		年排放总量	燃料燃烧	工艺过程	N5.1 mg/m³		年去除总量	燃料燃烧去除量	工艺过程去除量

十二、工艺废气、生产性粉尘排放情况表（　　　排污口）

车间工段名称：__________排放筒高度：__________出口内径（米）：_____

排放天数（天/年）：_____排放时间（小时/天）：_____排放规律代码：_____

治理设施名称			排放规律	
污染物名称				
污染物代码				
年排放量（公斤/年）				
时排放量（公斤/小时）				
排放浓度（毫克/标立方米）				
排放标准（毫克/标立方米）				
生产工序				

污染物每月排放情况

污染物名称	1月		2月		3月		4月		5月		6月	
	浓度（mg/m³）	排放量（kg）	浓度（mg/m³）	排放量（kg）	浓度（mg/m³）	排放量（kg）	浓度（mg/m³）	排放量（kg）	浓度（mg/m³）	排放量（kg）	浓度（mg/m³）	排放量（kg）
排放时间(小时/月)												
产品产量/原料耗量（吨）												

污染物名称	7月		8月		9月		10月		11月		12月	
	浓度（mg/m³）	排放量（kg）	浓度（mg/m³）	排放量（kg）	浓度（mg/m³）	排放量（kg）	浓度（mg/m³）	排放量（kg）	浓度（mg/m³）	排放量（kg）	浓度（mg/m³）	排放量（kg）
排放时间(小时/月)												
产品产量/原料耗量（吨）												

监测数据来源：□污染源自动监测仪器；　□监督性监测；□自测；　□物料衡算；□排污系数

十三、炉、窑、灶污染物排放情况（　　排污口）

炉窑名称：＿＿＿＿＿＿　燃烧方式：＿＿＿＿　燃料代码：＿＿＿＿＿＿

单位产品耗燃料的单位：＿＿＿＿＿＿　单位产品耗燃料的数量：＿＿＿＿＿＿

烟囱高度（米）：＿＿　出口内径（米）：＿＿　排放天数：＿＿　排放规律代码：＿＿

燃料名称	年耗量（吨/年）	含硫量（%）	脱硫效率（%）	SO_2排放量（千克/年）	SO_2排放浓度（毫克/标立方米）	林格曼黑度监测数据	
						正常生产经营	冬季采暖

燃料产地	灰分（%）	锅炉型号	除尘效率（%）		启用时间	除尘器型号	除尘方法代码	有否安装污染源自动监测仪器
			设计	实测				
								有□　否□

污染物名称				
污染物代码				
污染物排放浓度（毫克/标立方米）				
污染物年排放量（公斤/年）				
污染物日排放量（公斤/小时）				

污染物每月排放情况

污染物名称	1月		2月		3月		4月		5月		6月	
	浓度（mg/m³）	排放量（kg）	浓度（mg/m³）	排放量（kg）	浓度（mg/m³）	排放量（kg）	浓度（mg/m³）	排放量（kg）	浓度（mg/m³）	排放量（kg）	浓度（mg/m³）	排放量（kg）
运行时间（小时/月）												
燃料耗量（吨）												

污染物名称	7月		8月		9月		10月		11月		12月	
	浓度（mg/m³）	排放量（kg）	浓度（mg/m³）	排放量（kg）	浓度（mg/m³）	排放量（kg）	浓度（mg/m³）	排放量（kg）	浓度（mg/m³）	排放量（kg）	浓度（mg/m³）	排放量（kg）
运行时间（小时/月）												
燃料耗量（吨）												

监测数据来源：口污染源自动监测仪器；口监督性监测；口自测；口物料衡算；口排污系数

十四、废气除尘、脱硫及净化装置情况表

编号	净化装置名称及型号	净化方法代码	净化率（%）		年运行费用(万元)	序号	污染物名称 C6	污染物代码 N2	污染物年去除量(吨/年)	污染物处理前浓度(mg/L)	污染物处理后浓度(mg/L)	污染物去除率（%）
			设计	实测								
01						1						
						2						
						3						

十五、边界噪声超标情况表

声源名称	噪声功能区	噪声源性质	工作时间（天/年）		等效声级 dB（A）		峰值声级 dB（A）		执行标准 *Leq* dB（A）		测点示意图：
			昼	夜	昼	夜	昼	夜	昼	夜	

边界噪声超标天数及超标分贝数

超标情况	1月		2月		3月		4月		5月		6月	
	昼	夜	昼	夜	昼	夜	昼	夜	昼	夜	昼	夜
超标天数												
等效声级超标分贝数 dB（A）												
边界连续超标长度是否超过 100 米												
超标分贝数最高的声源名称												

超标情况	7月		8月		9月		10月		11月		12月	
	昼	夜	昼	夜	昼	夜	昼	夜	昼	夜	昼	夜
超标天数												
等效声级超标分贝数 dB（A）												
边界连续超标长度是否超过 100 米												
超标分贝数最高的声源名称												

十六、固废产生及去向情况表（单位：吨/年）

固废类别 N2	固废名称 C10	固废年产生量 N8.2	含有主要有害成分 C12	固废年综合利用量 N7.2	本单位综合利用量 N7.2	年处置量 N7.2	本单位年处置量 N7.2	处置往年贮存量 N7.2	年贮存量 N7.2	历年单位已累计贮存量 N10.2	固废年排放量 N7.2	办理转移联单情况 C20

十七、固体废物综合利用或处理设施情况表

设备编号	固废综合利用或处置、贮存设备（设施、装置）名称型号 C10	固废类别 N2	固废名称 C10	设备（设施、装置）处理能力（吨/小时）N7.2	设备台数 N1	处置方法码 N2	年运行天数 N3	运行状况代码 N1	年运行费用（元/吨）N6.1	建成或投入使用时间（年·月）C4
01										
02										
03										
04										

十八、固化废物产生及处置、排放情况表

固体废物名称	年产生量（吨）	主要污染因子	符合环保标准的		不符合环保标准的量（吨）		
			处置（吨）	贮存量（吨）	处置	贮存量	排放量

不符合环保标准的每月处置、排放量（吨）												
固废名称	1月	2月	3月	4月	5月	6月	7月	8月	9月	10月	11月	12月

十九、工业企业污染治理情况表

污染治理项目名称：____________________，治理类型代码：口；　（在建、扩建）

项目开工年月：____________，建成投产年月：______________；

项目预算投资：_________万元；概算投资_________万元；决算投资_________万元；

设计处理能力：__________（吨/日、标立方米/时、吨/年）；

竣工实际年处理量：__________（万吨、万标立方米）；

二十、生产工艺简单示意图

生产工艺：

二十一、排污申报登记年审审核意见

经办人审核意见：	环境监察部门审核意见：
审核人（签名）：	负责人（签章）：　　单位（盖章）
审核日期　年　月　日	审核日期　年　月　日

附件 2

第三产业排污申报登记简表(试行)(200　年度)

编号：

单位名称(盖章)				法定代表人/负责人(签章)			
单位地址				通讯地址			
邮政编码		联系人			电话		
开业时间		开户行			账号		
扩建、改建时间				经济类型			
行业类别				隶属关系			
企业规模				总营业面积			
总营业额(万元/年)				利税总额(万元/年)			
经营、工作天数(天/年)				年末职工人数(人)			
新鲜用水量(吨/年)				年缴纳排污费总额(万元)			
餐位(座位/床位/年门诊人次/等)				产生污染的主要使用材料名称/燃料名称			
计量单位				计量单位			
数量				年耗量			
备注：							

水污染物排放情况

污染物名称	污染物排放量（公斤）或污染排放特征值											
	第一季度			第二季度			第三季度			第四季度		
	1 月	2 月	3 月	4 月	5 月	6 月	7 月	8 月	9 月	10 月	11 月	12 月

大气污染物排放情况

产生污染设备/工序名称			第一季度			第二季度			第三季度			第四季度		
			1 月	2 月	3 月	4 月	5 月	6 月	7 月	8 月	9 月	10 月	11 月	12 月
燃料名称	1.	耗量(单位：　)												
	2.	耗量(单位：　)												
有机溶剂	名称	耗量(单位：　)												
污染物名称			污染物排放量(公斤)											

噪声超标情况

超标情况	1月		2月		3月		4月		5月		6月	
	昼	夜	昼	夜	昼	夜	昼	夜	昼	夜	昼	夜
噪声源名称												
超标天数												
超标分贝数 dB(A)												
超标情况	7月		8月		9月		10月		11月		12月	
	昼	夜	昼	夜	昼	夜	昼	夜	昼	夜	昼	夜
噪声源名称												
超标天数												
超标分贝数 dB(A)												

固体废弃物产生及排放情况

固废名称	年产量(公斤)	去向		
		综合利用量(公斤)	符合环保标准的处理、处置、贮存量(公斤)	排放量(公斤)

环境监察部门审核意见	审核人： 审核日期：　年　月　日	负责人：　单位(盖章)： 审核日期：　年　月　日

填表人：　　　　填报日期：　年　月　日

注：1. 污染排放特征指禽畜养殖业、小型企业和第三产业等无法进行实际监测或物料衡算的排污者。

2. 污染排放特征值是指：①禽畜养殖业中牛、猪头数，鸡、鸭等家禽的羽数；②小型企业的污水排污量；③饮食娱乐服务业的污水排放量；④医院的病床数或污永排放量；⑤其他行业的人数，其他行业详见表 1-3 说明。

附件 3

畜禽养殖场排污申报登记表(试行)(　　年度)

养殖场名称(盖章)			法定代表人	
地址		通讯地址		
邮政编码	联系人		电话	
开业时间		改建、扩建时间		
开户行		账号		
上年总产值(现价、万元)		上年利润总额(万元)		
上年末固定资产原值(万元)		上年末职工人数(人)		
上年缴纳排污费总额(万元)		环保设施投资(万元)		
养殖种类				
畜禽年存栏数(头或只)		畜禽年出栏数(头或只)		
畜禽污水排放情况				
全年新鲜用水量(吨)		循环用水量(吨)		
全年污水排放量(吨)				

污染物名称	1月		2月		3月		4月		5月		6月	
	浓度(mg/L)	排放量(kg)	浓度(mg/L)	排放量(kg)	浓度(mg/L)	排放量(kg)	浓度(mg/L)	排放量(kg)	浓度(mg/L)	排放量(kg)	浓度(mg/L)	排放量(kg)
排水量(吨)												

污染物名称	7月		8月		9月		10月		11月		12月	
	浓度(mg/L)	排放量(kg)	浓度(mg/L)	排放量(kg)	浓度(mg/L)	排放量(kg)	浓度(mg/L)	排放量(kg)	浓度(mg/L)	排放量(kg)	浓度(mg/L)	排放量(kg)
排水量(吨)												
排放去向												

固体粪便产生及处置、排放情况

全年粪便产生量(吨)				全年粪便排放量(吨)							
1月		2月		3月		4月		5月		6月	
产生量		产生量		产生量		产生量		产生量		产生量	
处置量		处置量		处置量		处置量		处置量		处置量	
排放量		排放量		排放量		排放量		排放量		排放量	
无害化		无害化		无害化		无害化		无害化		无害化	
7月		8月		9月		10月		11月		12月	
产生量		产生量		产生量		产生量		产生量		产生量	
处置量		处置量		处置量		处置量		处置量		处置量	
排放量		排放量		排放量		排放量		排放量		排放量	
无害化		无害化		无害化		无害化		无害化		无害化	

恶臭污染物排放

月份	1～3月	4～6月	7～9月	10～12月
臭气浓度				

炉、灶污染物排放情况（　　　排污口）

燃料名称	耗量(　/年)	含硫量(%)	脱硫效率(%)	SO_2排放量(公斤/年)	林格曼黑度监测数据	
					正常生产经营	冬季采暖

燃料产地	灰分(%)	锅炉型号	除尘效率(%)	除尘器型号	有否安装污染源自动监测仪器
					有□　否□

污染物名称				
污染物排放量(公斤/年)				

污染物每月排放情况

污染物名称	1月		2月		3月		4月		5月		6月	
	浓度(mg/m³)	排放量(kg)	浓度(mg/m³)	排放量(kg)	浓度(mg/m³)	排放量(kg)	浓度(mg/m³)	排放量(kg)	浓度(mg/m³)	排放量(kg)	浓度(mg/m³)	排放量(kg)
运行时间(小时/月)												
燃料耗量(吨)												

污染物名称	7月		8月		9月		10月		11月		12月	
	浓度(mg/m³)	排放量(kg)	浓度(mg/m³)	排放量(kg)	浓度(mg/m³)	排放量(kg)	浓度(mg/m³)	排放量(kg)	浓度(mg/m³)	排放量(kg)	浓度(mg/m³)	排放量(kg)
运行时间(小时/月)												
燃料耗量(吨)												

监测数据来源：□污染源自动监测仪器；□监督性监测；□自测；□物料衡算；□排污系数

附件 4

建筑施工场所排污申报登记表（试行）

申报单位（盖章）：　　　　　　　　　　　　　　　　　　　　编号：

施工单位名称		法定代表人（签章）	
施工场地地址		联系人及电话	
工程项目名称		工地面积（平方米）	
开工时间	年　月　日	竣工时间	年　月　日
施工单位开户银行		账号	

<table>
<tr><td rowspan="7">施
工
阶
段
情
况</td><td rowspan="3">阶段
名称</td><td colspan="4">主要机械和设备情况</td><td rowspan="3">年　月　日至
年　月　日止</td></tr>
<tr><td rowspan="2">名称及利用数量</td><td rowspan="2">型号及规格</td><td colspan="2">场界噪声值 dB（A）</td></tr>
<tr><td>昼</td><td>夜</td></tr>
<tr><td>土石方</td><td></td><td></td><td></td><td></td><td></td></tr>
<tr><td>打桩</td><td></td><td></td><td></td><td></td><td></td></tr>
<tr><td>结构</td><td></td><td></td><td></td><td></td><td></td></tr>
<tr><td>装修</td><td></td><td></td><td></td><td></td><td></td></tr>
<tr><td colspan="2">施工场地平面图
要求：1．标明施工场地周围环境情况；2．标明场界准确位置及相对距离；3．标明准确方向、方位；4．标明主要参照物。</td><td colspan="5">施工场地平面及测点示意图</td></tr>
</table>

废水排放情况表（　　　排污口）

废水排放量（吨/年）	排放去向	排放规律	是否排入城市污水处理厂	单位产品排水量（　/　）
			是□　　否□	
治理设施名称		有否安装污染源自动监测仪器		是□　　否□
污染物名称				
污染物排放量（公斤/年）				
其中：达标排放量（公斤/年）				
超标排放量（公斤/年）				

污染物每月情况

污染物名称	1月		2月		3月		4月		5月		6月	
	浓度 (mg/L)	排放量 (kg)	浓度 (mg/L)	排放量 (kg)	浓度 (mg/L)	排放量 (kg)	浓度 (mg/L)	排放量 (kg)	浓度 (mg/L)	排放量 (kg)	浓度 (mg/L)	排放量 (kg)
排水量(吨)												

污染物名称	7月		8月		9月		10月		11月		12月	
	浓度 (mg/L)	排放量 (kg)	浓度 (mg/L)	排放量 (kg)	浓度 (mg/L)	排放量 (kg)	浓度 (mg/L)	排放量 (kg)	浓度 (mg/L)	排放量 (kg)	浓度 (mg/L)	排放量 (kg)
排水量(吨)												

监测数据来源：□污染源自动监测仪器；□监督性监测；□自测；□物料衡算；□排污系数

炉、灶污染物排放情况（　　　排污口）

燃料名称	耗量（　/年）	含硫量(%)	脱硫效率(%)	SO_2排放量(公斤/年)	林格曼黑度监测数据	
					正常生产经营	冬季采暖
燃料产地		灰分(%)	锅炉型号	除尘效率(%)	除尘器型号	是否安装污染源自动监测仪器
						有□　否□
污染物名称						
污染物排放量(公斤/年)						

污染物每月排放情况

污染物名称	1月		2月		3月		4月		5月		6月	
	浓度(mg/m³)	排放量(kg)	浓度(mg/m³)	排放量(kg)	浓度(mg/m³)	排放量(kg)	浓度(mg/m³)	排放量(kg)	浓度(mg/m³)	排放量(kg)	浓度(mg/m³)	排放量(kg)
运行时间(小时/月)												
燃料耗量(吨)												

污染物名称	7月		8月		9月		10月		11月		12月	
	浓度(mg/m^3)	排放量(kg)	浓度(mg/m^3)	排放量(kg)	浓度(mg/m^3)	排放量(kg)	浓度(mg/m^3)	排放量(kg)	浓度(mg/m^3)	排放量(kg)	浓度(mg/m^3)	排放量(kg)
运行时间(小时/月)												
燃料耗量(吨)												

监测数据来源：口污染源自动监测仪器；口监督性监测；口自测；口物料衡算；口排污系数

填报人：　　　　　　　　　　填报时间：　　　年　　月　　日

注：1．附施工许可证一式三份（复印）。

2．申报登记表一式三份，要求开工前15日内将申报登记表报到当地环境监察部门。

环境监察部门审核意见

审核意见：
审核人(签名)： 日期　　年　　月　　日
负责人(签章)：　　　　　　单位(盖章) 审核日期　　年　　月　　日

附件 5

排污变更申报登记表（试行）

单位名称（盖章）	
变更时间	从　　　年　　　月　　　日至　　　年　　　月　　　日
变更原因：	

填表人：　　　　　　　　　　　　　　　　　　填报日期：　　　年　　　月　　　日

排污申报登记变更审核意见

经办人审核意见：	环境监察部门审核意见：
审核人（签名）： 审核日期　　　年　　月　　日	负责人（签章）：　　　　单位（盖章） 审核日期　　　年　　　月　　　日

附件 6

排污核定通知书（试行）

环监费核字[200　]____________号
（月份　　单位代码）

____________________________：

根据《排污费征收使用管理条例》第 7 条的规定，本机构对你__________年______月至_____月污染物排放情况进行了核定，结果如下：

<table>
<tr><td colspan="7">排污核定结果</td></tr>
<tr><td colspan="7">一、污水与废气</td></tr>
<tr><td>排污口名称</td><td>排污介质排放量（m^3）</td><td>污染物名称</td><td>浓度（mg/L 或 mg/m^3）</td><td colspan="3">排放量（kg）</td></tr>
<tr><td rowspan="3"></td><td rowspan="3"></td><td></td><td></td><td colspan="3"></td></tr>
<tr><td></td><td></td><td colspan="3"></td></tr>
<tr><td></td><td></td><td colspan="3"></td></tr>
<tr><td rowspan="3"></td><td rowspan="3"></td><td></td><td></td><td colspan="3"></td></tr>
<tr><td></td><td></td><td colspan="3"></td></tr>
<tr><td></td><td></td><td colspan="3"></td></tr>
<tr><td colspan="7">二、固体废弃物</td></tr>
<tr><td>固废名称</td><td>产生量（t）</td><td>贮存、处置量（t）</td><td>综合利用量（t）</td><td colspan="3">排放量（t）</td></tr>
<tr><td></td><td></td><td></td><td></td><td colspan="3"></td></tr>
<tr><td></td><td></td><td></td><td></td><td colspan="3"></td></tr>
<tr><td colspan="7">三、边界噪声</td></tr>
<tr><td>测点位置</td><td>主要噪声源名称</td><td>时段</td><td>噪声类型</td><td>超标声级值［dB(A)］</td><td>超标天数</td><td>超标边界长度是否超过 100 米</td></tr>
<tr><td></td><td></td><td></td><td></td><td></td><td></td><td></td></tr>
<tr><td></td><td></td><td></td><td></td><td></td><td></td><td></td></tr>
</table>

本机构将根据以上核定结果计算确定你__________年______月至______年________月应缴的排污费。如对以上核定结果有异议，可在接到本通知之日起 7 日内向本机构申请复核。

（公章）

年　　月　　日

附件 7

排污核定复核决定通知书（试行）

环监费复字[200　]＿＿＿＿＿＿号

（月份　　单位代码）

＿＿＿＿＿＿＿＿＿＿＿＿＿＿：

根据《排污费征收使用管理条例》第 8 条的规定，本机构对你＿＿＿＿年＿＿＿月至＿＿＿＿月污染物排放情况进行了复核，结果如下：

排污复核结果

一、污水与废气

排污口名称	排污介质排放量（m^3）	污染物名称	浓度（mg/L 或 mg/m^3）	排放量（kg）

二、固体废弃物

固废名称	产生量（t）	贮存、处置量（t）	综合利用量（t）	排放量（t）

三、边界噪声

测点位置	主要噪声源名称	时段	噪声类型	超标声级值［dB(A)］	超标天数	超标边界长度是否超过 100 米

本机构将根据以上复核结果计算确定你＿＿＿＿＿年＿＿＿月至＿＿＿年＿＿＿＿月应缴的排污费。

（公章）

年　　月　　日

附件 8

排污费缴纳通知单（试行）

____________号

________________________：

根据《排污费征收使用管理条例》和有关环境保护法律、法规、规章的规定，依据《排污核定通知书》和《排污核定复核决定通知书》，经计算，决定征收你______年____月（季）以下排污费：

排污费项目		排污费金额									
		千	百	十	万	千	百	十	元	角	分
污水	排污费										
	超标准排污费										
废气排污费											
噪声超标准排污费											
固体废物排污费											
危险废物排污费											
合计											

你应当自接到本通知之日起 7 日内，到_______银行_____缴费专户______账号缴纳。

如对本排污费缴纳通知不服，可在接到本通知单之日起 60 日内，向_______申请复议；也可在 3 个月内直接向__________人民法院起诉。逾期不申请复议，也不向人民法院起诉，又不按要求缴纳排污费的，本机构将申请人民法院强制执行，并每日按排污费金额千分之二征收滞纳金。

附件 9

排污费限期缴纳通知书（试行）

____________号

________________________：

经查，你应当于___________年______月______日前缴纳（___________号《排污费缴纳通知单》）_______年____月排污费________元，至今已缴_____元，欠缴_______元，违反了《排污费征收使用管理条例》第十四条第二款的规定。根据《排污费征收使用管理条例》第二十一条的规定，责令你于_________年_______月____日前到___________银行________________缴费专户账号缴纳欠缴排污费_________元。

逾期拒不缴纳的，根据《排污费征收使用管理条例》第二十一条规定，将处应缴纳排污费数额 1 倍以上 3 倍以下的罚款，并报经人民政府，责令停产停业整顿。

（公章）

年　　月　　日

关于做好《排污费征收使用管理条例》及其配套规章实施工作的通知

（国家环保总局 2003 年 6 月 19 日　环发［2003］103 号）

各省、自治区、直辖市环境保护局（厅）：

为了认真履行环保部门的职责，确保《排污费征收使用管理条例》（以下简称《条例》）及配套规章自 2003 年 7 月 1 日起全面贯彻实施，并推进污染物总量控制工作，现通知如下：

一、加强统一领导，做好综合协调

各级环保部门要加强对《条例》及配套规章贯彻实施的统一领导，落实《条例》赋予环保部门的职责，明确目标和任务，将《条例》的贯彻实施列入各级环保部门的重要议事日程，并充分借助新闻媒体对《条例》及配套规章开展各种形式的宣传工作。各级环境监察机构要认真组织对排污费征收人员的培训，保证持证上岗。

《条例》规定了环保、财政、价格、经济、审计等部门相应的职责，各级环保部门要加强与各相关部门的综合协调，并自觉接受同级审计部门关于排污费征收及环境保护专项资金使用和管理的审计监督。同时，各级环保部门要主动与行政监察、审计、财政等部门共同研究，出台排污费足额征收的奖励措施，以促进征收力度的不断加大。

二、组织做好排污申报和核定工作

排污申报和核定工作是《条例》赋予环保部门的重要工作，是排污费征收的关键环节。各级环保部门要严格按照总局印发的《关于排污费征收核定有关工作的通知》（环发［2003］64 号）要求，认真组织做好此项工作。采取先重点排污单位，后一般排污单位的原则逐步推进，要求于 2003 年 12 月 15 日前完成 2004 年度的排污申报。同时按照《条例》规定的权限和方法认真组织 2003 年 7 至 12 月污染物排放种类和数量的核定工作，为 2004 年 1 月 15 日前完成排污量年度审核工作做好充分准备。通过排污申报、核定，对辖区内的污染源进行全面的摸底调查，准确全面掌握污染源和污染物排放的种类、数量等情况，为依法全面足额征收排污费，也为总量控制、排污许可证管理、环境统计等环境管理提供可靠的基础数据。

三、建立排污费征收公告制度和稽查机制

认真执行排污费征收公告制度。各级环境监察部门对排污者的排污申报进行核定，

确定应缴纳的排污费数额，必须先予以公告后实施；对于批准减缴、免缴、缓缴的排污者，环保部门应会同同级财政、价格主管部门予以公告，公告形式请各地自定。

《条例》明确了上级环保部门对下级环保部门征收排污费的稽查权，对应当征收而未征收或者少征收排污费的，上级环保部门有权责令其限期改正，或者直接责令排污者补缴排污费。按照此项要求，环境监察部门要建立排污费征收的稽查机制，确保排污费依法足额征收。

四、做好经费保障和排污费资金管理使用的衔接

按照《条例》有关征收的排污费一律上缴财政，环境保护执法所需经费列入本部门预算，由本级财政予以保障的规定，财政部、国家环保总局已出台了相应的办法，各级环保部门要主动与财政部门协调，提前做好专项资金的使用预算，做好排污费的使用、管理和环保部门的经费保障工作。

按照“收支两条线”的要求，原城乡建设环境保护部和财政部印发的《征收超标准排污费财务管理和会计核算办法》（城环字［1984］453 号）、原国家环保局和财政部印发的《环境保护排污费预算会计制度》（［1990］环监字第 331 号）中有关排污费的财务管理和会计核算制度将于 2003 年 6 月 30 日终止执行。请做好原有排污费会计核算的结账工作，将 2003 年 6 月 30 日前的排污费征收、使用情况进行总结汇总，并将汇总情况和分析情况于 2003 年 8 月 30 日前报国家环保总局。结存的排污费资金按《排污费资金收缴使用管理办法》和《关于环保部门实行收支两条线管理后经费安排的实施办法》管理使用。各级环保部门要充分用好有关政策，加强环境监察机构的建设和配备必要的设备。

《条例》的公布实施是我国排污收费制度的重大改革，各级环境监察部门要严格按照《条例》及配套规定的征收范围、权限、时限和程序征收排污费，不得简化征收程序，降低或提高征收标准，不得擅自扩大排污费减、免和缓征的范围，不得跨权限征收，坚决杜绝协商收费、人情收费。各地在实施过程中出现的问题要稳妥解决，难以解决的问题及时上报，确保《条例》的贯彻执行。

关于环保部门实行收支两条线管理后经费安排的实施办法

（财政部、国家环保总局 2003 年 4 月 8 日　财建［2003］64 号）

为保障各级环保部门及其所属机构（以下简称“环保机构”）开展工作的经费需要，促进环保机构依法行政，确保国家环境保护战略任务的顺利实施，根据《排污费征收使用管理条例》（国务院令第 369 号）、《排污费资金收缴使用管理办法》（财政部、国家环保总局令第 17 号）、《国务院办公厅转发财政部关于深化收支两条线改革进一步加强财政管理意见的通知》（国办发［2001］93 号）、《财政部、中国人民银行关于公安等部门收费收入纳入预算管理的通知》（财预［2002］9 号）以及其他相关文件精神，现就环保部门实行“收支两条线”管理后财政经费安排的有关问题规定如下：

一、实施经费安排的基本原则及要求

（一）各级财政部门应当本着实事求是、有利于环保事业健康发展的原则，根据环保机构开展工作的实际需要和各级财政的财力状况安排经费。

（二）环保机构按规定应当上缴的各项收费要及时足额上缴国库，支出纳入同级财政年度预算，实行“收支两条线”管理。

各级环保机构应当对超编的人员逐步进行清退，对超编人员，财政部门不予核拨经费。严禁将环保机构年度经费预算与其征收的行政事业性收费挂钩。

（三）各级财政部门、环保机构应当充分利用已有环境管理和服务能力资源，避免重复投入，集中财力优先保证政府对环境状况行使管理和监督职责所需经费。

二、纳入财政预算的环保机构包括：行政、监督执法、监测、信息、科研、宣传教育、放射性与危险废物管理以及自然保护区管理等环保机构。

三、实施经费安排工作的具体要求

各级财政部门应当根据财力状况和环保机构的工作需要，将人员经费、公用经费、监督执法经费、仪器设备购置经费以及基础设施经费等纳入同级财政预算予以保障。

（一）各级政府环保行政机构及监督执法机构履行环境管理和监督职责所需经费由同级财政预算安排。其中，人员经费按照编制内实有人数和国家规定的工资、津贴补助标准核定；日常公用经费按照同级财政预算定额核定；专项业务费按照工作需要予以重点安排。

（二）向政府环境管理和社会公众提供环境技术服务的环境监测机构、信息机构、放射性及危险废物管理机构所需的经费，由同级财政预算资金和本单位经营服务性收入统筹安排。人员经费按照政府有关部门核定的编制内实有人数和国家规定的工资、津贴补贴标准核定；日常公用经费比照同级财政预算定额核定；专项业务费按专项工作的实际需要，单独予以核定。

财政部门、环境保护行政主管部门应当根据环境监测、监督执法工作的实际需要，制定有关仪器设备配备标准，逐步配备到位。对各种仪器设备所需的维护、维修和消耗费用予以充分保障，保证其正常运转。

（三）环境科研机构的经费按照社会公益类科研院所经费供给制度和办法安排，并逐步实行课题制。

（四）各级政府设置的环境宣传教育、自然保护区管理等机构经费以定额补助和定项补助相结合的办法纳入同级财政预算。人员经费、日常公用经费按照同级财政预算定额核定。对其承担的环境保护宣传教育及自然保护区管理专项工作，按照具体工作内容，给予定项补助。

四、环保机构的基础设施建设应纳入本地区的社会发展计划，实行统一规划和管理；应当有计划地安排基础设施经费，逐步解决环保机构基础设施条件简陋、设备陈旧等问题。

五、环保机构经费安排的具体过渡措施

（一）排污费不得用于环保机构自身建设的规定在东部地区（北京市、上海市、天津市、辽宁省、山东省、浙江省、江苏省、福建省、广东省）应当一步到位，中西部地区可以 3 年到位。具体要求是：从 2003 年起，东部地区的环保机构经费全额纳入同级财政预算，不得再从排污费中列支，排污费收入全部用于环境污染防治；中西部地区，以 2000 年各级环保机构在排污费收入中列支的环保机构经费为基数，2003 至 2005 年每年用于补助环保机构的经费最多可以分别照列基数的 75%、50%和 25%，排污费其余部分全部用于环境污染防治；从 2006 年开始，有关环保机构经费全额纳入同级财政预算，不得再从排污费中列支，排污费收入全部用于环境污染防治。

（二）2004 年前，允许将结存在各级财政和环保部门的排污费（含有偿使用基金）纳入部门预算，用于弥补环保机构行政、事业经费不足。

（三）各级财政部门对排污费中安排的环保机构补助经费要严格审核，从紧安排，纳入部门预算统一管理。

（四）中央财政视财力状况对中西部财政困难省份的环境保护执法工作给予适当补助。

六、加强管理，严格监督，确保政策贯彻落实

（一）各级财政部门应当切实加强环保机构的预算管理、财务监督，并根据《国务院办公厅转发财政部关于深化收支两条线改革 进一步加强财政管理意见的通知》（国办发［2001］93 号）、《财政部 中国人民银行关于公安等部门收费收入纳入预算管理的通知》（财预［2002］9 号）以及《行政单位财务规则》、《事业单位财务规则》等有关文件精神，结合本地实际情况，制定具体的管理办法。

（二）各级财政部门、环保部门应当密切配合，认真执行《国务院关于加强预算外资金管理的决定》（国发［1996］29 号），采取切实有效的措施，加强对环保机构的行政事业性收费收缴的监督管理，共同做好各项行政事业性收费收入及罚没收入的上缴工作，

做到应收尽收，应缴尽缴。

（三）各级财政部门应当督促环保机构做好增收节支工作，优化支出结构，保证重点需要，压缩一般性开支，提高资金使用效益。

（四）各级财政部门应当进一步增强服务意识，提高工作效率，将环保机构的各项经费按照有关规定及工作进度，及时、足额拨付到位。

（五）各级环保机构应当严格执行国家有关法律、法规和规章，应缴国库的各项行政事业性收费，依照有关规定足额征收，及时缴入国库，不得少收或不收，严禁截留、挤占和挪用。

（六）各级环保机构应当严格执行国家有关经费开支范围和标准等财务规定以及有关政府采购和工程招投标的规定，不得违反财经纪律和财务制度。

七、本办法自 2003 年 7 月 1 日起实施。

十二、消耗臭氧层物质管理

消耗臭氧层物质进出口管理办法

（国家环保总局、对外贸易经济合作部和海关总署
1999 年 12 月 3 日　环发［1999］278 号）

第一条　为履行《关于消耗臭氧层物质的蒙特利尔议定书》（伦敦修正案）（以下简称《议定书》），加强对我国消耗臭氧层物质的进出口管理，根据国务院批准的《中国逐步淘汰消耗臭氧层物质国家方案》（修订稿），制定本办法。

第二条　在中华人民共和国领域内从事《议定书》缔约国之间的受控消耗臭氧层物质进出口的经营活动，适用本办法。

本办法所称消耗臭氧层物质，包括消耗臭氧层物质及生产和消费消耗臭氧层物质的相关设备和产品。

第三条　国家环保总局、对外贸易经济合作部和海关总署对受控消耗臭氧层物质的进出口实行统一监督管理。

（一）制定并发布《中国进出口受控消耗臭氧层物质名录》（以下简称《名录》）；对列入《名录》的消耗臭氧层物质，实行进出口配额许可证管理；

（二）制定并发布禁止进出口的消耗臭氧层物质名录。

第四条　申请《名录》中所列消耗臭氧层物质进出口的企业，必须按照国家有关规定，提前三个月向国家环保总局和对外贸易经济合作部提出消耗臭氧层物质进出口配额书面申请，并提供 1995—1997 年及提出申请时上一年度相应消耗臭氧层物质的进出口、销售和使用情况及其证明。

第五条　对外贸易经济合作部会同国家环保总局负责确定《名录》所列消耗臭氧层物质的国家年度进出口配额总量和申请企业的进出口配额量；受理企业对《名录》中所列消耗臭氧层物质的进出口配额申请；签发《受控消耗臭氧层物质进出口审批单》（以下简称《进出口审批单》）。

第六条　持有国家环保总局和对外贸易经济合作部签发的《进出口审批单》的企业，应向对外贸易经济合作部授权的发证机构申领《进出口许可证》。

对外贸易经济合作部凭国家环保总局和对外贸易经济合作部签发的《进出口审批单》，签发《进出口许可证》。

《进出口许可证》实行一批一证制。进出口许可证的申领和管理按照对外贸易经济合作部有关进出口许可证管理办法执行。

第七条　出口回收的消耗臭氧层物质的企业，须持有国家环保总局签发的回收证明，直接向对外贸易经济合作部授权的发证机构申请出口许可证；

出口回收的消耗臭氧层物质的容器上必须贴有由国家环保总局统一印制的“回收的消耗臭氧层物质”的标志，并准确标示物质名称和含量。

第八条 海关对《名录》所列的受控消耗臭氧层物质的进出口，凭对外贸易经济合作部签发的《进出口许可证》监管验放。

第九条 经营消耗臭氧层物质进出口的企业，必须按照《议定书》有关规定，进行消耗臭氧层物质的进出口贸易；不得转让或买卖进出口配额和进出口许可证。

第十条 违反本办法规定的，由有关部门按照国家有关法律、法规的规定进行处理。

第十一条 国家环保总局、对外贸易经济合作部和海关总署有权对经营企业的进出口经营情况进行监督和检查。

第十二条 国家环保总局、对外贸易经济合作部和海关总署根据管理需要联合设立专门办事机构负责本办法的实施，并制定本办法的实施细则。该办事机构设在国家环保总局。

第十三条 本办法由国家环保总局、对外贸易经济合作部和海关总署根据各自的职责分工进行解释。

第十四条 本办法自发布之日起施行。

关于加强对消耗臭氧层物质进出口管理的规定

（国家环保总局、对外贸易经济合作部、海关总署
2000 年 4 月 13 日　环发［2000］85 号）

第一条　根据《消耗臭氧层物质进出口管理办法》，制定本规定。

第二条　本规定适用于在中华人民共和国领域内从事《关于消耗臭氧层物质的蒙特利尔议定书》（以下简称《议定书》）缔约国之间的受控消耗臭氧层物质（以下简称受控物质）的进出口经营活动；向《议定书》第 5 条第 1 款国家可进出口新生和回收的受控物质；向《议定书》第 2 条国家只能出口回收的受控物质。

第三条　根据国际履约工作的要求和规定以及我国开展消耗臭氧层物质工作进展情况，国家环保总局会同对外贸易经济合作部、海关总署制定、调整和颁布《中国进出口受控消耗臭氧层物质名录》（以下简称《名录》）。

对列入《名录》中的物质，实行进出口配额许可证管理。

第四条　国家环保总局、对外贸易经济合作部和海关总署联合设立国家消耗臭氧层物质进出口管理办公室（以下简称管理办公室），管理办公室设在国家环保总局。

第五条　受控物质进出口是指《名录》所列物质以任何贸易方式（包括无偿提供、捐赠等方式）进出境的经营活动。

第六条　申请进出口受控物质的企业必须是依法成立的，具有进出口经营资格的独立法人。

第七条　企业进出口《名录》所列的物质（包括纯物质和任何含这些物质的混合物），须经管理办公室审查批准。

第八条　根据《中国逐步淘汰消耗臭氧层物质国家方案》及国家行业淘汰计划，管理办公室确定国家受控物质年度进出口配额，并根据当年某种受控物质实际出口情况，适时对该种受控物质年度进口配额进行调整。

对没有特殊规定的物质，管理办公室将根据企业申请的数量和国际公约的有关规定，确定其出口配额。

第九条　每年的十一月份，管理办公室确定下一年度各种受控物质的进出口配额总量，同时受理企业下一年度进出口配额申请。

第十条　申请受控物质进出口配额的企业，须提交以下材料：

（一）进出口受控消耗臭氧层物质配额申请书（附件 1，2）。

（二）提交相应的受控物质上一年度的进出口、销售和使用情况的证明。

（三）第一次申请进出口配额的企业，应提交 1995—1997 年受控物质的进出口、销

售和使用情况的证明；对外贸易经济合作部或经其授权的地方外经贸主管部门批准企业进出口经营资格的文件（正本复印件）。

管理办公室在受理受控物质进出口配额申请时，可以向申请人提出质询和要求补充有关材料。

第十一条 出口回收的受控物质的企业在提交出口申请时，必须向管理办公室提交有效的回收证明。

第十二条 管理办公室在受理企业受控物质进出口配额的申请后，依法进行审查，对符合规定的企业，确定其相应受控物质的进出口配额量；对不符合规定的企业不予下发配额。

第十三条 在国家下发的年度配额指标内，进出口企业需要分批次进出口受控物质时，应填写进出口计划表（附件 1，2），并根据进出口计划填写分批进出口受控消耗臭氧层物质申请单（附件 3，4），按批向管理办公室提交进出口受控物质书面申请。

第十四条 管理办公室根据分批进出口受控消耗臭氧层物质申请单，审批和签发进出口审批单（附件 5，6）。进出口审批单实行一单一批制，有效期为三个月。

第十五条 出口回收的受控物质的容器上，必须贴有国家环保总局统一印制的“回收的消耗臭氧层物质”标志，并准确标示物质名称和含量。

第十六条 企业持进出口审批单，向省级外经贸主管部门申领进出口许可证，中央管理的企业向对外贸易经济合作部配额许可证事务局申领进出口许可证。海关凭进出口许可证监管验放。

第十七条 进出口许可证实行一证一批制，每份进出口许可证只能报关使用一次。进出口许可证的申领和管理按照对外贸易经济合作部发布的有关进出口许可证管理规定执行。

第十八条 本规定向国家环保总局、对外贸易经济合作部和海关总署根据各自的职责分工进行解释。

第十九条 本规定自颁布之日起施行。

附：1.《进口受控消耗臭氧层物质配额申请书》

2.《出口受控消耗臭氧层物质配额申请书》

3.《分批进口受控消耗臭氧层物质申请单》

4.《分批出口受控消耗臭氧层物质申请单》

5.《受控消耗臭氧层物质进口审批单》

6.《受控消耗臭氧层物质出口审批单》

附 1

编号：

进口受控消耗臭氧层物质配额申请书

进口单位＿＿＿＿＿＿＿＿＿＿＿＿＿＿＿＿＿＿＿＿（盖公章）＿＿＿＿＿

进口 ODS 商品编号＿＿＿＿＿＿＿＿＿＿＿＿＿＿＿＿＿＿＿＿＿＿＿＿＿＿

进口 ODS 名称＿＿＿＿＿＿＿＿＿＿＿＿＿＿＿＿＿＿＿＿＿＿＿＿＿＿＿＿

进口 ODS 代号＿＿＿＿＿＿＿＿＿＿＿＿＿＿＿＿＿＿＿＿＿＿＿＿＿＿＿＿

进口 ODS 物质来源＿＿＿＿＿＿＿＿＿＿＿＿＿＿＿＿＿＿＿＿＿＿＿＿＿＿

申请年度进口配额（吨）＿＿＿＿＿＿＿＿＿＿＿＿＿＿＿＿＿＿＿＿＿＿＿

出口国家＿＿＿＿＿＿＿＿＿＿＿＿＿＿＿＿＿＿＿＿＿＿＿＿＿＿＿＿＿＿

国家消耗臭氧层物质进出口管理办公室

年　　月　　日

<table>
<tr><td rowspan="4">进
口
单
位</td><td>单位名称</td><td colspan="3"></td></tr>
<tr><td>单位地址</td><td colspan="3"></td></tr>
<tr><td>联系人</td><td></td><td>联系电话</td><td></td></tr>
<tr><td>主管单位（地区）</td><td colspan="3"></td></tr>
<tr><td colspan="2">申请进口 ODS 名称及代号</td><td></td><td>商品编号</td><td></td></tr>
<tr><td colspan="2">申请年度配额数量（吨）</td><td colspan="3"></td></tr>
<tr><td colspan="5">上一年度进口、销售或使用情况</td></tr>
<tr><td colspan="2">上一年度配额申请书编号</td><td colspan="3"></td></tr>
<tr><td colspan="2">上一年度批准进口 ODS 名称及代号</td><td></td><td>商品编号</td><td></td></tr>
<tr><td colspan="2">上一年度批准进口 ODS 配额（吨）</td><td colspan="3"></td></tr>
<tr><td colspan="2">上一年度 ODS 实际进口量（吨）</td><td colspan="3"></td></tr>
<tr><td colspan="2">上一年度实际销售或使用情况</td><td colspan="3"></td></tr>
<tr><td>备
注</td><td></td><td colspan="3">主管部门审查意见及批准数量：

经办人签字：

批准日期：　　　　年　　月　　日

有效期：</td></tr>
</table>

________年进口计划表

单位名称：

配额申请书编号：

进口 ODS 名称及代号	批次	计划进口时间	计划进口数量（吨）	进口审批单签发数量（吨）	报关实际数量（吨）	备注

附 2

编号：

出口受控消耗臭氧层物质配额申请书

出口单位＿＿＿＿＿＿＿＿＿＿＿＿＿＿＿＿＿＿＿（盖公章）＿＿＿＿＿

出口 ODS 商品编号＿＿＿＿＿＿＿＿＿＿＿＿＿＿＿＿＿＿＿＿＿＿＿＿

出口 ODS 名称＿＿＿＿＿＿＿＿＿＿＿＿＿＿＿＿＿＿＿＿＿＿＿＿＿＿

出口 ODS 代号＿＿＿＿＿＿＿＿＿＿＿＿＿＿＿＿＿＿＿＿＿＿＿＿＿＿

出口 ODS 物质来源＿＿＿＿＿＿＿＿＿＿＿＿＿＿＿＿＿＿＿＿＿＿＿＿

申请年度出口配额（吨）＿＿＿＿＿＿＿＿＿＿＿＿＿＿＿＿＿＿＿＿＿

进口国家＿＿＿＿＿＿＿＿＿＿＿＿＿＿＿＿＿＿＿＿＿＿＿＿＿＿＿＿＿

国家消耗臭氧层物质进出口管理办公室

年　　月　　日

<table>
<tr><td rowspan="4">出口单位</td><td>单位名称</td><td colspan="3"></td></tr>
<tr><td>单位地址</td><td colspan="3"></td></tr>
<tr><td>联系人</td><td></td><td>联系电话</td><td></td></tr>
<tr><td>主管单位（地区）</td><td colspan="3"></td></tr>
<tr><td colspan="2">申请出口 ODS 名称及代号</td><td></td><td>商品编号</td><td></td></tr>
<tr><td colspan="2">申请年度配额数量（吨）</td><td colspan="3"></td></tr>
<tr><td colspan="5">上一年度出口情况</td></tr>
<tr><td colspan="2">上一年度配额申请书编号</td><td colspan="3"></td></tr>
<tr><td colspan="2">上一年度批准出口 ODS 名称及代号</td><td></td><td>商品编号</td><td></td></tr>
<tr><td colspan="2">上一年度批准出口 ODS 配额（吨）</td><td colspan="3"></td></tr>
<tr><td colspan="2">上一年度 ODS 实际出口量（吨）</td><td colspan="3"></td></tr>
<tr><td colspan="2">回收证明</td><td colspan="3"></td></tr>
<tr><td>备注</td><td></td><td colspan="3">主管部门审查意见及批准数量：

经办人签字：

批准日期：　　　　年　　月　　日

有效期：</td></tr>
</table>

________年出口计划表

单位名称：

配额申请书编号：

出口 ODS 名称及代号	批次	计划出口时间	计划出口数量（吨）	出口审批单签发数量（吨）	报关实际数量（吨）	备注

附 3

分批进口受控消耗臭氧层物质申请书

进口单位＿＿＿＿＿＿＿＿＿＿＿＿＿＿＿＿＿＿＿＿（盖公章）＿＿＿＿＿＿

对外成交单位＿＿＿＿＿＿＿＿＿＿＿＿＿＿＿＿＿＿＿＿＿＿＿＿＿＿＿＿

进口 ODS 商品编号＿＿＿＿＿＿＿＿＿＿＿＿＿＿＿＿＿＿＿＿＿＿＿＿＿＿

进口 ODS 名称＿＿＿＿＿＿＿＿＿＿＿＿＿＿＿＿＿＿＿＿＿＿＿＿＿＿＿＿

进口 ODS 代号＿＿＿＿＿＿＿＿＿＿＿＿＿＿＿＿＿＿＿＿＿＿＿＿＿＿＿＿

进口 ODS 物质来源＿＿＿＿＿＿＿＿＿＿＿＿＿＿＿＿＿＿＿＿＿＿＿＿＿＿

本次进口数量（吨）＿＿＿＿＿＿＿＿＿＿＿＿＿＿＿＿＿＿＿＿＿＿＿＿＿

预计进口时间＿＿＿＿＿＿＿＿＿＿＿＿＿＿＿＿＿＿＿＿＿＿＿＿＿＿＿＿

报关口岸（具体关名）＿＿＿＿＿＿＿＿＿＿＿＿＿＿＿＿＿＿＿＿＿＿＿＿

国家消耗臭氧层物质进出口管理办公室

年　　月　　日

<table>
<tr><td rowspan="4">进口单位</td><td>单位名称</td><td colspan="3"></td></tr>
<tr><td>单位地址</td><td colspan="3"></td></tr>
<tr><td>联系人</td><td></td><td>联系电话</td><td></td></tr>
<tr><td>主管单位（地区）</td><td colspan="3"></td></tr>
<tr><td rowspan="3">出口单位</td><td>单位名称</td><td colspan="3"></td></tr>
<tr><td>单位地址</td><td colspan="3"></td></tr>
<tr><td>国家（地区）</td><td colspan="3"></td></tr>
<tr><td rowspan="3">生产单位</td><td>单位名称</td><td colspan="3"></td></tr>
<tr><td>单位地址</td><td colspan="3"></td></tr>
<tr><td>国家（地区）</td><td colspan="3"></td></tr>
<tr><td colspan="2">此次申请进口 ODS 名称及代号</td><td></td><td>商品编号</td><td></td></tr>
<tr><td colspan="2">此次申请进口 ODS 数量（吨）</td><td colspan="3"></td></tr>
<tr><td>备
注</td><td></td><td colspan="3">主管部门审查意见及批准数量：

经办人签字：

批准日期：　　　　年　　月　　日

有效期：</td></tr>
</table>

附 4

分批出口受控消耗臭氧层物质申请单

出口单位＿＿＿＿＿＿＿＿＿＿＿＿＿＿＿＿＿＿（盖公章）＿＿＿＿

生产单位＿＿＿＿＿＿＿＿＿＿＿＿＿＿＿＿＿＿＿＿＿＿＿＿＿＿

对外成交单位＿＿＿＿＿＿＿＿＿＿＿＿＿＿＿＿＿＿＿＿＿＿＿＿

出口 ODS 商品编号＿＿＿＿＿＿＿＿＿＿＿＿＿＿＿＿＿＿＿＿＿＿

出口 ODS 名称＿＿＿＿＿＿＿＿＿＿＿＿＿＿＿＿＿＿＿＿＿＿＿＿

出口 ODS 代号＿＿＿＿＿＿＿＿＿＿＿＿＿＿＿＿＿＿＿＿＿＿＿＿

出口 ODS 物质来源＿＿＿＿＿＿＿＿＿＿＿＿＿＿＿＿＿＿＿＿＿＿

本次出口数量（吨）＿＿＿＿＿＿＿＿＿＿＿＿＿＿＿＿＿＿＿＿＿

预计出口时间＿＿＿＿＿＿＿＿＿＿＿＿＿＿＿＿＿＿＿＿＿＿＿＿

报关口岸（具体关名）＿＿＿＿＿＿＿＿＿＿＿＿＿＿＿＿＿＿＿＿

国家消耗臭氧层物质进出口管理办公室

年　　月　　日

<table>
<tr><td rowspan="4">出口单位</td><td>单位名称</td><td colspan="3"></td></tr>
<tr><td>单位地址</td><td colspan="3"></td></tr>
<tr><td>联系人</td><td></td><td>联系电话</td><td></td></tr>
<tr><td>主管单位（地区）</td><td colspan="3"></td></tr>
<tr><td rowspan="3">生产单位</td><td>单位名称</td><td colspan="3"></td></tr>
<tr><td>单位地址</td><td colspan="3"></td></tr>
<tr><td>国家（地区）</td><td colspan="3"></td></tr>
<tr><td rowspan="3">对外成交单位</td><td>单位名称</td><td colspan="3"></td></tr>
<tr><td>单位地址</td><td colspan="3"></td></tr>
<tr><td>国家（地区）</td><td colspan="3"></td></tr>
<tr><td colspan="2">此次申请出口 ODS 名称及代号</td><td></td><td>商品编号</td><td></td></tr>
<tr><td colspan="2">此次申请出口 ODS 数量（吨）</td><td colspan="3"></td></tr>
<tr><td>备注</td><td></td><td colspan="3">主管部门审查意见及批准数量：
经办人签字：
批准日期：　年　月　日
有效期：</td></tr>
</table>

附 5

国家消耗臭氧层物质进出口管理办公室
受控消耗臭氧层物质进口审批单

（第　　　号）

进口单位______________________________________

对外成交单位___________________________________

进口 ODS 商品编号________________________________

进口 ODS 名称__________________________________

进口 ODS 代号__________________________________

进口 ODS 数量（吨）______________________________

报关口岸（具体关名）_____________________________

有效期限__________________________前办理进口许可证有效

批准日期

批准单位　国家消耗臭氧层物质进出口管理办公室

附 6

国家消耗臭氧层物质进出口管理办公室
受控消耗臭氧层物质出口审批单

（第　　　号）

出口单位____

生产单位____

对外成交单位____________________________________

出口 ODS 商品编号_______________________________

出口 ODS 名称___________________________________

出口 ODS 代号___________________________________

出口 ODS 数量（吨）______________________________

报关口岸（具体关名）_____________________________

有效期限___________________________前办理出口许可证有效

批准日期

批准单位　国家消耗臭氧层物质进出口管理办公室

关于禁止新建生产、使用消耗臭氧层物质生产设施的通知

（国家环保局、国家计委、国家经贸委、国家工商局
1997 年 11 月 11 日　环发［1997］733 号）

各省、自治区、直辖市环境保护局、计委（计经委）、经贸委（经委）、工商行政管理局：

臭氧层破坏是当今全球环境问题之一。为保护臭氧层，国际社会于 1987 年制定了《关于消耗臭氧层物质的蒙特利尔议定书》。我国在 1991 年 6 月加入了 1990 年经修正的《关于消耗臭氧层物质的蒙特利尔议定书》。按照有关国际规定，我国应在 1999 年将氯氟化碳（包括 CFC-11、CFC-12、CFC-113、CFC-114 和 CFC-115）的生产量和消费量冻结在 1995—1997 年三年平均水平基础上，到 2010 年将氯氟化碳、哈龙（包括哈龙 1211 和哈龙 1301）等主要消耗臭氧层物质的生产量和消费量削减为零。为切实履行国际公约，1993 年国务院批准了《中国消耗臭氧层物质逐步淘汰国家方案》（以下简称《国家方案》），1994 年我国进一步制定了烟草行业补充方案。在《国家方案》中，我国规定在 2010 年实现氯氟化碳、哈龙等主要消耗臭氧层物质的完全淘汰。为实现《国家方案》确定的目标，必须严格控制生产、使用消耗臭氧层物质生产设施的建设项目。为此，特将有关要求通知如下：

一、自本通知发布之日起，各地不得新建、扩建或改建为下列生产装置（线）：

1．氯氟化碳及哈龙化学品生产装置；

2．以氯氟化碳为发泡剂或制冷剂的冰箱、冰柜、汽车空调器、工业商业用冷藏、冷冻设备生产线；

3．以氯氟化碳为发泡剂的聚氨酯泡沫塑料产品、聚乙烯／聚苯乙烯挤出泡沫塑料生产线；

4．使用哈龙作灭火剂的灭火器、灭火系统生产装置；

5．使用氯氟化碳或 1,1,1-三氯乙烷或四氯化碳作为清洗剂的生产装置；

6．使用氯氟化碳作为推进剂的气雾剂制品（医药用品及尚无替代技术的产品除外）生产线；

7．以氯氟化碳作为膨胀剂的烟丝膨胀设备制造线。

本通知发布之前已发文件规定的有关限建内容仍有效。

二、自接到本通知之日起，各级政府有关部门要在各自职责范围内，各司其职，严格把关。

1．各级环境保护部门不得批准上述生产装置（线）建设项目环境影响报告书（表）；

2．各级政府计划、经贸和行业主管部门不得批准上述生产装置（线）建设或投产使用；

3．各级财政、金融部门不得在资金和政策上支持上述生产装置（线）的建设。

三、违反上述规定建设的生产装置（线），由地方环保部门报请同级人民政府责令其拆除。逾期不拆除的，有关部门要对主要责任人进行行政或法律处罚，工商行政管理部门不予办理企业登记注册；已经登记注册的，工商行政管理部门依法办理变更登记或注销登记。对有限公司和股份公司，依照《公司登记管理条例》的规定办理。

四、地方各级政府和有关部门应鼓励企业生产、使用有利于保护臭氧层的产品，并支持开展有利于保护臭氧层的活动。

关于《关于禁止新建生产、使用消耗臭氧层物质生产设施的通知》的补充通知

（国家环保总局 1999 年 6 月 29 日　环发［1999］147 号）

1997 年 11 月 11 日，原国家环保局、国家计委、国家经济贸易委员会和国家工商行政管理局联合发布了《关于禁止新建生产、使用消耗臭氧层物质生产设施的通知》（环发［1997］733 号），规定各地不得新建、扩建或改建七类与消耗臭氧层物质有关的生产装置（线）。1998 年 11 月召开的《关于消耗臭氧层物质的蒙特利尔议定书》第十次缔约国大会又作出新的规定，要求所有缔约国 1999 年 6 月 30 日之后，不再允许新建使用以消耗臭氧层物质作为加工助剂的工厂。经商国家发展计划委员会、国家经济贸易委员会和国家工商行政管理局，现做如下补充通知：

一、自 1999 年 7 月 1 日起，除已批准立项的项目外，各地不得新建、扩建或改建以附件所列物质作为加工助剂的工厂（包括生产装置、生产线）。

二、违反规定的，依照环发［1997］733 号文件处理。

三、各级政府有关部门要在各自职责范围内严格把关。

附件

用作加工助剂的控制物质用途清单

环发［1997］733号

编号	物质	加工助剂用途
1	四氯化碳	在氯和苛性苏打的生产过程中消除NCl_3
2	四氯化碳	从氯的生产中回收尾气里的氯
3	四氯化碳	生产氯化橡胶
4	四氯化碳	生产硫丹（杀虫剂）
5	四氯化碳	生产异丁基乙酰苯（异丁苯丙酸-止痛药）
6	四氯化碳	生产双对氯苯基三氯乙醇（开乐散（Dicofol）杀虫剂）
7	四氯化碳	生产氯磺化聚乙烯
8	四氯化碳	生产聚对苯二甲酸酰胺
9	氟氯化碳113	生产含氟聚合物的树脂
10	氟氯化碳11	生产精制合成聚烯纤维板
11	四氯化碳	生产丁苯橡胶
12	四氯化碳	生产氯化石腊
13	氟氯化碳113	生产长春瑞宾（抗肿瘤药品）
14	氟氯化碳12	Z-全氟聚醚和双官能衍生物的全氟聚醚聚过氧化物前体的光化合成
15	氟氯化碳113	减少用于生产全氟聚醚二酯的全氟聚醚聚过氧化物的中间体
16	氟氯化碳113	配制具有高官能度的全氟聚醚二醇
17	四氯化碳	生产药物-甲哌噻庚酮，抗胶和戒酒硫
18	四氯化碳	生产 Tralomethrine（杀虫剂）
19	四氯化碳	溴乙炔氢氯化物
20	四氯化碳	双氯高灭酸钠
21	四氯化碳	邻氯青霉素
22	四氯化碳	苯基甘氨酸
23	四氯化碳	单硝酸异山梨醇
24	四氯化碳	奥美拉唑
25	氟氯化碳-12	生产疫苗瓶

关于在气雾剂行业禁止使用氯氟化碳类物质的通知

（1997年6月5日　国家环保局、中国轻工总会、国家计委、国家经贸委、公安部、化工部、农业部、国家工商管理局、国家技术监督局发布　环发［1997］366号）

各省、自治区、直辖市环保局、轻工厅（局、总公司、总会）、计（经）委、经贸委（经委）、公安厅（局）、化工厅（局）、农业（农牧、农林、农牧渔业、水产、农垦、农机、乡镇企业）厅、工商行政管理局、技术监督局：

臭氧层破坏是当前全球环境问题之一。为保护臭氧层，国际社会于1987年制定了《关于消耗臭氧层物质的蒙特利尔议定书》（以下简称“议定书”）。我国在1991年6月加入了1990年经修正的“议定书”。按照“议定书”规定，我国应在1999年将氯氟化碳（CFCs）生产和消费量冻结在1995－1997年3年平均值的水平上，到2010年完全停止氯氟化碳、哈龙等主要消耗臭氧层物质的生产和使用。

为切实履行国际公约，1993年国务院批准了《中国消耗臭氧层物质逐步淘汰国家方案》（以下简称“国家方案”）。我国结合替代品、替代技术的发展情况，在“国家方案”中规定，气雾剂行业在1997年实现完全淘汰（医用部分除外）。为落实“国家方案”中提出的淘汰目标，国家环保局、中国轻工总会、国家计委、国家经贸委、公安部、化工部、农业部、国家工商行政管理局、国家技术监督局联合通告如下：

1. 自1997年12月31日起，所有生产下列各类气雾剂产品的企业不得使用氯氟化碳作为推进剂（尚无替代技术的产品除外）：

（1）个人用品类：发类用品、护肤用品、美容用品、芳香用品、盥洗用品；

（2）家庭用品类：室内环境用品、衣物用品、家具、家电用品；

（3）除虫用品类：杀虫用品、驱避用品；

（4）工业用品类：润滑用品、脱模用品、防锈、除锈用品、电气用品、除污用品、汽车用品、喷漆、涂料、上光蜡；

（5）其他用品类：食品、园艺用品、禽畜用品、其他等。

2. 自1998年1月1日起，对使用氯氟化碳作为推进剂生产的上述气雾剂产品，有关行业主管部门不予办理产品登记，并由行业主管部门通知工商行政管理机关，一律不予办理企业登记注册；对原已登记注册的企业，由行业主管部门提出处理意见，由工商行政管理机关依法处理。

3. 各级计划、经济部门自本通告颁布之日起不得批准使用氯氟化碳作为推进剂的上述气雾剂产品生产装置（线）的建设项目。

4．使用氯氟化碳替代品作推进剂的气雾剂生产企业和灌装中心应加强生产管理，确保产品质量，并建立健全各项消防安全管理制度，严格遵守国家消防安全法规。

各级公安消防机构对使用替代品作推进剂的气雾剂生产企业要加强监督管理，促进生产安全。

5．不具备安全生产和精制条件的中、小型气雾剂生产企业，国家鼓励其到符合国家要求的气雾剂灌装中心灌装。

6．国家对不含有氯氟化碳的气雾剂产品实行环境标志制度，具体的产品目录由国家环保局、国家技术监督局联合审批发布。

7．国家对气雾剂生产企业和市场产品进行监督，对违反上述规定的企业，由地方环保部门会同有关部门依法进行处罚。

8．各有关部门要积极督促所属企业认真执行上述有关规定，协助企业切实做好氯氟化碳禁用工作。

关于中国汽车行业新车生产限期停止使用 CFC-12 汽车空调器的通知

（国家环保总局 1999 年 7 月 26 日　环发 [1999] 267 号）

各省、自治区、直辖市环保局、机械厅（局）、汽车办（总公司）及各有关单位：

臭氧层被破坏是当今全球环境问题之一。为保护臭氧层，国际社会于 1989 年制定了《关于消耗臭氧层物质的蒙特利尔议定书》（以下简称《议定书》）。我国于 1991 年 6 月加入了《议定书》的伦敦修正案，对国际社会承诺逐渐削减和淘汰消耗臭氧层物质（ODS）。受控的消耗臭氧层物质（ODS）包括：氟氯化碳（CFC-11、CFC-12、CFC-113 等）、哈龙、四氯化碳、甲基氯仿等。根据《议定书》要求，这些物质应在 2010 年之前全部停止生产和消费。

为切实履行国际公约，1993 年 1 月，国务院批准了《中国消耗臭氧层物质逐步淘汰国家方案》（以下简称《国家方案》），1999 年 11 月 15 日又批准了重新修订的《国家方案》。1995 年，中国汽车行业编制了《中国汽车空调 CFCs 物质替代项目行业战略》（以下简称《行业战略》）。1998 年 11 月，《议定书》多边基金执委会批准了《中国汽车空调 CFC 整体淘汰计划》。

为确保《国家方案》修订稿和《行业战略》的有效实施，保证《中国汽车空调 CFC 整体淘汰计划》的落实，特通知如下：

1．各汽车制造厂及汽车空调器生产厂必须抓紧对 CFC-12 空调器的改造，尽快转产为 HFC-134a 的汽车空调器。

2．从 2002 年 1 月 1 日起，所有新生产的汽车必须停止装配以 CFC-12 为工质的汽车空调器。

3．国家环保总局和国家机械局委托中国汽车产品认证委员会制定汽车空调器认证管理办法，2002 年 1 月 1 日以后只有符合相关标准的 HFC-134a 空调器才能发给认证证书和标志，准予用于新车配套。

4．2002 年 1 月 1 日以后按新的汽车强制性检测标准进行检查，以 CFC-12 为工质的空调车将不予上汽车产品目录。

各地方环保局和机械厅（局）应督促有关企业做好替代改造工作，并进行监督管理。

关于拆除 CFC 生产设备并补偿停产损失的通知

（国家环保总局对外经济合作中心 1999 年 6 月 30 日 环经函［1999］71 号）

根据保护臭氧层蒙特利尔议定书多边基金执委会批准的“中国化工行业 CFC 生产整体淘汰计划”，经过国际审计的 CFC 生产企业（见附件），在按照与国家环保总局签订的合同要求完成关闭拆除 CFC 生产装置后，国家环保总局将根据合同规定，拨付该计划的多边基金赠款作为经济损失补偿。

经济损失的补偿额度是根据蒙特利尔多边基金补偿规则确认、批准并反复测算的，基于企业 1997 年 CFC 生产量和利润情况，扣除了税款和成本以后的净利润损失的补偿，主要包括固定资产的损失、拆除生产线的费用和工人安置费用等。

该补偿金主要用于因生产停止而引起的下岗职工安置、固定资产的损失、新产品的开发。

请各企业按照上述原则进行生产线的拆除和资金的合理使用。

关于实施哈龙灭火剂生产配额许可证管理的通知

（国家环保局、公安部 1997 年 12 月 3 日发布　环发［1997］764 号）

各省、自治区、直辖市环境保护局，各省、自治区、直辖市公安厅、局：

为履行《关于消耗臭氧层物质的蒙特利尔议定书》伦敦修正案所规定的国际义务，实施《中国消防行业哈龙整体淘汰计划》，逐步削减哈龙灭火剂的生产，决定对哈龙灭火剂生产实行配额许可证管理。现将有关事项通知如下：

一、自 1998 年 1 月 1 日起，所有生产哈龙灭火剂的企业必须持有哈龙灭火剂生产配额许可证。无生产配额许可证的企业不得组织哈龙灭火剂的生产。哈龙灭火剂配额许可证当年有效。哈龙灭火剂生产企业的当年生产配额是企业可获得实施《关于消耗臭氧层物质的蒙特利尔议定书》多边基金（以下简称“多边基金”）资助额度的主要依据。

国家环保局和公安部负责确定国家年度哈龙灭火剂生产配额总量和哈龙生产企业的生产配额即最高年生产许可量。

二、自本通知发布之日起，申请生产配额许可证的企业必须在省级环境保护部门规定的时间内根据生产配额许可证申请书（附件 1）的格式，向省级环境保护部门提交申请书一式 6 份，并抄报省级公安消防监督机构和企业上级主管部门。逾期未提出申请的企业，按自动弃权处理。持有哈龙灭火剂生产许可证的企业方可申请哈龙灭火剂生产配额许可证。

三、省级环境保护部门应会同省级公安消防监督机构在接到企业申请书 10 天内，提出初审意见，报国家环保局审批，并报公安部备案。

国家环保局在每年 12 月 15 日之前，对符合要求的企业发放下年度的哈龙灭火剂生产配额许可证，并向企业所在的省级环境保护部门和公安消防监督管理机构通报核发结果。

四、国家环保局和公安部根据以下因素核定哈龙灭火剂生产企业首次哈龙灭火剂生产配额：

（一）企业前 3 年的实际生产量、销售量、库存量和出口量；

（二）企业前 3 年的财务状况和劳动工资；

（三）国家 1995 年年度配额总量。

五、国家环保局和公安部根据企业上年度哈龙灭火剂生产配额量、生产配额交易情况及企业执行哈龙灭火剂生产配额许可证情况，确定企业下年度哈龙灭火剂生产配额量，依据以下方法核定企业哈龙灭火剂生产配额量。

（一）已由国家环保局确定将在下年度获得多边基金资助，并全部停止哈龙灭火剂生产的企业，核定哈龙灭火剂生产配额量为零。

已由国家环保局确定将在下年度获得多边基金资助并部分停止哈龙灭火剂生产的企业，仅核定相应生产部分的年度哈龙灭火剂生产配额量。

（二）哈龙灭火剂生产企业生产配额总量扣除上款确定的哈龙灭火剂生产减少量后仍超过下年度国家配额总量时，将在哈龙灭火剂生产企业的上年度配额基础上等比例削减各个企业的年度哈龙灭火剂生产配额量。

六、哈龙灭火剂生产配额经国家环保局批准，可交易使用。实施哈龙灭火剂生产配额交易，必须具备以下条件：

（一）进行交易企业双方必须同时持有哈龙灭火剂生产配额许可证；

（二）用于交易的哈龙灭火剂生产配额是当年尚未使用的；

（三）欲购进哈龙灭火剂生产配额的企业须得到省级环境保护部门的同意。

配额交易分为年度交易和永久性交易两种。实施永久性交易的企业，其变更配额量作为核发企业各自下年度哈龙灭火剂生产配额的依据；哈龙灭火剂生产配额的交易价格，由交易企业自行协商确定。

配额交易企业必须鉴定交易合同，并须将交易合同上报国家环保局批准。国家环保局应在接到交易合同 7 天内，提出审批意见；并应根据批准的交易合同变更交易企业双方的当年哈龙灭火剂生产配额量。同时，向交易企业双方及其所在省级环境保护部门通报哈龙灭火剂生产配额变更情况。

哈龙灭火剂生产企业交易哈龙灭火剂生产配额后，应按照国家环保局变更后的哈龙灭火剂生产配额量组织生产。

七、持有哈龙灭火剂生产配额许可证的企业（以下简称“持证企业”）必须按哈龙灭火剂生产配额许可证执行情况报告表（附件 2）的要求，在每季度结束后 15 天内向国家环保局报送本季度的有关情况，并抄报省、市（地）级环境保护部门、公安消防监督机构和企业上级主管部门。

八、持证企业应保存有关原始资料包括：哈龙灭火剂生产年报表；哈龙灭火剂生产月报表；哈龙灭火剂销售年报表；哈龙灭火剂销售月报表；哈龙灭火剂财务年报表；氯氟烃 22、溴素、氯气等主要原料购入账；哈龙灭火剂生产操作记录包括投料量、产量、产品灌装记录等。并接受环境保护部门、公安消防监督机构和企业上级主管部门的核查。

九、省、市（地）环境保护部门和公安消防监督机构每年应共同对持证企业的生产情况和上报的数据进行不定期核查，并由省级环境保护部门将检查及处理结果上报国家环保局、公安部和企业上级主管部门。

十、国家环保局对累计两次超配额生产的企业，除行政处罚外，停发其下年度哈龙灭火剂生产配额许可证，并取消获得多边基金资助的资格。国家环保局商公安部可调整使用不能有效组织生产且不进行配额交易的持证企业的配额量。

十一、对不按时报送或不报送有关数据、对瞒报和谎报数据的持证企业、对超配额生产的持证企业、对违章交易哈龙灭火剂生产配额的持证企业以及对无哈龙灭火剂生产配额许可证生产哈龙灭火剂的企业，将根据情节轻重按照国家有关规定进行处罚。

附：1．哈龙灭火剂生产配额许可证申请书（略）

2．哈龙灭火剂生产配额许可证执行情况报表（略）

关于实施全氯氟烃产品（CFCs）生产配额许可证管理的通知

（国家环保总局、国家石油和化学工业局 1999 年 5 月 31 日　环发［1999］128 号）

各省、自治区、直辖市环境保护局、石油化工厅（局、公司）：

为履行《关于消耗臭氧层物质的蒙特利尔议定书》伦敦修正案（以下简称“议定书”）所规定的国际义务，实施《中国化工行业全氯氟烃产品（CFCs）生产整体淘汰计划》，逐步削减 CFCs 的生产，决定自 1999 年 1 月 1 日起对 CFCs 生产实行配额许可证管理。现将有关事项通知如下。

一、所有生产 CFCs（附件 1 所列产品种类）的企业必须持有 CFCs 生产配额许可证。无生产配额许可证的企业不得组织 CFCs 的生产。企业年度 CFCs 生产配额从每年 1 月 1 日起计算，当年有效。

二、国家环保总局和国家石油和化学工业局负责确定国家年度 CFCs 生产配额总量和各 CFCs 生产企业的生产配额即最高年生产许可量。国家初始年度 CFCs 生产配额是 50351 吨（消耗臭氧潜能值），各 CFCs 生产企业 CFCs 的生产配额为 1997 年的实际生产量。

三、自本通知发布之日起，申请 CFCs 生产配额许可证的企业必须在 15 天内根据生产配额许可证申请表（附件 2）的格式，向国家环保总局提交申请书（每种 CFCs 填一份）一式 4 份，并同时抄报国家石油和化学工业局、省级环境保护部门、省级石油化工生产管理部门和企业上级主管部门。逾期未提出申请的企业，按自动弃权处理。申请 CFCs 生产配额许可证的企业必须是经国际审计的且在 1997 年有 CFCs 实际生产量的企业。

国家环保总局接到企业申请书后，会同国家石油和化学工业局根据 1999 年国家配额总量和招标结果，核定各 CFCs 生产企业 1999 年生产配额，对符合要求的企业发放 CFCs 配额生产许可证。

四、国家环保总局会同国家石油和化学工业局今后每年根据企业上年度 CFCs 生产配额量、生产配额交易情况及企业执行 CFCs 生产配额许可证情况和下一年度招标结果，确定企业下年度 CFCs 生产配额量，并依据以下方法核定企业下年度 CFCs 生产配额量。

（一）已由国家环保总局通过招标确定的将在下年度全部停止其某种 CFCs 生产的企业，其该种 CFCs 生产配额量为零。

已由国家环保总局通过招标确定的将在下年度部分停止某种 CFCs 生产的企业，仅核定相应生产部分的年度生产配额量。

（二）CFCs 生产企业某种 CFCs 生产配额总量扣除上款确定的 CFCs 生产减少量后仍超过下年度国家配额总量时，将在 CFCs 生产企业现有配额基础上等比例削减各个企业的年度 CFCs 生产配额量，以达到下年度国家配额总水平。

五、国家环保总局会同国家石油和化学工业局在每年的 2 月底之前完成对各企业当年生产配额量的核定，并发放 CFCs 配额生产许可证，同时向企业所在的省级环境保护部门、石油化工生产管理部门及其上级主管部门通报核发结果。

每个企业的 CFCs 配额生产许可证上应注明不同种类的 CFCs 产品的生产配额量。

六、CFCs 生产配额经国家环保总局批准，可交易使用。实施 CFCs 生产配额交易，必须具备以下条件：

（一）进行交易企业双方必须同时持有同种 CFCs 生产配额许可证；

（二）用于交易的 CFCs 生产配额是当年尚未使用的；

（三）非同种 CFCs 生产配额的交易必须得到国家环保总局的特别批准。

配额交易分为年度交易和永久性交易两种。实施永久性交易的企业，其变更配额量作为核发企业各自下年度 CFCs 生产配额的依据；CFCs 生产配额的交易价格，由参加交易的企业自行协商确定。

进行配额交易的企业双方签定的交易合同，须上报国家环保总局，抄报国家石油和化学工业局，经国家环保总局批准后，方可生效。国家环保总局应在接到交易合同 10 天内，提出审批意见；应根据批准的交易合同变更交易企业双方的当年 CFCs 生产配额量；并把 CFCs 生产配额量变更情况，抄送国家石油和化学工业局、所在省级环境保护部门、石油化工管理部门和企业主管部门。

CFCs 生产企业交易生产配额后，应按照国家环保总局变更后的 CFCs 生产配额组织生产。

七、持有 CFCs 生产配额许可证的企业（以下简称持证企业）必须按 CFCs 生产配额执行情况报告表（附件 3）的要求，在每季度结束后的 15 天内向国家环保总局报送本季度各月的生产情况，并抄报国家石油和化学工业局、省级环境保护部门、石油化工生产管理部门和企业上级主管部门。

八、持证企业应保存有关的原始资料：生产年报表；生产月报表；销售年报表；销售月报表；财务年报表；四氯化碳、无水氟化氢等主要原料购入账；生产操作记录，包括投料量、产量、产品灌装记录等。并接受有关部门的核查。

九、国家环保总局及国家石油和化学工业局每年对持证企业的生产情况和上报的数据进行不定期检查。省级环境保护部门和石油化工生产管理部门协助国家环保总局及国家石油和化学工业局对持证企业进行检查。

十、国家环保总局对超配额生产的企业，除行政处罚外，停发其下年度生产配额许可证，直至取消获得多边基金资助的资格。国家环保总局商国家石油和化学工业局可调整使用不能有效组织生产且不进行配额交易的持证企业的配额量。

十一、对不按时报送或不报送有关数据、瞒报和谎报数据、超配额生产、违章交易 CFCs 生产配额的持证企业以及对无 CFCs 生产配额许可证而进行 CFCs 生产的企业，国家环保总局将追究企业违反配额制度的责任，并根据情节轻重按照有关规定进行处罚。

附件：1．实施生产配额许可证管理的全氯氟烃产品种类

2．全氯氟烃产品生产配额许可证申请表

3. 全氯氟烃产品生产配额许可证执行情况报表

附件一

实施生产配额许可证管理的全氯氟烃产品种类

分子式	物质代号	中文名称
$CFCl_3$	CFC-11	三氯一氟甲烷
CF_2Cl_2	CFC-12	二氯二氟甲烷
$C_2F_3Cl_3$	CFC-113	三氯三氟乙烷
$C_2F_4Cl_2$	CFC-114	二氯四氟乙烷
C_2F_5Cl	CFC-115	一氯五氟乙烷
CF_3Cl	CFC-13	一氯三氟甲烷

附件二

全氯氟烃产品生产配额许可证

申请表

（每张表格申请一个品种，复印有效。）

申请单位

申报日期　　年　　月　　日

国家环保总局印制

<table>
<tr><td rowspan="5">企业情况</td><td>企业全称</td><td colspan="3"></td></tr>
<tr><td colspan="3">地址：</td><td>邮编：</td></tr>
<tr><td colspan="2">企业所有制性质：</td><td colspan="2">上级主管部门：</td></tr>
<tr><td colspan="2">法人代表姓名：</td><td>职务：</td><td>电话：</td></tr>
<tr><td colspan="2">联系人姓名：</td><td>电话：</td><td>传真：</td></tr>
<tr><td rowspan="6">申请配额生产产品及其基本情况</td><td colspan="4">产品名称：</td></tr>
<tr><td colspan="4">申请生产配额量（吨）：</td></tr>
<tr><td colspan="2">生产车间个数：</td><td colspan="2">生产线条数：</td></tr>
<tr><td colspan="2">反应釜容积（升）：</td><td colspan="2">精馏塔直径和高度（mm×mm）：</td></tr>
<tr><td colspan="2">反应釜容积（升）：</td><td colspan="2">精馏塔直径和高度（mm×mm）：</td></tr>
<tr><td colspan="2">年生产能力（吨）：</td><td colspan="2">生产工人数（名）：</td></tr>
<tr><td>申请企业声明</td><td colspan="4">本企业申请全氯氟烃产品生产配额许可证，愿意遵守国家有关全氯氟烃产品产配额许可证制度管理的规定，接受监督检查。

法人代表（签名）：　　　　　　　　申请企业（盖章）
年　月　日</td></tr>
<tr><td>国家环保总局批准意见</td><td colspan="4">

批准人（签名）：　　　　　　　　单位（盖章）
年　月　日</td></tr>
</table>

附件三

全氯氟烃产品生产配额许可证执行情况报表

企业名称：

地　　址：

邮　　编：　　　　　　　　　　电　话：　　　　　　　　　　传真：

法人代表：　　　　　　　　　　联系人：

生产配额许可证编号：

生产配额许可证许可生产配额量：

生产配额交易情况：买入______________（吨）

生产配额交易情况：卖出______________（吨）

年份：　　　　　　　　　　　单位：吨

月份	生产量	销售量	出口量	库存量	CCl_4 耗量	无水 HF 耗量
1 月份						
2 月份						
3 月份						
4 月份						
5 月份						
6 月份						
7 月份						
8 月份						
9 月份						
10 月份						
11 月份						
12 月份						

填表人：　　　　　　　　审核：　　　　　　　　企业盖章：

关于实施四氯化碳生产配额许可证、使用配额许可证及销售登记管理的通知

（国家环保总局2005年7月21日　环函［2005］289号）

为履行《关于消耗臭氧层物质的蒙特利尔议定书》规定的国际义务，实施保护臭氧层多边基金执委会与我国政府签订的《关于四氯化碳和化工助剂淘汰协议》，控制全国四氯化碳（以下简称“CTC”）生产、使用及销售，现就实施CTC生产配额许可证、使用配额许可证及销售登记管理的有关事项通知如下：

一、CTC生产配额许可证管理

（一）所有CTC生产企业必须持有CTC生产配额许可证，并在配额范围内组织生产。生产配额许可证当年有效，各企业年度生产配额自每年1月1日起计算。配额许可证不得转让。

（二）国家环境保护总局负责确定国家各年度CTC生产配额总量和各企业的CTC生产配额量。

（三）自本通知发布之日起，符合以下资格的CTC生产企业可向国家环境保护总局申请生产配额许可证：

1．2003年4月7日前已投产的CTC化工生产企业；

2．获得省级及省级以上有关政府部门批准的副产CTC的生产企业。

（四）2005年度CTC生产配额许可证的申请和发放：

1．自本通知发布之日起15个工作日内，符合申请资格的企业必须填报CTC生产配额许可证申请表（附件一附录1），向国家环境保护总局申请CTC生产配额许可证。

2．自本通知发布之日起一个月内，国家环境保护总局对申请企业进行资格审查，并依据基准年2001年度企业CTC产量、企业生产工艺状况和2005年度国家CTC生产配额总量核发企业2005年度CTC生产配额许可证。

（五）以后各年度，国家环境保护总局根据国家CTC年度生产配额总量和企业上年度配额许可证执行情况，在各年度3月底之前确定并核发该年度各企业CTC生产配额许可证，同时向企业所在地省级环境保护部门通报核发结果。

（六）CTC生产配额的交易：

1．进行CTC生产配额交易的企业双方必须同时持有CTC生产配额许可证，且用于交易的CTC生产配额应是当年尚未使用的配额。

2．进行配额交易的企业双方签定的交易合同，必须报送并经国家环境保护总局批准后方可生效。CTC生产企业交易CTC生产配额后，应按照国家环境保护总局批准变更后

的 CTC 生产配额进行生产。

3. 国家环境保护总局可调配企业不能有效使用、且未进行交易的 CTC 配额量。

（七）持有 CTC 生产配额许可证的企业（以下简称“CTC 生产配额持证企业”）必须按生产配额执行情况报表（附件一附录 2）和销售明细报表（附件一附录 3）的要求，在每季度结束后的 15 天内向国家环境保护总局报送本季度各月 CTC 的生产和销售情况，并抄报省级环境保护部门和企业上级主管部门。

（八）CTC 生产配额持证企业必须保存前三年与 CTC 生产有关的原始资料：生产年报表；生产月报表；销售年报表；销售月报表；原料和产品购销发票；财务年报表；生产操作记录，包括投料量、产量、产品灌装记录等，并接受国际和国家有关部门的审计。

（九）对不按时报送或不报送有关数据、瞒报和谎报数据、超配额生产、违章交易 CTC 生产配额的 CTC 生产配额持证企业，国家环境保护总局将减少其下年度生产配额量，直至停发其生产配额许可证，并根据情节轻重按照有关规定进行处罚。

（十）凡企业无 CTC 生产配额许可证而生产或副产 CTC 的均属非法生产，将依照国家有关规定查处。

二、CTC 使用配额许可证管理

（一）所有使用 CTC 的企业必须持有 CTC 使用配额许可证。使用配额许可证当年有效，企业年度 CTC 使用量自每年 1 月 1 日起计算。

（二）所有使用 CTC 的企业必须向国家环境保护总局申请获得使用配额许可证。自本通知发布之日起一个月内，除已获得 2005 年度 CTC 使用配额许可证的企业，其他 CTC 使用企业可向国家环境保护总局填报 CTC 使用配额许可证申请表（附件二附录 1），申请 2005 年度 CTC 使用配额许可证。以后各年度，申请企业在每年 10 月底前向国家环境保护总局填报 CTC 使用配额许可证申请表申请下年度 CTC 使用配额许可证。

（三）自本通知发布之日起两个月内，国家环境保护总局根据国家年度 CTC 使用配额总量，并参考企业 2002 至 2004 年度 CTC 平均使用量，审查、核定并发放企业 2005 年度 CTC 使用配额许可证。

（四）以后各年度，国家环境保护总局在每年的 12 月底之前对各企业当年 CTC 使用配额许可证执行情况进行审核，并根据国家 CTC 年度使用配额总量和 CTC 使用淘汰进展情况，以及各企业使用配额量的申请情况核发下年度各企业 CTC 使用配额许可证。

（五）持有 CTC 使用配额许可证的企业（以下简称“CTC 使用配额持证企业”）只允许向持有 CTC 销售许可证的企业采购 CTC。

（六）CTC 使用配额持证企业必须按 CTC 使用配额执行情况报表（附件二附录 2）及 CTC 采购明细报表（附件二附录 3）的要求，在每季度结束后的 15 天内向国家环境保护总局报送本季度各月 CTC 的生产及采购情况。

（七）CTC 使用配额持证企业应保存近三年有关 CTC 使用的原始资料：生产年报表；生产月报表；销售年报表；销售月报表；原料和产品购销发票；财务年报表；生产操作记录，包括投料量、产量记录等，并接受有关部门的检查。

（八）对不按时报送或不报送有关数据、瞒报和谎报数据、超配额使用、违规采购和使用 CTC 的 CTC 使用配额持证企业，国家环境保护总局将追究企业违反配额制度的责任，并根据情节轻重按照有关规定进行处罚，同时减少其下年度使用配额，直至停发其使用配额许可证。

三、CTC销售登记管理

（一）本通知适用于国内所有 CTC 生产配额持证企业和已在国家环境保护总局登记销售 CTC 的经销商。

（二）所有拥有当年 CTC 生产配额许可证的企业，自动具有该年度在国内销售 CTC 的资格。

（三）只有拥有当年国家环境保护总局发放的 CTC 销售登记证的经销商，方可在国内销售 CTC。CTC 销售登记证每年发放一次，当年有效。

（四）自本通知发布之日起一个月内，计划销售 CTC 的经销商由 CTC 生产配额持证企业推荐，并按“CTC 销售登记申请表”（附件三附录 1）的要求向国家环境保护总局申请 CTC 销售登记证。

（五）自本通知发布之日起两个月内，国家环境保护总局对申请 CTC 销售登记证的企业进行审核并向合格企业发放 CTC 销售登记证。

（六）以后各年度的 12 月 31 日前，国家环境保护总局完成对各 CTC 销售商当年 CTC 销售和数据送报情况的审核，并根据经销商提交的“CTC 销售登记申请表”（附件三附录 1）发放下一年度的 CTC 销售登记证。

（七）国家环境保护总局将在各年度向 CTC 生产和使用企业公布已登记认可的 CTC 经销商。

（八）CTC 生产配额持证企业只能在生产配额的范围内向持有当年 CTC 使用许可证和当年 CTC 销售登记证的经销商销售 CTC。

（九）持有当年 CTC 销售登记证的经销商只能向持有当年 CTC 生产配额许可证的 CTC 生产企业购买 CTC、只能向持有当年 CTC 使用许可证的企业销售 CTC。

（十）所有 CTC 生产配额持证企业应按要求向国家环境保护总局报送本企业 CTC 销售情况。

（十一）所有持有 CTC 销售登记证的经销商必须按照 CTC 销售执行情况报表（附件三附录 2）和 CTC 采购和销售明细报表（附件三附录 3、4）的要求，在前三季度结束后的 15 日内向国家环境保护总局报送各季度中各月 CTC 的采购和销售情况；第四季度每月结束后的 15 日内向国家环境保护总局报送各月 CTC 的采购和销售情况。

（十二）所有持有 CTC 销售登记证的经销商必须保存最近三年有关 CTC 的采购和销售原始记录以及相关资料，并接受有关部门的检查。

（十三）对不按时报送或不报送有关数据、瞒报和谎报数据的 CTC 经销商，国家环境保护总局将书面通知各 CTC 生产和使用企业，停止向该经销商供应和采购 CTC。

四、国家环境保护总局每年对所有已登记的 CTC 生产、使用和销售执行情况和报送的数据进行不定期检查，CTC 生产、使用和销售企业必须接受检查并给予积极配合。

附件：1．CTC 生产配额许可证管理表格

2．CTC 使用配额许可证管理表格

3．CTC 销售登记管理表格

附件一

CTC生产配额许可证管理表格

附录1

四氯化碳（CTC）生产配额许可证申请表

（复印有效）

<table>
<tr><td rowspan="5">企业情况</td><td>企业全称</td><td colspan="4"></td></tr>
<tr><td colspan="4">地址：</td><td>邮编：</td></tr>
<tr><td colspan="2">企业所有制性质：</td><td colspan="3">上级主管部门：</td></tr>
<tr><td colspan="2">法人代表姓名：</td><td colspan="2">职务：</td><td>电话：</td></tr>
<tr><td colspan="2">联系人姓名：</td><td colspan="2">电话：</td><td>传真：</td></tr>
<tr><td rowspan="6">申请配额量及基本生产情况</td><td colspan="2">CTC生产能力：</td><td colspan="3">CTC生产配额申请量（吨）：</td></tr>
<tr><td>年度</td><td>生产量</td><td colspan="2">销售量</td><td>库存量</td></tr>
<tr><td>2001年</td><td></td><td colspan="2"></td><td></td></tr>
<tr><td>2002年</td><td></td><td colspan="2"></td><td></td></tr>
<tr><td>2003年</td><td></td><td colspan="2"></td><td></td></tr>
<tr><td>2004年</td><td></td><td colspan="2"></td><td></td></tr>
<tr><td>申请企业声明</td><td colspan="5">本企业申请CTC生产配额许可证，愿意遵守国家有关产品配额许可证制度管理的规定，接受监督检查。

法人代表（签名）：　　　　申请企业（盖章）
年　月　日</td></tr>
</table>

随申请表请附：

1．企业营业执照复印件

2．2004年详细销售清单

联系地址：北京市西直门内南小街115号　　邮编：100035

单　　位：国家环境保护总局外经办三处CTC工作组

联 系 人：王开祥、王小呈

电　　话：（010）66532417　　传真：（010）66532434

附录 2

CTC 生产配额许可证执行情况报表

企业名称（盖章）：________________　生产配额许可证编号：________________

地址：________________

邮编：________　电话：________　传真：________　法人代表：________　联系人：________

生产配额许可证许可生产配额量：________（吨）　生产配额交易情况：买入________（吨）　卖出________（吨）

年份：________

单位：吨

月份	运行天数	产品生产量						原料消耗及平衡										四氯化碳平衡				
								甲醇/甲烷/乙烯					氯气/CTC残液									
		四氯化碳	氯仿	二氯甲烷	一氯甲烷	四氯乙烯	残液量	消耗量	月初库存	供应量	其它用量	月末库存	消耗量	月初库存	供应量	其它用量	月末库存	月初库存	国内销售量	出口量	其它用量	月末库存
1																						
2																						
3																						
4																						
5																						
6																						
7																						
8																						
9																						
10																						
11																						
12																						
总计																						

注：1. 原料“供应量”指本企业该原料生产量和/或采购量，“其它用量”指该原料的销售量和/或其它产品的用量。2. 如原料供应量全部用来生产本表所列产品，可只填原料“消耗量”一栏。

填表人：　　审核：　　批准：　　时间：

附录 3

CTC 生产企业销售明细报表

企业名称（盖章）：______________________________

地址：______________________________

邮编：______________ 电　话：______________ 传真：______________

法人代表：______________ 联系人：______________

__________年______月　　　　数量单位：吨

购买单位名称	销售量	买方配额 许可证编号	CTC 用途	销售日期
销　售　总　计				

填表人：　　　　审核：　　　　批准：　　　　时间：

附件二

CTC 使用配额许可证管理表格

附录 1

四氯化碳（CTC）使用配额许可证申请表

（复印有效）

<table>
<tr><td rowspan="5">企业情况</td><td>企业全称</td><td colspan="4"></td></tr>
<tr><td colspan="4">地址：</td><td>邮编：</td></tr>
<tr><td colspan="2">企业所有制性质：</td><td colspan="3">上级主管部门：</td></tr>
<tr><td colspan="2">法人代表姓名：</td><td colspan="2">职务：</td><td>电话：</td></tr>
<tr><td colspan="2">联系人姓名：</td><td colspan="2">电话：</td><td>传真：</td></tr>
<tr><td rowspan="9">申请配额产品及其基本情况</td><td colspan="2">申请年度：__________年</td><td colspan="3">申请 CTC 使用配额量：______________吨</td></tr>
<tr><td colspan="5">使用 CTC 的产品名称：</td></tr>
<tr><td colspan="5">CTC 用途：[ ]CFC 原料 [ ]非 CFC 原料 [ ]化工助剂 [ ]其它</td></tr>
<tr><td colspan="3">装置投产时间： 年 月</td><td colspan="2">年生产能力(吨)：</td></tr>
<tr><td>年度</td><td>产品产量</td><td>CTC 采购量</td><td>CTC 使用量</td><td>CTC 年末库存量</td></tr>
<tr><td>2001 年</td><td></td><td></td><td></td><td></td></tr>
<tr><td>2002 年</td><td></td><td></td><td></td><td></td></tr>
<tr><td>2003 年</td><td></td><td></td><td></td><td></td></tr>
<tr><td>2004 年</td><td></td><td></td><td></td><td></td></tr>
<tr><td>申请企业声明</td><td colspan="5">本企业申请使用配额许可证，愿意遵守国家有关产品配额许可证制度管理的规定，接受监督检查。

法人代表(签名)： 申请企业(盖章)
年 月 日</td></tr>
</table>

随申请表请附：

1．企业营业执照复印件 2．CTC 采购清单

联系地址：北京市西直门内南小街 115 号 邮编：100035

单 位：国家环境保护总局外经办三处 CTC 工作组

联 系 人：王开祥、李云鹏

电 话：（010）66532417 传真：（010）66532434

附录 2

CTC 使用配额许可证执行情况报表

企业名称：
地址：
邮编：　　　　　　　　电话：　　　　　　　　传真：
法人代表：　　　　　　联系人：
使用 CTC 的产品名称：
使用配额许可证编号：
使用配额许可证许可使用配额量：

年第　　季度　　　　　　　　　　　　　　　　单位：吨

月份	生产量	国内销售量	出口量	产品月末库存量	CTC 耗量	CTC 月末库存量
1 月份						
2 月份						
3 月份						
4 月份						
5 月份						
6 月份						
7 月份						
8 月份						
9 月份						
10 月份						
11 月份						
12 月份						
总计						

填表人：　　　　　　　　审核：　　　　　　　　企业盖章：

附录 3

CTC 采购明细报表

企业名称：

地址：

邮编：　　　　　　　　　　电话：　　　　　　　　　　传真：

法人代表：　　　　　　　　联系人：

　　年第　　季度　　　　　　　　　　　　　　　　　　　　单位：吨

供货单位名称	购买量	卖方销售登记证或生产许可证编号	采购日期
采购总计			

填表人：　　　　　　　　　审核：　　　　　　　　　　企业盖章：

附件三

CTC 销售登记管理表格

附录 1

CTC 销售登记证申请表

(复印有效)

<table>
<tr><td rowspan="5">企业情况</td><td>企业全称</td><td colspan="5"></td></tr>
<tr><td>地址</td><td colspan="3"></td><td>邮编</td><td></td></tr>
<tr><td>企业所有制性质</td><td colspan="2"></td><td>上级主管部门</td><td colspan="2"></td></tr>
<tr><td>法人代表姓名</td><td></td><td>职务</td><td></td><td>电话</td><td></td></tr>
<tr><td>联系人姓名</td><td></td><td>电话</td><td></td><td>传真</td><td></td></tr>
<tr><td rowspan="5">企业销售情况</td><td>年度</td><td colspan="2">CTC 采购量（吨）</td><td>CTC 销售量（吨）</td><td colspan="2">CTC 年末库存量（吨）</td></tr>
<tr><td>2000</td><td colspan="2"></td><td></td><td colspan="2"></td></tr>
<tr><td>2001</td><td colspan="2"></td><td></td><td colspan="2"></td></tr>
<tr><td>2002</td><td colspan="2"></td><td></td><td colspan="2"></td></tr>
<tr><td>2003</td><td colspan="2"></td><td></td><td colspan="2"></td></tr>
<tr><td>申请企业声明</td><td colspan="6">本企业申请 CTC 销售登记，愿意遵守国家相关产品管理制度的规定，接受监督检查。
法人代表（签名）：　　　　申请企业（盖章）
年　月　日</td></tr>
</table>

随申请表请附：

1．企业营业执照复印件

2．2000—2003 各年度详细采购和销售清单

3．CTC 生产企业推荐信

联系地址：北京市西直门内南小街 115 号　　　邮编：100035

单　　位：国家环境保护总局外经办三处 CTC 工作组

联 系 人：王开祥、李云鹏

电　　话：（010）66532417　　　　传真：（010）66532434

附录 2

CTC 销售执行情况报表

经销商名称：＿＿＿＿＿＿＿＿＿＿＿＿＿＿＿＿＿＿＿＿
地址：＿＿＿＿＿＿＿＿＿＿＿＿＿＿＿＿＿＿＿＿＿＿＿
邮编：＿＿＿＿＿＿ 传真：＿＿＿＿＿＿ 法人代表：＿＿＿＿＿＿＿
联系人：＿＿＿＿＿ 电话：＿＿＿＿＿＿ 登记证编号：＿＿＿＿＿＿

＿＿＿＿年第＿＿＿季度　（单位：吨）　上年度年末库存量＿＿＿＿＿＿＿吨

月份	CTC 购入量（入库量）	CTC 销售量（出库量）	月末 CTC 库存量
1			
2			
3			
4			
5			
6			
7			
8			
9			
10			
11			
12			
总计			

填表人：　　　　　　审核：　　　　　　盖章：

附录 3

经销商 CTC 采购明细报表

企业名称：____
地址：____
邮编：____________ 传真：____________ 法人代表：____________
联系人：____________ 电话：____________ 登记证编号：____________
__________年第________季度

供货单位名称	CTC 购买量（吨）	卖方生产配额许可证编号	入库日期	采购发票日期
采 购 总 计				

填表人：　　　　　　　审核：　　　　　　　企业盖章：

损耗情况________________________________

附录 4

经销商 CTC 销售明细报表

企业名称：____
地址：____
邮编：__________ 传真：__________ 法人代表：____________
联系人：__________ 电话：__________ 登记证编号：__________
________年第_____季度

购买单位名称	CTC 销售量（吨）	买方使用许可证编号	CTC 用途	出库日期	销售发票日期
销 售 总 计					

注：本表格复印有效

填表人：　　　　　　　审核：　　　　　　　企业盖章：
损耗情况________________________________

中国进出口受控消耗臭氧层物质名录（第一批）

（国家环保总局、对外贸易经济合作部、海关总署
2000 年 1 月 19 日　环发［2000］10 号）

根据国家环保总局、对外贸易经济合作部、海关总署联合颁布的《关于印发〈消耗臭氧层物质进出口管理办法〉通知》（环发［1999］278 号）的规定，现发布《中国进出口受控消耗臭氧层物质名录（第一批）》（简称《名录》，见附件）。

凡从事《名录》中所列物质进出口业务的企业，必须于 2000 年 1 月 31 日前将本企业已签定的有关《名录》中所列物质的进出口业务合同报送消耗臭氧层物质进出口管理办公室（设在国家环保总局）备案；并于 2000 年 3 月 31 日之前将其合同履行完毕。

从 2000 年 4 月 1 日起，除四氯化碳禁止进口外，对《名录》中其他所列物质实行进出口配额许可证管理制度。具体办法另行发布。

附件

中国进出口受控消耗臭氧层物质名录（第一批）

商品编号	商品名称	代号	单位	备注
2903.1400	四氯化碳		千克	禁止进口
2903.4100	三氯氟甲烷	CFC-11	千克	配额许可证管理
2903.4200	二氯二氟甲烷	CFC-12	千克	配额许可证管理
2903.4300	三氯三氟乙烷	CFC-113	千克	配额许可证管理
2903.4400.10	二氯四氟乙烷	CFC-114、115	千克	配额许可证管理
2903.4510	氯三氟甲烷	CFC-13	千克	配额许可证管理
2903.4600.10	溴氯二氟甲烷	Halon-1211	千克	配额许可证管理
2903.4600.10	溴三氟甲烷	Halon-1301	千克	配额许可证管理

中国进出口受控消耗臭氧层物质名录（第二批）[①]

（国家环保总局 2001 年 1 月 2 日　环发［2001］6 号）

为履行《保护臭氧层维也纳公约》和《关于消耗臭氧层物质的蒙特利尔议定书》，根据国务院批准的《中国逐步淘汰消耗臭氧层物质国家方案（修订稿）》和国家环保总局、对外贸易经济合作部、海关总署联合颁布的《关于印发〈消耗臭氧层物质进出口管理办法〉的通知》（环发［1999］278 号）的规定，现发布《中国进出口受控消耗臭氧层物质名录（第二批）》（以下简称《名录》，见附件），并就有关事宜通知如下：

一、从 2001 年 2 月 1 日起，对用于原料和反应剂用途的四氯化碳和 1,1,1-三氯乙烷的出口实行许可证管理；对用于清洗剂的 1,1,1-三氯乙烷的进口实行配额许可证管理；禁止用于清洗剂的四氯化碳和 1,1,1-三氯乙烷出口；禁止 CFC-113 作为清洗剂进出口。

二、企业进出口 1,1,1-三氯乙烷和出口用于原料和反应剂用途的四氯化碳必须按照《关于印发〈关于加强对消耗臭氧层物质进出口管理的规定〉的通知》（环发［2000］85 号）的规定和程序，提出申请，经国家消耗臭氧层物质进出口管理办公室批准后，到外经贸部授权的发证机构申领进出口许可证，海关凭进出口许可证验放。

附件

中国进出口受控消耗臭氧层物质名录（第二批）

商品编号	商品名称	代号	单位	备注
2903.1400	四氯化碳	CTC	千克	出口许可证管理
2903.1910	1，1，1-三氯乙烷（甲基氯仿）	TCA	千克	进出口配额许可证管理

① 2001 年 1 月 2 日国家环保总局《关于发布〈中国进出口受控消耗臭氧层物质名录（第二批）〉的通知》（环发［2001］6 号）发布。——编者注

十三、化学物质管理

危险化学品安全管理条例

中华人民共和国国务院令

第344号

《危险化学品安全管理条例》已经2002年1月9日国务院第52次常务会议通过，现予公布，自2002年3月15日起施行。

总理 朱镕基

2002年1月26日

第一章 总 则

第一条 为了加强对危险化学品的安全管理，保障人民生命、财产安全，保护环境，制定本条例。

第二条 在中华人民共和国境内生产、经营、储存、运输、使用危险化学品和处置废弃危险化学品，必须遵守本条例和国家有关安全生产的法律、其他行政法规的规定。

第三条 本条例所称危险化学品，包括爆炸品、压缩气体和液化气体、易燃液体、易燃固体、自燃物品和遇湿易燃物品、氧化剂和有机过氧化物、有毒品和腐蚀品等。

危险化学品列入以国家标准公布的《危险货物品名表》（GB12268）；剧毒化学品目录和未列入《危险货物品名表》的其他危险化学品，由国务院经济贸易综合管理部门会同国务院公安、环境保护、卫生、质检、交通部门确定并公布。

第四条 生产、经营、储存、运输、使用危险化学品和处置废弃危险化学品的单位（以下统称危险化学品单位），其主要负责人必须保证本单位危险化学品的安全管理符合有关法律、法规、规章的规定和国家标准的要求，并对本单位危险化学品的安全负责。

危险化学品单位从事生产、经营、储存、运输、使用危险化学品或者处置废弃危险化学品活动的人员，必须接受有关法律、法规、规章和安全知识、专业技术、职业卫生防护和应急救援知识的培训，并经考核合格，方可上岗作业。

第五条 对危险化学品的生产、经营、储存、运输、使用和对废弃危险化学品处置实施监督管理的有关部门，依照下列规定履行职责：

（一）国务院经济贸易综合管理部门和省、自治区、直辖市人民政府经济贸易管理部门，依照本条例的规定，负责危险化学品安全监督管理综合工作，负责危险化学品生产、储存企业设立及其改建、扩建的审查，负责危险化学品包装物、容器（包括用于运输工具的槽罐，下同）专业生产企业的审查和定点，负责危险化学品经营许可证的发放，负责国内危险化学品的登记，负责危险化学品事故应急救援的组织和协调，并负责前述事项的监督检查；设区的市级人民政府和县级人民政府的负责危险化学品安全监督管理综合工作的部门，由各该级人民政府确定，依照本条例的规定履行职责。

（二）公安部门负责危险化学品的公共安全管理，负责发放剧毒化学品购买凭证和准购证，负责审查核发剧毒化学品公路运输通行证，对危险化学品道路运输安全实施监督，并负责前述事项的监督检查。

（三）质检部门负责发放危险化学品及其包装物、容器的生产许可证，负责对危险化学品包装物、容器的产品质量实施监督，并负责前述事项的监督检查。

（四）环境保护部门负责废弃危险化学品处置的监督管理，负责调查重大危险化学品污染事故和生态破坏事件，负责有毒化学品事故现场的应急监测和进口危险化学品的登记，并负责前述事项的监督检查。

（五）铁路、民航部门负责危险化学品铁路、航空运输和危险化学品铁路、民航运输单位及其运输工具的安全管理及监督检查。交通部门负责危险化学品公路、水路运输单位及其运输工具的安全管理，对危险化学品水路运输安全实施监督，负责危险化学品公路、水路运输单位、驾驶人员、船员、装卸人员和押运人员的资质认定，并负责前述事项的监督检查。

（六）卫生行政部门负责危险化学品的毒性鉴定和危险化学品事故伤亡人员的医疗救护工作。

（七）工商行政管理部门依据有关部门的批准、许可文件，核发危险化学品生产、经营、储存、运输单位营业执照，并监督管理危险化学品市场经营活动。

（八）邮政部门负责邮寄危险化学品的监督检查。

第六条　依照本条例对危险化学品单位实施监督管理的有关部门，依法进行监督检查，可以行使下列职权：

（一）进入危险化学品作业场所进行现场检查，调取有关资料，向有关人员了解情况，向危险化学品单位提出整改措施和建议；

（二）发现危险化学品事故隐患时，责令立即排除或者限期排除；

（三）对有根据认为不符合有关法律、法规、规章规定和国家标准要求的设施、设备、器材和运输工具，责令立即停止使用；

（四）发现违法行为，当场予以纠正或者责令限期改正。

危险化学品单位应当接受有关部门依法实施的监督检查，不得拒绝、阻挠。

有关部门派出的工作人员依法进行监督检查时，应当出示证件。

第二章　危险化学品的生产、储存和使用

第七条　国家对危险化学品的生产和储存实行统一规划、合理布局和严格控制，并对危险化学品生产、储存实行审批制度；未经审批，任何单位和个人都不得生产、储存危险化学品。

设区的市级人民政府根据当地经济发展的实际需要，在编制总体规划时，应当按照确保安全的原则规划适当区域专门用于危险化学品的生产、储存。

第八条 危险化学品生产、储存企业，必须具备下列条件：

（一）有符合国家标准的生产工艺、设备或者储存方式、设施；

（二）工厂、仓库的周边防护距离符合国家标准或者国家有关规定；

（三）有符合生产或者储存需要的管理人员和技术人员；

（四）有健全的安全管理制度；

（五）符合法律、法规规定和国家标准要求的其他条件。

第九条 设立剧毒化学品生产、储存企业和其他危险化学品生产、储存企业，应当分别向省、自治区、直辖市人民政府经济贸易管理部门和设区的市级人民政府负责危险化学品安全监督管理综合工作的部门提出申请，并提交下列文件：

（一）可行性研究报告；

（二）原料、中间产品、最终产品或者储存的危险化学品的燃点、自燃点、闪点、爆炸极限、毒性等理化性能指标；

（三）包装、储存、运输的技术要求；

（四）安全评价报告；

（五）事故应急救援措施；

（六）符合本条例第八条规定条件的证明文件。

省、自治区、直辖市人民政府经济贸易管理部门或者设区的市级人民政府负责危险化学品安全监督管理综合工作的部门收到申请和提交的文件后，应当组织有关专家进行审查，提出审查意见后，报本级人民政府作出批准或者不予批准的决定。依据本级人民政府的决定，予以批准的，由省、自治区、直辖市人民政府经济贸易管理部门或者设区的市级人民政府负责危险化学品安全监督管理综合工作的部门颁发批准书；不予批准的，书面通知申请人。

申请人凭批准书向工商行政管理部门办理登记注册手续。

第十条 除运输工具加油站、加气站外，危险化学品的生产装置和储存数量构成重大危险源的储存设施，与下列场所、区域的距离必须符合国家标准或者国家有关规定：

（一）居民区、商业中心、公园等人口密集区域；

（二）学校、医院、影剧院、体育场（馆）等公共设施；

（三）供水水源、水厂及水源保护区；

（四）车站、码头（按照国家规定，经批准，专门从事危险化学品装卸作业的除外）、机场以及公路、铁路、水路交通干线、地铁风亭及出入口；

（五）基本农田保护区、畜牧区、渔业水域和种子、种畜、水产苗种生产基地；

（六）河流、湖泊、风景名胜区和自然保护区；

（七）军事禁区、军事管理区；

（八）法律、行政法规规定予以保护的其他区域。

已建危险化学品的生产装置和储存数量构成重大危险源的储存设施不符合前款规定的，由所在地设区的市级人民政府负责危险化学品安全监督管理综合工作的部门监督其在规定期限内进行整顿；需要转产、停产、搬迁、关闭的，报本级人民政府批准后实施。

本条例所称重大危险源，是指生产、运输、使用、储存危险化学品或者处置废弃危险化学品，且危险化学品的数量等于或者超过临界量的单元（包括场所和设施）。

第十一条 危险化学品生产、储存企业改建、扩建的，必须依照本条例第九条的规定经审查批准。

第十二条 依法设立的危险化学品生产企业，必须向国务院质检部门申请领取危险化学品生产许可证；未取得危险化学品生产许可证的，不得开工生产。

国务院质检部门应当将颁发危险化学品生产许可证的情况通报国务院经济贸易综合管理部门、环境保护部门和公安部门。

第十三条 任何单位和个人不得生产、经营、使用国家明令禁止的危险化学品。

禁止用剧毒化学品生产灭鼠药以及其他可能进入人民日常生活的化学产品和日用化学品。

第十四条 生产危险化学品的，应当在危险化学品的包装内附有与危险化学品完全一致的化学品安全技术说明书，并在包装（包括外包装件）上加贴或者拴挂与包装内危险化学品完全一致的化学品安全标签。

危险化学品生产企业发现其生产的危险化学品有新的危害特性时，应当立即公告，并及时修订安全技术说明书和安全标签。

第十五条 使用危险化学品从事生产的单位，其生产条件必须符合国家标准和国家有关规定，并依照国家有关法律、法规的规定取得相应的许可，必须建立、健全危险化学品使用的安全管理规章制度，保证危险化学品的安全使用和管理。

第十六条 生产、储存、使用危险化学品的，应当根据危险化学品的种类、特性，在车间、库房等作业场所设置相应的监测、通风、防晒、调温、防火、灭火、防爆、泄压、防毒、消毒、中和、防潮、防雷、防静电、防腐、防渗漏、防护围堤或者隔离操作等安全设施、设备，并按照国家标准和国家有关规定进行维护、保养，保证符合安全运行要求。

第十七条 生产、储存、使用剧毒化学品的单位，应当对本单位的生产、储存装置每年进行一次安全评价；生产、储存、使用其他危险化学品的单位，应当对本单位的生产、储存装置每两年进行一次安全评价。

安全评价报告应当对生产、储存装置存在的安全问题提出整改方案。安全评价中发现生产、储存装置存在现实危险的，应当立即停止使用，予以更换或者修复，并采取相应的安全措施。

安全评价报告应当报所在地设区的市级人民政府负责危险化学品安全监督管理综合工作的部门备案。

第十八条 危险化学品的生产、储存、使用单位，应当在生产、储存和使用场所设置通讯、报警装置，并保证在任何情况下处于正常适用状态。

第十九条 剧毒化学品的生产、储存、使用单位，应当对剧毒化学品的产量、流向、储存量和用途如实记录，并采取必要的保安措施，防止剧毒化学品被盗、丢失或者误售、误用；发现剧毒化学品被盗、丢失或者误售、误用时，必须立即向当地公安部门报告。

第二十条 危险化学品的包装必须符合国家法律、法规、规章的规定和国家标准的要求。

危险化学品包装的材质、型式、规格、方法和单件质量（重量），应当与所包装的危险化学品的性质和用途相适应，便于装卸、运输和储存。

第二十一条 危险化学品的包装物、容器，必须由省、自治区、直辖市人民政府经济贸易管理部门审查合格的专业生产企业定点生产，并经国务院质检部门认可的专业检测、检验机构检测、检验合格，方可使用。

重复使用的危险化学品包装物、容器在使用前，应当进行检查，并作出记录；检查记录应当至少保存2年。

质检部门应当对危险化学品的包装物、容器的产品质量进行定期的或者不定期的检查。

第二十二条 危险化学品必须储存在专用仓库、专用场地或者专用储存室（以下统称专用仓库）内，储存方式、方法与储存数量必须符合国家标准，并由专人管理。

危险化学品出入库，必须进行核查登记。库存危险化学品应当定期检查。

剧毒化学品以及储存数量构成重大危险源的其他危险化学品必须在专用仓库内单独存放，实行双人收发、双人保管制度。储存单位应当将储存剧毒化学品以及构成重大危险源的其他危险化学品的数量、地点以及管理人员的情况，报当地公安部门和负责危险化学品安全监督管理综合工作的部门备案。

第二十三条 危险化学品专用仓库，应当符合国家标准对安全、消防的要求，设置明显标志。危险化学品专用仓库的储存设备和安全设施应当定期检测。

第二十四条 处置废弃危险化学品，依照固体废物污染环境防治法和国家有关规定执行。

第二十五条 危险化学品的生产、储存、使用单位转产、停产、停业或者解散的，应当采取有效措施，处置危险化学品的生产或者储存设备、库存产品及生产原料，不得留有事故隐患。处置方案应当报所在地设区的市级人民政府负责危险化学品安全监督管理综合工作的部门和同级环境保护部门、公安部门备案。负责危险化学品安全监督管理综合工作的部门应当对处置情况进行监督检查。

第二十六条 公众上交的危险化学品，由公安部门接收。公安部门接收的危险化学品和其他有关部门收缴的危险化学品，交由环境保护部门认定的专业单位处理。

第三章 危险化学品的经营

第二十七条 国家对危险化学品经营销售实行许可制度。未经许可，任何单位和个人都不得经营销售危险化学品。

第二十八条 危险化学品经营企业，必须具备下列条件：

（一）经营场所和储存设施符合国家标准；

（二）主管人员和业务人员经过专业培训，并取得上岗资格；

（三）有健全的安全管理制度；

（四）符合法律、法规规定和国家标准要求的其他条件。

第二十九条 经营剧毒化学品和其他危险化学品的，应当分别向省、自治区、直辖市人民政府经济贸易管理部门或者设区的市级人民政府负责危险化学品安全监督管理综合工作的部门提出申请，并附送本条例第二十八条规定条件的相关证明材料。省、自治区、直辖市人民政府经济贸易管理部门或者设区的市级人民政府负责危险化学品安全监督管理综合工作的部门接到申请后，应当依照本条例的规定对申请人提交的证明材料和经营场所进行审查。经审查，符合条件的，颁发危险化学品经营许可证，并将颁发危险化学品经营许可证的情况通报同级公安部门和环境保护部门；不符合条件的，书面通知申请人并说明理由。

申请人凭危险化学品经营许可证向工商行政管理部门办理登记注册手续。

第三十条 经营危险化学品，不得有下列行为：

（一）从未取得危险化学品生产许可证或者危险化学品经营许可证的企业采购危险化学品；

（二）经营国家明令禁止的危险化学品和用剧毒化学品生产的灭鼠药以及其他可能进入人民日常生活的化学产品和日用化学品；

（三）销售没有化学品安全技术说明书和化学品安全标签的危险化学品。

第三十一条 危险化学品生产企业不得向未取得危险化学品经营许可证的单位或者个人销售危险化学品。

第三十二条 危险化学品经营企业储存危险化学品，应当遵守本条例第二章的有关规定。危险化学品商店内只能存放民用小包装的危险化学品，其总量不得超过国家规定的限量。

第三十三条 剧毒化学品经营企业销售剧毒化学品，应当记录购买单位的名称、地址和购买人员的姓名、身份证号码及所购剧毒化学品的品名、数量、用途。记录应当至少保存1年。

剧毒化学品经营企业应当每天核对剧毒化学品的销售情况；发现被盗、丢失、误售等情况时，必须立即向当地公安部门报告。

第三十四条 购买剧毒化学品，应当遵守下列规定：

（一）生产、科研、医疗等单位经常使用剧毒化学品的，应当向设区的市级人民政府公安部门申请领取购买凭证，凭购买凭证购买；

（二）单位临时需要购买剧毒化学品的，应当凭本单位出具的证明（注明品名、数量、用途）向设区的市级人民政府公安部门申请领取准购证，凭准购证购买；

（三）个人不得购买农药、灭鼠药、灭虫药以外的剧毒化学品。

剧毒化学品生产企业、经营企业不得向个人或者无购买凭证、准购证的单位销售剧毒化学品。剧毒化学品购买凭证、准购证不得伪造、变造、买卖、出借或者以其他方式转让，不得使用作废的剧毒化学品购买凭证、准购证。

剧毒化学品购买凭证和准购证的式样和具体申领办法由国务院公安部门制定。

第四章　危险化学品的运输

第三十五条　国家对危险化学品的运输实行资质认定制度；未经资质认定，不得运输危险化学品。

危险化学品运输企业必须具备的条件由国务院交通部门规定。

第三十六条　用于危险化学品运输工具的槽罐以及其他容器，必须依照本条例第二十一条的规定，由专业生产企业定点生产，并经检测、检验合格，方可使用。

质检部门应当对前款规定的专业生产企业定点生产的槽罐以及其他容器的产品质量进行定期的或者不定期的检查。

第三十七条　危险化学品运输企业，应当对其驾驶员、船员、装卸管理人员、押运人员进行有关安全知识培训；驾驶员、船员、装卸管理人员、押运人员必须掌握危险化学品运输的安全知识，并经所在地设区的市级人民政府交通部门考核合格（船员经海事管理机构考核合格），取得上岗资格证，方可上岗作业。危险化学品的装卸作业必须在装卸管理人员的现场指挥下进行。

运输危险化学品的驾驶员、船员、装卸人员和押运人员必须了解所运载的危险化学品的性质、危害特性、包装容器的使用特性和发生意外时的应急措施。运输危险化学品，必须配备必要的应急处理器材和防护用品。

第三十八条　通过公路运输危险化学品的，托运人只能委托有危险化学品运输资质的运输企业承运。

第三十九条　通过公路运输剧毒化学品的，托运人应当向目的地的县级人民政府公安部门申请办理剧毒化学品公路运输通行证。

办理剧毒化学品公路运输通行证，托运人应当向公安部门提交有关危险化学品的品名、数量、运输始发地和目的地、运输路线、运输单位、驾驶人员、押运人员、经营单位和购买单位资质情况的材料。

剧毒化学品公路运输通行证的式样和具体申领办法由国务院公安部门制定。

第四十条　禁止利用内河以及其他封闭水域等航运渠道运输剧毒化学品以及国务院交通部门规定禁止运输的其他危险化学品。

利用内河以及其他封闭水域等航运渠道运输前款规定以外的危险化学品的，只能委托有危险化学品运输资质的水运企业承运，并按照国务院交通部门的规定办理手续，接受有关交通部门（港口部门、海事管理机构，下同）的监督管理。

运输危险化学品的船舶及其配载的容器必须按照国家关于船舶检验的规范进行生产，并经海事管理机构认可的船舶检验机构检验合格，方可投入使用。

第四十一条　托运人托运危险化学品，应当向承运人说明运输的危险化学品的品名、数量、危害、应急措施等情况。

运输危险化学品需要添加抑制剂或者稳定剂的，托运人交付托运时应当添加抑制剂或者稳定剂，并告知承运人。

托运人不得在托运的普通货物中夹带危险化学品，不得将危险化学品匿报或者谎报为普通货物托运。

第四十二条 运输、装卸危险化学品，应当依照有关法律、法规、规章的规定和国家标准的要求并按照危险化学品的危险特性，采取必要的安全防护措施。

运输危险化学品的槽罐以及其他容器必须封口严密，能够承受正常运输条件下产生的内部压力和外部压力，保证危险化学品在运输中不因温度、湿度或者压力的变化而发生任何渗（洒）漏。

第四十三条 通过公路运输危险化学品，必须配备押运人员，并随时处于押运人员的监管之下，不得超装、超载，不得进入危险化学品运输车辆禁止通行的区域；确需进入禁止通行区域的，应当事先向当地公安部门报告，由公安部门为其指定行车时间和路线，运输车辆必须遵守公安部门规定的行车时间和路线。

危险化学品运输车辆禁止通行区域，由设区的市级人民政府公安部门划定，并设置明显的标志。

运输危险化学品途中需要停车住宿或者遇有无法正常运输的情况时，应当向当地公安部门报告。

第四十四条 剧毒化学品在公路运输途中发生被盗、丢失、流散、泄漏等情况时，承运人及押运人员必须立即向当地公安部门报告，并采取一切可能的警示措施。公安部门接到报告后，应当立即向其他有关部门通报情况；有关部门应当采取必要的安全措施。

第四十五条 任何单位和个人不得邮寄或者在邮件内夹带危险化学品，不得将危险化学品匿报或者谎报为普通物品邮寄。

第四十六条 通过铁路、航空运输危险化学品的，按照国务院铁路、民航部门的有关规定执行。

第五章 危险化学品的登记与事故应急救援

第四十七条 国家实行危险化学品登记制度，并为危险化学品安全管理、事故预防和应急救援提供技术、信息支持。

第四十八条 危险化学品生产、储存企业以及使用剧毒化学品和数量构成重大危险源的其他危险化学品的单位，应当向国务院经济贸易综合管理部门负责危险化学品登记的机构办理危险化学品登记。危险化学品登记的具体办法由国务院经济贸易综合管理部门制定。

负责危险化学品登记的机构应当向环境保护、公安、质检、卫生等有关部门提供危险化学品登记的资料。

第四十九条 县级以上地方各级人民政府负责危险化学品安全监督管理综合工作的部门应当会同同级其他有关部门制定危险化学品事故应急救援预案，报经本级人民政府批准后实施。

第五十条 危险化学品单位应当制定本单位事故应急救援预案，配备应急救援人员和必要的应急救援器材、设备，并定期组织演练。

危险化学品事故应急救援预案应当报设区的市级人民政府负责危险化学品安全监督

管理综合工作的部门备案。

第五十一条 发生危险化学品事故，单位主要负责人应当按照本单位制定的应急救援预案，立即组织救援，并立即报告当地负责危险化学品安全监督管理综合工作的部门和公安、环境保护、质检部门。

第五十二条 发生危险化学品事故，有关地方人民政府应当做好指挥、领导工作。负责危险化学品安全监督管理综合工作的部门和环境保护、公安、卫生等有关部门，应当按照当地应急救援预案组织实施救援，不得拖延、推诿。有关地方人民政府及其有关部门并应当按照下列规定，采取必要措施，减少事故损失，防止事故蔓延、扩大：

（一）立即组织营救受害人员，组织撤离或者采取其他措施保护危害区域内的其他人员；

（二）迅速控制危害源，并对危险化学品造成的危害进行检验、监测，测定事故的危害区域、危险化学品性质及危害程度；

（三）针对事故对人体、动植物、土壤、水源、空气造成的现实危害和可能产生的危害，迅速采取封闭、隔离、洗消等措施；

（四）对危险化学品事故造成的危害进行监测、处置，直至符合国家环境保护标准。

第五十三条 危险化学品生产企业必须为危险化学品事故应急救援提供技术指导和必要的协助。

第五十四条 危险化学品事故造成环境污染的信息，由环境保护部门统一公布。

第六章　法律责任

第五十五条 对生产、经营、储存、运输、使用危险化学品和处置废弃危险化学品依法实施监督管理的有关部门工作人员，有下列行为之一的，依法给予降级或者撤职的行政处分；触犯刑律的，依照刑法关于受贿罪、滥用职权罪、玩忽职守罪或者其他罪的规定，依法追究刑事责任：

（一）利用职务上的便利收受他人财物或者其他好处，对不符合本条例规定条件的涉及生产、经营、储存、运输、使用危险化学品和处置废弃危险化学品的事项予以批准或者许可的；

（二）发现未依法取得批准或者许可的单位和个人擅自从事有关活动或者接到举报后不予取缔或者不依法予以处理的；

（三）对已经依法取得批准或者许可的单位和个人不履行监督管理职责，发现其不再具备本条例规定的条件而不撤销原批准、许可或者发现违反本条例的行为不予查处的。

第五十六条 发生危险化学品事故，有关部门未依照本条例的规定履行职责，组织实施救援或者采取必要措施，减少事故损失，防止事故蔓延、扩大，或者拖延、推诿的，对负有责任的主管人员和其他直接责任人员依法给予降级或者撤职的行政处分；触犯刑律的，依照刑法关于滥用职权罪、玩忽职守罪或者其他罪的规定，依法追究刑事责任。

第五十七条 违反本条例的规定，有下列行为之一的，分别由工商行政管理部门、质检部门、负责危险化学品安全监督管理综合工作的部门依据各自的职权予以关闭或者责令停产停业整顿，责令无害化销毁国家明令禁止生产、经营、使用的危险化学品或者用剧毒化学品生产的灭鼠药以及其他可能进入人民日常生活的化学产品和日用化学品；有违法所得的，没收违法所得；违法所得10万元以上的，并处违法所得1倍以上5倍以下的罚款；没有违法所得或者违法所得不足10万元的，并处5万元以上50万元以下的罚款；触犯刑律的，对负有责任的主管人员和其他直接责任人员依照刑法关于危险物品肇事罪、非法经营罪或者其他罪的规定，依法追究刑事责任：

（一）未经批准或者未经工商登记注册，擅自从事危险化学品生产、储存的；

（二）未取得危险化学品生产许可证，擅自开工生产危险化学品的；

（三）未经审查批准，危险化学品生产、储存企业擅自改建、扩建的；

（四）未取得危险化学品经营许可证或者未经工商登记注册，擅自从事危险化学品经营的；

（五）生产、经营、使用国家明令禁止的危险化学品，或者用剧毒化学品生产灭鼠药以及其他可能进入人民日常生活的化学产品和日用化学品的。

第五十八条 危险化学品单位违反本条例的规定，未根据危险化学品的种类、特性，在车间、库房等作业场所设置相应的监测、通风、防晒、调温、防火、灭火、防爆、泄压、防毒、消毒、中和、防潮、防雷、防静电、防腐、防渗漏、防护围堤或者隔离操作等安全设施、设备的，由负责危险化学品安全监督管理综合工作的部门或者公安部门依据各自的职权责令立即或者限期改正，处2万元以上10万元以下的罚款；触犯刑律的，对负有责任的主管人员和其他直接责任人员依照刑法关于危险物品肇事罪、重大责任事故罪或者其他罪的规定，依法追究刑事责任。

第五十九条 违反本条例的规定，有下列行为之一的，由负责危险化学品安全监督管理综合工作的部门、质检部门或者交通部门依据各自的职权责令立即或者限期改正，处2万元以上20万元以下的罚款；逾期未改正的，责令停产停业整顿；触犯刑律的，对负有责任的主管人员和其他直接责任人员依照刑法关于危险物品肇事罪、生产销售伪劣商品罪或者其他罪的规定，依法追究刑事责任：

（一）未经定点，擅自生产危险化学品包装物、容器的；

（二）运输危险化学品的船舶及其配载的容器未按照国家关于船舶检验的规范进行生产，并经检验合格的；

（三）危险化学品包装的材质、型式、规格、方法和单件质量（重量）与所包装的危险化学品的性质和用途不相适应的；

（四）对重复使用的危险化学品的包装物、容器在使用前，不进行检查的；

（五）使用非定点企业生产的或者未经检测、检验合格的包装物、容器包装、盛装、运输危险化学品的。

第六十条 危险化学品单位违反本条例的规定，有下列行为之一的，由负责危险化学品安全监督管理综合工作的部门责令立即或者限期改正，处1万元以上5万元以下的罚款；逾期不改正的，责令停产停业整顿：

（一）危险化学品生产企业未在危险化学品包装内附有与危险化学品完全一致的化学品安全技术说明书，或者未在包装（包括外包装件）上加贴、拴挂与包装内危险化学品完全一致的化学品安全标签的；

（二）危险化学品生产企业发现危险化学品有新的危害特性时，不立即公告并及时修订其安全技术说明书和安全标签的；

（三）危险化学品经营企业销售没有化学品安全技术说明书和安全标签的危险化学品的。

第六十一条 危险化学品单位违反本条例的规定，有下列行为之一的，由负责危险化学品安全监督管理综合工作的部门或者公安部门依据各自的职权责令立即或者限期改正，处 1 万元以上 5 万元以下的罚款；逾期不改正的，由原发证机关吊销危险化学品生产许可证、经营许可证和营业执照；触犯刑律的，对负有责任的主管人员和其他直接责任人员依照刑法关于危险物品肇事罪、重大责任事故罪或者其他罪的规定，依法追究刑事责任：

（一）未对其生产、储存装置进行定期安全评价，并报所在地设区的市级人民政府负责危险化学品安全监督管理综合工作的部门备案，或者对安全评价中发现的存在现实危险的生产、储存装置不立即停止使用，予以更换或者修复，并采取相应的安全措施的；

（二）未在生产、储存和使用危险化学品场所设置通讯、报警装置，并保持正常适用状态的；

（三）危险化学品未储存在专用仓库内或者未设专人管理的；

（四）危险化学品出入库未进行核查登记或者入库后未定期检查的；

（五）危险化学品专用仓库不符合国家标准对安全、消防的要求，未设置明显标志，或者未对专用仓库的储存设备和安全设施定期检测的；

（六）危险化学品经销商店存放非民用小包装的危险化学品或者危险化学品民用小包装的存放量超过国家规定限量的；

（七）剧毒化学品以及构成重大危险源的其他危险化学品未在专用仓库内单独存放，或者未实行双人收发、双人保管，或者未将储存剧毒化学品以及构成重大危险源的其他危险化学品的数量、地点以及管理人员的情况，报当地公安部门和负责危险化学品安全监督管理综合工作的部门备案的；

（八）危险化学品生产单位不如实记录剧毒化学品的产量、流向、储存量和用途，或者未采取必要的保安措施防止剧毒化学品被盗、丢失、误售、误用，或者发生剧毒化学品被盗、丢失、误售、误用后不立即向当地公安部门报告的；

（九）危险化学品经营企业不记录剧毒化学品购买单位的名称、地址，购买人员的姓名、身份证号码及所购剧毒化学品的品名、数量、用途，或者不每天核对剧毒化学品的销售情况，或者发现被盗、丢失、误售不立即向当地公安部门报告的。

第六十二条 危险化学品单位违反本条例的规定，在转产、停产、停业或者解散时未采取有效措施，处置危险化学品生产、储存设备、库存产品及生产原料的，由负责危险化学品安全监督管理综合工作的部门责令改正，处 2 万元以上 10 万元以下的罚款；触犯刑律的，对负有责任的主管人员和其他直接责任人员依照刑法关于重大环境污染事故罪、危险物品肇事罪或者其他罪的规定，依法追究刑事责任。

第六十三条 违反本条例的规定，有下列行为之一的，由工商行政管理部门责令改正，有违法所得的，没收违法所得；违法所得5万元以上的，并处违法所得1倍以上5倍以下的罚款；没有违法所得或者违法所得不足5万元的，并处2万元以上20万元以下的罚款；不改正的，由原发证机关吊销生产许可证、经营许可证和营业执照；触犯刑律的，对负有责任的主管人员和其他直接责任人员依照刑法关于非法经营罪、危险物品肇事罪或者其他罪的规定，依法追究刑事责任：

（一）危险化学品经营企业从未取得危险化学品生产许可证或者危险化学品经营许可证的企业采购危险化学品的；

（二）危险化学品生产企业向未取得危险化学品经营许可证的经营单位销售其产品的；

（三）剧毒化学品经营企业向个人或者无购买凭证、准购证的单位销售剧毒化学品的。

第六十四条 违反本条例的规定，伪造、变造、买卖、出借或者以其他方式转让剧毒化学品购买凭证、准购证以及其他有关证件，或者使用作废的上述有关证件的，由公安部门责令改正，处1万元以上5万元以下的罚款；触犯刑律的，对负有责任的主管人员和其他直接责任人员依照刑法关于伪造、变造、买卖国家机关公文、证件、印章罪或者其他罪的规定，依法追究刑事责任。

第六十五条 违反本条例的规定，未取得危险化学品运输企业资质，擅自从事危险化学品公路、水路运输，有违法所得的，由交通部门没收违法所得；违法所得5万元以上的，并处违法所得1倍以上5倍以下的罚款；没有违法所得或者违法所得不足5万元的，处2万元以上20万元以下的罚款；触犯刑律的，对负有责任的主管人员和其他直接责任人员依照刑法关于危险物品肇事罪或者其他罪的规定，依法追究刑事责任。

第六十六条 违反本条例的规定，有下列行为之一的，由交通部门处2万元以上10万元以下的罚款；触犯刑律的，依照刑法关于危险物品肇事罪或者其他罪的规定，依法追究刑事责任：

（一）从事危险化学品公路、水路运输的驾驶员、船员、装卸管理人员、押运人员未经考核合格，取得上岗资格证的；

（二）利用内河以及其他封闭水域等航运渠道运输剧毒化学品和国家禁止运输的其他危险化学品的；

（三）托运人未按照规定向交通部门办理水路运输手续，擅自通过水路运输剧毒化学品和国家禁止运输的其他危险化学品以外的危险化学品的；

（四）托运人托运危险化学品，不向承运人说明运输的危险化学品的品名、数量、危害、应急措施等情况，或者需要添加抑制剂或者稳定剂，交付托运时未添加的；

（五）运输、装卸危险化学品不符合国家有关法律、法规、规章的规定和国家标准，并按照危险化学品的特性采取必要安全防护措施的。

第六十七条 违反本条例的规定，有下列行为之一的，由公安部门责令改正，处2万元以上10万元以下的罚款；触犯刑律的，依照刑法关于危险物品肇事罪、重大环境污染事故罪或者其他罪的规定，依法追究刑事责任：

（一）托运人未向公安部门申请领取剧毒化学品公路运输通行证，擅自通过公路运输剧毒化学品的；

（二）危险化学品运输企业运输危险化学品，不配备押运人员或者脱离押运人员监管，超装、超载，中途停车住宿或者遇有无法正常运输的情况，不向当地公安部门报告的；

（三）危险化学品运输企业运输危险化学品，未向公安部门报告，擅自进入危险化学品运输车辆禁止通行区域，或者进入禁止通行区域不遵守公安部门规定的行车时间和路线的；

（四）危险化学品运输企业运输剧毒化学品，在公路运输途中发生被盗、丢失、流散、泄露等情况，不立即向当地公安部门报告，并采取一切可能的警示措施的；

（五）托运人在托运的普通货物中夹带危险化学品或者将危险化学品匿报、谎报为普通货物托运的。

第六十八条 违反本条例的规定，邮寄或者在邮件内夹带危险化学品，或者将危险化学品匿报、谎报为普通物品邮寄的，由公安部门处 2000 元以上 2 万元以下的罚款；触犯刑律的，依照刑法关于危险物品肇事罪或者其他罪的规定，依法追究刑事责任。

第六十九条 危险化学品单位发生危险化学品事故，未按照本条例的规定立即组织救援，或者不立即向负责危险化学品安全监督管理综合工作的部门和公安、环境保护、质检部门报告，造成严重后果的，对负有责任的主管人员和其他直接责任人员依照刑法关于国有公司、企业工作人员失职罪或者其他罪的规定，依法追究刑事责任。

第七十条 危险化学品单位发生危险化学品事故造成人员伤亡、财产损失的，应当依法承担赔偿责任；拒不承担赔偿责任或者其负责人逃匿的，依法拍卖其财产，用于赔偿。

第七章 附 则

第七十一条 监控化学品、属于药品的危险化学品和农药的安全管理，依照本条例的规定执行；国家另有规定的，依照其规定。

民用爆炸品、放射性物品、核能物质和城镇燃气的安全管理，不适用本条例。

第七十二条 危险化学品的进出口管理依照国家有关规定执行；进口危险化学品的经营、储存、运输、使用和处置进口废弃危险化学品，依照本条例的规定执行。

第七十三条 依照本条例的规定，对生产、经营、储存、运输、使用危险化学品和处置废弃危险化学品进行审批、许可并实施监督管理的国务院有关部门，应当根据本条例的规定制定并公布审批、许可的期限和程序。

本条例规定的国家标准和涉及危险化学品安全管理的国家有关规定，由国务院质检部门或者国务院有关部门分别依照国家标准化法律和其他有关法律、行政法规以及本条例的规定制定、调整并公布。

第七十四条 本条例自 2002 年 3 月 15 日起施行。1987 年 2 月 17 日国务院发布的《化学危险物品安全管理条例》同时废止。

国务院办公厅关于加强危险化学品安全管理工作的紧急通知

（2004年4月26日　国办发明电［2004］19号）

各省、自治区、直辖市人民政府，国务院各部委、各直属机构：

4月中旬以来，重庆、北京、广东、江苏、浙江、江西等地连续发生危险化学品泄漏等事故，有的还引发了爆炸和火灾，共计造成数十人死亡，数百人中毒受伤，十多万人紧急疏散。这些事故给人民群众生命财产造成重大损失，社会影响很大。党中央、国务院领导同志高度重视，作出了重要批示，指出事故多发的原因，既有设备陈旧老化问题，也有安全生产措施不落实问题，从根本上说，是“以人为本”理念是否真正树立起来，安全问题是否足够重视。要求有关地区和部门尽最大努力减少人员伤亡，并采取综合治理和防范措施。为贯彻落实党中央、国务院领导同志的重要指示，迅速遏制危险化学品安全事故上升的势头，特紧急通知如下：

一、坚持“安全第一，预防为主”的方针，高度重视安全生产工作

各地区、各部门、各单位要从立党为公、执政为民的高度，充分认识安全生产工作的极端重要性，牢固树立“以人为本”的理念，做到警钟长鸣，常抓不懈，把这件“责任重于泰山”的工作切实抓好。要加强对安全生产工作的领导，定期研究安全生产工作，及时解决存在的问题。要建立健全各级地方人民政府安全生产监管机构和生产经营单位的安全生产管理机构。落实各级人民政府、各有关部门的安全生产责任制和生产经营单位的安全生产主体责任。要正确处理安全生产与发展经济、与企业经济效益的关系，严格禁止不顾安全条件强行生产。

二、立即开展危险化学品安全大检查，排查事故隐患

各地区、各部门和各单位要立即开展对危险化学品的安全大检查，全面排查事故隐患。排查的重点是危险化学品从业企业的总体布局，以及加工、储存、运输、使用、处置危险化学品的设施设备状况、安全措施落实情况以及企业周边安全防护距离等。对查出的事故隐患，要制定具体的整改措施。整改工作要按照企业为主、部门监督的原则，实行挂牌公示、限期完成、指定部门、专人督办的制度，保证整改工作落实到位。

三、深化危险化学品安全专项整治，抓好“五个整顿、两个关闭”

各地区、各部门要在总结前一时期危险化学品安全专项整治工作的基础上，针对存

在的问题，切实采取措施，进一步深化专项整治。要突出抓好“五个整顿、两个关闭”。对以下五类危险化学品生产经营单位一律责令停产整顿：生产工艺和设备、储存方式和设备不符合国家规定标准的；压力容器未按期检测检验或者经检测检验不合格的；企业主要负责人、特种作业人员、关键岗位人员未经正规安全培训，没有取得任职和上岗资格的；经安全评估，确认没有达到安全生产条件的；今年以来发生重特大事故的。上述五类企业整改结束后，要由地方人民政府组织安全生产监督管理等部门检查验收，经认定符合条件后才能恢复生产。对以下两类危险化学品生产经营单位一律关闭：非法从事危险化学品生产、储存、经营、运输等活动的；经停产整顿后仍然不具备安全生产条件的。

四、加大安全投入，加强危险化学品生产经营单位的安全技术改造

各地区、各部门特别是危险化学品生产经营单位必须加大安全技术装备的投入，努力弥补设备欠帐，对存在隐患的设施设备，要限期进行改造，消除安全隐患。同时，要积极采用先进安全可靠的技术装备，不断改进工艺技术，淘汰陈旧老化、危及安全的设施设备和工艺。对市区中的危险化学品企业，防护距离不符合国家规定的，要下决心搬迁、转产或关闭。

五、开展安全质量标准化活动，提高危险化学品生产经营单位安全管理水平

安全质量标准化是强化企业安全管理，预防事故的基础性工作。各地区和有关部门要组织危险化学品生产经营单位开展安全质量标准化活动。要根据安全质量标准要求，建立健全各项规章制度，指导企业建立和完善各环节、各岗位的安全质量责任制，规范各项生产活动和行为，不断提高安全管理水平。生产任务越繁忙，越要坚持设备检修和安全操作。安全生产监督管理部门要对企业主要负责人和安全生产管理人员的安全知识、管理能力进行严格的考核，合格后方可任职。特种作业人员必须持证上岗。

六、制订应急预案，加强对重大危险源的监控

各地区、各部门和各单位要从组织领导、指挥协调、事故预警、应急处置、人员物资准备等方面制订完善的危险化学品安全事故应急预案，并经常进行演练。要尽快建立专业化的危险化学品应急救援机构和队伍，增强事故救援能力。对重大危险源要建立档案，责任到人，全方位 24 小时进行监控，把安全隐患消灭在初发阶段。

七、加强安全监管工作，严肃查处危险化学品安全事故

地方各级人民政府及有关部门要依照有关法律法规和规章，加强本地区、本系统安全监督管理。各级安全监管、公安、交通运输、卫生、质检、环境保护、工商、邮政等部门要认真贯彻《中华人民共和国安全生产法》、《危险化学品安全管理条例》等法律法规的有关规定，严格危险化学品生产、储存、经营、运输、使用和废弃处置等各环节的行政许可审批和资质管理。对发生的各类危险化学品安全事故，要按照事故原因未查清不放过、责任人员未处理不放过、整改措施未落实不放过、有关人员未受到教育不放过

的“四不放过”原则，进行依法查处，并严肃追究有关人员的责任，对违法违规生产，造成安全事故的要依法从重处罚，构成犯罪的要追究刑事责任。

各省、自治区、直辖市人民政府要将本地区贯彻落实本通知的情况于6月30日前书面报送国家安全监管局，由国家安全监管局汇总报国务院。

危险化学品登记管理办法

（国家经贸委令第35号，2002年10月8日）

第一章 总 则

第一条 为加强对危险化学品的安全管理，防范化学事故和为应急救援提供技术、信息支持，根据《危险化学品安全管理条例》，制定本办法。

第二条 本办法适用于中华人民共和国境内生产、储存危险化学品的单位以及使用剧毒化学品和使用其他危险化学品数量构成重大危险源的单位（以下简称登记单位）。

第三条 危险化学品的登记范围：

（一）列入国家标准《危险货物品名表》（GB 12268）中的危险化学品；

（二）由国家安全生产监督管理局会同国务院公安、环境保护、卫生、质检、交通部门确定并公布的未列入《危险货物品名表》的其他危险化学品。

国家安全生产监督管理局根据（一）、（二）确定的危险化学品，汇总公布《危险化学品名录》。

危险化学品的登记单位为：生产和储存危险化学品的单位（以下分别简称生产单位、储存单位）、使用剧毒化学品和使用其他危险化学品数量构成重大危险源的单位（以下简称使用单位）。

生产单位、储存单位、使用单位是指在工商行政管理机关进行了登记的法人或非法人单位。

第四条 国家安全生产监督管理局负责全国危险化学品登记的监督管理工作。

各省、自治区、直辖市安全生产监督管理机构负责本行政区内危险化学品登记的监督管理工作。

第二章 登记机构

第五条 国家设立国家化学品登记注册中心（以下简称登记中心），承办全国危险化学品登记的具体工作和技术管理工作。

省、自治区、直辖市设立化学品登记注册办公室（以下简称登记办公室），承办所在地区危险化学品登记的具体工作和技术管理工作。

第六条 国家安全生产监督管理局对登记中心实施监督管理；省、自治区、直辖市安全生产监督管理机构对本辖区登记办公室实施监督管理。

第七条 登记中心履行下列职责：

（一）组织、协调和指导全国危险化学品登记工作；

（二）负责全国危险化学品登记证书颁发与登记编号的管理工作；

（三）建立并维护全国危险化学品登记管理数据库和动态统计分析信息系统；

（四）设立国家化学事故应急咨询电话，与各地登记办公室共同建立全国化学事故应急救援信息网络，提供化学事故应急咨询服务；

（五）组织对新化学品进行危险性评估；对未分类的化学品统一进行危险性分类；

（六）负责全国危险化学品登记人员的培训工作。

第八条 登记办公室履行下列职责：

（一）组织本地区危险化学品登记工作；

（二）核查登记单位申报登记的内容；

（三）对生产单位编制的化学品安全技术说明书和化学品安全标签的规范性、内容一致性进行审查；

（四）建立本地区危险化学品登记管理数据库和动态统计分析信息系统；

（五）提供化学事故应急咨询服务。

第九条 登记中心和登记办公室从事危险化学品登记的工作人员（以下简称登记人员）应经统一培训，由国家安全生产监督管理局考核合格后，发给《危险化学品登记人员上岗证》（以下简称登记上岗证），持证上岗。

第十条 登记中心应有 10 名以上有登记上岗证的登记人员；登记办公室应有 3 名以上有登记上岗证的登记人员。

第十一条 登记中心和登记办公室应当制定严格的工作制度和程序，为登记单位提供良好的服务，保守登记单位的商业秘密。

第十二条 登记中心每年应向国家安全生产监督管理局书面报告全国危险化学品登记工作情况；登记办公室每年应向所在省、自治区、直辖市安全生产监督管理机构书面报告本地区危险化学品登记工作情况。各地登记办公室的报告应同时抄送登记中心。

第三章　登记的时间、内容和程序

第十三条 登记单位应在《危险化学品名录》公布之日起 6 个月内办理危险化学品登记手续。

对危险性不明的化学品，生产单位应在本办法实施之日起 1 年内，委托国家安全生产监督管理局认可的专业技术机构对其危险性进行鉴别和评估，持鉴别和评估报告办理登记手续。

对新化学品，生产单位应在新化学品投产前 1 年内，委托国家安全生产监督管理局认可的专业技术机构对其危险性进行鉴别和评估，持鉴别和评估报告办理登记手续。

新建的生产单位应在投产前办理危险化学品登记手续。

已登记的登记单位在生产规模或产品品种及其理化特性发生重大变化时，应当在 3 个月内对发生重大变化的内容办理重新登记手续。

第十四条 生产单位应登记的内容：

（一）生产单位的基本情况；

（二）危险化学品的生产能力、年需要量、最大储量；

（三）危险化学品的产品标准；

（四）新化学品和危险性不明化学品的危险性鉴别和评估报告；

（五）化学品安全技术说明书和化学品安全标签；

（六）应急咨询服务电话。

第十五条 储存单位、使用单位应登记的内容：

（一）储存单位、使用单位的基本情况；

（二）储存或使用的危险化学品品种及数量；

（三）储存或使用的危险化学品安全技术说明书和安全标签。

第十六条 办理登记的程序：

（一）登记单位向所在省、自治区、直辖市登记办公室领取《危险化学品登记表》，并按要求如实填写。

（二）登记单位用书面文件和电子文件向登记办公室提供登记材料。

（三）登记办公室在登记单位提交危险化学品登记材料后的 20 个工作日内对其进行审查，必要时可进行现场核查，对符合要求的危险化学品和登记单位进行登记，将相关数据录入本地区危险化学品管理数据库，向登记中心报送登记材料。

（四）登记中心在接到登记办公室报送的登记材料之日起 10 个工作日内，进行必要的审查并将相关数据录入国家危险化学品管理数据库后，通过登记办公室向登记单位发放危险化学品登记证和登记编号。

（五）登记办公室在接到登记证和登记编号之日起 5 个工作日内，将危险化学品登记证和登记编号送达登记单位或通知登记单位领取。

第十七条 生产单位办理登记时，应向所在省、自治区、直辖市登记办公室报送以下主要材料：

（一）《危险化学品登记表》一式 3 份和电子版 1 份；

（二）营业执照复印件 2 份；

（三）危险性不明或新化学品的危险性鉴别、分类和评估报告各 3 份；

（四）危险化学品安全技术说明书和安全标签各 3 份和电子版 1 份；

（五）应急咨询服务电话号码。委托有关机构设立应急咨询服务电话的，需提供应急服务委托书；

（六）办理登记的危险化学品产品标准（采用国家标准或行业标准的，提供所采用的标准编号）。

储存单位、使用单位应报送上述第（一）、（二）、（四）项规定的材料。

第十八条 危险化学品登记证书有效期为 3 年。登记单位应在有效期满前 3 个月，到所在省、自治区、直辖市登记办公室进行复核。复核的主要内容为：生产、储存、使用单位基本情况的变更情况，安全技术说明书和安全标签的更新情况等。

第十九条 登记单位履行下列义务：

（一）对本单位的危险化学品进行普查，建立危险化学品管理档案；

（二）如实填报危险化学品登记材料；

（三）对本单位生产的危险性不明的化学品或新化学品进行危险性鉴别、分类和评估；

（四）生产单位应按照国家标准正确编制并向用户提供化学品安全技术说明书，在产品包装上拴挂或粘贴化学品安全标签，所提供的数据应保证准确可靠，并对其数据的真实性负责；

（五）危险化学品储存单位、使用单位应当向供货单位索取安全技术说明书；

（六）生产单位必须向用户提供化学事故应急咨询服务，为化学事故应急救援提供技术指导和必要的协助；

（七）配合登记人员在必要时对本单位危险化学品登记内容进行核查。

第二十条 生产单位终止生产危险化学品时，应当在终止生产后的 3 个月内办理注销登记手续。

使用单位终止使用危险化学品时，应当在终止使用后的 3 个月内办理注销登记手续。

第四章 罚 则

第二十一条 生产单位、储存单位、使用单位有下列情形之一的，由县级以上安全生产监督管理部门责令其改正，并视情节轻重处 3 万元以下罚款：

（一）未按规定进行危险化学品登记或在接到登记通知之日起 6 个月内仍未登记的；

（二）未向用户提供应急咨询服务的；

（三）转让、出租或伪造登记证书的；

（四）已登记的登记单位在生产规模或产品品种及其理化特性发生重大变化时，未按规定按时办理重新登记手续的；

（五）危险化学品登记证书有效期满后，未按规定申请复核的；

（六）生产单位、使用单位终止生产或使用危险化学品时，未按规定及时办理注销登记手续的。

第二十二条 登记中心或登记办公室的工作人员违规操作、弄虚作假、滥发证书，或在规定限期内无故不予登记且无明确答复，或泄露登记单位商业秘密的，由省级以上安全生产监督管理机构责令其改正，对有关责任者给予行政处分，并追究登记中心或登记办公室负责人的责任。

第五章 附 则

第二十三条 危险化学品登记表、危险化学品登记证、危险化学品登记人员上岗证由国家安全生产监督管理局统一印制。

第二十四条 本办法授权国家安全生产监督管理局负责解释。

第二十五条 本办法自 2002 年 11 月 15 日起施行。2000 年 9 月 11 日国家经贸委公布的《危险化学品登记注册管理规定》同时废止。

危险化学品经营许可证管理办法

（国家经贸委令第36号，2002年10月8日）

第一章 总 则

第一条 为加强危险化学品安全管理，规范危险化学品经营销售活动，保障人民群众生命、财产安全，根据《中华人民共和国安全生产法》和《危险化学品安全管理条例》，制定本办法。

第二条 在中华人民共和国境内从事危险化学品经营销售活动，适用本办法。

民用爆炸品、放射性物品、核能物质和城镇燃气的经营，不适用本办法。

第三条 国家对危险化学品经营销售实行许可制度。经营销售危险化学品的单位，应当依照本办法取得危险化学品经营许可证（以下简称经营许可证），并凭经营许可证依法向工商行政管理部门申请办理登记注册手续。未取得经营许可证和未经工商登记注册，任何单位和个人不得经营销售危险化学品。

第四条 经营许可证分为甲、乙两种。取得甲种经营许可证的单位可经营销售剧毒化学品和其他危险化学品；取得乙种经营许可证的单位只能经营销售除剧毒化学品以外的危险化学品。

甲种经营许可证由省、自治区、直辖市人民政府经济贸易主管部门或其委托的安全生产监督管理部门（以下简称省级发证机关）审批、颁发；乙种经营许可证由设区的市级人民政府负责危险化学品安全监督管理综合工作的部门（以下简称市级发证机关）审批、颁发。成品油的经营许可纳入甲种经营许可证管理。

第五条 国家安全生产监督管理局负责全国经营许可证审批、发放工作的监督管理。

省级发证机关和市级发证机关分别负责本行政区域内经营许可证的监督管理。

第二章 经营许可证的申请与审批

第六条 危险化学品经营销售单位（以下简称经营单位），应当具备以下基本条件：

（一）经营和储存场所、设施、建筑物符合国家标准《建筑设计防火规范》（GBJ 16）、《爆炸危险场所安全规定》和《仓库防火安全管理规则》等规定，建筑物应当经公安消防机构验收合格；

（二）经营条件、储存条件符合《危险化学品经营企业开业条件和技术要求》（GB 18265）、《常用危险化学品储存通则》（GB 15603）的规定；

（三）单位主要负责人和主管人员、安全生产管理人员和业务人员经过专业培训，并经考核，取得上岗资格；

（四）有健全的安全管理制度和岗位安全操作规程；

（五）有本单位事故应急救援预案。

第七条 申请经营许可证的单位自主选择具有资质的安全评价机构，对本单位的经营条件进行安全评价。

第八条 安全评价机构应当对申请经营许可证的单位是否符合本办法第六条规定的条件逐项进行评价，并出具安全评价报告。

第九条 申请甲种和乙种经营许可证的单位，应当分别向省级发证机关和市级发证机关提出申请，提交下列材料：

（一）《危险化学品经营许可证申请表》；

（二）安全评价报告；

（三）经营和储存场所建筑物消防安全验收文件的复印件；

（四）经营和储存场所、设施产权或租赁证明文件复印件；

（五）单位主要负责人和主管人员、安全生产管理人员和业务人员专业培训合格证书的复印件；

（六）安全管理制度和岗位安全操作规程。

第十条 发证机关应当在接到申请之日起 30 个工作日内，对申请人提交的材料进行审查和现场核查，对符合条件的，颁发经营许可证；对不符合条件的，应当书面通知申请人并说明理由。

第十一条 经营许可证应当载明下列事项：

（一）经营单位名称；

（二）经营单位住所（地址和经营场所）；

（三）经营单位法定代表人或负责人姓名；

（四）经营单位的经济类型；

（五）许可经营范围（剧毒化学品应当注明品名，其他危险化学品应当注明类项，成品油应当注明油品名称）；

（六）发证日期和有效期限；

（七）证书编号。

第十二条 经营单位改建、扩建或者迁移经营、储存场所，扩大许可经营范围，应当事前重新申请办理经营许可证。

经营单位变更单位名称、经济类型或者注册的法定代表人或负责人，应当于变更之日起 20 个工作日内，向原发证机关申办变更手续，换发新的经营许可证。

第十三条 经营许可证有效期为 3 年。有效期满后，经营单位继续从事危险化学品经营活动的，应当在经营许可证有效期满前 3 个月内向原发证机关提出换证申请，经审查合格后换领新证。

第十四条 发证机关应当将经营许可证的发放情况，及时向同级公安、环保部门通报。

第十五条 经营单位不得转让、买卖、出租、出借、伪造或者变造经营许可证。

第三章　经营许可证的监督管理

第十六条　发证机关应当坚持公开、公平、公正的原则，严格依照法律、法规、规章和标准规定的条件及程序，审批、发放经营许可证。

第十七条　发证机关应当加强对经营许可证的监督管理，建立、健全经营许可证审批、发放档案管理制度。

第十八条　市级发证机关应当将本行政区年度经营许可证的审批、发放情况报省级发证机关备案。省级发证机关应当将本行政区年度经营许可证的审批、发放情况报国家安全生产监督管理局备案。

第十九条　发证机关应当对本行政区内已取得经营许可证的单位进行监督检查。经营单位应当接受发证机关依法实施的监督检查，无正当理由不得拒绝、阻挠。

第四章　罚　则

第二十条　未取得经营许可证，擅自从事危险化学品经营的，由省级发证机关或市级发证机关依照《危险化学品安全管理条例》第五十七条的规定予以处罚。

第二十一条　经营单位违反本办法规定，有下列行为之一的，由发证机关吊销经营许可证：

（一）提供虚假证明文件或采取其他欺骗手段，取得经营许可证的；

（二）不再具备经营销售危险化学品基本条件的；

（三）转让、买卖、出租、出借、伪造或者变造经营许可证的。

第二十二条　发证机关的工作人员徇私舞弊、滥用职权、弄虚作假、玩忽职守的，依据《危险化学品安全管理条例》第五十五条的规定给予降级或者撤职的行政处分；构成犯罪的，依法追究刑事责任。

第二十三条　承担安全评价的机构出具虚假评价报告的，由省级以上安全生产监督管理部门没收非法所得并处以 3 万元以下罚款；没有非法所得的，处以 2 万元以下罚款；并建议授予其资质的部门吊销其资质证书。构成犯罪的，依法追究刑事责任。

第五章　附　则

第二十四条　危险化学品生产单位销售本单位生产的危险化学品，不再办理经营许可证，但销售非本单位生产的危险化学品或在厂外设立销售网点，仍需办理经营许可证。

第二十五条　本办法生效之前已取得经营许可证的单位，应当在本办法生效之日起 6 个月内重新办理经营许可证。逾期不办理的，不得继续经营销售危险化学品。

第二十六条　经营许可证由国家安全生产监督管理局统一印制。

第二十七条　本办法授权国家安全生产监督管理局负责解释。

第二十八条　本办法自 2002 年 11 月 15 日起施行。

危险化学品包装物、容器定点生产管理办法

（2002年10月8日国家经济贸易委员会令第37号公布，
自2002年11月15日起施行）

第一章 总 则

第一条 为了加强危险化学品包装物、容器生产的管理，保证危险化学品包装物、容器的质量，保障危险化学品储存、搬运、运输和使用安全，根据《危险化学品安全管理条例》，制定本办法。

第二条 在中华人民共和国境内生产危险化学品包装物、容器适用本办法。

第三条 本办法所称危险化学品包装物、容器（以下简称包装物、容器）是指根据危险化学品的特性，按照有关法规、标准专门设计制造的，用于盛装危险化学品的桶、罐、瓶、箱、袋等包装物和容器，包括用于汽车、火车、船舶运输危险化学品的槽罐。

第四条 国家安全生产监督管理局负责全国危险化学品包装物、容器定点生产的监督管理；省、自治区、直辖市人民政府经济贸易主管部门或其委托的安全生产监督管理机构（以下简称发证机关）负责本行政区域内包装物、容器定点生产的监督管理，并审批发放危险化学品包装物、容器定点生产企业证书（以下简称定点证书）。

第五条 危险化学品包装物、容器必须由取得定点证书的专业生产企业定点生产。未取得定点证书的，任何单位和个人不得生产用于危险化学品包装的包装物、容器。

第二章 定点企业的基本条件、申请和审批

第六条 定点企业应当具备下列基本条件：

（一）具有营业执照；

（二）具有能够满足生产需要的固定场所；

（三）具有能够保证产品质量的专业生产、加工设备和检测检验手段；

（四）具有完善的管理制度、操作规程、工艺技术规程和产品质量标准；

（五）具有完善的产品质量管理体系；

（六）具有满足生产需要的专业技术人员、技术工人和特种作业人员。

生产压力容器的，还应当取得压力容器制造许可证。

第七条 申请定点生产的企业自主选择具有资质的评价机构，对本单位的生产条件进行评价。

第八条 评价机构应当对申请定点生产的企业是否符合本办法第六条规定的条件逐项进行评价，并出具评价报告。

第九条 申请定点生产的企业应当提交下列申报材料：

（一）危险化学品包装物、容器定点生产申请表；

（二）营业执照副本；

（三）企业生产条件评价报告书；

（四）生产、加工设备和检测检验仪器清单；

（五）企业质量管理手册；

（六）产品质量标准复印件；

（七）有关特种作业人员资格证书复印件。

生产压力容器的，还应当提交压力容器制造许可证复印件。

第十条 发证机关收到申报材料后，应当在 30 个工作日内进行审查和现场核查，符合条件的，颁发定点证书，并向社会公布；不符合条件的，应当书面通知申报企业并说明理由。

第十一条 取得定点证书的企业应当按照国家有关法规和国家、行业标准设计、生产危险化学品包装物、容器。危险化学品包装物、容器经国家质检部门认可的专业检测检验机构检测合格后方可出厂。

用于运输危险化学品的船舶的本载容器应当按照国家关于船舶检验的规范进行生产，并经国家海事管理机构认可的船舶检验部门检验合格后方可出厂。

第十二条 取得定点证书的企业，应当在其生产的包装物、容器上标注危险化学品包装物、容器定点生产标志（以下称定点标志）。

第三章　监督管理

第十三条 发证机关应当坚持公开、公平、公正的原则，严格依照法律、法规、规章和标准规定的条件及程序，审批定点企业。

第十四条 发证机关应当加强对定点企业的监督管理，建立、健全定点企业审批、发证和监督管理档案管理制度。

第十五条 发证机关应当将本行政区年度审批定点企业的情况及定点企业名单报国家安全生产监督管理局备案。

第四章　罚　则

第十六条 定点企业有下列情况之一的，由发证机关吊销定点证书：

（一）提供虚假证明文件或采取其他欺诈手段，取得定点证书的；

（二）转让、买卖、出租、出借定点证书的；

（三）被吊销营业执照的；

（四）生产条件发生重大变化，不再符合本办法第六条规定条件的；

（五）因包装物、容器质量原因造成重大化学事故的；

（六）所生产的包装物、容器经国家质检机构检测不合格，整改后仍不合格的。

第十七条 未取得定点证书，擅自生产包装物、容器或者使用定点标志的，按照《危险化学品安全管理条例》第五十九条的规定给予处罚。

第十八条 发证机关的工作人员徇私舞弊、滥用职权、弄虚作假、玩忽职守的，按照《危险化学品安全管理条例》第五十五条的规定给予处罚。

第十九条 承担定点企业资质评价的机构出具虚假评价报告的，由省级以上安全生产监督管理部门没收非法所得并处以 3 万元以下罚款；没有非法所得的，处以 2 万元以下罚款；并建议授予其资质的部门吊销其资质证书；构成犯罪的，依法追究刑事责任。

第五章 附 则

第二十条 定点证书和定点标志由国家安全生产监督管理局统一印制。

第二十一条 本办法授权国家安全生产监督管理局负责解释。

第二十二条 本办法自 2002 年 11 月 15 日起施行。

新化学物质环境管理办法

国家环保总局令

第17号

《新化学物质环境管理办法》已经2003年4月1日国家环保总局第4次局务会议审议通过，现予发布，自2003年10月15日起施行。

国家环保总局局长　解振华

2003年9月12日

第一章　总　则

第一条　为加强对新化学物质的环境管理，防止环境污染，保障人体健康，保护生态环境，制定本办法。

第二条　本办法适用于在中华人民共和国境内从事生产和进口新化学物质环境管理活动。

第三条　国家对新化学物质环境管理实行生产前和进口前申报登记制度。

生产或者进口新化学物质的，必须按照本办法的规定，在生产前或者进口前进行新化学物质申报，申请领取新化学物质环境管理登记证（以下简称登记证）。

本办法施行前已在中华人民共和国境内生产或者进口的化学物质，不需要进行新化学物质申报。

第四条　本办法所称新化学物质，是指在申报时，尚未在中华人民共和国境内生产或者进口的化学物质。

国家环保总局负责收录并适时公布已在中华人民共和国境内生产或者进口的化学物质名单。

第五条　国家环保总局负责制定新化学物质环境管理标准和技术规范。

第六条　国家环保总局设立新化学物质环境管理专家评审委员会（以下简称评审委员会）。

评审委员会负责对新化学物质的环境影响进行评估，并向国家环保总局提交书面评估意见。

第七条　从事新化学物质环境管理的机构及其工作人员，应当为新化学物质申报人（以下简称申报人）提交的材料保守商业秘密和技术秘密。

第二章　申　报

第八条　申报人应当在生产前或者进口前向国家环保总局化学品登记中心（以下简称登记中心）提交新化学物质申报表、测试数据报告和测试机构的资质证明等资料。

申报表的内容包括所申报化学物质的名称、分子结构、测试方法、用途、年生产或进口量、物理－化学性质、毒理学和生态毒理学特性、事故预防和应急措施、污染预防和消除方法、废弃物处置措施等。

在中国境外完成测试数据的，完成测试数据的境外测试机构必须获得所在国家主管机关的认可。

新化学物质的生态毒理学数据必须包括在中国境内用中国的供试生物完成的测试数据。

第九条　申报人对其提交的申报材料中涉及商业秘密或者技术秘密要求保密的，应当在申报材料中注明。

申报人对要求保密的内容予以公开时，应当书面告知登记中心。

第十条　对分子结构相似、用途相同或者相近、测试数据相近的新化学物质，申报人可以提出系列申报，按每种新化学物质分别办理登记证。

第十一条　两个以上申报人联合申报同一新化学物质的，按每个申报人分别办理登记证。

第十二条　已经列入四个以上其他国家或者区域经济一体化组织现有化学物质名录的新化学物质，申报时仅需提供申报表和在中国境内完成的生态毒理学测试报告。

第十三条　有下列情形之一的，可以申请办理免于申报手续：

（一）以科学研究为目的，每年生产或者进口新化学物质数量不超过 100 千克的；

（二）新化学物质单体含量低于 2%的聚合物；

（三）为了进行工艺研究、开发而生产或者进口新化学物质数量不超过 1000 千克的，可以申请为期一年的免于申报，不予延续；

（四）为了在中国境内用中国的供试生物进行新化学物质生态毒理学测试而进口新化学物质测试样品的。

申请办理免于申报手续的申报人应当向登记中心提交免于申报的申请表和有关符合本条第一款所列情形的证明材料，并保存该物质的科学研究、工艺研究与开发、生产或者进口的数量、客户名称等记录。

第三章　登　记

第十四条　登记中心自收到申报人提交的申报材料之日起 15 日内，根据本办法的规定对申报材料进行形式审查，符合规定的，予以受理并书面通知申报人；对不符合规定的，不予受理，并书面通知申报人。

登记中心发现申报人提交的申报材料不齐全或者不符合本办法要求的，应当一次性书面通知申报人需要补正的全部内容。

登记中心对予以受理的，自受理之日起5日内将申报材料提交评审委员会。

第十五条 评审委员会自收到申报材料之日起 60 日内，按照国家环保总局有关新化学物质环境管理标准与技术规范的规定，对该化学物质的环境影响进行评估，并将书面评估意见提交国家环保总局。

第十六条 国家环保总局自收到评审委员会的书面评估意见之日起 30 日内对申报材料作出是否予以登记的决定。对予以登记的，签发登记证；不予登记的，说明理由。

国家环保总局将决定通知登记中心，由登记中心将决定书面通知申报人。

第十七条 对于办理免于申报的，登记中心自收到申请材料之日起 15 日内提出处理建议，报国家环保总局审核。

国家环保总局自收到申请材料和处理建议之日起 15 日内对免于申报的申请做出是否予以免于申报的决定，并将决定通知登记中心，由登记中心将决定书面通知申报人。

第十八条 国家环保总局对于根据本办法第十六条、第十七条作出予以登记或者免于申报决定的，应当将决定和新化学物质环境影响监管通知单通知该新化学物质生产者或者进口者所在地省级环境保护部门。

省级环境保护部门将决定和新化学物质环境影响监管通知单通知该新化学物质生产者或者进口者所在地设区的市级或者县级环境保护部门。

第四章 监督管理

第十九条 登记证持有人应当自每次实际生产、进口或者将新化学物质转移到使用者之日起 5 日内，向生产者或者进口者所在地县级环境保护部门填报新化学物质生产、进口及流向情况备案表。

生产者或者进口者所在地县级环境保护部门自收到备案表之日起 5 日内报设区的市级环境保护部门，设区的市级环境保护部门自收到备案表之日起 5 日内报省级环境保护部门，省级环境保护部门自收到备案表之日起5日内报国家环保总局。

第二十条 新化学物质转移出生产或者进口地的，生产者或者进口者所在地县级环境保护部门自收到备案表之日起 5 日内，应当将新化学物质流向情况及该新化学物质的决定、环境影响监管通知单通知使用者所在地县级环境保护部门。

使用者所在地县级环境保护部门自收到新化学物质流向情况及该新化学物质的决定、环境影响监管通知单之日起 5 日内报设区的市级环境保护部门，设区的市级环境保护部门自收到材料之日起5日内报省级环境保护部门。

第二十一条 登记证持有人应当将新化学物质申报、生产或者进口、新化学物质影响等资料，保存至该化学物质公布之日。

第二十二条 环境保护部门在审批生产新化学物质或者用进口的新化学物质从事生产的新建、改建、扩建项目环境影响评价文件时，应当将该项目是否取得登记证作为审查的重要依据。

第二十三条 县级以上环境保护部门应当对本行政区域内的新化学物质进行监督检

查，发现新化学物质严重危害环境的，应当责令生产者、进口者或者使用者立即采取应急措施，消除危害，并将有关情况报经国家环保总局，同时报告上一级环境保护部门。

国家环保总局接到报告后，应当进行核查，并可以撤销该新化学物质生产者或者进口者持有的登记证。

第五章　法律责任

第二十四条　违反本办法规定，申报人在申领登记证的过程中弄虚作假的，由国家环保总局责令改正，处一万元以上三万元以下罚款，同时公告其违规行为，记载其不良记录，并在三年内不予受理其新化学物质申报。

第二十五条　违反本办法规定，有下列行为之一的，由县级以上地方环境保护部门责令改正，处三万元以下罚款，并报告国家环保总局，由国家环保总局公告其违规行为，记载其不良记录，并在三年内不予受理其新化学物质申报。

（一）拒绝环境保护部门现场检查，或者在检查时弄虚作假的；

（二）未按规定填报新化学物质生产、进口以及流向情况备案表的；

（三）未按规定保存新化学物质申报、生产或者进口、新化学物质影响等资料的；

（四）未申报或者未取得登记证生产或者进口新化学物质的。

第二十六条　从事新化学物质环境管理的机构及其工作人员违反本办法规定，滥用职权、玩忽职守，或者泄露申报人商业秘密和技术秘密的，依法给予行政处分；构成犯罪的，依法追究刑事责任。

第六章　附　则

第二十七条　下列文件的格式和内容由国家环保总局统一规定：

（一）新化学物质申报表；

（二）新化学物质免于申报申请表；

（三）新化学物质登记证；

（四）新化学物质环境影响监管通知单；

（五）新化学物质生产、进口及流向情况备案表。

第二十八条　新化学物质申报登记收费按照国家有关规定执行。

第二十九条　本办法自 2003 年 10 月 15 日起施行。

关于修订《中国禁止或严格限制的有毒化学品目录（第一批）》的通知

（1999年4月5日国家环保总局发布　环发［1999］83号）

各省、自治区、直辖市及计划单列市环境保护局：

原国家环境保护局与海关总署、外经贸部《关于发布〈化学品首次进口及有毒化学品进出口环境管理规定〉的通知》（环管［1994］140号）下发执行以来，对保护我国的生态环境和人民身体健康起到了积极的作用。根据几年来的执行情况，我局与海关总署共同对有毒化学品目录进行了细化，提出了每类化学品中所需要控制的具体化学品名称和海关编码。现将调整后的《中国禁止或严格限制的有毒化学品目录（第一批）》（以下简称《目录》，见附件）印发你们，并就有关问题通知如下：

一、外商及其代理人向中国出口和国内从国外进口《目录》中的有毒化学品之前，必须办理《化学品进（出）口环境管理登记证》。每次进口、出口《目录》中所列有毒化学品时，进、出口者必须持国家环保总局签发的《有毒化学品进（出）口环境管理放行通知单》。

二、外商及其代理人向中国出口所经营的未曾在中国登记（除农药以外）的任何化学品，必须向国家环保总局提出化学品首次进口环境管理登记申请，取得《化学品进（出）口环境管理登记证》后，方能进口所登记的化学品。

各地环境保护局应督促辖区内使用进口化学品做原料的企业进行化学品进（出）口环境管理登记，协助海关做好化学品进出口的验放工作，减少化学品对环境的污染。

附件：中国禁止或严格限制的有毒化学品目录（第一批）

附件

中国禁止或严格限制的有毒化学品目录（第一批）

（1998年12月25日修订）

序号	化学品名 中文 英文	需控制化学品名称 中文别名（俗名、商品名、化学名）英文	CAS	分子式 （结构式）	H.S. Code 化学品 制剂 Preparation	H.S. Code 化学品 纯物质 Pure Substance
1	青石棉 Crocidolite	Asbestos crocidolite；Amorphous crocidolite asbestos；Asbestos；Blue asbestos；Brown asbestos；Crocidolite；Crocidolite asbestos；Fibrous crocidolite asbestos	12001-28-4	$ONa_2Fe_2O_3$ $3FeO_8SiO_2$ H_2O		2524.0090 2524.0010
2	多氯联苯 PCBs	1,1'-联苯氯代衍生物；多氯代联苯；氯代联苯 1,1'-Biphenyl，chloro derivs.；1,1'-Biphenyl，chloro derivatives.；1,1'-Biphenyl，chloro derivs.；Biphenyl,chlorinated；Chlorinated biphenyl；Chlorinated diphenyl；Diphenyl,chlorinated；PCB；Polychlorinated biphenyl；Polychlorinated biphenyls (PCBs)；See also specific PCBs	1336-36-3			2903.6990
3	多溴联苯 PBBs	六溴联苯 1,1'-Biphenyl，2,2',4,4',5,5'-hexabromo-；2,4,5,2',4',5'-Hexabromobiphenyl	59080-40-9	$C_{12}H_2Br_6$		2903.6990
		八溴联苯 biphenyl，octabromo-；Octabromobiphenyl；ar,ar,ar,ar,ar',ar',ar',ar'-Octabromo-1,1'-biphenyl；Octabromodiphenyl	27858-07-7			2903.6990
		十溴联苯 2, 2' ,3, 3' 4, 4' 5, 5' 6, 6' - 十溴代 -1, 1' -联苯；1, 1' -Biphenyl, 2, 2' 3, 3' 4, 4' ,5, 5' 6, 6' -decabromo-	13654-09-6	$C_{12}Br_{10}$		2903.6990

序号	化学品名 中文 英文	需控制化学品名称 中文别名（俗名、商品名、化学名）英文	CAS	分子式（结构式）	H.S. Code 化学品 制剂 Preparation	H.S. Code 化学品 纯物质 Pure Substance
4	三(2,3-二溴丙基）磷酸酯 Tris(2,3-Dibromopropyl) phosphate	磷酸三(2,3-二溴丙基)酯； 2,3-二溴 -1- 丙醇磷酸酯（3：1） 1-propanol，2,3-dibromo-，phosphate(3：1)；2,3-dibromo-1-propanol phosphate；(2,3-Dibromopropyl) phosphate；Phosphoric acid，tris(2,3-dibromopropyl) ester；Tris-BP；Tris(dibromopropyl) phosphate；Tris(2,3-dibromopropyl) phosphoric acid ester	126-72-7	$C_9H_{15}Br_6O_4P$		2919.0000
5	三吖丙啶基氧化磷 Tri-aziridinyl-phosphinoxide	phosphine oxide, tris(1-aziridinyl)-；Aziridine, 1,1',1"-phosphinylidynetris-；1,1',1"-Phosphinylidynetrisaziridine；Phosphoramide, *N,N',N"*-triethylene-；Phosphoric acid triethylene imide；Phosphoric triamide,*N,N',N"*-tri-1,2-ethanediyl-；Phosphoric triamide, *N,N'N"*-triethylene-；TAPO；TEF；TEPA；Triaziridinophosphine oxide；Triaziridinylphosphine oxide；Tri(aziridinyl)phosphine oxide；Tri-1-aziridinylphosphine oxide；Tri(1-aziridinyl) phosphine oxide；*N,N',N"*-Tri-1,2-ethanediylphosphoric triamide；Triethylenephosphoramide；*N,N',N"*-Triethylenephosphoramide；Triethylenephosphoric triamide；*N,N',N"*-Triethylenephosphoric triamide；Triethylenephosphorotriamide；Tris(1-aziridine)phosphine oxide；Tris(aziridinyl) phosphine oxide；Tris(1-aziridinyl)phosphine oxide；Tris(1-aziridinyl)phosphine oxide,solution；Tris(*N*-ethylene) phosphorotriamidate	545-55-1	$C_6H_{12}N_3OP$		2933.9000

序号	化学品名 中文 英文	需控制化学品名称 中文别名（俗名、商品名、化学名）英文	CAS	分子式 （结构式）	H.S. Code 化学品 制剂 Preparation	H.S. Code 化学品 纯物质 Pure Substance
6	丙烯腈 Acrylonitrile	2- 丙烯腈；乙烯基氰 2-propenenitrile； cyanoethylene； Acritel；Acrylon； Acrylonitrile； Acrylonitrile, inhibited； Acrylonitrile monomer；Carbacryl； Cyanoethylene；Fumigrain； Miller's fumigrain； Propenenitrile；2-Propenenitrile； VCN；Ventox； Vinylcyanide； Vinylcyanide	107-13-1	C_3H_3N		2926.1000
7	汞和汞化合物 Mercury and Mercury compounds	水银 Mercury；Mercury element； Quecksilber；Quicksilver	7439-97-6	Hg		2805.4000
		氯乙基汞 Mercury, chlorowthyl-； Chloroe-thylmercury； CMC； Ethylmercuric chloride； Ethylmercury chloride	107-27-7	C_2H_5ClHg		2931.0000
		乙酸苯汞 phenyl mercruic acetate； 醋酸苯基汞；醋酸苯汞； 赛力散 mercury,(acetato-o)phenyl-； (Acetato) phenylmercury； Acetic acid, phenylmercury deriv.； (Acetoxymercuri)benzene； Acetoxyphenylmercury； Benzene,(acetoxymercuri)-； Benzene,(acetoxymercurio)-； Hexasan(fungicide)； Mercuriphenyl acetate； Mercury(Ⅱ) acetate, phenyl-； Mercury, acetoxyphenyl-；Mergamma； Panomatic；Phenomercuric acetate； Phenylmercuriacetate； Phenylmercuric acetate； Phenylmercuric acetate； Phenylmercury acetate； Phenylmercury(Ⅱ) acetate；PMA；PMA； PMAC；PMAS	62-38-4	$C_8H_8HgO_2$		2931.0000

序号	化学品名 中文 英文	需控制化学品名称 中文别名（俗名、商品名、化学名）英文	CAS	分子式（结构式）	H.S. Code 化学品 制剂 Preparation	H.S. Code 化学品 纯物质 Pure Substance
8	艾氏剂 Aldrin	1,4: 5,8-Dimethanonaphthalene, 1,2,3, 4,10, 10-hexachloro-1,4, 4a,5,8,8ahexahydro-, endo,exo-；Aldrin；Aldrite；Aldrosol；Altox；Hexachlorohexahydro-endo-exo-dimethanonaphthalene；1,2,3,4,10,10-Hexachloro-1,4,4a,5,8,8a-hexahydro-1,4,5,8-dimethanonaphthalene；1,2,3,4,10,10-Hexachloro-1,4,4a,5,8,8a-hexahydro-exo-1,4-endo-5,8-dimethanonaphthalene；1,2,3,4,10,10-Hexachloro-1,4,4a,5,8,8a-hexahydro-1,4-endo-exo-5,8-dimethanonaphthalene；HHDN	309-00-2	$C_{12}H_8Cl_6$		2903.5900
9	狄氏剂 Dieldrin	1,4:5,8-Dimethanonaphthalene,1,2,3,4,10,10-hexachloro-1,4,4a,5,8,8a-hexahydro-, endo,exo-；Dieldrex；Dieldrin；HEOD；Hexachloroepoxyoctahydro-endo,exo-dimethanonaphthalene；3,4,5,6,9,9-Hexachloro-1a, 2,2a,3,6,6a,7,7a-octahydro -2,7:3,6-dimethanonaphth(2,3-b)oxirene	60-57-1	$C_{12}H_8Cl_6O$		2910.9000
10	异狄氏剂 Endrin	1,4:5,8-Dimethanonaphthalene,1,2,3,4,10,10-hexachloro-6,7-epoxy-1,4,4a,5,6,7,8, 8a-octahydro-, endo,endo-；Endrex；Endrin；Hexachloroepoxyoctahydro-endo,endo-dimethanonaphthalene；3,4,5,6,9,9-Hexachloro-1a,2,2a,3,6, 6a,7,7a-octahydro-2,7:3,6-dimethanonaphth(2,3-b)oxirene；Hexadrin	72-20-8	$C_{12}H_8Cl_6O$		2910.9000

序号	化学品名 中文 英文	需控制化学品名称 中文别名（俗名、商品名、化学名）英文	CAS	分子式（结构式）	H.S. Code 化学品 制剂 Preparation	H.S. Code 化学品 纯物质 Pure Substance
11	滴滴涕 DDT	二氯二苯三氯乙烷；2,2-双(对氯苯基)-1,1,1-三氯乙烷；1,1,1-三氯-2,2-双(对氯苯基) 乙烷；Ethane,1,11-trichloro-2,2-bis(*p*-chlorophenyl)-； 2,2-bis(*p*-chlorophenyl)-1,1,1-trichloroethane； Benzene,1,1-(2,2,2-trichloroethylidene) bis (4-chloro-)； Ethane,1,1,1-trichloro-2,2-bis(*p*-chlorophenyl)-； Benzene,1,1'-(2,2,2-trichloroethylidene)bis(4-chloro-)； alpha, alpha-Bis(*p*-chlorophenyl)-beta,beta,beta-trichlorethane； 1,1-Bis-(*p*-chlorophenyl) –2,2,2-trichloroethane； 2,2-Bis(*p*-chlorophenyl) -1,1,1-trichloroethane；Chlorophenothan； Chlorophenothane；Chlorophenotoxum； Clofenotane；DDT；*p,p*'-DDT； Dichlorodipheny ltrichloroethane；Dichlorodipheny ltrichloroethane；*p,p*'-Dichlorodipheny ltrichloroethane ； 4,4'- Dichlorodipheny ltrichloroethane；Parachlorocidum；PEB1； Pentachlorin；Pentech；Trichlorobis(4-chlorophenyl) ethane；1,1,1-Trichloro-2,2-bis (*p*-chlorophenyl)ethane；1,1,1-Trichloro-2,2-di(4-chlorophenyl)-ethane	50-29-3	$C_{14}H_9Cl_5$		2903.6200
12	六六六·混合异构体 HCH · Mixed isomers	Cyclohexane, 1,2,3,4,5,6-hexachloro-；Benzene hexachloride；BHC；HCH；Hexachlorocyclohexane；1,2,3,4,5,6-Hexachlorocyclohexane	608-73-1	$C_6H_6Cl_6$		2903.5100

序号	化学品名 中文 英文	需控制化学品名称 中文别名（俗名、商品名、化学名）英文	CAS	分子式 （结构式）	H.S. Code 化学品 制剂 Preparation	H.S. Code 化学品 纯物质 Pure Substance
13	七氯 Heptachlor	4,7-Methanoindene,1,4,5,6,7,8,8-heptachloro-3a,4,7,7a-tetrahydro-；3-Chlorochlordene；Dicyclopentadiene, 3,4,5,6,7,8,8a-heptachloro-；Heptachlor；Heptachlorane；3,4,5,6,7,8,8-Heptachlorodicyclopentadiene；3,4,5,6,7,8,8a-Heptachlorodicyclopentadiene；1,4,5,6,7,8,8-Heptachloro-3a,4,7,7a-tetrahydro-4,7-endomethanoindene；1,4,5,6,7,8,8a-Heptachloro-3a,4,7,7a-tetrahydro-4,7-methanoindane；1,4,5,6,7,8,8-Heptachloro-3a,4,7,7a-tetrahydro-4,7-methanoindene；1(3a), 4,5,6,7,8,8-Heptachloro-3a(1),4,7,7a-tetrahydro-4,7-methanoindene；1,4,5, 6,7, 8,8-Heptachloro-3a,4,7,7a-tetrahydro-4,7-methanol-1H-indene；1,4,5,6,7,8,8-Heptachloro-3a,4,7,7,7a-tetrahydro-4,7-methylene indene；1,4,5,6,7,10,10-Heptachloro-4,7,8,9-tetrahydro-4,7-methyleneindene；1,4,5,6,7,10,10-Heptachloro-4,7,8,9-tetrahydro-4,7-endomethyleneindene	76-44-8	$C_{10}H_5Cl_7$		2903.5900
14	六氯苯 Hexachloro-benzene	六氯代苯；过氯苯；全氯代苯；benzene, hexachloro；perchlorobenzene；Hexachlorobenzene；Pentachlorophenyl chloride；Perchlorobenzene；Phenyl perchloryl	118-74-1	C_6Cl_6		2903.6200
15	三环锡・普特丹 Cyhezatin	Cyhexatin；Plictran；Plyctran；TCTH；Tin, tricyclohexylhydroxy-；Tricyclohexylhydroxystannane；Tricyclohexylhydroxytin；Tricyclohexylstannanol；Tricyclohexylstannium hydroxide；Tricyclohexyltin hydroxide	13121-70-5	$C_{18}H_{34}OSn$		2931.0000

序号	化学品名 中文 英文	需控制化学品名称 中文别名（俗名、商品名、化学名）英文	CAS	分子式 （结构式）	H.S. Code 化学品 制剂 Preparation	H.S. Code 化学品 纯物质 Pure Substance
16	1,2-二溴乙烷 EDB	二溴乙烷；ethane, 1,2-dibromo-；ethlene bromide；1,2-Dibromoethane；alpha,beta-Dibromoethane；sym-Dibromoethane；1,2-Dibromoethane；Ethylene bromide；Ethylene dibromide；1,2-Ethylene dibromide；Fumo-gas； Glycol bromide；Glycol dibromide	106-93-4	$C_2H_4Br_2$		2903.3090
17	氟乙酰胺·敌蚜胺 Fluoroacetamide	Acetamide, 2-fluoro-；Fluoroacetamide；2-Fluoroacetamide ； Fluoroacetic acid amide； Flutritex 1；Fussol；Megatox；Monofluoroacetamide；Navron	640-19-7	C_2H_4FNO		2924.1000
18	2,4,5- 涕 2,4,5-T	2,4,5- 三氯苯氧乙酸 Acetic acid, (2,4,5-trichlorophenoxy)- ；Amine 2,4,5-T for rice；Arbokan；BCF-Bushkiller；Brushtox；Dacamine；Debroussaillant concentre；Debroussaillant super concentre； Decamine 4T；Ded-weed brush killer；Ded-weed LV-6 brush kil and T-5 brush kil；Dinoxol；Envert-T；Estercide T-2 and T-245；Farmco fence rider； Fence rider； Line rider； Phortox； 2,4,5-T；Tippon；2,4,5-Trichlorophenoxyacetic acid；Viskorhap low volatile ester	93-76-5	$C_8H_5Cl_{13}O_3$		2918.9000
19	二溴氯丙烷 DBCP	1,2- 二溴 -3- 氯丙烷 Propane, 1,2-dibromo-3-chloro-；BBC 12；1-Chloro-2,3-dibromopropane；3-Chloro-1,2-dibromopropane；DBCP；Dibromochloropropane；Dibromochloropropane；1,2-Dibromo-3-chloropropane；Oxy DBCP； Propane,1-chloro-2,3-dibromo-	96-12-8	$C_3H_5Br_2Cl$		2903.4990

序号	化学品名 中文 英文	需控制化学品名称 中文别名（俗名、商品名、化学名）英文	CAS	分子式（结构式）	H.S. Code 化学品 制剂 Preparation	H.S. Code 化学品 纯物质 Pure Substance
20	内吸磷 Demeton	Demeton-*O*；*O,O*-Diethyl *O*-(2-eththioethyl) phosphorothioate；Diethyl 2-eththioethyl thionophosphate；*O,O*-Diethyl *O*-2- (ethylthio)ethyl phosphorothioate；*O,O*-diethyl-2-ethylthio ethyl phospho rothioate；Diethyl 2-(ethylthio) ethyl phosphorothionate；Mercaptofos；Di-septon；Ethanethiol,2-(ethylthio)-,S-ester with *O,O*-diethyl phosphorodithioate；Ethanol,2- (ethylthio)-,*O*-ester with *O,O*-diethyl phosphorothioate；Thiolmecaptophos	298-03-3	$C_8H_{19}O_3PS_2$		2930.9090
21	氰化合物 Cyanide	氢氰酸 Carbon nitride ion (CN(sup 1-))；Cyanide (1-)；Cyanide, dry (UN1588)，Cyanide anion；Cyanide(CN(sup 1-))；Cyanide ion；Cyanide(1-)ion；Cyanide solutions；Hydrocyanic acid, ion(1-)；Isocyanide	57-12-5	HCN		2811.1910
		氰化锌 Zinc cyanide；Zinc dicyanide	557-21-1	C_2N_2Zn		2837.1990
		氰化银钾 二氰合银酸（1-）钾 Argentate(1-), bis(cyano-c-)-, potassium；potassium cyanoargenate；potassium silver cyanide；Silver potassium cyanide	506-61-6	C_2AgN_2K		2843.2900
		氰化钠；山奈(固)；山奈奶（液） Cyanide of sodium；Cyanobrik；Cyanogran；Cymag；Hydrocyanic acid, sodium salt；Sodium cyanide	143-33-9	C-N-Na		2837.1110
		氰化钾，山奶钾 Cyanide of potassium；Hydrocyanic acid, potassium salt；Potassium cyanide	151-50-8	C-K-N		2837.1910
		氰化亚铜 Copper cyanide；Cuperus cyanide；Copper(I) cyanide；Cupricin；Copper monocyanide	544-92-3	C-Cu-N		2837.1990
		氰化银 Silver cyanide；Silver (I)cyanide	506-64-9	C-Ag-N		2843.2900

序号	化学品名 中文 英文	需控制化学品名称 中文别名（俗名、商品名、化学名）英文	CAS	分子式 （结构式）	H.S. Code 化学品 制剂 Preparation	H.S. Code 化学品 纯物质 Pure Substance
21	氰化合物 Cyanide	氰化金 Gold cyanide；Gold monocyanide；Gold (1+) cyanide；Aurous cyanide	506-65-0	C-Au-N		2843.3000
		氰化(亚)金钾；氰亚金酸钾 Aurate(1-), bis(cyano-kC)-, potassium；Aurate(1-), bis(cyano-C)-, potassium；Potassium dicyanoaurate；Potassium cyanoaurate(I)；Aurate(1-),dicyano-, potassium；Gold potassium cyanide；Monopotassium dicyanoaurate；aurocyanide；Potassium aurocyanide；Potassium dicyanoaurate(1-)；Potassium dicyanoaurate(I)；Potassium gold cyanide	13967-50-5	$C_2AuN_2 \cdot K$		2843.3000
22	氯丹 Chlordane	八氯化甲桥茚 Aspon-chlordane；Chlordan；Chlordane；Chlorindan；Chlor KIL；Chlorodane；Chlortox；Chlordano；Cortilan-neu；Dichlorochlordene；Dowchlor；4,7-Methano-1H-indene,1,2,4,5,6,7,8,8-octachloro-2,3,3a,4,7,7a-hexahydro-；Octachlor；Octachlorodihydrodicyclopentadiene；1,2,4,5,6,7,8,8-Octahydro-2,3,3a,4,7,7a-hexahydro-4,7-methanoindan；1,2,4,5,6,7,8,8-Octachlor-2,3,3a,4,7,7a-hexahydro-4,7-methanoindene；1,2,4,5,6, 7, 8,8-Octachloro-2,3,3a,4,7,7a-hexahydro-4,7-methano-indene；1,2,4,5,6,7,8,8-Octachloro-2,3,3a,4,7,7a-hexahydro-4,7-methano-1H-indene；1,2,4,5,6,7,8,8-Octachloro-3a,4,7,7a-hexahydro-4,7-methylene indane；Octachloro-4,7-methanohydroindane；Octachloro-4,7-methanotetrahydroindane；1,2,4,5,6,7,8,8 –Octachloro-4,7-methano-3a,4,7,7a-tetrahydroindane；1,2,4,5,6,7,8,8-Octachloro-3a,4,7,7a-tetrahydro-4,7-methanoindan；1,2,4,5,6,7,8,8 –Octachloro-3a,4,7,7a-Tetrahydro-4,7-methanoindan；1,2,4,5,6,7,10,10-Octachloro -4,7,8,9-tetrahydro-4,7-methyleneindane；Octa-klor；Oktaterr；Orthoklor	57-74-9	$C_{10}H_6Cl_8$		2903.5900

序号	化学品名 中文 英文	需控制化学品名称 中文别名（俗名、商品名、化学名）英文	CAS	分子式 （结构式）	H.S. Code 化学品 制剂 Preparation	H.S. Code 化学品 纯物质 Pure Substance
23	杀虫脒 Chlordimeform	Acaron；Bermat；CDM；Chlordimeform；Chlorfenamidine；*N'*-(4-Chloro-2-methylphenyl)-*N*,*N*-dimethylmethanimidamide；Chlorophenamidin；Chlorophenamidine；*N'*- (4-Chloro-o-tolyl)-*N*,*N*-dimethylformamidine；*N*(sup 2)-(4-Chloro-*O*-tolyl)-*N*(sup 1)，*N*(sup 1)-dimethylformamidine；Chlorphenamidine；*N*,*N*-Dimethyl-*N'*-(2-methyl-4-chlorophenyl) formamidine；Methanimidamide,*N'*- (4-chloro-2-methylphenyl)-*N*,*N*-dimethyl-；*N'*-(2-Methyl-4-chlorophenyl)-*N*,*N*-dimethyl-formamidine	6164-98-3	$C_{10}H_{13}ClN_2$		2921.4300
24	氯化苦	三氯硝基甲烷 Acquinite；Chloroform, nitro-；Chlor-*O*-pic；Chloropicrin；Nitrochloroform；Nitrotrichloromethane；Pic-Clor；Picfume；Picride；PS；Trichloronitromethane	76-06-2	CCl_3NO_2		2904.9030
25	砷和砷化合物 Arsenic and Arsenic compounds	砷 Arsenic；Arsenicals；Arsenic Black；Colloidal arsenic；Grey arsenic；Metallic arsenic	7440-38-2	As		2804.8000
		砷烷 Arsenic hydrid；Arsenic hydride；Arsenic trihydride；Arseniuretted hydrogen；Arsenous hydride；Arsine；Hydrogen arsenide	7784-42-1	AsH_3		2850.0000
		氧化亚砷；三氧化二砷；亚砷酐；砒霜；白砒 Arsenic；Arsenicals；Arsenic Black；Colloidal arsenic；Grey arsenic；Metallic arsenic	1327-53-3	As_2O_3		2811.2900

序号	化学品名 中文 英文	需控制化学品名称 中文别名（俗名、商品名、化学名）英文	CAS	分子式（结构式）	H.S. Code 化学品 制剂 Preparation	H.S. Code 化学品 纯物质 Pure Substance
26	五氯酚 Pentachlorophenol	五氯苯酚 Acutos；Chem-Penta；Chem-Tol；Chlon；Chlorophen；antimicrobial；Durotox；Fungifen；Glazd penta；Grundierarbezol；1-Hydroxypentachlorobenzene；Lauxtol；Lauxtol A；Liroprem；Penchlorol；Penta；Pentachlorofenol；Pentachlorophenate；Pentachlorophenol；2,3,4,5,6-Pentachlorophenol；Pentachlorophenol；Pentachlorophenol, technical；Pentacon；Penta-kil；Penta ready；Permacide；Permagard；Permasan；Permatox penta；Permite；Prevenol	87-86-5	C_6HCl_5O		2908.1090
27	地乐酚 Dinoseb	Aatox；Basanite；Blaartox；Butaphen；Butaphene；2-sec-Butyl-4,6-dinitrophenol；Caldon；Chemox P.E.；DBNF；Desicoil；Dibutox；Dibutox 2,4-Dinitro-6-sec-butylphenol；4,6-Dinitro-o-sec-butylphenol；4,6-Dinitro-2-sec-butylphenol；4,6-Dinitro-2-(1-methyl-n-propyl) phenol；Gebutox；Hel-Fire；Hivertox；Kiloseb；Ladob；Laseb；2-(1-Methylpropyl)-4,6-dinitrophenol	88-85-7	$C_{10}H_{12}N_2O_5$		2908.9090

注：“别名”栏中的各项英文名称仅供参考。

危险化学品生产储存建设项目安全审查办法

（2004年12月14日国家安全生产监督管理局、国家煤矿安全监察局令第17号公布，
自2005年1月1日起施行）

第一章 总 则

第一条 为加强危险化学品生产、储存企业新建、改建、扩建项目安全审查工作，保障危险化学品生产、储存企业的安全生产，根据《安全生产法》、《危险化学品安全管理条例》等法律、行政法规，制定本办法。

第二条 设立危险化学品生产、储存企业和现有危险化学品生产、储存企业新建、改建、扩建危险化学品生产、储存装置与设施（以下统称危险化学品生产、储存建设项目）的安全审查，适用本办法。

第三条 国家对危险化学品生产、储存实行统一规划、合理布局和严格控制，并对危险化学品生产、储存实行审批制度。

危险化学品生产、储存建设项目应当依法经安全生产监督管理部门进行安全审查。经审查合格后，方可进行建设。

第四条 国务院安全生产监督管理部门指导、监督全国危险化学品生产、储存建设项目的安全审查工作，并负责下列危险化学品生产、储存建设项目的安全审查：

（一）国务院投资主管部门和其他有关部门核准或者备案的建设项目，包括国务院或者国务院投资主管部门批准的特大型企业集团中长期发展规划中的建设项目；

（二）跨省、自治区、直辖市的建设项目；

（三）法律、行政法规规定的其他建设项目。

第五条 省、自治区、直辖市人民政府安全生产监督管理部门指导、监督本行政区域内危险化学品生产、储存建设项目的安全审查工作，并负责下列危险化学品生产、储存建设项目的安全审查：

（一）本办法第四条规定以外的剧毒化学品的建设项目；

（二）省、自治区、直辖市人民政府投资主管部门和其他有关部门核准或者备案的建设项目；

（三）跨设区的市、地区、盟、自治州的建设项目；

（四）法律、法规规定的其他建设项目。

第六条 设区的市、地区、盟、自治州人民政府安全生产监督管理部门负责本行政

区域内除本办法第四条、第五条规定以外的所有危险化学品生产、储存建设项目的安全审查。

第七条 上级安全生产监督管理部门可以委托下级安全生产监督管理部门负责有关危险化学品生产、储存建设项目的安全审查工作。

第二章 安全条件论证和安全评价

第八条 危险化学品生产、储存建设项目应当在直辖市及设区的市、地区、盟、自治州人民政府批准的规划区域内建设。

第九条 危险化学品生产、储存建设项目在可行性研究阶段，应当进行安全条件论证；在进行初步设计前，应当进行安全评价。

第十条 危险化学品生产、储存建设项目的安全评价应当由具有国家规定资质的安全评价机构承担。承担危险化学品生产、储存建设项目安全评价的安全评价机构对其作出的安全评价结果负责。

第十一条 危险化学品生产、储存建设项目安全评价应当包括以下主要内容：

（一）危险、有害因素的辨识；

（二）定性、定量分析生产、储存的工艺、方式、规模或者能力、设备、设施等安全可靠程度；

（三）危险化学品生产、储存建设项目与已有生产装置、设施之间的相互影响；

（四）作业场所职业危害程度；

（五）管理人员和技术人员配备的合理性；

（六）与周边社区的相互影响及风险程度；

（七）自然条件的影响；

（八）其他需要说明的事项。

第三章 安全审查

第十二条 危险化学品生产、储存建设项目单位，应当分别按照本办法第四条、第五条、第六条的规定向相应的安全生产监督管理部门提出安全审查申请，并提交下列文件、资料：

（一）申请书；

（二）可行性研究报告；

（三）生产原料、中间产品、最终产品或者储存的危险化学品的名称、燃点、自燃点、闪点、爆炸极限、毒性等理化性能指标；

（四）包装、储存、运输的技术要求；

（五）安全评价报告；

（六）事故应急救援措施。

危险化学品生产、储存建设项目单位应当对其所提交文件、资料的真实性负责。

第十三条 安全生产监督管理部门对申请人提交的申请书及文件、资料，应当按照下列规定分别处理：

（一）申请事项不属于本部门职权范围的，应当即时出具不予受理的书面凭证，并告知申请人向相应的安全生产监督管理部门申请；

（二）申请材料存在可以当场更正的错误的，应当允许或者要求申请人当场更正，并即时出具受理的书面凭证；

（三）申请材料不齐全或者不符合要求的，应当当场或者在 5 日内书面一次告知申请人需要补正的全部内容，逾期不告知的，自收到申请材料之日起即为受理；

（四）申请材料齐全、符合要求或者按照要求全部补正的，自收到申请材料或者全部补正材料之日起即为受理。

第十四条 对已经受理的申请，安全生产监督管理部门应当指派有关人员或者组成专家组对申请材料进行审查；需要到现场审查的，应当到现场进行审查。

第十五条 负责审查的有关人员或者专家组应当向安全生产监督管理部门提出审查意见。

安全生产监督管理部门应当对有关人员或者专家组提出的审查意见进行讨论，并在受理申请之日起 15 日内完成审查工作；审查结束后，应当向申请人出具结论为合格或者不合格的安全审查意见书。

第十六条 已经取得结论为合格的安全审查意见书的危险化学品生产、储存建设项目有下列情况之一的，危险化学品生产、储存建设项目单位应当向原负责安全审查的安全生产监督管理部门重新提出安全审查申请，并提交相应的文件、材料：

（一）改变选址或总图布置的；

（二）改变生产工艺、设备或者储存方式、设施的；

（三）工厂、仓库的周边防护距离发生变化的；

（四）原料、中间产品、最终产品或者储存的危险化学品发生变化的。

第十七条 已经取得结论为合格的安全审查意见书的危险化学品生产、储存建设项目有下列情形之一的，原负责安全审查的安全生产监督管理部门应当撤销其合格的安全审查意见书：

（一）危险化学品生产、储存建设项目单位决定停止建设的；

（二）危险化学品生产、储存建设项目单位被依法终止的；

（三）法律、法规规定的其他情形。

第十八条 危险化学品生产、储存建设项目申请书、安全审查意见书的式样由国务院安全生产监督管理部门统一规定。

第四章 监督管理

第十九条 安全生产监督管理部门应当坚持公开、公平、公正的原则，严格依据安全生产法律、行政法规、规章、国家标准或者行业标准和本办法的规定，对危险化学品生产、储存建设项目的安全生产条件进行审查。

第二十条　安全生产监督管理部门应当对危险化学品生产、储存建设项目的安全生产情况进行监督检查。

危险化学品生产、储存建设项目单位应当接受安全生产监督管理部门依法进行的监督检查，不得拒绝、阻挠。

第二十一条　安全生产监督管理部门应当将危险化学品生产、储存建设项目安全审查情况通报有关部门和危险化学品生产、储存建设项目所在地的安全生产监督管理部门。

第二十二条　安全生产监督管理部门应当建立健全危险化学品生产、储存建设项目安全审查的档案管理制度。

第二十三条　设区的市、地区、盟、自治州人民政府安全生产监督管理部门应当每年将本行政区域内危险化学品生产、储存建设项目安全审查情况报省、自治区、直辖市人民政府安全生产监督管理部门备案。

省、自治区、直辖市人民政府安全生产监督管理部门应当每年将本行政区域危险化学品生产、储存建设项目安全审查情况报国务院安全生产监督管理部门备案。

第五章　罚　则

第二十四条　安全生产监督管理部门工作人员在危险化学品生产、储存建设项目安全审查中滥用职权、玩忽职守、徇私舞弊的，依照有关规定给予行政处分；构成犯罪的，依法追究刑事责任。

第二十五条　未经安全审查或者安全审查不合格，擅自从事危险化学品生产、储存建设项目的，给予警告，并处 30 000 元以下的罚款。

第二十六条　已经取得结论为合格的安全审查意见书的危险化学品生产、储存建设项目未按本办法第十六条规定重新进行安全审查的，给予警告，并处 10 000 元以下的罚款；情节严重的，处 30 000 元以下的罚款。

第六章　附　则

第二十七条　原劳动部《建设项目（工程）劳动安全卫生监察规定》有关危险化学品生产、储存建设项目劳动安全卫生预评价的规定同时停止执行。

第二十八条　本办法自 2005 年 1 月 1 日起施行。

港口危险货物管理规定

（2003年8月29日交通部令，2003年第9号公布）

第一条　为加强港口危险货物管理，保障人民生命、财产安全，根据《中华人民共和国港口法》（以下简称《港口法》）、《中华人民共和国安全生产法》（以下简称《安全生产法》）、《危险化学品安全管理条例》等有关法律、行政法规，制定本规定。

第二条　在港口装卸、过驳、储存、包装危险货物或者对危险货物集装箱进行装拆箱等项作业（以下简称“危险货物港口作业”）适用本规定。

用于危险货物港口作业的港口设施的建设和运营应当符合本规定的有关要求。

第三条　本规定所称“危险货物”，是指列入国家标准GB12268《危险货物品名表》和国际海事组织制定的《国际危险货物运输规则》，具有爆炸、易燃、毒害、腐蚀、放射性等特性，在水路运输、港口装卸和储存等过程中，容易造成人身伤亡和财产毁损而需要特别防护的货物。

第四条　交通部负责全国港口危险货物管理工作。

省级和设区的市级人民政府交通（港口）主管部门根据地方人民政府确定的职权负责本行政区域内港口的危险货物管理工作。

港口所在地人民政府设置的港口行政管理部门具体负责该港口的危险货物管理工作。

第五条　禁止在港口装卸、储存国家禁止通过水路运输的危险货物。

第六条　新建、改建、扩建危险货物作业码头、库场、储罐、锚地等港口设施，应当符合港口总体规划和国家有关建造规范和标准，经所在地港口行政管理部门批准后，按照国家有关基本建设程序办理审批手续。

港口行政管理部门在批准新建、改建、扩建危险货物码头、锚地时，应当事先征得海事管理机构同意。

第七条　危险货物港口作业的码头、库场、储罐、锚地等港口设施投入作业前，应当按照国家有关规定组织验收。验收合格后，方可交付使用。

第八条　港口经营人从事危险货物港口作业，应当具备本规定第九条规定的条件，并向所在地港口行政管理部门申请危险货物港口作业资质认定。未取得危险货物港口作业资质的，不得从事危险货物港口作业。

第九条　从事危险货物港口作业的港口经营人，应当具备以下条件：

（一）符合《港口法》规定的港口经营许可条件；

（二）具有符合国家标准的应急设备、设施；

（三）具有健全的安全管理制度和操作规程；

（四）至少有一名企业主要负责人应当具备与本单位所从事的危险货物港口作业相关的安全生产知识和管理技能；

（五）配备足够的具有上岗资格证书的管理、作业人员；

（六）具备事故应急预案；

（七）取得消防、环保部门核准意见。

前款事故应急预案的主要内容应当包括：危险货物作业码头、库场、储罐、锚地等港口设施的概况、重点部位、应急队伍的组成及职责、应急措施、应急救援流程图、指挥序列表、通讯方式、应急人员联络表等。

第十条 港口行政管理部门应当自收到危险货物港口作业资质申请之日起三十日内按照第九条规定予以审核，作出予以认定或者不予认定的决定。予以认定的，应当根据该港口经营人的危险货物作业能力确定认可作业的范围，并核发相应的危险货物港口作业认可证；对不予认定的，应当书面通知申请人并说明理由。

第十一条 危险货物港口作业认可证由所在地港口行政管理部门按照国务院交通主管部门规定的统一格式制作、发放、管理。

第十二条 从事危险货物港口作业的企业应当在危险货物港口作业认可证上核定的危险货物港口作业范围内从事危险货物港口作业活动。

第十三条 从事危险货物港口作业的企业，应当对从事危险货物港口作业的人员进行有关安全作业知识培训。

从事危险货物港口作业的管理、作业人员，必须接受有关法律、法规、规章和安全知识、专业技术、职业卫生防护和应急救援知识的培训，并经交通部或其授权的机构组织考核。考核合格，取得上岗资格证后，方可上岗作业。

第十四条 对危险货物港口作业人员进行培训的机构，应当具备相应的教学、师资条件，按照交通部规定的考核科目、考试大纲和培训大纲进行培训，保障学员能满足本规定规定的资格要求。

第十五条 船舶载运危险货物进出港口，应当将危险货物的名称、理化性质、包装和进出港口的时间等事项，在预计到、离港 24 小时前向海事管理机构报告。但定船舶、定航线、定货种的船舶可以按照有关规定向海事管理机构定期申报。海事管理机构接到上述报告后应当及时将上述信息通报港口所在地港口行政管理部门。

第十六条 作业委托人应当向从事危险货物港口作业的企业提供正确的危险货物名称、国家或联合国编号、适用包装、危害、应急措施等资料，并保证资料正确、完整。作业委托人不得在委托作业的普通货物中夹带危险货物，不得将危险货物匿报或者谎报为普通货物。

第十七条 从事危险货物港口作业的企业，在危险货物港口装卸、过驳、储存、包装、集装箱装拆箱等作业开始 24 小时前，应当将作业委托人，以及危险货物品名、数量、理化性质、作业地点和时间、安全防范措施等事项向所在地港口行政管理部门报告。港口行政管理部门应当在接到报告后 24 小时内作出是否同意作业的决定，通知报告人，并及时将有关信息通报海事管理机构。未经港口行政管理部门同意，不得进行危险货物港口作业。

第十八条 从事危险货物港口作业的企业，应当按照安全管理制度和操作规程组织危险货物港口作业。

第十九条 从事危险货物港口作业的人员应当按照企业安全管理制度和操作规程进行危险货物的操作。

第二十条 从事危险货物港口作业的企业，应当对危险货物包装进行检查，发现包装不符合国家有关规定的，不得予以作业，并应当及时通知作业委托人处理。

港口行政管理部门应当根据国家有关规定对危险货物包装进行抽查。不符合规定的，可责令作业委托人处理。

第二十一条 爆炸品、压缩气体和液化气体、易燃液体、易燃固体、自燃物品和遇湿易燃物品的港口作业，企业应当划定作业区域，明确责任人并实行封闭式管理。作业区域应当设置明显标志，禁止无关人员进入和无关船舶停靠。作业期间严禁烟火，杜绝一切火源。

第二十二条 发生下列情况，从事危险货物港口作业的企业应当及时处理并报告所在地港口行政管理部门：

（一）发现未申报或者申报不实、申报有误的危险货物；

（二）在普通货物或集装箱中发现性质相抵触的危险货物。

第二十三条 从事危险货物港口作业的企业应当按照事故应急预案进行定期演练，做好演练记录，并根据实际情况对事故应急预案进行修订。

第二十四条 当危险货物港口作业发生事故时，从事危险货物港口作业的企业应迅速启动事故应急预案，采取应急行动，排除事故危害，控制事故进一步扩散。并按照国家有关规定立即向港口行政管理部门和有关部门报告。

第二十五条 港口行政管理部门应当制定事故应急预案，当危险货物港口作业发生事故时，应当及时组织救助。

发生特大安全事故，港口行政管理部门和有关单位、企业应当服从地方人民政府指挥，积极配合救助，并按照规定向有关部门报告。

第二十六条 港口行政管理部门应定期对从事危险货物港口作业企业的资质进行审验，发现其不再具备条件的，应当限期整顿，或按照《安全生产法》第五十四条规定撤消其资质。

第二十七条 港口行政管理部门及其管理人员对从事危险货物港口作业的企业进行监督检查，可以行使下列职权：

（一）进入并检查港口危险货物作业场所，查阅、抄录、复印相关的文件或者资料，提出整改意见；

（二）发现危险货物港口作业和应急设备、设施不符合法律、法规、规章规定和标准要求的，责令立即停止使用；

（三）发现安全隐患，应当责令立即排除或者限期排除；

（四）发现违法行为，应当当场予以纠正或者责令限期改正。

第二十八条 违反本规定，未取得危险货物港口作业资质认定，擅自从事危险化学品港口作业的，由所在地港口行政管理部门按照《危险化学品安全管理条例》第六十五条的规定处罚；在港口经营活动中擅自从事其他危险货物的作业的，由所在地港口行政管理部门处以 3 万元以下罚款。未取得港口经营许可的，按照《港口法》第四十八条处罚。

第二十九条 违反本规定，有违反《危险化学品安全管理条例》下列行为之一，由港口行政管理部门按照《危险化学品安全管理条例》第六十六条的规定处罚；在经营活动中有下列行为但不属于违反《危险化学品安全管理条例》规定行为的，由港口行政管理部门处以 3 万元以下的罚款并责令改正：

（一）从事港口危险货物作业的人员未经考核合格取得上岗资格证的；

（二）在港口装卸、储存国家禁止通过水运运输的危险货物的；

（三）作业委托人未向港口危险货物作业人提供危险货物名称、国家或联合国编号、适用包装、危害、应急措施等资料或上述资料申报不实；

（四）作业委托人委托作业的普通货物或集装箱中有性质相抵触的危险货物；

（五）未按规定对危险货物的包装进行检查的；

第三十条 违反本规定，从事爆炸品、压缩气体和液化气体、易燃液体、易燃固体、自燃物品和遇湿易燃物品的港口作业，企业未划定作业区域，明确责任人并实行封闭式管理的，由港口行政管理部门按照《安全生产法》第八十五条第（一）项规定处罚。

第三十一条 违反本规定，未按有关规定、标准和规范配备应急器材、必要安全设施、设备的，由港口行政管理部门按照《安全生产法》第八十三条第（五）项规定处罚。

第三十二条 违反本规定，有下列行为之一的，由港口行政管理部门按照《安全生产法》第八十五条规定处罚：

（一）安全管理制度和操作规程不健全的；

（二）未按事故应急预案进行定期演练的。

第三十三条 违反本规定，企业未对危险货物港口作业人员进行有关安全作业知识培训的，由港口行政管理部门按照《安全生产法》第八十二条第（三）项规定处罚。

第三十四条 港口经营人有第二十九条、第三十条、第三十一条、第三十二条、第三十三条违法行为，情节严重的，港口行政管理部门可依据《港口法》第五十一条规定吊销港口经营许可证。

第三十五条 违反本规定第六条规定，未经批准建设、改建和扩建危险货物作业码头、库场、储罐、锚地等港口设施的，由港口行政管理部门按照《港口法》第四十六条规定处罚。

第三十六条 违反本规定，从事危险货物港口作业企业未按规定在作业前向港口行政管理部门报告并经其同意的，由港口行政管理部门按照《港口法》第五十三条规定处罚。

第三十七条 违反本规定，从事危险货物港口作业的人员未按照安全管理制度和操作规程作业的，由港口作业单位予以批评教育，依照有关规章制度予以处分；造成重大事故，构成犯罪的，由有关机关依法追究刑事责任。

第三十八条 违反本规定，未及时报告危险货物港口作业事故的，分别按照《安全生产法》第九十一条和第九十二条的规定处理。

第三十九条 从事危险货物港口作业不具备本规定第九条规定的条件，港口行政管理部门应当责令停业整顿，经停业整顿仍不具备条件的，取消其危险货物港口作业资质。构成犯罪的，由有关机关依法追究刑事责任。

第四十条 交通（港口）主管部门和港口行政管理部门的工作人员在执行本规定中，滥用职权、玩忽职守、徇私舞弊的，依法给予行政处分。构成犯罪的，由有关机关依法追究刑事责任。

第四十一条 本规定自 2004 年 1 月 1 日起施行。交通部 1984 年发布的《港口危险货物管理暂行规定》[（84）交海字 1181 号文] 同时废止，本规定发布前交通部发布的其他有关规定与本规定相抵触的，以本规定为准。

十四、环境标准管理

中华人民共和国标准化法

（1988年12月29日中华人民共和国第七届全国人民代表大会常务委员会第五次会议通过，同日中华人民共和国主席令第11号发布，自1989年4月1日起施行）

第一章 总 则

第一条 为了发展社会主义商品经济，促进技术进步，改进产品质量，提高社会经济效益，维护国家和人民的利益，使标准化工作适应社会主义现代化建设和发展对外经济关系的需要，制定本法。

第二条 对下列需要统一的技术要求，应当制定标准：

（一）工业产品的品种、规格、质量、等级或者安全、卫生要求。

（二）工业产品的设计、生产、检验、包装、储存、运输、使用的方法或者生产、储存、运输过程中的安全、卫生要求。

（三）有关环境保护的各项技术要求和检验方法。

（四）建设工程的设计、施工方法和安全要求。

（五）有关工业生产、工程建设和环境保护的技术术语、符号、代号和制图方法。

重要农产品和其他需要制定标准的项目，由国务院规定。

第三条 标准化工作的任务是制定标准、组织实施标准和对标准的实施进行监督。

标准化工作应当纳入国民经济和社会发展计划。

第四条 国家鼓励积极采用国家标准。

第五条 国务院标准化行政主管部门统一管理全国标准化工作。国务院有关行政主管部门分工管理本部门、本行业的标准化工作。

省、自治区、直辖市标准化行政主管部门统一管理本行政区域的标准化工作。省、自治区、直辖市政府有关行政主管部门分工管理本行政区域内本部门、本行业的标准化工作。

市、县标准化行政主管部门和有关行政主管部门，按照省、自治区、直辖市政府规定的各自的职责，管理本行政区域内的标准化工作。

第二章 标准的制定

第六条 对需要在全国范围内统一的技术要求，应当制定国家标准。国家标准由国务院标准化行政主管部门制定。对没有国家标准而又需要在全国某个行业范围内统一的技术要求，可以制定行业标准。行业标准由国务院有关行政主管部门制定，并报国务院标准化行政主管部门备案，在公布国家标准之后，该项行业标准即行废止。对没有国家标准和行业标准而又需要在省、自治区、直辖市范围内统一的工业产品的安全、卫生要求，可以制定地方标准。地方标准由省、自治区、直辖市标准化行政主管部门制定，并报国务院标准化行政主管部门和国务院有关行政主管部门备案，在公布国家标准或者行业标准之后，该项地方标准即行废止。

企业生产的产品没有国家标准和行业标准的，应当制定企业标准，作为组织生产的依据。企业的产品标准须报当地政府标准化行政主管部门和有关行政主管部门备案。已有国家标准或者行业标准的，国家鼓励企业制定严于国家标准或者行业标准的企业标准，在企业内部适用。

法律对标准的制定另有规定的，依照法律的规定执行。

第七条 国家标准、行业标准分为强制性标准和推荐性标准。保障人体健康，人身、财产安全的标准和法律、行政法规规定强制执行的标准是强制性标准，其他标准是推荐性标准。

省、自治区、直辖市标准化行政主管部门制定的工业产品的安全、卫生要求的地方标准，在本行政区域内是强制性标准。

第八条 制定标准应当有利于保障安全和人民的身体健康，保护消费者的利益，保护环境。

第九条 制定标准应当有利于合理利用国家资源，推广科学技术成果，提高经济效益，并符合使用要求，有利于产品的通用互换，做到技术上先进，经济上合理。

第十条 制定标准应当做到有关标准的协调配套。

第十一条 制定标准应当有利于促进对外经济技术合作和对外贸易。

第十二条 制定标准应当发挥行业协会、科学研究机构和学术团体的作用。

制定标准的部门应当组织由专家组成的标准化技术委员会，负责标准的草拟，参加标准草案的审查工作。

第十三条 标准实施后，制定标准的部门应当根据科学技术的发展和经济建设的需要适时进行复审，以确认现行标准继续有效或者予以修订、废止。

第三章 标准的实施

第十四条 强制性标准，必须执行。不符合强制性标准的产品，禁止生产、销售和进口。推荐性标准，国家鼓励企业自愿采用。

第十五条 企业对有国家标准或者行业标准的产品，可以向国务院标准化行政主管部门或者国务院标准化行政主管部门授权的部门申请产品质量认证。认证合格的，由认证部门授予认证证书，准许在产品或者其包装上使用规定的认证标志。

已经取得认证证书的产品不符合国家标准或者行业标准的，以及产品未经认证或者认证不合格的，不得使用认证标志出厂销售。

第十六条 出口产品的技术要求，依照合同的约定执行。

第十七条 企业研制新产品、改进产品、进行技术改造，应当符合标准化要求。

第十八条 县级以上政府标准化行政主管部门负责对标准的实施进行监督检查。

第十九条 县级以上政府标准化行政主管部门，可以根据需要设置检验机构，或者授权其他单位的检验机构，对产品是否符合标准进行检验。法律、行政法规对检验机构另有规定的，依照法律、行政法规的规定执行。

处理有关产品是否符合标准的争议，以前款规定的检验机构的检验数据为准。

第四章 法律责任

第二十条 生产、销售、进口不符合强制性标准的产品的，由法律、行政法规规定的行政主管部门依法处理，法律、行政法规未作规定的，由工商行政管理部门没收产品和违法所得，并处罚款；造成严重后果构成犯罪的，对直接责任人员依法追究刑事责任。

第二十一条 已经授予认证证书的产品不符合国家标准或者行业标准而使用认证标志出厂销售的，由标准化行政主管部门责令停止销售，并处罚款；情节严重的，由认证部门撤销其认证证书。

第二十二条 产品未经认证或者认证不合格而擅自使用认证标志出厂销售的，由标准化行政主管部门责令停止销售，并处罚款。

第二十三条 当事人对没收产品、没收违法所得和罚款的处罚不服的，可以在接到处罚通知之日起 15 日内，向作出处罚决定的机关的上一级机关申请复议；对复议决定不服的，可以在接到复议决定之日起 15 日内，向人民法院起诉。当事人也可以在接到处罚通知之日起 15 日内，直接向人民法院起诉。当事人逾期不申请复议或者不向人民法院起诉又不履行处罚决定的，由作出处罚决定的机关申请人民法院强制执行。

第二十四条 标准化工作的监督、检验、管理人员违法失职、徇私舞弊的，给予行政处分；构成犯罪的，依法追究刑事责任。

第五章 附 则

第二十五条 本法实施条例由国务院制定。

第二十六条 本法自 1989 年 4 月 1 日起施行。

中华人民共和国标准化法实施条例

（1990年4月6日中华人民共和国国务院令第53号发布，自发布之日起施行）

第一章　总　则

第一条　根据《中华人民共和国标准化法》（以下简称《标准化法》）的规定，制定本条例。

第二条　对下列需要统一的技术要求，应当制定标准：

（一）工业产品的品种、规格、质量、等级或者安全、卫生要求；

（二）工业产品的设计、生产、试验、检验、包装、储存、运输、使用的方法或者生产、储存、运输过程中的安全、卫生要求；

（三）有关环境保护的各项技术要求和检验方法；

（四）建设工程的勘察、设计、施工、验收的技术要求和方法；

（五）有关工业生产、工程建设和环境保护的技术术语、符号、代号、制图方法、互换配合要求；

（六）农业（含林业、牧业、渔业，下同）产品（含种子、种苗、种畜、种禽，下同）的品种、规格、质量、等级、检验、包装、储存、运输以及生产技术、管理技术的要求；

（七）信息、能源、资源、交通运输的技术要求。

第三条　国家有计划地发展标准化事业。标准化工作应当纳入各级国民经济和社会发展计划。

第四条　国家鼓励采用国际标准和国外先进标准，积极参与制定国际标准。

第二章　标准化工作的管理

第五条　标准化工作的任务是制定标准、组织实施标准和对标准的实施进行监督。

第六条　国务院标准化行政主管部门统一管理全国标准化工作，履行下列职责：

（一）组织贯彻国家有关标准化工作的法律、法规、方针、政策；

（二）组织制定全国标准化工作规划、计划；

（三）组织制定国家标准；

（四）指导国务院有关行政主管部门和省、自治区、直辖市人民政府标准化行政主管部门的标准化工作，协调和处理有关标准化工作问题；

（五）组织实施标准；

（六）对标准的实施情况进行监督检查；

（七）统一管理全国的产品质量认证工作；

（八）统一负责对有关国际标准化组织的业务联系。

第七条 国务院有关行政主管部门分工管理本部门、本行业的标准化工作，履行下列职责：

（一）贯彻国家标准化工作的法律、法规、方针、政策，并制定在本部门、本行业实施的具体办法；

（二）制定本部门、本行业的标准化工作规划、计划；

（三）承担国家下达的草拟国家标准的任务，组织制定行业标准；

（四）指导省、自治区、直辖市有关行政主管部门的标准化工作；

（五）组织本部门、本行业实施标准；

（六）对标准实施情况进行监督检查；

（七）经国务院标准化行政主管部门授权，分工管理本行业的产品质量认证工作。

第八条 省、自治区、直辖市人民政府标准化行政主管部门统一管理本行政区域的标准化工作，履行下列职责：

（一）贯彻国家标准化工作的法律、法规、方针、政策，并制定在本行政区域实施的具体办法；

（二）制定地方标准化工作规划、计划；

（三）组织制定地方标准；

（四）指导本行政区域有关行政主管部门的标准化工作，协调和处理有关标准化工作问题；

（五）在本行政区域组织实施标准；

（六）对标准实施情况进行监督检查。

第九条 省、自治区、直辖市有关行政主管部门分工管理本行政区域内本部门、本行业的标准化工作，履行下列职责：

（一）贯彻国家和本部门、本行业、本行政区域标准化工作的法律、法规、方针、政策，并制定实施的具体办法；

（二）制定本行政区域内本部门、本行业的标准化工作规划、计划；

（三）承担省、自治区、直辖市人民政府下达的草拟地方标准的任务；

（四）在本行政区域内组织本部门、本行业实施标准；

（五）对标准实施情况进行监督检查。

第十条 市、县标准化行政主管部门和有关行政主管部门的职责分工，由省、自治区、直辖市人民政府规定。

第三章 标准的制定

第十一条 对需要在全国范围内统一的下列技术要求，应当制定国家标准（含标准样品的制作）：

（一）互换配合、通用技术语言要求；

（二）保障人体健康和人身、财产安全的技术要求；

（三）基本原料、燃料、材料的技术要求；

（四）通用基础件的技术要求；

（五）通用的试验、检验方法；

（六）通用的管理技术要求；

（七）工程建设的重要技术要求；

（八）国家需要控制的其他重要产品的技术要求。

第十二条 国家标准由国务院标准化行政主管部门编制计划，组织草拟，统一审批、编号、发布。

工程建设、药品、食品卫生、兽药、环境保护的国家标准，分别由国务院工程建设主管部门、卫生主管部门、农业主管部门、环境保护主管部门组织草拟、审批；其编号、发布办法由国务院标准化行政主管部门会同国务院有关行政主管部门制定。

法律对国家标准的制定另有规定的，依照法律的规定执行。

第十三条 对没有国家标准而又需要在全国某个行业范围内统一的技术要求，可以制定行业标准（含标准样品的制作）。制定行业标准的项目由国务院有关行政主管部门确定。

第十四条 行业标准由国务院有关行政主管部门编制计划，组织草拟，统一审批、编号、发布，并报国务院标准化行政主管部门备案。

行业标准在相应的国家标准实施后，自行废止。

第十五条 对没有国家标准和行业标准而又需要在省、自治区、直辖市范围内统一的工业产品的安全、卫生要求，可以制定地方标准。制定地方标准的项目，由省、自治区、直辖市人民政府标准化行政主管部门确定。

第十六条 地方标准由省、自治区、直辖市人民政府标准化行政主管部门编制计划，组织草拟，统一审批、编号、发布，并报国务院标准化行政主管部门和国务院有关行政主管部门备案。

法律对地方标准的制定另有规定的，依照法律的规定执行。地方标准在相应的国家标准或行业标准实施后，自行废止。

第十七条 企业生产的产品没有国家标准、行业标准和地方标准的，应当制定相应的企业标准，作为组织生产的依据。企业标准由企业组织制定（农业企业标准制定办法另定），并按省、自治区、直辖市人民政府的规定备案。

对已有国家标准、行业标准或者地方标准的，鼓励企业制定严于国家标准、行业标准或者地方标准要求的企业标准，在企业内部适用。

第十八条 国家标准、行业标准分为强制性标准和推荐性标准。

下列标准属于强制性标准：

（一）药品标准，食品卫生标准，兽药标准；

（二）产品及产品生产、储运和使用中的安全、卫生标准，劳动安全、卫生标准，运输安全标准；

（三）工程建设的质量、安全、卫生标准及国家需要控制的其他工程建设标准；

（四）环境保护的污染物排放标准和环境质量标准；

（五）重要的通用技术术语、符号、代号和制图方法；

（六）通用的试验、检验方法标准；

（七）互换配合标准；

（八）国家需要控制的重要产品质量标准。

国家需要控制的重要产品目录由国务院标准化行政主管部门会同国务院有关行政主管部门确定。

强制性标准以外的标准是推荐性标准。

省、自治区、直辖市人民政府标准化行政主管部门制定的工业产品的安全、卫生要求的地方标准，在本行政区域内是强制性标准。

第十九条 制定标准应当发挥行业协会、科学技术研究机构和学术团体的作用。

制定国家标准、行业标准和地方标准的部门应当组织由用户、生产单位、行业协会、科学技术研究机构、学术团体及有关部门的专家组成标准化技术委员会，负责标准草拟和参加标准草案的技术审查工作。未组成标准化技术委员会的，可以由标准化技术归口单位负责标准草拟和参加标准草案的技术审查工作。

制定企业标准应当充分听取使用单位、科学技术研究机构的意见。

第二十条 标准实施后，制定标准的部门应当根据科学技术的发展和经济建设的需要适时进行复审。标准复审周期一般不超过五年。

第二十一条 国家标准、行业标准和地方标准的代号、编号办法，由国务院标准化行政主管部门统一规定。

企业标准的代号、编号办法，由国务院标准化行政主管部门会同国务院有关行政主管部门规定。

第二十二条 标准的出版、发行办法，由制定标准的部门规定。

第四章 标准的实施与监督

第二十三条 从事科研、生产、经营的单位和个人，必须严格执行强制性标准。

不符合强制性标准的产品，禁止生产、销售和进口。

第二十四条 企业生产执行国家标准、行业标准、地方标准或企业标准，应当在产品或其说明书、包装物上标注所执行标准的代号、编号、名称。

第二十五条 出口产品的技术要求由合同双方约定。

出口产品在国内销售时，属于我国强制性标准管理范围的，必须符合强制性标准的要求。

第二十六条 企业研制新产品、改进产品、进行技术改造，应当符合标准化要求。

第二十七条 国务院标准化行政主管部门组织或授权国务院有关行政主管部门建立行业认证机构，进行产品质量认证工作。

第二十八条 国务院标准化行政主管部门统一负责全国标准实施的监督。国务院有关行政主管部门分工负责本部门、本行业的标准实施的监督。

省、自治区、直辖市标准化行政主管部门统一负责本行政区域内的标准实施的监督。省、自治区、直辖市人民政府有关行政主管部门分工负责本行政区域内本部门、本行业的标准实施的监督。

市、县标准化行政主管部门和有关行政主管部门，按照省、自治区、直辖市人民政府规定的各自的职责，负责本行政区域内的标准实施的监督。

第二十九条 县级以上人民政府标准化行政主管部门，可以根据需要设置检验机构，或者授权其他单位的检验机构，对产品是否符合标准进行检验和承担其他标准实施的监督检验任务。检验机构的设置应当合理布局，充分利用现有力量。

国家检验机构由国务院标准化行政主管部门会同国务院有关行政主管部门规划、审查。地方检验机构由省、自治区、直辖市人民政府标准化行政主管部门会同省级有关行政主管部门规划、审查。

处理有关产品是否符合标准的争议，以本条规定的检验机构的检验数据为准。

第三十条 国务院有关行政主管部门可以根据需要和国家有关规定设立检验机构，负责本行业、本部门的检验工作。

第三十一条 国家机关、社会团体、企业事业单位及全体公民均有权检举、揭发违反强制性标准的行为。

第五章 法律责任

第三十二条 违反《标准化法》和本条例有关规定，有下列情形之一的，由标准化行政主管部门或有关行政主管部门在各自的职权范围内责令限期改进，并可通报批评或给予责任者行政处分：

（一）企业未按规定制定标准作为组织生产依据的；

（二）企业未按规定要求将产品标准上报备案的；

（三）企业的产品未按规定附有标识或与其标识不符的；

（四）企业研制新产品、改进产品、进行技术改造，不符合标准化要求的；

（五）科研、设计、生产中违反有关强制性标准规定的。

第三十三条 生产不符合强制性标准的产品的，应当责令其停止生产，并没收产品，监督销毁或作必要技术处理；处以该批产品货值金额百分之二十至百分之五十的罚款；对有关责任者处以五千元以下罚款。

销售不符合强制性标准的商品的，应当责令其停止销售，并限期追回已售出的商品，监督销毁或作必要技术处理；没收违法所得；处以该批商品货值金额百分之十至百分之二十的罚款；对有关责任者处以五千元以下罚款。

进口不符合强制性标准的产品的，应当封存并没收该产品，监督销毁或作必要技术处理；处以进口产品货值金额百分之二十五至百分之五十的罚款；对有关责任者给予行政处分，并可处以五千元以下罚款。

本条规定的责令停止生产、行政处分，由有关行政主管部门决定；其他行政处罚由标准化行政主管部门和工商行政管理部门依据职权决定。

第三十四条 生产、销售、进口不符合强制性标准的产品，造成严重后果，构成犯罪的，由司法机关依法追究直接责任人员的刑事责任。

第三十五条 获得认证证书的产品不符合认证标准而使用认证标志出厂销售的，由标准化行政主管部门责令其停止销售，并处以违法所得二倍以下的罚款；情节严重的，由认证部门撤销其认证证书。

第三十六条 产品未经认证或者认证不合格而擅自使用认证标志出厂销售的，由标准化行政主管部门责令其停止销售，处以违法所得三倍以下的罚款，并对单位负责人处以五千元以下罚款。

第三十七条 当事人对没收产品、没收违法所得和罚款的处罚不服的，可以在接到处罚通知之日起十五日内，向作出处罚决定的机关的上一级机关申请复议；对复议决定不服的，可以在接到复议决定之日起十五日内，向人民法院起诉。当事人也可以在接到处罚通知之日起十五日内，直接向人民法院起诉。当事人逾期不申请复议或者不向人民法院起诉又不履行处罚决定的，由作出处罚决定的机关申请人民法院强制执行。

第三十八条 本条例第三十二条至第三十六条规定的处罚不免除由此产生的对他人的损害赔偿责任。受到损害的有权要求责任人赔偿损失。赔偿责任和赔偿金额纠纷可以由有关行政主管部门处理，当事人也可以直接向人民法院起诉。

第三十九条 标准化工作的监督、检验、管理人员有下列行为之一的，由有关主管部门给予行政处分，构成犯罪的，由司法机关依法追究刑事责任：

（一）违反本条例规定，工作失误，造成损失的；

（二）伪造、篡改检验数据的；

（三）徇私舞弊、滥用职权、索贿受贿的。

第四十条 罚没收入全部上缴财政。对单位的罚款，一律从其自有资金中支付，不得列入成本。对责任人的罚款，不得从公款中核销。

第六章　附　则

第四十一条 军用标准化管理条例，由国务院、中央军委另行制定。

第四十二条 工程建设标准化管理规定，由国务院工程建设主管部门依据《标准化法》和本条例的有关规定另行制定，报国务院批准后实施。

第四十三条 本条例由国家技术监督局负责解释。

第四十四条 本条例自发布之日起施行。

行业标准制定管理办法

（国家发展改革委2005年7月28日　发改工业［2005］1357号）

第一章　总　则

第一条　为规范行业标准制定工作，按照《中华人民共和国标准化法》和《标准化法实施条例》有关规定，制定本办法。

第二条　本办法适用于轻工、纺织、黑色冶金、有色金属、石油天然气、石化、化工、建材、机械（含锅炉压力容器、制药装备）、汽车、电力、煤炭、黄金、包装、商业、物流和稀土等行业标准制定。

第三条　行业标准是指没有国家标准而又需要在全国某个行业范围内统一的技术要求（包括工程建设、标准样品的制作）。行业标准不得与有关国家标准相抵触。行业标准之间应保持协调、统一、不得重复。

制定行业标准，要坚持新型工业化道路原则和科学发展观的要求，以市场需求为导向，重点突出、科学合理；制定行业标准要有效采用国际标准和国外先进标准，有利于参与国际竞争，有利于合理利用和节约资源、发展循环经济，有利于保护人体健康和人身安全、保护环境，与产业政策、行业规划相互协调，有利于科学技术成果的推广应用，促进产业升级、结构优化。

第四条　行业标准的制定包括立项、起草、审查、报批、批准公布、出版、复审、修订、修改等工作。

第五条　行业标准的制定工作由国家发展和改革委员会（以下简称国家发展改革委）管理。国家发展改革委委托有关行业协会（联合会）、行业标准计划单列单位（以下统一简称直管行业标准化机构，具体名单见附件一）对行业标准制定过程的起草、技术审查、编号、报批、备案、出版等工作进行管理。

第二章　立　项

第六条　制定行业标准的立项，由国家发展改革委负责。

第七条　任何政府机构、行业社团组织、企事业单位和个人均可提出制定行业标准立项申请（以下简称申请人），并填写《行业标准项目任务书》（见附表1）。

第八条　行业标准立项申请由标准化技术委员会或标准化技术归口院所（以下统一

简称标准技术归口单位）受理，经标准技术归口单位审查后报送直管行业标准化机构。

第九条 直管行业标准化机构对标准技术归口单位报送的行业标准立项申请进行审核协调后报送国家发展改革委。

报送材料包括：

1．行业标准项目计划汇总表（见附表2）；

2．行业标准项目任务书；

3．计划编制说明（包括计划编制的基本情况、编制原则和重点等）。

第十条 国家发展改革委对直管行业标准化机构报送的制定行业标准立项申请进行汇总，在标准网（www.bzw.com.cn）上公示一个月，广泛征求意见。征求意见结束后，国家发展改革委组织直管行业标准化机构进行协调，并编制行业标准项目计划。

第十一条 行业标准项目计划分为年度计划和补充计划，统一由国家发展改革委下达。

第十二条 行业标准项目计划在执行过程中，需要协调解决的问题，属行业内专业之间的，由有关直管行业标准化机构负责；属行业之间的，由国家发展改革委负责。

第十三条 对国家发展改革委下达的行业标准项目计划根据实际情况需要调整的，直管行业标准化机构可以提出调整申请。调整项目计划需填写《行业标准项目计划调整申请表》（见附表3）。每年一月底以前直管行业标准化机构将上年度计划执行情况和项目计划调整申请报送国家发展改革委。

第三章 起 草

第十四条 行业标准由标准技术归口单位组织起草。

第十五条 行业标准起草单位应按申请人立项要求组织科研、生产、用户等方面人员成立工作组共同起草。

第十六条 行业标准编写应符合GB/T1《标准化工作导则》和相关行业标准编写要求。

第十七条 起草行业标准草案时，应编写标准编制说明，其内容一般包括：

1．工作简要过程，任务来源、主要参加单位和工作组成员等；

2．行业标准编写原则和主要内容，修订标准时应列出与原标准的主要差异和理由；

3．采用国际标准和国外先进标准情况，与国际、国外同类标准水平的对比情况；

4．主要试验验证情况和预期达到的效果；

5．与现行法律、法规、政策及相关标准的协调性；

6．贯彻标准的要求和措施建议；

7．废止现行行业标准的建议；

8．重要内容的解释和其它应予说明的事项。

第十八条 行业标准起草完成后，标准技术归口单位应将标准草案广泛征求意见，并填写《行业标准征求意见汇总处理表》（见附表4），形成行业标准送审稿。

第四章　审　查

第十九条　行业标准送审稿由标准技术归口单位组织审查。审查形式分为会议审查和函审。

第二十条　标准化技术委员会审查行业标准时，必须有全体委员的四分之三以上同意方为通过。

标准化技术归口院所审查行业标准时，应组织有代表性的生产、用户、科研、检验、大专院校等方面的专家进行审查，必须有全体代表的四分之三以上同意方为通过。

第五章　报　批

第二十一条　行业标准送审稿审查通过后，由起草单位整理成报批稿及有关附件，由标准技术归口单位报送直管行业标准化机构。

第二十二条　直管行业标准化机构对报批稿及有关附件进行复核后，符合要求的，填写《行业标准申报单》（见附表 7），报送国家发展改革委。

报送文件包括：

1．报批行业标准项目汇总表（见附表 8）；

2．行业标准申报单；

3．行业标准报批稿；

4．行业标准编制说明；

5．行业标准征求意见汇总处理表；

6．行业标准审查会议纪要或《行业标准送审稿函审结论表》（见附表 5）及《行业标准送审稿函审单》（见附表 6）；

7．采用国际标准或国外先进标准的原文和译文。

第六章　批准和公布

第二十三条　行业标准由直管行业标准化机构按规定进行编号。

第二十四条　行业标准由国家发展改革委批准和公布。

第二十五条　行业标准批准后，由直管行业标准化机构在 15 个工作日内到国家标准化管理委员会（产品方面标准）或建设部（工程建设标准）备案。

第二十六条　国家发展改革委对批准后的行业标准目录及时在网上公布，直管行业标准化机构和标准技术归口单位应认真做好标准的宣传、培训和解释工作。

第七章　出　版

第二十七条　行业标准出版由直管行业标准化机构负责。行业标准出版单位必须是国家有关部门批准的正式出版机构。

第二十八条 行业标准公布后，标准文本至少应在标准实施前1个月出版发行。

第二十九条 行业标准出版后，出版机构或直管行业标准化机构应将标准样书两份送国家发展改革委备案。

第八章 复 审

第三十条 行业标准实施后，标准技术归口单位应根据科学技术发展和经济建设的需要定期进行复审，标准复审周期一般不超过五年。

第三十一条 经复审需确认或废止的行业标准，由直管行业标准化机构审核后报送国家发展改革委，经国家发展改革委审查同意后公布复审结果，需修订的行业标准列入标准制定计划。行业标准在相应的国家标准实施后，自行废止。

第三十二条 行业标准复审报送文件包括：

1．行业标准复审工作总结；

2．行业标准复审结论汇总表（见附表9、10、11）；

3．行业标准复审意见表（见附表12）。

第九章 修订、修改

第三十三条 行业标准执行中需要修订的，按照标准制定程序列入年度计划或补充计划。当行业标准的技术内容只作少量修改时，以《行业标准修改通知单》（格式见附表13）的形式进行修改，按本办法第四章和第五章规定的审查、报批程序办理。

第三十四条 行业标准修改报批文件包括：审查纪要和《行业标准修改通知单》。

第三十五条 行业标准修改通知单由国家发展改革委批准公布。

第十章 附 则

第三十六条 行业标准制定所需经费来源：

1．行业、企业自筹的标准化经费。

2．有关企事业单位的资助。

3．有关社团组织的赞助。

4．政府部门给予的标准化补助费用等。

第三十七条 对政府部门给予的标准化补助费用和有关单位资助、社团组织赞助的费用，专款专用，不得挪作它用。

第三十八条 本办法自公布之日起施行。

第三十九条 本办法由国家发展改革委负责解释。

附件：（略）

环境标准管理办法

（国家环保总局令第3号，1999年4月1日发布施行）

第一章　总　则

第一条　为加强环境标准管理工作，依据《中华人民共和国环境保护法》和《中华人民共和国标准化法》的有关规定，制定本办法。

第二条　本办法适用于环境标准的制定、实施及对实施环境标准的监督。

第三条　为防治环境污染，维护生态平衡，保护人体健康，国务院环境保护行政主管部门和省、自治区、直辖市人民政府依据国家有关法律规定，对环境保护工作中需要统一的各项技术规范和技术要求，制定环境标准。

环境标准分为国家环境标准、地方环境标准和国家环保总局标准。

国家环境标准包括国家环境质量标准、国家污染物排放标准（或控制标准）、国家环境监测方法标准、国家环境标准样品标准和国家环境基础标准。

地方环境标准包括地方环境质量标准和地方污染物排放标准（或控制标准）。

第四条　国家环境标准和国家环保总局标准在全国范围内执行。国家环境标准发布后，相应的国家环保总局标准自行废止。

地方环境标准在颁布该标准的省、自治区、直辖市辖区范围内执行。

第五条　环境标准分为强制性环境标准和推荐性环境标准。

环境质量标准、污染物排放标准和法律、行政法规规定必须执行的其他环境标准属于强制性环境标准，强制性环境标准必须执行。

强制性环境标准以外的环境标准属于推荐性环境标准。国家鼓励采用推荐性环境标准，推荐性环境标准被强制性环境标准引用，也必须强制执行。

第六条　国家环保总局负责全国环境标准管理工作，负责制定国家环境标准和国家环保总局标准，负责地方环境标准的备案审查，指导地方环境标准管理工作。

县级以上地方人民政府环境保护行政主管部门负责本行政区域内的环境标准管理工作，负责组织实施国家环境标准、国家环保总局标准和地方环境标准。

第二章　环境标准的制定

第七条　对下列需要统一的技术规范和技术要求，应制定相应的环境标准：

（一）为保护自然环境、人体健康和社会物质财富，限制环境中的有害物质和因素，制定环境质量标准；

（二）为实现环境质量标准，结合技术经济条件和环境特点，限制排入环境中的污染物或对环境造成危害的其他因素，制定污染物排放标准（或控制标准）；

（三）为监测环境质量和污染物排放，规范采样、分析测试、数据处理等技术，制定国家环境监测方法标准；

（四）为保证环境监测数据的准确、可靠，对用于量值传递或质量控制的材料、实物样品，制定国家环境标准样品；

（五）对环境保护工作中，需要统一的技术术语、符号、代号（代码）、图形、指南、导则及信息编码等，制定国家环境基础标准。

第八条 需要在全国环境保护工作范围内统一的技术要求而又没有国家环境标准时，应制定国家环保总局标准。

第九条 省、自治区、直辖市人民政府对国家环境质量标准中未作规定的项目，可以制定地方环境质量标准；对国家污染物排放标准中未作规定的项目，可以制定地方污染物排放标准；对国家污染物排放标准已作规定的项目，可以制定严于国家污染物排放标准的地方污染物排放标准。

第十条 制定环境标准应遵循下列原则：

（一）以国家环境保护方针、政策、法律、法规及有关规章为依据，以保护人体健康和改善环境质量为目标，促进环境效益、经济效益、社会效益的统一；

（二）环境标准应与国家的技术水平、社会经济承受能力相适应；

（三）各类环境标准之间应协调配套；

（四）标准应便于实施与监督；

（五）借鉴适合我国国情的国际标准和其他国家的标准。

第十一条 制定环境标准应遵循下列基本程序：

（一）编制标准制（修）订项目计划；

（二）组织拟订标准草案；

（三）对标准草案征求意见；

（四）组织审议标准草案；

（五）审查批准标准草案；

（六）按照各类环境标准规定的程序编号、发布。

第十二条 国家环保总局可委托其他组织拟订国家环境标准和国家环保总局标准。受委托拟订标准的组织应具备下列条件：

（一）具有熟悉国家环境保护法律、法规、环境标准和拟订环境标准相关业务的专业技术人员；

（二）具有拟订环境监测方法标准相适应的分析实验手段。

第十三条 省、自治区、直辖市人民政府环境保护行政主管部门可根据地方环境管理需要，组织拟订地方环境标准草案，报省、自治区、直辖市人民政府批准、发布。

地方环境标准草案应征求国家环保总局的意见。

第十四条 地方环境标准必须自发布之日起两个月内报国家环保总局备案。

备案的材料应包括标准发布文件、标准文本及编制说明。

第十五条 国家环境标准和国家环保总局标准实施后，国家环保总局应根据环境管理的需要和国家经济技术的发展适时进行审查，发现不符合实际需要的，应予以修订或者废止。

省、自治区、直辖市人民政府环境保护行政主管部门应根据当地环境与经济技术状况以及国家环境标准、国家环保总局标准制（修）订情况，及时向省、自治区、直辖市人民政府提出修订或者废止地方环境标准的建议。

第三章 环境标准的实施与监督

第十六条 环境质量标准的实施：

（一）县级以上地方人民政府环境保护行政主管部门在实施环境质量标准时，应结合所辖区域环境要素的使用目的和保护目的划分环境功能区，对各类环境功能区按照环境质量标准的要求进行相应标准级别的管理。

（二）县级以上地方人民政府环境保护行政主管部门在实施环境质量标准时，应按国家规定，选定环境质量标准的监测点位或断面。经批准确定的监测点位、断面不得任意变更。

（三）各级环境监测站和有关环境监测机构应按照环境质量标准和与之相关的其他环境标准规定的采样方法、频率和分析方法进行环境质量监测。

（四）承担环境影响评价工作的单位应按照环境质量标准进行环境质量评价。

（五）跨省河流、湖泊以及由大气传输引起的环境质量标准执行方面的争议，由有关省、自治区、直辖市人民政府环境保护行政主管部门协调解决，协调无效时，报国家环保总局协调解决。

第十七条 污染物排放标准的实施：

（一）县级以上人民政府环境保护行政主管部门在审批建设项目环境影响报告书（表）时，应根据下列因素或情形确定该建设项目应执行的污染物排放标准：

1. 建设项目所属的行业类别、所处环境功能区、排放污染物种类、污染物排放去向和建设项目环境影响报告书（表）批准的时间。

2. 建设项目向已有地方污染物排放标准的区域排放污染物时，应执行地方污染物排放标准，对于地方污染物排放标准中没有规定的指标，执行国家污染物排放标准中相应的指标。

3. 实行总量控制区域内的建设项目，在确定排污单位应执行的污染物排放标准的同时，还应确定排污单位应执行的污染物排放总量控制指标。

4. 建设从国外引进的项目，其排放的污染物在国家和地方污染物排放标准中无相应污染物排放指标时，该建设项目引进单位应提交项目输出国或发达国家现行的该污染物排放标准及有关技术资料，由市（地）人民政府环境保护行政主管部门结合当地环境条件和经济技术状况，提出该项目应执行的排污指标，经省、自治区、直辖市人民政府环境保护行政主管部门批准后实行，并报国家环保总局备案。

（二）建设项目的设计、施工、验收及投产后，均应执行经环境保护行政主管部门在批准的建设项目环境影响报告书（表）中所确定的污染物排放标准。

（三）企事业单位和个体工商业者排放污染物，应按所属的行业类型、所处环境功能区、排放污染物种类、污染物排放去向执行相应的国家和地方污染物排放标准，环境保护行政主管部门应加强监督检查。

第十八条 国家环境监测方法标准的实施：

（一）被环境质量标准和污染物排放标准等强制性标准引用的方法标准具有强制性，必须执行。

（二）在进行环境监测时，应按照环境质量标准和污染物排放标准的规定，确定采样位置和采样频率，并按照国家环境监测方法标准的规定测试与计算。

（三）对于地方环境质量标准和污染物排放标准中规定的项目，如果没有相应的国家环境监测方法标准时，可由省、自治区、直辖市人民政府环境保护行政主管部门组织制定地方统一分析方法，与地方环境质量标准或污染物排放标准配套执行。相应的国家环境监测方法标准发布后，地方统一分析方法停止执行。

（四）因采用不同的国家环境监测方法标准所得监测数据发生争议时，由上级环境保护行政主管部门裁定，或者指定采用一种国家环境监测方法标准进行复测。

第十九条 在下列环境监测活动中应使用国家环境标准样品：

（一）对各级环境监测分析实验室及分析人员进行质量控制考核；

（二）校准、检验分析仪器；

（三）配制标准溶液；

（四）分析方法验证以及其他环境监测工作。

第二十条 在下列活动中应执行国家环境基础标准或国家环保总局标准：

（一）使用环境保护专业用语和名词术语时，执行环境名词术语标准；

（二）排污口和污染物处理、处置场所设置图形标志时，执行国家环境保护图形标志标准；

（三）环境保护档案、信息进行分类和编码时，采用环境档案、信息分类与编码标准；

（四）制定各类环境标准时，执行环境标准编写技术原则及技术规范；

（五）划分各类环境功能区时，执行环境功能区划分技术规范；

（六）进行生态和环境质量影响评价时，执行有关环境影响评价技术导则及规范；

（七）进行自然保护区建设和管理时，执行自然保护区管理的技术规范和标准；

（八）对环境保护专用仪器设备进行认定时，采用有关仪器设备国家环保总局标准；

（九）其他需要执行国家环境基础标准或国家环保总局标准的环境保护活动。

第二十一条 国家环境标准和国家环保总局标准由国家环保总局负责解释；国家环保总局可委托有关技术单位解释。

第二十二条 县级以上人民政府环境保护行政主管部门在向同级人民政府和上级环境保护行政主管部门汇报环境保护工作时，应将环境标准执行情况作为一项重要内容。

第二十三条 国家环保总局负责对地方环境保护行政主管部门监督实施污染物排放标准的情况进行检查。

第二十四条 违反国家法律和法规规定，越权制定的国家环境质量标准和污染物排放标准无效。

第二十五条 对不执行强制性环境标准的，依据法律和法规有关规定予以处罚。

第四章 附 则

第二十六条 本办法中的国家环保总局标准是指环境保护行业标准。

第二十七条 国家环境标准和国家环保总局标准由国家环保总局委托有关出版社、出版发行。

第二十八条 本办法自发布之日起实行。自发布之日起，《中华人民共和国环境保护标准管理办法》即行废止。

第二十九条 本办法由国家环保总局解释。

地方机动车大气污染物排放标准审批办法

（国务院 2001 年 2 月 8 日批准，国家环保总局
2001 年 2 月 22 日公布　环发［2001］21 号）

为贯彻实施《中华人民共和国大气污染防治法》（以下简称《大气污染防治法》），规范须报国务院批准的地方机动车大气污染物排放标准的审批工作，制定本办法。

一、审查范围

根据《大气污染防治法》第七条的规定，省、自治区、直辖市人民政府制定严于国家排放标准的地方机动车大气污染物排放标准，须报国务院批准。

二、审查原则

（一）保护城市环境空气质量，控制机动车造成的空气污染。
（二）促进机动车污染控制技术水平的提高。
（三）简化机动车大气污染物排放标准体系，便于标准贯彻执行。
（四）严格控制制定地方机动车大气污染物排放标准的城市数量。

三、审查依据

（一）《大气污染防治法》的有关条款规定。
（二）国家有关法律、法规和国家机动车大气污染物排放标准。
（三）国家机动车污染防治的技术政策。

四、审查条件

（一）即使全面实施现行机动车大气污染物国家排放标准，由于机动车大气污染物排放造成的空气污染，使环境空气质量仍不能达到国家或地方的环境质量要求，或者使环境空气污染状况仍在加重。

（二）城市一年中一氧化碳（CO）或二氧化氮（NO_2）日平均浓度超过《环境空气质量标准》中二级标准的天数达到 30 天以上，或者一年中发生臭氧（O_3）超过《环境空气质量标准》中二级标准的天数达到 30 天以上，并且在城市空气污染物排放量中，机动车排放的一氧化碳和二氧化氮的分担率分别超过 40%和 30%。

（三）与国家排放标准体系一致，污染物项目和测量方法等同于下阶段实施的国家排放标准。

（四）城市具备实施国家排放标准的基本条件，经与油料供应部门协商，可以组织供

应符合机动车大气污染物排放达标质量要求的油料，已经颁布或拟订配套的地方法规，具备适合标准实施的检测能力等。

五、审查程序

（一）省、自治区、直辖市人民政府将编制完成的地方机动车大气污染物排放标准报国务院。报批文件包括：

1．省、自治区、直辖市人民政府关于请求批准地方机动车大气污染物排放标准的申请文件。

2．地方机动车大气污染物排放标准的正式文本、编制技术报告和工作报告。

3．地方机动车大气污染物排放标准适用城市最近一年的环境质量状况报告，主要空气污染物监测报告，机动车排放大气污染物占城市空气污染物排放总量比例的测算报告，全面实施现行机动车大气污染物国家排放标准而无法达到环境空气质量控制目标的论证报告。

4．当地油料供应部门的燃油供应方案及燃油质量报告。

5．实施标准城市相应的地方政策措施和配套立法情况报告。

6．城市机动车大气污染物排放监测机构和检测设备情况报告。

（二）国务院将省、自治区、直辖市人民政府报批文件，批转国家环保总局商有关部门研究办理。

（三）国家环保总局依据国家有关法律、法规和有关规定，对报批文件提出初审意见，征求国家计委、国家经贸委、公安部、建设部、交通部、国家质量技术监督局等部门和单位的意见。

（四）国务院有关部门在收到国家环保总局征求意见函之日起 7 个工作日内，应将书面意见反馈国家环保总局。逾期未反馈意见的，视为同意。若有不同意见，由国家环保总局负责协调。

（五）国家环保总局在综合和协调国务院有关部门意见的基础上，依据国家有关法律、法规和有关规定，集中对地方机动车大气污染物排放标准提出审批意见，于每年年底前呈报国务院审批。

（六）严于国家排放标准的地方机动车大气污染物排放标准经国务院批准后，由国家环保总局行文通知有关省、自治区、直辖市人民政府，由省、自治区、直辖市人民政府发布并向社会公告，通知、发布文件和公告中可注明“经国务院批准”字样。

六、其他事项

（一）国家环保总局对省、自治区、直辖市人民政府上报的地方机动车大气污染物排放标准的报批文件进行审查时，发现材料不齐全或内容不符合要求的，应通知其限期补报，逾期不按要求补报材料并不能说明原因的，可以将有关报批文件退回报文的省、自治区、直辖市人民政府，同时抄报国务院办公厅。

（二）省、自治区、直辖市人民政府制定严于国家排放标准的地方船舶大气污染物排放标准和省、自治区、直辖市人民政府规定对在用机动车实行新的污染物排放标准并对其进行改造方案的审批办法参照此办法执行。

地方环境质量标准和污染物排放标准备案管理办法

（2004年11月11日国家环保总局令第24号公布，
自2004年12月15日起施行）

第一条 为了加强对地方环境保护标准的备案管理，根据《中华人民共和国环境保护法》、《中华人民共和国大气污染防治法》和《中华人民共和国水污染防治法》，制定本办法。

第二条 本办法适用于国家环保总局对省、自治区、直辖市人民政府依法制定的地方环境质量标准和污染物排放标准的备案管理。

地方机动车船大气污染物排放标准的管理，依照经国务院批准、国家环保总局发布的《地方机动车船大气污染物排放标准审批办法》执行。

第三条 省、自治区、直辖市人民政府或者其委托的环境保护行政主管部门应当在地方环境质量标准和污染物排放标准发布之日起30日内，向国家环保总局备案，并提交下列材料（一式三份）：

（一）报送备案的函；

（二）省、自治区、直辖市人民政府批准地方环境质量标准和污染物排放标准的文件，以及地方环境质量标准和污染物排放标准的发布文件。省、自治区、直辖市人民政府授权其环境保护行政主管部门批准地方环境质量标准和污染物排放标准的，应同时报送政府授权文件和环境保护行政主管部门批准标准的文件；

（三）地方环境保护标准文本的纸质文件和电子文件；

（四）地方环境质量标准、污染物排放标准编制说明和研究报告。

第四条 国家环保总局在收到备案材料之日起30日内，对符合本办法第六、七、八条规定的，予以备案，并在国家环保总局网站公布备案登记信息。对不符合本办法第六、七、八条规定的，不予备案登记，并说明理由。

第五条 地方污染物排放标准无法与国家污染物排放标准中的项目限值、控制要求比较宽严关系的，国家环保总局暂缓备案，并在收到备案材料之日起30日内书面说明理由，通知报送标准备案部门重新备案；重新备案的标准符合规定的，予以备案登记。

第六条 报送备案的地方环境质量标准应符合下列要求：

（一）已经省级人民政府或其授权的环境保护行政主管部门批准；

（二）对国家环境质量标准中未规定的项目，补充制定地方环境质量标准。

第七条 报送备案的地方污染物排放标准应符合下列要求：

（一）已经省级人民政府或其授权的环境保护行政主管部门批准；

（二）地方污染物排放标准应参照国家污染物排放标准的体系结构，可以是行业型污染物排放标准和综合型污染物排放标准。行业型污染物排放标准适用于特定行业污染源或特定产品污染源；综合型污染物排放标准适用于所有行业型污染物排放标准适用范围以外的其他各行业的污染源；

（三）对国家污染物排放标准中未规定的项目，补充制定地方污染物排放标准；

（四）对国家污染物排放标准中已规定的项目，制定严于国家污染物排放标准的地方污染物排放标准。

第八条 地方环境质量标准和污染物排放标准中的污染物监测方法，应当优先采用国家标准或环境保护行业标准。

地方环境质量标准和污染物排放标准中的污染物监测方法也可采用等效方法或替代方法，但应当与国家标准或环境保护行业标准进行对比试验和验证并符合要求。

污染物没有国家标准或环境保护行业标准监测方法时，应将该污染物的监测方法列入地方环境保护标准附录，或在地方环境保护标准中列出发表该监测方法的出版物。

第九条 有下列情形之一的，地方环境保护标准制定部门应当及时依法对地方环境保护标准进行修订或者废止：

（一）新制定发布的国家环境质量标准对地方环境质量标准中的污染物项目已作规定的；

（二）新制定发布的国家污染物排放标准严于地方污染物排放标准的。

地方环境质量标准和污染物排放标准经修订后，重新报送备案。

第十条 地方环境质量标准和污染物排放标准在报批前，应当征求国家环保总局意见。

第十一条 本办法下列用语的含义：

（一）地方环境质量标准包括大气环境质量标准、水环境质量标准，地方污染物排放标准包括大气污染物排放标准、水污染物排放标准。

（二）严于国家污染物排放标准是指：对于同类行业污染源或产品污染源，在相同的环境功能区域内，采用相同监测方法，地方污染物排放标准规定的项目限值、控制要求，在其有效期内严于相应时期的国家污染物排放标准。

第十二条 本办法自2004年12月15日起施行。国家环保总局1999年5月13日发布的《关于加强地方环境保护标准管理工作的通知》（环发［1999］114号）同时废止。

十五、应急、监测、事故报告与处理

突发公共卫生事件应急条例

（2003 年 5 月 7 日国务院第 7 次常务会议通过，2003 年 5 月 9 日
中华人民共和国国务院令第 376 号公布，自公布之日起施行）

第一章　总　则

第一条　为了有效预防、及时控制和消除突发公共卫生事件的危害，保障公众身体健康与生命安全，维护正常的社会秩序，制定本条例。

第二条　本条例所称突发公共卫生事件（以下简称突发事件），是指突然发生，造成或者可能造成社会公众健康严重损害的重大传染病疫情、群体性不明原因疾病、重大食物和职业中毒以及其他严重影响公众健康的事件。

第三条　突发事件发生后，国务院设立全国突发事件应急处理指挥部，由国务院有关部门和军队有关部门组成，国务院主管领导人担任总指挥，负责对全国突发事件应急处理的统一领导、统一指挥。

国务院卫生行政主管部门和其他有关部门，在各自的职责范围内做好突发事件应急处理的有关工作。

第四条　突发事件发生后，省、自治区、直辖市人民政府成立地方突发事件应急处理指挥部，省、自治区、直辖市人民政府主要领导人担任总指挥，负责领导、指挥本行政区域内突发事件应急处理工作。

县级以上地方人民政府卫生行政主管部门，具体负责组织突发事件的调查、控制和医疗救治工作。

县级以上地方人民政府有关部门，在各自的职责范围内做好突发事件应急处理的有关工作。

第五条　突发事件应急工作，应当遵循预防为主、常备不懈的方针，贯彻统一领导、分级负责、反应及时、措施果断、依靠科学、加强合作的原则。

第六条　县级以上各级人民政府应当组织开展防治突发事件相关科学研究，建立突发事件应急流行病学调查、传染源隔离、医疗救护、现场处置、监督检查、监测检验、卫生防护等有关物资、设备、设施、技术与人才资源储备，所需经费列入本级政府财政预算。

国家对边远贫困地区突发事件应急工作给予财政支持。

第七条　国家鼓励、支持开展突发事件监测、预警、反应处理有关技术的国际交流与合作。

第八条 国务院有关部门和县级以上地方人民政府及其有关部门，应当建立严格的突发事件防范和应急处理责任制，切实履行各自的职责，保证突发事件应急处理工作的正常进行。

第九条 县级以上各级人民政府及其卫生行政主管部门，应当对参加突发事件应急处理的医疗卫生人员，给予适当补助和保健津贴；对参加突发事件应急处理作出贡献的人员，给予表彰和奖励；对因参与应急处理工作致病、致残、死亡的人员，按照国家有关规定，给予相应的补助和抚恤。

第二章 预防与应急准备

第十条 国务院卫生行政主管部门按照分类指导、快速反应的要求，制定全国突发事件应急预案，报请国务院批准。

省、自治区、直辖市人民政府根据全国突发事件应急预案，结合本地实际情况，制定本行政区域的突发事件应急预案。

第十一条 全国突发事件应急预案应当包括以下主要内容：

（一）突发事件应急处理指挥部的组成和相关部门的职责；

（二）突发事件的监测与预警；

（三）突发事件信息的收集、分析、报告、通报制度；

（四）突发事件应急处理技术和监测机构及其任务；

（五）突发事件的分级和应急处理工作方案；

（六）突发事件预防、现场控制，应急设施、设备、救治药品和医疗器械以及其他物资和技术的储备与调度；

（七）突发事件应急处理专业队伍的建设和培训。

第十二条 突发事件应急预案应当根据突发事件的变化和实施中发现的问题及时进行修订、补充。

第十三条 地方各级人民政府应当依照法律、行政法规的规定，做好传染病预防和其他公共卫生工作，防范突发事件的发生。

县级以上各级人民政府卫生行政主管部门和其他有关部门，应当对公众开展突发事件应急知识的专门教育，增强全社会对突发事件的防范意识和应对能力。

第十四条 国家建立统一的突发事件预防控制体系。

县级以上地方人民政府应当建立和完善突发事件监测与预警系统。

县级以上各级人民政府卫生行政主管部门，应当指定机构负责开展突发事件的日常监测，并确保监测与预警系统的正常运行。

第十五条 监测与预警工作应当根据突发事件的类别，制定监测计划，科学分析、综合评价监测数据。对早期发现的潜在隐患以及可能发生的突发事件，应当依照本条例规定的报告程序和时限及时报告。

第十六条 国务院有关部门和县级以上地方人民政府及其有关部门，应当根据突发事件应急预案的要求，保证应急设施、设备、救治药品和医疗器械等物资储备。

第十七条 县级以上各级人民政府应当加强急救医疗服务网络的建设，配备相应的医疗救治药物、技术、设备和人员，提高医疗卫生机构应对各类突发事件的救治能力。

设区的市级以上地方人民政府应当设置与传染病防治工作需要相适应的传染病专科医院，或者指定具备传染病防治条件和能力的医疗机构承担传染病防治任务。

第十八条 县级以上地方人民政府卫生行政主管部门，应当定期对医疗卫生机构和人员开展突发事件应急处理相关知识、技能的培训，定期组织医疗卫生机构进行突发事件应急演练，推广最新知识和先进技术。

第三章 报告与信息发布

第十九条 国家建立突发事件应急报告制度。

国务院卫生行政主管部门制定突发事件应急报告规范，建立重大、紧急疫情信息报告系统。

有下列情形之一的，省、自治区、直辖市人民政府应当在接到报告 1 小时内，向国务院卫生行政主管部门报告：

（一）发生或者可能发生传染病暴发、流行的；

（二）发生或者发现不明原因的群体性疾病的；

（三）发生传染病菌种、毒种丢失的；

（四）发生或者可能发生重大食物和职业中毒事件的。

国务院卫生行政主管部门对可能造成重大社会影响的突发事件，应当立即向国务院报告。

第二十条 突发事件监测机构、医疗卫生机构和有关单位发现有本条例第十九条规定情形之一的，应当在 2 小时内向所在地县级人民政府卫生行政主管部门报告；接到报告的卫生行政主管部门应当在 2 小时内向本级人民政府报告，并同时向上级人民政府卫生行政主管部门和国务院卫生行政主管部门报告。

县级人民政府应当在接到报告后 2 小时内向设区的市级人民政府或者上一级人民政府报告；设区的市级人民政府应当在接到报告后 2 小时内向省、自治区、直辖市人民政府报告。

第二十一条 任何单位和个人对突发事件，不得隐瞒、缓报、谎报或者授意他人隐瞒、缓报、谎报。

第二十二条 接到报告的地方人民政府、卫生行政主管部门依照本条例规定报告的同时，应当立即组织力量对报告事项调查核实、确证，采取必要的控制措施，并及时报告调查情况。

第二十三条 国务院卫生行政主管部门应当根据发生突发事件的情况，及时向国务院有关部门和各省、自治区、直辖市人民政府卫生行政主管部门以及军队有关部门通报。

突发事件发生地的省、自治区、直辖市人民政府卫生行政主管部门，应当及时向毗邻省、自治区、直辖市人民政府卫生行政主管部门通报。

接到通报的省、自治区、直辖市人民政府卫生行政主管部门，必要时应当及时通知本行政区域内的医疗卫生机构。

县级以上地方人民政府有关部门，已经发生或者发现可能引起突发事件的情形时，应当及时向同级人民政府卫生行政主管部门通报。

第二十四条 国家建立突发事件举报制度，公布统一的突发事件报告、举报电话。

任何单位和个人有权向人民政府及其有关部门报告突发事件隐患，有权向上级人民政府及其有关部门举报地方人民政府及其有关部门不履行突发事件应急处理职责，或者不按照规定履行职责的情况。接到报告、举报的有关人民政府及其有关部门，应当立即组织对突发事件隐患、不履行或者不按照规定履行突发事件应急处理职责的情况进行调查处理。

对举报突发事件有功的单位和个人，县级以上各级人民政府及其有关部门应当予以奖励。

第二十五条 国家建立突发事件的信息发布制度。

国务院卫生行政主管部门负责向社会发布突发事件的信息。必要时，可以授权省、自治区、直辖市人民政府卫生行政主管部门向社会发布本行政区域内突发事件的信息。

信息发布应当及时、准确、全面。

第四章 应急处理

第二十六条 突发事件发生后，卫生行政主管部门应当组织专家对突发事件进行综合评估，初步判断突发事件的类型，提出是否启动突发事件应急预案的建议。

第二十七条 在全国范围内或者跨省、自治区、直辖市范围内启动全国突发事件应急预案，由国务院卫生行政主管部门报国务院批准后实施。省、自治区、直辖市启动突发事件应急预案，由省、自治区、直辖市人民政府决定，并向国务院报告。

第二十八条 全国突发事件应急处理指挥部对突发事件应急处理工作进行督察和指导，地方各级人民政府及其有关部门应当予以配合。

省、自治区、直辖市突发事件应急处理指挥部对本行政区域内突发事件应急处理工作进行督察和指导。

第二十九条 省级以上人民政府卫生行政主管部门或者其他有关部门指定的突发事件应急处理专业技术机构，负责突发事件的技术调查、确证、处置、控制和评价工作。

第三十条 国务院卫生行政主管部门对新发现的突发传染病，根据危害程度、流行强度，依照《中华人民共和国传染病防治法》的规定及时宣布为法定传染病；宣布为甲类传染病的，由国务院决定。

第三十一条 应急预案启动前，县级以上各级人民政府有关部门应当根据突发事件的实际情况，做好应急处理准备，采取必要的应急措施。

应急预案启动后，突发事件发生地的人民政府有关部门，应当根据预案规定的职责要求，服从突发事件应急处理指挥部的统一指挥，立即到达规定岗位，采取有关的控制措施。

医疗卫生机构、监测机构和科学研究机构，应当服从突发事件应急处理指挥部的统一指挥，相互配合、协作，集中力量开展相关的科学研究工作。

第三十二条 突发事件发生后，国务院有关部门和县级以上地方人民政府及其有关部门，应当保证突发事件应急处理所需的医疗救护设备、救治药品、医疗器械等物资的生产、供应；铁路、交通、民用航空行政主管部门应当保证及时运送。

第三十三条 根据突发事件应急处理的需要，突发事件应急处理指挥部有权紧急调集人员、储备的物资、交通工具以及相关设施、设备；必要时，对人员进行疏散或者隔离，并可以依法对传染病疫区实行封锁。

第三十四条 突发事件应急处理指挥部根据突发事件应急处理的需要，可以对食物和水源采取控制措施。

县级以上地方人民政府卫生行政主管部门应当对突发事件现场等采取控制措施，宣传突发事件防治知识，及时对易受感染的人群和其他易受损害的人群采取应急接种、预防性投药、群体防护等措施。

第三十五条 参加突发事件应急处理的工作人员，应当按照预案的规定，采取卫生防护措施，并在专业人员的指导下进行工作。

第三十六条 国务院卫生行政主管部门或者其他有关部门指定的专业技术机构，有权进入突发事件现场进行调查、采样、技术分析和检验，对地方突发事件的应急处理工作进行技术指导，有关单位和个人应当予以配合；任何单位和个人不得以任何理由予以拒绝。

第三十七条 对新发现的突发传染病、不明原因的群体性疾病、重大食物和职业中毒事件，国务院卫生行政主管部门应当尽快组织力量制定相关的技术标准、规范和控制措施。

第三十八条 交通工具上发现根据国务院卫生行政主管部门的规定需要采取应急控制措施的传染病病人、疑似传染病病人，其负责人应当以最快的方式通知前方停靠点，并向交通工具的营运单位报告。交通工具的前方停靠点和营运单位应当立即向交通工具营运单位行政主管部门和县级以上地方人民政府卫生行政主管部门报告。卫生行政主管部门接到报告后，应当立即组织有关人员采取相应的医学处置措施。

交通工具上的传染病病人密切接触者，由交通工具停靠点的县级以上各级人民政府卫生行政主管部门或者铁路、交通、民用航空行政主管部门，根据各自的职责，依照传染病防治法律、行政法规的规定，采取控制措施。

涉及国境口岸和入出境的人员、交通工具、货物、集装箱、行李、邮包等需要采取传染病应急控制措施的，依照国境卫生检疫法律、行政法规的规定办理。

第三十九条 医疗卫生机构应当对因突发事件致病的人员提供医疗救护和现场救援，对就诊病人必须接诊治疗，并书写详细、完整的病历记录；对需要转送的病人，应当按照规定将病人及其病历记录的复印件转送至接诊的或者指定的医疗机构。

医疗卫生机构内应当采取卫生防护措施，防止交叉感染和污染。

医疗卫生机构应当对传染病病人密切接触者采取医学观察措施，传染病病人密切接触者应当予以配合。

医疗机构收治传染病病人、疑似传染病病人，应当依法报告所在地的疾病预防控制机构。接到报告的疾病预防控制机构应当立即对可能受到危害的人员进行调查，根据需要采取必要的控制措施。

第四十条 传染病暴发、流行时，街道、乡镇以及居民委员会、村民委员会应当组织力量，团结协作，群防群治，协助卫生行政主管部门和其他有关部门、医疗卫生机构做好疫情信息的收集和报告、人员的分散隔离、公共卫生措施的落实工作，向居民、村民宣传传染病防治的相关知识。

第四十一条 对传染病暴发、流行区域内流动人口，突发事件发生地的县级以上地方人民政府应当做好预防工作，落实有关卫生控制措施；对传染病病人和疑似传染病病人，应当采取就地隔离、就地观察、就地治疗的措施。对需要治疗和转诊的，应当依照本条例第三十九条第一款的规定执行。

第四十二条 有关部门、医疗卫生机构应当对传染病做到早发现、早报告、早隔离、早治疗，切断传播途径，防止扩散。

第四十三条 县级以上各级人民政府应当提供必要资金，保障因突发事件致病、致残的人员得到及时、有效的救治。具体办法由国务院财政部门、卫生行政主管部门和劳动保障行政主管部门制定。

第四十四条 在突发事件中需要接受隔离治疗、医学观察措施的病人、疑似病人和传染病病人密切接触者在卫生行政主管部门或者有关机构采取医学措施时应当予以配合；拒绝配合的，由公安机关依法协助强制执行。

第五章　法律责任

第四十五条 县级以上地方人民政府及其卫生行政主管部门未依照本条例的规定履行报告职责，对突发事件隐瞒、缓报、谎报或者授意他人隐瞒、缓报、谎报的，对政府主要领导人及其卫生行政主管部门主要负责人，依法给予降级或者撤职的行政处分；造成传染病传播、流行或者对社会公众健康造成其他严重危害后果的，依法给予开除的行政处分；构成犯罪的，依法追究刑事责任。

第四十六条 国务院有关部门、县级以上地方人民政府及其有关部门未依照本条例的规定，完成突发事件应急处理所需要的设施、设备、药品和医疗器械等物资的生产、供应、运输和储备的，对政府主要领导人和政府部门主要负责人依法给予降级或者撤职的行政处分；造成传染病传播、流行或者对社会公众健康造成其他严重危害后果的，依法给予开除的行政处分；构成犯罪的，依法追究刑事责任。

第四十七条 突发事件发生后，县级以上地方人民政府及其有关部门对上级人民政府有关部门的调查不予配合，或者采取其他方式阻碍、干涉调查的，对政府主要领导人和政府部门主要负责人依法给予降级或者撤职的行政处分；构成犯罪的，依法追究刑事责任。

第四十八条 县级以上各级人民政府卫生行政主管部门和其他有关部门在突发事件调查、控制、医疗救治工作中玩忽职守、失职、渎职的，由本级人民政府或者上级人民政府有关部门责令改正、通报批评、给予警告；对主要负责人、负有责任的主管人员和其他责任人员依法给予降级、撤职的行政处分；造成传染病传播、流行或者对社会公众健康造成其他严重危害后果的，依法给予开除的行政处分；构成犯罪的，依法追究刑事责任。

第四十九条 县级以上各级人民政府有关部门拒不履行应急处理职责的，由同级人民政府或者上级人民政府有关部门责令改正、通报批评、给予警告；对主要负责人、负有责任的主管人员和其他责任人员依法给予降级、撤职的行政处分；造成传染病传播、流行或者对社会公众健康造成其他严重危害后果的，依法给予开除的行政处分；构成犯罪的，依法追究刑事责任。

第五十条 医疗卫生机构有下列行为之一的，由卫生行政主管部门责令改正、通报批评、给予警告；情节严重的，吊销《医疗机构执业许可证》；对主要负责人、负有责任的主管人员和其他直接责任人员依法给予降级或者撤职的纪律处分；造成传染病传播、流行或者对社会公众健康造成其他严重危害后果，构成犯罪的，依法追究刑事责任：

（一）未依照本条例的规定履行报告职责，隐瞒、缓报或者谎报的；

（二）未依照本条例的规定及时采取控制措施的；

（三）未依照本条例的规定履行突发事件监测职责的；

（四）拒绝接诊病人的；

（五）拒不服从突发事件应急处理指挥部调度的。

第五十一条 在突发事件应急处理工作中，有关单位和个人未依照本条例的规定履行报告职责，隐瞒、缓报或者谎报，阻碍突发事件应急处理工作人员执行职务，拒绝国务院卫生行政主管部门或者其他有关部门指定的专业技术机构进入突发事件现场，或者不配合调查、采样、技术分析和检验的，对有关责任人员依法给予行政处分或者纪律处分；触犯《中华人民共和国治安管理处罚条例》，构成违反治安管理行为的，由公安机关依法予以处罚；构成犯罪的，依法追究刑事责任。

第五十二条 在突发事件发生期间，散布谣言、哄抬物价、欺骗消费者，扰乱社会秩序、市场秩序的，由公安机关或者工商行政管理部门依法给予行政处罚；构成犯罪的，依法追究刑事责任。

第六章 附 则

第五十三条 中国人民解放军、武装警察部队医疗卫生机构参与突发事件应急处理的，依照本条例的规定和军队的相关规定执行。

第五十四条 本条例自公布之日起施行。

全国环境监测管理条例

（1983年7月21日，城乡建设环境保护部发布）

第一章 总 则

第一条 根据《中华人民共和国环境保护法（试行）》第二十六条关于国务院环境保护机构“统一组织环境监测，调查和掌握全国环境状况和发展趋势，提出改善措施”的规定，以及《国务院关于在国民经济调整时期加强环境保护工作的决定》，制定本条例。

第二条 环境监测的任务，是对环境中各项要素进行经常性监测，掌握和评价环境质量状况及发展趋势；对各有关单位排放污染物的情况进行监视性监测；为政府部门执行各项环境法规、标准，全面开展环境管理工作提供准确、可靠的监测数据和资料；开展环境测试技术研究，促进环境监测技术的发展。

第三条 环境监测工作在各级环境保护主管部门的统一规划、组织和协调下进行。各部门、企事业单位的环境测试机构参加环境保护主管部门组织的各级环境监测网。

第二章 环境监测机构

第四条 城乡建设环境保护部设置全国环境监测管理机构；各省、自治区、直辖市和重点省辖市的环境保护部门设置监测处和科；市以下的环境保护部门亦应设置相应的环境监测管理机构或专人，统一管理环境监测工作。

第五条 全国环境保护系统设置四级环境监测站：

一级站：中国环境监测总站；

二级站：各省、自治区、直辖市设置省级环境监测中心站；

三级站：各省辖市设置市环境监测站（或中心站）（行署、盟可视机构调整后情况确定，暂不作规定）；

四级站：各县、旗、县级市、大城市的区设置环境监测站。

第六条 各级环境监测站受同级环境保护主管部门的领导。业务上受上一级环境监测站的指导。

第七条 各级环境监测站的建设规模及主要仪器装备的配置，按附表的范围结合当地情况确定。

各部门、企事业单位的环境监测站的设置及规模，由各主管部门自行确定。

第八条 各级环境监测站是科学技术事业单位。同时根据主管部门的授权范围，对破坏和污染环境的行为行使监督和检查权力。各级环境监测站的事业费纳入同级地方财政预算，其标准为每人每年不少于 3 000 至 3 500 元。

第三章　职责与职能

第九条　各级环境保护主管部门在环境监测管理方面的主要职责是：

1. 领导所辖区域内的环境监测工作，下达各项环境监测任务；

2. 制定环境监测工作及监测站网的建设、发展规划和计划，并监督其实施；

3. 制定环境监测条例、各项工作制度、业务考核制度、人员培养计划及监测技术规范；

4. 组织和协调所辖区域内环境监测网工作，负责安排综合性环境调查和质量评价；

5. 组织编报环境监测月报、年报和环境质量报告书；

6. 组织审核环境监测的技术方案及评定其成果，审定环境质量评价的理论及其实践价值；

7. 组织开展环境监测的国内外技术合作及经验交流。

第十条　中国环境监测总站的主要职责是：

1. 参与制定全国环境监测工作的规划和年度计划；

2. 对各级环境监测站进行业务、技术指导，负责全国环境监测网业务上的组织协调工作，组织环境监测技术交流和各级环境监测技术人员的技术培训及业务考核；

3. 组织研究环境监测数据的统计分析方法，收集、储存、整理、汇总全国环境监测数据资料，编制全国环境监测年鉴，编制环境污染图表，综合分析全国环境质量状况，定期向城乡建设环境保护部提出报告；

4. 负责全国环境监测的质量保证工作，组织开展环境监测新技术、新方法的研究，组织研制、生产、分发环境监测标准参考物质，筛选和确认全国统一采用的环境监测仪器装备；

5. 承担国家综合性的环境调查和重大污染事故调查，负责国内重大污染事故纠纷和国际间环境纠纷的技术仲裁；

6. 参加制订和修订国家各类环境标准和技术规范；

7. 参加编写全国环境质量报告书；

8. 受城乡建设环境保护部委托，参加国家重大新建、改建、扩建项目环境影响报告书的审查和治理工程环境效益的监测。

第十一条　省级环境监测中心站的主要职能是：

1. 参与制订本区域环境监测工作的规划和年度计划；

2. 收集、整理、汇总和储存本区域的环境监测数据资料，为报出各类监测报告提供基础数据，编报本区域的环境污染年鉴；

3. 对下级环境监测站进行业务、技术指导，负责本区域环境监测网业务上的组织协调工作，组织本区域内环境监测技术交流和下级环境监测技术人员的技术培训及业务考核；

4．负责本区域环境监测的质量保证工作；

5．承担本区域内综合性环境调查及环境污染纠纷的技术仲裁；

6．参加制订和修订地方环境标准和技术规定，承担国家环境标准制订、修订任务和验证工作及提供依据材料；

7．承担本区域环境质量评价和监测技术的研究，参加编写本区域环境质量报告书；

8．受环境保护主管部门委托，参加污染事件调查和建设项目影响报告书的审查，进行治理工程环境效益的监测。

第十二条 市级环境监测站的主要职能是：

1．对本市大气、水体、土壤、生物、噪声、放射性等各种环境要素的质量状况，按国家统一规定的要求，进行经常性监测、分析、收集、储存和整理环境监测数据资料，定期向同级环境保护主管部门和上级监测站呈报本市环境质量状况和污染动态的技术报告；

2．对本市各有关单位排放污染物的状况进行定期或不定期的监视性测定，建立和健全污染源档案，为加强污染源管理和排污收费提供监测数据。各地排污收集管理单位不另设测试机构；

3．参加制订本市环境监测规划和计划，完成主管部门为进行环境管理所需要的各项监测任务；

4．负责本市环境质量评价，参加编写本市环境质量报告书，编制本市环境监测年鉴；

5．负责本市环境监测网的业务组织和协调，组织技术交流和监测人员培训；

6．研究野外作业、采样、布点、样品运输、贮存、分析测定等各重要技术环节中存在的问题，促进监测技术的不断发展；

7．承担国家和地方性环境标准、技术规范、环境测试新技术、新方法的验证任务，参加地方环境标准的制订、修订；

8．参加本市污染事件调查，负责环境污染纠纷的技术仲裁。

第十三条 县、旗、县级市、大城市区环境监测站的主要职能是：

1．对本县（市、区）内各种环境要素的质量状况按照国家统一规定的要求，制订监测计划和进行经常性的监测。定期向上级站报送监测数据，编报本县环境质量报告书；

2．对县（市、区）内排放污染物的单位进行定期或不定期的监测，建立污染源档案，监督和检查各单位执行各类环境法规和标准的情况。为排污收费等环境管理提供监测数据；

3．完成环境保护主管部门为进行环境管理所需要的各项监测任务；

4．参加县（市、区）内污染事件调查，为仲裁环境污染纠纷提供监测数据；

5．宣传环境保护的方针政策，积极组织和发动群众参加环境监督活动，组织群众性的环境监测网。

第十四条 各部门的专业监测机构（包括海域或流域的监测机构）主要职能是：

1．参与制订本系统、本部门环境监测规划和计划；

2．参与国家或地区的环境监测网，按统一计划和要求进行环境监测工作，对所辖方面和范围内的环境状况进行监测；负责组织本系统或本流域的环境监测网的活动；

3. 参加本部门或本地区所承担的各项环境标准制订、修订工作，为其提供制定、修订的依据，参加国家或地方环境标准的讨论和审议；

4. 参加本系统重大污染事件调查；组织检查所属单位遵守各项环境法规和标准的情况；

5. 参加本系统、本部门所属企事业单位新建、改建、扩建工程的环境影响评价；

6. 汇总本系统或本流域环境监测数据资料，绘制污染动态图表，建立污染源档案；

7. 企业事业单位的监测站，负责对本单位的排污情况进行定期监测，及时掌握本单位的排污状况和变化趋势，其监测数据和资料向主管部门报送的同时，要报当地环境监测站，各单位的监测机构参加当地环境监测网工作；

8. 组织本部门行业监测技术研究，培训技术人员和开展技术交流；

9. 卫生、水利、海洋等部门的环境监测站，除负责本系统专业环境监测的职责外，同时要配合地方环境监测站参与环保主管部门组织的有关重大污染事件的调查。

第四章　监测站的管理

第十五条　各级环境监测站实行党委（支部）领导下的站长分工负责制。

站长应由专业技术干部担任。

第十六条　监测站的人员配置应以专业技术人员为主，其业务技术人员的比例不低于总人数的百分之八十。

中级以上技术人员在业务技术人员中的比例为：一、二级站中不低于 50%；三级站中不低于 30%，四级站中至少有 1 至 2 名。

第十七条　监测技术人员（包括化验分析、研究、管理）的技术职称，按原国务院环境保护领导小组和国务院科技干部局关于“环境保护干部技术职称暂行办法”执行。

监测技术人员待遇与环境科研单位的技术人员相同。

第十八条　国家建立环境监察员制度。各级环境监测站设环境监察员，凡监测站工作人员经考试合格后授予国家各级环境监察员证书。环境监察员证书由城乡建设环境保护部统一制作颁发。

环境监察员是环境监测站对各单位及个人排放污染物的情况和破坏或影响环境质量的行为进行监测和监督检查的代表。

第十九条　环境监测工作人员，由国家统一设计制式服装。各级环境监测站的工作人员在执行监测和监督检查任务时，应穿着国家统一设计的服装，环境监察员要佩带监察员标志。

第二十条　各级监测站应认真作好监测质量管理工作，确保监测数据资料的准确、可靠。

第二十一条　监测数据、资料、成果均为国家所有，任何个人无权独占。未经主管部门许可，任何个人和单位不得引用和发表尚未正式公布的监测数据和资料。属于机密性数据、资料要严格按照保密制度管理。任何监测数据、资料、成果向外界提供，要履行审批手续。

环境监测数据、资料及各类报告，及重要监测技术成果，与其他环境保护科研成果同等对待，参与科研成果评定。

第二十二条 各级环境监测站要加强对监测仪器设备的管理工作。建立健全各项仪器设备和药品试剂的使用和管理制度。重大事故要及时向主管部门报告。

监测用车是环境监测、科研专用设备，不得改作他用。

第二十三条 各级环境监测站的行政、后勤工作，必须保证为监测业务服务，有意刁难业务人员或给监测业务工作制造障碍者，站长有权给予严肃处理。

第二十四条 接触有毒有害物质和从事污染源调查、分析、采样和管理的工作人员，按照规定享受劳动保护待遇和津贴。

第五章 环境监测网

第二十五条 根据国务院（81）27 号文件关于“由环境保护部门牵头，把各有关部门的监测力量组织起来，密切配合，形成全国监测网络”的要求，建立环境监测网。

第二十六条 全国环境监测网分为国家网、省级网和市级网三级。

各级环境保护主管部门的环境监测管理机构负责环境监测网的组织和领导工作。中国环境监测总站及地方的省级环境监测中心站、市级环境监测站分别为国家网、省级网和市级网的业务牵头单位。

各大水系、海洋、农业分别成立水系、海洋和农业环境监测网，属于国家网内的二级网。

国家环境监测网由省级环境监测中心站、国家各部门的专业环境监测站及各大水系、海域监测网的牵头单位等组成。省级网、市级网分别由相应的单位组成。

环境监测网中的各成员单位互为协作关系，其业务、行政的隶属关系不变。

监测网内各成员单位的分工及其工作细则，详见环境监测网工作章程。环境监测网工作章程由城乡建设环境保护部另订。

第二十七条 环境监测网的任务是联合协作，开展各项环境监测活动，汇总资料、综合整理，为向各级政府全面报告环境质量状况提供基础数据和资料。

第六章 报告制度

第二十八条 环境监测实行月报、年报和定期编报环境质量报告书的制度。

监测月报目前以一事一报为主，逐步形成一事一报与定期定式相结合的形式。

建立自动连续监测站的地区，要逐渐建立监测日报制度，按照统一格式逐日报告监测数据和环境质量状况。

第二十九条 环境监测月报、年报和环境质量报告书，均由各级环境保护主管部门向同级人民政府及上级环境保护主管部门报出。

各级环境监测站，按环境保护主管部门的要求，定时提供各类报告的基础数据和资料。并一年一度编写监测年鉴。监测年鉴及有关数据在报主管部门的同时，抄送上一级监测站。

第七章　附　则

第三十条　各省、自治区、直辖市城乡建设环境保护厅（环保局）可根据本条例的原则，制订具体实施细则。

第三十一条　本条例自公布之日起生效。本条例关于各级环境监测站的建设规模、人员编制和仪器设备装置标准的附表，为条例的正式内容。

第三十二条　本条例由城乡建设环境保护部负责解释。

附表一

各级环境监测站的建设规模和人员编制

监测站级别	建设规模适用范围及情况	监测工作用房面积（平方米）	人员编制
一级站	中国环境监测总站		
二级站	边远工业薄弱的省、自治区	2000～3000	50～80 人
	人口稠密、工业发达的省、自治区	2500～5000	80～120 人
	直辖市监测中心站	5000～6000	180～250 人
三级站	二百万人口以上城市监测站	4000～5000	120～150 人
	百万至二百万人口城市监测站	3000～4000	80～130 人
	五十万至一百万人口城市监测站	2000～3000	40～80 人
	五十万以下人口城市监测站	1000～2000	30～60 人
四级站	县、旗、县级市、大城市的区	400～800	10～20 人

附表二

各级环境监测站仪器设备装备标准（台件）

仪器名称	总站	省级站	省辖市站	县（区）站
分析天平 1／万	3～5	3～5	3～5	2～4
分析天平 1／10 万	1～2	1～2	1～2	1
72 型分光光度计	3～5	3～5	3～5	2
pH 电位计	2	2	2	2
极谱仪	2	2	2	2
气相色谱仪	3～5	3～5	3～5	2
紫外分光光度计	2	2	2	1
红外分光光度计	2	2	2	1
原子吸收分光光度计	2	2	2	1
荧光分光光度计	2	1	1	—

仪器名称	总站	省级站	省辖市站	县（区）站
X 荧光光度计	1	1	—	—
液相色谱仪	2	1	1	—
色质谱联用仪	1	1	—	—
光栅仪（1～4 米）	1	1	1	—
BOD_5 测定仪	2	1	1	1
TOC 测定仪	1	1	1	1
自动电位滴定仪	2	2	2	2
声级计	6	6	8～10	4
大型采样器	此类设备各站自行确定数量，经当地环保局同意后可装备			
水质采样器	总站	省辖市站		
烟道采样器	总站	省辖市站		
飘尘采样器	总站	省辖市站		
显微镜（普通）	总站	省辖市站		
显微镜（高倍）	总站	省辖总站		
电冰箱	总站			
监测车	自定		自定	1～3
采样船				

污染源监测管理办法

（国家环保总局1999年11月1日　环发［1999］246号）

第一章　总　则

第一条　为加强污染源监测管理，根据《中华人民共和国环境保护法》第十一条的规定制定本办法。

第二条　本办法适用于产生和排放污染物单位的排污状况监测。放射性污染源、流动污染源监测不适用本办法。

第三条　污染源监测是指对污染物排放出口的排污监测，固体废物的产生、贮存、处置、利用排放点监测，防治污染设施运行效果监测，"三同时"项目竣工验收监测，现有污染源治理项目（含限期治理项目）竣工验收监测，排污许可证执行情况监测，污染事故应急监测等。

第四条　凡从事污染源监测的单位，必须通过国家环保总局或省级环境保护局组织的资质认证，认证合格后可开展污染源监测工作，资质认证办法另行制订。污染源监测必须统一执行国家环保总局颁布的《污染源监测技术规范》。

第二章　任务分工

第五条　省级以下各级环境保护局负责组织对污染源排污状况进行监督性监测，其主要职责是：

（一）组织编制污染源年度监测计划，并监督实施。

（二）组织开展排污单位的排污申报登记，组织对污染源进行不定期监督监测。

（三）组织编制本辖区污染源排污状况报告并发布。

（四）组织对本地区污染源监测机构的日常质量保证考核和管理。

第六条　各级环境保护局所属环境监测站具体负责对污染源排污状况进行监督性监测，其主要职责是：

（一）具体实施对本地区污染源排污状况的监督性监测，建立污染源排污监测档案。

（二）组建污染源监测网络，承担污染源监测网的技术中心、数据中心和网络中心，并负责对监测网的日常管理和技术交流。

（三）对排污单位的申报监测结果进行审核，对有异议的数据进行抽测，对排污单位安装的连续自动监测仪器进行质量控制。

（四）开展污染事故应急监测与污染纠纷仲裁监测，参加本地区重大污染事故调查。

（五）向主管环境保护局报告污染源监督监测结果，提交排污单位经审核合格后的监测数据，供环境保护局作为执法管理的依据。

（六）承担主管环境保护局和上级环境保护局下达的污染源监督监测任务，为环境管理提供技术支持。

第七条 行业主管部门设置的污染源监测机构负责对本部门所属污染源实施监测，行使本部门所赋予的监督权力。其主要职责是：

（一）对本部门所辖排污单位排放污染物状况和防治污染设施运行情况进行监测，建立污染源档案。

（二）参加本部门重大污染事故调查。

（三）对本部门所属企业单位的监测站（化验室）进行技术指导、专业培训和业务考核。

第八条 排污单位的环境监测机构负责对本单位排放污染物状况和防治污染设施运行情况进行定期监测，建立污染源档案，对污染源监测结果负责，并按规定向当地环境保护局报告排污情况。

第三章 污染源监测网络

第九条 各级环境保护局负责组建辖区内的污染源监测网，领导所辖区域的污染源监测工作。

各级环境保护局所属环境监测站是各级污染源监测网的组长单位。负责安排所辖区域污染源监测网成员单位按照职责范围开展监测工作。

第十条 凡通过国家环保总局或省、自治区、直辖市环境保护局组织的资质认证、承认网络章程的监测机构，均可向所在地环境保护局申请加入污染源监测网，经审查合格后，由受理申请的环境保护局批准。参加污染源监测网的各监测机构原有名称、隶属关系、人事管理和经费来源均保持不变。

第十一条 污染源监测网的各成员单位在监测网的统一安排下，可承担本部门、本单位以外的污染源排污监测、防治污染设施运行效果监测和根据环境管理需要开展的各种污染源监测，并对监测结果负责。

第十二条 网络主管环境保护局负责监督污染源监测网做好污染源监测的质量保证工作，并建立相应的质量监督机制，网络主管环境保护局所属环境监测站负责对污染源监测网成员单位进行定期质控考核及技术监督。

第四章 污染源监测管理

第十三条 排污单位所在地环境保护局应根据排污单位的行业特点、环境管理的需要、排放污染物的类别和国家污染物排放标准，规定排污单位在对其污染物排污口、污染处理设施进行定期监测时，应监测的项目、点位、频次和数据上报等要求。

不具备监测能力的排污单位可委托当地环境保护局所属环境监测站或经环境保护局考核合格的监测机构进行监测。

第十四条 建设项目在正式投产或使用前和现有污染源治理设施建成投入使用前，建设单位必须向负责项目审批的环境保护局申请“三同时”竣工验收监测或治理设施的竣工验收监测，监测由环境保护监测机构负责实施，其监测结果是验收的依据。

第十五条 各级环境保护局所属环境监测站可接受环境污染纠纷当事人的委托进行监测，并应及时向环境保护局报告。纠纷当事人对监测数据有异议时，可向上一级环境保护局所属环境监测站申请进行复核。

第十六条 环境监测人员到排污单位进行现场监测时，必须出示有效证件。被监测单位应协助环境监测人员开展工作，任何单位和个人不得以任何借口加以阻挠。

进入军队或保密单位进行监测，应预先通知其主管部门。监测人员执行任务时，必须严格遵守保密规定，为被监测单位保守秘密。

第五章　污染源监测设施的管理

第十七条 各级环境保护局应按国家环保总局的统一要求，监督所辖地区排污单位规范其污染物排放口，安装统一的标志牌。

第十八条 国家、省、自治区、直辖市和市环境保护局重点控制的排放污染物单位应安装自动连续监测设备，所安装的监测设备必须经国家环保总局质量检测机构的考核认可。

污染源监测设施一经安装，任何单位和个人不得擅自改动，确需改动的必须报原批准安装的环境保护局批准。

第十九条 排污单位应将已安装的污染源监测设施的维护管理纳入本单位管理体系，遵守下列要求：

（一）污染源监测设施应与本单位污染治理设施同时运行，同等维护和保养，同时参与考评。

（二）对污染源监测设施应建立健全岗位责任制、操作规程及分析化验制度。

（三）建立污染源监测设施日常运行情况记录和设备台账，接受所在地环境保护局的监督检查。

第二十条 省以下各级环境保护局可委托所属环境监理机构负责对本地区排污单位安装的污染源监测设施进行监督管理和现场监督检查；所属环境监测站对污染源监测设施进行计量监督和稳定运行的监督抽测，对污染源监测设施采集的监测数据进行综合分析。

第六章　污染源监测结果报告

第二十一条 各级环境保护局负责根据环境管理的需要，明确各类污染源监测数据的有效期限，超过有效期的污染源监测数据不得作为环境管理的依据。

第二十二条 承担由污染源监测网统一安排的污染源监测任务的网络成员单位，应定期向网络负责单位报告污染源监测结果。

已安装自动连续监测设施的污染物排放单位应将监测设备与当地环境保护局监测网直接联网，将监测结果直报环境管理部门。

第二十三条 省以下各级环境保护局所属环境监测站负责定期将污染源监测结果和排污申报数据，在做出适当分析后报告同级环境保护局和上级环境监测站。对在实际监测和数据审核中发现的违法、违规情况，应及时报告同级环境保护局或通报环境监理机构。

第二十四条 各级环境保护局对审核合格或未提出异议的监测数据应直接用于各项环境管理工作。

第七章 处 罚

第二十五条 对在污染源监测中不符合国家有关质量保证规定的污染源监测机构，由其上级环境保护局提出限期整改要求，整改期间的污染源监测数据视为无效数据。屡教不改的，由负责其资质认证的环境保护局取消其污染源监测资格。

对在污染源监测过程中弄虚作假、编造数据的污染源监测单位，由负责其资质认证的环境保护局取消其污染源监测资格。

第二十六条 对逾期未安装污染源监测设施或擅自拆除、闲置污染源监测设施的排污单位，由负责对其进行监督管理的环境保护局责令其限期改正。

第二十七条 监测工作人员在履行职责的过程中弄虚作假，发生违法、违规行为的，由其主管环境保护局依照有关规定追究有关人员的责任。

第八章 附 则

第二十八条 本办法中规定的污染源监督性监测不得收取监测费用，所需费用由各级环境保护局负责解决。

建设项目“三同时”竣工验收监测、委托监测、污染纠纷监测等所需经费由排污单位或委托方承担，收费持省级以上物价部门颁发的收费许可证并按国家规定的监测服务收费标准执行。

第二十九条 本办法由国家环保总局负责解释。

第三十条 本办法自公布之日起执行，原《工业污染源监测管理办法（暂行）》（(91)环监字第086号）同时废止。

污染源自动监控管理办法

国家环境保护总局令

第28号

《污染源自动监控管理办法》已于2005年7月7日由国家环境保护总局2005年第十次局务会议通过，现予公布，自2005年11月1日起施行。

国家环境保护总局局长　解振华

2005年9月19日

第一章　总　则

第一条　为加强污染源监管，实施污染物排放总量控制与排污许可证制度和排污收费制度，预防污染事故，提高环境管理科学化、信息化水平，根据《水污染防治法》、《大气污染防治法》、《环境噪声污染防治法》、《水污染防治法实施细则》、《建设项目环境保护管理条例》和《排污费征收使用管理条例》等有关环境保护法律法规，制定本办法。

第二条　本办法适用于重点污染源自动监控系统的监督管理。

重点污染源水污染物、大气污染物和噪声排放自动监控系统的建设、管理和运行维护，必须遵守本办法。

第三条　本办法所称自动监控系统，由自动监控设备和监控中心组成。

自动监控设备是指在污染源现场安装的用于监控、监测污染物排放的仪器、流量（速）计、污染治理设施运行记录仪和数据采集传输仪等仪器、仪表，是污染防治设施的组成部分。

监控中心是指环境保护部门通过通信传输线路与自动监控设备连接用于对重点污染源实施自动监控的计算机软件和设备等。

第四条　自动监控系统经环境保护部门检查合格并正常运行的，其数据作为环境保护部门进行排污申报核定、排污许可证发放、总量控制、环境统计、排污费征收和现场环境执法等环境监督管理的依据，并按照有关规定向社会公开。

第五条　国家环境保护总局负责指导全国重点污染源自动监控工作，制定有关工作制度和技术规范。

地方环境保护部门根据国家环境保护总局的要求按照统筹规划、保证重点、兼顾一般、量力而行的原则，确定需要自动监控的重点污染源，制定工作计划。

第六条 环境监察机构负责以下工作：

（一）参与制定工作计划，并组织实施；

（二）核实自动监控设备的选用、安装、使用是否符合要求；

（三）对自动监控系统的建设、运行和维护等进行监督检查；

（四）本行政区域内重点污染源自动监控系统联网监控管理；

（五）核定自动监控数据，并向同级环境保护部门和上级环境监察机构等联网报送；

（六）对不按照规定建立或者擅自拆除、闲置、关闭及不正常使用自动监控系统的排污单位提出依法处罚的意见。

第七条 环境监测机构负责以下工作：

（一）指导自动监控设备的选用、安装和使用；

（二）对自动监控设备进行定期比对监测，提出自动监控数据有效性的意见。

第八条 环境信息机构负责以下工作：

（一）指导自动监控系统的软件开发；

（二）指导自动监控系统的联网，核实自动监控系统的联网是否符合国家环境保护总局制定的技术规范；

（三）协助环境监察机构对自动监控系统的联网运行进行维护管理。

第九条 任何单位和个人都有保护自动监控系统的义务，并有权对闲置、拆除、破坏以及擅自改动自动监控系统参数和数据等不正常使用自动监控系统的行为进行举报。

第二章 自动监控系统的建设

第十条 列入污染源自动监控计划的排污单位，应当按照规定的时限建设、安装自动监控设备及其配套设施，配合自动监控系统的联网。

第十一条 新建、改建、扩建和技术改造项目应当根据经批准的环境影响评价文件的要求建设、安装自动监控设备及其配套设施，作为环境保护设施的组成部分，与主体工程同时设计、同时施工、同时投入使用。

第十二条 建设自动监控系统必须符合下列要求：

（一）自动监控设备中的相关仪器应当选用经国家环境保护总局指定的环境监测仪器检测机构适用性检测合格的产品；

（二）数据采集和传输符合国家有关污染源在线自动监控（监测）系统数据传输和接口标准的技术规范；

（三）自动监控设备应安装在符合环境保护规范要求的排污口；

（四）按照国家有关环境监测技术规范，环境监测仪器的比对监测应当合格；

（五）自动监控设备与监控中心能够稳定联网；

（六）建立自动监控系统运行、使用、管理制度。

第十三条 自动监控设备的建设、运行和维护经费由排污单位自筹，环境保护部门可以给予补助；监控中心的建设和运行、维护经费由环境保护部门编报预算申请经费。

第三章 自动监控系统的运行、维护和管理

第十四条 自动监控系统的运行和维护，应当遵守以下规定：

（一）自动监控设备的操作人员应当按国家相关规定，经培训考核合格、持证上岗；

（二）自动监控设备的使用、运行、维护符合有关技术规范；

（三）定期进行比对监测；

（四）建立自动监控系统运行记录；

（五）自动监控设备因故障不能正常采集、传输数据时，应当及时检修并向环境监察机构报告，必要时应当采用人工监测方法报送数据。

自动监控系统由第三方运行和维护的，接受委托的第三方应当依据《环境污染治理设施运营资质许可管理办法》的规定，申请取得环境污染治理设施运营资质证书。

第十五条 自动监控设备需要维修、停用、拆除或者更换的，应当事先报经环境监察机构批准同意。

环境监察机构应当自收到排污单位的报告之日起 7 日内予以批复；逾期不批复的，视为同意。

第四章 罚 则

第十六条 违反本办法规定，现有排污单位未按规定的期限完成安装自动监控设备及其配套设施的，由县级以上环境保护部门责令限期改正，并可处 1 万元以下的罚款。

第十七条 违反本办法规定，新建、改建、扩建和技术改造的项目未安装自动监控设备及其配套设施，或者未经验收或者验收不合格的，主体工程即正式投入生产或者使用的，由审批该建设项目环境影响评价文件的环境保护部门依据《建设项目环境保护管理条例》责令停止主体工程生产或者使用，可以处10万元以下的罚款。

第十八条 违反本办法规定，有下列行为之一的，由县级以上地方环境保护部门按以下规定处理：

（一）故意不正常使用水污染物排放自动监控系统，或者未经环境保护部门批准，擅自拆除、闲置、破坏水污染物排放自动监控系统，排放污染物超过规定标准的；

（二）不正常使用大气污染物排放自动监控系统，或者未经环境保护部门批准，擅自拆除、闲置、破坏大气污染物排放自动监控系统的；

（三）未经环境保护部门批准，擅自拆除、闲置、破坏环境噪声排放自动监控系统，致使环境噪声排放超过规定标准的。

有前款第（一）项行为的，依据《水污染防治法》第四十八条和《水污染防治法实

施细则》第四十一条的规定，责令恢复正常使用或者限期重新安装使用，并处 10 万元以下的罚款；有前款第（二）项行为的，依据《大气污染防治法》第四十六条的规定，责令停止违法行为，限期改正，给予警告或者处 5 万元以下罚款；有前款第（三）项行为的，依据《环境噪声污染防治法》第五十条的规定，责令改正，处 3 万元以下罚款。

第五章　附　则

第十九条　本办法自 2005 年 11 月 1 日起施行。

关于国家重点企业工业污染源达标排放有关问题的通知

（国家环保总局2001年1月5日　环发［2001］3号）

近日，国家环保总局与国家经贸委就部分国有大型企业工业污染源实现达标的经验和存在的问题进行交流和深入探讨。经研究，现就国家重点企业工业污染源达标排放的有关问题通知如下：

一、各地必须严格按照《国务院关于环境保护若干问题的决定》的要求，认真做好辖区内国家重点工业污染企业主要污染物排放达标工作，切实作到一厂一策，实施分类指导，分类管理。

1．对已经达标或依法关闭停产的企业，要加大现场监督力度，防止超标反弹或死灰复燃，确保企业稳定达标。

2．对治污设施已经进入调试阶段的企业，要抓紧作好达标验收的前期准备工作。

3．对正在组织施工的企业，要督促企业严格按照方案规定的要求，加快施工进度，保证工程质量和完工时间。

4．对正在进行方案设计和没有采取治污措施的企业，要一家一家落实，属于国家政策淘汰范围的要坚决淘汰。

5．对新的生产设施已经投产、被替代的老生产设施仍在生产并超标排污的企业，环保部门和经贸部门要联合建议政府依法关停被替代的老生产设施，不允许此类生产装置继续使用。

二、鉴于国家重点企业的历史原因及在国民经济发展中的作用，为处理好企业环保达标与经济发展及社会稳定的关系，对既不能按期完成达标任务又难以实施停产治理的国家重点企业，各地可以根据治污工程或技术改造工程的具体情况，定出企业达标计划，限期达标。申请限期达标的企业应具备下列条件：

1．属于国家经贸委确定的520户国家重点企业。

2．治理设施已经开工，资金已落实、技术可靠；年底前主要超标污染物治理工程仍未开工建设的企业不予考虑。

3．采用的是国际或国内先进的污染治理技术或与技术改造相结合的措施。

三、各地环保部门和经贸部门要严格根据上述要求，认真筛选符合条件的企业，并按照下列程序进行审批。

1．由企业提出限期达标申请，定出缓期达标的实施计划。企业的达标方案应有明确的资金来源和可靠的技术保证措施，企业的达标目标不再是目前的主要污染物基本达标，而应是所有污染物全面达标排放；同时，承诺实施在限期达标期间减少污染物排放的限产措施或实施清洁生产的减排措施。申请书和达标方案经当地环保部门和经贸委同意后，上报省（自治区、直辖市）环保局、经贸委审核。

2．由各省（自治区、直辖市）环保局、经贸委逐家审核企业上报情况，核定达标期限和企业的各项减排措施。对符合条件的申请限期达标企业统一汇总后，向省级政府作出报告。

3．经省级政府同意后，由省级政府报国务院，同时抄送国家环保总局和国家经贸委。

4．省级环保部门要依据环境保护法履行相关的法律程序，对获批准的企业再次作出限期治理决定，规定企业的最后达标期限。限期达标的期限，以正在实施的技术改造项目完成时间为限，原则上不超过 2002 年 12 月 31 日。

四、在未得到国务院批准之前，各企业仍应执行辖区内地方政府的要求，不得以此为理由拖延执行当地政府的各项决定。

各级政府的有关部门在企业限期达标计划批准后，应加强对此类企业的监督管理，重点放在减排措施的执行情况和治污或技改工程的进展情况。对到规定期限后仍不能达标的企业，要坚决依法处理。

环境污染与破坏事故新闻发布管理办法

（国家环保总局办公厅2002年11月26日 环办［2002］137号）

第一条 为加强和规范国家环保总局（以下简称总局）机关和直属单位、派出机构对环境污染与破坏事故新闻发布的管理，加强舆论引导，维护公众环境知情权益和维护社会稳定，促进政务公开，特制定本办法。

第二条 本办法所称环境污染与破坏事故，是指由于违反环境保护法律、法规的经济、社会活动与行为，以及意外因素的影响或不可抗拒的自然灾害等原因致使环境受到污染，国家重点保护的野生动植物、自然保护区受到破坏，人体健康受到危害，社会经济与人民财产遭受损失，造成不良社会影响的突发性事件。

第三条 环境污染与破坏事故根据程度分为一般环境污染与破坏事故、重大环境污染与破坏事故、特大环境污染与破坏事故。

第四条 环境污染与破坏事故的新闻发布实行分级管理。一般环境污染与破坏事故的新闻发布由事故发生地的省、自治区、直辖市环境保护部门发布，报总局备案。重大、特大环境污染与破坏事故由总局统一发布。核与辐射事故的发布执行国家有关规定。

第五条 重大、特大环境污染与破坏事故的界定。

（一）有下列情形之一的，为重大环境污染与破坏事故：

1．造成直接经济损失100万元以上；

2．造成人员死亡2人以上，或者重伤5人以上；

3．区域生态功能部分丧失或濒危物种生境严重破坏。

（二）有下列情形之一的，为特大环境污染与破坏事故：

1．造成直接经济损失300万元以上；

2．致使死亡5人以上或者重伤10人以上；

3．区域生态功能完全丧失或濒危物种生境安全破坏。

第六条 一般环境污染和破坏事故造成的环境破坏、经济损失和人体健康的危害应比重大环境污染与破坏事故轻，具体界定标准由省、自治区、直辖市环境保护部门确定。

第七条 环境污染与破坏事故对外发布应当及时、准确，如实告知公众有关事故的真相并注意维护社会稳定大局，总局机关及直属单位、派出机构必须严格遵守报道口径，尊重新闻规律，提高工作效率，树立高效、透明的良好政府形象。

第八条 总局办公厅归口管理和协调环境污染与破坏事故的对外发布，总局宣传教育办公室（以下简称宣教办）具体负责有关新闻发布事宜。总局机关其他部门及直属单位、派出机构和个人不得擅自向社会发布环境污染与破坏事故信息。

第九条 总局办公厅在接到事故报告后，应当迅速责成有关部门了解事故真实情况，并负责召集有关部门拟订对外发布报道口径，按业务归口报总局主管局领导审定后，由总局宣教办组织发布。其中特别重大的事故信息发布口径必须报总局局长审定。

第十条 环境污染与破坏事故的新闻发布可以根据事故性质分别采取新华社通稿、新闻发布会、特邀记者采访报道等形式。发布内容包括环境污染与破坏事故的起因，事故造成环境污染和破坏的情况，事故对水、大气、土壤、生物等环境要素及对人体健康的影响，地方政府和环保部门及有关部门采取的措施等。

第十一条 重大或者特大环境污染与破坏事故发生以后，总局宣教办报经总局主管局领导批准，可酌情邀请新华社等媒体进行现场采访。总局委派的事故调查组负责人为现场新闻发布授权人，负责现场接受记者采访及稿件审理。现场新闻发布授权人可在请示总局主管局领导后召开现场新闻发布会，发布内容报总局宣教办备案。

第十二条 总局各有关部门应当加强对重大或者特大环境污染与破坏事故的舆论引导，建立快速发布机制，避免因发布滞后造成工作被动。对媒体有关环境污染与破坏事故的不准确报道，应当及时通过发布通稿或召开新闻发布会澄清事实真相，以正视听。

第十三条 对适时发布重大、特大环境污染与破坏事故消息，导向正确，产生了积极社会影响的部门和个人给予表扬。对擅自向社会发布环境污染与破坏事故信息、产生不良社会影响，或因工作效率低下导致重大、特大环境污染与破坏事故信息不能及时发布，对舆论缺乏引导，影响总局形象的有关负责人，给予批评。

第十四条 总局宣教办应当及时总结有关新闻发布经验，完善环境污染与破坏事故的新闻发布制度，监督新闻发布制度的实施。

全国人大常委会法制工作委员会关于正确理解和执行《环境保护法》第四十一条第二款的答复

（1992年1月31日，全国人大常委会法制工作委员会）

国家环保局：

你局（91）环法字第440号来函收悉，现答复如下：

我们同意你们的意见。因环境污染损害引起的赔偿责任和赔偿金额的纠纷属于民事纠纷，环境保护行政主管部门依据《中华人民共和国环境保护法》第四十一条第二款规定，根据当事人的请求，对因环境污染损害引起的赔偿责任和赔偿金额的纠纷所作的处理，当事人不服的，可以向人民法院提起民事诉讼，但这是民事纠纷双方当事人之间的民事诉讼，不能以作出处理决定的环境保护行政主管部门为被告提起行政诉讼。

附：国家环保局关于如何正确理解和执行《环境保护法》第四十一条第二款的请示

关于如何正确理解和执行《环境保护法》第四十一条第二款的请示

全国人大常委会法制工作委员会：

根据《中华人民共和国环境保护法》第四十一条第二款的规定，因环境污染损害引起的赔偿责任和赔偿金额的纠纷，可以根据当事人的请求，由环境保护行政主管部门处理；当事人对处理决定不服的，可以向人民法院起诉。其他环境保护法律、法规也多有类似规定。各级环保部门对如何理解法律所指“处理”的含义，以及应以什么方式处理这类纠纷等问题存在很大的争议。因此，各地环保部门具体处理这类纠纷的方式各异，在由此引起的诉讼活动中，地方人民法院的做法也不尽一致，有的地方法院作为民事案件，也有相当多的地方法院作为行政案件受理和审判。地方环保部门对此反应强烈，普遍要求对这个问题进行解释。

关于这个问题，我们的意见是：

1．由于这类纠纷是当事人之间因环境污染损害引起的有关赔偿问题的民事纠纷，环保部门对这类纠纷的处理，在性质上属于行政机关居间对当事人之间民事权益争议的调解处理。环保部门根据当事人的请求，在具体处理这类纠纷时，应当认真调查，在查明事实，分清责任的基础上，通过调解的方式，合理确定赔偿金额，并促成当事人自愿达成协议，解决纠纷。

2．根据最高人民法院《关于贯彻执行〈中华人民共和国行政诉讼法〉若干问题的意见（试行）》（以下简称“意见”），第一条、第四条和第五条的有关规定，环保部门根据当事人的请求，对污染赔偿纠纷所作的处理决定，不同于环保部门依职权主动作出，并体现环保部门单方意志的具体行政行为；它与其他行政部门就赔偿问题所作的裁决和强制性补偿决定在性质上也是有区别的。根据前述“意见”第六条的明确规定，行政机关居间对当事人之间的民事权益争议作调解处理，当事人对调解处理不服，向人民法院起诉的，人民法院不作为行政案件受理。因此，当事人对环保部门就赔偿纠纷所作的调解处理不服而向人民法院起诉的，不应以环保部门作被告提起行政诉讼，而应就原污染赔偿纠纷提起民事诉讼，人民法院也不应作为行政案件受理和审判。

对《中华人民共和国环境保护法》第四十一条第二款关于环保部门处理污染赔偿纠纷的规定，究竟应当如何准确理解和正确执行，我们认为属于“法律条文需要进一步明确界限”的问题，特此请示全国人大常委会法制工作委员会答复。

国家环保局

1991年11月26日

渔业水域污染事故调查处理程序规定

（农业部令第 13 号，1997 年 3 月 26 日）

第一章 总 则

第一条 为及时、公正地调查处理渔业水域污染事故，维护国家、集体和公民的合法权益，根据《中华人民共和国环境保护法》、《中华人民共和国水污染防治法》、《中华人民共和国渔业法》等有关法律法规，制定本规定。

第二条 任何公民、法人或其他组织造成渔业水域污染事故的，应当接受渔政监督管理机构（以下简称主管机构）的调查处理。

各级主管机构调查处理渔业水域污染事故适用本规定。

第三条 本规定所称的渔业水域是指鱼虾贝类的产卵场、索饵场、越冬场、洄游通道和鱼虾贝藻类及其他水生动植物的增养殖场。

第四条 本规定所称的渔业水域污染事故是指由于单位和个人将某种物质和能量引入渔业水域，损坏渔业水体使用功能，影响渔业水域内的生物繁殖、生长或造成该生物死亡、数量减少，以及造成该生物有毒有害物质积累、质量下降等，对渔业资源和渔业生产造成损害的事实。

第二章 污染事故处理管辖

第五条 地（市）、县主管机构依法管辖其监督管理范围内的较大及一般性渔业水域污染事故。

省（自治区、直辖市）主管机构依法管辖其监督管理范围内直接经济损失额在百万元以上的重大渔业水域污染事故。

中华人民共和国渔政渔港监督管理局管辖或指定省级主管机构处理直接经济损失额在千万元以上的特大渔业水域污染事故和涉外渔业水域污染事故。

第六条 中华人民共和国渔政渔港监督管理局成立渔业水域污染事故技术审定委员会，负责全国重大渔业水域污染事故的技术审定工作。

第七条 下级主管机构对其处理范围内的渔业水域污染事故，认为需要由上级主管机构处理的，可报请上级主管机构处理。

第八条 上级主管机构管辖的渔业水域污染事故必要时可以指定下级机构处理。

第九条 对管辖权有争议的渔业水域污染事故，由争议双方协商解决，协商不成的，由共同的上一级主管机构指定机关调查处理。

第十条 指定处理的渔业水域污染事故应办理书面手续。主管机构指定的单位，须在指定权限范围内行使权力。

第十一条 跨行政区域的渔业水域污染纠纷，按照《中华人民共和国水污染防治法》第二十六条的规定，由有关地方人民政府协商解决，或者由其共同的上级人民政府协调解决，主管机构应积极配合有关地方人民政府作好事故的处理工作。

第三章 调查与取证

第十二条 主管机构在发现或接到事故报告后，应做好下列工作：

（一）填写事故报告表，内容包括报告人、事故发生时间、地点、污染损害原因及状况等。

（二）尽快组织渔业环境监测站或有关人员赴现场进行调查取证。重大、特大及涉外渔业水域污染事故应立即向同级人民政府及环境保护主管部门和上一级主管机构报告。

（三）对污染情况复杂、损失较重的污染事故，应参照农业部颁布的《污染死鱼调查方法（淡水）》的规定进行调查取证。

第十三条 渔业执法人员调查处理渔业水域污染事故，应当收集与污染事故有关的各种证据，证据包括书证、物证、视听资料、证人证言、当事人陈述、鉴定结论、现场笔录。

证据必须查证属实，才能作为认定事实的依据。

第十四条 调查渔业水域污染事故，必须制作现场笔录，内容包括：发生事故时间、地点、水体类型、气候、水文、污染物、污染源、污染范围、损失程度等。

笔录应当表述清楚，定量准确，如实记录，并有在场调查的两名渔业执法人员的签名和笔录时间。

第十五条 渔业环境监测站出具的监测数据、鉴定结论或其他具备资格的有关单位出具的鉴定证明是主管机构处理污染事故的依据。

监测数据、鉴定结果报告书由监测鉴定人员签名，并加盖单位公章。

第四章 处理程序

第十六条 因渔业水域污染事故发生的赔偿责任和赔偿金额的纠纷，当事人可以向事故发生地的主管机构申请调解处理，当事人也可以直接向人民法院起诉。

第十七条 主管机构受理当事人事故纠纷调解处理申请应符合下列条件：

（一）必须是双方当事人同意调解处理；

（二）申请人必须是与渔业损失事故纠纷有直接利害关系的单位或个人；

（三）有明确的被申请人和具体的事实依据与请求；

（四）不超越主管机构受理范围。

第十八条 如属当事人一方申请调解的，主管机构有责任通知另一方接受调解，如另一方拒绝接受调解，当事人可直接向人民法院起诉。

第十九条 请求主管机构调解处理的纠纷，当事人必须提交申请书，申请书应写明如下事实：

（一）申请人与被申请人的姓名、性别、年龄、职业、住址、邮政编码等（单位的名称、地址、法定代表人的姓名）；

（二）申请事故，事实和理由；

（三）与事故纠纷有关的证据和其他资料；

（四）请求解决的问题。

申请书一式三份，申请人自留一份，两份递交受理机构。

第二十条 主管机构受理污染事故赔偿纠纷后，可根据需要邀请有关部门的人员参加调解处理工作。

负责和参加处理纠纷的人员与纠纷当事人有利害关系时，应当自行回避，当事人也可提出回避请求。

第二十一条 主管机构应在收到申请书十日内将申请书副本送达被申请人。被申请人在收到申请书副本之日起十五日内提交答辩书和有关证据。被申请人不按期或不提出答辩书的，视为拒绝调解处理，主管机构应告知申请人向人民法院起诉。

第二十二条 调解处理过程中，应召集双方座谈协商。经协商可达到调解协议。

第二十三条 调解协议书经当事人双方和主管机构三方签字盖章后生效。

当事人拒不履行调解协议的，主管机构应督促履行，同时当事人可向人民法院起诉。

第二十四条 当事人对主管机构调解污染事故赔偿纠纷处理决定不服的，可以向人民法院起诉。

第二十五条 调解处理过程中，当事人一方向法院起诉，调解处理终止。

第二十六条 凡污染造成渔业损害事故的，都应赔偿渔业损失，并由主管机构根据情节依照《渔业行政处罚程序规定》对污染单位和个人给予罚款。

第二十七条 凡污染造成人工增殖和天然渔业资源损失的，按污染对渔业资源的损失及渔业生产的损害程度，由主管机构依照《渔业行政处罚程序规定》责令赔偿渔业资源损失。

第五章 附 则

第二十八条 本规定中渔业损失的计算，按农业部颁布的《水域污染事故渔业损失计算方法规定》执行。

第二十九条 本规定中事故报告登记表、现场记录、渔业水域污染事故调解协议书等文书格式，由农业部统一制定。

第三十条 本规定由农业部负责解释。

附件一：渔业水域污染事故报告表（略）

附件二：现场记录（略）

附件三：渔业水域污染事故调解协议书（略）

环境污染治理设施运营资质许可管理办法

（2004年11月8日国家环保总局令第23号公布，自2004年12月10日起施行）

第一章 总 则

第一条 为了提高环境污染治理设施运营管理水平，规范环境污染治理设施运营市场秩序，根据《国务院对确需保留的行政审批项目设定行政许可的决定》的规定，制定本办法。

第二条 本办法适用于在中华人民共和国领域内从事环境污染治理设施运营的活动。

本办法所称环境污染治理设施运营，是指专门从事污染物处理、处置的社会化有偿服务或者以营利为目的根据双方签订的合同承担他人环境污染治理设施运营管理的活动。

第三条 国家对环境污染治理设施运营活动实行运营资质许可制度。

第四条 从事环境污染治理设施运营的单位，必须按照本办法的规定申请获得环境污染治理设施运营资质证书（以下简称资质证书），并按照资质证书的规定从事环境污染治理设施运营活动。

未获得资质证书的单位，不得从事环境污染治理设施运营活动。

第五条 资质证书按照运营业务范围和污染物处理处置规模分为《甲级环境污染治理设施运营资质证书》（以下简称甲级资质证书）、《乙级环境污染治理设施运营资质证书》（以下简称乙级资质证书），甲、乙级资质证书各分为正式证书和临时证书两种。

甲级资质证书和乙级资质证书有效期为 3 年，临时甲级资质证书和临时乙级资质证书有效期为1年。

各级环境污染治理设施运营资质分为生活污水、工业废水、除尘脱硫、工业废气、工业固体废物（危险废物除外）、生活垃圾、自动连续监测等专业类别。

资质证书由国家环保总局按照环境污染治理设施运营资质分级分类标准统一编号、印制。

环境污染治理设施运营资质分级分类标准由国家环保总局制定。

第六条 环境污染治理设施运营资质证书包括下列主要内容：

（一）法人名称、法定代表人、住所；

（二）运营类别与级别；

（三）有效期限；

（四）发证日期和证书编号。

第七条 县级以上环境保护行政主管部门依照本办法的规定，对本行政区域内资质证书实施管理。

第二章 申 请

第八条 申请甲级资质证书或者乙级资质证书的单位，应当符合下列条件：

（一）具有独立企业法人资格或者企业化管理事业单位法人资格；

（二）具有维护设施正常运转的专职运营人员；申请甲级资质的单位应具备不少于 10 名具有专业技术职称的技术人员，其中高级职称不少于 5 名；申请乙级资质的单位应具备不少于 6 名具有专业技术职称的技术人员，其中高级职称不少于 3 名。设施运营现场管理和操作人员应取得污染治理设施运营岗位培训证书；

（三）具有一年以上连续从事环境污染治理设施运营的实践，且运营的污染处理设施排放污染物稳定达到国家和地方的环境标准；

（四）具备与其运营活动相适应的环境污染治理设施运营资质证书分级分类标准规定的其他条件。

第九条 具备本办法第八条所列条件，但无从事环境污染治理设施运营实践或者连续从事环境污染治理设施运营实践少于一年的，可以申请临时资质证书。

第十条 申请资质证书的单位，应当依据本办法规定，向本单位所在地省级环境保护行政主管部门提出申请，填报资质证书申请表，并提交下列材料：

（一）企业法人营业执照副本或者事业单位法人证书复印件；

（二）上一年度财务状况报告或者其他资信证明；

（三）技术人员专业资格证书、操作人员污染治理设施运营岗位培训证书和聘用合同复印件；

（四）实验或者检验场所证明；

（五）预防和处理污染事故的方案；

（六）规范化运营质量保证体系有关管理制度；

（七）环境污染治理设施运营实例，包括运营项目简介、运营合同、用户意见、环境保护监测机构出具的设施运行监测报告，但申请临时资质证书的除外；

（八）环境污染治理设施运营资质证书分级分类标准要求的其他条件的证明材料。

第十一条 处理、处置本单位产生的污染物或者运行本单位环境污染治理设施，不需要领取资质证书，但应当具备下列维护设施正常运转的技术条件：

（一）专职运营人员（环境保护工艺、环境保护机械、管理、化验等）配置合理，辅助工种齐全，设施运营现场管理和操作人员应取得污染治理设施运营岗位培训证书；

（二）有固定的化验室，配备能满足日常监测需要的监测化验设备；

（三）建立规范化运营质量保证体系，有完善的运营管理制度和预防、处理污染事故的方案。

第三章　审　批

第十二条　省级环境保护部门自受理申请材料之日起 20 个工作日内进行审查，提出预审意见，对符合条件的，报国家环保总局。

省级环境保护部门在预审过程中，应当组织专家或者委托县级以上环境保护部门对申请单位及其运营设施进行现场核查。

第十三条　国家环保总局自收到预审意见之日起 20 个工作日内进行审查，并作出审批决定。对符合条件的，予以批准并颁发资质证书，并予以公告；对不符合条件的，不予批准，并说明理由。

国家环保总局同时将审批决定通知省级环境保护部门。

国家环保总局在审查过程中根据需要可对申请单位和运营设施进行现场核查。

第十四条　有下列情形之一的，持证单位应当按照本办法规定的条件和程序重新申请领取资质证书：

（一）需要增加新的运营专业类别的；

（二）临时资质证书需要转为正式资质证书；

（三）乙级资质证书需要升级为甲级资质证书；

（四）甲级资质证书或者乙级资质证书有效期届满，需要继续从事环境污染治理设施运营活动的。

申请前款第（二）项所列事项的，持证单位只需提供其 300 日以上连续从事环境污染治理设施运营的实践、且污染治理设施排放污染物达标情况良好的证明材料。

临时资质证书有效期届满，不得重新申请临时资质证书。

第十五条　持证单位有下列情形之一的，应当在 30 日内向国家环保总局申请办理变更手续：

（一）单位发生分立、合并的；

（二）单位名称、法定代表人或者住所变更的。

第十六条　持证单位办理变更手续，应提交下列材料：

（一）持证单位变更申请；

（二）技术人员专业资格证书、操作人员污染治理设施运营岗位培训证书和聘用合同复印件；

（三）单位变更后工商部门颁发的营业执照复印件；

（四）国家环保总局颁发的资质证书原件；

（五）持证单位所在地省级环境保护部门的审核意见。

第十七条　持证单位撤消或不再从事污染治理设施运营活动的，应当在一个月内向原发证机关办理注销手续。

第四章　监督管理

第十八条　持证单位可以按照资质证书规定的类别和级别，在全国范围内承接运营业务。

持证单位的运营活动应当遵守国家有关环境保护的规定，排放的污染物达到国家或地方规定的污染物排放标准和要求。

第十九条　县级以上环境保护部门应当通过书面核查和实地检查等方式，加强对持证单位的监督检查，并将监督检查情况和处理结果予以记录，由监督检查人员签字后存档。

公众有权查阅县级以上环境保护部门的监督检查记录。

县级以上环境保护部门发现持证单位在经营活动中有不符合原发证条件情形的，应当责令其限期整改。

第二十条　持证单位在其单位所在地省级行政区域以外承接项目的，其运营活动应当接受项目所在地县级以上环境保护部门的监督检查。

项目所在地环境保护部门不得要求持证单位重复申领资质证书或者其他类似的运营许可资质。

第二十一条　持证单位应当在与委托单位签署委托运营合同后 30 日内，向项目设施所在地县级环境保护部门填报《环境污染治理设施委托运营项目备案表》。

第二十二条　持证单位应当在每年 1 月底前，向本单位所在地省级环境保护部门提交上一年度《环境污染治理设施运营情况年度报告表》。负责运营的项目不在本单位所在省的持证单位，应同时将该项目的《环境污染治理设施运营情况年度报告表》抄报项目所在地省级环境保护部门。

省级环境保护部门应当根据《环境污染治理设施运营情况年度报告表》和日常检查情况对持证单位提出考核意见，应于每年 3 月底前将本行政区域持证单位上一年度环境污染治理设施运营情况和考核情况报国家环保总局，并予以公告。

第二十三条　禁止伪造、变造、转让资质证书。

第五章　法律责任

第二十四条　县级以上环境保护部门的工作人员，有下列行为之一的，依法给予行政处分；构成犯罪的，依法追究刑事责任：

（一）向不符合本办法规定条件的单位颁发污染治理设施运营资质证书的；

（二）发现未依法取得污染治理设施运营资质的单位和个人擅自从事运营活动不予查处或者接到举报后不依法处理的；

（三）对依法取得污染治理设施运营资质证书的单位不履行监督管理职责或者发现违反本办法规定的行为不予查处的；

（四）在污染治理设施运营管理工作中有其他渎职行为的。

第二十五条 违反本办法规定，未获得资质证书的单位从事环境污染治理设施运营活动的，由县级以上环境保护部门责令停止违法行为，并处2万元以上3万元以下罚款。

第二十六条 违反本办法规定，申请资质证书的单位在申请过程中弄虚作假的，由国家环保总局责令改正，并可吊销已获得的资质证书。

第二十七条 违反本办法规定，不按照资质证书的规定从事环境污染治理设施运营活动的，由县级以上环境保护部门责令改正，可以处1万元以上3万元以下罚款；情节严重的，并由国家环保总局吊销资质证书。

第二十八条 违反本办法规定，持证单位环境污染治理设施运营超标排放的，由县级以上环境保护部门依照有关法律法规规定予以处罚；在一年内发现两次以上超标排放的，可以由国家环保总局吊销资质证书，予以公告。

第二十九条 违反本办法规定，持证单位提交《环境污染治理设施运营情况年度报告表》时弄虚作假的，由省级环境保护部门责令改正，可以处2万元以下罚款；情节严重的，由国家环保总局吊销资质证书。

第三十条 违反本办法规定，伪造、变造、转让资质证书的，由县级以上环境保护部门责令改正，可以并处1万元以上3万元以下罚款，可以由国家环保总局吊销资质证书。

第三十一条 依照本办法规定，被处以吊销资质证书处罚的单位，三年内不得重新申请资质证书。

第六章　附　则

第三十二条 在中华人民共和国境内从事环境污染治理设施运营的外商投资企业，必须符合国家有关外商投资的法律规定和产业政策要求，并依照本办法的规定申请领取运营资质证书，取得运营资质证书后，方可从事污染治理设施运营活动。

第三十三条 下列文件的格式和内容由国家环保总局统一规定：

（一）环境污染治理设施运营资质证书申请表；

（二）环境污染治理设施运营资质证书；

（三）环境污染治理设施运营情况年度报告表；

（四）环境污染治理设施委托运营项目备案表。

第三十四条 本办法自2004年12月10日起施行。国家环保总局1999年3月26日颁布的《环境保护设施运营资质认可管理办法（试行）》同时废止。

突发林业有害生物事件处置办法

（2005年5月13日国家林业局令第13号公布，自2005年7月1日起施行）

第一条 为了及时处置突发林业有害生物事件，控制林业有害生物传播、蔓延，减少灾害损失，根据《森林病虫害防治条例》和《植物检疫条例》等有关规定，制定本办法。

第二条 本办法所称林业有害生物，是指危害森林、林木和林木种子正常生长并造成经济损失的病、虫、杂草等有害生物。

第三条 本办法所称突发林业有害生物事件，是指发生暴发性、危险性或者大面积的林业有害生物危害事件，包括：

（一）林业有害生物直接危及人类健康的；

（二）从国（境）外新传入林业有害生物的；

（三）新发生林业检疫性有害生物疫情的；

（四）林业非检疫性有害生物导致叶部受害连片成灾面积1万公顷以上、枝干受害连片成灾面积0.1万公顷以上的。

第四条 突发林业有害生物事件分为一级和二级。

林业有害生物直接危及人类健康、从国（境）外新传入林业有害生物，以及首次在省、自治区、直辖市范围内发生林业检疫性有害生物的，为一级突发林业有害生物事件。一级突发林业有害生物事件以外的其他突发林业有害生物事件，为二级突发林业生物有害事件。

第五条 突发林业有害生物事件由省、自治区、直辖市人民政府林业主管部门确认。

属于从国（境）外新传入的林业有害生物，以及首次在省、自治区、直辖市范围内发生的林业检疫性有害生物，应当经过国家林业局林业有害生物检验鉴定中心鉴定。

第六条 国家林业局负责组织、协调和指导全国突发林业有害生物事件的处置工作。

县级以上地方人民政府林业主管部门在人民政府领导下，具体负责本辖区内突发林业有害生物事件的处置工作。

第七条 国家林业局负责组织制定一级突发林业有害生物事件应急预案。省、自治区、直辖市人民政府林业主管部门负责组织制定本辖区的二级突发林业有害生物事件应急预案。

突发林业有害生物事件应急预案的主要内容是：应急处置指挥体系及其工作职责、预警和预防机制、应急响应、后期评估与善后处理、保障措施等。

第八条 县级人民政府林业主管部门应当根据突发林业有害生物事件应急预案，制定本辖区的突发林业有害生物事件应急实施方案。

突发林业有害生物事件应急实施方案的主要内容是：

（一）应急处置指挥机构和人员；

（二）应急处置工作职责和程序；

（三）林业有害生物控制和防治措施；

（四）林业有害生物应急处置物质保障。

第九条 县级以上人民政府林业主管部门应当加强林业有害生物测报试验室、检疫检验试验室、林木种苗及木材除害设施、物资储备仓库、通讯设备等基础设施建设，做好药剂、器械等有关物资的储备。

第十条 县级人民政府林业主管部门应当组织对突发林业有害生物事件应急处置救灾人员的专业技术培训，开展技术演练，提高应急处置技能。

第十一条 县级以上人民政府林业主管部门的森林病虫害防治机构及其中心测报点，应当及时对林业有害生物进行调查与监测，综合分析测报数据，提出防治方案。

森林病虫害防治机构及其中心测报点，应当建立林业有害生物监测档案，掌握林业有害生物的动态变化情况。

乡（镇）林业站工作人员、护林员按照县级以上人民政府林业主管部门的要求，参加林业有害生物的调查与监测工作。

第十二条 森林病虫害防治机构及其中心测报点，发现疑似突发林业有害生物事件等异常情况的，应当立即向所在地县级人民政府林业主管部门报告。

公民、法人或者其他组织发现有疑似突发林业有害生物事件等异常情况的，应当向县级以上人民政府林业主管部门反映。

第十三条 县级人民政府林业主管部门接到疑似突发林业有害生物事件等异常情况的报告或者有关情况反映的，应当及时开展调查核实；认为属于突发林业有害生物事件的，应当及时逐级上报到省、自治区、直辖市人民政府林业主管部门，并同时报告同级人民政府。

第十四条 省、自治区、直辖市人民政府林业主管部门应当组织专家和有关人员对县级人民政府林业主管部门报告的情况进行调查和论证，确认是否属于突发林业有害生物事件。

经确认属于突发林业有害生物事件的，省、自治区、直辖市人民政府林业主管部门应当立即向省、自治区、直辖市人民政府和国家林业局报告，并向相邻的其他省、自治区、直辖市人民政府林业主管部门通报有关情况。

突发林业有害生物事件的报告，主要包括有害生物的种类、发生地点和时间、级别、危害程度、已经采取的措施以及相关图片材料等内容。

第十五条 国家林业局应当按照国务院有关灾害报告制度的规定，及时向国务院报告突发林业有害生物事件的有关情况。

一级突发林业有害生物事件的有关信息，由国家林业局按照规定发布。二级突发林业有害生物事件的有关信息，由省、自治区、直辖市人民政府林业主管部门按照规定发布。

第十六条 一级突发林业有害生物事件应急预案，由国家林业局批准启动实施。二级突发林业有害生物事件应急预案，由省、自治区、直辖市人民政府林业主管部门批准启动实施，同时报告省、自治区、直辖市人民政府和国家林业局。

第十七条 突发林业有害生物事件应急预案批准启动实施后，发生地的县级人民政府林业主管部门应当相应启动应急实施方案，立即采取紧急控制措施，切断传播途径，防止扩散蔓延。

第十八条 应急预案和应急实施方案符合规定的终止条件的，方可终止。

第十九条 省、自治区、直辖市人民政府林业主管部门应当根据突发林业有害生物事件应急处理的需要，依法提出疫区划定方案和检疫检查站设立计划，报省、自治区、直辖市人民政府批准后实施。

第二十条 发生一级突发林业有害生物事件，由国家林业局组织专家开展科学研究，收集相关资料，提出综合评估报告；发生二级突发林业有害生物事件，由省、自治区、直辖市人民政府林业主管部门组织专家开展科学研究，收集相关资料，提出综合评估报告。

县级人民政府林业主管部门应当根据综合评估报告修改、完善应急实施方案。

第二十一条 对直接危及人类健康、从国（境）外新传入或者跨省、自治区、直辖市传播的林业有害生物，国家林业局和有关省、自治区、直辖市人民政府林业主管部门应当及时组织科研力量研究防治措施，制定相关的检验检疫技术标准，并依法确定是否列为林业检疫性有害生物。

第二十二条 林业主管部门、森林病虫害防治机构及其中心测报点的工作人员玩忽职守、徇私舞弊，造成林业有害生物传播、蔓延的，依照国家有关规定给予行政处分；情节严重、构成犯罪的，依法追究刑事责任。

第二十三条 本办法自2005年7月1日起施行。